Gesammelte Aufsätze I

Arbeiten zur Kirchen- und Theologiegeschichte

Begründet von
Helmar Junghans, Kurt Nowak und Günther Wartenberg

Herausgegeben von
Klaus Fitschen, Wolfram Kinzig, Armin Kohnle
und Volker Leppin

Band 36

Hans Schneider

Gesammelte Aufsätze I

Der radikale Pietismus

Herausgegeben von Wolfgang Breul und Lothar Vogel

EVANGELISCHE VERLAGSANSTALT
Leipzig

Hans Schneider, Jahrgang 1941, ist emeritierter Professor für Kirchengeschichte des Fachbereichs Evangelische Theologie der Philipps-Universität Marburg. Seine Forschungsschwerpunkte liegen in den Bereichen des Pietismus und der Reformationsgeschichte. Er ist u. a. Vorsitzender des Internationalen Beirats des Interdisziplinären Zentrums für Pietismusforschung in Halle, Vorsitzender des Publikationsausschusses der Historischen Kommission für die Erforschung des Pietismus, Präsident der Johann-Arndt-Gesellschaft und stellvertretender Vorsitzender der Historischen Kommission für Hessen.

Für Druckkostenzuschüsse danken wir der Evangelischen Kirche von Kurhessen-Waldeck und der Evangelischen Kirche in Hessen und Nassau.

Die Deutsche Bibliothek verzeichnet diese Publikation in der Deutschen Nationalbibliographie; detaillierte bibliographische Daten sind im Internet über ‹http://dnb.ddb.de› abrufbar.

Das Buch wurde auf alterungsbeständigem Papier gedruckt.

Cover: Jochen Busch, Leipzig
Satz: Christoph Becker, Mainz
Druck und Binden: Hubert & Co., Göttingen

ISBN 978-3-374-02983-9
www.eva-leipzig.de

Vorwort

Es war seit langem ein Wunsch der Kollegen und Schüler von Hans Schneider, die verstreut und zum Teil an entlegener Stelle erschienenen Veröffentlichungen des Marburger Kirchenhistorikers thematisch gegliedert in Sammelbänden herauszubringen. Wir freuen uns, dass es anlässlich des 70. Geburtstags von Hans Schneider möglich geworden ist, mit der Veröffentlichung seiner Gesammelten Aufsätze zu beginnen.

Der nun vorliegende erste Band versammelt Beiträge zum radikalen Pietismus - ein Forschungsgebiet, in dem Hans Schneider in den letzten drei Jahrzehnten eine ganz maßgebliche Wirkung entfaltet hat, beginnend mit einem Forschungsbericht von 1982/83, dessen Weite und Gründlichkeit ihn zum Ausgangspunkt zahlreicher wissenschaftlicher Arbeiten hat werden lassen und dessen Impulse bis heute nicht erschöpft sind. Ferner enthält der Band personenbezogene Beiträge zu Gottfried Arnold, Ernst Christoph Hochmann von Hochenau, Eberhard Ludwig Gruber, Alexander Mack und anderen Exponenten des radikalen Pietismus sowie Untersuchungen zu zentralen theologischen Fragen, die in diesem Kontext diskutiert wurden, wie Geschichtsbild und Wirkungsgeschichte (am Beispiel Gottfried Arnolds), das Taufverständnis radikaler Pietisten und die Einflüsse der Hermetik. Ein weiterer Aufsatz widmet sich der Wirksamkeit der radikalen Pietisten in Skandinavien. Nicht aufgenommen wurde hingegen Hans Schneiders Zwischenbilanz der Forschung zum radikalen Pietismus im ersten und zweiten Band der *Geschichte des Pietismus* (1993, 1995).[1] Sie ist für Interessierte jedoch leicht erreichbar. Den Abschluss des Bands bildet ein 2010 erschienener *Rückblick und Ausblick* zur Erforschung des radikalen Pietismus.[2]

Die Beiträge wurden auf die neue deutsche Rechtschreibung umgestellt und formell behutsam aneinander angeglichen; ferner wurden die verwen-

---

1 Der radikale Pietismus im 17. Jahrhundert. In: Geschichte des Pietismus. Hg. v. Martin Brecht u.a.. Bd. 1. Göttingen 1993, 391-437; Der radikale Pietismus im 18. Jahrhundert. Ebd. Bd. 2. Göttingen 1995, 107-197.

2 Rückblick und Ausblick. In: Wolfgang Breul u.a. (Hg.): Der radikale Pietismus. Perspektiven der Forschung. Göttingen 2010 (AGP, 55), 451-467.

deten Abkürzungen nach dem Verzeichnis von Siegfried M. Schwertner[3] vereinheitlicht. Die ursprüngliche Textgestalt wurde bewahrt und lediglich durch wenige bibliographische Hinweise (von Hans Schneider) ergänzt. Dies gilt insbesondere auch für die englischsprachigen Aufsätze.

Wir danken der Evangelischen Kirche von Kurhessen-Waldeck und der Evangelischen Kirche in Hessen und Nassau für Druckkostenzuschüsse, mit denen die Herstellung des Bandes ermöglicht wurde. Ferner sagen wir den studentischen Hilfskräften Ann Kristin Balzer und Christoph Becker (Evangelisch-Theologische Fakultät der Johannes-Gutenberg-Universität Mainz) für ihren unermüdlichen Einsatz bei der Herstellung der Druckfassung und ihrer Korrektur herzlichen Dank. Schließlich möchten wir auch Frau Weidhas und ihren Mitarbeiterinnen im Verlag für die angenehme Zusammenarbeit herzlich danken.

Mainz und Rom, im September 2011
Wolfgang Breul und Lothar Vogel

3 Internationales Abkürzungsverzeichnis für Theologie und Grenzgebiete, 2. überarb. u. erw. Auflage. Berlin, New York 1992.

Inhalt

I. Der radikale Pietismus in der neueren Forschung

Ein Bericht über den radikalen Pietismus in der neueren Forschung könnte bei Sachkundigen den Verdacht wecken, es sollten »des Kaisers neue Kleider« vorgeführt werden, ist doch gerade die fehlende Erforschung dieser Richtung wiederholt und übereinstimmend im letzten Jahrzehnt beklagt worden. Martin Greschat hat bereits 1972 diagnostiziert, dass »in der neueren Forschung insgesamt der außerkirchliche Pietismus entschieden an den Rand des Interesses gerückt zu sein scheint«.[1] Martin Brecht stellte 1976 fest: »Für den radikalen Pietismus fehlen weithin neuere Biographien und Darstellungen [...]. Insgesamt besteht hier [...] eine empfindliche Lücke in der Pietismusforschung.«[2] Und Greschat konstatierte 1977 nochmals »hinsichtlich jenes Themenbereichs ein klares Defizit«.[3] Seither hat sich – wie ein Blick in die jährliche Pietismus-Bibliographie zeigt – das Bild nicht grundlegend gewandelt, und der Gesamteindruck bleibt: Der radikale Pietismus hat an dem erfreulichen Aufschwung der Pietismusforschung kaum partizipiert.

Die Gründe für diese Forschungssituation sind nicht schwer verständlich. Der kirchliche Pietismus hat in den verschiedenen Landeskirchen und in der evangelischen Theologie insgesamt traditionsbildend gewirkt, und von ihm sind stärkste Impulse für die neuzeitliche Kirchen- und Theologiegeschichte ausgegangen. Demgegenüber, so scheint es, hat der radikale Pietismus einen ungleich geringeren Einfluss ausgeübt. Die Kirchenhistoriker sahen meist wenig Anlass, sich mit diesem bunten Völkchen von Phantasten und skurrilen Sonderlingen näher zu beschäftigen. Nur die radikalen Vertreter, von denen erkennbare Einwirkungen auf die Theologiegeschichte oder die kirchliche Frömmigkeit ausgegangen sind, die also mindestens partiell rezipiert oder assimiliert werden konnten, wurden zum Gegenstand intensiverer Erforschung. Die Sonderrolle, die Gottfried

---

1 Zur neueren Pietismusforschung. In: JGWKG 65, 1972, 220-268, hier 224.

2 Der Pietismus als Epoche der Neuzeit. In: VF 21, 1976, 46-81, hier 67.

3 Einleitung zu: ders.: Zur neueren Pietismusforschung. Darmstadt 1977 (WdF, 44), 2.

Arnold und Gerhard Tersteegen spielen,[4] ist dafür signifikant: jener wegen seiner Bedeutung für die kirchliche Historiographie, dieser vor allem als Erbauungsschriftsteller und geistlicher Dichter. Auf diese beiden entfällt daher auch der quantitativ und qualitativ bedeutendste Anteil der neueren Untersuchungen zum radikalen Pietismus.

Die Behauptung, dass die pietistische Traditionsbildung in der deutschen Theologie und Kirche eine Voraussetzung und ein ständiges Stimulans für die wissenschaftliche Beschäftigung mit dem kirchlichen Pietismus darstellt und die stiefmütterliche Behandlung des radikalen verständlich macht, erfährt sozusagen in einer Art Gegenprobe durch einen Blick in die USA ihre Bestätigung. Von den beiden radikalpietistischen Gruppenbildungen, die das 18. Jahrhundert überdauert haben, den Schwarzenauer Neutäufern und den Inspirierten, diese als Amana-Society in Iowa[5], jene als Church of Brethren in den USA und Kanada[6], bemüht sich die Kirche der Brüder intensiv darum, ihre europäischen Ursprünge historisch zu erforschen und theologisch zu verarbeiten. Aus ihren Reihen stammen eine Anzahl neuerer, z.T. recht qualitätvoller Arbeiten, die leider in Deutschland kaum bekanntgeworden sind, u.a. die einzige monographische Behandlung des deutschen radikalen Pietismus[7].

Die Untersuchungen zu einzelnen Gestalten und Gruppen arbeiten häufig mit einem – scheinbar – geklärten Gattungsbegriff von radikalem Pietismus. Auch bei größeren Abhandlungen ist zu beobachten, »daß nicht die Problematik des radikalen Pietismus überhaupt mitreflektiert wird«.[8] Man kann die fundamentale Problematik auf zwei Fragen reduzieren: Inwiefern und mit welchem Recht lassen sich die Personen und Gruppen, die unter dieser Sammelbezeichnung erfasst werden, überhaupt dem *Pietismus* zurechnen? Und: In welcher Hinsicht kann man von einem *radikalen* Pietismus sprechen? Auf diese Fragen wird man mindestens in den Gesamtdarstellungen des Pietismus Antworten erwarten dürfen. Dabei gelangen wir

---

4 Symptomatisch dafür die Rubrik: »Gottfried Arnold und der radikale Pietismus«, sowie eine eigene Rubrik für Tersteegen. Vgl. z.B. auch Erich Beyreuther: Geschichte des Pietismus. Stuttgart 1978, Kap. VI: »Gottfried Arnold und der schwärmerische Pietismus«.

5 Frank Spencer Mead: Handbook of Denominations in the United States. Nashville, New York [5]1970, 22f.

6 Donald F. Durnbaugh: Die Kirche der Brüder. Stuttgart 1971 (KW, 9) (amerik. Originalausgabe: PB 5, Nr. 177).

7 S.u. S. 29.

8 Brecht [s. Anm. 2], 68 (zu Büchsels Arnold-Studie).

freilich in jenen Irrgarten[9], den die neuere Pietismusforschung darstellt. Die kontroversen, erheblich divergierenden Ansichten, die über Wesensbestimmung, zeitliche und geographische Eingrenzungen des Pietismus bestehen, müssen auch bei der Behandlung des radikalen Pietismus zum Vorschein kommen. Somit wird die Art und Weise, wie man die radikalen Pietisten zur pietistischen Bewegung insgesamt und zu ihren kirchlichen Erscheinungsformen in Beziehung setzt, ein Indikator dafür, welches Gesamtverständnis man vom Pietismus hat.

Wir wenden uns zunächst nach einigen begriffsgeschichtlichen Beobachtungen (I) der Betrachtung von drei Gesamtkonzeptionen mit unterschiedlichen Modellen der Zuordnung von kirchlichem und radikalem Pietismus zu (II), werfen dann einen Blick auf Einzeluntersuchungen (III), erörtern noch einmal das Hauptproblem von Einheit und Differenzen der beiden pietistischen Flügel (IV) und formulieren abschließend Forschungsdesiderate (V).

I.

Die Ursprünge einer differenzierenden Betrachtung der pietistischen Bewegung und einer Klassifizierung der Pietisten nach verschiedenen Kategorien liegen in den zeitgenössischen Auseinandersetzungen, in den sog. pietistischen Streitigkeiten.[10]

Manche streitbare »Pietistenfresser« waren eifrig bemüht, alle Überspitzungen, Sonderlehren und Extravaganzen dem Pietismus anzulasten und publizistisch auszuschlachten und durch solche pauschale Gleichmacherei die ganze Bewegung zu inkriminieren.[11] Diese polemischen Attacken nötigten schon Spener[12] und dann vor allem die Hallenser[13], sich – behutsam

---

9 Vgl. die unten, Anm. 38, genannten Forschungsberichte.

10 Als Materialsammlung unentbehrlich ist Johann Georg Walch: Historische und Theologische Einleitung in die Religions-Streitigkeiten der Evangelisch-Lutherischen Kirchen [...]. Bd. 4. Jena 1730-36, wo sich reichhaltige Belege für die Terminologie finden (s. Reg. zu Bd. 3 und 5, s.v. Streitigkeiten, pietistische, fanatische, indifferentistische, chiliastische etc.).

11 Ein beliebiges Beispiel: Ausführliche Beschreibung des Neuen Unfugs/ welchen die Pietisten vor weniger Zeit als im Jahr 1705 und 1706 [...] ferner verübt und gestiftet haben [...]. o.O. 1707 (über die Buttlarsche Rotte).

12 Vgl. die Hinweise bei Paul Grünberg: Philipp Jakob Spener. Bd. 1. Göttingen 1893, 499ff.

oder entschiedener – gegenüber einzelnen Personen oder Gruppen abzugrenzen und sich von deren Büchern, Lehren oder Verhaltensweisen zu distanzieren.

Andererseits erkannten die besonneneren unter den orthodoxen Kritikern durchaus die Vielschichtigkeit und die graduellen Unterschiede im pietistischen Lager. Gradmesser bei ihrer Beurteilung war das Maß der Abweichung von der orthodoxen Lehrnorm: Von den subtil(er)en oder Mittel- (gemäßigten) Pietisten, die nur in wenigen oder weniger gravierenden Punkten irrten, hob man die groben oder Hyper-Pietisten ab, die sich einer Fülle von Lehrabweichungen schuldig gemacht hätten.[14] Weitere spezielle Benennungen sollten die Irrtümer näher charakterisieren: Chiliasten, Indifferentisten, Enthusiasten oder Geisttreiber, falsche Mystici. Der Begriff Separatisten bezeichnet demgegenüber nicht primär eine dogmatische Abweichung, sondern das Fehlverhalten gegenüber der kirchlichen Gemeinschaft - wenngleich dies nach Meinung der orthodoxen Kritiker die Folge ekklesiologischer Verirrungen war.

In diesen Bestimmungen treten die beiden Hauptkriterien heraus, die fortan in unterschiedlicher Zuordnung und Gewichtung für die Definition von radikalem Pietismus grundlegend wurden: Heterodoxie und Separation. Dem radikalen wird dann der kirchliche Pietismus gegenübergestellt, der den Zusammenhang mit der Institution Kirche und – wenigstens in wesentlichen Punkten – mit der kirchlich-konfessionellen Lehrtradition wahrte.

Die allgemeinen Ketzernamen, die in der zeitgenössischen Polemik begegnen, wie Schwärmer oder Schwarmgeister, Fanatici und Rotten (für Konventikel oder separatistische Gruppenbildungen) sind emotional besetzte theologisch-kirchenpolitische Schlagworte aus der Reformations-

---

13 Vgl. bes. Joachim Lange: Die richtige Mittel-Straße/ zwischen den Abwegen der Absonderung von der euserlichen Gemeinschafft der Kirchen/ auch andere Lehr- und LebensIrrungen/ wie auch der Päbstischen Ketzer-Macherey [...]. Nebst gründlichem Erweiß der Kindertaufe [...]. Bde. 1-4. Halle/Saale 1712-14; dazu: Rolf Dannenbaum: Joachim Lange als Wortführer des Halleschen Pietismus gegen die Orthodoxie. Diss. theol. Göttingen 1951, 35ff.

14 Z.B. Valentin Ernst Löscher: Vollständiger Timotheus Verinus. Bd. 2. Wittenberg 1721, 72f. (vgl. schon UnNachr 1711, 711f.) und dazu Hans-Martin Rotermund: Orthodoxie und Pietismus. Valentin Ernst Löschers ›Timotheus verinus‹ in der Auseinandersetzung mit der Schule August Hermann Franckes. Berlin-Ost 1959 (ThA, 13), 100-107. Vgl. ähnliche Klassifizierungen z.B. des Tübingers Professors Wolfgang Jäger, referiert bei Christoph Kolb: Die Anfänge des Pietismus und Separatismus in Württemberg. In: WVLG 9, 1900, 60f., 382.

zeit.[15] Sie erheben den Vorwurf, dass bei den so Benannten die gefährlichen, bereits von den Reformatoren gebrandmarkten Verirrungen des 16. Jahrhunderts fortbestünden oder wieder auflebten, und machen die Obrigkeiten auf diese Nachfolger von Müntzer und Konsorten aufmerksam.[16] In die gleiche Richtung weisen die polemischen Benennungen grober Pietisten als Schwenckfeldianer, Weigelianer, Böhmisten oder (nach dem jüngsten »Vorbild«) als Quäker.

So deutlich auch hierbei die – in der Kirchengeschichte immer wieder zu beobachtende – Tendenz hervortritt, zeitgenössische Nonkonformisten mit geprägten, traditionellen Ketzernamen zu versehen und dadurch zu diskreditieren, so wenig darf doch die Frage nach dem Wahrheitsgehalt solcher Etikettierungen unter Hinweis auf ihren tendenziös-polemischen Charakter einfach beiseitegeschoben werden. Sie signalisieren vielmehr eine zentrale Forschungsaufgabe: Die Untersuchung traditionsgeschichtlicher Verbindungen und Abhängigkeiten.

---

15 Zu den theologischen Auseinandersetzungen der Reformationszeit (aus denen sich für die Betrachtung des radikalen Pietismus wichtige Perspektiven gewinnen lassen): Karl Holl: Luther und die Schwärmer. In: ders.: Ges. Aufsätze zur Kirchengeschichte. Bd. 1. Tübingen [7]1948 (Reprint: Darmstadt 1972), 420-467; Friedrich Heyer: Der Kirchenbegriff der Schwärmer. Leipzig 1939; Wilhelm Maurer: Luther und die Schwärmer. Berlin 1952 (SThKAB, 6); Karl Gerhard Steck: Luther und die Schwärmer. Zürich 1955 (ThSt [B], 44); Hayo Gerdes: Luthers Streit mit den Schwärmern um das rechte Verständnis des Gesetzes Mose. Göttingen 1955; Mark U. Edwards: Luther and the False Brethren. Stanford/Ca. 1975; Bernhard Lohse: Luther und der Radikalismus. In: LuJ 44, 1977, 7-27.

16 »Schützt GOttes Kirch/ das Schwerdt ist auch drüm angegürt'/

Den Scepter haltet vest den ihr in Händen führt

Kein Ordnungs-Feind kan euch um eure Würde bringen/

Und kan kein Pietist euch eure Macht abzwingen/

Ein Knipperdolling weich von eurem hohen Thron/

Ein Jean von Leiden krieg das Schwerdt und Flamm zu Lohn.

[...]

Und was nicht leben will in Kirch und Policey/

Dem zeige eure Macht daß er ein Müntzer sey.«

([Christian Gottlieb von Rauchbar zu Lengefeld:] Lycanthropia pietistica elarvate [...]. Korbach 1710, 11. Zum historischen Kontext, den Waldecker Pietismusstreitigkeiten, vgl. meinen Beitrag: Die rechte Gestalt der Wölffe in der Kirche. Herkunft und Geschichte eines anonymen Beitrags in der »Freiwilligen Nachlese«. In: UnFr 3, 1978, 74-110).

Die Kirchengeschichtsschreibung des 19. und 20. Jahrhunderts hat an die Begriffsbestimmungen der frühen Pietismuskritik angeknüpft. »Schwärmerischer Pietismus«[17] ist eine auch heute noch gängige Sammelbezeichnung, die auf die heterodoxe Komponente zielt. Der an sich wertneutrale Begriff »separatistischer Pietismus«[18] ist eindeutiger, aber enger, weil er nur die äußere Absonderung erfasst, nicht aber die innere Einstellung. Daneben gibt es immer wieder Versuche, bestimmte Elemente der Heterodoxie als übergreifende und verbindende Wesensmerkmale hervorzuheben und als Oberbegriffe zu verwenden: [Druckfehler im Original] Mystizismus[19], konfessionell-indifferentistischer Pietismus[20], mystischer Indifferentismus[21] u.ä.

Die heute wohl geläufigste Bezeichnung »radikaler Pietismus« ist die jüngste. Sie begegnet, wenn ich recht sehe, erstmals in den 80er Jahren des 19. Jahrhunderts.[22] Vor allem durch den Gebrauch in Ritschls *Geschichte des Pietismus*[23] ist sie im kirchengeschichtlichen Sprachgebrauch eingebürgert und verbreitet worden.[24] Doch was soll das Adjektiv radikal ausdrücken? Radikal (mittellat. *radicalis*[25]) wurde als Fremdwort zunächst in

---

17 Z.B. Erich Beyreuther [s. Anm. 4]; Kurt Dietrich Schmidt: Grundriß der Kirchengeschichte. Göttingen ^{7}1978, § 47.6.

18 Z.B. Johannes Wallmann: Kirchengeschichte Deutschlands. Bd. 2 (Dt. Geschichte. Hg. v. Walther Hubatsch, 12). Frankfurt [u.a.] 1973, 140; Hans-Walter Krumwiede: Geschichte des Christentums. Bd. 3. Stuttgart 1977 (ThW, 8), 68.

19 Friedrich August Gottreu Tholuck: Geschichte des Rationalismus. Bd. 1: Geschichte des Pietismus und des ersten Stadiums der Aufklärung. Berlin 1865, 48 (»Die Ausartungen des Pietismus«): »Versteht man unter Mysticismus das, was von den Reformatoren als ›Enthusiasterei‹ und ›Geisttreiberei‹ bezeichnet worden, so ist Mysticismus der gemeinsame Charakter dieser Verirrungen.«

20 Tholuck [s. Anm. 19], 75.

21 Albrecht Ritschl: Geschichte des Pietismus. Bd. 2. Bonn 1884 (Reprint: Berlin 1966), 294, 322, u.ö.

22 Den frühesten Beleg finde ich bei Wilhelm Bender: Johann Konrad Dippel, der Freigeist aus dem Pietismus. Bonn 1812, 12, 14.

23 Ritschl [s. Anm. 21]. Bd. 2, 323, 339, 349, 353, 364, Anm. 1, 552, 588. In den Überschriften verwendet er den Begriff noch nicht, sondern spricht von mystischem Indifferentismus (s.o. Anm. 21). Daneben begegnen: »mystischer Radicalismus« (351, 353, 359), »Pietisten und ihre radicalen Seitengänger« (447), »Radicale« (424, 426, 444, 447).

24 Zur Verbreitung dürfte vor allem Karl Heussis Kompendium der Kirchengeschichte beigetragen haben (§ 106.5), das den Begriff seit der 1. Aufl., 1908, gebraucht.

25 Vgl. die mittellatein. Wörterbücher, s.v.

der Bedeutung von »wurzelhaft«, d.h. »von der Wurzel her«, »echt«, »ursprünglich« bzw. »bis auf die Wurzel gehend«, »von Grund auf«, »gründlich«, »völlig«, »entschieden« (hier synonym mit »konsequent«) gebraucht. Erst später, seit den Revolutionen des 19. Jahrhunderts, wird »radikal« – der englischen und französischen politischen Terminologie folgend – in Deutschland in dem Sinn von »extrem eingestellt«, »bis zum Äußersten gehend«, »kompromiss- und rücksichtslos« verwendet und bestimmt in dieser Bedeutung den heutigen politischen Sprachgebrauch (Radikalismus, Radikalenerlass etc.)[26].

Das *Aufkommen* des Begriffs »radikaler Pietismus« – in der Ära Bismarcks – scheint sichtlich unter dem Einfluss des politischen Sprachgebrauchs erfolgt zu sein. Der Komplementärbegriff »konservativer« Pietismus[27] ist dafür ebenso ein Indiz wie die Bezeichnung der Radikalen als »linker Flügel«[28] des Pietismus. Bei Ritschl ist die negative Wertung eindeutig.[29] Das Adjektiv »radikal« diente ihm zur Charakterisierung religiös extremer, d.h. übersteigerter, das rechte theologische Maß vollends verlierender Anschauungen im Pietismus.

Insofern ist die *Genese* dieser Bezeichnung von der formal analogen Begriffsbildung »radikale Reformation« deutlich verschieden. Denn bei dieser handelt es sich um das Bemühen – vor allem von Seiten der mennonitisch-freikirchlichen Forschung –, den diffamierenden Schwärmerbegriff zu ersetzen und das Selbstverständnis der »radikalen Reformatoren« zu interpretieren.[30] So gewinnt »radikal« eine neutrale oder sogar positive Bedeutung. »Radikale« meint hier einmal »auf die neutestamentlichen Wurzeln zurückgreifende« und zum anderen »konsequente« Reformation. Der entschiedene

---

26 Vgl. zum Ganzen die sprachgeschichtlichen und politologischen Wörterbücher.

27 Bender [s. Anm. 22], 19, 21.

28 Ritschl [s. Anm. 21]. Bd. 2, 415. – Damit hat natürlich noch nichts zu tun, wenn Joachim Lange in der *Mittel-Straße* den Separatismus als »Abweichung zur Linken« bezeichnet.

29 Vgl. auch Bemerkungen wie die folgende: Dippel behandele »wie alle radicalen Reformer die bestehenden Verhältnisse pessimistisch, die eigenen Vorschläge mit dem oberflächlichsten Optimismus« (Bd. 2, 326).

30 Zur Diskussion um die Begriffe »radikale Reformation« und »linker Flügel der Reformation« vgl. Roland H. Bainton: The Left Wing of the Reformation. In: JR 21, 1941, 124-134; George H. Williams: Radical Reformation. Philadelphia 1962, bes. XXIVff., 852ff.; Der linke Flügel der Reformation. Hg. v. Heinold Fast. Bremen 1962 (KlProt, 4); Hans Joachim Hillerbrand: Die neuere Täuferforschung. In: VF 13, 1968, H. 1, 98-100; Hans-Jürgen Goertz: Einleitung zu: Radikale Reformatoren. Hg. v. Hans-Jürgen Goertz. München 1978, 12-18.

Bruch mit den bestehenden kirchlichen Verhältnissen und theologischen Traditionen sei die Bedingung und Folge dieser Radikalisierung.[31]

Die Bedeutung des Adjektivs »radikal« ist also durchaus multivalent, und es ist zu fragen, in welchem Sinn es auf Erscheinungsformen des Pietismus angewandt werden kann. Soll damit gesagt werden, dass diese Richtung den wurzelhaften Pietismus darstellt, d.h., dass hier die historischen Ursprünge, die traditionsgeschichtlichen Wurzeln am greifbarsten sind?[32] Oder dass er die gründlichste und entschiedenste Ausprägung des Pietismus ist, die die pietistischen Anliegen konsequent zu Ende gedacht und entschiedener durchgeführt hat?[33] Oder soll das Bestreben der Radikalen angedeutet werden, auf die Anfänge des Christentums zurückzugreifen und sich an ihnen zu orientieren?[34] Oder ist gemeint, dass wir es hier mit gesellschaftlichen Nonkonformisten[35] oder mindestens mit kirchenstürmerischen Extremisten[36] zu tun haben, die nicht nur die Grundfesten der Institution Kirche, sondern die Substanz des evangelischen Glaubens selbst bedrohen?[37]

---

31 Kurt-Victor Selge bemerkt zu der Diskussion: »›Links‹ ist freilich ein irreführendes parlamentarisches Bild, ›radikal‹ ein undeutliches Etikett. In der Kritik der mittelalterlichen Kirche war Luther ohne Zweifel der am meisten ins Herz treffende, also ›radikalste‹ Theologe. Ohne *seine* Radikalität wäre keiner der anderen ›linken‹ und ›radikalen‹ Reformatoren zur entsprechenden Wirkung gekommen, ja die meisten hätten ihre ›Radikalität‹ gar nicht erst entdeckt.« (Einführung in das Studium der Kirchengeschichte. Darmstadt 1982, 120, Anm. 135).

32 Diesem Sinn kommt die Konzeption Martin Schmidts (s.u.) recht nahe.

33 Vgl. z.B. Horst Stephan: Neuzeit. Tübingen ²1931 (HKG, 4), § 8: Der außerkirchliche und konsequente Pietismus; Johannes v. Walter: Die Geschichte des Christentums. Bd. 4. Gütersloh 1938, 588: Kritik war »wesentlich prinzipieller«, 593: die antikirchliche Richtung »hatte den Vorteil größerer Konsequenz«; Bernd Moeller: Geschichte des Christentums in Grundzügen. Göttingen ²1979, 303: -- »führten die kirchenkritischen Impulse Speners konsequent zu Ende«.

34 »Die Bedeutung des radikalen Pietismus lag in seiner entschieden urchristlichen Verpflichtung [...]« (Martin Schmidt: Pietismus. Stuttgart 1972, 136).

35 Der Begriff »Nonkonformisten« hat sich im französischen Sprachgebrauch für die Vertreter des »linken Flügels« der Reformation eingebürgert.

36 »kirchenstürmerischer oder kirchenkritischer pietistischer Radikalismus« (Hirsch, Geschichte [s. Anm. 40]. Bd. 2, 238). Vgl. schon bei Ritschl: »die den bestehenden Verhältnissen zuwider laufende Ansicht von der Kirche« ([s. Anm. 21]. Bd. 2, 322), »Gegner des geordneten Kirchenthums« ([s. Anm. 21]. Bd. 2, 341).

37 Diese Bedeutung von »radikal« impliziert das gleiche Urteil wie der »Schwärmer«-Begriff. – Vgl. auch die weitgehende Synonymität von »Fanatiker« (dem lat. Äquivalent von »Schwärmer«) und »Radikaler«.

II.

Betrachtet man die i.W. am lutherischen Pietismus orientierten Gesamtkonzeptionen, die nach dem zweiten Weltkrieg in Deutschland entwickelt wurden[38], so kann man zunächst zwei unterschiedliche Modelle der Zuordnung von kirchlichem und radikalem Pietismus antreffen.[39] Die eine Deutung betrachtet den Pietismus Speners und seiner Anhänger seinem Ursprung und Wesen nach als eine Erneuerungsbewegung innerhalb der (lutherischen) Kirche, in der genuine reformatorische Anliegen festgehalten, neu akzentuiert und weiterentwickelt werden. Der radikale Pietismus stellt dagegen das gleichzeitige Auftreten einer anderen, dem reformatorischen Christentum wesensfremden Bewegung dar. Diesen Interpretationstyp hat Emanuel Hirsch in seiner *Geschichte der neuern evangelischen Theologie*[40] dargelegt; ein Werk, das sowohl in der Großzügigkeit und immer wieder überraschenden Sicherheit des Zugriffs, des Reichtums der Gesichtspunkte und ihrer Konzentration auf das Wesentliche als auch in der literarischen Gestaltungskraft auch dort faszinierend bleibt, wo man vorgetragenen Deutungen nicht zu folgen vermag.

---

38 Die Gesamtkonzeptionen sind in mehreren Forschungsberichten dargestellt und diskutiert worden. Vgl. außer den in Anm. 1 und 2 genannten noch: Johannes Wallmann: Reformation, Orthodoxie, Pietismus. In: JGNSKG 70, 1972, 179-200; ders.: Pietismus und Orthodoxie. Überlegungen und Fragen zur Pietismusforschung. In: Geist und Geschichte der Reformation. Festgabe Hanns Rückert. Berlin 1966 (AKG, 38), 418-442 (wieder abgedr. bei Greschat [s. Anm. 3), 53-81); ders.: Die Anfänge des Pietismus. In: PuN 4, 1977/78, 11-53; Martin Schmidt: Epochen der Pietismusforschung. In: Pietismus und Reveil. Hg. v. Johannes van Berg u. Johannes P. van Dooren. Leiden 1978 (Kerkhistorische Bijdragen, 7), 22-79.

39 Noch ohne Kenntnis der Konzeptionen Hirschs und Schmidts hat Rotermund [s. Anm. 14] gewissermaßen idealtypisch zwei mögliche Betrachtungsweisen skizziert: »Die eine: Man sieht den Pietismus als eine Erweckungsbewegung innerhalb der lutherischen Kirche. Man wird dann den schwärmerischen Pietismus, ähnlich wie das Täufertum in der Reformationszeit, als den gleichzeitigen Einbruch einer an sich wesensfremden Bewegung ansehen müssen. Oder – genau umgekehrt – die andere: Man sieht den Pietismus als ein Wiederaufleben von Motiven, die einst im Schwärmertum keinen Platz in der Kirche gefunden hatten, und die nun in anderer Gestalt in der Kirche selbst aufbrechen. Man kann dann den Pietismus als *eine* Bewegung ansehen, in der hallescher und schwärmerischer Pietismus die Konsequenzen nur verschieden weit ausgezogen haben.« (104). Rotermund bemerkt dazu: »Man wird die Frage, die hier gestellt ist, nur entscheiden können, wenn man sich klar darüber wird, wo der Pietismus, geschichtlich gesehen, seine Wurzeln hat.« (ebd.).

40 Geschichte der neuern evangelischen Theologie im Zusammenhang mit den allgemeinen Bewegungen des europäischen Denkens. Bd. 2. Gütersloh (1951) [3]1964.

Hirsch behandelt nacheinander zwei voneinander scharf abgehobene geschichtliche Formationen: einerseits Spener und die an ihn sich anschließende pietistische Schule[41], andererseits den radikalen Pietismus als eine Seitenbewegung der pietistischen Zeit.[42] Der Spenersche Pietismus speise sich, wie Hirsch mit allem Nachdruck betont, aus den Wurzeln des orthodoxen Luthertums. Dies wird besonders an der Entschiedenheit deutlich, mit der Hirsch die Rechtfertigungslehre in das Zentrum der Theologie Speners stellt, auch wenn sie neue Akzente erhalte. Den gesamten, von Spener geprägten kirchlichen Pietismus kann Hirsch – in Anlehnung an seinen Lehrer Holl[43] – definieren als »eine Bewegung zur Erneuerung von Theologie und Kirche aus dem in individuell-persönliche Erfahrung überführten Rechtfertigungsglauben heraus«.[44]

Der radikale, oder wie Hirsch durchaus synonym sagen kann, schwärmerische Pietismus gehört dagegen in eine andere Genealogie. Er sei zwar historisch »mit Spener und seinen Anregungen eng verflochten«[45], doch komme Spener für den radikalen Pietismus nur auslösende Wirkung zu. Hirschs Bestimmung der Bedeutung Speners für den radikalen Pietismus kann man am ehesten mit einem chemischen Vergleich als der eines Katalysators beschreiben. Sein Auftreten setzt einen Prozess in Gang oder fördert ihn, an dessen Produkt er keinen Teil hat und mit den daran beteiligten Elementen er keine Verbindung eingeht. Ohne Bild: Durch Speners Vorschläge (Konventikel, tätiges Laienchristentum) sind nach Hirsch untergründig gärende Strömungen in der evangelischen Christenheit freigesetzt worden:

> »Überlieferungen von Schwärmertum, Täufertum und mystischem Spiritualismus der Reformationszeit, Einflüsse holländischer Täufer und radikaler, das Weiterwirken von Gedanken und Anregungen gewisser Einzelgänger, vor allem Jakob Böhmes, nicht zuletzt ein in der zweiten Hälfte des siebzehnten Jahrhunderts überall sich regendes Gefühl für das Recht der Subjektivität und Individualität und wider die Herrschaft der offiziellen kirchlichen Systeme.«[46]

---

41 Hirsch [s. Anm. 40], 91-207 (Kapp. 20-21).

42 Hirsch [s. Anm. 40], 210-317 (Kapp. 22-23).

43 Vgl. z.B. Ges. Aufsätze. Bd. 3: Der Westen. Tübingen 1928 (Reprint: Darmstadt 1964), 325, Anm. 1.

44 Hirsch [s. Anm. 40]. Bd. 2, 140.

45 Hirsch [s. Anm. 40], 208.

46 Ebd.

Als Mittel- und Bindeglied und als historischen Umschlagplatz zwischen den schwärmerischen Seitenbewegungen der Reformationszeit und dem radikalen Pietismus betrachtet Hirsch das Werk Jakob Böhmes. Bei jeder traditionsgeschichtlichen Analyse radikalpietistischer Vorstellungen stoße man »mit erstaunlicher Regelmäßigkeit«[47] auf ihn. Sein Einfluss verleihe dem radikalen Pietismus eine gewisse Homogenität; »allein von Böhme aus« könne dieser »geistig als eine Einheit aufgefaßt werden«[48], sodass Böhme unter theologiegeschichtlichem Aspekt geradezu »der Vater des radikalen Pietismus«[49] genannt wird. Die nachhaltigste Wirkung Böhmes sieht Hirsch in zwei Bereichen: im Verhältnis zur Kirche werde die schwärmerische Kirchenkritik an allen »parteiischen« Kirchentümern mit Theologenherrschaft, Lehrsatzungen, Verketzerungssucht und weltlichem Machtstreben als »Babel« aufgegriffen und weitergeführt. Gleichfalls auf die Schwärmer und Mystiker der Reformationszeit gehe die zweite nachhaltige Einwirkung zurück, die Böhme auf den radikalen Pietismus ausgeübt habe: die Verdrängung der Rechtfertigung durch die Wiedergeburt. An diesen und anderen Punkten würden »Speners Grenzziehungen«[50] deutlich überschritten. Lediglich durch Speners »Weitherzigkeit« sei das Band der Gemeinschaft mit den Radikalen »nicht immer« zerrissen.[51]

Hirschs Gesamtsicht gewinnt dadurch an Gewicht, dass er eine frühere Betrachtungsweise entschieden revidiert hat.[52] Wollte er einst eine theologische Verbindungslinie von Schwenckfeld über Böhme und Hoburg zu Spener ziehen, so führt er in seiner neuen Sicht diesen Traditionsstrang an Spener vorbei und lässt ihn in den radikalen Pietismus münden.

---

47 Hirsch [s. Anm. 40], 209.

48 Ebd, vgl. 255f.

49 Hirsch [s. Anm. 40], 209, 255.

50 Hirsch [s. Anm. 40], 239.

51 Hirsch [s. Anm. 40], 208.

52 Zum Verständnis Schwenckfelds. In: Festgabe Karl Müller. Tübingen 1922, 132-170. »Schwenckfeld ist ein Vorläufer des deutschen Pietismus. Es ist geradezu überraschend, wie sehr er im großen und im kleinen pietistische Gedanken und Wendungen vorweggenommen hat. [...] Deutlich ist, daß Val. Weigel, der auf Joh. Arndt gewirkt hat, und Christian Hoburg, von dem über Friedrich Breckling eine Linie zu Phil. Jak. Spener führt, unter Schwenckfelds Einfluß stehen – von Jakob Boehme und dessen Einwirkung auf den deutschen Pietismus ganz zu schweigen [...]. Die Geschichte der deutschevangelischen Kirchen würde erheblich an Geschlossenheit gewinnen, wenn diese Vermutungen sich bewährten. Die Brücke zwischen dem Schwärmertum der Reformationszeit und der großen pietistischen Bewegung wäre geschlagen, der Pietismus erschiene als verkirchlichtes Stadium einer schon in der Werdezeit unserer Kirche wirksamen Tendenz«. (169f.).

Das Hauptproblem, das Hirschs Konzeption aufwirft, ist die Frage nach der Einheit des Pietismus. Selbst wenn er gelegentlich Verbindungen und Berührungspunkte zwischen kirchlichem und radikalem Pietismus andeutet, läuft doch die Darstellung auf einen grundsätzlichen, geradezu exklusiven Gegensatz hinaus, der die Verwendung des gemeinsamen Gattungsbegriffs »Pietismus« nicht mehr rechtfertigen kann.

Man wird Hirsch für die strikte Trennung gewiss nicht vorschnell apologetische Motive unterstellen dürfen; allein seine überaus positive Würdigung Dippels[53] – im deutlichen Kontrast zur nahezu gesamten kirchlichen Historiographie – ist ein klares Gegenindiz. Doch muss mit Martin Brecht inhaltlich gefragt werden, »ob Hirsch mit dieser Scheidung zwischen lutherischem und radikalem Pietismus nicht die Einheitlichkeit des Pietismus verkennt und ob er mit dieser Sicht der Geistesgeschichte des 17. Jahrhunderts gerecht wird«.[54] Damit hängt ein weiterer Einwand zusammen: Ist der Einfluss Böhmes wirklich *die* dominierende und integrierende Kraft, die dem radikalen Pietismus seine gewisse Geschlossenheit verleiht oder ist hier nicht eine stärkere Vielfalt von Traditionen zu berücksichtigen?[55]

Noch einen deutlichen Schritt über Hirschs Unterscheidung geht Rolf Christian Zimmermann in seiner Kölner germanistischen Habilitationsschrift über *Das Weltbild des jungen Goethe*[56] hinaus. In den mystischen Traditionen eines »platonisch-hermetischen Christentums« sieht er »ein geistesgeschichtliches Phänomen vor und neben der Frömmigkeit des Pietismus«, das man diesem nicht als »Radikalpietismus« zuordnen (»in die Schuhe [...] schieben«) dürfe, »wie es Albrecht Ritschls Werk zum großen, langnachwirkenden Schaden unseres Verständnisses des 18. Jahrhunderts getan hat«.[57] Es handele sich um »philosophisches Treibgut«, und die Auf-

---

53 Hirsch [s. Anm. 40]. Bd. 2, 277-298.

54 Brecht [s. Anm. 2], 56.

55 Hirsch hat an einigen Stellen selbst auf nicht-böhmistische Einflüsse hingewiesen: Kirchenkritik vor und neben Böhme (238), Verdrängung der Rechtfertigung durch die Wiedergeburt (240: »Die Frage, wieweit hier für den radikalen Pietismus wirklich seine [sc. Böhmes] Einwirkung, wieweit die Schwenckfelds und Weigels oder auch die katholischer Mystiker des siebzehnten Jahrhunderts die entscheidende geworden ist, liegt etwas verwickelter als bei der Kirchenkritik.«).

56 Das Weltbild des jungen Goethe. Studien zur hermetischen Tradition des deutschen 18. Jahrhunderts. Bd. 1. München 1969. Den Hinweis auf diese Arbeit verdanke ich Hans-Jürgen Schrader.

57 Zimmermann [s. Anm. 56], 25. In einer exkursartigen Anmerkung (292-296, Anm. 65) setzt sich Zimmermann in schärfster Form mit Ritschls *Geschichte des Pietismus* auseinander, dessen »Ketzermacherei« er mit »den ältesten orthodoxen Bekämpfern

nahme durch »Geister, die dem pietistischen Frömmigkeitsideal nahestanden«, neben der die philosophisch-säkulare Rezeption stehe, sei daher sekundär. »Die primäre, entscheidende Grenzlinie«, die sich aus dem esoterischen Charakter der Traditionen ergebe, sei die Separation.[58]

Die Fragen, die an Hirschs Entwurf zu stellen sind, richten sich in verschärfter Form gegen die erheblich weitergehende Konzeption Zimmermanns. Es darf füglich bezweifelt werden, ob man von einem solchen Ansatz her dem geschichtlichen Phänomen der hier ins Auge gefassten »Seitenbewegungen« des 17. und 18. Jahrhunderts gerecht werden kann.

Die andere, zu Hirsch in wesentlichen Punkten konträre Gesamtkonzeption vertritt Martin Schmidt in seinen zahlreichen Pietismusarbeiten.[59] Zwar sucht er wie Hirsch die Bedeutung Speners in seiner theologischen Leistung zu erfassen, doch bestimmt er das Zentrum der Spenerschen Theologie im völligen Gegensatz zu Hirsch. Sieht Hirsch in der Verdrängung der Rechtfertigung durch die Wiedergeburt ein Hauptmerkmal des radikalen Pietismus, so wird bei Schmidt die Wiedergeburt gerade als »innere Mitte«[60] der Theologie Speners und als das Grundthema des ge-

---

des Pietismus« auf eine Stufe stellt (294). Die Polemik ist nicht nur – trotz zutreffender Beobachtungen – stark überzogen, sondern auch an etlichen Punkten ungerechtfertigt. Offenbar ist der Autor in seiner Verärgerung nicht über die Lektüre des ersten Bandes (aus dem sämtliche Belege stammen) hinausgelangt. Sonst könnte er kaum schreiben: »Für den Begriff des Radikalpietismus selbst kann Ritschl nicht verantwortlich gemacht werden [...] der ›Radikalpietismus‹ ist erst eine spätere Begriffsbildung [...]« (292). An anderer Stelle kritisiert Zimmermann: »Es ist verfälschend, daß er die Separatisten *ad libitum* einmal in die Darstellung einbezieht (etwa I, 411ff., über die Buttlar'sche Rotte), das andere Mal als ›über die Grenzen des Pietismus in der reformierten Kirche hinausreichend‹ unbehandelt läßt (I, 427; Wittgensteiner Separatismus, Philadelphier in Berleburg, die Inspirationsgemeinden).« Diese stellt Ritschl aber, weil sie in den lutherischen Rahmen gehören, in Bd. 2 (351ff., 366ff.) dar, während die Buttlarsche Rotte als dem Wirkungskreis des *reformierten* Horche zugehörig in Bd. 1 behandelt wird.

58 Zimmermann bezieht sich ausdrücklich auf Ehregott Daniel Colberg: Das Platonisch-Hermetisches [sic!] Christenthum. Bde. 1-2, Frankfurt/Main, Leipzig 1690-91.

59 Für die Gesamtkonzeption bes. wichtig: Art. »Pietismus«. In: RGG^3 5, 1961, 370-381; Einleitung zu: Das Zeitalter des Pietismus. Hg. v. Martin Schmidt u. Wilhelm Jannasch. Bremen 1965 (KlProt, 6), IX-XLVIII; die Aufsätze: Speners Pia Desideria, und: Speners Wiedergeburtslehre, beide z.T. erweitert wieder abgedr. in: ders.: Wiedergeburt und neuer Mensch. Witten 1969 (AGP, 2), 129-168, 169-194, und bei Greschat [s. Anm. 3], 9-33, 113-166; Pietismus. Stuttgart 1972 (UB, 145), und die Darstellung des Pietismus in: Ökumenische Kirchengeschichte. Hg. v. Raymund Kottje u. Bernd Moeller. Bd. 3. Mainz, München ²1979, 53ff.

60 Schmidt, Wiedergeburt und neuer Mensch [s. Anm. 59], 171. »Die scharfe Abgrenzung von der Rechtfertigung bildet dabei den Ausgangspunkt« (171/173).

samten Pietismus, des radikalen wie des kirchlichen, reklamiert. Die theologiegeschichtlichen Vorbilder für die dominierende, die Rechtfertigung absorbierende Stellung der Wiedergeburt bestimmt Martin Schmidt – hierin konform mit Hirschs Analyse – im Spiritualismus des 16. und 17. Jahrhunderts. Die theologische Ahnenreihe reiche über Christian Hoburg, der in Schmidts Pietismus-Konzeption eine Schlüsselfigur darstellt, auf Schwenckfeld zurück.[61]

Ist aber das theologische Kernstück pietistischer Theologie ein Erbe aus dem mystischen Spiritualismus, so wird dieser »der sachlich wichtigste Vorläufer des Pietismus«[62], und es nimmt daher nicht wunder, dass auch andere spiritualistische Tendenzen, die Hirsch im radikalen Pietismus wirksam sieht (z.B. in der Sakramentsauffassung[63]) bei Schmidt als für den gesamten Pietismus charakteristisch dargestellt werden.

Die theologische Leistung Speners und des (kirchlichen) Pietismus bestehe darin, dass berechtigte, urchristliche Anliegen, die in der Reformation keinen Raum in der evangelischen Kirche fanden, und neben der Kirche fortbestanden, kirchlich integriert, in das reformatorische Erbe eingebunden und mit ihm verschmolzen worden seien.[64]

Wie versteht Schmidt aber den radikalen Pietismus? Dabei handele es sich um den nicht im (kirchlichen) Pietismus aufgegangenen, sondern an seiner Seite als Protest, als Mahner und Warner fortlebenden mystischen Spiritualismus.[65] Der Vorzug dieser Gesamtkonzeption besteht darin, dass Schmidt den Zusammenhang beider Gruppierungen, der – wie er für Nordwestdeutschland aufzuzeigen sucht – überall »so wohl sachlich, als auch geographisch« klar zutage trete[66], durch die gemeinsame Verwurzelung im mystischen Spiritualismus plausibel erklären kann. Das theologisch stärkste Bindeglied ist für ihn das Verständnis der Wiedergeburt, das sowohl das Selbstverständnis der kirchlichen als auch der radikalen Pietisten begründe.[67]

---

61 Schmidt, Wiedergeburt und neuer Mensch [s. Anm. 59], 178. Vgl. die Zustimmung zu Hirschs Schwenckfeld-Aufsatz, ebd., Anm. 63.

62 RGG³ 5, 372.

63 RGG³ 5, 371.

64 RGG³ 5, 371f. u.ö.

65 RGG³ 5, 376; Zeitalter XLI; Pietismus, 123; Ökumen. Kirchengeschichte III, 61.

66 Der Pietismus in Nordwestdeutschland. In: JGNSKG 70, 1972, 178.

67 Zeitalter XVII: »Im Wiedergeburtsgedanken finden sich alle Pietisten.«

Nun ist aber gerade die zentrale Rolle der Wiedergeburtslehre das Herzstück der Pietismusdeutung Schmidts, im Hinblick auf Spener energisch bestritten worden und Schmidt hat frühere Aussagen dahingehend modifiziert, dass die Rechtfertigung für Spener den theologischen Mittelpunkt bilde, aber in den Wiedergeburtsprozess integriert sei. Zugleich wird die traditionsgeschichtliche Linie zu Hoburg fraglich.[68] Mit all dem wird die Wiedergeburtslehre als entscheidende Gemeinsamkeit zwischen allen Pietisten zweifelhaft.[69] Weiterhin lässt sich fragen, warum Schmidt nicht die Traditionskette des pietistischen »Grundthemas« der Wiedergeburt bei Johann Arndt verankert hat und warum nicht schon Arndt, der umfangreiche spiritualistische Überlieferungen kritisch revidierend »verkirchlicht« hat[70], als »Pietist« gelten kann.[71] Aus der genaueren Untersuchung der Arndt-Rezeption im 17. Jahrhundert und der Beobachtung, dass es schon unter den Arndt-Schülern einen linken, heterodoxen Flügel (Breler, Hoburg) gab[72], könnten sich interessante Perspektiven für die Betrachtung des radikalen Pietismus am Ende des 17. und im frühen 18. Jahrhundert ergeben.

Das ungelöste Hauptproblem bei Schmidts Behandlung des radikalen Pietismus liegt in der in seinem Grundkonzept angelegten Schwierigkeit, sie als radikale *Pietisten* zu präsentieren. Es wird nicht klar, welche Rolle Spener für den radikalen Flügel spielt und welche Bedeutung den an seinem Werk gewonnenen Kriterien zur Definition von Pietismus für die Bestimmung der radikalen Erscheinungsformen zukommt.

Hirsch hatte aus seiner Sicht völlig konsequent zwei »Väter« des Pietismus namhaft gemacht: Spener für den kirchlichen Pietismus, Böhme für den radikalen Flügel. Die Anfänge der radikalen Bewegung liegen also

---

68 Vgl. Johannes Wallmann: Wiedergeburt und Erneuerung bei Philipp Jakob Spener. In: PuN 3, 1977, 7-31.

69 Hier wie bei anderen theologischen Vergleichspunkten darf man freilich Einheit und Differenzen zwischen kirchlichem und radikalem Pietismus nicht ausschließlich und vorrangig an Spener und an herausragenden Gestalten der Radikalen bestimmen, sondern muss auch die Anschauungen weniger profilierter Vertreter beider »Lager« untersuchen und vergleichen. Die Vermutung liegt nahe, dass im Bereich pietistischer Mediocrität die Positionen dichter beieinander liegen.

70 Vgl. Edmund Weber: Johann Arndts vier Bücher vom wahren Christentum. Hildesheim [2]1978 (Studia irenica, 2).

71 Vgl. die Erörterung bei Wallmann, Anfänge [s. Anm. 38], 40ff.

72 Vgl. Johannes Wallmann: Herzog August zu Braunschweig und Lüneburg als Gestalt der Kirchengeschichte. Unter besonderer Berücksichtigung seines Verhältnisses zu Johann Arndt. In: PuN 6, 1980, 9-32, bes. 24-28.

etwa ein halbes Jahrhundert vor denen des kirchlichen Pietismus. Einen gewissen Einschnitt stellt das Wirken Speners für die Geschichte der Radikalen nur insofern dar, als nach Hirschs Meinung die schwärmerischen Strömungen durch Speners Auftreten freigesetzt werden und aus dem Untergrund in die Öffentlichkeit treten. Unter diesem Aspekt kann er die Radikalen der *pietistischen Zeit* als radikale »Pietisten« von ihren Vorgängern abgrenzen.

Schmidt steht vor gleichen Fragen. Wenn der radikale Pietismus die geradlinige Fortsetzung des mystischen Spiritualismus ist, was rechtfertigt dann die Bezeichnung radikaler *Pietismus?* Überdies fällt auf, dass Schmidt unter den Repräsentanten des radikalen Pietismus die Böhme-Schüler Kuhlmann, Gichtel und Breckling aufführt[73], deren Wirken zu einem erheblichen Teil vor dem Beginn des Pietismus (den Schmidt bekanntlich auf 1675 datiert)[74] liegt; einen Wandel in den Anschauungen der Genannten nach 1675 will Schmidt doch wohl nicht behaupten.

Ein weiterer Aspekt tritt hinzu: Schmidt hat besonders die »Verkirchlichung« mystisch-spiritualistischer Traditionen als konstitutives Element seines Pietismusverständnisses hervorgehoben. Das bedeutet aber, wie Greschat scharfsinnig angemerkt hat, dass »von diesem Ansatz her es den radikalen Pietismus nicht länger als legitimes Element im Gesamtbild des Pietismus geben konnte«.[75] Denn gemessen an jenem Kriterium waren zwar verschiedene Möglichkeiten und Abstufungen der Verkirchlichung denkbar, »wo diese jedoch fehlte, konnte folgerichtig nicht von Pietismus, sondern lediglich von mystischem Spiritualismus die Rede sein«.[76]

Martin Schmidt scheint dies selbst so zu sehen.[77] Wenn er von radikalem Pietismus spricht, ist das offenbar nur eine Konzession an den gängigen Sprachgebrauch, bleibt also letztlich wie bei Hirsch eine begriffliche

---

73 RGG^3 5, 376; Pietismus, 124-126.

74 RGG^3 5, 373.

75 Einleitung [s. Anm. 3], 1.

76 Schmidt, Einleitung [s. Anm. 3], 2.

77 »Der mystische Spiritualismus ging nicht im P[ietismus] auf, sondern lebte als Protest, als ›radikaler‹ und ›separatistischer‹ P[ietismus] weiter.« (RGG^3 5, 376). »Der mystische Spiritualismus war durch den Pietismus keineswegs erstickt worden oder abgestorben. Vielmehr blieb er [...] an seiner Seite [...]« (Pietismus, 123). »Eine der Hauptschwierigkeiten für den kirchlichen Pietismus lag darin, sich gegen den mystischen Spiritualismus abzugrenzen, ohne ihn vor den Kopf zu stoßen und sein Vertrauen zu verlieren.« (Pietismus, 124) In Schmidts Ausführungen in der *Ökumenischen Kirchengeschichte* begegnet der Begriff »radikaler Pietismus« überhaupt nicht, hier ist nur von mystischem Spiritualismus die Rede (61f.).

Inkonsequenz, die das Grundkonzept verschleiert. Zugespitzt könnte man sagen: Eigentlich ist bei Schmidt der mystische Spiritualismus der Oberbegriff, der Pietismus seine kirchliche Variante.

So führen beide konträre Gesamtkonzeptionen zu dem überraschenden, hierin übereinstimmenden Ergebnis: Von einem radikalen *Pietismus* kann man strenggenommen gar nicht sprechen; die so benannten Personen und Gruppen sind nicht dem Pietismus zuzurechnen – bei Hirsch müsste die unterschiedliche Ahnenreihe bei kirchlichen Pietisten und außerkirchlichen Radikalen eigentlich den Gebrauch eines gemeinsamen Oberbegriffs verwehren; nach Schmidt ist zwar ein gemeinsamer Stammbaum vorhanden, doch fehlt hier den Radikalen das den Pietismus konstituierende Mutationsmerkmal der Verkirchlichung. Sowohl für Hirsch als für Schmidt ist letztlich allein der *kirchliche* Pietismus *der* Pietismus.

Da es mir hier nur auf die Grundtypen der Zuordnung von kirchlichem und radikalem Pietismus ankommt, gehe ich auf die Gesamtkonzeptionen von Friedrich Wilhelm Kantzenbach[78] und Erich Beyreuther[79] nicht näher ein. Beide folgen in der Beurteilung des radikalen Pietismus i.W. der Interpretation Hirschs (mit der Kantzenbachs Anschluss an Schmidts These von der Wiedergeburt als Zentrum der Theologie Speners freilich in unausgeglichener Spannung steht).[80] Über Hirschs Konzeption führen auch zwei Feststellungen Beyreuthers hinaus, auf die noch zurückzukommen sein wird: Einmal verweist er auf die Einwirkung Böhmes auch im kirchlichen Pietismus, zum andern betont er, »wie fließend die Grenzen zwischen dem kirchlichen und dem schwärmerischen Pietismus wurden«.[81]

Die großen Entwürfe von Emanuel Hirsch und Martin Schmidt sind in ihrer Konzentration auf den lutherischen Pietismus Deutschlands, den beide mit Spener beginnen lassen, repräsentativ für eine in der deutschen Forschung nach 1945 dominierende Tendenz. Auch wenn die Rede von einem niederländischen oder gar englischen Pietismus nicht gänzlich verschwand, so konzentrierten sich doch alle Energien auf die Erforschung des lutherischen Pietismus und seiner Hauptvertreter. Außer dem radikalen wurde auch der kirchliche reformierte Pietismus in Deutschland zum stark vernachlässigten Stiefkind.[82]

---

78 Orthodoxie und Pietismus. Gütersloh 1966 (Evangelische Enzyklopädie 11-12).

79 S. Anm. 4.

80 Greschat [s. Anm. 1], 224f.; Brecht [s. Anm. 2], 55.

81 Geschichte des Pietismus [s. Anm. 4], 27.

82 Vgl. den Forschungsbericht von Heiner Faulenbach: Die Anfänge des Pietismus bei den Reformierten in Deutschland. In: PuN 4, 1977/78, 190-234.

Die zweibändige Geschichte des Pietismus aus der Feder des amerikanischen Forschers F. Ernest Stoeffler[83] knüpft dagegen wieder an die ältere Forschung (Heppe, Lang) an und nimmt seinen Ausgangspunkt erneut im englischen Puritanismus. Er sieht die Ursprünge des Pietismus in einem Drängen der nachreformatorischen Zeit auf »religious experience« begründet, das gleichermaßen in England wie auf dem Kontinent zu beobachten sei. Die hiervon ausgehende phänomenologische Betrachtungsweise ermöglicht es Stoeffler, als »Pietismus« eine breite und vielgestaltige, in den wesentlichen Merkmalen aber gleichartige Frömmigkeitsströmung in England, den Niederlanden und Deutschland aufzuzeigen, die sich am prägnantesten als »experential religion« definieren lässt; sie reicht vom puritanischen Pietismus eines William Perkins bis zum »Neupietismus« eines Jung-Stilling.

Das Kapitel über »Radical Pietism«[84] bringt insofern eine Überraschung, als die Verwendung dieses Begriffs geographisch auf Deutschland und zeitlich etwa auf die Ära Speners und Franckes beschränkt bleibt. Von Stoefflers Ansatz her müsste man ja erwarten, dass er unter diesem Begriff alle radikalen Ausprägungen der »pietistischen« Frömmigkeit des ganzen 17. Jahrhunderts (wie auch immer »radikal« unter diesem Aspekt zu bestimmen wäre) erfasst hätte. Dagegen begegnet hier exakt nur jener Personenkreis, der z.B. auch bei Hirsch als radikale Seitenströmung der pietistischen Zeit behandelt wird.[85] Der ausschließliche Gebrauch der Bezeichnung »Radical Pietism« für diesen Kreis orientiert sich an einem engeren Pietismusbegriff, die Terminologie steht hier in Spannung zur Gesamtkonzeption.[86]

Stoeffler gibt keine explizite Definition, was er unter Radikalpietismus versteht. Die Berechtigung, die vorgeführten Personen und Gruppen trotz ihrer Heterogenität als Einheit zu behandeln, resultiert aus einer traditionsgeschichtlichen Analyse und einem phänomenologischen Vergleich ihrer Besonderheiten.

---

83 The Rise of Evangelical Pietism. Leiden 1965 (SHR, 9); German Pietism in the Eighteenth Century. Leiden 1973 (SHR, 24).

84 German Pietism [s. Anm. 83], 168-216. Während der erste Band (*The Rise*) erhebliche Literaturlücken aufweist und häufig auf älteren Arbeiten fußt, ist der zweite Band meist »up to date« und hat gerade auch bei der Darstellung des Radikalpietismus verstreute Zeitschriftenaufsätze beigezogen.

85 Stoeffler gliedert: »major voices« (Arnold, Dippel, Tersteegen), »other Radicals« und »German Philadelphianism«.

86 Stoeffler setzt sich lediglich mit Tendenzen auseinander, den Pietismusbegriff auf »intra-confessional developments« zu beschränken (German Pietism [s. Anm. 83], 168, Anm. 1).

Im Gegensatz zu Hirsch, dem er eine Überschätzung der böhmistischen Einflüsse vorwirft[87], stellt Stoeffler drei Ströme mystischer Frömmigkeit heraus, die im radikalen Pietismus zusammengeflossen seien: ein von Arndt kommender Traditionsstrang, der in der zweiten Hälfte des 17. Jahrhunderts wachsende Einfluss Böhmes und die Einwirkung des romanischen Quietismus.

Trotz der vielfältigen Unterschiede beobachtet Stoeffler unter den radikalen Pietisten »an amazing unanimity of religious sentiment«.[88] In folgenden Punkten fasst er die verbindenden Topoi zusammen: Bekehrungserfahrung, gefühlsmäßige (»affective«) Vereinigung mit Gott, Liebe als Kern des Evangeliums, frommes Leben nach urchristlichen Maßstäben, Absonderung von der »Welt« und von dem äußerlichen Kirchenwesen, Freiheit von theologischen, kirchlichen und politischen Beschränkungen und Zwängen; sehr häufig Apokatastasis-Vorstellungen und Sexualfeindlichkeit.[89]

Es ist zweifellos ein Verdienst von Stoefflers Entwurf, die weiträumigen Zusammenhänge einer frömmigkeitsgeschichtlichen Strömung eindrücklich auszubreiten und dadurch wesentliche Aspekte der Geistesgeschichte des 17. und 18. Jahrhunderts zu beleuchten.[90] Aporien, die aus engeren Begriffsbestimmungen des Pietismus resultieren, sowie Rücksichten auf die internationale und interdisziplinäre (Literatur-, Musikgeschichte) Forschung sprechen dafür, die Verwendung der Bezeichnungen »Pietismus« und »pietistisch« in einem weiten Sinn, d.h. in dem durch Stoeffler markierten inhaltlichen, zeitlichen und geographischen Rahmen offenzuhalten.[91] Die Nachteile, dass ein solcher Sprachgebrauch sich von dem historischen Haftpunkt des Pietismusbegriffs löst und mindestens das *historische*

---

87 »It would seem, however, that by focussing almost exclusively upon Boehmism E. Hirsch tends to over-state the Boehmist influence [...] Still, Boehmism is an important element in the soil out of which radical Pietism came.« (German Pietism [s. Anm. 83], 169, Anm. 2).

88 German Pietism [s. Anm. 83], 215.

89 Ebd.

90 In diesem Zusammenhang sind die Arbeiten Winfried Zellers zu erwähnen, der von einer um 1600 angesetzten »Frömmigkeitswende« (Nicolai, Arndt, Herberger) her das 17. und die erste Hälfte des 18. Jahrhunderts unter frömmigkeitsgeschichtlichem Aspekt als eine Epoche betrachtet. Vgl. vor allem die Einleitung zu: Der Protestantismus des 17. Jahrhunderts. Hg. v. Winfried Zeller. Bremen 1962 (KlProt, 5), XIII-LXVI (wieder abgedr. in: ders.: Theologie und Frömmigkeit. Ges. Aufsätze. Hg. v. Bernd Jaspert. Marburg 1971, 85-116).

91 Vgl. Wallmann, Anfänge [s. Anm. 38], 53.

Proprium der sich an Spener anschließenden Bewegung verschwimmt, überwiegen m.E. aber deutlich die Vorzüge.

Das zeigt sich auch bei der Behandlung des radikalen Pietismus. Gegenüber der traditionsgeschichtlichen Analyse und der deskriptiv-vergleichenden Phänomenologie gerät bei Stoeffler »the Spener-Halle movement« als *historischer Kontext* der Radikalen fast ganz aus dem Blick. Ohne Spener – und sei es selbst nur in der von mir als Katalysator-Funktion charakterisierten Bedeutung, die Hirsch ihm für die Radikalen beimisst (aber ohne Katalysator laufen eben bestimmte Prozesse nicht!) – ist die Erscheinung des Radikalpietismus geschichtlich nicht adäquat zu verstehen.

III.

Die folgende Erörterung von Einzelbeiträgen beschränkt sich wie schon die Skizze der Gesamtkonzeptionen auf die Forschung nach 1945, doch musste häufiger auf ältere Untersuchungen als notwendige forschungsgeschichtliche Kontrastfolien zurückgegriffen werden.

Es soll in erster Linie darum gehen, in einer *tour d'horizon* die Gestalten, Gruppen und Probleme vorzustellen, die Gegenstand neuerer Untersuchungen geworden sind. Auf einige Arbeiten wird etwas breiter eingegangen, weil sie besondere Lichtblicke in einer insgesamt recht trüben Forschungssituation darstellen. Wenn auch die Kritik an anderen Untersuchungen relativ ausführlich ausfällt, so deshalb, um exemplarisch auf Mängel hinzuweisen (die keineswegs nur auf diese Arbeiten beschränkt sind), die vielfach Fortschritte bei der Erforschung des radikalen Pietismus verhindern.

Die Reihung der Arbeiten folgt mehr oder weniger assoziativ geographischen oder sachlichen Zusammenhängen. Ganz ausgeklammert habe ich den Labadismus in Deutschland, weil er schon in einem früheren Forschungsbericht behandelt worden ist[92]; Zinzendorf und die Herrnhuter Brüdergemeine, weil sie trotz gewisser radikalpietistischer Strukturelemente deutlich einen – auch forschungsgeschichtlichen – Sonderfall darstellt[93]; sowie den Württemberger Spätpietismus, der gleichfalls einen besonderen Komplex bildet.

---

92 Vgl. dazu den Forschungsbericht Faulenbachs: Die Anfänge des Pietismus bei den Reformierten in Deutschland. In: PuN 4, 1977/78, 220ff.

93 Vgl. die kurzen Bemerkungen Hirschs, Geschichte [s. Anm. 40]. Bd. 2, 298f.

Die erste monographische Behandlung des deutschen radikalen Pietismus überhaupt hat der aus der Church of the Brethren stammende Amerikaner Chauncey D. Ensign 1955 in einer Dissertation vorgelegt, die leider kaum bekannt geworden ist.[94]

Es handelt sich dabei in erster Linie um eine zusammenfassende Bestandsaufnahme der Forschung. Ensign hatte in Max Goebels noch immer durch ihren Materialreichtum unersetzlichen rheinisch-westfälischen Kirchengeschichte[95] und Ritschls, Goebel nachgearbeiteter[96], immer wieder auf dessen Material rekurrierender, wenngleich in der Beurteilung konträrer, Geschichte des Pietismus eine solide Basis. Weitere ältere und neuere Spezialuntersuchungen zu einzelnen radikalen Gestalten und Gruppen hat er eifrig und verständig ausgewertet. Ferner ist das Bemühen erkennbar, über die Sekundärliteratur auf die Quellen zurückzugreifen, und es ist auch eine ganze Reihe wichtiger Werke des 17. und 18. Jahrhunderts benutzt. (Wenn hier, wie bei der Sekundärliteratur, gelegentlich empfindliche Lücken klaffen, wird man einer amerikanischen Dissertation die erheblichen Schwierigkeiten bei der Beschaffung der einschlägigen Literatur zugute halten müssen.)

Eine Übersicht mag einen Eindruck von der inhaltlichen Fülle vermitteln: Nach einleitenden Bemerkungen zur Forschungssituation und definitorischen Klärungen will Kap. I ein Bild vom geschichtlichen Hintergrund des Pietismus entwerfen; hier wird ein breites Spektrum von Bewegungen des 17. Jahrhunderts erfasst, deren Einflüsse im kirchlichen und/oder radikalen Pietismus nachwirken (Täufertum, Spiritualismus, Theosophie, Böhme, Arndt und die lutherische Erbauungsliteratur, reformierter Pietismus in den Niederlanden und seine frühen Erscheinungsformen in Deutschland, Labadismus und radikale Einzelgänger). Kap. II skizziert Speners und Franckes Lebenswerk und charakterisiert ihr Verhältnis zum radikalen Pietismus. Kap. III zeichnet fünf Biographien führender Radikalpietisten nach (Gichtel, die Petersens, Arnold, Dippel, Hochmann). Kap. IV schildert die ersten radikalen Aktivitäten, angefangen von der philadelphischen Sozietät der Jane Leade und ihren deutschen Anhängern, über die frühe radikale Agitation in Hessen, Wittgenstein, Straßburg und Württemberg bis zur Buttlarschen Rotte, und verzeichnet die frühen Einflüsse der

94 Radical German Pietism (c. 1675–c. 1760). Diss. phil. Boston 1955.

95 Geschichte des christlichen Lebens in der rheinisch-westphälischen evangelischen Kirche. Bde. 2 u. 3. Koblenz 1852-1860; vgl. dazu Martin Schmidt: Epochen der Pietismusforschung. In: Pietismus und Reveil [s. Anm. 38], 31-34; J. F. Gerhard Goeters: Max Goebel. In: MRKG 8, 1959, 1ff.

96 Vgl. Ritschl [s. Anm. 21]. Bd. 1, 6.

romanischen Mystik. Die Kap. V und VI behandeln die Gruppenbildungen der Neutäufer und Inspirierten. Kap. VII ist der Blütezeit des Radikalpietismus gewidmet: den Berleburger Philadelphiern mit ihren literarischen Hauptwerken, der *Berleburger Bibel* und der *Geistlichen Fama*; Edelmann, Zinzendorf und die Ronsdorfer folgen. »Radical Pietist beliefs and practises« werden in Kap. VIII systematisierend in drei Komplexen zusammengefasst: Kirchenverständnis, einzelne Lehranschauungen, Verhältnis zu Staat und Gesellschaft, bevor Kap. IX mit einem zusammenfassenden Rückblick und kurzem Ausblick auf die Wirkungsgeschichte schließt.

Ensign hat für sein Gesamtverständnis und in zahlreichen Einzelheiten wesentliche Anregungen aus Hirschs theologiegeschichtlicher Analyse der Radikalen (»the best work in this field«) aufgegriffen. Vor allem stellt er Hirschs These vom Einfluss Böhmes als dem für die Einheit der radikalen Bewegung konstitutiven Faktor betont in das Zentrum seiner Untersuchung (»Boehmism as a unifying principle«). Die Entschlossenheit, mit der Ensign diese These in der Einzeldarstellung durchführt, böhmistischen Motiven bei den einzelnen Vertretern nachspürt und in eine ganz in böhmistischen Konturen gezeichnete Systematik der Anschauungen münden lässt, gehört gewiss zu den eindrücklichsten Aspekten seiner Arbeit, auch wenn man ihm in dieser Sicht nicht zu folgen vermag. Obwohl die Untersuchung auf einer breiteren Basis erfolgt als bei Hirsch, der nur die theologiegeschichtlich wirksamen Personen behandelt, bleiben die bereits gegenüber Hirsch vorgebrachten Einwände bestehen. Erst wenn andere Traditionen mit gleicher Energie analysiert sind, wird sich ein ausgewogenes Bild ergeben.

Ein erhebliches, aber eher nur oberflächlich erörtertes Problem ist der innere Zusammenhang mit dem kirchlichen Pietismus, an dem Ensign anders als Hirsch festhalten will, der aber bei der einseitigen Betonung des Böhmismus der Radikalen fragwürdig werden muss.

Der Wert der Darstellung Ensigns hängt nicht an der Stichhaltigkeit der Hauptthese; er liegt vielmehr in der informativen und übersichtlichen Orientierung über die wichtigsten Gestalten und Gruppierungen des radikalen Pietismus. Trotz mancher Untiefen und Lücken vermittelt sie eine Fülle von trefflichen Beobachtungen und Perspektiven und bleibt ein anregendes Werk.

Unter den einzelnen Repräsentanten des radikalen Pietismus nehmen, wie schon zu Anfang erwähnt, Gottfried Arnold und Gerhard Tersteegen in der Forschung eine Sonderstellung ein. Die neueren Arbeiten von Büchsel, Stählin, Dörries, Benz, van Andel und Zeller sind schon in früheren Forschungsberichten von Greschat und Brecht gewürdigt worden, auf die ich verweisen kann.[97] Die wichtigste ältere und die neuere Literatur über Arnold, deren Gros sich mit der *Kirchen- und Ketzerhistorie* beschäftigt, ist zusammengestellt in Martin Schmidts TRE-Artikel.[98]

Noch einmal soll hier aber auf die bereits 1935 veröffentlichte Dissertation von Heinz Renkewitz über Hochmann von Hochenau hingewiesen werden, die erfreulicherweise mit einem Nachtrag in den AGP wieder aufgelegt wurde.[99] Sie stellt in ihren umfassenden Quellenrecherchen und sorgfältigen Auswertungen des handschriftlichen und gedruckten Materials[100], in der sensiblen Beobachtung des historischen Kontexts, der Entwicklungen Hochmanns und der Einflüsse, die auf ihn wirkten und von ihm ausgingen, eine musterhafte Biographie dar, für die es aus dem Bereich des radikalen Pietismus kein vergleichbares Seitenstück aus neuerer Zeit gibt. Es wäre zu wünschen, dass sich künftige Arbeiten zu anderen Radikalpietisten an den hier gesetzten Maßstäben orientierten.

Das ist leider nicht der Fall in den beiden Marburger Dissertationen von Karl Ludwig Voss und Norbert Fehringer und deshalb besonders bedauerlich, weil sie den Schlüsselfiguren Dippel und Horche gelten.

Johann Konrad Dippel, für die Orthodoxen der »Erzfanaticus« schlechthin, war seit Wilhelm Benders Darstellung[101] nicht mehr Gegenstand einer monographischen Behandlung gewesen. Wilhelm Diehl, der emsige Erforscher der hessen-darmstädtischen Kirchengeschichte, hatte u.a. aus Gießener Universitätsakten neue biographische Erkenntnisse gewonnen und ein Epicedium Dippels aus seiner orthodoxen Studienzeit entdeckt.[102] Erich

---

97 Greschat [s. Anm. 1], 251-253; Brecht [s. Anm. 2], 67-70.

98 TRE 4, 1979, 135-140. Zu ergänzen sind die von Renate Riemeck herausgegebene, bes. auf die »progressiven Tendenzen« in der Kirchengeschichte konzentrierte Auswahl: Gottfried Arnold: Unparteiische Kirchen- und Ketzerhistorie. Leipzig 1975; ferner: Wolfgang A. Bienert: Ketzer oder Wahrheitszeuge. Zum Ketzerbegriff Gottfried Arnolds. In: ZKG 88, 1977, 230-246; Roger Friedrich: Studien zur Lyrik Gottfried Arnolds. Diss. phil. I. Zürich 1969; Martin Schulz: Johann Heinrich Sprögel und die pietistische Bewegung Quedlinburgs. Diss. theol. Halle/Saale 1974; Wilhelm August Schulze: Der Verlauf der Missionsgeschichte nach Gottfried Arnold. In: ZKG 64, 1952/53, 260-291.

99 Hochmann von Hochenau (1690-1721). Quellenstudien zur Geschichte des Pietismus. Witten 1969 (AGP, 5).

100 Dass sich gelegentlich noch Dokumente finden, die Renkewitz unbekannt geblieben sind und eine Modifikation einzelner Beurteilungen erforderlich machen (vgl. meinen Beitrag: Hochmann von Hochenau and Inspirationism. A Newly Discovered Letter. In diesem Band 221-255), ändert an dem hohen Lob nichts.

101 S.o. Anm. 22.

102 Neue Beiträge zur Geschichte Johann Dippels in der theologischen Periode sei-

Seeberg hatte Dippel als Arnold-Schüler charakterisiert,[103] Heinz Laag ihn im Gefolge Benders als Bahnbrecher der Aufklärung skizziert.[104] Der schwedische Kirchenhistoriker Hilding Pleijel stellte das Wirken Dippels in Schweden und die schwedischen Dippelianer dar.[105]

In der Literatur nach dem Zweiten Weltkrieg ließ Emanuel Hirsch Dippel eine eindringliche, überaus positive Würdigung zuteil werden, in der er von Dippels Kritik an der orthodoxen Rechtfertigungslehre her die Problemsituation der neuzeitlichen evangelischen Soteriologie entfaltete.[106] Martin Schmidt ging auf Dippels Verständnis von der »Teilnahme an der göttlichen Natur« ein.[107] Walter Rustmeier betrachtete in größerem Kontext erneut Dippels Wirksamkeit in Schweden[108] und untersuchte anhand neuer Quellen Dippels Aufenthalt und Wirkungen in Schleswig-Holstein.[109] So war es durchaus kein brachliegendes Feld, das Voss bei seinen Studien über Christianus Democritus vorfand.[110]

Die Dissertation verfolgt ein doppeltes Ziel: Ein erster, biographischer Teil soll »mit Hilfe von bisher nicht benutztem Archivmaterial und unter Einbeziehung neuerer Spezialuntersuchungen« einen bislang fehlenden, wissenschaftlich befriedigenden Bericht über Dippels Leben geben; ein zweiter, systematischer, eine Darstellung von Dippels Anthropologie und »der aus ihr abgeleiteten Ekklesiologie« bieten.

---

nes Lebens. In: BHKG 3, 1908, 135-184; ders.: Ein Klagelied Johann Konrad Dippels über Darmstadts Heimsuchung. In: Darmstädter Tagblatt 1912, Nr. 199 vom 24. August, 14f.

103 Gottfried Arnold, Die Wissenschaft und die Mystik seiner Zeit. Meerane/S. 1923 (Reprint: Darmstadt 1964), 551-566.

104 Der Pietismus ein Bahnbrecher der deutschen Aufklärung. In: ThBl 3, 1924, 269-277.

105 Der schwedische Pietismus in seinen Beziehungen zu Deutschland. Lund 1935 (LUÅ, 1,31), 172ff.

106 Geschichte [s. Anm. 40]. Bd. 2, 277-298.

107 Teilnahme an der göttlichen Natur. 2 Petr 1,4 in der theologischen Exegese des Pietismus und der lutherischen Orthodoxie. In: ders., Wiedergeburt [s. Anm. 59], 261f.

108 Die Nachwirkungen des deutschen Pietismus in Schweden. Diss. theol. [masch.] Kiel 1955.

109 Johann Konrad Dippel in Schleswig-Holstein. In: SVSHKG 14, 1956, 36-50; 15, 1957, 91-116; 16, 1958, 148-169; 17, 1959/60, 69-76.

110 Christianus Democritus. Das Menschenbild bei Johann Conrad Dippel. Ein Beispiel christlicher Anthropologie zwischen Pietismus und Aufklärung. Leiden 1970 (vorher Diss. theol. Marburg 1968).

Nicht nur gemessen an diesen hohen Ansprüchen, sondern auch im Vergleich zur vorhandenen Literatur ist das Ergebnis recht dürftig. Liest man etwa Diehls Beiträge zur frühen Lebensgeschichte Dippels (bis 1702) und Voss' Schilderung desselben Zeitraums nacheinander, so kann man nur einen enormen Informationsverlust[111], z.T. sogar den Rückfall hinter längst erreichte Forschungsresultate[112], beklagen. »Bisher nicht benutztes Archivmaterial« vermag ich kaum zu entdecken.[113] Selbst die Disputation über die Versöhnung aus dem Berleburger Archiv, die Voss abdruckt,[114] ist zwar unveröffentlicht, aber keineswegs unbekannt; nicht Zinzendorf ist hier der Kontrahent Dippels, sondern – aufgrund einer Notiz in Oetingers Autobiographie längst identifiziert – der damalige Berleburger Hofkaplan Struensee.[115] Die Schilderung der Lebensgeschichte Dippels schließt sich

111 Diehl hatte z.B. aus den Gießener Universitätsakten ermittelt, dass Dippel während seines Gießener Studiums als Beneficiarius der Stipendiatenanstalt angehörte, die schon unter dem pietistischen Einfluss ihres Ephorus, Prof. Johann Heinrich May, stand, bei dem Dippel aber nie hörte, sondern bei Mays Gegner, dem orthodoxen Philosophieprofessor Schlosser, bei dem er auch zum Magister promovierte. Diehl hatte auch ermittelt, dass Dippel ein Jahr lang Prinzeninformator am landgräflichen Hof war und in dieser Position seine weitere akademische Laufbahn vorbereitete. Von all dem und vielem anderen erfährt man bei Voss nichts.

112 Dippel hat für seine Bekehrung Gottfried Arnold und zwei ungenannten Gefährten, die mit diesem 1697 nach Gießen kamen, eine entscheidende Rolle zugewiesen. Voss meint (17): »Es scheint müßig, hier raten zu wollen, da es keinerlei Anhaltspunkte gibt.« Nun hatte aber schon Ritschl [s. Anm. 21]. Bd. 2, 323, Anm. 2 aus Notizen im *Hessischen Hebopfer* die beiden als Johann Christian Lange und Andreas Schilling identifiziert, und Diehl (Neue Beiträge [s. Anm. 102], 149-151) war unabhängig von Ritschl und aufgrund anderer Quellen zu demselben Ergebnis gelangt. Auf beide Arbeiten verwies Renkewitz (Hochmann [s. Anm. 99], 13, Anm. 12).

113 Leider hat Voss die Chance, die ihm seine schwedischen Sprachkenntnisse und ein zweijähriger Aufenthalt als Pfarrer in Helsingborg boten, nicht für Studien in schwedischen (und dänischen) Archiven genutzt. So teilt er auch hier nur Extrakte aus schwedischen kirchenhistorischen Untersuchungen mit (Karl Fredrik Salomon Henning: Johan Conrad Dippels vistelse i Sverige samt Dippelianismen i Stockholm 1727-1741. Upsala 1881; Hilding Pleijel [s. Anm. 105], u.a.m. Zu ergänzen ist Rustmeiers Dissertation [s. Anm. 107]).

114 Voss [s. Anm. 110], 85-94.

115 Christoph Oetinger: Selbstbiographie. Hg. v. Julius Hamberger. Stuttgart 1845 (Berlin 1851), 50; Friedrich Wilhelm Winckel: Casimir, regierender Graf zu Sayn-Wittgenstein-Berleburg und das religiös-kirchliche Leben seiner Zeit. Bielefeld 1850, 76ff.; Max Goebel: Geschichte des christlichen Lebens [s. Anm. 95]. Bd. 3. Koblenz 1860, 97f., Anm. 1; Viktor Pless: Die Separatisten und Inspirierten im Wittgensteiner Land und Zinzendorfs Tätigkeit unter ihnen im Jahre 1730, 152 und Anm. 467. – Zinzendorf scheidet schon nach sprachlichen und inhaltlichen Kriterien als Verfasser der von Dippel beantworteten Thesen aus. Wenn Dippel einmal bemerkt, dass »der

meist eng und oberflächlich an dessen autobiographische Zeugnisse an.[116] Zeitgenössische Quellen werden nur spärlich herangezogen und sind unzureichend ermittelt.[117] Der geschichtliche und kirchengeschichtliche Kontext bleibt daher recht blass und ohne Konturen.[118] Auch die Interpretation der Aussagen Dippels ermangelt häufig der theologischen Präzision und Tiefe. Weder bei der Erhellung der Biographie noch der des umfangreichen schriftstellerischen Werkes sind entscheidende Fortschritte erzielt.

Diese isolierende Betrachtungsweise bestimmt auch den zweiten, systematischen Teil. Hier vermisst man – abgesehen von sporadischen Hinweisen – Vergleiche mit der Theologie der Orthodoxen[119] und kirchlicher Pietisten und eine Verhältnisbestimmung zu zeitgenössischen philosophischen Strömungen (mit Spinoza, Descartes, Leibniz hat sich Dippel intensiv auseinandergesetzt). So wird die im Untertitel der Arbeit angekündigte Einordnung »zwischen Pietismus und Aufklärung« dem Leser nicht recht einsichtig.

Ein wichtiges Forschungsdesiderat bleibt es, die Wirkungsgeschichte Dippels zu erhellen. Wie verträgt sich die Charakteristik Dippels als eines

---

H[err] auctor in dem nach der Lehre seiner *Secte* aussiehet«, ist das kein Hinweis auf »einen Repräsentanten einer besonderen kirchlichen Richtung« (Brüdergemeine), wie Voss [s. Anm. 110], 93, meint; Dippel weist vielmehr darauf hin, dass Struensee hier die Lehre seiner – lutherischen – Konfession formuliert, die Dippel in radikalpietistischer Polemik als »Sekte« bezeichnet.

116 Dippels frühestes autobiographisches Zeugnis (1698) ist wieder abgedruckt in Marianne Beyer-Fröhlich: Pietismus und Rationalismus. Leipzig 1933 (Deutsche Selbstzeugnisse, 7) (Reprint: Darmstadt 1970), 80-92.

117 So sind z.B. die angeblich in keiner deutschen Bibliothek nachweisbaren (17f., Anm. 5) Schriften des Weitershäuser Pfarrers Lentzer, die für die Anfänge von Dippels pietistischer Schriftstellerei eine wichtige Rolle spielen, keineswegs verschollen: Vertheidigung und zugleich Entdeckung der heutigen neuen pietistischen Lehr-Art. o.O. 1697, ist vorhanden in der LB Fulda, und: Der immer lachende itzo aber kläglich zu verlachen [sic!] neuer Pietastrische Democritus &c. Entgegen gesetzt einer unbesonnenen Pasquinischen Läster-Schrifft/ Orcodoxia Orthodoxorum genannt. Von P. J. L. W. [= *P*astor *J*ohannes *L*entzer, *W*eitershausen]. o.O. 1698, ist vorhanden in der LB Oldenburg.

118 Man vergleiche etwa als beliebiges Beispiel die Schilderung der Straßburger Zeit (Voss [s. Anm. 110], 9-13). Der Leser gewinnt weder von den kirchlichen Verhältnissen noch von dem geistigen Klima an der Universität und der theologischen Fakultät eine Vorstellung. Bekanntschaft mit einschlägiger Literatur ist nicht zu erkennen.

119 Besonders reizvoll wäre ein Vergleich der Rechtfertigungslehre Dippels mit einer – der Forschung bislang unbekannt gebliebenen – Disputation *De justificatione hominis peccatoris coram Deo,* die sein Großvater Johann Philipp Dippel als Respondent unter Meno Hanneken verteidigte (in: Meno Hanneken: Assertio verae et salutaris doctrinae de justificatione [...]. Marburg 1634).

»der meistgelesenen Autoren des 18. J[ahr]h[undert]s«[120] mit der Behauptung, es sei »das feststellbare Echo auf Dippels großes Lebenswerk sehr schwach geblieben«[121]? Gegen letztere These spricht, dass der Berleburger Verleger Johann Jakob Haug sich noch 1747 von der posthumen Gesamtedition der Werke Dippels in drei starken Quartbänden einen gewinnträchtigen Absatz erhoffen durfte.[122] Ungeklärt ist die Dippel-Rezeption in der Aufklärung und in der Theologie des 19. Jahrhunderts (Gottfried Menken?).[123]

Ein signifikantes Indiz für die weitreichende Nachwirkung Dippels ist die von Edgar Bauer, dem Bruder Bruno Bauers, herausgegebene *Bibliothek der Deutschen Aufklärer*, in der Dippels Schrift *Ein Hirt und eine Herde* wieder abgedruckt wurde.[124]

Fehringer stellt seine Dissertation über Heinrich Horche unter den Titel *Philadelphia und Babel*[125] und signalisiert damit bereits die – sachlich zutreffende – Einordnung in den Zusammenhang der philadelphischen Vorstellungen, die große Teile des radikalen Pietismus prägten.

Die Geschichte dieser Bewegung – diesen Begriff wird man im Blick auf die Ausbreitung und den inneren Zusammenhang verwenden dürfen – in Deutschland ist noch wenig erhellt. Carl Wilhelm Hermann Hochhuths *Geschichte und Entwicklung der philadelphischen Gemeinden*[126] war leider über die Schilderung der englischen philadelphischen Sozietät der Jane

---

120 Voss [s. Anm. 110], 2 (aus Martin Schmidt, RGG^3 1, 207).

121 Voss [s. Anm. 110] 109.

122 Vgl. dazu Hans-Jürgen Schrader: Literaturproduktion und Büchermarkt des radikalen Pietismus. Johann Henrich Reitz: »Historie der Wiedergebohrnen« und ihr historischer Kontext. Diss. phil. Göttingen 1979. – Inzwischen gedruckt: Göttingen 1989 (Palaestra, 283), Kap. IV.

123 Einen Einfluss auf Menken ziehen in Betracht: Ritschl [s. Anm. 21]. Bd. 2, 335, Anm. 1; Friedrich Bosse, RE^3 4, 704; Hirsch [s. Anm. 40]. Bd. 2, 294. – Zur Verbreitung von Dippels Schriften sei beiläufig angemerkt, dass z.B. noch Schleiermacher die dreibändige Gesamtausgabe von 1747 besessen hat (Tabulae librorum e bibliotheca defuncti Schleiermacher. Berlin 1875, 9, Nr. 255-257).

124 Bibliothek der deutschen Aufklärer, Heft 5. Hg. v. Martin von Geismar (pseud.). Berlin 1846.

125 Philadelphia und Babel. Der hessische Pietist Heinrich Horche und das Ideal des wahren Christentums. Diss. theol. Marburg 1971; vgl. auch Norbert Fehringer: »Bleibet fest in der brüderlichen Liebe!« Der Eschweger Heinrich Horche und die Anfänge des Philadelphentums in Hessen. In: Hess. Heimat 24, 1974, 160-164. Eine Vorarbeit ist in die Dissertation eingegangen: »Teufelswerk Examen.« Der Beginn der Horchischen Streitigkeiten. In: JHKGV 21, 1970, 137-141.

126 ZHTh 35 NF 29, 1865, 171-290 (erster Teil, mehr nicht erschienen).

Leade und deren Kontakte nach Deutschland nicht hinausgekommen. Sie ist weitgehend überholt durch die Dissertation von Nils Thune[127], der auch die von Hochhuth vernachlässigte böhmistische Tradition[128] herausarbeitet.[129]

Hochhuths unvollendet gebliebene Darstellung hatte in seiner Monographie über *Heinrich Horche und die philadelphischen Gemeinden in Hessen* eine wenigstens partielle Fortführung gefunden.[130] An diesem Werk muss sich die Dissertation Fehringers messen lassen.

Die Hauptschwäche der Untersuchung liegt in ihrer Quellenbenutzung.[131] Fehringer kann die Ankündigung, sich »auf bisher nicht bearbeitetes Quellenmaterial« zu stützen, nicht erfüllen. Handschriftliche Quellen sind überhaupt nicht benutzt,[132] nicht einmal die Akten über den Fall Horche im Marburger Staatsarchiv,[133] geschweige denn weitere, von Hochhuth herangezogene Materialien;[134] auch die gedruckten Werke Horches sind

---

127 The Behemenists and the Philadelphians. A Contribution to the Study of English Mysticism in the 17th and 18th Centuries. Diss. theol. Uppsala 1948. Die Bezeichnung »Behemenists« ist aus einer Korrumpierung des Namens Böhme entstanden.

128 »Vrend genoeg ist het verband met de Böhme'sche gedachten den schrijver ontgaan« (Johannes Lindeboom: Stiefkinderen van het Christendom. 's-Gravenhage 1929, 223, Anm. 3, zu Hochhuth).

129 Die Herkunft und Traditionskette der philadelphischen Motivkomplexe (z.B. allegorische Deutung der sieben Sendschreiben der Apokalypse auf ebenso viele Epochen der Kirchengeschichte, die in die eschatologische Erwartung der Zeit des Geistes einmündet, die Bruderliebe als Kennzeichen der zerstreuten Glieder der unsichtbaren Kirche etc.) sind noch wenig aufgehellt. Der böhmistische Traditionsstrang ist unübersehbar, doch reichen die Einzelmotive weit dahinter zurück, z.B. zu Joachim von Fiore (so etwa die Rede von drei »Oeconomien«).

130 Gütersloh 1876. Dem von Hochhuth nicht mehr behandelten letzten Lebensabschnitt, in dem Horche wieder in die kirchliche Gemeinschaft zurückkehrte, gilt Winfried Zellers Beitrag: Heinrich Horche in Kirchhain. In: JHKGV 11, 1960, 129-135, wieder abgedruckt in: ders.: Frömmigkeit in Hessen. Hg. v. Bernd Jaspert. Marburg 1970, 141-150.

131 Vgl. die Rezension von Rudolf Mohr, in PuN 3, 1976, 150-153, und Mohrs Korrekturen in seinen Aufsätzen über Reitz. In: MEKGR 22, 1973, 77, Anm. 122; 79, Anm. 124; 82, Anm. 137.

132 Die häufige Angabe »zit. nach einer Dillenburger Urkunde, vgl. auch Hochhuth [...]« heißt im Klartext: zitiert nach Hochhuth.

133 Hessisches Staatsarchiv Marburg, Bestand 4 i 225 (»Acta betr. den Dr. Theol. Horchius 1697-1707«).

134 Die in der älteren Literatur (Haas, Hochhuth) benutzten *Kalkhofischen Nachrichten* werden kurzerhand als »nicht authentisch« abgetan, ohne dass Fehringer sie überhaupt kennt. Diese Materialien, die der Rotenburger Kanzleidirektor Kalckhof

unzureichend recherchiert.[135] So ist die Quellenbasis im Vergleich zu Hochhuth sogar schmaler geworden. Fehringer begnügt sich häufig mit Angaben aus zweiter Hand, wo ihm bessere Informationsmöglichkeiten zur Verfügung gestanden hätten.[136] Neue biographische Erkenntnisse sind nicht gewonnen.[137] Grundlegende biographische Fragen wie der Beginn der

---

seit Beginn des 18. Jahrhunderts für eine geplante *Hassia litterata* gesammelt hat, sind z.T. Quellen ersten Ranges. Kalckhof hat viele Zeitgenossen angeschrieben und um bio- und bibliographische Angaben gebeten. Die Sammlung befindet sich in der Landesbibliothek und Murhardschen Bibliothek (jetzt: Universitätsbibliothek) Kassel, die Horche betreffenden Dokumente unter der Signatur 2° Ms Hass 103.

135 Was soll man von folgender Bemerkung (in einer Marburger Dissertation) halten: Das Quellenverzeichnis enthalte eine Liste der »mir nach mühsamem Suchen zugänglich gewordenen Schriften Horches, die ich hauptsächlich in der Universitätsbibliothek Marburg und in der Bibliothek Wittgenstein [...] im Marburger Schloß [...] einsehen konnte«?! (IV, Anm. 2). Obwohl das Quellenverzeichnis ausschließlich die von Fehringer benutzten Schriften Horches aufführen soll, haben ihm einige der dort genannten Werke (*Echo oder Gegenschall*; *Maranatha*) nachweislich nicht vorgelegen (vgl. 168, 176f.). Die Schrift *Maranatha* (»vor 1934 noch in der Leipziger Stadt-Bibliothek ausfindig gemacht worden« - soll wohl heißen: heute nicht mehr auffindbar) ist ebenso wie Horches *Send-Schreiben an seine hinterlassene Zuhörer [...] zu Herborn* (»Erfreulicherweise ist noch ein Fragment dieses Schreibens vorhanden« [140] - das defekte Exemplar der UB Marburg!) in der LB Stuttgart vorhanden. Die im Marburger Exemplar fehlenden Seiten 1-8 des *Send-Schreibens* enthalten just jenen Brief, den Fehringer in JHKGV 21, 1970, 138f. (= Philadelphia 62-64), nach Jacob Schepp: Vita Horchii. In: Bibliotheca Hagana, Historico-Philologico-Theologica, ad Continuationem Bibliothecae Bremensis Novae [...], Classis Primae, [...] 1768, 367-394, abgedruckt hat. Den Text des handschriftlichen Originals (Hessisches Hauptstaatsarchiv Wiesbaden) hat inzwischen Rudolf Mohr. In: MEKGR 22, 1973, 79, Anm. 124 veröffentlicht.

136 So wird z.B. Horches Marburger Immatrikulation »in den Fächern Philosophie und Mathematik« (1) mit einem Zitat aus Schepps *Vita Horchii* belegt, anstatt die gedruckte Matrikel nachzuschlagen (Theodor Birk: Catalogus studiosorum Marpurgensium 1653-1830. Marburg 1903-1914, 76). - Übrigens hätte eine Durchsicht der gleichfalls gedruckt vorliegenden Matrikel der Universität Frankfurt/Oder, wohin u.a. die Studienreise Horches als Informator eines jungen Adligen führte, ein - bisher unbekanntes - sicheres Datum für diesen chronologisch unsicheren Zeitraum geliefert: Horche und sein Zögling immatrikulierten sich hier am 26. August 1680 (Ältere Universitäts-Matrikeln I: Universität Frankfurt a.O. Bd. 2: 1649-1811. Hg. v. Ernst Friedlaender. Leipzig 1888 [PPSA, 36]).

137 Die einzige neue Quelle, die Fehringer benutzt, ist das Kirchenbuch der Gemeinde Wetter bei Marburg. Anhand eines Eintrags will er das von Hochhuth angegebene Traudatum 1681 auf den 31. Mai 1683 korrigieren: »Unter der Abteilung ›Nomina Copulatorum‹ (S. 391ff.) begegnet im Kirchenbuch der Gemeinde Wetter aus dem Jahre 1683, Sp. 1 folgende Notiz: ›Johan Henrich (H)orch und Anna Catharina, Ludwig Eckardi filia ... sind copulirt worden‹.« (Auslassungszeichen von F.). Fehringer bemerkt dazu weiter: »Die Schriftzüge der Eintragung sind sehr undeutlich. Genau

Bekanntschaft Horches mit philadelphischen Vorstellungen finden keine Klärung.[138]

Auch die großen Linien, die der Verfasser ziehen will, die Beziehungen zu den ökumenischen Ideen eines Comenius und zur niederhessischen Irenik[139] sowie die Verortung Horches in den mystisch-spiritualistischen Traditionen seiner Zeit[140] bleiben – trotz vieler zutreffender Bemerkungen und guten Resümees – weithin hypothetisch und werden nicht verifiziert. Den Vorwurf der »bloßen Vermutungen und Fehldeutungen«, den Fehringer gegenüber der früheren Forschung erhebt, muss er sich selbst gefallen lassen.

Die Buttlarsche Rotte, deren libertinistische Entgleisungen Fehringer als Anlass dafür sieht, dass Horche wieder vom Separatismus zu einem Pietismus in der Kirche zurückkehrte,[141] ist in verschiedenen neueren Veröf-

---

lesbar sind nur die Namen ›Johann Henrich (H)orch‹ und ›Anna Catherina‹.« (Fehringer [s. Anm. 125], 10, Anm. 2). Eine Überprüfung ergibt aber folgenden Wortlaut des betr. Eintrags: »Den 31ten ejusdem [scil. Mai] Johann Henrich Marth Hn Ludwig Marths confutus [= ehelicher] filius und Anna Catharina Curts Borns Filia.«!!!

138 Bei Horches Reise nach Holland bemerkt Fehringer [s. Anm. 125]: »An dieser Stelle soll bereits die Möglichkeit angedeutet werden, daß Heinrich Horche in der holländischen Stadt Leiden erste Verbindungen zu den Schriften der englischen Mystikerin Jane Leade hätte aufnehmen können, zumal der Druck ihrer Schriften *gerade um die Zeit* von Horches Aufenthalt in Holland bei Heinrich Wetstein in *Amsterdam vorbereitet* wurde.« (9, Anm. 4). Entschiedener wird dies später behauptet: »[...] in Verbindung gekommen sein muß, als er auf seiner kurzen Studienreise in Leiden die Drucklegung der ins Deutsche übersetzten mystischen Schriften verfolgen konnte« (112; alle Hervorhebungen von mir). Der Aufenthalt in Leiden ist zwischen 1681 und 1683 einzugrenzen. Die ersten englischen Schriften der Leade erschienen 1681 und 1683 in London, die deutschen Übersetzungen in Amsterdam erst seit 1695!

139 »Spuren von Comenius finden sich bei Horche expressis verbis nicht, immerhin aber werden die pädagogischen Grundgedanken des Comenius, der ja einstmals in Herborn studiert hatte, auch noch an der Herborner Hohen Schule [...] lebendig gewesen sein [...]« (55). Ideale »der ›niederhessischen Irenik«, deren Tradition Horche als gebürtiger [sic!] Niederhesse wahrscheinlich vertraut war« (58).

140 So kann Fehringer keinen einzigen Beleg für eine Rezeption Johann Arndts, dem mehr als fünf Seiten gewidmet sind, bei Horche beibringen und muss Gottfried Arnold als Vermittlungsinstanz zwischenschalten, andererseits aber die Differenzen zwischen Arnold und Arndt konstatieren. Dass Horches Lehrer Undereyck bereits Arndt zitierte (und diese Aufnahme eines Lutheraners besonders rechtfertigen musste), hätte Fehringer bei Goeters: Art. »Undereyck«. In: RE^3 20, 1908, 231 – im Literaturverzeichnis genannt! – lesen können.

141 Um eine chronologische Absicherung ist Fehringer nicht besorgt. Goebel datierte die Gründung der Buttlarschen Sozietät erst auf den 2. Januar 1702! Selbst wenn man sie wohl richtiger in das Jahr 1700 legt, muss Fehringer voraussetzen, dass die

fentlichungen behandelt worden. Eberhard Bauer[142] hat einen – freilich längst veröffentlichten[143] – zeitgenössischen Bericht über ihr Treiben in Saßmannshausen erneut publiziert. Fritz Tanner[144] und Gottfried Beyreuther[145] verweisen für die sexuellen Verirrungen dieser Gruppe auf böhmistische, wenn auch eigenwillig und etwa völlig konträr zu Gichtel interpretierte Vorstellungen.

Welchen Informationsgewinn die Auswertung handschriftlicher Quellen bringen kann, zeigt die interessante Schilderung, die Rüdiger Mack[146] von dem Lebensweg einer Anhängerin Horches, vornehmlich aufgrund von Materialien des Gräflich Solms-Laubachischen Archivs entworfen hat und die ein farbiges Bild der radikalpietistischen Kreise in Nieder- und Oberhessen entstehen lässt.[147] Auf die angekündigte Monographie des Verfassers über den frommen Absolutismus in der Grafschaft Solms-Laubach darf man gespannt sein, weil sie einen wichtigen Beitrag zum Miteinander des kirchlichen und radikalen Pietismus liefern dürfte. Die Beziehungen Spe-

---

libertinistischen Erscheinungen schon zu Beginn aufgetreten und Horche in seiner Haft bekannt geworden sind. Für beides bleibt er den Nachweis schuldig. Die Stelle aus Horches Schrift *Echo oder Gegenschall*, die Fehringer anführt (»Saustall«), bezieht sich nicht auf die Buttlarsche Rotte, sondern auf frühere polemische Ausfälle Horches gegenüber seiner Eschweger Heimatgemeinde (bei seinem Aufenthalt 1699), die ihm vorgehalten wurden.

142 Die Buttlarsche Rotte in Saßmannshausen. In: Wittgenstein 34, 1974, 148-161.

143 Nach derselben Vorlage gedruckt bei Goebel [s. Anm. 95]. Bd. 2, 764-771, 800-805. Es handelt sich um den gleichen Bericht, der in der *Ausführlichen Beschreibung* [s. Anm. 10] in gedruckter Fassung vorliegt. Eine andere Handschrift edierte unter textkritischer Berücksichtigung anderer Versionen Eduard Becker: Eine Handschrift zur Geschichte der Buttlarschen Rotte. o.O. u. J. [1905]. Der Hinweis auf eine weitere über Goebels Text hinausführende Handschrift im Sächsischen Hauptstaatsarchiv Dresden (Loc. 8674) findet sich bei Renkewitz, Hochmann [s. Anm. 99], 183, Anm. 2. Aus ihr geht hervor, dass der Landgraf von Hessen-Darmstadt inkognito bei der Reisegesellschaft war, aus deren Kreis der Bericht stammt.

144 Die Ehe im Pietismus. Zürich 1952, 82-89.

145 Sexualtheorien im Pietismus. Diss. med. München 1963 (wieder abgedruckt: Nikolaus Ludwig von Zinzendorf, Materialien und Dokumente. Hg. v. Erich Beyreuther u. Gerhard Meyer. Reihe 2/XIII. Hildesheim 1975), 69-72.

146 Libertinärer Pietismus. Die Wanderungen der Pfarrerswitwe Wetzel. In: JHKGV 29, 1978, 81-107.

147 Die Informationen lassen sich ergänzen durch Akten im Hessischen Staatsarchiv Marburg, auf die schon die – recht oberflächliche – Darstellung von Friedrich Klingender. Der Pietismus in Hessen-Kassel. Lic.-Diss. theol. Göttingen 1920, 29f., 154f., Anm. 45, hingewiesen hat (Hessisches Staatsarchiv Marburg, Religionssachen. Haeretici II, jetzt: Bestand 4 i 226).

ners zum Laubacher Hof sind bekannt,[148] aber im einzelnen noch wenig erhellt; die »Laubacher Kirchenrevolution« haben Karl Bohn[149] und Renkewitz[150] geschildert, und über die Ebersdorfer Schlossecclesiola und die Gräfin Zinzendorf wurden wichtige Impulse an Herrnhut vermittelt.[151]

Einflüsse Horches lassen sich auch noch in der Elberfelder philadelphischen Sozietät nachweisen, aus der sich die Ronsdorfer Sekte um Elias Eller entwickelte. Hier sind auch deutlich Einwirkungen der noch zu erwähnenden Inspirierten erkennbar. Hans Kaiser[152] und weit gründlicher Günter van Norden[153] untersuchten die Rolle des Staates bei der Gründung der Stadt Ronsdorf. Johann Kaiser schilderte die Auseinandersetzungen zwischen dem Ronsdorfer Pfarrer Daniel Schleiermacher (Friedrich Schleiermachers Großvater) und Eller.[154]

Im Wittgensteiner Land haben nach dem Auftreten der Buttlarschen Rotte noch zwei weitere, zu Beginn des 18. Jahrhunderts entstandene, zahlenmäßig weitaus stärkere separatistische Gemeinschaften Hauptstützpunkte besessen: die (in Schwarzenau entstandenen) Neutäufer und die Inspirierten.

---

148 Friedrich Wilhelm Barthold: Die Erweckten im protestantischen Deutschland; besonders die frommen Grafenhöfe. In: Historisches Taschenbuch 3/3, 1852 (Reprint: Darmstadt 1968), 166ff.; Paul Grünberg: Philipp Jakob Spener. Bde. 1-3. Göttingen 1893-1906, hier Bd. 1, 171, Anm. 1; Bd. 2, 44; Bd. 3, 218; vor allem: Karl Bohn: Beiträge zur Geschichte des alten Pietismus im Solms-Laubacher Land. In: Ich dien. Festgabe Wilhelm Diehl. Hg. v. Hans von der Au. Darmstadt 1931, 148-178, hier 149-153.

149 Bohn [s. Anm. 148], 155-178.

150 Hochmann [s. Anm. 99], 44-87. Eine Episode des Konflikts, die Weigerung von Soldaten, radikalpietistische »Winkelprediger zu defendieren«, schildert Rüdiger Mack: Religionsstreitigkeiten und militärischer Ungehorsam in Laubach um 1700. In: Mitteilungen des oberhess. Geschichtsvereins 63, 1978, 161-169.

151 Hans Walter Erbe: Zinzendorf und der fromme hohe Adel seiner Zeit. Diss. phil. Leipzig 1928 (Reprint in: Nikolaus Ludwig von Zinzendorf, Materialien und Dokumente. Hg. v. Erich Beyreuther u. Gerhard Meyer. Reihe 2/XII. Hildesheim 1975), 140ff.; Wilhelm Jannasch: Erdmuthe Dorothea Gräfin von Zinzendorf. Herrnhut 1915 (zugleich in: ZBG 8, 1914), 4f. (Reprint in: Nikolaus Ludwig von Zinzendorf, Materialien und Dokumente. Hg. v. Erich Beyreuther u. Gerhard Meyer. Reihe 1/VIII).

152 Der Einfluß des Staates bei der Gründung von Gemeinde und Stadt Ronsdorf. In: MEKGR 19, 1970, 115-120.

153 Die Entstehung der reformierten Zionsgemeinde in Ronsdorf und die der Obrigkeiten dazu. In: ZKG 87, 1976, 16-38.

154 Der Streit zwischen Daniel Schleiermacher und Elias Eller. In: MEKGR 20/21, 1971/72, 262-273. – Über die Ellersche Sekte vgl. auch Von Eller bis Dürselen. Hg. v. Klaus Goebel. Köln 1982 (SVRKG, 64).

Die Geschichte der Neutäufer ist recht gut erforscht.[155] Heinz Renkewitz hatte die Entstehung dieser Gruppe aus dem Kreis der Hochmann-Anhänger eingehend dargestellt.[156] Hierauf konnten die neueren amerikanischen Arbeiten aufbauen. Chauncey D. Ensign[157] ordnete die »Brethren« zutreffend in die Gesamterscheinung des radikalen Pietismus ein. Donald F. Durnbaugh legte nach ausgedehnten Archivstudien (26 Archive!) 1958 zum 250jährigen Jubiläum der Brethren (erste Taufe 1708 in Schwarzenau) eine vorzügliche, mit knappen Einleitungen und Erläuterungen versehene Quellensammlung in englischer Übersetzung vor.[158] Er dokumentiert die pietistischen Hintergründe der an der ersten Taufe beteiligten Hauptpersonen, lässt Zeugnisse über die Gruppenbildung in Schwarzenau, die Expansion im Ysenburger Gebiet und am Niederrhein, die Verfolgung, die schließlich zur Auswanderung führte, folgen und schließt mit Übersetzungen aus den ersten neutäuferischen Veröffentlichungen.

Die Anfänge der Neutäufer lenken die Aufmerksamkeit auf zwei Probleme, die noch einer gründlichen Erhellung bedürfen: Die breite Diskussion um die (Kinder-)Taufe im radikalen Pietismus[159] und das Verhältnis einzelner Radikalpietisten und Gruppen zum älteren Täufertum (Mennoniten, schweizerische Täufer).

---

155 Die Literatur aus der Church of the Brethren bis in die 1960er Jahre ist bibliographisch gut erschlossen: Donald F. Durnbaugh u. Lawrence W. Schultz: A Brethren Bibliography. 1713-1963. In: BLT 9, 1964, 3-177; Donald F. Durnbaugh: Supplement and Index to the Brethren Bibliography. In: BLT 11, 1966, 37-64; die B. D.-, M. A.- und Ph. D.-Arbeiten sind verzeichnet bei Roger E. Sappington: A Bibliography of Theses on the Church of the Brethren. In: BLT 3, 1958, 60-70. Eine Auswahlbibliographie findet sich bei Donald F. Durnbaugh: Die Kirche der Brüder [s. Anm. 6), 220-228. Neuere Arbeiten über die *Brethren* nennen Pietismusbibliographie 4, Nrr. 202-204 (irrtümlich unter der Herrnhuter Brüdergemeine eingeordnet!) und 6, Nr. 219.

156 Hochmann 263ff.

157 S.o. S. 29.

158 European Origins of the Brethren. A Source Book on the Beginnings of the Church of the Brethren in the Early Eighteenth Century. Elgin/Ill. 1958 (^{2}1967). Die dieses Material verarbeitende Darstellung von Durnbaugh: Brethren's Beginnings. Diss.phil. Univ. of Pennsylvania 1960, und die Arbeit von William G. Willoughby: The Beliefs of the Early Brethren. Diss. phil. Boston 1951, lagen mir nicht vor.

159 Gottfried Arnold hat bekanntlich in seiner *Abbildung der ersten Christen* den historischen Nachweis für die späte Einführung der Kindertaufe (Ende des 2. Jahrhunderts) zu führen versucht; auf ihn haben sich die Neutäufer berufen. - Dippel, Bröske, Seebach haben sich in besonderen Schriften mit dem Problem der Taufe und ihrem Verhältnis zur Wiedergeburt beschäftigt. Vgl. auch Johann Langes Auseinandersetzung mit den radikalen Positionen [s. Anm. 13].

Die Erforschung der Inspirierten hat keine vergleichbaren Fortschritte gemacht. Die Amana-Society[160], die i.w. [im Wesentlichen] an den fossilierten Frömmigkeitsformen des 18. Jahrhunderts festhält - im 19. Jahrhundert erfolgte noch einmal ein Aufflackern der Inspirationen -, hat anders als die verkirchlichte Gruppe der Neutäufer keine kritische Forschung hervorgebracht. Die annalistische Darstellung in Gottlieb Scheuners *Inspirations-Historie*[161] und die (englische, den Sprachenwandel signalisierende) Darstellung von Bertha M. H. Shambaugh, *Amana That Was and Amana That Is*[162], sind als Materialsammlungen nützlich, entsprechen aber nicht wissenschaftlichen Erfordernissen. Grundlegend bleibt die Monographie-Umfang erreichende Aufsatzreihe Max Goebels über die *Geschichte der wahren Inspirationsgemeinden von 1688-1850.*[163] Weiterführende Studien haben zwar die südfranzösische Prophetie[164] und den Aufenthalt camisardischer Exulanten in London[165] weiter erhellen können. Die Kenntnis der deutschen Inspirationsbewegung, die durch französische Propheten, die von London aus den Kontinent bereisten, initiiert wurde, ist bisher nur an wenigen Punkten über Goebel hinausgelangt. Dies liegt nicht zuletzt an der schwierigen Quellenlage. Obwohl die Inspirierten literarisch recht aktiv waren, sind ihre Werke nur durch langwierige Suchaktionen zu ermitteln.[166]

---

160 S. o. Anm. 5.

161 2 Bde. Amana/Ia. 1884 (Fürstl.-Ysenburg. Bibliothek Büdingen; Kopie in SUB Göttingen).

162 Iowa City/Ia. 1932; New York ³1976.

163 ZHTh 24 NF 18, 1854, 267-322, 377-438; 25 NF 19, 1855, 94-160, 327-425; 27 NF 21, 1857, 131-151. - Bei Goebel ist auch schon jenes »Glaubensbekenntnis einer Inspiriertengemeinde« aus dem frühen 19. Jahrhundert abgedruckt (ZHTh 27 NF 21, 1857, 142-147), das Friedrich Wilhelm Kantzenbach, der ein vergleichbares Dokument »in der gesamten einschlägigen Literatur (A. Ritschls ›Geschichte des Pietismus‹ eingeschlossen)« vergeblich suchte, publizierte (ZBKG 45, 1976, 173-178). Ritschls Darstellung der Inspirierten ([s. Anm. 21]. Bd. 2, 366ff.) beruht übrigens nicht auf eigenen Studien, sondern fußt durchweg auf Goebels Aufsätzen (vgl. Ritschl [s. Anm. 21]. Bd. 2, 367, Anm. 1).

164 Robert P. Gagg: Kirche im Feuer. Das Leben der südfranzösischen Hugenottenkirche nach dem Todesurteil durch Ludwig XIV. Zürich, Stuttgart 1961 (vorher Diss. theol. Zürich 1960 unter dem Titel: Prophetische Laienbewegungen im reformierten Südfrankreich Ludwigs XIV.).

165 Wichtiges Material in der schon älteren Arbeit von Georges Ascoli: L'affaire des prophètes français à Londres. In: Revue du dix-huitième siècle 3, 1916, 8-28, 85-109.

166 Hilfreich sind die Angaben über Fundorte der Inspirierten-Sammlungen und Veröffentlichungen Rocks bei Gottfried Mälzer: Die Werke der württembergischen

Den Mangel an einer soliden Quellenbasis zeigt der auf Zufallsfunden aufbauende Beitrag von Walter Delius über das frühe Auftreten der Inspirierten in Berlin.[167] Hinweise über das Auftreten der Inspirierten im Ysenburgischen und die Reaktionen der Regierung enthält ein Beitrag von Dagmar Reimers.[168]

Mehrere Beiträge berühren die Beziehungen der Inspirierten zu den Herrnhutern. Franz Philipp erwägt einen Einfluss der Inspirierten auf die Herrnhuter Frömmigkeit der 1740er Jahre, ohne den breiten Traditionsstrom des 17. Jahrhunderts gebührend zu beachten, in dem beide Gruppen gemeinsam wurzeln.[169] Kai Dose beleuchtet in einer Dissertation über Zinzendorfs Schriftverständnis auch die Diskussion mit den Inspirierten um Schrift, Inspirationsgabe und Taufe[170], in deren Verlauf sich Zinzendorfs (wie Dose meint) »orthodoxe Schriftlehre« bewährt habe. Im Vergleich zu den genannten Arbeiten besticht eine die »neuen Propheten« ins Auge fassende französische Untersuchung François H. Oppenheims durch ihre erstaunlichen Quellenkenntnisse. Sie zeichnet ein bewegtes Bild von dieser »Erweckungsbewegung« und gibt eine treffliche Analyse der frühen Polemik von Seiten der Orthodoxen und der Hallenser.[171]

Die Bedeutung der Inspirierten für die Sprach- und Literaturgeschichte ist jetzt von germanistischer Seite wahrgenommen worden. Eine Göttinger Dissertation, betreut von Albrecht Schöne, wird sich unter literaturwissenschaftlichen Gesichtspunkten mit der Inspiriertenliteratur beschäftigen und vor allem die ekstatischen sprachlichen Artikulationsformen im Vergleich zu nicht-inspirierter Rede analysieren.[172]

Pietisten des 17. und 18. Jahrhunderts. Berlin, New York 1972 (BGP, 1), Nrr. 2480-2492. Eine stattliche Sammlung von Inspirierten-Literatur besitzt die Büdinger Schlossbibliothek, vgl. Klaus Peter Decker: Verzeichnis des Depositums »Sammlung Mörschel« in der Schloßbibliothek Büdingen. Büdingen 1981.

167 Die Inspirierten-Gemeinde zu Berlin. In: Zwischenstation. Festschrift Karl Kupisch. Hg. v. Ernst Wolf. München 1963, 19-26.

168 Sektenwesen und Herrnhuterbewegung in der Grafschaft Ysenburg. In: Kreis Büdingen. Wesen und Werden. Büdingen 1956, bes. 260-264.

169 Zinzendorf und die Christusmystik des frühen 18. Jahrhunderts. In: Glaube, Geist, Geschichte. Festschrift Ernst Benz. Hg. v. Gerhard Müller u. Winfried Zeller. Leiden 1967, 339-343.

170 Diss. theol. Bonn 1977, 204-217.

171 F[rançois]-H[orst] Oppenheim: Contribution à l'histoire d'un reveil – les »nouveaux prophètes« allemands au debut du XVIIIe siècle. In: RHPhR 37, 1957, 143-155; 40, 1960, 229 241.

172 Inzwischen erschienen. Ulf-Michael Schneider: Propheten der Goethezeit. Sprache, Literatur und Wirkung der Inspirierten. Göttingen 1995 (Palaestra, 297).

Anders als bei den französischen »Inspirés«[173] sind die ekstatischen Frömmigkeitsphänomene bei den deutschen Inspirierten noch kaum unter psychologischen Fragestellungen untersucht worden. Der Wetterauer Pfarrer Karl Scheig hat 1941 den ersten Versuch einer psychologischen Deutung in Verbindung mit einer theologischen Wertung unternommen.[174] Der Psychiater Prof. Paul Krauß, Göppingen, bereitet eine religionspathologische Studie über den Propheten Johann Friedrich Rock vor.[175] Sie wird das Auftreten ähnlicher prophetischer und visionärer Erscheinungen zu berücksichtigen haben.[176]

In dem neuesten Beitrag über die Wetterauer Inspirierten hat jetzt Matthias Benad sein Augenmerk auf psychologische und sozialgeschichtliche Faktoren gerichtet und deren gesellschaftliche Auswirkungen, besonders im Arbeitsethos, aufzuzeigen versucht.[177] Die Fragestellungen sind sehr anregend, doch werden sich die Ergebnisse bei einer genaueren Nachprüfung auf breiterer Quellenbasis[178] m.E. nur partiell bewähren.

Für den radikalen Pietismus im Wittgensteiner Land muss eine Münsteraner Lizentiaten-Dissertation genannt werden, die zwar bereits 1921 vorge-

---

173 Jean Benoit: Les Prophètes Huguenots. Étude de psychologie religieuse. Diss. theol. Montauban 1910.

174 Die Wetterauer Inspirantenbewegung. Ihre Entwicklung und ihre Bedeutung. In: Aus Theologie und Kirche. Festgabe Hans Freiherr von Soden. München 1941 (BEvTh, 6), 73-106.

175 Inzwischen ist eine Kurzbiographie desselben Verfassers erschienen: Johann Friedrich Rock. Separatist und Inspirierter, 1678-1749. In: Lebensbilder aus Schwaben und Franken 15, 1983, 86-114.

176 Friedrich Wilhelm Kantzenbach: Die Ansbacher Visionärin und Prophetin Anna Vetter. Zu den sozialen Gehalten ihrer Botschaft. In: ZBKG 45, 1976, 26-32; die unten genannte Dissertation von Martin Schulz [s. Anm. 210] und die ältere Arbeit von Max Trippenbach: Rosamunde Juliane von Asseburg, die Prophetin und Heilige des Pietismus. Sangerhausen 1914. Vgl. auch Ernst Benz: Die Vision. Erfahrungsformen und Bilderwelt. Stuttgart 1969.

177 Ekstatische Religiosität und gesellschaftliche Wirklichkeit. Eine Untersuchung zu den Motiven der Inspirationserweckung unter den separatistischen Pietisten in der Wetterau 1714/15. In: PuN 8, 1982, 119-161.

178 Um künftigen Verwirrungen bei der Benutzung des Aufsatzes vorzubeugen, sei hier nur auf ein Missgeschick hingewiesen: Benad hat offenbar den Sammelband 4° Thl XV, 220 der UB Erlangen benutzt, in dem durch ein Versehen des Buchbinders die Titelblätter der Inspirierten-Schriften *Historische Umstände* und *Unterschiedliche Erfahrungs-volle Zeugnisse* vertauscht sind. Dies ergibt sich zweifelsfrei aus dem Vergleich mit den Exemplaren der LB Stuttgart und der UB Tübingen und aus Rückverweisen in späteren Inspirierten-Schriften. Die Titelangaben in Benads Anmerkungen sind entsprechend zu korrigieren.

legen, aber erst neuerdings wieder Beachtung gefunden hat[179] und wieder zugänglich ist.[180] Victor Pless behandelt darin *Die Separatisten und Inspirierten im Wittgensteiner Land und Zinzendorfs Tätigkeit unter ihnen im Jahre 1730.* Die Arbeit, seit Goebel der erste Versuch, ein Gesamtbild der radikalen Szene in der Grafschaft Wittgenstein zu entwerfen, führt vor allem durch die Beiziehung von Quellen aus den Archiven in Berleburg und Wittgenstein (jetzt: Laasphe) zu einer deutlichen Bereicherung der Kenntnisse über die dortigen Verhältnisse. Zinzendorfs Reise ins Wittgensteiner Land und seine nur kurzfristig erfolgreichen Versuche einer geordneten Gemeindegründung werden zutreffend als Ausdruck seiner philadelphischen Bestrebungen[181] interpretiert. Im Detail ist die Arbeit durch einige Lesefehler, Fehldatierungen und daraus resultierende Missdeutungen nicht immer zuverlässig.[182]

Aus dem Tagebuch des Berleburger Grafen Casimir hat kürzlich Werner Wied die Schilderung von Zinzendorfs Aufenthalt in Berleburg und

---

179 Vgl. den Hinweis bei Greschat. In: JGWKG 65, 1972, 253, Anm. 58. In der Vorkriegsliteratur ist die Arbeit nur von Renkewitz herangezogen worden.

180 Vgl. dazu den Briefwechsel zwischen Dietrich Blaufuß und der Witwe des Verfassers, der dem Exemplar des Instituts für westfälische Kirchengeschichte beigeheftet ist. – In diesem zunächst einzig greifbaren Exemplar fehlten jedoch, was von manchen Benutzern unbemerkt blieb, mehrere Seiten. Erst 2010 ist in Münster ein zweites, komplettes Exemplar aufgetaucht.

181 Zinzendorfs bleibende Verwurzelung in philadelphischen Vorstellungen hat aufgrund einer umfassenden Auswertung handschriftlicher Quellen Sigurd Nielsen in einer leider zu wenig beachteten Untersuchung nachgewiesen: Der Toleranzgedanke bei Zinzendorf (Teile 2-3 unter dem Titel: Toleranz und Intoleranz bei Z.). Bde. 1-3. Hamburg 1952-1960. Seine These, dass diese Anschauungen auf Lektüre von Leade-Schriften zurückzuführen sei, ist jedoch kaum haltbar. Leiv Aalen: Die Theologie des jungen Zinzendorf. Berlin, Hamburg 1966 (AGTL, 16), 87f., Anm. 84f., verweist zutreffend auf die Ebersdorfer Schlossgemeinde und die Kontakte Zinzendorfs mit Petersen. Vgl. auch meine Kurzbiographie Zinzendorfs in: Gestalten der Kirchengeschichte. Hg. v. Martin Greschat. Bd. 7. Stuttgart 1982, 347-372.

182 So heißt es z.B. in dem Brief Carls, in dem er über die Rückkehr aus Halle (nicht von einer »Reise«, sondern vom Studium!) in seine fränkische Heimat berichtet, nicht, es sei auf ihn »ein Inspirationssturm ergangen, ob nicht ein höllisches Pietistengift bei ihm sei, so dem Patienten könnte schädlich werden« (Pless [s. Anm. 115], 81), sondern richtig: »ein Inquisitionssturm ergangen, ob nicht ein Hällisches Pietistengift bei ihm sei, so den Patienten [Carl begann eine ärztliche Praxis] könnte schädlich werden«. Oder: Die 92f. wiedergegebenen Auszüge stammen aus einem Brief vom 25. Juli (nicht Juni) 1730; es ist nicht »die Bitte Carl's« um einen Besuch Herrnhuter Boten (die am 12. Juli eintrafen), sondern die Auszüge stammen aus einem Empfehlungsschreiben, das er diesen an Gesinnungsfreunde in Süddeutschland und der Schweiz mitgab (»Sendet deswegen 2 brüder« ist nicht Imperativ, sondern Indikativ: [Zinzendorf] sendet [...]) .

Schwarzenau zum Abdruck gebracht[183], die in Auszügen schon von Friedrich Wilhelm Winckel veröffentlicht worden war.[184] Dieses nicht nur als historisches Dokument, sondern auch für die Geschichte der pietistischen Autobiographie hochinteressante Diarium wäre einer vollständigen kritischen Edition wert. Dasselbe gilt für die Autobiographie des Marquis de Marsay, die ein besonders wertvolles Zeugnis für den Einfluss romanischer Mystik (Bourignon, Guyon) und ihre Verbindung mit Gedanken Böhmes darstellt; durch die Beschreibung eines Lebens zwischen schroffem Separatismus und schließlicher Rückkehr in die kirchliche Gemeinschaft ist sie auch eine aufschlussreiche Quelle für die Verhältnisbestimmung von radikalem und kirchlichem Pietismus.[185] George Rowell konnte in einer sehr kenntnisreichen Würdigung Marsays dessen Einfluss auf schottische Nonkonformisten nachweisen.[186]

Eine wertvolle Ergänzung unserer Kenntnisse über den bei Pless begegnenden Personenkreis bietet Walter Schmithals, der das Wirken des Raumländer Pfarrers Abresch beleuchtet. Neben der Schilderung des Konflikts eines radikalpietistischen Pfarrers mit der traditionellen Kirchlichkeit seiner von orthodoxen Amtsbrüdern der Nachbarschaft unterstützten Gemeinde verdient der Hinweis auf einen von Abresch verfassten Katechismus Beachtung, der im Kontext gleichartiger Versuche des kirchlichen und radikalen Pietismus zu sehen ist.[187]

---

183 Berleburg und Herrnhut. Der Besuch des Grafen Zinzendorf in Berleburg im Spiegel des Tagesbuchs des Grafen Casimir v. Berleburg. In: Wittgenstein 45, 1981, 95-116; Tagebuchauszug: 107-113, ein Brief Zinzendorfs an Seebach: 114f.

184 Aus dem Leben Casimirs, weiland regierenden Grafen in Sayn-Wittgenstein-Berleburg. Frankfurt/Main 1842.

185 Erhalten ist eine handschriftliche Kopie des Tersteegenschülers Wilhelm Weck von 1769 (Archiv der Rhein. Landeskirche) und eine an abgelegener Stelle publizierte gedruckte Version: Ernst Joseph Gustav de Valenti: System der höhern Heilkunde für Aerzte, und Seelsorger. Bd. 2. Elberfeld 1827, 153-462. Bei de Valenti sind Orts- und Personennamen auf die Initialen verkürzt, sodass der Druck für historische Zwecke schwer benutzbar ist. Dagegen bietet die Druckfassung bei einem Vergleich der sprachlichen Varianten fast immer die *lectio difficilior*, während Wecks Kopie stilistisch vereinfacht, Fremdwörter regelmäßig eindeutscht usw.

186 The Marquis de Marsay. A Quietist in »Philadelphia«. In: ChH 41, 1972, 61-77. Hinweis auf das Manuskript einer englischen Übersetzung der Autobiographie und auf ein 1749 in Edinburgh erschienenes Bändchen mit Werken Marsays in englischer Übersetzung.

187 Pfarrer Wilhelm Abresch und sein Streit mit dem Kirchspiel Raumland. Beiträge zur Geschichte unseres Dorfes. Balwe 1975, 98-132; Der Pietismus in theologischer und geistesgeschichtlicher Sicht. In: PuN 4, 1977/78, 236-248.

Das nach Arnolds *Kirchen- und Ketzerhistorie* wohl bedeutendste Werk des radikalen Pietismus, die sog. *Berleburger Bibel*, hat sowohl theologiegeschichtliches wie literaturwissenschaftliches Interesse gefunden.[188] Ihre Vorläuferin, Horches Marburger *Mystische und prophetische Bibel*, harrt noch der genaueren Untersuchung.[189]

In Berleburg wurde auch die vom Hofarzt Dr. Johann Samuel Carl[190] begründete *Geistliche Fama* gedruckt und verlegt, die Winfried Zeller zu charakterisieren versuchte.[191] (Damit wird die Aufmerksamkeit auf ein noch kaum bestelltes Feld, die Erforschung pietistischer Zeitschriften, gelenkt.[192]) Ob man freilich hier von einem mystischen und prophetischen (wie Zeller in Anklang an den Titel der Marburger Bibel formuliert) Geschichtsverständnis des *reformierten* Pietismus sprechen kann, erscheint mir zweifelhaft – der Herausgeber Carl und sein erster Nachfolger Edelmann sowie die meisten Mitarbeiter waren »von Hause aus« Lutheraner! Es

---

188 Vgl. jetzt Martin Brecht: Die Berleburger Bibel. Hinweise zu ihrem Verständnis. In: PuN 8, 1982, 162-200, der über die bisherige Forschung hinausführt.

189 Die Dissertation Fehringers [s. Anm. 125] bleibt auch hier (196-211) trotz zutreffender Einsichten in die Gesamttendenz des Werkes wenig befriedigend. Die Frage nach den »Quellen« der Marburger Bibel wird z.B. mit dem Hinweis auf frühere exegetische Vorarbeiten Horches beantwortet, doch ist damit das Problem nur verschoben und nicht gelöst! »Zwar wird man davon ausgehen dürfen, daß er [...] die gängige und wiederentdeckte Literatur seiner Zeit verwendet hat [...]. Die unmittelbare Verwendung dieser Quellen ist allerdings in der ›Marburger Bibel‹ expressis verbis nicht mehr zu erheben.« (198f.) Vgl. hierzu Rudolf Mohr in: PuN 3, 1977, 153. – Die These, dass die *Marburger Bibel* »nicht nur in ihrer eigenen Generation weit verbreitet war«, belegt Fehringer damit, dass der Horche-Biograph Haas noch 1769 von einem »weitläufigen Werk« sprach; und zum Beweis, dass sie sich noch bis in das späte vorige Jahrhundert hinein als »erbauliche Bibelausgabe großer Beliebtheit erfreute«, wird Hochhuths Bemerkung angeführt, dass »sich die Schrift noch häufig vor[findet]« (197 und Anm. 1f.)!

190 Hans-Jürgen Schrader: Art. »Carl«. In: Schleswig-Holsteinisches Biographisches Lexikon 5, 1979, 60-64 (umfassende Quellen- u. Literaturangaben). – In einer ungedruckten Münchner Habilitationsschrift (Untersuchungen zur pietistischen Medizin am Beispiel Johann Samuel Carls und seines Kreises) beschäftigt sich Christa Habrich mit der medizinhistorischen Bedeutung des Stahl-Schülers Carl und erörtert ausführlich die pietistischen Grundlagen seiner ärztlichen Ethik.

191 Geschichtsverständnis und Zeitbewußtsein. Die »Geistliche Fama« als pietistische Zeitschrift. In: PuN 2, 1975, 89-99; wieder abgedruckt in: Winfried Zeller, Theologie und Frömmigkeit. Gesammelte Aufsätze. Bd. 2. Hg. v. Bernd Jaspert. Marburg 1978 (MThSt, 15),150-160.

192 Zu den orthodoxen *Unschuldigen Nachrichten* vgl. die instruktive Darstellung bei Martin Greschat: Zwischen Tradition und neuem Anfang. V. E. Löscher und der Ausgang der lutherischen Orthodoxie. Witten 1971 (UKG, 5), 180-189.

ist vielmehr eine philadelphische Konzeption, die der Zeitschrift das Gepräge gab; sie war gewissermaßen als Hauszeitschrift und Kommunikationsorgan der Philadelphier gedacht,[193] worauf auch der pseudonyme Druckort »Philadelphia«[194] (= Berleburg) hinweist. Als Ergänzung und Korrektiv zu Zellers weithin nur paraphrasierender Darstellung ist die farbigere Charakteristik der *Geistlichen Fama* bei Ensign[195] zu vergleichen.

Unter den Hauptpersonen aus der Blütezeit des Berleburger Pietismus hat außer Carl, Abresch, Marsay, den Brüdern Haug und (dem Dippel-Herausgeber) Kanz[196] nur noch Edelmann neuerliches Interesse gefunden. Aufmerksamkeit verdiente aber auch der Eigenbrötler Christoph Seebach, der wie der Frankfurter Jurist Christian Fende[197] in der zeitgenössischen Polemik stets als »Arianer« und »Socinianer« apostrophiert wird. Sind hier – auch bei anderen Radikalpietisten zu beobachtende – Vorbehalte gegenüber der Trinitätslehre weitergebildet oder ist die heterodoxe Neufassung auch durch persönliche oder literarische Kontakte mit dem Socinianismus zustande gekommen?

Edelmanns sämtliche Schriften liegen in reprographischen Nachdrucken mit kommentierenden Einleitungen von Walter Grossmann vor.[198] In unserem Zusammenhang interessieren vor allem die Bände 11 (Streitschriften gegen Rock und Zinzendorf) und 12 (Selbstbiographie). Ein zweiter Reprint der von Carl Rudolf Wilhelm Klose erst 1849 aus einer Handschrift edierten Autobiographie, einer unschätzbaren Quelle für den Radikalpietismus der 1730er Jahre, ist im selben Verlag (!) in einer anderen Reihe erschienen[199], von Bernd Neumann eingeleitet und (gegenüber Grossmanns ganz spärlichen Anmerkungen) mit zahlreichen – aber teil-

193 Hans Leubes Irrtum, es handele sich um eine Zeitschrift der Inspirierten (RGG^2 3, 299) findet sich auch wieder bei Erich Beyreuther, RGG^3 3, 782.

194 Schon bald resignierend durch »Sardes« ersetzt; später wurde nur noch die Jahreszahl gedruckt.

195 Radical German Pietism [s. Anm. 94], 337-355.

196 Zu Johann Jakob und Johann Friedrich Haug und Kanz vgl. die Dissertation Schraders [s. Anm. 122] (Kap. III).

197 Else Oswalt: Christian Fende. Ein Beitrag zur Geschichte des Pietismus in Frankfurt a. M. Diss. phil. Frankfurt/Main 1921; eine recht magere Arbeit. Die wichtige Rolle, die Fende im radikalpietistischen Lager spielte, tritt in zeitgenössischen – von Oswalt nicht benutzten Quellen – deutlich hervor (vgl. z.B. die Autobiographien Petersens, Oetingers, Edelmanns).

198 Sämtliche Schriften in Einzelausgaben. Bde. 1-12. Stuttgart, Bad Cannstatt 1970-1976.

199 Selbstbiographie [...]. Stuttgart 1976 (Deutsche Autobiographien, 1).

weise haarsträubend ignoranten[200] – Erläuterungen versehen worden. Die Deutung Edelmanns wird von Neumann in das marxistische Konzept eines »objektiven« Geschichtsprozesses eingezwängt; sein skrupulöses religiöses Ringen ist nur als Widerspiegelung der Klassengegensätze relevant und seine theologischen und philosophischen Aussagen werden als Überbauphänomene verstanden.[201]

Im Gegensatz zu solchen ideologisch-gewaltsamen Simplifizierungen bemüht sich eine Monographie Grossmanns[202] in adäquater Weise, die biographische und theologische Entwicklung Edelmanns zu verfolgen, wenngleich die Darstellung seiner radikalpietistischen Phase und ihrer konkreten Hintergründe noch einige Wünsche offen lässt.

Die Aufklärung ist immer wieder als ein Fluchtpunkt von Tendenzen, die bereits im Pietismus und vor allem seinem radikalen Flügel vorhanden waren, betrachtet worden. Edelmann und – freilich kaum zu Recht – Dippel werden meist als biographische Belege angeführt. Auf diesen vielschichtigen Problemkreis kann hier nur hingewiesen werden. Über die in der älteren Literatur vorgetragenen Ansichten informiert eine Würzburger Dissertation von Hermann Bößenecker[203], dessen Quellenkenntnis allerdings für eine fundierte eigene Urteilsbildung zu gering ist.[204]

Mit der Blütezeit des Berleburger Radikalpietismus ist die Werk- und Druckgeschichte einer äußerst einflussreichen radikalpietistischen Publikation verbunden. Es handelt sich um die von Johann Henrich Reitz begonnene *Historie der Wiedergebohrnen*, die früheste und gattungsstiftende pietistische Sammelbiographie.

Rudolf Mohr ist der Lebensgeschichte von Reitz, eines »zu Unrecht vergessenen Pietisten«, der Druckgeschichte und Einzelaspekten seines

---

200 Z.B. wird »Continuation der Geistlichen Famae« (264) folgendermaßen erläutert: »Fortsetzung des geistlichen Gerüchtes, meint ironisch die Bibelübersetzung Haugs, an der Edelmann zeitweilig mitarbeitete« (483, Anm. 367)! Vgl. die Rez. von Klaus Deppermanns in: PuN 8, 1982, 259-262.

201 Nachwort, passim.

202 Johann Christian Edelmann. From Orthodoxy to Enlightenment. Den Haag, Paris 1976 (Religion and Society, 3).

203 Pietismus und Aufklärung. Ihre Begegnung im deutschen Geistesleben des 17. und 18. Jahrhunderts. Eine geistesgeschichtliche Untersuchung. Diss. phil. [masch.] Würzburg 1958. – Zum Verhältnis von Pietismus und Aufklärung vgl. ferner die Bibliographie in Martin Greschat: Pietismusforschung [s. Anm. 3], 463f. und die einschlägige Rubrik der jährlichen Pietismusbibliographie von PuN.

204 So wird z.B. die Position Dippels erörtert (107-114), ohne dass seine Schriften herangezogen werden (vgl. auch das Literaturverzeichnis).

Hauptwerkes nachgegangen und hat aufgrund sorgfältiger Quellenrecherchen etliche Unklarheiten und perpetuierte Irrtümer der älteren Forschung richtigstellen können.[205]

Die zweifellos bedeutendste neuere Untersuchung zum radikalen Pietismus ist die vorzügliche Göttinger germanistische Dissertation von Hans-Jürgen Schrader. Sie untersucht anhand der *Historie der Wiedergebohrnen* als repräsentativem Paradigma die Literaturproduktion und ihre Publikationsbedingungen sowie den speziellen Büchermarkt des radikalen Pietismus.[206]

Nicht nur für den kirchenhistorischen Leser ist der Bericht über die germanistische Pietismusforschung (Kap. I) äußerst instruktiv. In den terminologischen und historischen Eingrenzungen, die wohl in erster Linie einem germanistischen Publikum die kirchengeschichtliche Diskussionslage vermitteln sollen (Kap. II), finden sich beachtliche weiterführende Aspekte. Schrader stellt betont die schon den Zeitgenossen erkennbare Einheit und Kooperationsgemeinschaft zwischen kirchlichem und radikalem Pietismus heraus und untermauert diese These auch mit literaturwissenschaftlichen Argumenten. Besonders wertvoll ist die konzise, ältere und neuere Untersuchungen zusammenfassende und ergänzende Übersicht über die philadelphische Bewegung, in die das Kapitel ausmündet. Die Darstellung der Werkgeschichte der *Historie* (Kap. III) darf wohl als abschließende Behandlung angesehen werden; besonders hervorzuheben ist die Ermittlung der englischen Vorlage für Teil I (Vavasor Powell: The Spirituall Experiences of Sundry Beleevers. London ^{2}1653) und die Identifizierung der Herausgeber des fünften (Johann Samuel Carl) und sechsten Teils (Johann Conrad Kanz). Das zentrale IV. Kapitel folgt nach einem sehr informativen, verstreute Forschungen zusammenfassenden Überblick über das System zensorischer Bücheraufsicht im Reich den Stationen der Druck- und Verlagsgeschichte (Offenbach, Idstein, Berleburg), untersucht die kirchenpolitischen Bedingungen für Druck und Vertrieb radikaler Literatur und schildert die besonderen Verhältnisse des radikalpietistischen Büchermarktes. Das der Wirkungsgeschichte der *Historie* gewidmete Kap. V eröffnet neue Einsichten in das Wirkungsspektrum radikalpietistischer Literatur, Lesepublikum und Leseverhalten. Nach Schraders Berechnungen

205 Ein zu Unrecht vergessener Pietist: Johann Henrich Reitz (1655-1720). In: MEKGR 22, 1973, 45-109; Über die »Historie der Wiedergebohmen« von Johann Henrich Reitz. In: MEKGR 23, 1974, 56-104; Niederländer und niederländische Literatur in der »Historie der Wiedergebohrnen« von Johann Henrich Reitz. In: Pietismus und Reveil [s. Anm. 38], 192-206.

206 S. Anm. 122.

sind mindestens 10000 Exemplare verkauft worden, die eine etwa 20fache Zahl an Lesern erreicht haben dürfte. Die Analyse von über 25 individuellen Rezeptionszeugnissen belegt die Verbreitung und illustriert die Lektüreerwartungen der pietistischen Leserschaft. Das im Manuskript enthaltene Kap. VI wird gesondert erscheinen.[207] Schrader unterzieht hier die Titelkupfer der *Historie* einer traditionsgeschichtlichen (Jesuitenemblematik des frühen 17. Jahrhunderts) und einer funktionalen (Buchwerbung, Propagierung pietistischer Themen) Analyse, die für die konfessionsübergreifende Rezeption von Ausdrucksmitteln der Frömmigkeit sowie für das Verhältnis des Pietismus zur Bildkunst wertvolle Aufschlüsse gibt.

Es ist unmöglich, in dieser groben Übersicht, die eine künftige Rezension nicht vorwegnehmen will, einen Eindruck von der umfassenden Materialauswertung und dem dadurch erzielten immensen Reichtum an stimulierenden Fragestellungen, erhellenden Einsichten, fundierten Einzelergebnissen und vielfältigen Hinweisen zu vermitteln, den diese aus langjährigen Recherchen erwachsene Arbeit in souveräner Gestaltung darbietet. Für künftige Arbeiten kann sie darüberhinaus nicht nur als eine unvergleichliche bibliographische Fundgrube, sondern als Quelle methodischer Anregungen dienen.

Die *Historie der Wiedergebohrnen* selbst liegt in einem von Schrader herausgegebenen und mit einem umfänglichen Nachwort, in dem Ergebnisse der Dissertation aufgenommen sind, versehenen Nachdruck vor.[208] Er stellt insofern gegenüber üblichen Reprint-Drucken ein Novum dar, als er nicht einfach die letzte Auflage, sondern die z.T. sehr raren Erstdrucke der einzelnen Teile reproduziert und in einem Anhang Textvarianten und Ergänzungen dokumentiert. Das neugesetzte, auf die Paginierung des Erstdrucks umgestellte »Hauptregister«, eine schematische Übersicht über die Werkgeschichte, ein Verzeichnis der Lieder- und Gedichtanfänge und eine alphabetische Gesamtübersicht der Biographien sind wertvolle Erschließungshilfen. So ist das Genus einer »wissenschaftlich-kritischen photomechanischen Neuausgabe« entstanden.

In den mitteldeutschen Raum und an einen Knotenpunkt in der Geschichte des Pietismus führt die jetzt erstmals gedruckte Dissertation von Hans Leube über die pietistische Bewegung in Leipzig.[209] Ihr bleibender

---

207 Die »Historie der Wiedergebohrnen« im Titelkupfer. Traditionen und Funktionen der Sinnbilder im pietistischen Erbauungsbuch.

208 Johann Henrich Reitz. Historie Der Wiedergebohrnen. Hg. v. Hans-Jürgen Schrader. Bde. 1-4. Tübingen 1982 (Deutsche Neudrucke. Reihe: Barock 29/1-4).

209 Die Geschichte der pietistischen Bewegung in Leipzig. Ein Beitrag zur Geschichte und Charakteristik des deutschen Pietismus [1921]. In: ders.: Orthodoxie und

Wert liegt in der sorgfältigen Erhellung jener Vorgänge, die den Auftakt zu einer neuen geschichtlichen Etappe des Pietismus bildeten. Die Darstellung zeigt eindrücklich, wie nahe beieinander innerkirchliche und radikale Möglichkeiten lagen.

Martin Schulz behandelt in seiner Hallenser Dissertation (Gottfried Arnolds Schwiegervater) Johann Heinrich Sprögel und die pietistische Bewegung Quedlinburgs.[210] Sie kann durch die Auswertung gedruckter und handschriftlicher Quellen über Ritschls Darstellung hinausführen und auch zu Arnolds Lebensgeschichte neue Informationen beisteuern. Aufschlussreich für die ekstatisch-visionären Erscheinungen, die im letzten Jahrzehnt des 17. Jahrhunderts auch an anderen Orten Mitteldeutschlands auftraten, ist das III. Kap. über »die Zeit des Enthusiasmus«, das auch Speners und Franckes Stellungnahmen kurz charakterisiert. Diese Phänomene bieten instruktives Vergleichsmaterial für die späteren Inspirierten.

Es wäre wünschenswert, dass auch über die pietistische Bewegung in anderen Städten Mitteldeutschlands wie Magdeburg, Erfurt und Halberstadt[211] vergleichbare lokalgeschichtliche Untersuchungen angestellt würden, die für die Geschichte des radikalen Pietismus wichtige Aufschlüsse geben könnten. So nennt z.B. der »Catalogus amicorum in Germania« der englischen Philadelphier[212] eine ganze Reihe von Kontaktadressen an diesen Orten.

Eine Schlüsselrolle bei der Vermittlung philadelphischer Gedanken an radikalpietistische Kreise in Deutschland spielte das Ehepaar Petersen. Seit den älteren Arbeiten, vor allem Walter Nordmanns[213], ist über die Petersens nur wenig gearbeitet worden. Kurt Lüthi beschäftigte sich – ohne Kenntnis der Arbeiten Nordmanns – unter aktualisierendem Vorzei-

---

Pietismus. Gesammelte Studien. Hg. v. Dietrich Blaufuß. Bielefeld 1975 (AGP, 13), 153-267, bes. 235-249.

210 Diss. theol. [masch.] Halle/Saale 1974.

211 Eine knappe Übersicht, in der auch radikale Erscheinungen berührt werden, gibt Walter Werner: Der frühe Pietismus im Fürstentum Halberstadt. In: August Hermann Francke. Hg. v. Rosemarie Ahrbeck u. Burchard Thaler. Halle/Saale 1977, 86-95.

212 Abgedruckt bei Hochhuth [s. Anm. 126], 222, Anm. 38 (fehlerhaft) und Thune [s. Anm. 127], 125f.

213 Die theologische Gedankenwelt des pietistischen Ehepaares Petersen, Lic.-Diss. theol. Berlin 1929 (Teildruck: Naumburg/Obermöllern 1929); Die Eschatologie des Ehepaares Petersen, ihre Entwicklung und Auflösung. In: ZVKGS 26, 1930, 83-108; 27, 1931, 1-19; Im Widerstreit von Mystik und Föderalismus. In: ZKG 50, 1931, 146-185.

chen (Karl Barth, Kirchliche Dogmatik II) mit ihrer Apokatastasis-Lehre[214] und Martin Schmidt versuchte, die Apokalypsedeutung der Frau Petersen zu charakterisieren.[215] Ein konziser biographischer Überblick mit umfassenden Literaturangaben findet sich in Schraders Artikel über Johann Wilhelm Petersen im Schleswig-Holsteinischen Biographischen Lexikon.[216] Eine Darstellung der Lebensgeschichte der Petersens wäre eine reizvolle Aufgabe und ein wichtiger Beitrag zur Geschichte des Gesamtpietismus – von den Frankfurter *collegia pietatis*, an denen das Fräulein von Merlau teilnahm, bis zu den Kontakten des greisen Ehepaares mit Zinzendorf als Vertreter der dritten Pietistengeneration.

Radikalpietistische Gruppen in Norddeutschland berührt Martin Schmidt in einem Überblick über die pietistische Territorialgeschichte dieses Raumes, der die Ergebnisse der älteren Literatur zusammenfasst.[217] Nachdrücklich stellt er den überall erkennbaren engen Zusammenhang zwischen kirchlichem und radikalem Pietismus heraus.

Für die Hannoverschen Stammländer bleibt Rudolf Ruprechts Untersuchung grundlegend;[218] für Ostfriesland ist das Werk August de Boers[219] durch die Darstellung Walter Hollwegs keineswegs ersetzt.[220] Es kommt

---

214 Die Erörterung der Allversöhnungslehre durch das pietistische Ehepaar Johann Wilhelm und Johanna Eleonora Petersen. In: ThZ 12, 1956, 362-377.

215 Biblisch-apokalyptische Frömmigkeit im pietistischen Adel. Johanna Eleonora Petersens Auslegung der Johannesapokalypse. In: Text – Wort – Glaube. Festschrift Kurt Aland. Berlin, New York 1980 (AKG, 50), 344-358. – Vgl. jetzt auch Ernst A. Schering: Johann Wilhelm und Johanna Eleonore Petersen. In: Gestalten der Kirchengeschichte. Hg. v. Martin Greschat [s. Anm. 181]. Bd. 7, 225-239.

216 Art. »Johann Wilhelm Petersen«. In: Schleswig-Holsteinisches Biographisches Lexikon 5, 1979, 201-205.

217 Der Pietismus in Nordwestdeutschland. In: JGNKG 70, 1972, 147-178.

218 Der Pietismus des 18. Jahrhunderts in den Hannoverschen Stammländern. Göttingen 1919 (SKGN, 1). Der erste Teil (11-110) behandelt den separatistischen Pietismus.

219 Der Pietismus in Ostfriesland am Ende des 17. und in der ersten Hälfe des 18. Jahrhunderts. Aurich 1938.

220 Die Geschichte des älteren Pietismus in den reformierten Gemeinden Ostfrieslands von ihren Anfängen bis zur großen Erweckungsbewegung (um 1650-1750). Aurich, Leer 1978 (Abhandlungen und Vorträge zur Geschichte Ostfrieslands, 57). Der Verfasser hat das Werk als 90jähriger (!) begonnen, nach dessen Tod hat H. Ramm das Manuskript druckfertig gemacht. – Der Beitrag von Willem Balke: Het Piëtisme in Oostfriesland. In: Theologia reformata 21, 1978, 307-327, gibt nur einen allgemein gehaltenen Bericht über ältere und neuere Darstellungen und geht auf radikale Erscheinungen nicht ein.

leider nicht selten vor, dass gerade in lokal- und territorialgeschichtlichen Abhandlungen einschlägige Vorarbeiten unbekannt bleiben. So hat Walter Schäfer in einem Aufsatz über Bernhard Peter Karl[221] dasselbe Konvolut der Osnabrücker Konsistorialakten noch einmal ausgewertet, das schon ein Jahrhundert zuvor B. Spiegel zur Grundlage eines Aufsatzes mit gleicher Thematik gedient hatte[222] – nicht weil Schäfer die Darstellung Spiegels für revisionsbedürftig hielt, sondern weil er sie nicht kannte. Auch Martin Schmidt, der einer Abhandlung über Karls Katechismus *Die lautere Milch des Evangelii*[223] mit seinem »unparteiischen« Programm eine längere Schilderung der Osnabrücker Auseinandersetzungen voranschickt, ist dieser grundlegende Beitrag entgangen.[224] Das neue Werk von Gottfried Mai über den Bremer Pietismus[225] widmet ein Kapitel den »Auseinandersetzungen mit schwärmerischen und radikalen Strömungen«. Die Auswertung der einschlägigen Akten des Bremer Stadtarchivs ist sehr verdienstlich – schon früher hatte Mai dem Fall Detry eine eigene Studie gewidmet[226] –, doch sind auch in diesem Kapitel Mängel überall dort spürbar, wo es um übergreifende Perspektiven und die Einordnung in einen weiteren Kontext und über die Lokalgeschichte hinausreichender Vorgänge (z.B. das Auftreten Römelings[227]) geht.

---

221 Der verfemte Pietismus des Magister Bernhard Peter Karl. Aus den Akten eines Osnabrücker Lehrstreits um 1700. In: JGNSKG 74, 1976, 187-222.

222 M. Bernhard Peter Karl. In: ZwTh 8, 1865, 353-384. Der Aufsatz diente als Grundlage für Ritschls Ausführungen über Karl ([s. Anm. 21]. Bd. 2, 338f., vgl. 338, Anm. 2).

223 Ein unbekannter pietistischer Katechismus ökumenischer Prägung. In: PuN 1, 1974, 32-64. – Einen ähnlichen Titel trägt Zinzendorfs Kinderkatechismus: Die lautere Milch der Lehre Jesu Christi [...]. Löbau 1723.

224 Das – für das Lutherverständnis im radikalen Pietismus sehr aufschlussreiche – Werk *Lutherus ante Lutheranismum,* das Schmidt als »verloren« ansieht (37; so schon im o.g. Aufsatz [s. Anm. 66] über den nordwestdeutschen Pietismus in: JGNSKG 70, 1972, 175) und daher den Inhalt nach der Rezension in den *Unschuldigen Nachrichten* referiert, ist noch vorhanden: Niedersächs. Staatsarchiv Osnabrück (vgl. Schäfer [s. Anm. 221], 88), HAB Wolfenbüttel und Bibl. der Franckeschen Stiftungen, Halle/Saale.

225 Die niederdeutsche Reformbewegung. Bremen 1979 (HosEc, 12). Vgl. die Rezension von J. F. Gerhard Goeters. In: PuN 7, 1981, 243-245.

226 Aus der Zeit des Pietismus in Bremen. Der Prozeß gegen Petrus Friedrich Detry, Pastor an St. Martini. In: HosEc 10, 1976.

227 Grundlegend für das Verständnis Römelings und für den Hintergrund auch seiner Wirksamkeit unter den Bremer radikalen Pietisten ist dessen Werk: Nachricht seiner von Gott geschehenen völligen Herausführung aus Babel [...]. Frankfurt/Main,

Was die Kenntnis des radikalen Pietismus im süddeutschen Raum angeht, sind wir weiterhin noch auf ältere Arbeiten angewiesen.[228] Für Württemberg bieten die auf Archivstudien beruhenden Untersuchungen Christoph Kolbs immerhin eine solide, materialreiche Ausgangsbasis.[229] Der radikale Pietismus in den schwäbischen Reichsstädten harrt noch einer eindringlichen Bearbeitung.[230] Einen informativen Überblick über den Separatismus in Franken und bayerisch Schwaben gibt Friedrich Wilhelm Kantzenbach.[231]

Mit dem Leben des als Wanderprediger umherziehenden und auch literarisch tätigen Sporergesellen Rosenbach beschäftigt sich ein Aufsatz von Friedrich Fritz, der neben Rosenbachs autobiographischen Zeugnissen und zeitgenössischen Streitschriften auch archivalische Quellen heranzieht.[232]

Über einen anderen Wanderprediger, Johann Tennhardt, handelt ein noch vor dem Krieg erschienenes Buch von Friedrich Braun.[233] Lassen beide Studien auch manche Wünsche offen und ist eine gewisse territoriale Beschränkung des Blickwinkels (auch in der Quellenbenutzung) un-

---

Leipzig 1710, dem in separatistischen Kreisen programmatische Bedeutung beigemessen wurde (vgl. z.B. [Eberhard Ludwig Gruber:] Gespräch und Unterredung von der wahren und falschen Absonderung. o.O. 1714, 5). Auch den noch immer nützlichen Aufsatz von W. Klose: Christian Anton Römelings Leben und Lehre. In: ZHTh 23 NF 17, 1853, 204-225, kennt Mai nicht.

228 Ältere Arbeiten zu einzelnen Territorien sind im Literaturverzeichnis von Martin Schmidts Artikel »Pietismus«, RGG³ 5, 179-181, genannt; ferner sind Darstellungen der Territorialkirchengeschichte zu vergleichen. Über Neuerscheinungen informiert die Rubrik »Regionalgeschichte« der Pietismusbibliographie von PuN.

229 Die Anfänge des Pietismus und Separatismus in Württemberg. In: WVLG 9, 1900, 33-93, 358-412; 10, 1901, 201-251; 11, 1902, 43-78, auch als Monographie erschienen: Stuttgart 1902.

230 Arbeiten des 19. Jahrhunderts sind genannt bei Kolb in: WVLG 10, 1901, 249; vgl. ferner zu Reutlingen: Theodor Schön: Geschichte des Pietismus, Separatismus und Chiliasmus in der Reichsstadt Reutlingen. In: BWKG 13, 1903, 63-81; zu Esslingen: Theodor Wotschke: Der Separatist Andreas Groß in Eßlingen. In: BWKG 37, 1933, 208-228.

231 Der Separatismus in Franken und bayerisch Schwaben im Rahmen der pietistischen Bewegung. In: ZBKG 45, 1976, 33-53.

232 Johann Friedrich Rosenbach. In: ZBKG 18, 1948, 21-59.

233 Johann Tennhardt. Ein Beitrag zur Geschichte des Pietismus. Nürnberg 1934 (EKGB, 17). Zur Übersetzung von Tennhardt-Schriften ins Französische durch François de Magny vgl. Eugène Ritter: Magny et le Piétisme [richtig??] dans la Suisse romande. Genf 1891 (Memoires [richtig??] et Documents de la Suisse romande, 2/III), 49f.; zum Einfluss Tennhardts in der deutschen und welschen Schweiz vgl. Paul Wernle [s. Anm. 235], 180-182 u.ö., Henri Vuilleumier [s. Anm. 236].

übersehbar, so wäre mit einer größeren Zahl vergleichbarer Beiträge zu Einzelgestalten für die Gesamtkenntnis der radikalen Szene sehr viel gewonnen.

Während der Pietismus im Elsass und seine radikalpietistischen Erscheinungen noch kaum erforscht sind,[234] bietet Paul Wernles ältere, aber noch unersetzte Darstellung[235] des Pietismus in der deutschen und französischen[236] Schweiz eine ausführliche und durch breite Archivstudien gestützte Behandlung sowohl seiner kirchlichen wie auch seiner radikalen Erscheinungen. Auch hier sind immer wieder die engen Verbindungen zwischen beiden Formen und die fließenden Übergänge zu beobachten.

IV.

Kehren wir nach der Betrachtung der Einzelarbeiten noch einmal zu den Aporien zurück, die sich beim Studium der Gesamtkonzeptionen ergeben hatten. Wir versuchen, mit einigen Beobachtungen und Erwägungen in einem neuen Gedankengang die doppelte Frage aufzugreifen: Kann man von radikalen *Pietisten* sprechen, und in welchem Sinn handelt es sich um *radikale* Pietisten?

---

234 Über die Auseinandersetzungen in Straßburg zu Beginn des 18. Jahrhunderts, in die der spätere Herausgeber der Berleburger Bibel, Johann Friedrich Haug, verwickelt war, bieten die von (Dippels orthodoxem Lehrer) Johann Joachim Zehntgraff herausgegebene Dokumentation (Deß Evangelischen Kirchen-Convents in Straßburg Abgenöthigter Historischer Bericht [...]. Straßburg 1706) und Haugs Apologie (Zeugniß der Liebe [...]. o.O. 1708) wichtiges Material, das auch die Verbindungen zum württembergischen radikalen Pietismus aufzeigt. Eine kurze Schilderung der Vorgänge bei Johann Adam: Kirchengeschichte Straßburgs bis zur franzoesischen Revolution. Straßburg 1922, 476-478.

235 Paul Wernle: Der schweizerische Protestantismus im XVIII. Jahrhundert. Bd. 1: Das reformierte Staatskirchentum und seine Ausläufer (Pietismus und vernünftige Orthodoxie). Tübingen 1923. Zum frühen Pietismus in Bern vgl. jetzt Rudolf Dellsperger: Die Anfänge des Pietismus in Bern. Quellenstudien, theol. Habil.-Schrift [masch.] Bern 1981 (inzwischen: Göttingen 1984 [AGP, 22]). Sie stellt u.a. das kirchliche Wirken des Spitalpredigers Samuel König dar, der erst nach seiner Amtsenthebung im Pietistenprozess 1699 und seiner Ausweisung in Deutschland zu einem Wortführer der radikalen Pietisten wurde. Vgl. dazu Rudolf Dellsperger: Samuel Königs »Weg des Friedens« (1699-1711). Ein Beitrag zur Geschichte des radikalen Pietismus in Deutschland. In: PuN 9 ,1983, 152-179.

236 Für die Französische Schweiz, bes. für das Waadtland, bietet das Werk von Henri Vuilleumier: Histoire de l'Église Réformée du Pays de Vaud sous le Régime Bernois. Bde. 3-4. Lausanne 1930-33, einige Ergänzungen zu Wernles Darstellung.

1. Der Name Pietismus haftet historisch an der von Spener ausgehenden Bewegung des 17. und 18. Jahrhunderts und ist wohl noch in der Zeit seiner Frankfurter Wirksamkeit aufgekommen. Er fand seit den Leipziger Auseinandersetzungen allgemeine Verbreitung, zunächst als Spott- und Spitzname, dann als Selbstbezeichnung.[237] (Noch in den 1690er Jahren ist er auch auf reformierte Fromme der Undereyckschen Richtung angewandt worden.[238]) Die terminologische Neuschöpfung und der Umstand, dass sie sich als Gattungsbezeichnung durchsetzte, zeigt, dass die Zeitgenossen in der durch Spener initiierten Bewegung ein Novum sahen. Selbst wenn Speners Theologie und Frömmigkeit inhaltlich nicht über Arndt hinausführten, läge in diesem Sachverhalt schon ein hinreichender Grund für den – primären – Gebrauch eines »engen« Pietismusbegriffs. Die Anhängerschaft Arndts im 17. Jahrhundert hat niemals eine vergleichbar geschlossene Formation gebildet, ist niemals eine sozial greifbare Bewegung gewesen wie der von Spener ausgehende Pietismus im letzten Viertel des 17. und in der ersten Hälfte des 18. Jahrhunderts.

2. Für die Zugehörigkeit der Radikalen zum Pietismus sprechen wichtige terminologische und biographische Indizien. Die Selbstbezeichnung als »Pietisten« lässt sich bei den radikalen Vertretern ebenso nachweisen wie bei den kirchlichen; sie findet sich selbst bei Randgruppen wie den Neutäufern, den Inspirierten und der Buttlarschen Rotte.[239] Das hängt nicht zuletzt damit zusammen, dass das Gros der bekannten Radikalen biographisch mit der von Spener ausgehenden Bewegung eng verknüpft ist. Die Radikalpietisten lutherischer Provenienz sind fast durchweg von Spener, Francke, anderen Hallensern oder jedenfalls von Pietisten, die durch jene

---

237 Philipp Jacob Spener: Wahrhafftige Erzehlung dessen/ was wegen des so genannten Pietismi in Deutschland von einiger Zeit vorgegangen [...]. Frankfurt/Main 1697, 67ff., bringt bekanntlich das Aufkommen des Namens mit den Leipziger Vorgängen nach 1686 in Verbindung. Löscher: Vollständiger Timotheus Verinus [s. Anm. 14]. Bd. 2, 6ff., behauptet, er sei schon 1681 in Gebrauch gewesen, und vermutet eine Entstehung unter Theologen im Frankfurt benachbarten Hessen-Darmstadt; so auch Walther Köhler: Die Anfänge des Pietismus in Gießen, 1689-1695. In: Die Universität Gießen 1607-1907. Bd. 2. Gießen 1907, 133-244.

238 Für Bremen datieren die ersten Belege von 1698 (vgl. Faulenbach [s. Anm. 92], 211, Anm. 134). Ende des 17. Jahrhunderts lässt sich der konfessionsüberschreitende Gebrauch auch in Schriften Conrad Bröskes nachweisen. Zu derselben Zeit begegnet der Sprachgebrauch in der Schweiz.

239 Die Zugehörigkeit zum Pietismus wird etwa auch in dem Auftrag an die Inspirierten-Propheten deutlich, »die träge und in allerhand falsche Ruhe versunckene Pietisten und Separatisten« wieder zu erwecken und aufzumuntern (Nöthiges und Nutzliches Gespräch von der Wahren und Falschen Inspiration: auffgesetzt von *Ei*nem *L*icht-*G*enossen [Kryptonym = *Eberhardt Ludwig Gruber*]. o.O. 1716, 64).

geprägt waren, erweckt und »auf die Spur gebracht« worden. (Eine analoge Beobachtung lässt sich bei Radikalpietisten reformierter Herkunft wie Horche und Reitz machen, die durch Undereyck erweckt wurden).

Die Rede vom Fortleben des mystischen Spiritualismus – bei Schmidt ideengeschichtlich gemeint – lässt diesen grundlegenden Sachverhalt nicht erkennen. Von einem *neben* dem Pietismus fortbestehenden mystischen Spiritualismus kann man am ehesten bei den Gichtelianern sprechen[240], von kirchlichen und radikalen Pietisten meist als Sondergruppe behandelt, sowie bei den festgefügten Gemeinden der Schwenckfelder (vor allem in Schlesien)[241]. Auch zwischen diesen Gruppen und dem Pietismus gab es rege Kontakte, aber trotz aller Gemeinsamkeiten in den Frömmigkeitsformen (die sich unter einen weiten Pietismusbegriff subsumieren lassen) verstanden und bezeichneten sie sich nicht als Pietisten.

3. Die Einheit von kirchlichem und radikalem Pietismus ist keine bloße Erfindung der Gegner, sondern in einem Gemeinschaftsbewusstsein der Pietisten selbst begründet. Der unabweisbare Eindruck der Zusammengehörigkeit der gesamten pietistischen Bewegung ist eine Beobachtung, die sich beim Studium pietistischer Quellen aufdrängt.[242] Das gilt trotz aller

240 Vgl. Johann Wilhelm Petersen: Ein Wort an die heutigen Böhmisten und Gichtelianer [...] (Nachweis: Leben Jo. Wilhelmi Petersen. o.O. 1717, 385). Der inspirierte Prophet Gleim spricht 1716 in Berlin und Bremen »Klagen des Geistes« über dortige Gichtelianer aus (Geschrey zur Mitternacht [...]. o.O. 1715, 291f., 293). Wie eng freilich auch hier die Berührungen waren, zeigt die instruktive Darstellung von Gertraud Zaepernick: Johann Georg Gichtels und seiner Nachfolger Briefwechsel mit den hallischen Pietisten, besonders mit A. M. Francke. In: PuN 8, 1982, 74-118.

241 Hirsch hatte in seinem Schwenckfeld-Aufsatz (s. Anm. 52) festgestellt: »Schwenckfelds Nachwirkungen in Württemberg und Schlesien sind noch nicht erforscht, wie es für das Verständnis des Pietismus – was den schlesischen anlangt, insbesondere Herrenhuts – erwünscht wäre«. (169f.). Die beste Untersuchung über die schlesischen Schwenckfelder bietet jetzt Horst Weigelt: Spiritualistische Tradition im Protestantismus. Die Geschichte des Schwenckfeldertums in Schlesien. Berlin, New York 1973 (AKG, 43); zu Verbindungen mit dem Pietismus vgl. 229f., 254ff. Zu Kontakten Hoburgs mit Schwenckfeldern vgl. Peter C. Erb: Christian Hoburg und schwenckfeldische Wurzeln des Pietismus: Einige bisher unveröffentlichte Briefe. In: JSKG 56, 1977, 92-126 (10 Briefe Hoburgs an schlesische Adressaten; Gesamtbibliographie Hoburgs!).
Auf Schwenckfelder in Straßburg bis ins 17. Jahrhundert weist Daniel Husser hin: Caspar Schwenckfeld et ses adeptes entre l'Église et les sectes à Strasbourg. In: Strasbourg au cœur religieux du XVIe siècle. Festschrift Lucien Febvre. Hg. v. Georges Livet u. Francis Rapp. Straßburg 1977, 511-535.

242 Dieser Sachverhalt tritt bei einem Vergleich mit den heftigen Auseinandersetzungen in der Reformationszeit mit dem »linken Flügel« besonders eindrücklich hervor.

aufbrechenden Differenzen und sogar angesichts interner literarischer Fehden. Man betrachtete sich gegenseitig als Kinder Gottes, als »Mit-Genossen in Christo«, und redete sich als Brüder an. Man erkannte sich an der gruppenspezifischen Sprache.[243]

Pietistische Autobiographien, Reiseberichte, die erhaltenen Restbestände der ausgedehnten Korrespondenzen und andere Quellen zeigen das Ausmaß der Kontakte. Bei Spener und in Halle trafen sich nicht nur kirchliche Pietisten, sondern dort stellten sich auch immer wieder radikale Geister zu Besuchen ein.

4. Die Zusammengehörigkeit von kirchlichem und radikalem Pietismus lässt sich auch an zahlreichen Lebensgeschichten erhellen. Von einigen kirchlichen Pietisten ist bekannt, dass sie radikale Phasen durchgemacht oder zeitweise radikale Ansichten gehegt haben. Die meisten Separatisten haben als kirchliche Pietisten begonnen, einige sind in die kirchliche Gemeinschaft oder sogar in ein kirchliches Amt zurückgekehrt.[244] Ein solcher Schritt wird in der Forschung häufig überbewertet (z.B. bei Arnold oder Horch). Es bleibt zu fragen, ob sich in diesen Fällen wirklich ein tiefer »Bruch« in den Anschauungen nachweisen lässt oder ob die Kontinuität der Grundüberzeugungen nicht erheblich stärker ins Gewicht fällt.

In nicht wenigen Lebensgeschichten gibt es sogar ein mehrmaliges Hin und Her zwischen dem kirchlichen und dem radikalen Lager und einen Wechsel zwischen einzelnen pietistischen Gruppen.

Der lutherische Theologiestudent Gottfried Neumann bekehrte sich in Leipzig, unterrichtete als Informator am Waisenhaus in Halle, zog als separatistischer Einzelgänger in die Wetterau, schloss sich den Neutäufern an, wechselte zu den Inspirierten über, bekam Zweifel an der »via separatismi« und bat Francke um eine erneute Anstellung, blieb aber doch bei den Inspirierten und beschloss sein Leben als Herrnhuter.[245] Derartige biographische Beispiele machen deutlich, wie durchlässig die Grenze zwischen kirchlichem und radikalem »Lager« war. Dieser Eindruck wird umso

---

243 Darauf weist zuletzt Schrader mit zahlreichen Belegen hin [s. Anm. 122, Kap. I].

244 Die Biographie Samuel Königs ist dafür ein besonders anschauliches Beispiel (s. den Beitrag von Rudolf Dellsperger: Samuel Königs »Weg des Friedens« [s. Anm. 235].

245 Gottfried Neumanns [...] Historische Erzehlung [...]. In: Unterschiedliche Erfahrungsvolle Zeugnisse [...] von der [...] Inspirations-Sache. o.O. 1715, 48-62; Theodor Wotschke: Gottfried Neumann. Der Pietist, Separatist, Wiedertäufer, Inspirierte. In: MRKG 26, 1932, 48-57; Aufrichtige und wahrhaftige Extracta aus dem allgemeinen Diario der wahren Inspirations-Gemeinen. IV. Sammlung [...]. o.O. 1739, passim; Unitätsarchiv Herrnhut, Gemeindiener-Blätter: Neumann, Gottfried.

stärker, je mehr man den Blick von den »großen« Gestalten des Pietismus weg auf die Pietisten von mittlerer [246] oder kleiner Statur hinwendet.

Wie schwierig die Zuweisung an das kirchliche oder radikale Lager im Einzelfall ist, kann man auch an zwei der bedeutendsten, freundschaftlich verbundenen Frauen des Pietismus verdeutlichen, der Gräfin Benigna von Solms-Laubach und der Freifrau Henriette Katharina von Gersdorf (den Großmüttern des Grafen und der Gräfin Zinzendorf). Benigna von Solms gehörte zur frühen Anhängerschaft Speners, mit dem sie in »gesegneter Connexion« stand.[247] Sie besuchte sein Collegium pietatis, und der Frankfurter Senior kam zu einem längeren Aufenthalt nach Laubach und widmete ihr sein *Laubachisches Denckmahl*. Gleichwohl war sie auch den Einflüssen radikaler Pietisten zugänglich und behielt den Laubacher Pfarrer Marquard selbst auf dem Höhepunkt seiner radikalen Entwicklung – als dieser öffentlich Kanzel, Taufstein, Beichtstuhl und Altar »gute Nacht« sagte – weiterhin als ihren Hofprediger.[248] Ihre Aufgeschlossenheit für mystisch-spekulative Literatur erhellt aus dem Umstand, dass ihr der Offenbacher Drucker Bonaventura de Launoy die deutsche Ausgabe einer Schrift des englischen Böhmisten und Philadelphiers Thomas Bromley widmen durfte.[249]

Die Freifrau von Gersdorf[250] stand mit Spener, mit Francke und dessen Mitarbeitern in regem Austausch und empfing deren Besuche; sie hielt sehr auf »Religionstreue« und hat ihren Enkel in diesem Sinn bleibend geprägt. Andererseits erhielt Petersen von ihr finanzielle Ünterstützung[251], und Hochmann fand zeitweilig eine Anstellung als Hofmeister ihres Sohnes.[252] Zinzendorf hat ihre »unparteiische« Haltung treffend charakteri-

---

246 Ein Beispiel dafür ist der Wetzlarer Pfarrer Hellmund. Vgl. Ludwig Conrady: Egidius Günther Hellmund. Ein Lebensbild nach den Quellen gezeichnet. In: Nassauische Annalen 41, 1911, 182-324, und neuere Arbeiten von Rudolf Mohr: »Lutherus purificatus«. In: MEKGR 20/21, 1971/72, 251-261 und s.u., Anm. 257.

247 Vgl. die oben, Anm. 151, genannte Literatur.

248 Renkewitz: Hochmann [s. Anm. 99], 78ff., Bohn [s. Anm. 148], 149ff.

249 T[homas] B[romley]: Der Weg zum Sabbath der Ruhe [...]. Offenbach 1702, Zuschrifft.

250 Die von Richard Träger, dem späteren verdienstvollen Archivar des Herrnhuter Unitätsarchivs, begonnene Biographie der Großmutter Zinzendorfs ist leider nicht fertiggestellt worden. Vgl. die Charakteristik der »Landvögtin« bei Erich Beyreuther: Der junge Zinzendorf. Marburg 1957, 44-47, 52f.

251 Vgl. Petersen: Leben [s. Anm. 240], 236.

252 Vgl. Renkewitz: Hochmann [s. Anm. 99], 40f., Anm. 102.

siert.[253] Boehme und die christliche Kabbala gehörten zu ihrer Lektüre, und Zinzendorf vermerkt: Sie hatte »viel Anschein zu mehrerem Licht als ihre Zeit noch ertragen konnte, war eben deswegen sehr behutsam, sich darinnen herauszugeben.«[254]

5. Sollte die bisherige Beobachtung Argumente für die Zuweisung der Radikalen zum Pietismus liefern, so müssen wir nun fragen, inwiefern man von *radikalen* Pietisten sprechen kann.

Wie wir sahen, hatten sich schon früh bei den orthodoxen Gegnern die Hauptkriterien Heterodoxie und Separation herausgebildet, die von der Kirchengeschichtsschreibung übernommen wurden. Das Kriterium Heterodoxie ist freilich nicht leicht zu handhaben. Legt man als Maßstab die Orthodoxie der zeitgenössischen Pietismuskritiker an, so geraten auch die kirchentreuen Pietisten in den Verdacht, – wenn auch in »subtilerer« Weise und geringerer Zahl als die radikalen – irrige Lehren zu hegen. Ein solches numerisches Abzählen der Abweichungen vom orthodoxen Lehrsystem bleibt aber für eine geschichtliche Betrachtungsweise unbefriedigend. Andererseits konnten selbst radikale Pietisten auf Luther zurückgreifen und seine Anschauungen gegen die der Orthodoxie ausspielen (»Lutherus ante Lutheranismum«)[255] oder ganz und gar den Spieß umdrehen und Heterodoxievorwurf wie Ketzerbegriff an die »blinden Verfechter von Menschensatzungen« zurückgeben.[256]

Sachgemäß wird man hier den Ausgangspunkt bei dem Selbstverständnis der einzelnen Pietisten nehmen müssen: Erhoben sie jeweils selbst den Anspruch auf Übereinstimmung mit der Lehre ihrer Kirche – sei es in Bezug auf die orthodoxe Dogmatik oder im Rückgriff auf die reformatori-

253 »Sie wußte keinen Unterschied zwischen der catholischen, lutherischen und reformirten Religion, sondern was Herz hatte und an sie kam, das war ihr Nächster.« (Unitätsarchiv Herrnhut, R 2.A.39.b, 10.6.1756).

254 ZBG 7, 1913, 172.

255 S. Anm. 224.

256 Dippel dichtet:

»Und wann er noch so gut meynt orthodox zu seyn/
So blendet ihn doch nur der todte Meynungs-Schein [...]
Ein Kätzer ist demnach/ wer Kätzermacher liebt/
Und/ als ein blinder Papst/ Gewissens-Zwang ausübt:
Hingegen/ wider wen sich solche Päpste brüsten/
Den nenn ich orthodox/ und einen guten Christen [...]«

(Papismus protestantium vapulans, oder: Das gestäupte Papstthum an den blinden Verfechtern der dürfftigen Menschen-Satzungen in Protestirender Kirch [...]. Durch Christianum Democritum, SS. Theol. ······· Lutheranae [!] Cultorem. o.O. 1698, 146).

schen Anfänge –, oder war ihnen daran – etwa zugunsten einer direkten und ausschließlichen Orientierung an urchristlichen Maßstäben – wenig gelegen? (Die Beurteilung der Reformation ist immer ein wichtiges Indiz!)[257] Kritisierten sie nur einzelne loci der orthodoxen Dogmatik oder wandten sie sich gegen jede systematische Festschreibung einer *fides quae creditur*?[258] In der kirchengeschichtlichen Literatur werden vielfach die Begriffe »schwärmerischer« und »separatistischer« Pietismus synonym gebraucht. Heterodoxie geht jedoch keineswegs immer mit der Separation Hand in Hand.

1704 war von der reformierten Gemeinde Elberfeld Conrad Bröske als neuer Pfarrer gewählt worden. Die Elberfelder Klasse erhob Einspruch, weil Bröske Irrlehren (Chiliasmus) vertrete und deshalb nicht wählbar sei.[259] Auch nach seinem eigenen Selbstverständnis beurteilt, muss Bröske als Radikaler gelten: Als Dippel ihn in einem literarischen Scharmützel mit der Aufforderung provozierte, doch Belegstellen aus den reformierten Bekenntnisschriften beizubringen, wies er dieses Ansinnen als unzumutbar zurück; Dippel wisse wohl nicht, »wie lange mir bereits alle falschgerühmten Orthodoxien zu wider gewesen seynd/ und ich dieselbigen würcklich bestritten habe«.[260] Heterodox war Bröske, aber kein Separatist. Er stand ja sogar als Hofprediger, Erster Pfarrer, Konsistorialrat und Inspektor des Schulwesens an der Spitze der kleinen Landeskirche der Grafschaft Ysenburg-Offenbach. Er sah seinen Platz in der Kirche und wollte an deren Erneuerung arbeiten, und als Dippel ihm jede Möglichkeit für eine kirchliche Reform bestritt, musste er von Bröske den Vorwurf hören, er schütte das Kind mit dem Bade aus.[261]

---

257 Vgl. z.B. die instruktive Untersuchung von Rudolf Mohr: Der Pietist Egidius Günther Hellmund zum Jubiläum der Confessio Augustana im Jahre 1730. In: MEKGR 30, 1981, 111-185.

258 S. z.B. in Erici Fridlibii, JC. Advoc. O. U. [Anagramm = Jacobi Friderici Ludovici]: Untersuchung des Indifferentismi Religionum [...]. »Glück-Stadt« o. J. [1700], 8: »Der Hirn-Glaube wird von denen Systematischen Theologis Fides, quae creditur, genennet. Dahin gehören nun alle Confessiones, Symbola, Catechismi Systemata und dergleichen [...] Dieser Glaube machet niemand seelig [...]«.

259 Vgl. die Darstellung dieser Vorgänge bei Goebel [s. Anm. 95]. Bd. 3, 450-455.

260 [Conrad Bröske:] Ein Send-Schreiben an den im Urtheile verrückten Democritum [...]. o.O. [Offenbach] 1700, 17.

261 [Conrad Bröske:] Wein und Oel in die Wunden des zu heylenden Democriti. o.O. [Offenbach] 1700, 14; das Bild schon bei Spener: Pia Desideria. Hg. v. Kurt Aland. Berlin 1964 (KIT, 170), 16, Z. 10f.

6. Umgekehrt musste ein Separatist, der aus Empörung über konkrete Missstände in einer Gemeinde, aus Resignation gegenüber den Aussichten auf eine Erneuerung der kirchlichen Verhältnisse oder aus anderen Gewissensskrupeln sich vom Gottesdienst fernhielt, nicht unbedingt ein Heterodoxer sein. Allerdings hatten die orthodoxen Kritiker des Separatismus insofern Recht, als hier häufig ekklesiologische Überzeugungen zugrundelagen die nicht dem reformatorischen Kirchenverständnis entsprachen.

Das Kriterium der Separation erweist sich noch von einer anderen Überlegung her – für sich allein genommen – als nicht eindeutig. So mancher Radikale praktizierte nämlich den Grundsatz, den einst Jakob Böhme[262] formuliert und Gottfried Arnold[263] wiederholt hatte: Sie blieben auch dann in der äußeren Gemeinschaft ihrer »Religionspartei«, wenn sie sich innerlich von dem »Sectengeist« gelöst und einen »un-parteiischen« Standpunkt bezogen hatten. Nicht das äußere Verhalten, sondern die Ekklesiologie gibt hier Aufschlüsse über die »Radikalität«.

7. Jedes Konventikel barg als solches eine separatistische Potenz in sich.[264] Der Weg von der Aussonderung der Frommen in der Kirche zur Absonderung von der Kirche war nicht weit. Und ebenso konnte die Absonderung von der Welt leicht die Konsequenz der Absonderung von einer als weltlich erlebten Kirche zeitigen.[265] Ob Pietisten in der Kirche blieben,

---

262 De Regeneratione oder von der neuen Wiedergeburt [1620]. In: Theosophia Revelata. Das ist: Alle Göttliche Schriften [...] Jacob Böhmens. o.O. 1730 (Reprint: Hg. v. Will-Erich Peuckert. Stuttgart, Bad Canstatt 1955).

263 Erklärung/ vom gemeinen Sekten-wesen/ Kirchen- und Abendmahl-gehen [...]. Leipzig 1700, Vorbericht § 19, wieder abgedr. bei Martin Schmidt u. Wilhelm Jannasch [s. Anm. 59], 161.

264 Vgl. zum weiteren Problemfeld die grundsätzlichen Erwägungen von Hartmut Lehmann: »Absonderung« und »Gemeinschaft« im frühen Pietismus. Allgemeinhistorische und sozialpsychologische Überlegungen zur Entstehung und Entwicklung des Pietismus. In: PuN 4, 1977/78, 54-82. Als hilfreich können sich phänomenologische Vergleiche mit anderen kirchengeschichtlichen Separationen und deren Vorgeschichte erweisen; vgl. etwa: Martin Haas: Der Weg der Täufer in die Absonderung. Zur Interdependenz von Theologie und sozialem Verhalten. In: Umstrittenes Täufertum 1525-1975. Neue Forschungen. Hg. v. Hans-Jürgen Goertz. Göttingen ^{2}1977, 50-78.

265 In dem Traktat: Gespräch und Unterredung von der Wahren und Falschen Absonderung: Auf Veranlassung der heutigen Separatisten zwischen einem Forschenden und Entscheidenen angestellet/ und von Einem Lang-Geübten [Kryptonym = *E*berhard *L*udwig *G*ruber] zum Druck übergeben. o.O. 1714, werden die Etappen der Absonderung beschrieben: »vordrist von sich selbsten und von seiner Eigenheit/ von seiner betrüglichen Selbst- und Eigen-Liebe«, »ferner auch von der Welt und ihrem Wesen/ von ihrer Gleichstellung und sündlichen Gemeinschafft«, »endlich auch/ nach dem unläugbaren und unvermeidlichen Trieb und Willen Gottes in seinem

wie hoch die Schwelle zur Separation war, hing von dem unterschiedlichen Zusammenspiel innerer und äußerer Faktoren ab, von kirchenpolitischen Konstellationen, sozialpsychologischen Entwicklungen ebenso wie von theologischen Erkenntnisprozessen. Unter einer pietistenfreundlichen Obrigkeit, bei einem von Pietisten beeinflussten Konsistorium und in einer Ortsgemeinde mit einem erweckten Pfarrer war das Konfliktpotential natürlich geringer als in der Konfrontation mit scharfen Pietistengegnern. Der Separatist und spätere Prophet der Inspirierten, Johann Friedrich Rock, konnte sagen: Er und seine Gesinnungsfreunde seien aus der Kirche hinausgepredigt worden.[266] Unter günstigen äußeren Konstellationen vermochten manchmal sogar eingefleischte Separatisten, wieder Hoffnung auf eine Erneuerung des Kirchenwesens zu schöpfen.

Dippel hatte gegenüber Bröske jede Möglichkeit einer kirchlichen Reform bestritten. Als Hintergrund ist seine konkrete biographische Situation zu beachten: Seine Landesobrigkeit hatte harte Maßnahmen gegen ihn ergriffen (Veranlassung der Beschlagnahme der gesamten Auflage einer Schrift Dippels, Schreibverbot, Vorladungen vor das Konsistorium).[267] Sechs Jahre später entwarf er in Berlin unter dem Eindruck einer toleranten und pietistenfreundlichen Stimmung selbst ein Reformprogramm (*Ein Hirt und eine Heerde*)[268], das einem frommen Herrscher als *summus episco-*

Gewissen/ von denen weltförmigen und unheylsamen Kirchen-Secten dieser Zeiten und ihren unfruchtbaren Ceremonien« (3, 4, 5); oder kürzer gereimt:

»Wer von sich selbsten erst/ und folgends von der Welt/
Nach Christi Sinn und Trieb sich abgesondert hält/
Den wird die Secten-Kirch bald nicht mehr können leiden/
Und er sich demnach auch von deren müssen scheiden!« (2)

266 »Als wir aber, unser Etliche, zusammen hielten mit guten Gesprächen und singen, konte es der Teufel nicht leyden, sondern erregte ein- und andern Prediger gegen uns, welche es auf der Cantzel verdächtig machten, und es, als was fremdes ausschryen; wir sind aber dadurch nur desto ernstlicher worden GOtt zu dienen, und der Welt Haß zu tragen; und da sie nicht nachliessen auf uns zu stürmen, und wider uns zu predigen, so sind wir ihnen aus der Kirch geblieben, und haben uns abgesondert/ und gesucht, mit Bethen und Singen den Sonntag in der Furcht GOttes zuzubringen; Ja, haben GOtt im Hertzen, nicht mehr in der Kirch, gesucht, und Ihne auch gefunden, wie geschrieben stehet: Das Wort (JEsus Christus) ist dir nahe im Munde und Hertzen.« (Rocks Kurtze Erzehlung, wie Ihn Gott geführet [...]. In: XIV. Sammlung, Das ist: Der XIV. Auszug aus den Jahr-Büchern der Wahren Inspirations-Gemeinschafften [...]. o.O. 1761, 233 f.).

267 Vgl. Wilhelm Diehl [s. Anm. 101], 151-161.

268 Zwei Ausgaben erschienen 1706, eine weitere 1707, eine holländische Übersetzung 1709.

pus seiner Landeskirche empfiehlt, kraft seines *ius circa sacra* erweckte »unparteiische« Männer als Pfarrer und Lehrer zu berufen.

Ein aussagekräftiges Beispiel sind auch die Vorgänge in Greiz 1715ff. Als Heinrich II. von Reuß-Obergreiz den Versuch machte, die Landeskirche seiner Duodez-Grafschaft in eine pietistische Musterkirche umzugestalten, eilten sogleich Radikalpietisten – selbst ein überzeugter Separatist wie Hochmann – zur Unterstützung herbei.[269]

Neben den kirchenpolitischen Bedingungen sind bei der Separation vor allem die gruppendynamischen Prozesse in den Konventikeln zu berücksichtigen.[270] Das gewonnene und konsolidierte elitäre Selbstbewusstsein als die wahren Kinder Gottes an einem eschatologisch bestimmten Ort der Heilsgeschichte (die wenigen in »Sardes«, die ihre Kleider nicht besudelt haben und als Glieder der Gemeinde zu »Philadelphia« gelten – Apk 3) führte häufig dazu, dass selbst unter veränderten äußeren Bedingungen die Separation aufrechterhalten wurde oder es sogar in einer pietistenfreundlichen Umgebung zur Absonderung kam.

Die Separatisten, die seit Anfang des 18. Jahrhunderts in Ysenburg-Büdingen Zuflucht gefunden hatten, hielten sich auch in ihrer neuen Heimat vom Gottesdienst fern, obwohl ihnen von den Grafen großzügige Gewissensfreiheit gewährt war und obwohl hier erweckte Pfarrer, u.a. Samuel König, wirkten. Den eindrücklichsten Beleg für das Auftreten von Separationen selbst unter günstigsten äußeren Konditionen sind die Vorgänge in Speners Frankfurter Collegium pietatis und die Existenz von Separatisten in der pietistischen Hochburg Halle.[271]

8. Bei der Reflexion der Kriterien Heterodoxie und Separation zeigt sich, dass man neben den von außen angelegten Maßstäben vor allem die Eigeninterpretation der Betroffenen berücksichtigen muss. Letztlich kann man nur von ihrem Selbstverständnis ausgehend den Begriff »radikal« adäquat bestimmen.

Wichtige Anhaltspunkte lassen sich auch aus den Urteilen der radikalen Pietisten über ihre kirchlichen Brüder gewinnen. Sie klingen durchaus nicht unisono und sind von äußeren Bedingungen abhängig. Naturgemäß fallen sie in Konfliktfällen (z.B. in den literarischen Kontroversen zwischen Halle und den Inspirierten) schärfer aus, als wenn man sich in gemeinsa-

---

269 Ritschl [s. Anm. 23]. Bd. 2, 450ff.; Karl Collmann: Die kirchlichen Reformbestrebungen Graf Heinrichs II. von Obergreiz (1715-1722). In: Reussische Forschungen. Festschrift Berthold Schmidt, o. O. u. J. [Weida 1908], 23-56.

270 Vgl. Lehmann [s. Anm. 264], 67 ff und oben, Anm. 266, das Rock-Zitat

271 Vgl. Renkewitz: Hochmann [s. Anm. 99], 21 ff.; [Adolph Zahn:] Mitteilungen aus der Geschichte der reformierten Gemeinde Halle a. d. S. In: ERKZ 13, 1863, 129-131.

mer Frontstellung gegenüber den Orthodoxen einig weiß. In der Tendenz laufen die abgestuften Wertungen auf den Vorwurf der Halbherzigkeit und Inkonsequenz hinaus. Zum einen können die kirchlichen Pietisten als noch zu stark den »falschen Orthodoxien« verhaftet angesehen werden; sie gingen noch »gar zu säuberlich mit dem Götzen der Blinden« um.[272] Zum anderen kann ihnen mangelnde Einsicht in den grundverderbten und nicht mehr reformfähigen Zustand der Kirchentümer, Opportunismus und Leidensscheu vorgehalten werden, die sie vor der notwendigen Separation zurückschrecken ließen.[273]

9. Die grundlegende Beobachtung, dass »der deutsche Pietismus, und zwar der kirchliche wie der radikale, ein erstaunlich zusammenhängendes Gebilde« ist[274], verlangt nach einer zur Zeit noch kaum möglichen befriedigenden Erklärung, worin diese Zusammengehörigkeit begründet ist. Handelt es sich nur um die Einheit von an sich heterogenen Strömungen, die sich unter bestimmten historischen Konstellationen unter dem Dach partiell gemeinsamer Ziele als oppositionelles Zweckbündnis (man vergleiche politische Bewegungen der Gegenwart) zusammenfanden? Oder – und dafür sprechen die bisher aufgeführten Indizien – ist die Einheit eine tiefer reichende, in gemeinsamen theologischen Traditionen und verbindenden Grundanschauungen zu suchen?

Es wird also einmal darauf ankommen, ob sich bei der traditionsgeschichtlichen Analyse ein hinreichend breiter Bestand an Gemeinsamkeiten aufzeigen lässt, um den Gebrauch des Oberbegriffs Pietismus für die kirchliche und radikale Richtung zu rechtfertigen. Zum andern ist zu fragen, ob sich *differentiae specificae* ausmachen lassen, die den radikalen mit dem kirchlichen Pietismus (im Sinne eines engeren Pietismusbegriffs) zusammenschließen.

---

272 So Dippels Kritik an Speners Festhalten an den Bekenntnisschriften (Konkordienbuch): Eröffneter Weg zum Frieden [...]. Bd. 1. Berleburg 1747, 114.

273 In Grubers Traktat [s. Anm. 265] wird dem Einwand: »Die verständigste Pietisten bleiben gleichwol noch bey den Ceremonien ihrer Kirchen und Religionsverwandten«, entgegnet: »Die verständigst-geachtete sind nicht allgemal die gewissenhafftes-te und getreueste [...]. Einige zwar bleiben unter dem Joch ihrer Kirchen-Satzungen aus Ermanglung mehrern Lichtes/ weilen sie nemlich das Verderben ihrer Secten noch nicht so gründlich einsehen können/ oder wollen; die meiste aber auf creutzflüchtigem Sinn/ um ihre Fleisches-Vortheile und Gemächlichkeiten nicht zu verlieren/ etc. ob es einige/ auch nach gründlich-eingesehenem Verderben/ aus einer wahrhafftig-göttlichen Gewißheit und Genehmhaltung thun/ das wollen wir Gott in ihrm und anderer Gewissen zu beurtheilen überlassen.« (11)

274 Brecht [s. Anm. 2], 54.

10. Vielversprechende Ansatzpunkte scheinen sich in Johann Wallmanns Arbeiten zu finden. Die Ergebnisse seines Spener-Buchs[275] besitzen in mehrfacher Hinsicht Relevanz auch für die Betrachtung des radikalen Pietismus. Johann Jakob Schütz, der noch während Speners Frankfurter Zeit mit anderen Mitgliedern des Collegium pietatis (z.B. Johanna Eleonora von Merlau, der späteren Frau Petersen, und Christian Fende, die bedeutende Repräsentanten des radikalen Pietismus wurden) die Separation vollzog[276], erscheint hier neben Spener als der führende Kopf, ja geradezu als der zweite Begründer des lutherischen Pietismus. So sind die Anfänge des lutherischen kirchlichen Pietismus und des radikalen Pietismus auf lutherischem Boden eng verflochten. Durch Schütz sind die beiden Innovationen angeregt und vermittelt, die Wallmann als Kennzeichen des Pietismus (in seiner engen Definition) bestimmt: Einrichtung von Konventikeln zur Sammlung der Frommen und Ausbildung einer neuen Eschatologie (»Hoffnung besserer Zeiten«[277]), die auf labadistische Wurzeln bzw. Vermittlung zurückgingen[278]. Von diesem Ansatz aus ergeben sich Perspektiven für eine Zusammenschau des lutherischen mit dem reformierten (Undereyck[279]) wie mit dem radikalen Pietismus. Die Untersuchung der radikalpietistischen Ekklesiologie und Eschatologie muss die Tragfähigkeit dieser arbeitshypothetischen Annahme prüfen.

---

275 Philipp Jakob Spener und die Anfänge des Pietismus. Tübingen 1970 (BHT, 52). Außer den in Anm. 38 genannten Aufsätzen ist noch heranzuziehen: Labadismus und Pietismus. Die Einflüsse des niederländischen Pietismus auf die Entstehung des Pietismus in Deutschland. In: Pietismus und Reveil. Hg. v. Johannes van den Berg u. Johan Pieter van Dooren. Leiden 1978, 141-168.

276 Die Erhellung dieser Vorgänge ist von Wallmanns Fortsetzung der Spener-Biographie zu erwarten. Vgl. einstweilen die knappen Hinweise in seiner Kirchengeschichte Deutschlands [s. Anm. 18], 140.

277 Vgl. dazu auch Martin Greschat: Zwischen Tradition und neuem Anfang [s. Anm. 192), 208-219, wieder abgedr. in: ders.: Zur neueren Pietismusforschung [s. Anm. 3], 224-239.

278 Vgl. die kontroverse Diskussion zwischen Aland und Wallmann in ZThK 78, 1981.

279 Eine neue Untersuchung zu den Konventikeln Undereycks und zu seiner Eschatologie ist ein dringendes Desiderat. Zur »Hoffnung besserer Zeiten« als Bindeglied zwischen lutherischen Pietisten, reformierten »Chiliasten« und Philadelphiern vgl. das von mir (PuN 7, 1981, 230, Anm. 1) mitgeteilte Bröske-Zitat. Ließe sich der im reformierten und radikalen Pietismus (Nordmann [s. Anm. 213]) wirksame Einfluss des Coccejus auch im spenerischen Pietismus nachweisen (vgl. dazu Wallmann: Pietismus und Orthodoxie [s. Anm. 38], Anm. 111), wäre *ein* traditionsgeschichtlicher Angelpunkt gefunden.

11. Es bleibt zu untersuchen, ob sich in der Geschichte des radikalen Pietismus verschiedene Phasen erkennen lassen. Einstweilen lassen sich nur einige Hinweise geben: Eine schon jetzt erkennbare neue Etappe beginnt mit der Verbreitung der ins Deutsche übersetzten Schriften der englischen Philadelphier in Deutschland in der zweiten Hälfte der 1690er Jahre.[280] Kann schon zuvor der Erstveröffentlichung einer Böhme-Gesamtausgabe durch Gichtel eine tiefere Wirkung beigemessen werden?[281] Zu beobachten ist auch eine stärkere Distanzierung des Halleschen Pietismus von den radikalen Vertretern in dem Maße, in dem die Anerkennung des Pietismus als kirchlicher Bewegung erkämpft wurde. Hier bahnte sich allmählich die pietistische »Dreiviertelsorthodoxie«[282] im zweiten Viertel des 18. Jahrhunderts an. Zinzendorfs Kontakte zu den Radikalen trugen daher nicht wenig zur Entfremdung zwischen Halle und Herrnhut bei, weil dadurch die errungene Anerkennung des Pietismus als innerkirchlicher Bewegung erneut bedroht scheinen konnte.[283]

V.

Eine Reihe von Überlegungen zum radikalen Pietismus und seinem Verhältnis zum kirchlichen muss angesichts des defizitären Forschungsstandes einstweilen hypothetisch bleiben. Bei der Betrachtung der Gesamtkonzeptionen sind schon eine Anzahl wichtiger Desiderata aufgetaucht.

Ich hebe zunächst daran anknüpfend noch einmal folgende theologische Aufgabenstellungen heraus.

---

280 Schon vor den gedruckten Werken zirkulierten bereits handschriftliche Übersetzungen. Eine solche ist erhalten in Bd. 6 der Acta Pietistica der SUB Göttingen: Eine Botschaft an die Philadelphische Gemeinde wo Sie auch immer verstreuet sein mag den 30ten May St[ili] Vet[eris] 1695. Am Schluss heißt es: »Dieses hat Herr Schönberg von Erfurt mitgebracht von Herrn Dr. Brücknern« (= Georg Heinrich Brückner, Prof. juris und Freund Petersens, bei dem Hochmann zeitweise als Informator lebte; vgl. Renkewitz [s. Anm. 99], 39f.).

281 Im Kreis der frühen Frankfurter Separatisten ist noch kein Einfluss Böhmes nachweisbar (Wallmann: Spener [s. Anm. 275], 323; vgl. dort auch 322ff. zu Speners Urteil über Böhme und der Korrespondenz mit Gichtel und Breckling).

282 Hirsch [s. Anm. 40]. Bd. 2, 395.

283 Bei Gerhard Reichel: Die Entstehung einer Zinzendorf feindlichen Partei in Halle und Wernigerode. In: ZKG 23, 1902, 549-592 (wieder abgedr. in: Nikolaus Ludwig von Zinzendorf, Materialien und Dokumente. Hg. v. Erich Beyreuther u. Gerhard Meyer. Bd. 2/VIII. Hildesheim 1975), klingt dieser Aspekt nur an.

a) Die Analyse der theologischen Anschauungen und Frömmigkeitsformen bei einzelnen Vertretern oder erkennbar zusammengehörigen Gruppen nach den hier begegnenden Themen und Motiven, ihrer Zuordnung und Gewichtung im Rahmen der jeweiligen Gesamtkonzeption. Dabei ist auf Wandlungen - von leichten Modifikationen bis zu deutlichen »Brüchen« - zu achten.

b) Der Vergleich der so gewonnenen Resultate innerhalb des radikalen Flügels. Erst auf einer breiten Vergleichsbasis sind Aussagen über das Maß an Einheitlichkeit und Vielfalt des radikalen Pietismus möglich.

c) Der Vergleich mit den theologischen Positionen kirchlicher Pietisten. Besondere Bedeutung wird dabei neben der vergleichenden Betrachtung der »großen« Wortführer den Gestalten mittleren Formats zukommen, gewissermaßen als den »Durchschnittspietisten« kirchlicher oder radikaler Richtung. Es steht zu erwarten, dass hierbei die fließenden Übergänge zwischen beiden Flügeln und die Zusammengehörigkeit des Pietismus eindrücklich zum Vorschein kommen werden.

d) Die Analyse der rezipierten Traditionen und der Art und Weise ihrer Verarbeitung im kirchlichen und radikalen Pietismus. Die Bestimmung der traditionsgeschichtlichen Wurzeln beider Richtungen ist für das Urteil über die Einheit des Pietismus von grundlegender Bedeutung, doch wie der Blick auf die neueren Gesamtkonzeptionen des Pietismus zeigte, durchaus kontrovers. Die bisherige Forschung hat sich zumeist einseitig um den Nachweis heterodoxer Einflüsse im Radikalpietismus bemüht, dem Nachweis einer reformatorisch-kirchlichen Erbmasse aber weit weniger Beachtung geschenkt. Dabei wird häufig der biographische Sachverhalt übersehen, dass alle uns bekannten Radikalen nicht aus sektiererischen Zirkeln kamen, sondern aus kirchlichen Verhältnissen stammten und durch Elternhaus (Dippel, Rock u.a. waren Pfarrersöhne), Unterricht oder gar ein orthodoxes Studium (Arnold, Dippel) geprägt waren.

e) Die Aufhellung der Theologie- und Frömmigkeitsgeschichte des 17. Jahrhunderts. Zahlreiche Unsicherheiten, konträre Urteile und Aporien hängen damit zusammen, dass das 17. Jahrhundert als Mittel- und Bindeglied zwischen Reformation und Pietismus noch auf weiten Strecken in einem Halbdunkel liegt. Das gilt nicht zuletzt für die Nachwirkungen Arndts, auf den sich auch radikale Pietisten von Arnold und Reitz bis zu Tennhardt und den Inspirierten beriefen. Auch der mystische Spiritualismus erweist sich bei näherer Betrachtung als eine weit vielschichtigere Erscheinung als die manchmal zu undifferenzierte Verwendung des

Schlagworts vermuten lässt.[284] Und die Vorstellung von zwei klar geschiedenen Traditionssträngen – Orthodoxie und Spiritualismus – wird, wie schon der Blick auf Arndt und Andreae zeigt, dem geschichtlichen Befund nicht gerecht.[285]

Die grundlegende Vorbedingung für einen Fortschritt in der Erforschung des radikalen Pietismus ist die Erschließung einer breiteren Quellenbasis. Für viele Fragestellungen, keineswegs nur biographische, ist es unumgänglich, handschriftliche Materialien heranzuziehen.

Die Akten kirchlicher und staatlicher Behörden liefern ergiebige Informationen; die Restbestände pietistischer Briefwechsel lassen das ausgedehnte Kontakt- und Kommunikationsnetz erkennen, vermitteln aufschlussreiche Einsichten in das Selbstverständnis der Radikalen, ihre theologischen Anschauungen (die hier häufig ungeschützter formuliert werden als in gedruckten Werken) und eine Fülle biographischer, prosopographischer, kirchenpolitischer Erkenntnisse.

Aber selbst über den Umfang des *gedruckten* radikalpietistischen Schrifttums besitzen wir gegenwärtig kaum ein zutreffendes Bild. Ein Verzeichnis von Arnolds Schrifttum ist von Erich Seeberg aufgenommen worden, das außer den bekannteren Werken auch – keineswegs vollständig – die Ausgaben und Auflagen der kleineren Schriften, Predigtdrucke etc. enthält.[286] Van Andel hat in seiner Tersteegen-Biographie leider meist die Werke nach späteren Drucken angeführt[287]; eine Bibliographie wird man aber im Zusammenhang mit der kritischen Werkausgabe erhoffen dürfen. Fehringers Horche-Bibliographie fällt hinter die Aufstellungen von Hoch-

---

284 Vgl. die Versuche einer Begriffsbestimmung bei Martin Schmidt: Art. »Mystik VII«. In: RGG³ 4, 1960, 1253-1256, und J. F. Gerhard Goeters: Art. »Spiritualisten, Religiöse«. RGG³ 6, 255-257. Hermann Dörries gibt zu bedenken: »›Spiritualismus‹ ist ein Sammelbegriff, unter dem sehr Verschiedenes Platz hat. Der Geist, von dem der Name hergenommen ist, kann ›der Herren eigener Geist‹ sein, kann einen Enthusiasmus meinen, der in der Manigfaltigkeit seiner Formen ebenso viele Gefährdungen des Evangeliums umschließt; kann jedoch auch vom Spiritus Sanctus handeln und damit den Zusammenhang mit dem II. Artikel und also mit der Geschichte festhalten. Das mag zu theologischen Bedenklichkeiten führen, hat aber darum noch nicht den christlichen Boden verlassen.« (Geist und Geschichte bei Gottfried Arnold. Göttingen 1963 [AAWG. PH, 3,51], 27, Anm. 27).

285 Vgl. Brecht [s. Anm. 2], 58.

286 Gottfried Arnold. Die Wissenschaft und die Mystik seiner Zeit, Meerane i. S. 1923 (Reprint: Darmstadt 1964), 56-64 (leider meist ohne Angaben zu Druckorten, Druckern bzw. Verlegern).

287 Gerhard Tersteegen. Leben und Werk – sein Platz in der Kirchengeschichte. Neukirchen 1973.

huth erheblich zurück.[288] Voss hat wenigstens Dippels Schrifttum anhand der postumen Gesamtausgabe nach Einzeltiteln aufgeschlüsselt, ist aber in den Angaben über Erscheinungsjahr und Druckort, Ausgaben und Auflagen, recht unzuverlässig.[289] Mälzer hat in seine Bibliographie der württembergischen Pietisten[290] auch einige radikale Vertreter wie Groß, Gruber, Kayser, Rock aufgenommen, doch zeigen auch hier die - von Mälzer nicht zu verantwortenden - Fehlzuweisungen und Lücken den defizitären Forschungsstand.[291] Nur für wenige Personen und Gruppen gibt es gute bibliographische Zusammenstellungen.[292]

Diese Situation ist zu einem Teil dadurch bedingt, dass das 17. und 18. Jahrhundert bibliographisch schlecht erfasst sind. Moderne bibliographische Hilfsmittel für die deutschsprachige Literatur des 17. und 18. Jahrhunderts sind rar und die alten (z.B. Georgis Bücherlexikon) recht lückenhaft und unzuverlässig. Nur mit Neid kann man auf den hohen Stand der bibliographischen Erschließung der Reformationsgeschichte blicken.[293]

Für den Bereich des radikalen Pietismus kommt der Umstand hinzu, dass es sich hier um illegale religiöse Untergrundliteratur handelte, die meist unter Umgehung der staatlichen und kirchlichen Zensur gedruckt und über einen eigenen Büchermarkt verbreitet werden musste, folglich auch in den Messkatalogen selten auftauchte. So bleibt die mühsame Suche, bei der zeitgenössische Rezensionen (etwa in den wachsam die heterodoxen Neuerscheinungen registrierenden *Unschuldigen Nachrichten*), kirchen- und theologiegeschichtliche Werke (Johann Georg Walchs Einleitungen in die Religionsstreitigkeiten in bzw. außer der evang.-luth. Kirche) und die alten Gelehrten- und Theologenlexika wertvolle Fingerzeige geben; wenig genutzt

---

288 Vgl. Fehringer [s. Anm. 125], 217-220 mit Hochhuth [s. Anm. 130], 157-164.

289 [S. Anm. 110], 114-120.

290 S.o. Anm. 166.

291 So sind z.B. bei Gruber die Nrr. 880, 881, 885 als nicht von Gruber stammend zu streichen, Nr. 883/4 ist nicht als selbständiger Druck veröffentlicht (sondern in der XIV. Sammlung [...] der wahren Inspirationsgemeinden [s. Mälzer [s. Anm. 166], Nr. 2480, T. 14], 216-222), die Mitherausgeberschaft bei Nr. 888 ist sehr unsicher. Demgegenüber sind im 19. und 20. Jahrhundert erschienene Nachdrucke von Nr. 886 und mindestens sechs weitere Schriften Grubers, ferner ein von ihm herausgegebenes und ein von ihm übersetztes und herausgegebenes Werk aufzunehmen (Einzelnachweise in einem von mir vorbereiteten Aufsatz).

292 Zuverlässige Bibliographien liegen z.B. für Hochmann, Carl, Reitz, Tennhardt, Rosenbach und die Neutäufer vor (s. Anm. 99, 122, 155, 190, 232, 233).

293 Darauf weist Reinhard Breymayer: Zum Schicksal der Bibliothek Philipp Jakob Speners. In: PuN 3, 1976, 71, zu Recht hin.

und ausgewertet sind noch die Auktionskataloge von Gelehrtenbibliotheken des 18. Jahrhunderts.[294] In einigen Glücksfällen haben einzelne radikale Pietisten selbst eine Liste ihrer Publikationen mitgeteilt.[295]

Ein besonders schwieriges Problem bei der Erfassung radikalpietistischer Literatur liegt darin begründet, dass wegen ihres illegalen Charakters ein erheblicher Teil zum Schutz der Autoren und Drucker anonym, pseudonym oder kryptonym sowie ohne oder mit fiktiven Angaben des Druckorts auf den Markt kam.[296] Dies gilt nicht nur für heterodoxieverdächtige Veröffentlichungen, sondern auch für Schriften mit politischen oder reichsrechtlichen Implikationen.[297] Die Anonymen- und Pseudonymenlexika erfassen nur einen kleinen Bruchteil der radikalpietistischen Literatur und geben für ihre - oft unzuverlässigen - Identifizierungen keine Nachweise. So bedarf es in vielen Fällen kriminalistischen Spürsinns, um die Identität der Autoren zu ermitteln.[298]

---

294 Schrader [s. Anm. 122] hat sich dieses methodischen Instruments bei seinen Recherchen besonders ausgiebig bedient.

295 Z.B. Conrad Bröske (Brief in Murhardsche und Landesbibliothek, jetzt: Gesamthochschulbibliothek Kassel, 2°Ms Hass 103; diese Angaben sind aufgenommen bei Friedrich Wilhelm Strieder: Grundlagen zu einer Hessischen Schriftsteller- und Gelehrten-Geschichte. Bd. 1. Göttingen 1781, 52-56, Anm.*) oder Johann Wilhelm Petersen (Das Leben Jo. Wilhelmi Petersen [...], o.O. 1717, 380ff.; Nachträge: ^{2}1719, 397ff.).

296 Vgl. Schrader [s. Anm. 122) Kap. IV.

297 So hat z.B. Spener seine Schrift: Abdruck eines Christlichen Bedenckens/ so über die fragen: I. Was eine Obrigkeit zu rettung ihres gewissens bey ihren unterthanen/ so anderer religion sind/ zu thun habe: II. ob in religionssachen einige gewalt gebraucht/ und die freyheit der gewissen gekräncket werden dörffe: III. Ob die in solchen sachen auffgerichtete verträge/ zusagungen und eydschwühre verkündlich seyen: Auß dem heiligen wert Gottes/ der Catholischen Kirchen ältisten Vättern zeugnüß und gesunden vernunfft gründen an eine Hohe Stands-Person Auff begehren gestellet worden/ und mit dero zulassung ans liecht gegeben wird. o.O. 1683 (die in Grünbergs Bibliographie, Nr. 191, genannte Ausgabe von 1684 ist eine Titelauflage [beide Ausgaben SUB Göttingen]) zunächst anonym veröffentlicht. Die Verfasserschaft war so gut verschleiert (z.B. Bibelzitate »nach unserer Vulgata«: Vorrede 2), dass noch 1728 der Radikalpietist Johann Christian Seitz in seinem (anonym herausgegebenen) Sammelwerk Die Rechtmäßigkeit, Nothwendigkeit und Nutzbarkeit der Toleranz und Gewissens-Freyheit [...] (Frankfurt/Main, Leipzig 1728), die hier aufgenommene Schrift Speners (1-188) als »Theologisches Responsum eines ungenannten vornehmen Catholischen Geistlichen« (Inhaltsübersicht) vorstellte. Die Zuweisung an Spener ist gesichert durch den Abdruck in Spener: Erste Geistliche Schrifften. Frankfurt/Main 1699, 1135-1240.

298 Einen Aufsatz über »Anonyme, Pseudonyme, Kryptonyme als Problem der Pietismusforschung«, der in BWKG erscheinen soll, bereite ich vor.

An die Erschließung der radikalpietistischen Literaturproduktion knüpft sich als weiteres Desiderat die Ermittlung des Lesestoffs der Radikalpietisten. Welche Bücher haben sie besessen, welche Literatur wurde in ihren Konventikeln gelesen und vorgelesen? Abgesehen von glücklichen Funden der Kataloge radikalpietistischer Privatbibliotheken[299] kann hier vor allem die Durchsicht der Quellen auf namentlich angeführte Zitate oder Anspielungen weiterführen. Nicht selten werden in den Schriften und Briefen auch ausdrücklich Lektüreempfehlungen ausgesprochen.[300] Daneben liefern die Akten staatlicher und kirchlicher Behörden, Verhörprotokolle und Listen beschlagnahmter Bücher[301] wichtige Anhaltspunkte.

Die Relevanz dieser Erhebungen für die Frage traditionsgeschichtlicher Zusammenhänge liegt auf der Hand. Schon jetzt ist das eklektische Rezeptionsverhalten deutlich erkennbar: 1Thess 5,21 (»alles prüfet, das Gute behaltet«) liefert die biblische Begründung.[302]

In diesem Zusammenhang ist auch die Literatur zu beachten, die von Radikalpietisten neu herausgegeben oder übersetzt wurde. Nur ein kleiner Teil ist bisher registriert. Im konvergierenden Interesse für die mystische Literatur zeigt sich ein Aspekt der Zusammengehörigkeit von radikalem und kirchlichem Pietismus.

Neben der auf Betreiben von Schütz zustande gekommenen, von Spener mit einem Vorwort versehenen Taulerausgabe[303] steht Tennhardts *Extract aus Tauleri Schriften*; Francke übersetzte Molinos *Guida* ins Lateinische, Arnold ins Deutsche; Arnold übertrug die makarianischen Homilien ins Deutsche, der Hallenser Pritius gab eine Neuedition des griechischen Textes heraus.

Indizien für den Zusammenhalt des kirchlichen und radikalen Flügels sind auch in der geistlichen Dichtung zu erkennen, die ihren Niederschlag

---

299 Reinhard Breymayer: Die Bibliothek Gottfried Arnolds (1666-1714), des Verfassers der »Unpartheyischen Kirchen- und Ketzerhistorie«. Erste Bemerkungen zu einem unbekannten Katalog seines Buchbesitzers. In: LingBibl 39, 1976, 86-132. Eine Fundgrube für Apokalypse-Auslegungen und chiliastische Literatur bietet der von Schrader benutzte Auktionskatalog der Bibliothek Petersens: Bibliotheca Peterseniana [...]. Berlin 1731 (Ersatzexemplar SUB Göttingen).

300 Ein Beispiel bei Johannes Wallmann: Labadismus und Pietismus [s. Anm. 275], 149, Anm. 39.

301 Vgl. z.B. W. Schäfer [s. Anm. 221], 209f.

302 Das Dictum findet sich in diesem Sinne bei Karlstadt, Seb. Franck, Denck, Weigel, Böhme bis zu den radikalen Pietisten.

303 Vgl. Wallmann: Spener [s. Anm. 275], 286ff.

in den Gesangbüchern fand.[304] Die hymnologische Tradition, die Vielfalt der poetischen Publikationen und Gesangbücher des Pietismus haben abgesehen von Untersuchungen zu Arnold, Tersteegen und der Brüdergemeine – in der neueren deutschen[305] Forschung keine Beachtung gefunden. Kochs Geschichte des Kirchenlieds und des Kirchengesangs bleibt die umfassendste Materialsammlung gerade zu radikalpietistischen Sammlungen.[306] Die Notwendigkeit neuer biographischer Studien zu den wichtigsten Repräsentanten des radikalen Pietismus braucht kaum unterstrichen zu werden. Sie bilden eine unabdingbare Voraussetzung für die Aufhellung übergreifender Fragen, üben eine wichtige heuristische Funktion aus und können gegenüber hypothetischen Konstruktionen als kritisches Korrektiv wirken.[307] Dabei wären Studien über einige Personen besonders vordringlich und erkenntnisfördernd, die als Schlüsselfiguren im Kommunikationsnetz der Radikalen zu betrachten sind.[308]

---

304 »Babels Grablied«, ein Ausdruck von Arnolds schärfster Kirchenkritik (zuerst veröffentlicht in Gottfried Arnold: Göttliche Liebes-Funcken [...]. Frankfurt/Main 1698, Nr. CXXVI) wurde nicht nur von Dippel im Anhang seiner Schrift: Wein und Oel in die Wunden des gestäupten Papsttumes der Protestirenden [...]. »Philadelphia« [= Offenbach] 1699, ²1700, 382 f., wiederabgedruckt, sondern sogar in das kirchliche Darmstädter Gesangbuch aufgenommen (Geistreiches Gesang-Buch [...]. Darmstadt 1698, 414-417).
Das Gesangbuch der Inspirierten (Davidisches Psalter-Spiel der Kinder Zions [...]. o.O. 1718 [1. Aufl. nur noch in der Bibliothek des Unitätsarchivs Herrnhut nachweisbar], danach zahlreiche Auflagen in Deutschland und USA) enthält den größten Teil der Lieder aus den Hallenser Gesangbüchern Freylinghausens.

305 Für die Neutäufer (Brethren) vgl. Nevin W. Fisher: The History of Brethren Hymnbooks. A historical, critical, and comparative Study of the Hymnbooks of the Church of the Brethren. Bridgewater/Virg. 1950.

306 Eduard Emil Koch: Geschichte des Kirchenlieds und Kirchengesangs der christlichen, insbesondere der deutschen evangelischen Kirche. Bd. 6. Stuttgart 1869, bes. 118ff. Zu den Gesangbüchern des Schaffhauser Separatisten Ziegler und zu den in der Schweiz verbreiteten radikalpietistischen Liedersammlungen vgl. noch Heinrich Weber: Geschichte des Kirchengesangs in der deutschen reformierten Schweiz. Zürich 1876, 137f. und Paul Wernle [s. Anm. 235], 449.

307 Als methodisches Paradebeispiel kann das Spener-Buch Wallmanns [s. Anm. 275] gelten.

308 Ich denke etwa an den von der bisherigen Forschung ganz vernachlässigten Separatisten Andreas Groß. Der gebürtige Straßburger hat in mehreren autobiographischen Kurzberichten über seine Erweckung in Leipzig, seine Studien in Halle berichtet, er war in die pietistischen Auseinandersetzungen in seiner Vaterstadt Straßburg und in Esslingen verwickelt, wollte sich als Eremit im Wittgensteiner Land niederlassen, wurde dann aber in Frankfurt sesshaft. Zu den Wetterauer Separatisten bestanden enge persönliche Kontakte, auch die Verbindungen zu den oberdeutschen

Neben den biographischen Studien sind Untersuchungen örtlicher Konventikel besonders wünschenswert. Für lokal- und territorialgeschichtliche Arbeiten bietet sich hier ein reiches Forschungsfeld.

Ein in seiner Bedeutung noch kaum[309] erkanntes Hilfsmittel zur Ermittlung prosopographischer Angaben stellen die 42 *Extracta* bzw. *Sammlungen aus dem Diario der wahren Inspirationsgemeinden* dar.[310] In ihnen werden nicht nur die inspirierten »Aussprachen« abgedruckt, sondern in redaktionellen Rahmenbemerkungen die Reisestationen des Propheten Rock aufgeführt, die Gesinnungsbrüder, bei denen man einkehrte und Personen, die sich zu den Versammlungen einfanden, namhaft gemacht, Urteile über Pfarrer mitgeteilt usw. – eine Fundgrube vor allem für Süddeutschland.

Besondere Beachtung muss dem Netz persönlicher und brieflicher Verbindungen gewidmet werden, das zwischen einzelnen Personen und Zirkeln bestand.[311] Dabei sind die Beziehungen zwischen radikalen und zu kirchlichen Pietisten und die Kontakte mit orthodoxen Gegnern gleichermaßen interessant. Neben den in den großen pietistischen Archiven Halle und Herrnhut erhaltenen Quellen findet sich noch Material in anderen Sammlungen (z.B. Uffenbachs Briefsammlung, Senckenbergnachlass) oder als abgefangene oder beschlagnahmte Korrespondenz in den Akten lokaler und staatlicher Archive. Während man schon bei dem gegenwärtigen Forschungsstand ein ungefähres Bild von der geographischen Verbreitung des radikalen Pietismus, insbesondere seiner separatistischen Erscheinungsformen, gewinnen kann, sind derzeit keine zuverlässigen Aussagen über die Zahl der Radikalen (auch im Verhältnis zu den kirchlichen Pietisten)

Freunden rissen nicht ab. Zeitweise Anhänger und Apologet der Inspirierten, trennte er sich mit einer öffentlichen Protestation von ihnen. Auch die Beziehungen zu Zinzendorf endeten mit einem tiefen Zerwürfnis und einem literarischen Schlagabtausch. Bis ans Ende der 1740er Jahre blieb er, wie Ritschl einmal bemerkt, der »Mittelpunkt aller Separatisten in Westdeutschland« [s. Anm. 21]. Bd. 2, 364). Für den radikalpietistischen Buchmarkt spielte er in der Messestadt Frankfurt eine bedeutende Rolle (vgl. Schrader [s. Anm. 122], Kap. IV).

309 Paul Wernle [s. Anm. 235] hat mit großem Gewinn die Angaben der *Extracta* über die Reisen der Inspirierten durch die Schweiz ausgewertet.

310 Vgl. oben Anm. 166.

311 Zu wenig berücksichtigt wird meist das Briefmaterial, das der unermüdliche Sammler Theodor Wotschke zusammengetragen und – häufig leider ohne Fundort – in verschiedenen territorialkirchengeschichtlichen Zeitschriften veröffentlicht hat und trotz mancher Lesefehler eine reiche Informationsquelle bietet. (Verzeichnis der Schriften von Pastor D. Dr. Theodor Otto Gustav Wotschke. In: Deutsche Wissenschaftliche Zeitschrift für Polen 12, 1982, 163-169; die wichtigsten sind genannt bei Martin Schmidt: Art. »Pietismus«.In: RGG^3 5, 1961, 379-381).

möglich. Zahlenangaben oder wenigstens Anhaltspunkte für die Größe einzelner Konventikel oder Gruppen finden sich in zeitgenössischen Briefen, Autobiographien, Reiseberichten. Genauer sind in der Regel die Akten staatlicher und kirchlicher Behörden, auf die man sich bei den nötigen Erhebungen in erster Linie stützen wird. Damit lassen sich in günstigen Fällen die internen Angaben radikalpietistischer Zirkel und Gruppen kombinieren.[312]

Auch die Kenntnis über die soziale Herkunft der radikalen (wie der kirchlichen) Pietisten sind aufs Ganze gesehen noch sehr gering und mehr das Ergebnis von Vermutungen als von gesicherten Nachforschungen.[313]

Kann man wirklich mit Hirsch von »durchschnittlich von aller tiefern Bildung unberührten Schichten, aus denen der radikale Pietismus seinen Hauptzuzug hatte«[314], sprechen? Der Hinweis auf Wortführer wie Arnold, Dippel, Petersen, Reitz, Horche, Hochmann, Fende, Kayser, Gruber, Groß, Carl, Rabe, Marsay, Haug, Seebach etc., die hochgebildete Akademiker (Theologen, Juristen, Mediziner) waren, auf die ersten deutschen inspirierten Propheten, die (Hallenser) Studenten, und die ersten Apologeten der Inspirierten, die mehrheitlich Akademiker waren[315], oder auf Eva von Buttlar und die sie begleitenden Schwestern von Calenberg, die aus altem Adel stammten und über eine standesgemäße Erziehung verfügten, relativiert Hirschs Behauptung. Doch könnte zu recht eingewendet werden, hier handele es sich eben nur um eine kleine, literarisch hervortretende Führungsschicht, die für das Gros der Radikalpietisten nicht repräsentativ sei. Erst wenn man die soziale Zusammensetzung einer statistisch relevanten Anzahl radikaler Konventikel oder Gemeindebildungen untersucht und sie jeweils mit der Sozialstruktur der lokalen Kirchengemeinden verglichen hat, lassen sich zuverlässige Aussagen erreichen.

---

312 Bei einer vergleichenden Auswertung verschiedener Quellengattungen lässt sich z.B. die in einem Reisebericht Zinzendorfs von 1730 angegebene Gesamtzahl der Inspirierten im Wittgensteiner Land und in der Wetterau mit ca. 500 als zutreffend erweisen. Noch in der zweiten Hälfte des 18. Jahrhunderts hält sich der Mitgliederbestand allein der Wetterauer Gemeinden ziemlich konstant bei 300.

313 Vgl. z.B. Ritschl [s. Anm. 21]. Bd. 2, 499-504. Ritschls Überlegungen wurden im Blick auf den Halleschen Pietismus kritisiert von Theodor Wotschke: Der hallische Pietismus und das niedere Volk. In: ThStKr 105, 1935, 346-362. Zahlreiche, aber meist nicht statistisch auswertbare Hinweise liefern die territorialgeschichtlichen Arbeiten.

314 Geschichte [s. Anm. 40]. Bd. 2, 405f.

315 Vgl. Unterschiedliche Erfahrungsvolle Zeugnisse [s. Anm. 245]. Von elf Autoren sind nur zwei keine Akademiker.

Untersuchungen zur Sozialstruktur[316] des (radikalen und kirchlichen) Pietismus könnten eine solide Basis für die Erörterung einiger Fragen bieten, die Hartmut Lehmann aufgeworfen hat.[317] Er fordert, den Faktor Angst, verstanden als die von den Menschen des 17. (und 18.) Jahrhunderts erlebte Existenzbedrohung, für ein geschichtliches Verstehen des Pietismus stärker zu berücksichtigen und weist auf die wirtschaftlichen Veränderungen und sozialen Umschichtungen in Deutschland hin.[318]

Als ein Symptom für hier bestehende Zusammenhänge kann man aus dem Bereich des radikalen Pietismus darauf hinweisen, dass die bekannten Wanderprediger und -propheten aus der von wirtschaftlichen Wandlungen (Manufakturen!) besonders betroffenen Handwerkerschaft kamen: der Schuster Daut, der Sporer Rosenbach, der Perückenmacher Tennhardt, der Sattler Rock (und aus der frühen Herrnhuter Brüdergemeine lassen sich hinzufügen: der Zimmermann David, der Töpfer Dober) gehörten zum »unbehausten Stand« der Gesellen. (Die Predigtreisen können geradezu als Fortsetzung ihrer Wanderschaft unter geistlichem Vorzeichen erscheinen.)

Daneben muss aber auch darauf hingewiesen werden, dass z.B. unter den Theologen, die sich radikalen Gruppen anschlossen, keineswegs nur Studenten und Kandidaten waren (bei denen man Existenzängste im Hinblick auf die »Theologenschwemme« des 17./18. Jahrhunderts argwöhnen könnte), sondern Pfarrer, die ihren sozialen Status und z.T. reiche Pfründen bewusst preisgaben.[319]

Lehmanns Forderung, »schärfer als bisher den Einfluß zu bestimmen, den die jeweilige historische Situation auf Denken und Verhalten der Pietisten hatte«[320], bezieht sich ausdrücklich auch auf die außenpolitischen Verhältnisse. Er selbst hat in einer Skizze der Lage um das Jahr 1675 verständlich zu machen versucht, warum fromme Christen als aufmerksame

---

316 Das wachsende Interesse der Pietismusforschung für sozialgeschichtliche Fragestellung dokumentiert auch Joachim Trautwein: Religiosität und Sozialstruktur. Untersucht anhand der Entwicklung des württembergischen Pietismus. Stuttgart 1972 (CwH, 123).

317 Der Pietismus im Alten Reich. In: HZ 214, 1972, 58-95, hier 71f.

318 Vgl. hierzu: Herbst des Alten Handwerks. Quellen zur Sozialgeschichte des 18. Jahrhunderts. Hg. v. Michael Stürmer, München 1979 (dtv dokumente 2914), 153 ff.

319 Z.B. »Unter den Berlenburger Brüdern aber, war ein abgesetzter Pfarr, Namens Dyle [= Nikolaus Duill, Diehl] [...] Er war schon ein alter Mann, und wider das Naturell der Priester, nichts weniger als geitzig, sonst würde Er seine fette Pfarre im Isenburgischen nicht verlaßen und einen schlechten Bau-Verwalter-Dienst zu Berlenburg angenommen haben.« (Edelmann: Selbstbiographie [s. Anm. 198f.], 283).

320 Pietismus [s. Anm. 317], 90.

Beobachter des Zeitgeschehens dieses in heilsgeschichtlich-apokalyptischen Kategorien interpretieren konnten.[321]

Aus dem Bereich des radikalen Pietismus lässt sich die Fruchtbarkeit solcher Fragestellungen an einem besonders eindrücklichen Beispiel ausweisen[322]:

Als der schwedische König Karl XII. 1709 nach der Niederlage von Poltawa in die Türkei floh, löste dies im protestantischen Deutschland eine erhebliche Unruhe und Erregung aus. Sie ist begreiflich, wenn man die Vorstellungen und Emotionen bedenkt, die sich einerseits mit »dem Türken«, der jahrhundertelang als Erzfeind der Christen angesehen wurde oder gar als der Antichrist der Apokalypse galt, und andererseits seit Gustav Adolf mit der schwedischen Krone als Schutzmacht des Evangeliums verbanden. 1710 traten Johann Maximilian Daut und Karl Anton Römeling mit einer prophetischen Verkündigung an die Öffentlichkeit, dass in der Zeitgeschichte die Erfüllung von Jes 41,25 (»Ich aber erwecke einen von Mitternacht, und er kommt vom Aufgang der Sonne«) zu sehen sei und der Auftakt des endzeitlichen Dramas begonnen habe. Auch in anderen radikalpietistischen Schriften wie Dippels *Alea Belli Muselmannici* von 1711 findet die durch jene Ereignisse bewirkte Erregtheit ihren Niederschlag. Die Verbreitung von Dauts Schrift, ihre Übersetzung ins Holländische, Französische und Englische zeigt die Resonanz, die solche Vorstellungen damals fanden. Französische Inspirés, die nach dem Cevennenaufstand zunächst nach England geflüchtet waren und dann den Kontinent durchzogen, griffen diese Prophetie auf - ihre apokalyptisch motivierten Missionsreisen mit den Drehpunkten Stockholm und Konstantinopel und ihre »Aussprachen« an den Großsultan und den schwedischen König im Exil zeigen es - und vermittelten sie an die deutschen Inspirierten. Der Fehlschlag solcher Deutungen und Prognosen hat die Inspirationsgemeinden zwar irritiert, aber zu keinem größeren Abgang von Mitgliedern geführt. (Hier wären Vergleiche mit ähnlichen Fehlschlägen aus der Sektengeschichte des 19. und 20. Jahrhunderts [Zeugen Jehovas, Neuapostolische] aufschlussreich.)[323]

---

321 Lehmann: Pietismus [s. Anm. 317], 70ff.

322 Für die Einzelheiten vgl. inzwischen meinen Aufsatz: Beziehungen deutscher radikaler Pietisten zu Skandinavien [in diesem Band 353-377].

323 Neben den einschlägigen Kapiteln bei Kurt Hutten: Seher, Grübler, Enthusiasten - Sekten und religiöse Sondergemeinschaften. Stuttgart [11]1968, vgl. jetzt auch weniger bekannte Beispiele bei Helmut Obst: Apostel und Propheten der Neuzeit. Gründer christlicher Religionsgemeinschaften des 19./20. Jahrhunderts. Berlin-Ost 1980.

Aus dem Bereich der von Lehmann angeregten Fragestellungen möchte ich nur noch auf religionssoziologische Aspekte hinweisen, die für den radikalen Pietismus erhellend sein können.

Ernst Troeltschs[324] an Max Weber anknüpfender und weiterführender Entwurf von Typen christlicher Gemeinschaftsformen, der in der neueren Täuferforschung wieder diskutiert wird[325], erscheint mir als ein interessantes (N.B.:) heuristisches Modell, um Binnendifferenzierungen der radikalen Szene in den Blick zu bekommen.

Die Gruppenbildung der Schwarzenauer »Brüder« und die Kreise der sie ablehnenden separatistischen Einzelgänger (die sich später weitgehend den Inspirierten anschlossen) können geradezu als Musterbeispiele für Troeltschs Idealtypen »Sekte« und »Mystik« gelten.[326] Dagegen bereitet es von Troeltschs Ansatz her Schwierigkeiten, den Übergang der Inspirationsgemeinden, die sich dann aus diesen individualistischen und gemeinschaftslosen »Mystikern« rekrutierten, zum deutlichen Sektentyp (Gemeindeordnung mit Ämtern, rigorose Gemeindezucht) zu erklären. Offensichtlich sind interne, gruppendynamische Prozesse stärker zu berücksichtigen als dies von einer Typologie her geschehen kann – die gleichwohl ihren heuristischen Wert behält.

Ich schließe mit dem Hinweis auf ein Kapitel, dessen Erforschung noch nicht über sporadische Ansätze hinausgekommen ist: Die Stellung der Radikalpietisten zu Staat und Gesellschaft.

Der wohl wichtigste gesellschaftspolitische Beitrag des Radikalpietismus ist das *ceterum censeo* seiner Forderung nach religiöser, sozialer und literarischer Toleranz. In der sehr nützlichen »Bibliographie des deutschen

---

324 Ernst Troeltsch: Die Soziallehren der christlichen Kirchen und Gruppen, [^{3}1922] Reprint: Aalen 1977.

325 Z.B. Heinold Fast [s. Anm. 30], XII f.; James M. Stayer [u.a.]: From Monogenesis to Polygenesis. The Historical Discussion of Anabaptist Origins. In: MennQR, 1975, 83f.; James M. Stayer: Die Anfänge des schweizerischen Täufertums im reformierten Kongretationalismus. In: Hans-Jürgen Goertz [s. Anm. 264]; Calvin Redekopp u. John A. Hostetler: The Plain People. An Interpretation. In: MennQR 51, 1977. Werner O. Packull: Mysticism and Early South German-Austrian Anabaptist Movement. Scottsdale/Pa. 1977.

326 Ein Dokument, an dem man die unterschiedlichen Positionen studieren kann, ist: Eberhardt Ludwig Grubers Grundforschende Fragen, welche denen Neuen Täufern im Witgensteinischen [...] vorgelegt waren. Nebst beygefügten kurzen und einfältigen Antworten auf dieselben [...] von einem Aufrichtigen Mitglied [Kryptonym = Alexander Mack] der Gemeinde zu Witgenstein [...] Lancaster 1822 (Ersatzexemplar SUB Göttingen); engl. Übers. bei Donald F. Durnbaugh: Origins [s. Anm. 158], 325-344. [Zur 1. Aufl. vgl. inzwischen meinen Aufsatz: Basic Question; in diesem Band 256-288].

Toleranzschrifttums 1695-1780«, die Harald Schultze seiner Lessing-Monographie beigegeben hat[327], ist nur ein Bruchteil der einschlägigen radikalpietistischen Veröffentlichungen erfasst. Die Begründung der Toleranzforderung, ihr Umfang und ihre Grenzen sind noch wenig erhellt.[328] Daneben sind die Verhaltensweisen der radikalen Pietisten zu beachten (z.B. Verweigerung der Teilnahme an Gottesdienst und Abendmahl als Durchbrechung der Sozialkontrolle; Umgehung der Bücherzensur[329]). Radikalpietistische Gesellschaftskritik findet ihren Ausdruck in der Relativierung oder Missachtung der Standesgrenzen (hierher gehören auch die zahlreichen »Mesalliancen« adliger Töchter mit bürgerlichen »Canaillen«[330]) bis hin zur grundsätzlichen Bestreitung der ständischen Ordnung. Der bewusste Verzicht auf Sozialstatus und -prestige (Aufgabe von Pfarrämtern und Arnolds Niederlegung seiner Professur[331]), die Ablehnung der Verbindung von Kirche und Staat, die Verweigerung von Eidesleistung und Waffendienst[332], die Kritik am (nicht nur theologischen) Wissenschaftsbetrieb, die Polemik gegen höfische Sitte sind weitere in diesem Kontext zu nennende Stichworte.

Der radikale Pietismus erweist sich bei einer Betrachtung der neueren Forschungsgeschichte noch weithin als *terra incognita et inexplorata*. Die Aufgabe einer gründlichen Erkundung ist mehr als nur ein Hobby für Liebhaber kirchengeschichtlicher Exotik und Sammler theologischer Kuriositäten; eine genauere Kenntnis des radikalen Pietismus ist nicht allein unerlässlich, um ein zutreffendes Bild von der Gesamterscheinung des Pietismus zu gewinnen, sondern kann auch für das kirchengeschichtliche Verständnis des 17. und 18. Jahrhunderts nicht entbehrt werden.

---

327 Lessings Toleranzbegriff. Eine theologische Studie. Göttingen 1969 (FÖTH, 20), 128-179.

328 Gute Beobachtungen zu einzelnen Vertretern etwa bei Renkewitz: Hochmann [s. Anm. 99], 367f.; Hermann Dörries [s. Anm. 284], 106f.; zum radikalen Pietismus insgesamt bei Hirsch: Geschichte [s. Anm. 40]. Bd. 2, 300f.

329 Vgl. hierzu vor allem Schrader [s. Anm. 201], Kap. IV, sowie dessen Vortrag: Berleburgs Beitrag zur Geschichte der religiösen und literarischen Toleranz in Deutschland. In: Wittgenstein 45, 1981, 117-128.

330 Einige Beispiele bei Goebel [s. Anm. 95]. Bd. 2, 771ff.; Ritschl [s. Anm. 21]. Bd. 1, 421.

331 Rudolf Mohr: Die Krise des Amtsverständnisses im Spiritualismus und Pietismus. In: Traditio - Krisis - Renovatio. Festschrift Winfried Zeller. Hg. v. Bernd Jaspert. Marburg 1976, 143-171, bes. 161ff.

332 Die Stellung der Neutäufer zu Krieg und Eid ist in verschiedenen Brethren-Publikationen untersucht worden [s. Anm. 155].

II. Gottfried Arnolds angeblicher Schweizbesuch im Jahre 1699

In der ersten Gesamtdarstellung des schweizerischen Pietismus, die Wilhelm Hadorn 1901 veröffentlichte, findet sich eine interessante Nachricht über das Auftreten von drei deutschen Pietisten im Bernbiet, das dort im August 1699 – nur wenige Wochen nach Abschluss des aufwendigen Pietistenprozesses – erhebliches Aufsehen erregte und zu einer neuerlichen Beunruhigung der Berner Regierung führte.[1] Zwei der von Hadorn genannten Deutschen sind als führende Vertreter des radikalen Pietismus[2] bekannt: Ernst Christoph Hochmann von Hochenau (1669/70)[3] und Gottfried Arnold (1666-1714)[4].

Nach Hadorns Darstellung wurde deren Schweizreise durch den verbannten Berner Spitalprediger Samuel König angeregt. Der Exulant[5] sei im Wittgensteiner Land Hochmann begegnet und habe ihn zu einem Besuch bei den pietistischen Freunden in Bern ermuntert. Hochmann, der Wanderprediger des kirchenfeindlichen mystischen Pietismus, sei im August 1699 zusammen mit dem ihm eng verbundenen »feurigen aber überspannten Pietisten Gottfried Arnold« und einem gewissen – von Hadorn nicht identifizierten – Krafft auf dem Gut Breitfeld des Landvogts Nikolaus von Rodt eingetroffen. An einem Sonntagnachmittag habe Hochmann einer hier zusammengekommenen Menschenmenge unter freiem Himmel gepredigt und für die Stadt und Regierung von Bern gebetet. Am nächsten Tag sei die Reise weiter ins Berner Oberland (Spiez, Interlaken, Grindelwald, Unterseen) gegangen. Vor dem Zugriff der alarmierten Regierung habe von Rodt die deutschen Gesinnungsfreunde dann nach Unterwalden in Sicherheit bringen lassen.

---

1 Geschichte des Pietismus in den Schweizerischen Reformierten Kirchen, Konstanz, Emmishofen 1901, 111f.

2 Vgl. Hans Schneider: Der radikale Pietismus in der neueren Forschung. In: PuN 8, 1982, 15-42; 9, 1983, 117-151.

3 Ders.: Art. »Hochmann von Hochenau«. In: TRE 14, 1985, 421-423.

4 Martin Schmidt: Art. »Arnold«. In: TRE 4, 1977, 136-140; Friedrich W. Kantzenbach: Gottfried Arnold. In: GK 7, 1982, 261-275.

5 Über Königs Wirksamkeit im Exil vgl. jetzt: Rudolf Dellsperger: Samuel Koenigs »Weg des Friedens« (1699-1711). Ein Beitrag zur Geschichte des radikalen Pietismus in Deutschland. In: PuN 9, 1983, 152-179.

Für die Biographie Gottfried Arnolds wäre diese Nachricht von seinem Auftreten in der Schweiz – erwiese sie sich als historisch zutreffend – von nicht geringer Bedeutung. 1697 war er aufgrund einer im Vorjahr erschienenen Abhandlung über das Urchristentum[6] von Landgraf Ernst Ludwig von Hessen-Darmstadt als Professor der Geschichte an die Universität Gießen berufen worden.[7] Doch schon im folgenden Jahr legte er sein Amt nieder und zog sich nach Quedlinburg (Ostharz) zurück.[8] 1699-1700 erschien das Werk, das seinen bleibenden Ruhm begründete, die *Unpartheyische Kirchen- und Ketzerhistorie*. In diese Lebensphase wäre der Schweizbesuch einzuordnen. Das Bild des »Stillen im Lande«, des aus dem »babylonischen« Getümmel der Welt und der verweltlichten Kirche entfliehenden Schreibtischpietisten erführe durch diese Reise eine Korrektur und Ergänzung, zeigte sie ihn doch Seite an Seite mit dem bald als »Erzfanaticus« verschrieenen Hochmann bei öffentlicher Agitation. Und schon bevor die *Unpartheyische Kirchen- und Ketzerhistorie* auch in der Schweiz ihr Lesepublikum fand, wäre ihr Verfasser den Berner Pietisten bereits persönlich bekannt geworden.

Hadorns Mitteilungen über den Schweizbesuch Gottfried Arnolds haben in der Forschung ein unterschiedliches Geschick erfahren. Schweizerische kirchengeschichtliche Arbeiten haben Hadorns Schilderung durchweg aufgegriffen: Paul Wernle[9] geht zweimal auf die Episode ein, Kurt Guggisberg[10] erwähnt sie ebenso wie Rudolf Pfister[11] und zuletzt Rudolf Dellsperger[12]. Darüber hinaus haben Hadorns Ausführungen aber nur wenig Beachtung gefunden, vor allem in der neueren Arnold-Literatur sind sie unbekannt und undiskutiert geblieben.

6 Die Erste Liebe der Gemeinen Jesu Christi, Das ist/ Wahre Abbildung Der Ersten Christen/ Nach Ihrem Lebendigen Glauben Und Heiligen Leben [...]. Altona 1696.

7 Bernhard Willkomm: Gottfried Arnold als Professor Historiarum in Gießen. Mitteilungen des oberhessischen Geschichtsvereins. In: NF 9, 1900, 53-73; Rüdiger Mack: Pietismus und Frühaufklärung an der Universität Gießen und in Hessen-Darmstadt. Gießen 1984, bes. 79-90.

8 Mack [s. Anm. 7], 82-89. Arnold rechtfertigte seinen Schritt in der Schrift: Offenhertzige Bekandtnuss/ Welche Bey unlängst geschehener Verlassung Seines Academischen Ampts abgeleget worden [...]. o.O. 1698. Diese Schrift erlebte sechs Auflagen in zwei Jahren!

9 Der schweizerische Protestantismus im XVIII. Jahrhundert. Bd. 1. Tübingen 1923, 128. 140.

10 Bernische Kirchengeschichte. Bern 1958, 392.

11 Kirchengeschichte der Schweiz. Bd. 2. Zürich 1974, 624.

12 Die Anfänge des Pietismus in Bern. Göttingen 1984 (AGP, 22), 167; 172.

Zu den Ausnahmen zählt Heinz Renkewitz, der 1935 in seiner sorgfältig recherchierten Monographie über Hochmann[13] auch die Arbeiten Hadorns und Wernles zur Kenntnis genommen hat. Ganz auf Hadorn fußend schildert er die Episode im Bernbiet, stellt sie aber in einen größeren Kontext: er bringt den »Auftakt in der Schweiz«[14] in Zusammenhang mit der nachfolgenden enthusiastischen »Kirchenrevolution«[15] im oberhessischen Laubach, bei der König, Hochmann, Dippel »und zeitweilig auch Gottfried Arnold«[16] beteiligt waren. Schon bei der Darstellung der Hochmann prägenden Einflüsse (Gichtel, Petersen, Philadelphier) bemerkt er: »Es fügt sich gut in dieses Bild, dass Hochmann mit Gottfried Arnold bekannt wurde. Wir müssen uns mit der Feststellung begnügen, dass beide zum ersten Male im August 1699 zusammen auftraten. [...] Sie schöpften zum Teil aus denselben Quellen, aber jeder ging seinen eigenen Weg. Nur in der Schweiz wirkten sie 1699 Schulter an Schulter.«[17] Renkewitz erwähnt zwar Arnolds Rückkehr von Gießen nach Quedlinburg, wo er sich der Arbeit an der »Kirchen- und Ketzerhistorie« gewidmet habe, hält aber fest: »Dazwischen reiste er umher und förderte mit Hochmann zusammen das freie geistliche Christentum.«[18] Die Schweizreise bietet ihm dafür freilich das einzige Zeugnis. Im Blick auf die sich anschließenden Vorgänge im hessischen Raum notiert er: »Auch Gottfried Arnold begegnet uns in jener unruhigen Gegend.«[19] Renkewitz meint, ihn noch im März 1700 (!) unter brieflich genannten Freunden Hochmanns in Frankfurt am Main identifizieren zu können.[20] Angesichts dieser nur einmaligen Nennung eines »Arnold« in Frankfurt räumt Renkewitz ein, dass Arnold bei den Vorgängen in Hessen keine führende Rolle gespielt habe – »aber er war am Auftakt in der Schweiz im August 1699 beteiligt«[21].

Ganz von Renkewitz' Darstellung abhängig erwähnt Martin Schmidt[22] Arnold als Hochmanns Reisebegleiter in der Schweiz, vermerkt Chauncer

13 Hochmann von Hochenau (1670-1721). Quellenstudien zur Geschichte des Pietismus. Witten 1969 (AGP, 5) (Nachdruck mit Ergänzungen).

14 Renkewitz [s. Anm. 13], 47-49.

15 Renkewitz [s. Anm. 13], 53-87.

16 Renkewitz [s. Anm. 13], 44.

17 Renkewitz [s. Anm. 13], 43.

18 Renkewitz [s. Anm. 13], 47.

19 Renkewitz [s. Anm. 13], 47.

20 Renkewitz [s. Anm. 13], 50, Anm. 27.

21 Renkewitz [s. Anm. 13], 47.

22 Pietismus. Stuttgart 1972 (UB, 145), 131. Schmidt irrt freilich, wenn er auch Samuel König zum Begleiter Hochmanns im Berner Land macht.

D. Ensign[23] Arnolds Mitwirkung an den südhessischen Ereignissen und notiert Rüdiger Mack[24] Arnolds Verkehr in Frankfurter Separatistenkreisen.

Über den bisherigen Forschungsstand führt Rudolf Dellsperger in seiner Untersuchung über »die Anfänge des Pietismus in Bern« hinaus, in der er in einem skizzierten Ausblick auf die weitere Geschichte des Berner Pietismus nach dem großen Pietistenprozess auch die Episode vom August 1699 kurz erörtert[25]. Er identifiziert die Hadorns Darstellung zugrunde liegende Quelle als *Hrn. Niclaus Rodts von Hinderlachen Historj* in J. R. Gruners *Acta Pietistica* und verweist auf weitere, noch unausgeschöpfte Quellen für die Ereignisse, vor allem das Berner Rats-Manual. Erstmals äußert Dellsperger jedoch verhaltene Skepsis gegenüber der Identität des in den Quellen genannten »Arnold« bzw. »Arnaud«. Ob es sich wirklich um Gottfried Arnold handele, wie Hadorn stillschweigend annehme, müsse bei einer erneuten Untersuchung der Vorgänge erst noch geklärt werden. Dellsperger macht darauf aufmerksam, dass in von Rodts *Historie* vom »jungen Arnold« die Rede ist, Gottfried Arnold aber »im Jahre 1699 immerhin 33 Jahre alt und 3½ Jahre älter als Hochmann« war.[26]

Dieser vorsichtige Einwand lässt sich noch vertiefen und durch weitere Bedenken ergänzen. Außer der Tatsache, dass ein 33jähriger Mann im 17./18. Jahrhundert in der Tat nicht mehr als jung galt, ist es schwer vorstellbar, dass der gewesene Professor der »junge Arnold« genannt worden wäre oder gar dass der Berner Dekan Bachmann dann undifferenziert von »drei deutschen Kerlen«[27] gesprochen hätte. Die Niederlegung der Gießener Professur war überdies ein so spektakuläres Ereignis[28], dass – handelte es sich wirklich um Gottfried Arnold – dieser Umstand in den Quellen kaum unerwähnt geblieben wäre.

Ferner ist bekannt, dass Gottfried Arnold nach seiner Rückkehr nach Quedlinburg im Jahre 1698 eine äußerst rege schriftstellerische Tätigkeit entfaltete. Die bereits fertiggestellten[29] Teile der *Kirchen- und Ketzerhistorie*

---

23 Radical German Pietism (c. 1675 - c. 1760). Diss. phil. Boston 1955.

24 Mack [s. Anm 7], 99.

25 Dellsperger [s. Anm. 12], 167, 172.

26 Dellsperger [s. Anm. 12], 172, Anm. 4.

27 Vgl. Dellsperger [s. Anm. 12], 172.

28 Franz Dibelius: Gottfried Arnold. Sein Leben und seine Bedeutung für Kirche und Theologie. Berlin 1873, 89. 95. Vgl. auch oben Anm. 8.

29 Zur Entstehungszeit der *Kirchen- und Ketzerhistorie* vgl. Hermann Dörries: Geist und Geschichte bei Gottfried Arnold. Göttingen 1963 (AAWG.PH 3, 51), 59-64; Mack [s. Anm. 7], 81, Anm. 214.

erschienen 1699, 1700 folgten die Teile III-IV. Im Jahre 1700 kamen sechs weitere Schriften Arnolds heraus.[30] Mit dieser umfangreichen literarischen Produktivität ist eine monatelange Absenz von Quedlinburg (nach Renkewitz immerhin von August 1699 bis März 1700!) kaum vereinbar. Die Quellen über den Quedlinburger Pietismus[31] wissen von einer längeren Abwesenheit Arnolds nichts zu berichten. Und auch die Streitschriften gegen Arnold[32] erwähnen mit keinem Wort eine gemeinsame Wirksamkeit mit Hochmann, hätten sich aber den Hinweis auf diese anrüchige Gesellschaft schwerlich entgehen lassen.

Schon aufgrund dieser Beobachtungen erscheint es recht unwahrscheinlich, dass Gottfried Arnold zu jener merkwürdigen Reisegruppe gehörte, die im Spätsommer 1699 im Bernbiet auftauchte, und auch der von Renkewitz damit verknüpfte Aufenthalt in Frankfurt im März 1700 wird zweifelhaft.

Es braucht aber nicht bei Argumenten *e silentio* zu bleiben. Völlige Sicherheit lässt sich aus der - bisher leider erst bruchstückhaft bekannten und erfassten - Korrespondenz Gottfried Arnolds[33] gewinnen. Aus ihr ergibt sich zweifelsfrei, dass er sich in den Tagen, als jene drei deutschen Pietisten in der Schweiz auftraten, in Quedlinburg aufhielt. Denn vom 28. August 1699, als Hochmann mit seinen Begleitern auf dem Weg von Bern nach Interlaken war, datiert ein Brief, den Gottfried Arnold an die Ehefrau August Hermann Franckes schrieb und der die Ortsangabe Quedlinburg trägt.[34] Weitere Briefe belegen die Anwesenheit Arnolds in Quedlinburg für den 14., 18. und 27. Oktober 1699, den 14. Dezember 1699 (?), den 14. Januar 1700 (?) und den 10. März 1700.[35]

---

30 Vgl. im Werkverzeichnis bei Erich Seeberg: Gottfried Arnold. Die Wissenschaft und die Mystik seiner Zeit. Meerane i. S. 1923 (Nachdruck Darmstadt 1964) 56-62, die Nummern A 9, A 11, B 1, B 3, C 2 und C 6.

31 Vgl. Martin Schulz: Johann Heinrich Sprögel und die pietistische Bewegung Quedlinburgs. Diss. theol. [masch.] Halle/Saale 1974.

32 Die wichtigsten Streitschriften sind genannt bei Irmfried Martin: Der Kampf um Gottfried Arnolds Unpartheyische Kirchen- und Ketzerhistorie. Diss. theol. Heidelberg 1972.

33 Jürgen Büchsel u. Dietrich Blaufuss: Gottfried Arnolds Briefwechsel. Erste Bestandsaufnahme - Arnold an Christian Thomasius 1694. In: Pietismus - Herrnhutertum - Erweckungsbewegung. FS Erich Beyreuther. Hg. v. Dietrich Meyer. Köln 1982 (SVRKG, 70), 71-108.

34 Staatsbibliothek Preußischer Kulturbesitz Berlin, Francke-Nachlass, Kaps. 6 N 1; vgl. Büchsel u. Blaufuss [s. Anm. 33], 76 (Nr. 13).

35 Vgl. Büchsel u. Blaufuss [s. Anm. 33], 76 (Nr. 15-20).

Damit ist ein von Hadorn aufgebrachter historischer Irrtum ausgeräumt, und alle daran geknüpften Weiterungen sind hinfällig geworden. Nun müssen allerdings die Fragen nach dem Beginn der Bekanntschaft Hochmanns mit Gottfried Arnold sowie nach der Identität jenes »jungen Arnold« neu gestellt werden.

Für die Beantwortung der ersten Frage bietet ein Brief Hochmanns an einen ungenannten Gesinnungsfreund, Sekretär beim Landgrafen von Hessen-Darmstadt, vom 9.November 1698 neue Aufschlüsse.[36] Ihm teilt Hochmann mit: »Herr Arnold hat mir selbst ein Exemplar von seiner Mativen[37] Changirung geschickt: es ist lauter Wahrheit darin enthalten.«[38] Bei der übersandten Schrift handelt es sich um das *Offenherzige Bekenntnis*, mit dem Arnold seinen Wechsel (»Changirung«) vom weltlichen Amt in die stille Zurückgezogenheit öffentlich rechtfertigte.[39] Dass Arnold ein Exemplar Hochmann persönlich zuschickte, weist auf eine bereits bestehende engere Bekanntschaft hin. Die Angabe Max Goebels, Hochmann sei 1697 nach Gießen gekommen und mit Arnold in Verbindung gestanden[40], gewinnt an Glaubwürdigkeit, obwohl sich Goebels Quelle einstweilen nicht nachweisen lässt.

Wer aber war jener »junge Arnold«, der mit Hochmann im Bernbiet erschien? Hier führt ein anderer Brief Hochmanns vom 17. März 1700, den bereits Renkewitz herangezogen hat, auf eine Spur.[41] Das Schreiben ist an George Henry Krafft, den zweiten Begleiter Hochmanns auf der Schweizreise, in Frankfurt am Main gerichtet. Aus ihm geht hervor, dass Hochmann während eines Aufenthalts in Frankfurt – offenbar nach der

---

36 Dieser Brief war Renkewitz noch nicht zugänglich (im Neudruck seiner Arbeit wird er unter den Ergänzungen zum brieflichen Nachlass [IX] genannt). Er gehört zu einer handschriftlichen Sammlung von Briefabschriften, die der Tersteegenianer Wilhelm Weck von Hochmann-Briefen unter dem Titel »Geistliche Liebesbrocken« anfertigte (Privatbesitz). - Die im vorliegenden Brief fehlende Jahresangabe lässt sich u.a. aus der erwähnten Schrift Arnolds erschließen.

37 Bedeutung unklar; wahrscheinlich Abschreibfehler.

38 Weck [s. Anm. 36], 134.

39 S.o. Anm. 8.

40 Geschichte des christlichen Lebens in der rheinisch-westphälischen Kirche. Bd. 2. Koblenz 1853, 813.

41 Staatsarchiv Detmold, Familienakten D IV Ib (Kopie). Renkewitz [s. Anm. 20] setzte auch hier - verleitet durch Hadorns Fehlidentifizierung - den im Brief genannten »Arnold(i)« mit Gottfried Arnold gleich. Richtig ist, dass es sich um Hochmanns früheren Reisebegleiter handelt. Auf dieser singulären Erwähnung eines »Arnold« in der Grußliste eines Hochmann-Briefes beruhen alle Behauptungen einer angeblichen Anwesenheit und Mitwirkung Gottfried Arnolds bei den pietistischen Unruhen im hessischen Raum!

Reise – bei Krafft gewohnt hat. Hochmann grüßt einige Freunde, die sich in Frankfurt befinden. Neben Schweizer Exulanten (Dick und Frau[42]) und bekannten Separatisten wie Fende, Reitz und der Witwe Schütz[43] wird auch ein »Arnoldi«[44] aufgeführt. Die Nennung von Krafft und Arnold(i) in demselben Brief und in Gesellschaft von Berner Exulanten legt die Vermutung nahe, dass es sich hier um jenen »jungen Arnold« aus der Reisegruppe handelt.

Auch in anderen pietistischen Briefwechseln wird ein Herr Arnold in Frankfurt genannt. So geht aus Briefen des Reutlinger Pietisten Gottlieb Hoffstetter an Friedrich Breckling[45] hervor, dass ein »Hr. Marcus Arnoldi in Frankfurt« Hoffstetters Briefe nach Holland weiterbeförderte.[46] Markus (Marx) Arnoldi (1645-1715) war ein Frankfurter Bürger (seit 1691) und Handelsmann (wohl: Tuchhändler).[47] Er selbst kommt wegen seines Alters nicht als der »junge Arnold« in Frage, vielleicht aber einer seiner Söhne: Marx Friedrich (*1676), Eckhard (*1680) oder Conrad (*1681).

Zu diesen Nachrichten passt auch ein weiterer Beleg: Als die englischen Philadelphier um Jane Leade 1702 einen Emissär nach Deutschland schickten, führte dieser einen *Catalogus amicorum in Germania*[48] mit sich. In diesem geographisch geordneten Verzeichnis steht in der Rubrik Quedlinburg (Gottfried) Arnold, unter den Freunden der philadelphischen Sozietät in Frankfurt findet sich neben Fende, Reitz, der Witwe Schütz u.a. – also dem gleichen Personenkreis, der in Hochmanns Brief an Krafft genannt wurde – wiederum »Arnoldi«. Der Name ist mit dem Zusatz versehen

---

42 Dellsperger [s. Anm. 5], 156.

43 Zu den Genannten vgl. Else Oswalt: Christian Fende. Ein Beitrag zur Geschichte des Pietismus in Frankfurt a. M., Diss. phil. [masch.] Frankfurt/Main 1921; Rudolf Mohr: Ein zu Unrecht vergessener Pietist: Johann Heinrich Reitz (1655-1720). In: MEKGR 22, 1973, 46-109; Hermann Dechent: Johann Jakob Schütz. In: ChW 3, 1890, bes. 935f. (Witwe Katharina Elisabeth Schütz, geb. Bartels).

44 Das lange Schluss-i (j) kann als Abbreviatur für die latinisierte Namensform Arnoldius gebraucht werden, so auch von Gottfried Arnold (vgl. die Beispiele bei Mack [s. Anm. 7], 200; 202).

45 Dietrich Blaufuss: Art. »Breckling«. In: TRE 7, 1981, 150-153.

46 Vgl. die Auszüge bei Theodor Wotschke: Weseler Briefe an Friedrich Breckling. In: MRKG 27, 1933, 178-185. hier 184, Anm. 2; 185, Anm. 4 - ohne Fundort; die Briefe befinden sich in der Forschungsbibliothek Gotha.

47 Stadtarchiv Frankfurt/Main, Nachlass Itzerott 250, Bl. 13.

48 Abgedruckt bei Carl W. H. Hochhuth: Geschichte und Entwicklung der philadelphischen Gemeinden. In: ZHTh 35 NF 29, 1865, 171-290, hier 222f., Anm. 38 (fehlerhaft!), und Nils Thune: The Behemenists and the Philadelphians. A Contribution to the Study of English Mysticism in the 17th and 18th Centuries. Uppsala 1948, 125f.

»der vor einem Jahr in England gewesen«. Auch diese Nachricht über den Englandbesuch des Frankfurter Philadelphiers stimmt als weiteres Detail gut mit dem Bild des reisefreudigen »jungen Arnold« überein, der 1699 Hochmann in die Schweiz begleitete.

III. Gottfried Arnold in Giessen

Unter den Vertretern des in der Forschung lange Zeit sehr vernachlässigten radikalen Pietismus[1] ist Gottfried Arnold (1666-1714) zweifellos die am besten erforschte Gestalt.[2] Die meisten Untersuchungen beschäftigen sich mit Arnolds Hauptwerk, der *Unparteiischen Kirchen- und Ketzerhistorie.* Hingegen besitzen wir keine neuere, heutigen wissenschaftlichen Erfordernissen entsprechende Biographie, sondern sind noch auf die Darstellung angewiesen, die Franz Dibelius 1873 vorgelegt hat.[3] Zu Recht hat J.F.G. Goeters es als vordringliche Aufgabe der Arnoldforschung bezeichnet, »das allzu schmale und gelegentlich recht schwache Fundament der archivalischen und brieflichen Quellen zu verbreitern und zu verstärken« und »Arnolds Beziehungen und Vorbildern inskünftig erhöhte Aufmerksamkeit zu schenken«.[4]

Ein wichtiges Kapitel bei einer Neubearbeitung der Biographie Arnolds ist seine Gießener Zeit, die im Folgenden betrachtet werden soll. Aufs Ganze seines Lebens gesehen erscheinen die Monate, die er als Professor der Geschichte an der hessen-darmstädtischen Landesuniversität wirkte, zwar nur als eine Episode. Und doch kommt ihr für das Verständnis Arnolds geradezu eine Schlüsselfunktion zu: Lief seine theologische Entwicklung geradlinig und mit innerer Folgerichtigkeit auf die spektakuläre Niederle-

---

1 Vgl. Hans Schneider: Der radikale Pietismus in der neueren Forschung. In: PuN 8,1982, 15-42; 9, 1983, 117-151.

2 Die neuere Literatur verzeichnet (unvollständig) Martin Schmidt, Art. »Arnold«. In: TRE 4, 1979, 136-140, sowie fortlaufend die 1971 bis 1990 von Klaus Deppermann und Dietrich Blaufuß, seit 1992 von Udo Sträter bearbeitete Pietismus-Bibliographie in Pietismus und Neuzeit (PuN). Vgl. meine Zusammenstellung der Arnold-Literatur 1714-1993 in: Gottfried Arnold (1666-1714). Mit einer Bibliographie der Arnold-Literatur ab 1714. Hg. v. Dietrich Blaufuß u. Friedrich Niewöhner. Wiesbaden 1995 (Wolfenbütteler Forschungen, 61), 415-424.

3 Franz Dibelius: Gottfried Arnold. Sein Leben und seine Bedeutung für Kirche und Theologie. Berlin 1873.

4 Johann F.G. Goeters: Gottfried Arnolds Anschauung von der Kirchengeschichte und ihrem Werdegang. In: Traditio, Krisis, Renovatio aus theologischer Sicht. FS Winfried Zeller. Hg. v. Bernd Jaspert u. Rudolf Mohr. Marburg 1976, 241-257, hier 242. Goeters selbst hat in seiner Darstellung auf vielfältige Zusammenhänge aufmerksam gemacht und auf Schriften Arnolds hingewiesen, die in der bisherigen Forschung kaum Beachtung gefunden hatten.

gung seiner Professur hin? Oder war der radikale Abschnitt seiner Biographie, der seinen literarischen Niederschlag in der *Unparteiischen Kirchen- und Ketzerhistorie* fand, nur eine – gewissermaßen »zwischeneingekommene« Phase der Entwicklung? Für die Beantwortung dieser zentralen Fragen der Arnold-Forschung, die allerdings nur in einem größeren Rahmen möglich ist, kann die Erhellung der kurzen Gießener Zeit einen wesentlichen Beitrag liefern.

ZUM FORSCHUNGSSTAND

Franz Dibelius hat in seiner Biographie der Darstellung der Gießener Zeit vor allem Arnolds Schrift *Offenherziges Bekenntnis*, in der dieser seine Amtsniederlegung rechtfertigte, zugrunde gelegt und umfangreiche Passagen daraus zitiert. Archivstudien in Gießen (Universitätsarchiv) hat er nicht selbst vorgenommen, sondern sich auf Mitteilungen des Gießener Professors für praktische Theologie, Eduard Köllner, gestützt.[5] Auch die Ausbeute der Studie von Bernhard Willkomm über Gottfried Arnold als Professor historiarum in Gießen[6] ist gering und führt über Dibelius kaum hinaus; für »das wenige, was sich über das Gießener akademische Jahr ausmachen läßt«,[7] wird in der neueren Arnold-Forschung meist auf Willkomms Zusammenstellung verwiesen. Leider behandelte Walther Köhler in seiner grundlegenden Untersuchung über den Pietismus in Gießen nur dessen Anfänge bis 1695 und ging auf Arnolds Berufung und Wirken nicht mehr ein.[8] Erst die Beiträge von Rüdiger Mack zur Gießener Universitätsgeschichte in der Zeit von Pietismus und Frühaufklärung[9] förderten auch über Arnold einige neue Erkenntnisse zutage. Seine Untersuchungen bele-

---

5 Vgl. Dibelius [s. Anm. 3], 77, Anm. *.

6 Bernhard Willkomm: Gottfried Arnold als Professor historiarum in Gießen. In: Mitteilungen des oberhessischen Geschichtsvereins NF 9, 1900, 53-73. Über das Thema im engeren Sinn handeln nur die Seiten 62-70.

7 Herrmann Dörries: Geist und Geschichte bei Gottfried Arnold. In: AAWGPH III/51, Göttingen 1963, 57, Anm. 25.

8 Walther Köhler: Die Anfänge des Pietismus in Gießen 1689 bis 1695. In: Die Universität Gießen von 1607 bis 1907. Beiträge zu ihrer Geschichte. Bd. 2. Gießen 1907, 133-244.

9 Rüdiger Mack: Pietismus und Frühaufklärung an der Universität Gießen und in Hessen-Darmstadt. Gießen 1984. Vgl. auch seinen Forschungsbericht: Pietismus in Hessen. In: PuN 13, 1987, 181-226, hier 191-195.

gen, wie notwendig und gewinnbringend die Berücksichtigung brieflicher und anderer archivalischer Quellen auch für die Arnold-Forschung ist.[10]

Die Berufung nach Giessen

Die Universität Gießen[11] war bekanntlich die erste lutherische Hochschule in Deutschland, die – nach heftigem kirchenpolitischen Ringen mit den Vertretern der Orthodoxie – von Pietisten »erobert« worden war.[12] Seit 1695 waren die letzten Widerstände überwunden, die Universität befand sich fest in der Hand der pietistischen Theologen, die nun ungehindert Speners Reformvorschläge in Universität und Kirche zu verwirklichen und durch eine gezielte Personalpolitik abzusichern suchten.[13]

Am 24. März 1697 teilte Landgraf Ernst Ludwig von Hessen-Darmstadt (1688-1739)[14] der Universität Gießen seinen Entschluss mit, »Gottfried Arnoldi die Professionem Historiarum gegen ein Salarium von 100 Thlr. nebst der gewöhnlichen Hausbestallung auftragen zu lassen«.[15] Nach Arnolds eigenen Aussagen verdankte er die Berufung auf die neu errichtete Geschichtsprofessur der persönlichen Initiative des Landgrafen (»impetu animi sapientissimi proprio«)[16], der »ohne mein geringstes suchen oder anderer zurede/ nur nach lesung eines gewissen buchs mich zu vociren gewogen worden«.[17] Das »gewisse Buch« war Arnolds erstes großes Werk,

---

10 Leider musste darauf verzichtet werden, alle bisher bekannten Briefe von und an Arnold aus dieser Zeit auszuwerten. Vgl. die verdienstvolle Zusammenstellung der Korrespondenz von Jürgen Büchsel u. Dietrich Blaufuß: Gottfried Arnolds Briefwechsel. Erste Bestandsaufnahme – Arnold an Christian Thomasius 1694. In: Pietismus – Herrnhutertum – Erweckungsbewegung. FS Erich Beyreuther. Hg. v. Dietrich Meyer. Düsseldorf 1982, 71-106.

11 Die Universität Gießen von 1607 bis 1907. Beiträge zu ihrer Geschichte. Bd. 1. Gießen 1907; Academia Gissensis. Beiträge zur älteren Gießener Universitätsgeschichte. Hg. v. Peter Moraw u. Volker Press. Marburg 1982 (VHKH, 45); Peter Moraw: Kleine Geschichte der Universität Gießen. Gießen ²1990.

12 Vgl. die Arbeiten von Walther Köhler und Rüdiger Mack (s.o. Anm. 8f.).

13 Vgl. Hans Schneider: Die Theologische Fakultät Gießen in der Zeit des Pietismus. Erscheint in: PuN 37, 2011.

14 Vgl. die Charakteristik bei Mack [s. Anm. 9], 7f.

15 Universitätsarchiv Gießen, Phil K 8 (Personalakte – des gleichzeitig berufenen – Rüdiger); abgedruckt bei Dibelius [s. Anm. 3], 80.

16 So Arnold in seiner Antrittsvorlesung (Arnold: Commentatio [s. Anm. 60], 19; Dibelius [s. Anm. 3], 223).

17 Offenherziges Bekenntnis (zu den Ausgaben s.u. Anm 60), § 6.

das 1696 erschienen war: *Die erste Liebe, Das ist: wahre Abbildung der ersten Christen nach ihrem lebendigen Glauben und heiligen Leben.*[18] Dieser Darstellung Arnolds ist die Forschung gefolgt.[19]

Doch gegenüber Arnolds – gewiss subjektiv ehrlicher – Behauptung ist Vorsicht geboten. Vielleicht spielt ein wenig fromme Eitelkeit mit, dass der Landgraf ihn, der nach dem Studium in Wittenberg als Informator in Dresden und Quedlinburg ein zurückgezogenes Leben geführt hatte, allein nach der Lektüre seines Buches für professorabel hielt. Wichtiger erscheint ein anderer Aspekt: Bei dem schweren Entschluss, ein Lehramt anzunehmen, erschien es Arnold als ein wunderbarer Fingerzeig Gottes, dass der Fürst ihn aus eigenem Antrieb berufen hatte.[20] Und als er seinen Schritt dann als Fehlentscheidung betrachtete, konnte ihm dieser Umstand als einer der Entschuldigungsgründe dienen, dass er überhaupt an einen göttlichen Ruf in der Berufung geglaubt hatte.

Dem historischen Betrachter drängt sich aber die Frage auf, was den Landgrafen zur Errichtung einer Professur für Geschichte bewogen hat und wie er auf den Quedlinburger Hauslehrer und sein Buch aufmerksam geworden ist. Welche Rolle haben die bei Hofe einflussreichen Wortführer der Gießener Pietisten, die Theologieprofessoren Johann Christoph Bilefeld[21], der zugleich Hofprediger war, und Johann Heinrich May[22], bei der

---

18 Die Erste Liebe. Das ist: Wahre Abbildung der ersten Christen, Nach Ihrem Lebendigen Glauben Und Heiligem Leben, Aus der ältesten und bewährtesten Kirchen-Scribenten eigenen Zeugnissen, Exempeln und Reden, nach der Wahrheit der Ersten einigen Christlichen Religion, allen Liebhabern der Wahrheit, und sonderlich der Antiquität, als in einer nützlichen Kirchen-Historie, treulich und unparteyisch entworfen: Worinnen zugleich des Hn. William Cave Erstes Christenthum nach Nothdurft erläutert wird. Frankfurt/Main 1696; zu den Ausgaben und Übersetzungen ins Niederländische vgl. Gerhard Dünnhaupt: Personalbibliographien zu den Drucken des Barock, Teil 1, Stuttgart 1990, Nr. 6.1.-6.8. Das Werk hat in der neueren Forschung verstärkte Beachtung gefunden. Vgl. Martin Schmidt: Das Frühchristentum in der ev.-luth. Überlieferung vom 18. bis 20. Jahrhundert, insbesondere in Deutschland. In: Oec., 1971/72, 88-110; Jürgen Büchsel: Gottfried Arnold. Sein Verständnis von Kirche und Wiedergeburt. Witten 1970 (AGP, 8), 31-75; Harald Wagner: An den Ursprüngen des frühkatholischen Problems. Die Ortsbestimmung des Katholizismus im älteren Luthertum. Frankfurt/Main 1973 (FTS, 14), 110-157; Goeters [s. Anm. 4], 246-250; Friedrich Wilhelm Kantzenbach: Gottfried Arnolds Weg zur Kirchen- und Ketzerhistorie 1699. In: JHKGV 26, 1975, 207-241.

19 Seit Dibelius [s. Anm. 3], 75.

20 »[...] begunte ich nach und nach zu glauben/ auch überall und selbst in der publicirten oratione inaugurali zu gestehen: Es wäre ein göttlicher beruff. Absonderlich weil der Durchl. Landes-Herr ohne mein geringstes suchen [...]« (Offenherziges Bekenntnis, § 6).

21 Vgl. Friedrich Wilhelm Strieder: Grundlage zu einer Hessischen Gelehrten und

Errichtung der Professur und der Besetzung mit ihrem Gesinnungsfreund Arnold gespielt? Schon Max Goebel, der meist wohlunterrichtete Kenner des radikalen Pietismus, meinte, dass die Berufung durch den Landgrafen »durch Vermittlung seines Generalsuperintendenten Bielefeld«[23] zustande gekommen sei, und Dibelius vermutete wenigstens, dass der landgräfliche Entschluss »auch ohne Zweifel bei den pietistisch gesinnten Professoren, namentlich bei den Theologen Bielenfeld und Mai, die lebhafteste Unterstützung gefunden« habe. Eine mögliche Rolle Bilefelds deutet auch Willkomm an.[24]

Die Vorgänge lassen sich im Einzelnen noch nicht aufklären; vielleicht haben sie auch überhaupt keinen Niederschlag in den Akten gefunden. Denn der Landgraf hielt sich seit 1693 in Gießen auf, wohin er von Darmstadt seine Hofhaltung wegen der Franzosengefahr verlegt hatte. So bedurfte es für Empfehlungen keiner Korrespondenz, sondern man konnte den direkten Weg des persönlichen Antichambrierens wählen. Landgraf Ernst Ludwig berichtet in seinem Tagebuch[25] häufig von Besuchen des Oberhofpredigers; vor allem stand die pietistische Landgräfin Dorothea Charlotte mit Bilefeld in regem Kontakt und hatte für die Anliegen der Pietisten stets ein offenes Ohr.[26] Wenn der von Bilefeld übel behandelte

---

Schriftsteller-Geschichte. Seit der Reformation bis auf gegenwärtige Zeiten. Bd. 1. Kassel, Göttingen 1781, 396-400; Wilhelm Diehl: Hessen-darmstädtisches Pfarrer- und Schulmeister-Buch. Friedberg 1921 (Hassia sacra, 1), 14; ders.: Kirchenbehörden und Kirchendiener in der Landgrafschaft Hessen-Darmstadt von der Reformation bis zum Anfang des 19. Jahrhunderts. Darmstadt 1925 (Hassia sacra, 2), 45-48; Fritz Herrmann: Zur Charakteristik des Superintendenten D. Johann Christoph Bilefeld. In: BHKG 7, 1923; Köhler und Mack [s. Anm. 8f.], passim.

22 Vgl. Strieder [s. Anm. 21]. Bd. 8. Kassel, Göttingen 1788, 326-349; Erwin Preuschen: Art. May. In: RE[3] 12, 1903, 471-474; Diehl: Kirchenbehörden [s. Anm. 21], 109-111; Gottlob Schrenk (Johann F.G. Goeters): Art. »May«. In: RGG[3] 4, 1960, 815; Köhler und Mack [s. Anm. 8f.], passim.

23 Max Goebel: Geschichte des christlichen Lebens in der rheinisch-westphälischen evangelischen Kirche. Bd. 2/2. Koblenz 1852 [Reprint: Gießen 1993], 711f.

24 Willkomm [s. Anm. 6], 62, Anm. 2: »Allerdings soll Bielenfeld den Landgrafen auf Arnold aufmerksam gemacht haben«.

25 Staatsarchiv Darmstadt, D 4, Nr. 343/1 (für die uns interessierende Zeit ist leider nur ein Fragment erhalten, das von Januar bis April 1698 reicht).

26 Vgl. Mack [s. Anm. 9], 7f. Die erhaltenen Briefe und Mitteilungen auf Zetteln von Dorothea Charlotte an Bilefeld füllen zwei umfangreiche Faszikel: Staatsarchiv Darmstadt, D 4, Nr. 376/5 und 6. Häufig erhielt der Oberhofprediger – mit der Bitte, die Landgräfin nicht als Informantin zu verraten – Hinweise auf wichtige Termine und Gelegenheiten zur Intervention beim Landgrafen.

Johann Reinhard Hedinger[27] später seinen theologischen Kollegen die Schuld daran gab, dass »Herr Professor Arnoldi [...] hieher beruffen, recommandirt und aufgenommen worden«,[28] darf diese Behauptung als wahrscheinlich gelten.

Bleibt auch der Vorgang des »Recommandierens« verborgen, so kann doch der Hintergrund für die Empfehlung des Quedlinburger Hauslehrers etwas erhellt werden. Zwischen Bilefeld und den Quedlinburger Pietisten um den Hofdiakonus Johann Heinrich Sprögel, dessen Schwiegersohn Arnold später wurde, bestanden seit längerer Zeit Kontakte. 1695 hatte sich Sprögel und 1696 die pietistische Stiftspröpstin an die Gießener Fakultät mit der Bitte um Gutachten in den Quedlinburger pietistischen Streitigkeiten gewandt.[29] Äußerungen Bilefelds wurden als ein Eintreten für den in Mitteldeutschland, u.a. auch in Quedlinburg, auftretenden Enthusiasmus der 1690er Jahre verstanden.[30] Und auch für den in pietistische Streitigkeiten verwickelten Freund Arnolds Johann Andreas Schilling[31], der später als sein »Gefährte« nach Gießen kam, verfasste die Theologische Fakultät im Mai 1697 ein Gutachten.[32] Angesichts dieser Beziehungen lässt sich vermuten, dass auch Arnold den Gießener Pietisten kein Unbekannter war.

Die Philosophische Fakultät und der Senat der Universität wurden bei der Berufung Arnolds durch den Landgrafen keineswegs übergangen.[33] Aus dem Protokoll der Fakultätssitzung vom 2. März 1697 geht hervor, dass an diesem Tag über die Neubesetzung der Professuren für die »Historia Eloquentiae et Poeseos« (Johann Reinhard Hedinger) und für Logik und Metaphysik (Johann Bartholomäus Rüdiger) beraten und beschlossen wur-

---

27 Vgl. Mack [s. Anm. 9], 239-272.

28 Hedinger an Landgräfinmutter Elisabeth Dorothea, 12. Mai 1699, Staatsarchiv Darmstadt, D 4, Nr. 266/1, fol. 80.

29 Zu den Quedlinburger Auseinandersetzungen vgl. Martin Schulz: Johann Heinrich Sprögel und die pietistische Bewegung Quedlinburgs. Diss. theol. [masch.] Halle/Saale 1974, hier 116ff.,119ff. Zu vergleichen sind auch die - Schulz unbekannt gebliebenen - Eintragungen im Dekanatsbuch der Theologischen Fakultät der Universität Gießen unter dem 27. April 1695 und dem 3. Juli 1697 (Universitätsarchiv Gießen, Theol C 1, p. 161 und 165).

30 Köhler [s. Anm. 8], 212.

31 * 1665 Pösneck, † 1750 Gießen; Studium in Leipzig und Halle; vgl. Hans Leube: Die Geschichte der pietistischen Bewegung in Leipzig. In: ders.: Orthodoxie und Pietismus. Gesammelte Studien. Hg. v. Dietrich Blaufuß. Bielefeld 1975 (AGP, 13), 153.156.185.189.207.236.

32 Dekanatsbuch der Theologischen Fakultät unter dem 30. Mai 1697, (Universitätsarchiv Gießen, Theol C 1, p. 165).

33 Gegen Mack [s. Anm. 9], 69.

de.[34] Während hier von Arnold nicht die Rede ist, berichtet das Dekanatsbuch der Philosophischen Fakultät unter dem Datum vom 2. März ergänzend zu diesen Beschlüssen: »Quod duplex Facultatis Philosophicae consilium eodem adhuc die Tot[o] Senatui Academico in Consistorio Publico propositum et ab hoc non minus quam Serenissimo Nutritio nostro ratum fuit habitum, item tamen ut Professio Historiarum Dn. Arnold, Eloq[entiae] vero et Poes[eos] D. Hedingero clementissime fuerit collata, vi Rescripti Principalis inter Acta Philos[ophica] reperimus.«[35]

Das am 24. April 1697 veröffentlichte Lektionenverzeichnis für das Sommersemester 1697[36] kündigte bereits an: »GOTHOFREDUS ARNOLDI, designatus Prof. Histor. Ord. Ludovicianae huic redditus publice privatimque Historiam tam Universalem quam Specialem Regnorum, Rerumpublicarum etc. profitebitur«.[37] Hatte Arnold zu diesem Zeitpunkt – einen Monat, nachdem das landgräfliche Berufungsdekret ausgestellt worden war – schon den Ruf angenommen? Oder geschah die Ankündigung im Vorgriff auf die erwartete Zusage? Aus seinem *Offenherzigen Bekenntnis* wissen wir, dass Arnold den Ruf nach Gießen zunächst ablehnte, aber »schließlich die sache auf mich zu nehmen durch soviele einwürffe und anderer leute überredung bewogen« wurde.[38] Für diese Phase des zaudernden Überlegens scheint ein Monat zu knapp bemessen – es sei denn, Arnolds Ablehnung bezöge sich nicht auf die offizielle Berufung, sondern auf vorausgegangene sondierende Anfragen der Gießener Pietisten. Jedenfalls trat Arnold sein neues Amt im Sommersemester noch nicht an.

Die Frage, wann Arnold nach Gießen übersiedelte, ist keineswegs eine biographische Quisquilie. Denn mit ihrer Beantwortung hängt eine Kette von weiteren Fragen zusammen, die z.T. weitreichende Konsequenzen für die Arnold-Deutung besitzen: etwa das noch zu erörternde Problem der rätselhaften Datierung der ersten Vorrede der *Kirchen- und Ketzerhistorie*, die wiederum ein wichtiges Orientierungsdatum für die Entstehungszeit dieses Werkes und damit auch für die theologischen Entwicklungsphasen Arnolds darstellt.

---

34 Universitätsarchiv Gießen, Phil C 3, Vol. 1, Nr. 96.

35 Universitätsarchiv Gießen, Phil C 4,1, p. 194.

36 Einblattdruck, Kopftitel: RECTOR ACADEMIÆ GISSENÆ MICHAEL BERNHARDUS VALENTINI CUM UNIVERSO SENATU ACADEMICO INGENUIS ACADEMIÆ CIVIBUS S.D.P. Die Ankündigung ist datiert: Dominica Quasimodogen. [= 24. April] Anno M.DC.XCVII. (UB Gießen: all Kb 0.2)

37 Verkürzt zitiert bei Dibelius [s. Anm. 3], 81.

38 Offenherziges Bekenntnis, § 5.

Einen wichtigen Hinweis auf die Ankunft Arnolds in Gießen gibt Johann Konrad Dippel. In seinem *Lebenslauf* erwähnt er die Begegnung mit Arnold, der »nebst noch zweyen andern Gefehrten, die es mit ihrem Erlöser treulich meynen, damals aus Sachsen nach Giessen kam«.[39] Bei diesen Begleitern Arnolds handelt es sich um M. Johannes Christian Lange und Johannes Andreas Schilling.[40] Beide waren als Parteigänger des Pietismus in ihrer sächsischen Heimat in Konflikte verwickelt; Lange hatte als Hauslehrer bei Johann Wilhelm Petersen gelebt.[41] Das Immatrikulationsdatum der »Gefährten« Arnolds bietet einen Anhaltspunkt für die Ankunft in Gießen; Lange und Schilling wurden nach Ausweis der Gießener Matrikel am 23. August 1697 eingeschrieben.[42] Zu diesem Datum stimmt die Beobachtung, dass Arnold Anfang September sein Amt antrat.[43]

---

39 *Lebens-Lauff*, zuerst als Beigabe seiner Schrift: Wein und Öl in die Wunden des gestäupten Papsttums der Protestirenden. [Offenbach] 1699. ^{2}1700. Wieder in der Gesamtausgabe: Eröffneter Weg zum Frieden mit Gott und allen Kreaturen [...]. Bd. 1. Berleburg 1747, 393f.

40 Karl-Ludwig Voss: Christianus Democritus. Das Menschenbild bei Johann Conrad Dippel. Ein Beispiel christlicher Anthropologie zwischen Pietismus und Aufklärung. Leiden 1970 (BZRGG, 12), 17, meint: »Wer die beiden Gefährten Arnolds bei seiner Ankunft in Gießen waren, bleibt im Dunkeln. Es scheint müßig, hier raten zu wollen, da es keinerlei Anhaltspunkte gibt.« Das ist freilich ein Rückfall hinter längst erreichte Ergebnisse; bereits Albrecht Ritschl: Geschichte des Pietismus. Bd. 2. Bonn 1882 [Reprint: Berlin 1966], 323, Anm. 2 (unter Hinweis auf die von Johann Jakob Rambach herausgegebene Zeitschrift Hessisches Hebopfer 5, 236 und 910), und Wilhelm Diehl: Neue Beiträge zur Geschichte Johann Konrad Dippels in der theologischen Periode seines Lebens. In: BHKG 3, 1908, 135-184, hier 149-151, hatten schon Lange und Schilling als jene Gefährten Arnolds identifiziert, und Heinz Renkewitz: Hochmann von Hochenau (1670-1721). Quellenstudien zur Geschichte des Pietismus. Witten ^{2}1969 (AGP, 5), 13, Anm. 12, wies auf diese Arbeiten hin.

41 Zu Lange vgl. Strieder [s. Anm. 21]. Bd. 7. Göttingen, Kassel 1787, 405-423; Leube [s. Anm. 31], 182, 184, 206f.; Erich Seeberg: Gottfried Arnold. Die Wissenschaft und die Mystik seiner Zeit. Meerane 1923 [Reprint: Darmstadt 1964], 202, Anm. 3, sowie unten Anm. 78 und 178; zu Schilling oben Anm. 31 und unten Anm. 179.

42 Vgl. die drei Einträge in der Gießener Matrikel unter dem 23. August 1697 (Die Matrikel der Universität Gießen 1608-1707. Hg. v. Ernst Klewitz u. Karl Ebel. Gießen 1898, 131): »M. Johannes Christianus Lange, Lipsiensis; Johannes Andreas Schilling, Poesnecca-Variscus« sowie »Johannes Hauboldus ab Einsiedel, eques Saxonicus« (der dann im November 1697 unter Arnolds Vorsitz disputierte, s.u.).

43 S.u. - Das bei Dibelius [s. Anm. 3], 81 mitgeteilte Datum des Amtsantritts (24. August) beruht wohl auf einem zu Beginn des 19. Jahrhunderts erstellten Verzeichnis der Gießener Professoren, dessen Quelle ich nicht ermitteln konnte. Darin heißt es: »Gothofredus Arnoldus Annabergensis Misnicus, celebris ille libri, qui inscribitur Kirchen- und Ketzerhistorie, auctor, 24. Aug. 1697 historici munus exorsus est. Anno vix exacto munere se abdicavit, melancholia quadam et, ut ita dicam, mysticismo tentatus.« (Dibelius [s. Anm. 3], 88f.)

Ein Problem stellt aber das Datum der Vorrede zu Arnolds *Göttlichen Liebes-Funken* dar, die 1698 erschienen.[44] Die Vorrede dieser Gedichtsammlung ist datiert auf den 12. Juni 1697, und das Datum hat den Zusatz »Bey dem ersten Eintritt in die Hessischen Lande«. Die Widmungszuschrift an die Landgräfin Dorothea Charlotte[45] ist unterzeichnet: »G. Arnold PP. [Professor Publicus] auff der Universität Giessen«. Wie verhalten sich diese Angaben zu den Nachrichten über Arnolds Übersiedlung nach Gießen und seinen Amtsantritt im Spätsommer? Zu beachten ist, dass Arnold nicht einfach von seinem Eintritt in die hessischen Lande spricht, sondern von seinem *ersten* Eintritt. Das ist wohl kaum nur eine pleonastische Redeweise, sondern soll doch eher den ersten Eintritt von einem *zweiten* unterscheiden. Ist Arnold ein erstes Mal im Juni nach Gießen gekommen, um sich vor Ort Gewissheit zu verschaffen, ob die Berufung durch den Landesherrn zugleich der Ruf Gottes an ihn sei – sozusagen *Berufungsgespräche* in einem doppelten Sinn zu führen –, bevor er dann im August nach Gießen übersiedelte? Doch diese Überlegungen müssen einstweilen hypothetisch bleiben. Die Zuschrift an die Landgräfin ist jedenfalls *nach* der Vorrede verfasst,[46] als Arnold bereits sein Amt in Gießen übernommen hatte und sich »Professor Publicus« nennen durfte. Da Widmungen an fürstliche Personen die Zustimmung der so Geehrten voraussetzten, könnte die Zuschrift nach der ersten Visite Arnolds bei der Landgräfin am 20. November 1697[47] entstanden sein.

---

44 *Göttliche Liebes=Funcken/ Aus dem Grossen Feuer Der Liebe Gottes in CHristo JESU entsprungen* [...]. Frankfurt/Main 1698 [LB Hannover]. Zu den Ausgaben vgl. Dünnhaupt [s. Anm. 18], Nr. 15.1.-15.3.

45 Der Landgräfin Dorothea Charlotte hat auch Dippel eine am 10. Oktober 1697 in Gießen gehaltene Predigt gewidmet; s.u. Anm. 84.

46 Während die Vorrede »bei dem ersten Eintritt in die Hessischen Lande« verfasst ist, blickt die Zuschrift schon zurück: »Als[o] ist mein Hertz alsbald bey dem ersten Eintritt in diese Lande zu einem brünstigen Verlangen und Flehen vor dem HERRN geleitet worden [...]« [f. 9v]. Die der Vorrede vorangestellte (und mit anderen Lettern gedruckte) Zuschrift weist eine eigene Blattzählung auf, Vorrede und nachfolgender Text sind dagegen fortlaufend gedruckt.

47 Dorothea Charlotte an Bilefeld: »Herr Arnoldie [sic] war heut bey mir, kan sagen, daß er mich recht eingenommen und hoffe Gott wird ihn hie im Seegen stehn lassen« (Staatsarchiv Darmstadt, D 4, Nr. 376/6, fol. 97); vgl. Mack [s. Anm. 9], 81, Anm. 213.

Die Giessener Zeit

Am 1. September 1697 schrieb Arnold eigenhändig den Religionsrevers.[48] Diese im Wortlaut vorgeschriebene Verpflichtungserklärung[49] der neuen Professoren ging auf die Gründungszeit der Gießener Universität zurück und spiegelt die konfessionellen Konflikte wider, die ihre Entstehungsgeschichte begleitet hatten.[50] Arnold musste sich auf das in Hessen-Darmstadt geltende *Corpus doctrinae* verpflichten. Es umfasste die *Confessio Augustana invariata*, die Apologie, die Wittenberger Konkordie, die Schmalkaldischen Artikel und Luthers Katechismen (nicht aber die in Hessen nicht angenommene Konkordienformel[51]). Zugleich enthielt der Revers die Verpflichtung für den Unterzeichner, bei sich selbst entstehende und bei anderen entdeckte Abweichungen von dieser Lehrnorm anzuzeigen. Die Relevanz dieser Bestimmungen, zu denen sich Arnold »an eines leiblichen Eides statt« bekennen musste, für die Deutung seines Amtsverzichts wird später noch zu erörtern sein.

Die öffentliche Verlesung der Bekenntnisverpflichtung im Senat der Universität in Gegenwart des Rektors und des Kanzlers, der anschließend zu leistende Eid auf den Landesherrn[52] und die Unterzeichnung der »leges et statuta« der Universität[53] gingen der Antrittsvorlesung voraus. Ihr Datum wird in der Arnold-Literatur durchweg falsch angegeben; er hielt sie weder am 24.[54] noch am 27.[55] noch am 29. August 1697[56]. Vom 29. August datiert

48 S.u. Beilage.

49 Das Formular findet sich im Dekanatsbuch der philosophischen Fakultät (Universitätsarchiv Gießen, Phil C 4,1), p. 327-330. Zur Vorgeschichte vgl. Wilhelm Diehl: Zur Entstehungsgeschichte der Religions-Reverse. Ein Beitrag aus der hess. Kirchengeschichte. In: DZKR 10, 1901, 204-219.

50 Die Landgrafschaft Hessen-Marburg war nach dem Tod Ludwigs IV. (1604) geteilt worden, der nördliche Teil Oberhessens mit der Landesuniversität Marburg an Hessen-Kassel gefallen. Als Landgraf Moritz der Gelehrte hier das reformierte Bekenntnis einführen wollte, sah Hessen-Darmstadt die testamentarischen Bestimmungen Ludwigs IV. verletzt. Mit den aus Marburg abgezogenen Professoren gründete Landgraf Ludwig von Hessen-Darmstadt 1607 die Gießener Universität. Vgl. außer der in Anm. 11 genannten Lit.: Ernst Schering: Gießen und Marburg. Universitäts- und Fakultätsgeschichte im Kontext konfessioneller Auseinandersetzung. In: Bernhard Jendorff u.a.: Theologie im Kontext der Geschichte der Alma Mater Ludoviciana. Gießen 1983, 11-53.

51 Vgl. auch Arnold, Kirchen- und Ketzerhistorie II,16,18,33.

52 Formular: Dekanatsbuch der philosophischen Fakultät [s. Anm. 49], p. 330-333.

53 Dekanatsbuch, p. 333.

54 Dörries [s. Anm. 7], 60.

vielmehr die von Rektor und Senat publizierte Einladung zu Arnolds *oratio inauguralis*.[57] Darin werden die cives Academiae aufgefordert, »*sequenti Jovis die* Hora X. antemeridiana vacivas et curiosas aures praebere«.[58] Der auf den 29. August 1697 folgende Donnerstag war der 2. September. Dieses Datum der *oratio inauguralis* wird bestätigt durch den Eintrag im Dekanatsbuch der philosophischen Fakultät.[59] Dort heißt es: »Die 2. Sept. Orationem suam Inauguralem habuit Dn. Godofredus Arnold, Professor Historiarum legitime vocatus, postquam eodem die non tantum Reversalia Relig[ionis] ediderat, sed et in Consistorio Publ[ico] praesente Rect[ore] et Cancellario Acad[emiae] Serenissimo Principi Totaeque Acad[emiae] jurejurando se obstrinxerat.« Die Antrittsvorlesung *De corrupto historiarum studio* erschien noch im selben Jahr bei dem Frankfurter Verleger Zunner.[60] In der Arnold-Forschung fand sie leider zu wenig Beachtung.[61]

Über Arnolds Gießener Lehrtätigkeit[62] ist wenig bekannt. Er selbst sagt rückblickend: »Ich bemühete mich mit lesen/ disputiren und andern exer-

---

55 Mack [s. Anm. 9] 82.

56 So Willkomm [s. Anm. 6] 64 und 65 (»Donnerstag, den 29. August«); Beyreuther: Geschichte des Pietismus. Stuttgart 1978, 320; Mohr: Krise [s. Anm. 116], 163; Kantzenbach [s. Anm. 18] 234; ders.: Gottfried Arnold. In: Gestalten der Kirchengeschichte. Hg. v. Martin Greschat. Bd. 8. Stuttgart 1982, 269.

57 Der bei Dibelius [s. Anm. 3], 81-83 wiedergegebene Text des Einladungsschreibens findet sich in der gedruckten Antrittsvorlesung Arnolds [s. Anm. 60], 3-5.

58 Dibelius [s. Anm. 3], 83.

59 Universitätsarchiv Gießen, Phil C 4,1. Vgl. schon Diehl: Neue Beiträge [s. Anm. 40], 151.

60 GOTHOFREDI ARNOLDI Historiarum Professoris Publici Gisseni COMMENTATIO De CORRUPTO HISTORIARUM STUDIO auspicii loco proposita in Consessu Procerum ACADEMIÆ GISSENÆ Francofurti sumptibus JOANNIS DAVIDIS ZUNNERI. Anno M DC XCVII. [SUB Göttingen], vgl. Dünnhaupt [s. Anm. 18], Nr. 11; wieder abgedruckt - ohne die am Rand beigegebenen Belegstellen - bei Dibelius [s. Anm. 3], 211-225. [Eine Neuedition der Antrittsvorlesung (und des gedoppelten Lebenslaufs) in der Reihe "Edition Pietismustexte" (Band 4), gemeinsam mit Monika Rener, ist in Vorbereitung; voraussichtlich Leipzig 2012] Dibelius erwähnt nicht, dass die Antrittsvorlesung gedruckt wurde, und führt sie auch im Verzeichnis der gedruckten Schriften Arnolds nicht auf. Zu der unzutreffenden Behauptung in der älteren Literatur, Arnold sei vor seinem ersten Quedlinburger Aufenthalt Korrektor bei Zunner gewesen, vgl. Dibelius [s. Anm. 3], 51f.

61 Eine ausführliche Inhaltsangabe bietet Friedrich Flöring: Gottfried Arnold als Kirchenhistoriker. Diss. phil. Gießen. Darmstadt 1883, 12-16. Vgl. auch Seeberg [s. Anm. 41], 146f., Anm. 4 u. 235; Goeters [s. Anm. 4], 249.

62 Einen guten Einblick in den Gießener Lehrbetrieb im 17. Jahrhundert gibt Wilhelm Martin Becker: Das erste halbe Jahrhundert der hessen-darmstädtischen Landesuniversität. In: Die Universität Gießen. Bd. 1 [s. Anm. 11], 139ff., 234ff.

citiis treu und fleißig zu sein.«[63] Das Lektionenverzeichnis für das Wintersemester 1697/98 ist nicht erhalten; Arnold wird wohl das schon für das Sommersemester angekündigte universalhistorische Kolleg gehalten haben. Als Lernmittel für die Gießener Studenten war eine *Tabula chronologica* gedacht, die in 18 Rubriken wissenswerte Daten »imperatorum, regum, dynastarum, paparum, rerum virumque illustrium, in ecclesia et republica, a Christo nato ad annum 1697« aufführt.[64] Vielleicht ist Arnold bei dieser Zeittafel – wie schon in der *Abbildung der ersten Christen* – Anregungen des englischen Patristikers William Cave gefolgt, dessen patristische *Tabulae*[65] und *Chartophylax ecclesiasticus*[66] ähnliche didaktische Hilfsmittel darstellten.[67] Auch Arnolds *Kurzgefaßte Kirchenhistorie*, die 1697 erschien,[68] war offenbar als Leitfaden oder Kompendium für den akademischen Unterricht konzipiert.[69]

Aus der Gießener Zeit ist nur eine einzige Disputation bekannt, die unter Arnolds Vorsitz stattfand. Im November 1697 disputierte Johannes Haubold von Einsiedel unter ihm als Praeses.[70] Haubold, der mit Arnold

---

63 Offenherziges Bekenntnis, § 7.

64 Tabula chronologica [...] congesta per G. Arnoldum. Leipzig 1698, 1 Bl. 2° [ULB Halle], Dünnhaupt [s. Anm. 18], Nr. 14. Vgl. Goeters [s. Anm. 4], 250f.

65 Tabulae, quibus doctores et scriptores ecclesiastici, eorumque patria, ordo, aetas et obitus exhibentes [...]. Hamburg 1676 (UB Marburg: 4 an XX A 24a).

66 Chartophylax ecclesiasticus [...]. Leipzig 1687 (UB Marburg: XIX aC 26b).

67 In Arnolds Besitz befanden sich drei andere chronologische Tabellenwerke aus dem 17. Jahrhundert; vgl. CATALOGUS BIBLIOTHECAE B. GODOFREDI ARNOLDI, INSPECTORIS ET PASTORIS PERLEBERGENSIS 1714 [Herzog-August-Bibliothek Wolfenbüttel: Bc 40]; Reprint bei Blaufuß u. Niewöhner [s. Anm. 2], 337-410. Vgl. zu diesem Katalog Reinhard Breymayer: Die Bibliothek Gottfried Arnolds (1666-1714), des Verfassers der *Unpartheyischen Kirchen- und Ketzerhistorie*. In: LingBibl 6/39, 1976, 86-132, und bei Blaufuß u. Niewöhner [s. Anm. 2], 55-143.

68 Kurtz gefaste Kirchen-Historie des Alten und Neuen Testaments. Leipzig 1697. Vgl. Dünnhaupt [s. Anm. 18], Nr. 10.1.

69 Vgl. Goeters [s. Anm. 4], 251. Das Werk ist gedacht »vor studirende Liebhaber solcher Wissenschaft/ am meisten aber vor die Jugend«. Erich Seeberg [s. Anm. 41], 57, kannte nur die 2. Aufl. 1700 und betrachtete das Werk daher als »Ergänzung der großen Kirchen- und Ketzerhistorie«. Dörries und Büchsel berücksichtigen es gar nicht.

70 Q.D.B.V. HISTORIAM GEORGI SAXONIÆ DUCIS disquisitioni publicæ submittit PRÆSIDE GOTHOFREDO ARNOLDO, Historiarum Acad. Giessensi Prof. P. Respondens JOHANNES HAUBOLDUS ab Einsiedel/ Eques Saxo. Ad diem [Lücke für handschriftlich einzutragendes Tagesdatum] Novembris M DC XCVII. - GIESSÆ HASSORVM. Typis HENNINGI MÜLLERI. [LB Coburg], vgl. Dünnhaupt [s. Anm. 18], Nr. 12; vgl. auch Hermann Schüling: Die Dissertationen und Habilitationsschriften der

nach Gießen gekommen war,[71] stand in enger Beziehung zu dem Quedlinburger Stiftshauptmann von Stammer,[72] in dessen Haus Arnold von 1693 bis 1697 Informator gewesen war. Die – wohl von Arnold verfasste[73] – Dissertation handelt über Herzog Georg den Bärtigen von Sachsen (1500-1539), der auch für die Geschichte von Stadt und Stift Quedlinburg von Bedeutung war.[74] Der Dissertation angefügt sind *Hypomnemata*, zwölf Disputationsthesen zur Kirchengeschichte, in denen Gesichtspunkte aus Arnolds Antrittsvorlesung wieder aufgegriffen werden.[75]

Aus den Eintragungen im Dekanatsbuch der Philosophischen Fakultät und den Fakultätsakten lassen sich nur wenige Nachrichten über Arnolds Wirken zusammentragen.[76] Bei den Beratungen über die Neubesetzung der Ethikprofessur verzeichnet das Protokoll ein Votum Arnolds. Er »hielte [...] davor, das darauff gesehen würde, das Ethica ad Theologicum Scop[um] appliciret würde, wobey er H[errn] M[agister] Lange vor capabel hielt«,[77] also seinen sächsischen Landsmann und pietistischen Gesinnungsfreund Johannes Christian Lange[78], der zugleich mit ihm nach Gießen gekommen war. Lange bekam die Professur und hielt am 2. Januar 1698 seine An-

---

Universität Gießen 1650-1700. Bibliographie. Gießen 1982, 273, Nr. 1589. – Bei Goeters [s. Anm. 4], 250 und Anm. 25 sind Praeses und Respondent verwechselt.

71 S.o. Anm. 42.

72 Widmung: »Adriano Adamo a Stammer/ [...] domino, patrono studiorumque promotori«. Dibelius [s. Anm. 3], 106 lässt die Dissertation fälschlich seinem Vater gewidmet sein.

73 Dibelius [s. Anm. 3], 106 (und ihm folgend Seeberg [s. Anm. 41], 57, Anm. 1) wenden gegen Arnolds Verfasserschaft ein, dass Johannes Haubold von Einsiedel in der Widmungszuschrift von seinen akademischen »primitiae« spricht. Doch das besagt nicht, dass er auch Autor der Dissertation ist (er wird auch nicht – gegen Dibelius – als Verfasser bezeichnet); denn oft wurde eine »Disputation von dem Studenten, der sie gar nicht verfaßt hatte, als ein Zeichen seines Fleißes und seiner Fortschritte Verwandten oder Gönnern gewidmet« (Becker [s. Anm. 62], 148). Es handelt sich auch nicht, wie schon die Bezeichnung als »primitiae« zeigt, um eine »Doktordissertation« (gegen Dibelius). Die frühen Verzeichnisse der Schriften Arnolds (s.u. Anm. 109) führen die Dissertation als Arnolds Werk auf, und Arnolds Bibliothekskatalog [s. Anm. 67], 33, nennt sie zusammen mit Arnolds Wittenberger Dissertationen.

74 Vgl. Schulz [s. Anm. 29], 6.

75 Eine Analyse der Thesen kann im Rahmen dieses Beitrags nicht erfolgen.

76 Willkomm [s. Anm. 6] gibt nur vage Hinweise.

77 Universitätsarchiv Gießen, Phil 3,1, Nr. 97.

78 Vgl. oben Anm. 41; ferner l.u.: Art. »Lange, Johann Christian«. In: ADB 17, 1883, 640; Herman Haupt: Dozenten-Verzeichnis. In: Die Universität Gießen. Bd. 2[s. Anm. 11], 439f.

trittsvorlesung.[79] Am 29. September war Arnold zum ersten Mal an einem Magisterexamen beteiligt. Seine knappe Beurteilung des Kandidaten lautete: »Acquiescit in editis speciminibus caeterisque eruditionis documentis.«[80]

Insgesamt ergiebiger, wenn auch nicht besonders detailreich sind die Nachrichten, die wir über Arnolds Beziehungen zu anderen Pietisten aus der Gießener Zeit besitzen.

Über sein Verhältnis zu den Kollegen an der Philosophischen und Theologischen Fakultät lässt sich nur wenig ermitteln. Die Briefe, die er später an Johann Heinrich May schrieb,[81] lassen vermuten, dass er ihm freundschaftlich verbunden war. Dagegen bleibt unklar, wie Arnold zu dem theologischen Primarius und Hofprediger Bilefeld stand. Johann Reinhard Hedinger, Professor für die »Historia Eloquentiae et Poeseos«, bezeichnete im Rückblick seinen früheren Fakultätskollegen Arnold, »den ich extra errores liebe, als einen Mann, der seine Seeligkeit vor vielen tausenden andern auf seine arth mit ernst suchet«.[82]

Aufschlussreich sind Arnolds Kontakte zu radikalen Pietisten während seiner Gießener Zeit. Die Verbindung zu Johann Konrad Dippel ist bekannt; dieser hat selbst bei der Schilderung seiner Hinwendung zum Pietismus die »Führer«-Rolle Arnolds hervorgehoben.[83] Am 10. Oktober 1697 stellte sich Dippel in einer Predigt als Parteigänger der Pietisten vor.[84] Zu wenig beachtet wurde bisher, dass Dippel noch während Arnolds Gießener Aufenthalt seine antiorthodoxe Kampfschrift *Papismus protestantium vapulans* verfasste, die 1698 erschien.[85] Es steht zu vermuten, dass Arnolds Gedankenaustausch mit dem neugewonnenen Gesinnungsfreund nicht nur dessen radikale Ansichten, sondern auch Arnolds Entschluss zum Amtsverzicht gefördert hat. Im Anhang seiner Schrift *Wein und Öl in die Wunden*

---

79 Universitätsarchiv Gießen, Phil C 4,1. Sie liegt gedruckt vor: De sapientiae humanae et speciatim philosophiae moralis [...] studio [...]. Darmstadt 1698.

80 Universitätsarchiv Gießen, Phil 3,1, Nr. 98.

81 SUB Hamburg, Sup. ep. 4° 13, fol. 18-20.23; abgedruckt bei Mack [s. Anm. 9], 197-205.

82 Hedinger, an Landgräfinmutter Elisabeth Dorothea, 12. Mai 1699, Staatsarchiv Darmstadt, D 4, Nr. 266/1, fol. 80. Arnolds »Dogmata« seien aber »mit dem Lutherthumb sonnenklar imcompatible« (ebd.).

83 S.o. Anm. 39.

84 Der Einige Weg zum Heyl/ In der Nachfolge Christi [...]. Marburg o.J. (1697) [LB Stuttgart], wieder abgedruckt in Gesamtausgabe. Bd. 1 [s. Anm. 39], 17-36.

85 PAPISMUS PROTESTANTIUM VAPULANS, Oder: Das gestäupte Papstthum An den blinden Verfechtern der dürfftigen Menschen=Satzungen in Protestirender Kirch/ [...]. o.O. 1698. - In Arnolds Bibliothekskatalog [s. Anm. 67], 65.

des gestäupten Papstthums der Protestierenden (1699) druckte Dippel Arnolds schärfstes kirchenkritisches Zeugnis, Babels Grablied[86], »als ein gleichstimmiges Zeugniß der Wahrheit« ab.[87] Auch nach Arnolds Rückkehr nach Quedlinburg bestand ein brieflicher Kontakt; in der »christbrüderlichen« literarischen Kontroverse, die Dippel mit dem ysenburg-offenbachischen Hofprediger Conrad Bröske führte,[88] veröffentlichte Dippel einen Brief, den ihm Arnold Ende 1698 geschrieben hatte.[89] Auch später hat Dippel über Arnold stets mit großem Respekt geurteilt und ihn gegen Anfeindungen verteidigt.[90]

Nach Goebel trat damals auch Ernst Christoph Hochmann von Hochenau mit Arnold »in christliche Herzensgemeinschaft und blieb zeitlebens dessen dankbarer Verehrer«.[91] Heinz Renkewitz setzt in seiner Hochmann-Monographie den Beginn der Bekanntschaft allerdings erst in das Jahr 1699. Damals soll Arnold an der Seite Hochmanns und anderer Radikaler in der Schweiz aufgetreten sein; zwischen den literarischen Arbeiten in Quedlinburg »reiste er umher und förderte mit Hochmann das freie geistliche Christentum«.[92] Renkewitz ist freilich mit dieser Darstellung, die zu dem Bild Arnolds als eines stillen Gelehrten nicht recht passen will, einer Personenverwechslung erlegen: der Reisebegleiter Hochmanns war nicht Gottfried Arnold, sondern ein Namensvetter aus Frankfurt am Main.[93] Eine Bekanntschaft Arnolds mit Hochmann bereits während der Gießener Zeit lässt sich aber aus einem Brief schließen, den Hochmann am 9. November

86 G. Arnold: Göttliche Liebes-Funcken [...]. Frankfurt/Main 1698, Nr. CXXVI. Vgl. dazu zuletzt: Traugott Stählin: Gottfried Arnolds geistliche Dichtung. Göttingen 1966 (VEGL, 9), 89-91, und Büchsel [s. Anm. 18], 138f.

87 [Offenbach] 1699, ^{2}1700 (wieder in Gesamtausgabe. Bd. 1 [s. Anm. 39]. Berleburg 1747, 377f.). - Dippel nennt Arnold nicht, sondern zitiert das *Grablied* nach dem pietistischen Darmstädter Gesangbuch, in das es Aufnahme gefunden hatte (Geistreiches Gesang=Buch/ Vormahls in Halle gedruckt [...]. Darmstadt 1698, hier 414-417).

88 Die Streitschriften sind verzeichnet bei Hans-Jürgen Schrader: Literaturproduktion und Büchermarkt des radikalen Pietismus. Johann Henrich Reitz' »Historie Der Wiedergebohrnen« und ihr geschichtlicher Kontext. Göttingen 1989 (Palaestra, 283), 148-151.

89 Quedlinburg, 29. Dezember 1699; abgedruckt in: Dippel: Gesamtausgabe. Bd. 1 [s. Anm. 39], 628f. (fehlt bei Büchsel u. Blaufuß).

90 Dippel: Gesamtausgabe. Bd. 1 [s. Anm. 39], 1225; Bd. 2, 526; Bd. 3, 616 u.ö. Zum Verhältnis Dippels zu Arnold vgl. Seeberg [s. Anm. 41], 551-556.

91 Goebel [s. Anm. 23]. Bd. 2, 712.

92 Renkewitz [s. Anm. 40], 47.

93 Hans Schneider: Gottfried Arnolds angebliche Schweizreise im Jahre 1699. In: ThZ 41, 1985, 434-439 [in diesem Band 81-88]

1698 an einen unbekannten Freund schrieb. Darin heißt es: »H[err] Arnold hat mir selbst ein Exemplar seiner Motiven <der> Changirung[94] geschickt, es ist lauter Warheit darin enthalten.«[95] Hochmann hatte also von Arnold selbst ein Exemplar des *Offenherzigen Bekenntnisses* zugesandt bekommen.

DER AMTSVERZICHT UND DAS *OFFENHERZIGE BEKENNTNIS*

Wann Arnold Gießen verließ und nach Quedlinburg zurückkehrte, war bisher ungewiss. Dibelius hielt entgegen der Ansicht der älteren Biographien nicht einen Zeitpunkt um Ostern, sondern »erst im Laufe des Sommersemesters 1698«[96], »etwa im Mai«[97], für wahrscheinlich. Seine Behauptung, dass sich »im Archiv der Gießener Universität jetzt keine Notiz aus damaliger Zeit mehr findet«,[98] ist freilich unzutreffend. Im Dekanatsbuch der Philosophischen Fakultät hat der damalige Dekan Johann Heinrich May unter dem 7. April notiert: »Circa Paschale tempus Dn. Professor Arnoldi Quedlinburgum profectus ac deinceps literis ad Sereniss[imum] Principem datis muneris dimissionem petiit ac impetravit.« Ostern fiel 1698 auf den 30. März. Er hat also Gießen bereits Ende März verlassen. Dazu passt die Beobachtung, dass Arnolds Unterschrift schon auf einem Umlauf bei den Professoren der Philosophischen Fakultät vom 20. April fehlt.[99] Sein Entlassungsgesuch schickte Arnold aber offenbar erst von Quedlinburg aus an den Landesherrn. Am 10. Juni 1698 teilte Landgraf Ernst Ludwig im Postscriptum eines Briefes an Bilefeld mit: »Herr Arnoldi hat selbst nun schrifftlich umb seine Dimission nachgesuchet und will ihn dann nun nicht aufhalten.«[100]

---

94 Zum Begriff vgl. den Anfang des *Offenherzigen Bekenntnisses*: »Daß ich kein bedencken trage/ diesen außführlichen bericht von meiner kürtzlich geschehenen *veränderung* hiemit zu erstatten [...].«

95 Hochmann an ungenannten Freund, »in solitudine unfern Frankfurt, 9. Nov. [1698]«; Kopie in der handschriftlichen Briefsammlung des Tersteegenianers Wilhelm Weck: Geistliche Liebesbrocken. 1771 [Privatbesitz], 132-136, hier 136.

96 Dibelius [s. Anm. 3], 88; so auch Willkomm [s. Anm. 6], 68 (»im Sommer«).

97 Dibelius [s. Anm. 3], 89.

98 Dibelius [s. Anm. 3], 88. Vgl. oben Anm. 5.

99 Universitätsarchiv Gießen, Phil C 3,1, Nr. 108.

100 Staatsarchiv Darmstadt, D 4, Nr. 356/15; Mack [s. Anm. 9], 82, Anm. 220.

Am 18. Mai hielt sich Arnold zu einem Besuch bei Johann Wilhelm Petersen in Niederndodeleben auf, wo dieser seit seiner Amtsenthebung[101] lebte; Arnold kannte ihn schon seit seiner Dresdener Zeit,[102] und Johann Christian Lange war im Hause Petersen Informator gewesen[103]. Petersen gab ihm einen Brief an Johann Henrich May mit, dem Arnold schreiben wollte. Den Brief an May, der eine Begründung seines Amtsverzichts bietet, schrieb Arnold am 23. Mai aus Quedlinburg und legte Petersens Brief bei.[104]

Arnold rechtfertigte seinen aufsehenerregenden Schritt in einem gedruckten *Offenherzigen Bekenntnis.*[105] Das Manuskript war vor dem 10. Juni abgeschlossen; denn von diesem Tag datiert die Vorrede - nicht Arnolds[106], sondern des *Verlegers* -, die einigen Ausgaben vorangestellt ist.[107]

Der Preußische Gesamtkatalog verzeichnet erst (drei) Ausgaben aus dem Jahre 1699,[108] die auch in der jüngeren Literatur benutzt werden. Doch das *Offenherzige Bekenntnis* ist schon 1698 erschienen. Das m.W. älteste Verzeichnis der Schriften Arnolds, das einer Apologie eines unbe-

101 Vgl. Markus Matthias: Das pietistische Ehepaar Johann Wilhelm Petersen (1649-1726) und Johanna Eleonora Petersen (1644-1724) geborene von und zu Merlau. Eine Biographie bis zur Amtsenthebung Petersens im Jahre 1692. Göttingen 1993 (AGP, 30), bes. 301-330.

102 Darauf weisen die Nachrichten über Petersen hin, die Arnold seinem Studienfreund Johann Georg Klimper in einem Brief aus Dresden vom 29. März 1693 mitteilt (abgedruckt: FSANT 1737, 350-354; Fritz Blanckmeister: Aus dem Briefwechsel Gottfried Arnolds. In: Mitteilungen des Vereins für Geschichte von Annaberg und Umgebung 4, 1894, 36-50, hier 38-40).

103 S.o. Anm. 41.

104 SUB Hamburg, sup. ep. 4° 13, fol. 18-19; Abdruck bei Mack [s. Anm. 9], 197-200. Der Brief ist polemischer als das *Offenherzige Bekenntnis.*

105 Über die Veröffentlichung dieser Schrift finden sich in der Literatur widersprüchliche Angaben - z.T. sogar innerhalb ein und desselben Werkes; vgl. etwa Dörries [s. Anm. 7], 90f., Anm. 86, mit Anhang VI und Büchsel [s. Anm. 18], 108, Anm. 12, mit 205.

106 So Mack [s. Anm. 9], 85.

107 In einem Druck o.O. [Offenbach] von 1699 (Dünnhaupt [s. Anm. 18], Nr. 16.4) ist die Vorrede überschrieben: »Der Außgeber an den Leser«; in einem anderen Druck von 1699 (Dünnhaupt Nr. 16.5) ist sie mit »Der Verleger« unterzeichnet.

108 Das Gesamtverzeichnis der Preußischen Bibliotheken 7 (1934) nennt drei Ausgaben des Jahres 1699: eine (noch anonyme) o.O. (Dünnhaupt Nr. 16.3.), eine (schon unter Arnolds Namen), der eine Predigt J. van Lodenstejns beigedruckt ist o.O. (sie ist in Offenbach bei Bonaventura de Launoy erschienen, wie das Schlußsignet [Vogel im Blumenkorb] zeigt; vgl. die Liste der Launoy-Drucke bei Schrader [s. Anm. 88], 147, Nr. 31 (Dünnhaupt [s. Anm. 18], Nr. 16.4., ohne Ermittlung des Verlegers) und eine dritte in Frankfurt/Main u. Leipzig bei Pape erschienene (Dünnhaupt Nr. 16.5.).

kannten Freundes aus dem Jahre 1700 beigedruckt ist, nennt sogar drei Ausgaben für das Jahr 1698:[109] zwei im Quartformat, die eine in Offenbach erschienen, eine weitere »mit eines Anonymi vorrede, Hamburg,« sowie eine dritte in Duodez, bei der Frankfurt am Main[110] als Erscheinungsort angegeben wird. In einem Sendschreiben Arnolds vom 26. November 1698, das in Ausgaben des Jahres 1699 als Beigabe abgedruckt ist,[111] antwortet er bereits auf Kritik – u.a. in einem noch 1698 erschienenen Buch – an seinem *Offenherzigen Bekenntnis*. Daher muss seine Rechtfertigungsschrift bereits im Spätsommer/Frühherbst 1698 herausgekommen sein. Die erstaunliche Zahl der Ausgaben innerhalb kurzer Zeit[112] zeigt das große Interesse, auf das die Veröffentlichung stieß.

Von den Ausgaben des Jahres 1698 ist bisher nur ein Druck in 12° nachweisbar, den bereits Ernst Benz erwähnt.[113] Die Ausgabe ist ohne Verfasser, Druckort- und Drucker- bzw. Verlegerangabe erschienen: »*Offenhertzige Bekäntniß/ welche Bey unlängst geschehener Verlassung eines Academischen Amtes abgeleget worden.* Gedruckt im Jahr Christi 1698«.[114]

Wo lagen die Motive für Arnolds Amtsverzicht? Als er trotz aller Vorbehalte den Ruf nach Gießen angenommen hatte, war er der Meinung gewesen, »als wäre das schulwesen vor dem kirchen-Staat einem erleuchteten

---

109 Eines Freundes Erinnerungen gegen CYPRIANI Anmerckungen über ARNOLDI Kirchen= und Ketzer=Historie/ Worinne gründlich und ernstlich erwiesen wird/ daß nicht Arnoldi, sondern Cypriani, aus vorgefasten sectirischen meinungen/ nothwendig partheyisch schreiben/ seine klagen wieder die allgemeine unpartheyische wahre kirche auff schwache gründe bauen/ und so wol die H. Schrifft als andere Scribenten so gar verderben müssen/ daß er die worte Augustini und Arnoldi selbst/ seinen anklagen zum behuff/ sophistisch verfälschet habe. Leipzig/ Bey Thomas Fritschen/ 1700. [Bibl. Wittgenstein der Religionskundl. Sammlung Marburg], 88. Die Angaben übernimmt das der Ausgabe der *Kirchen- und Ketzerhistorie* von 1740 vorangestellte Werkverzeichnis Arnolds.

110 »Ibidem [scil. Frankfurt/Main, wie die zuvor genannten Göttlichen Liebes-Funcken] 1698«.

111 [Offenbach] 1699, 53-60. Das Schreiben Arnolds wurde auch separat nachgedruckt: Extract Eines Schreibens Godfried Arnold; Darinnen Er antwortet auff einige Aussprengungen/ als ob seine Resignation Jhn gereuet. Als auch Auff einige Anzäpfungen seiner Offenhertzigen Bekäntnüß [...]. Frankfurt u. Leipzig 1700 [UB Marburg] (Dünnhaupt Nr. 21). Dünnhaupts Bemerkung: »Ein früherer Druck hat mir nicht vorgelegen«, ist durch einen Rückverweis auf Nr. 16.4 (S. 53-60) zu korrigieren.

112 Schon 1699 kam eine niederländische Übersetzung heraus, 1700 folgte eine englische (Dünnhaupt zu Nr. 16.1.).

113 Ernst Benz: Die protestantische Thebais. Mainz 1963 (AAWLM.G 1963, 1), 14, Anm. 1, allerdings ohne Bibliotheksnachweis.

114 Dünnhaupt [s. Anm. 18], Nr. 16.1.

gemüthe noch etwas erträglicher und dienlicher zur erbauung«.[115] Diese Hoffnung, die angesichts der pietistisch gewordenen Universität Gießen nicht unbegründet schien, erwies sich ihm aber doch als Illusion. Seine Äußerungen über den täglich gewachsenen »eckel vor dem hochtrabenden, ruhmsüchtigen vernunft-wesen des akademischen lebens«, den »Verderb der Akademien«, wo in allen Fakultäten das göttliche Licht fehle, über das verweltlichte akademische Leben und Lehren als »Ursprung aller Blindheit, Bosheit, Heuchelei, Spaltung und Zerrüttung« sind hinlänglich bekannt und werden immer wieder angeführt.[116]

Doch Arnold stand mit dieser Einschätzung nicht allein. Die Skrupel, die ihn umtrieben, plagten auch seinen Kollegen Johann Henrich May, wie aus seiner noch kaum ausgewerteten Korrespondenz hervorgeht. In einem Brief vom 10. Mai 1697 an Friedrich Breckling klagt er über das akademische Leben und Amt als Hindernis für die christliche Einfalt.[117] Ein Jahr später – kurz vor Arnolds Resignation – schreibt er: »Es ist mir das Academische wesen eine rechte last, weil man durch das so lange und aller orten eingerissene weltförmige, ja Satanische unwesen, freyheit und sicherheit, nicht durchbrechen kan.« Seine Klagen stehen der Schärfe Arnoldscher Kirchenkritik nicht nach, wenn er etwa die Ursachen des desolaten Zustandes der Christenheit darin sucht, »weil die wilden Säue und Babylonischen Pfaffen in allen Secten [= Konfessionen] den weinberg verwüstet und umgewühlet, daß man wenig pflantzen der gerechtigkeit darinnen findet«.[118]

Bei seiner Analyse der Motive Arnolds für den Amtsverzicht betont Erich Seeberg zu recht: »Es handelte sich nicht um Einzelheiten, so sehr ihn die im Brotstudium begründete Beschaffenheit der Studenten gedrückt, die aufgeblasene und streitbare Wichtigkeit der Kollegen geärgert und die Verpflichtung auf Symbole und Statuten gestört haben; es ging ums Ganze. Christus und Belial standen sich gegenüber. Geist und Fleisch, Licht und Finsternis kämpften miteinander.«[119] Gleichwohl muss man den Einzelas-

---

115 Offenherziges Bekenntnis, § 5.

116 Vgl. Dibelius [s. Anm. 3], 89ff., Seeberg [s. Anm. 41], 3f., Dörries [s. Anm. 7], 57, Büchsel [s. Anm. 18], 109f. und die ausführliche Erörterung bei Rudolf Mohr: Die Krise des Amtsverständnisses im Spiritualismus und Pietismus. In: Traditio, Krisis, Renovatio aus theologischer Sicht. FS Winfried Zeller. Hg. v. Bernd Jaspert u. Rudolf Mohr. Marburg 1976, 143-171, hier 161-168.

117 »vita et professio Academica magnum est obstaculum simplicitatis«; Forschungsbibliothek Gotha, Chart. B 198, fol. 284.

118 May an Breckling, 19. April 1698, Forschungsbibliothek Gotha, Chart. B 198, fol. 285.

119 Seeberg [s. Anm. 41], 4.

pekten doch gebührende Aufmerksamkeit schenken, um ein möglichst differenziertes Bild des Hintergrunds zu gewinnen.

Dazu gehört auch Arnolds Verpflichtung auf die Bestimmungen des Religionsreverses und der Universitätsstatuten. Das *Offenherzige Bekenntnis* lässt erkennen, wie ihm diese Verpflichtung zu schaffen machte: »So kan ich demnach nicht bergen/ wie es mich hertzlich betrübet habe/ daß auf denen Universiteten ausser denen eintzigen lehren und regeln Christi JEsu/ so viele menschliche satzungen/ einfälle und statuten von denen vorigen zancksüchtigen zeiten her übrig/ und zu bestrickung der gewissen behalten worden sind. Daß auch über diß die gewissen ohne unterscheid an solche eidlich verbunden und zu einem vor erleuchtete und durch Christum frey-gemachte gemüther unerträglichen joch gemachet werden. Welche doch/ wo sie mit denen grund=sätzen der wahrhafftigen Evangelischen lehre Christi und seiner Apostel zusammen gehalten werden/ offte dieser gerade entgegen stehen.«[120] Hatte Arnold doch schon in der *Abbildung* verbindlich vorgeschriebene Glaubensbekenntnisse als Glaubenszwang und Verfallserscheinung abgelehnt, da man nicht »Göttliche Geheimnisse in gewisse Formeln und Redens-Arten [...] einschliessen« könne und die Christen in den ersten Jahrhunderten derartige Bekenntnisse neben der Bibel nicht besessen hätten.[121] Und vollends musste ihm die Anzeigepflicht von Lehrabweichungen als denuntiatorische Ketzermacherei erscheinen, die er schon in der *Abbildung* kritisiert hatte und dann in der *Kirchen- und Ketzerhistorie* so scharf geißelte.[122]

Zu den »Einzelheiten« die bei der Beurteilung von Arnolds Entschluss nicht vernachlässigt werden dürfen, gehören aber auch äußere Ereignisse, die seine Entscheidung mitbeeinflusst haben. Max Goebel, der profunde Kenner des radikalen Pietismus, hat auf Vorgänge hingewiesen, die nach seiner Meinung »unzweifelhaft auf Arnold's übereilten Entschluß den entscheidendsten Einfluß ausgeübt« haben.[123] 1697/98 waren in der reformierten Nachbarschaft Gießens drei spektakuläre Amtsenthebungen von Pietisten erfolgt: in der Grafschaft Solms-Braunfels war der Hofprediger Johann Henrich Reitz[124] entlassen worden; an der nassauischen Hohen

---

120 *Offenherziges Bekenntnis*, § 20.

121 Vgl. dazu mit Belegen Büchsel [s. Anm. 18], 64.

122 Vgl. Wolfgang Bienert: Ketzer oder Wahrheitszeuge. Zum Ketzerbegriff Gottfried Arnolds. In: ZKG 88, 1977, 230-246.

123 Goebel [s. Anm. 23], 715, Anm. 1; vgl. auch Flöring [s. Anm. 61], 9.

124 Rudolf Mohr: Ein zu Unrecht vergessener Pietist: Johann Henrich Reitz (1655-1720). In: MEKGR, 1973, 45-109; Hans-Jürgen Schrader: Nachwort des Herausgebers. In: Johann Henrich Reitz: Historie Der Wiedergebohrnen. Vollständige Ausgabe der

Schule Herborn hatte nach heftigen Streitigkeiten, in die auch die theologischen Fakultäten in Marburg und Zürich hineingezogen wurden, der Theologieprofessor Heinrich Horch[125] sein Amt verloren, und im Dorf Haiger bei Herborn war der Pfarrer Philipp Jacob Dilthey abgesetzt worden[126].

Auslöser dieser Vorgänge war der gräflich-solms-braunfelsische Registrator Balthasar Christoph Klopfer (1659-1703)[127], der durch Tauler-Lektüre »die anleitung zu dem glaubenslicht« empfangen hatte, zu einem radikalen Spiritualismus gelangt war und mit aggressiver Kirchenkritik hervortrat. Er prophezeite unter Berufung auf Visionen den nahe bevorstehenden Anbruch des Gottesreiches und den Untergang der Konfessionskirchen, die das endzeitliche Babel seien, aus dem man ausgehen müsse. Als er sich weigerte, sein Kind taufen zu lassen, wurde er inhaftiert. Bei der Ausführung des seelsorgerlichen Auftrags, den Widerspenstigen wieder »zurechtzubringen«, wurde Reitz von Klopfers Ansichten tief beeindruckt und geriet in quälende Selbstzweifel. Als er gar zum Anwalt des Gefangenen wurde und die Möglichkeit unmittelbarer Offenbarungen verteidigte, wurde er im Mai 1697 amtsenthoben und selbst in Haft genommen. Auch bei Horch bildete die Begegnung mit dem gefangenen Klopfer im Mai 1697 den Auftakt zu einer Radikalisierung. Im August 1697 kündigte er in einem Brief an Rektor und Senat der Hohen Schule seine Mitwirkung bei den Examina auf. Die Hohen Schulen seien Satansschulen, das Examen Teufelswerk, die Kirchen Babel und Lehrer und Prediger Diener des Antichristen. Da Horch für Verhandlungen unzugänglich blieb, wurde er im Februar 1698 aus seinem Amt entlassen.

Reitz hatte bereits Ende Mai 1697 aus seiner Haft in Braunfels an die Theologische Fakultät in Gießen geschrieben und sie über seine Lage und

---

Erstdrucke aller sieben Teile der pietistischen Sammelbiographie (1698-1745) mit einem werkgeschichtlichen Anhang [...] Hg. v. H.-J. Schrader (Deutsche Neudrucke. Reihe: Barock, 29/1-4). Bde. 1-4. Tübingen 1982, 155*-163*.

125 Grundlegend bleibt: C.W.H. Hochhuth: Heinrich Horche und die philadelphischen Gemeinden in Hessen. Gütersloh 1876. Die Untersuchung von Norbert Fehringer: Philadelphia und Babel. Der hessische Pietist Heinrich Horche und das Ideal des wahren Christentums. Diss. theol. Marburg 1971, ist in ihren Ergebnissen höchst unzuverlässig und fällt z.T. hinter Hochhuth zurück; vgl. die Rezension von R. Mohr in PuN 3, 1977, 150-153, und meine Bemerkungen in: Der radikale Pietismus in der neueren Forschung. In: PuN 8, 1982, 37-41; 9, 1983, 122, Anm. 185 u. 142, Anm. 282.

126 Vgl. Goebel [s. Anm. 23], 753.

127 Heinz Renkewitz: Hochmann [s. Anm. 40], 59ff.; ders.: Art. »Klopfer«. RGG[3] 3, Tübingen 1959, 1667; ders., Art. »Klopfer, Balthasar Christoph«, NDB 12, 1979, 114f.; Mohr [s. Anm. 124].

seine Beurteilung Klopfers unterrichtet;[128] die Fakultät hatte aber dazu keine Stellungnahme abgegeben.[129] Seit November 1697 lebte der aus der Haft entlassene und aus der Grafschaft Solms-Braunfels ausgewiesene Klopfer, dessen sich J.H. May angenommen hatte, mit seiner Familie in Gießen.[130] Gewiss hat auch Arnold ihn persönlich kennengelernt.

Verbindungen Arnolds zu Heinrich Horch sind wahrscheinlich, lassen sich aber noch nicht klar nachweisen. Wenn Norbert Fehringer in seiner Dissertation über Horch behauptet, dass Arnolds »mystische Theologie«, die er aus dessen *Sophia* (1700!) erhebt,[131] »den theologischen Ansatz bei Heinrich Horche mitbestimm[t]« habe,[132] gehört dieses Urteil zu den abwegigen Spekulationen seiner Darstellung. Arnolds Sophienmystik gehört erst der Zeit nach Gießen an[133] und kann schon deshalb den *Ansatz* der Theologie Horchs nicht mitgeprägt haben. Zweifellos hat Horch aber Arnolds *Abbildung* gekannt.[134]

Arnolds *Offenherziges Bekenntnis* bietet deutliche Parallelen zu Horchs Apologie *Send-Schreiben an seine hinterlassene Zuhörer in der Kirche und Hohen Schul zu Herborn*[135]. Wenngleich keine literarische Abhängigkeit besteht, so ist die inhaltliche Übereinstimmung doch unverkennbar. Horchs Kritik an dem Schulwesen gipfelt in den Sätzen:

---

128 SUB Hamburg, Sup. ep. 4° 15, fol. 414f. Abdruck bei Theodor Wotschke: Wetzlarer Briefe an Professor Johann Heinrich May in Gießen. In: MRKG 24, 1930, 134-153, hier 143ff. (fehlerhaft), und Mohr [s. Anm. 124], 72-74.

129 »Misit etiam ad nos hoc Anno, et quidem d[ie] XXIX. Maji Dn. Henricus Reizius, Inspector Braunfelsensis, literas, quibus significavit, quae propter Klopferum pateretur, et quid de isto homine sentiret; responsum tamen vel judicium non petiit.« (Dekanatsbuch der Theologischen Fakultät, Universitätsarchiv Gießen, Theol C 1, p. 165).

130 Mack [s. Anm. 9], 97.

131 Fehringer [s. Anm. 125], 106-111.

132 Fehringer [s. Anm. 125], 105.

133 Vgl. Büchsel [s. Anm. 18], 141.198.

134 Das bei Fehringer [s. Anm. 125], 150 angeführte Zitat stammt aus dem Jahre 1699.

135 Diese Schrift ist keineswegs nur noch als »Fragment« erhalten (Fehringer [s. Anm. 125], 140); Fehringer benutzte das defekte Exemplar der UB Marburg (XIX cB 738g), in dem die Seiten 1-8 fehlen. Ein vollständiges Exemplar besitzt die LB Stuttgart: Heinrich Horchens Send=Schreiben An Seine hinterlassene Zuhörer in der Kirche und Hohen Schul zu Herborn. [Vogel im Früchtekorb] Offenbach/ - Druckts Bonaventura de Launoy, der gesamten Hoch= Gräfl. Ysenburg= und Büdingischen Häusern Hof= und Cantzley=Buchdrucker. Anno 1698. - Diese und vier andere Schriften Horchs lassen sich in Arnolds Bibliothek nachweisen (Bibliotheca 18.19.20).

»In Summa/ unsere jetzige Schulen/ niedrige und hohe/ sind gemeiniglich solche Nester/ darin die alte Schlange ihre Eyer leget/ und sie auch außbrütet. [...] Die heutige Kirche aber/ wie sie von solchen Schulgelehrten Geistlosen regiret wird/ ist kurtz zu sagen/ ein Himmelreich voll höllischer Greuel.«[136]

Beiden gemeinsam ist die apokalyptische Sicht ihrer Zeit. Die Entscheidung zwischen Christus und Belial und der Ausgang aus Babel sind deshalb so dringlich, weil die *Zeichen der Zeit*[137] auf den nahe bevorstehenden Anbruch des Tausendjährigen Reiches hindeuten. Aufgabe künftiger Untersuchungen muss sein, den Einfluss der englischen Philadelphier und ihrer Schriften auf Arnolds *und* Horchs eschatologische Vorstellungen aufzuspüren. Bekanntlich finden sich beider Namen in dem *Catalogus amicorum in Germania*,[138] den der Abgesandte der englischen philadelphischen Sozietät bei seiner Deutschlandreise zu Beginn des 18. Jahrhunderts mit sich führte. Während Horchs Verbindungen zu den englischen Philadelphiern durch Fehringers Arbeit nicht geklärt sind,[139] gibt es bei Arnold

---

136 *Send-Schreiben* [s. Anm. 135], 6.

137 Vgl. Die Zeichen dieser Zeit/ Bey dem Anfang der instehenden Trübsalen/ Erwogen von Einem/ der damit *G*ute *A*bsichten hat [Kryptonym für *G*ottfried *A*rnold]. Aschersleben 1698 [HAB Wolfenbüttel; UB Greifswald], Dünnhaupt [s. Anm. 18], Nr. 13.1. Auf diese, in der Arnold-Forschung kaum beachtete Schrift hat Goeters [s. Anm. 4], 252f. hingewiesen. Das Jahr 1688 als Enddatum der historischen Darstellung in der *Unparteiischen Kirchen- und Ketzerhistorie*, das in der Arnold-Forschung meist nicht diskutiert wird, steht, wie Goeters (256) zurecht vermutet, mit endzeitlichen Spekulationen in Zusammenhang. In der Vorrede zu Teil III der *Kirchen- und Ketzerhistorie* schreibt Arnold: »Wie denn auch die ursachen/ warum man nicht die Historie vom 1688sten bis auf dieses ietzige Jahr fortgesetzet/ im Beschluß dieses hier folgenden dritten Theils zu ersehen sind.« Den Abschluss des III. Teils bilden aber die endzeitlichen »Gesichter« von Joachim Greulich und Anna Vetter (zu letzterer vgl. Friedrich Wilhelm Kantzenbach: Die Ansbacher Visionärin und Prophetin Anna Vetter. In: ZBKG 45, 1976, 26-32; Martin Stern: Die Visionen der Anna Vetter. Ein Frauenschicksal des siebzehnten Jahrhunderts. In: PuN 18, 1992, 80-94).

138 Abgedruckt bei C.W.H. Hochhuth: Geschichte und Entwicklung der philadelphischen Gemeinden. In: ZHTh 29, 1865, 171-199, hier 222f., Anm. 38 (fehlerhaft), und Nils Thune: The Behemenists and the Philadelphians. A Contribution to the Study of English Mysticism in the 17th and 18th Centuries. Uppsala 1948, 125f. Zu Arnold vgl. Seeberg [s. Anm. 41], 176-178; Büchsel [s. Anm. 18], 125-132.

139 Fehringer [s. Anm. 125] erwägt die Möglichkeit, dass Horch 1683 »in der holländischen Stadt Leiden erste Verbindungen zu den Schriften der englischen Mystikerin Jane Leade hätte aufnehmen können, zumal der Druck ihrer Schriften gerade um die Zeit von Horches Aufenthalt in Holland bei Heinrich Wetstein in Amsterdam vorbereitet wurde« (9, Anm. 1). Später wird dies als Gewissheit dargestellt (112). Aber: Die ersten Schriften Jane Leades erschienen 1681 und 1683 in London, deutsche Über-

einige Anhaltspunkte. Mindestens seit seiner Gießener Zeit kannte er philadelphische Literatur. Sein Kollege Hedinger klagt 1699, dass die Buchhändler in Gießen dreißigmal so viele philadelphische Bücher verkauften wie eine Ausgabe der Bekenntnisschriften.[140] In den *Göttlichen Liebesfunken* hat er 18 Gedichte und einige Prosaabschnitte aus Thomas Bromleys *Der Weg zum Sabbat der Ruhe* abgedruckt,[141] in der *Kirchen- und Ketzerhistorie* zeigt er recht gute Kenntnisse über die englische Gruppe,[142] seit seinem zweiten Quedlinburger Aufenthalt gab es zu dem Kreis um Jane Leade Briefkontakte,[143] und in Arnolds *Sophia*[144] lassen sich wiederum literarische Einflüsse[145] aufweisen.

Horchs Vorrede zu seinem *Sendschreiben* ist in Offenbach, am 2. Mai 1698 verfasst; das Werk erschien im selben Jahr ebenso wie *Ein kurzer Begriff des Leidens, der Lehr und des Verhaltens Joh. Henrich Reitzens*[146] bei

---

setzungen kamen in Amsterdam erst seit 1694 heraus (vgl. Hochhuth [s. Anm. 138], 171-290 und Thune [s. Anm. 138], 222f.)!

140 Brief an Landgräfinmutter Elisabeth Dorothea, 12. Mai 1699, Staatsarchiv Darmstadt, D 4, Nr. 266/1, fol. 81.

141 William von Schröder: Studien zu den deutschen Mystikern des 17. Jahrhunderts. Bd. 1: Gottfried Arnold (Beiträge zur neueren Literaturgeschichte, NF 9). Heidelberg 1917, 76f. - Arnold hat die deutsche Übersetzung benutzt: Der Weg zum Sabbath der Ruhe durch der Seelen Fortgang im Werck der Wiedergeburth. Amsterdam 1685.

142 II, 17,19,59.

143 Im Postscriptum des oben erwähnten Briefes (s. Anm. 104) an May bemerkt Arnold: »Wir haben allhier immer Gelegenheit an Leaden zu schreiben.«

144 Das Geheimnis der göttlichen Sophia oder Weißheit. Leipzig 1700 [Reprint: Stuttgart 1963 (mit Einl. v. Walter Nigg)]. Vgl. Goebel [s. Anm. 23]. Bd. 2, 719-725; Dibelius [s. Anm. 3], 127-131, 299f.; Ritschl [s. Anm. 40]. Bd. 2, 316f.; Seeberg [s. Anm. 41], 22ff.; Fritz Tanner: Die Ehe im Pietismus. Zürich 1952, 36-45; Ernst Benz: Der vollkommene Mensch nach Jacob Böhme. Stuttgart 1937, 165-176; ders.: Gottfried Arnolds *Geheimnis der göttlichen Sophia* und seine Stellung in der christlichen Sophienlehre. In: JHKGV 18, 1967 51-82; Büchsel [s. Anm. 18], 151-153; Bernard Gorceix: Le culte de la sagesse dans l'Allemagne baroque et piétiste: A propos du »mystère de la Sophie divine« du piétiste Gottfried Arnold (1700). In: Sophia et l'âme du monde. Paris 1983 (Cahiers de l'Hermétisme, 9), 195-214.

145 Auf den Einfluss der Philadelphier John Pordage und Thomas Bromley ist in der Forschung immer wieder hingewiesen worden; vgl. Goebel [s. Anm. 23]. Bd. 2, 709; Dibelius [s. Anm. 3], 299f.; Seeberg [s. Anm. 41], 26f., 369-371; Büchsel [s. Anm. 18], 202, Anm. 8. Welche Bücher der englischen Philadelphier G. Arnold besaß, hat Breymayer [s. Anm. 67], 97f. aus dem Bibliothekskatalog zusammengestellt.

146 Ein Kurtzer Begriff Deß Leidens/ der Lehr/ und deß Verhaltens Joh. Henrich Reitzens. Offenbach 1698 [LB Stuttgart]. In Arnolds Bibliothek befand sich auch dieses Buch (Bibliotheca [s. Anm. 67], 19).

dem Offenbacher radikalpietistischen Drucker und Verleger Bonaventura de Launoy.[147] In seiner Offizin wurde auch Arnolds *Offenherziges Bekenntnis* herausgebracht. Einen Monat, nachdem Horch seine Vorrede abgefasst hatte, schrieb Bonaventura de Launoy die Vorrede des Verlegers zu Arnolds Rechtfertigungsschrift.

Lässt sich über die erörterten Motive Arnolds hinaus, die seine Entscheidung vorbereiteten, noch ein konkreter Anlass als Auslöser für seine Amtsniederlegung ermitteln? Arnold macht dazu keine Angabe, doch legen Gießener Ereignisse des Frühjahrs 1698 eine Vermutung nahe. Im März 1698 erschien Dippels Schrift *Papismus protestantium vapulans*. Sie löste sofort heftige Auseinandersetzungen in der Stadt aus. Zwei Pfarrer polemisierten von der Kanzel gegen das »Schand- Laster-, ja Teuffelisch Buch«, Teile der Gießener Bürgerschaft waren aufgebracht, und es kam zu tätlichen Bedrohungen des Autors.[148] Arnold konnte nicht wissen, ob sich die Angriffe gegen Dippel, mit dem er seit dessen Bekehrung in engem brüderlichen Umgang stand, nicht auch über kurz oder lang gegen ihn richten würden. Vor allem: Konnten ihm die Attacken gegen Dippel anders als eine weitere Zuspitzung des endzeitlichen Kampfes zwischen Christus und Belial erscheinen? Wie die altkirchlichen Eremiten, die Arnold bei den Studien zur *Abbildung* entdeckt hatte,[149] sich einst aus der *Welt* zurückzogen, floh Arnold aus *Sodom* und *Babel* in seine Quedlinburger Thebais.[150]

---

147 Über ihn vgl. Schrader [s. Anm. 88], 135ff.

148 Diehl: Neue Beiträge [s. Anm. 40], 152.

149 Gleichzeitig mit der *Abbildung* veröffentlichte Arnold 1696 eine Übersetzung der Geistlichen Homilien des Makarios (Symeon von Mesopotamien), die 1699 in 2. erweiterter und verbesserter Auflage erschienen (Dünnhaupt [s. Anm. 18], Nr. 8.1.-8.2., weitere Ausgaben: 8.3.-8.7.). Vgl. die ausführliche Darstellung bei Dörries [s. Anm. 7], 151-193.

150 Ernst Benz hat darauf hingewiesen, dass Arnolds »Lobpreis des Makarios in unmittelbarem Zusammenhang mit seiner Wendung zu einem schroffen Spiritualismus steht, die ihn zur Niederlegung seiner Professur [...] veranlaßt hat« (Die protestantische Thebais [AAWLM.G 1963, 1]. Mainz 1963, 14). Der zeitliche Zusammenhang bleibt bei Benz aber uneinsichtig, da er nur die Ausgabe (3. Aufl.) der Makarios-Übersetzung von 1716 kennt und anführt. – Der Konnex mit Arnolds Gießener Resignation wird jedoch deutlich durch folgende Beobachtung: Arnold fügte der 2. Auflage von 1699 den Makarios-Homilien außer dessen *Opuscula* noch die Rechtfertigungsschrift Gregors von Nazianz an, »warum er von seinem Lehramt hinweg gegangen«; auf diese Schrift hatte er sich schon im Offenherzigen Bekenntnis (§ 45) bezogen (vgl. Dörries 154). In der 2. Aufl erscheint bei der Erklärung des Titelkupfers der (in der 1. Auflage noch nicht enthaltene) Aufruf: »Drum flieh aus Sodom aus«!

Die Abfassungszeit der Kirchen- und Ketzerhistorie

Die Frage der Abfassungszeit von Arnolds Hauptwerk, der *Unparteiischen Kirchen- und Ketzerhistorie,* ist in der Forschung recht kontrovers beantwortet worden. Bekanntlich sind die Teile I und II im Jahre 1699, die Teile III und IV im Jahre 1700 erschienen. Ein wichtiges Orientierungsdatum bildet die dem I. Band vorangestellte Vorrede. Sie trägt das Datum: »Giessen den 1. Mertz 1697«. Diese Angabe ist aber rätselhaft,[151] denn damals hielt sich Arnold noch gar nicht in Gießen auf, war nicht einmal berufen; erst am 24. März 1697 erging das Berufungsdekret. Dörries' Vorschlag, einen Schreib- oder Druckfehler anzunehmen, hat nur vereinzelt Zustimmung[152], meist aber Ablehnung[153] erfahren - vor allem, weil in späteren Auflagen das Datum unverändert stehengeblieben ist. Allerdings hat Dörries für seine These ein stichhaltiges Argument angeführt, auf das seine Kritiker nicht eingegangen sind: In der Vorrede erwähnt Arnold eine vor kurzem erschienene niederländische Übersetzung seiner *Abbildung,*[154] die 1698 in Amsterdam herauskam.[155] 1698 als richtiges Datum der Vorrede wird durch eine briefliche Äußerung von Arnolds Gießener Kollegen Johann Reinhard Hedinger bestätigt, auf die Rüdiger Mack hingewiesen hat. In einem Brief an die Landgräfinmutter Elisabeth Dorothea vom 12. Mai 1699 erwähnt Hedinger die »praefatio der ohnpartheyischen Kätzer-Historie, sub dato Gießen d. 1. Mart[ii] *vorigen* Jahrs«.[156]

Durch eine bisher unbekannt gebliebene Aussage Arnolds selbst erweist sich die Bemerkung Hedingers als zutreffend. Als zu Beginn des 18. Jahrhunderts die Rostocker Theologen in ihrem Streit mit der Gießener Fakultät[157] diese der Mitwisserschaft und Förderung bei der Ausarbeitung der

---

151 Paul Graff: Zur Entstehung von Gottfried Arnolds *Unparteiischer Kirchen- und Ketzerhistorie.* In: ZGNKG 37, 1932, 94-95; Dörries [s. Anm. 7], 59-64 (Exkurs: Die Entstehungszeit der Kirchen- und Ketzerhistorie).

152 Bienert [s. Anm. 122], 232, Anm. 16.

153 Z.B. Büchsel [s. Anm. 18], 79; Kantzenbach [s. Anm. 18], 235.

154 »Welche [...] neulichst in Holland übersetzet/ und auffs neue publicirt worden« (§ 7).

155 Dörries [s. Anm. 7], 60f., Anm. 28; Bienert [s. Anm. 122], 232, Anm. 16; bei Dünnhaupt [s. Anm. 18], nicht nachgewiesen.

156 Staatsarchiv Darmstadt, D 4, Nr. 266/1, fol. 80, meine Hervorhebung; vgl. Mack [s. Anm. 9], 247.

157 Die literarische Kontroverse wurde ausgelöst durch die pietistischen Streitigkeiten in der Grafschaft Waldeck, in die beide Fakultäten durch eingeholte Gutachten

Unparteiischen Kirchen- und Ketzerhistorie bezichtigten,[158] veröffentlichte Arnold noch in demselben Jahr 1712 ein *Öffentliches Zeugnis, daß die Gießenische Theologi ihm zu seiner Kirchen- und Ketzer-Historie keinen Vorschub gethan.*[159] In dieser (lange Zeit verschollenen[160]) Verlautbarung versichert Arnold, »daß wohlermeldte Herrn Theologi zu Giessen zu der Zeit/ als ich daselbst gestanden/ von meinem Vorhaben mit gedachtem Buche nicht gewust/[161] weniger mir etwas dazu communiciren können/ am allerwenigsten mich dazu gereitzet haben; sondern was sie mir etwa dann und wann von Scriptis gelehnet/ solches alles nur in genere, wie litterati oder Collegen untereinander pflegen/ geschehen sey«. Arnold fügt dann die aufschlussreiche Bemerkung hinzu: »Gestalt ich auch in Giessen das allerwenigste von diesem Wercke geschrieben, sondern nur die erste Vorrede sammt denen ersten Büchern kaum verfertiget/ und jene [scil. die Vorrede] also gleich *vor meinem Abzuge* daselbst datiert habe.«

Damit steht der 1. März 1698 als Datum der Vorrede endgültig fest. Die enge zeitliche Verbindung, die Arnold selbst zu seinem »Abzug« aus Gießen herstellt, liefert zugleich auch einen wichtigen hermeneutischen Bezugspunkt für die Interpretation der Vorrede.

Aber nicht nur im Blick auf das Datum der Vorrede, sondern zugleich hinsichtlich der Entstehungszeit der *Unparteiischen Kirchen- und Ketzerhistorie* sind die Bemerkungen Arnolds sehr aufschlussreich. Demnach hat er in Gießen den geringsten Teil des *Gesamt*werkes niedergeschrieben; hier hat er nur die *ersten Bücher* fertiggestellt (»kaum verfertiget«). Dibelius' Vermutung, »Arnold scheint die Vorreden seiner Bücher meist vor Beginn

---

verwickelt wurden. Vgl. Wilhelm Irmer: Geschichte des Pietismus in der Grafschaft Waldeck. Diss. theol. Greifswald 1912, 110f. Die Streitschriften sind aufgeführt bei W. Erman u. E. Horn: Bibliographie der deutschen Universitäten. Bd. 2. Leipzig u. Berlin 1904, Nrr. 4264-4270.

158 Eine Christliche Verantwortung wider der theologischen Fakultät zu Gießen sogenannte Lehr= und Ehrenrettung [...]. Rostock 1712. Vgl. Johann Christoph Coler: Historia Gothofredi Arnold [...]. Wittenberg 1718, Appendix 279ff.

159 Herrn Gottfried Arnold Königl. Preußischen Inspectoris zu Perleberg Öffentliches Zeugnis/ daß die Gießenische THEOLOGI Jhm zu seiner Kirchen= und Ketzer=Historie keinen Vorschub gethan/ wie die Rostockische THEOLOGI Dieselbe jüngsthin in ihrer Verantwortung beschuldiget. (o.O. u. J.) Schluss: »Geschrieben zu Perleberg den 4. Nov. 1712.«

160 Das Preußische Gesamtverzeichnis und Dünnhaupt [s. Anm. 18], Nr. 62 weisen als einzigen Fundort die UB Marburg nach, wo das Exemplar aber seit längerer Zeit vermisst wird (vgl. Büchsel [s. Anm. 18], 78, Anm. 6). Ich benutzte das Exemplar der Forschungsbibliothek Gotha, Chart. A 299, f. 217.

161 Das versichern auch die Gießener gegenüber den Rostocker Angriffen; vgl. Dörries [s. Anm. 7], 62f., Anm. 34.

der Arbeit abgefaßt zu haben,«[162] bedarf somit für die *Unparteiische Kirchen- und Ketzerhistorie* der Korrektur; hingegen finden Dörries' Hinweise auf die perfektischen Aussagen der Vorrede[163] ihre Bestätigung. Aber was ist unter den »ersten Büchern« genauer zu verstehen? Arnolds Bemerkung muss wohl so gedeutet werden, dass die Abfassung der Vorrede für ihn einen Teilabschluss der Arbeiten (»Vorrede sammt denen ersten Büchern«) markierte, mit den »ersten Büchern« also Teil I des Werkes (Bücher I-XV) gemeint ist. Diese Interpretation wird durch die Beobachtung unterstützt, dass Teil II (Bücher XVI-XVII) eine neue Vorrede besitzt, die überschrieben ist: »Vorrede auff die *letztere* zwey Bücher/ Oder Den zweyten Theil.«

Bei der Abfassung der ersten Vorrede (1. März 1698) lagen Arnold wahrscheinlich schon ausgedruckte Partien von Teil I des Werkes vor, wie sein Hinweis auf Druckfehler (»da das buch in meiner abwesenheit gedrucket worden«) und ein verlorengegangenes Stück des Manuskripts zeigt.[164] Johann Henrich Reitz weiß zu berichten, dass Arnold sein Amt verlassen habe, »nachdem obgemeldtes Buch/ Kirchen- und Ketzer-Historie/ unter der Press [...] war«.[165] In Quedlinburg erfolgte dann in relativ kurzer Zeit der Abschluss der Arbeiten am II. Teil, für den Arnold das Material schon gesammelt haben musste. Denn schon eineinhalb Jahre nach Fertigstellung des I. Teils (Abfassung der ersten Vorrede) erschien der erste Band (Teile I *und* II) der *Kirchen- und Ketzerhistorie* zur Ostermesse 1699.[166]

War aber schon im März 1698 Teil I abgeschlossen, so stellt sich die Frage neu, wann Arnold den Plan zu seinem Werk gefasst und mit der Ausarbeitung begonnen hat.

Dörries hat auf zwei spätere Aussagen Arnolds hingewiesen, die Rückschlüsse auf die Entstehungsgeschichte der *Unparteiischen Kirchen- und Ketzerhistorie* ermöglichen. In einem Brief an den sächsischen Hofrat Pfan-

---

162 Dibelius [s. Anm. 3], 168, Anm. *.

163 Dörries [s. Anm. 7], 59f.

164 Vorrede §§ 17 und 53. Dörries und Büchsel rechnen mit einer nachträglichen Überarbeitung der Vorrede nach erfolgtem Druck.

165 Historie Der Wiedergebohrnen [...], IV. Theil. Idstein 1716, 264.

166 Catalogus universalis, Sive Designatio omnium librorum, Qui hisce Nundinis [...] Francofurtensibus & Lipsiensibus [...] prodierunt. Das ist: Verzeichnüsz aller Bücher [...]. Leipzig 1699. [SUB Göttingen]. Schon am 6. November 1698 hatte Arnold seinem Freund Johann Georg Klimper mitgeteilt: »Auf Ostern kömmt D[eo] V[olente] meine grosse Kirchen- und Ketzerhistorie heraus, welche viel Aufsehens machen wird.« (Zitat aus dem – verschollenen – Brief in einem Chemnitzer Programm von 1732, abgedruckt bei A.W. Röselmüller: Gottfried Arnold als Kirchen-Historiker, Mystiker und geistlicher Liederdichter. Annaberg 1884 (Programm der Königl. Realschule I.O. Annaberg), 31.

ner vom 1. November 1700[167] räumt Arnold ein zu »hartes tractement wider die Orthodoxen«[168] ein und versichert, »daß mein Sinn *diese letzteren 5 Jahr her, seit ich jenes geschrieben*, davon befreit« worden sei. Und in der Vorrede zu den Supplementa, die im Juni 1702 verfasst ist, weist er darauf hin, dass er »innerhalb dieser *7. biß 8. Jahre*« einiges anders zu sehen gelernt habe.[169] Eine grundsätzliche Bemerkung zu Anfang dieser Vorrede, die diese Angabe erst verständlich macht, hat Dörries offenbar übersehen. Hier schreibt Arnold: »Es sind numehr *fast acht Jahr* vorbey gegangen/ daß von der Kirchen- und Ketzerhistorie *der erste Entwurff/ und mithin der Anfang gemacht* worden.«[170] Der Beginn der Planungen und Vorarbeiten wäre also demnach etwa in die zweite Jahreshälfte 1694 zu setzen. Eine schon vor 1696 angelegte kirchengeschichtliche Materialsammlung erwähnt Arnold in der ersten Vorrede der *Kirchen- und Ketzerhistorie*; er habe diese »weitläuffige arbeit« nur unternehmen können, weil er »bereits die meisten sachen dazu von langer zeit her gesammlet/ und parat liegen hatte«.[171]

In der Vorrede schildert Arnold, wie ihn »andere liebhaber der historischen warheit« drängten, nach der Darstellung der *Abbildung der ersten Christen* »das gegenbild [...] der falschen verderbten Christen«, das dort aus Zeit- und Platzgründen »etwas unzulänglich und unvollkommen« gezeichnet worden sei, darzustellen. Einen Einblick in diese frühen Diskussionen in Arnolds Freundeskreis liefert ein noch unbeachteter Brief, der Arnolds Schrift *Fratrum sororumque appellatio* (1696) als Anhang beigedruckt ist. Er zeigt, wie Arnolds Schilderung der urchristlichen Verhältnisse den Vergleich mit der Gegenwart herausforderte und wie der Gesichtspunkt des Verfalls den Vergleich bestimmt. »Quae de Fraternitate Christianorum

---

167 Dörries kannte nur den Abdruck (ohne Datum) bei Pfanner: Unparteiisches Bedencken über Herrn Gottfried Arnolds Unparteiische Kirchen- und Ketzer-Historie. Gotha 1701, Anhang. Der Brief vom 1. November 1700 ist erhalten in der Forschungsbibliothek Gotha (vgl. Büchsel [s. Anm. 18], 78, Anm. 7; Büchsel u. Blaufuß [s. Anm. 10], Nr. 52).

168 Unklar bleibt, ob Arnold die Orthodoxen des 4. und 5. Jahrhunderts (so Dörries [s. Anm. 7], 63) oder die protestantische Orthodoxie (so Büchsel [s. Anm. 18], 78) meint.

169 Supplementa, illustrationes und emandationes zur Verbesserung der Kirchen-Historie. Frankfurt/Main 1703, Vorrede § 9; wieder abgedruckt in der Ausgabe der Unparteiischen Kirchen- und Ketzerhistorie. Bd. 3. Frankfurt/Main 1729 [Reprint: Hildesheim 1967], 1206; meine Hervorhebung.

170 Supplementa, Vorrede § 1; Kirchen- und Ketzerhistorie. Frankfurt/Main 1729, 1205; meine Hervorhebung. Vgl. auch Büchsel [s. Anm. 18], 78, Anm. 8

171 Vorrede, § 8.

veterum commentatus es,« beginnt der ungenannte Freund seine Stellungnahme, »ejusmodi sunt, ut hodiernos plane ab illis degenerasse testentur.«[172]

Eine Illustration zu Arnolds Bemerkungen über die Forderung der Freunde nach einem »Gegenbild« zur *Abbildung der ersten Christen* liefert ein – bislang unbekannter – Brief, den jener Johannes Andreas Schilling, der später mit Arnold nach Gießen kam, am 30. Oktober 1696 aus Pösneck/Sachsen an den Spiritualisten Friedrich Breckling[173] schrieb.[174] Darin heißt es: »Sonst ist auch neulich von M. Gottfr. Arnold eine teutzsche Kirchenhistorie in fol. ediret worden, dergleichen man noch nicht hat und welche wegen ihrer Unparteilichkeit und Entdeckung der greulichen Klerikats-Intrigen von allen Verständig-Gelahrten sehr ästimiret wird.« Dabei kann es sich nur um Arnolds 1696 in Folio erschienene *Abbildung* handeln; die »Entdeckung der greulichen Klerikats-Intrigen« bezieht sich auf deren VIII. Buch. Schilling fährt fort: »Und diesem wird von eben dem Autore künftiges Jahr ein anderes in quarto folgen, darinnen sonderlich die alte und neue Ketzermacherei historice und gründlich wird vorgestellet werden.« Mit dem geplanten Werk kann nicht die *Kurzgefaßte Kirchen-Historie des Alten und Neuen Testaments* gemeint sein, obwohl diese 1697 erschien.[175] Denn diesem Buch weist Arnold selbst auf seinem Weg von der *Abbildung* zur *Kirchen- und Ketzerhistorie* einen abseitigen Platz zu; er zählt es noch zu jenen Werken, die bei »den blossen zeitrechnungen/ oder magern unfruchtbaren erzehlungen derer personen/ örter/ und dergleichen« stehen blieben. Davon hebt er die in der *Kirchen- und Ketzerhistorie* befolgte Methode ab, die »auff den characterem, und das daher formirte judicium jedweder geschichte« ziele.[176] Sie war das von Schilling schon 1696 ange-

172 Fratrum sororumque appellatio [...]. Frankfurt/Main 1696, Appendix, 530.

173 Zu Breckling vgl. Dietrich Blaufuß: TRE 7, 1981, 150-153; John Bruckner: Biographisches Lexikon für Schleswig-Holstein und Lübeck. Bd. 7. Neumünster 1985, 33-38.

174 Forschungsbibliothek Gotha, Chart. A 297, fol. 494f. Zwischen Arnold und Breckling scheint es zu diesem Zeitpunkt noch keine Verbindung gegeben zu haben; sie wurde wohl erst durch May in Gießen hergestellt. Breckling stellte Arnold Material für die Kirchen- und Ketzerhistorie zur Verfügung; vgl. TRE 7, 151,30-33 (Lit.). Brecklings handschriftlichen Catalogus testium veritatis (vorhanden: Forschungsbibliothek Gotha, Chart. A 306, fol. 111-237) hat Arnold in Pars IV, Sect. III, Nr. XIIX aufgenommen, aber umgestellt, gekürzt und stilistisch überarbeitet.

175 S.o. Anm. 68f.

176 I. Vorrede zur Unparteiischen Kirchen- und Ketzerhistorie § 9. Vgl. dazu Ingetraut Ludolphy: Gottfried Arnolds Prinzipien kirchengeschichtlicher Arbeit. In: Theo-

kündigte Werk, das die erwartete Abrechnung mit der alten und neuen Ketzermacherei »historice und gründlich« vornahm.

Der Gießener Amtsverzicht und die *Kirchen- und Ketzerhistorie* stehen in einem engen inneren Zusammenhang. Die Erkenntnis der »babylonischen Greuel« in der Kirchengeschichte und deren Klimax in der Gegenwart ließ ihm nur den Amtsverzicht als einzige Möglichkeit, und die *Kirchen- und Ketzerhistorie* soll auch anderen die Augen öffnen. Diesen Konnex hat schon Johann Georg Gichtel klar gesehen. Auf einen – leider nicht erhaltenen – Brief Arnolds nach Erscheinen des Werkes antwortet er am 17. Oktober 1699: »Uber dis haben Ew. L. eine klugmütige Taht getahn, sich nicht allein aus der Aegyptischen Sclaverey Pharaonis (nemlich des Welt-Geistes) heraus zu ziehen, sondern auch das greuliche Thier [Apk 13] mit der Huren [Apk 17] aufzudecken.«[177]

Für Arnold bildete die *Kirchen- und Ketzerhistorie* den vorläufigen Endpunkt einer persönlichen Entwicklung. Weder sein Gesinnungsfreund May noch seine Weg-»Gefährten« Johannes Andreas Schilling und Johann Christian Lange, die Arnold aus Sachsen nach Gießen begleitet hatten, folgten seinem Aufruf zum Ausgang aus Babel. In demselben Jahr 1699, als der erste Band der *Unparteiischen Kirchen- und Ketzerhistorie* herauskam, wurde Schilling Erster Stadtprediger in Gießen[178], und Lange verband sich der akademischen Gesellschaft noch enger durch die standesgemäße Heirat mit der Tochter eines juristischen Kollegen[179]. Doch auch für Arnold selbst blieb der Separatismus nicht das letzte Wort. Zwei Jahre später hat der Bräutigam der himmlischen Sophia nicht nur »schließlich seine Eva gefunden«,[180] sondern auch den Weg in ein kirchliches Amt.

Doch das ist ein anderer Teil seiner Lebensgeschichte.

---

logie in Geschichte und Kunst. FS Walter Elliger. Hg. v. Siegfried Herrmann. Witten 1968, 128-133.

177 Gichtel an Arnold, 17. Oktober 1699. In: Theosophia practica. Bd. 6. Leiden 1722, Nr. 2, S. 2456. Arnolds Brief vom 20. Juni 1699 war erst am 1. Oktober in Amsterdam eingetroffen.

178 Strieder [s. Anm. 21]. Bd. 11, Kassel 1797, 189f., Anm. *. Wilhelm Diehl: Hessen-darmstädtisches Pfarrer- und Schulmeister-Buch. Friedberg 1921 (Hassia Sacra, 1), 229.

179 Strieder [s. Anm. 10]. Bd. 7, 409. Johann Georg Gichtel sah in Langes Heirat den ersten Grund für Arnolds Abkehr von der himmlischen Sophia (Theosophia practica. Bd. 6, 1426; vgl. auch Bd. 6, 1517 [»Arnold und Lange verstehen des Geistes tiefen Sinn nicht.«]).

180 Seeberg [s. Anm. 41], 2.

BEILAGE: ARNOLDS GIESSENER RELIGIONSREVERS

Ich Endes unterschriebener bekenne hiemit wißentlich und wohlbedächtlich als der Durchläuchtigste Fürst und Herr, Herr Ernst Ludwig[181], Landgraff zu Heßen, Fürst zu Herßfeld, Graff zu Catzenelnbogen, Dietz, Ziegenhain und Nidda, Schaumburg, Ysenburg und Büdingen, mein gnädigster Fürst und Herr, mir Andeutung thun laßen, daß seine F[ürstliche] Durchl[aucht] mich zum Professor Dero löbl[icher] Universität Gießen gnädigst auff und anzunehmen geneigt und willig seye, so fern Ihre F[ürstliche] Durchl[aucht] ich vorhin der Religion halber genugsam versichern werde, damit sich dieselbe jetzo und künfftig für denen daher besorgenden Beschwernüßen desto baß assecurirt und gewahret wißen möchten. Daß ich darauff in wahrer Gottesfurcht erwogen, daß, welche in Religions-Sachen mit dem Munde ein anders als im Hertzen billichen und bekennen, dieselbige den ewigen Gott verspotten und ihre weltliche Obrigkeit hienieden auff Erden mit gefärbten Worten betriegen und verführen und dasselbige hiernächst mit ihrer Seelen theuer und allzu theuer werden bezahlen müßen.

Dem allen nach habe ich zu rechter gewißer Bekandtnuß meiner Religion, auff also geschehene gnädigste Befragung, durchaus kein Bedencken gehabt, mich zu erklären, was meine Religion seye. Bezeuge hiemit durch Außfertigung, auch in und mit Krafft dießer gegenwertigen Schrifft, mit Anruffung der H. Hochgelobten Dreyeinigkeit, bey Verlust meiner Seelen Seeligkeit, an eines geschworenen leiblichen Eydes statt, daß in meinem Hertzen, in meinem Sinn und in meinen Gedancken die ungeänderte Augsp[urgische] Confession, wie dieselbe in anno 1530 weiland Kaiser Carolo dem fünfften, aller hochlöblichster Gedächtnis von etlichen protestirenden Churfürsten und Ständen, und benandtlich auch von weiland Herrn Landgraff Philipsen dem eltern[182] Hochseligen, übergeben worden, auch dero Apologie, wie ingleichen concordia Wittenbergensis de anno 1536, Schmalkaldische Artickel 1537 und Catechismus[183] D. Lutheri, wie solche stücke ins gesamt, biß auffs Jahr 1604 einschlieslich, bey Regierung weiland Herrn Landgraff Ludwigs des eltern[184] p. Christseligen, in Seiner Gottseeligen F[ürstlichen] Durchl[aucht] Oberfürstenthum Heßen, in Kirchen und Schulen, laut der Fürstl[ich] Heßischen allgemeinen Kirchen

---

181 Ernst Ludwig von Hessen Darmstadt (1688-1739).

182 Philipp der Großmütige (1504-1567).

183 Gemeint sind, wie aus dem Formular für den Amtseid hervorgeht, »beede Catechismi«.

184 Ludwig IV. von Hessen-Marburg (1567-1604).

agendten[185] behalten worden, seyen in Gottes Wort, Prophetischen und Apostolischen Schrifften gegründet, in welcher Confession ich, durch die Gnade Gottes mit unerschrockenen Herzen vor dem Richterstuhl Jesu Christi erscheinen und deßhalben rechenschafft geben, darwieder auch nicht heimlich noch offentlich reden, lehren oder schreiben, sondern vermittelst der Gnade Gottes beständig dabey verbleiben will.

Ob es auch Sache wäre, daß der ewige Gott aus gerechtem Urtheil mich also fallen ließe, daß ich künfftig einer andern Meinung würde, wofür seine Allmacht demüthig gebeten sey, und mich bey meiner Bekandtnuß biß in mein seelig Ende hierin zu stärcken und zu schützen geruhen wolle, item, wenn ich mercken oder spüren würde, daß unter den Professoribus Publicis, Praeceptoribus Classicis oder andern Kirchen und Schul Dienern jemand der obgedachten reinen ungeänderten Augspurgischen Confession nicht wäre oder dagegen schreiben oder reden thäte, so soll und will S[einer] F[ürstlichen] Durchl[aucht] und in Mangel Derselben Dero Fürstl[ichen] Erben, Regierenden Fürsten zu Heßen Darmstädtischer Linie, oder ja zum wenigsten Dero geheimen Räthen ich es schrifftlich sobald ankündigen und zu erkennen geben und mich daran Gunst, Freundschafft, Gaab, Geschenk oder einigen andern respect nicht irren laßen, alles zu dem Ende, daß Gottes Ehre befördert, Verführung von Menschen verhütet und abgewendet, auch den Testamentlichen Verordnungen, die weiland Herr Landgraff Ludwig zu Heßen der eltere, nachmahls auch Herr Landgraff Ludwig der Jüngere[186], beide Hochseelige, hinterlaßen haben, in den Puncten die Lehr, Kirchen und Schulen besagend, destoweniger contravenirt, sondern dero inhältlichen Begriff stattlich und allenthalben verantwortlich gelebet werde, wie ich denn auch, wenn ich etwas sehe, höre oder erfahre, daß krafft angeregter fürstl[lichen] Testamenten zu verbeßern oder in achtzunehmen stehet, daßelbige allezeit in Schrifften mit Fleiß erinnern will und soll. In Urkund meiner Handunterschrifft und auffgedrückten gewöhnlichen Petschafftes, Geschehen und gegeben zu Gießen, den 1. Tag des Monats Septembris Anno Christi 1697.

(Siegel) Gottfried Arnold m[anu] p[ropria]

---

185 Agenda Das ist: Kirchenordnung wie es im Fürstenthumb Hessen mit verkündigung Göttliches worts, reichung der heiligen Sacramenten und andern Christlichen handlungen und Ceremonien gehalten werden soll 1574. In: Die evangelischen Kirchenordnungen des XVI. Jahrhunderts. Bd. 8: Hessen [bearb. v. Hannelore Jahr]. Hg. v. E. Sehling. Tübingen 1965, 408-464.

186 Ludwig V. von Hessen-Darmstadt (1596-1626).

IV. Cyprians Auseinandersetzung mit Gottfried Arnolds *Kirchen- und Ketzerhistorie*

Gottfried Arnolds *Unparteiische Kirchen- und Ketzerhistorie*[1] war in Deutschland *das* literarische Ereignis der Jahre 1699/1700. Sie machte den Quedlinburger Privatgelehrten, der bereits ein Jahr zuvor durch die Niederlegung seiner Gießener Geschichtsprofessur für erhebliches öffentliches Aufsehen gesorgt hatte,[2] vollends berühmt. Während Spener sich vorsichtig-besorgt zurückhielt;[3] war die Zustimmung bei den hallischen Pietisten und mehr noch im radikalen Lager groß. Ein ehemaliger Hallenser Student berichtet über die Reaktion in Halle beim Erscheinen des Werkes: »was war da in Halle für ein gaudium? da mußte keine Mahlzeit vorbey gehen/ es ward auch bey Membris der Theologischen Facultät etwaß drauß gelesen/ und das Buch zu kauffen den studiosis fleissig recom-

---

1 Gottfrid Arnolds Unparteyische Kirchen- und Ketzer-Historie/ Vom Anfang des Neuen Testaments Biß auff das Jahr Christi 1688. Franckfurt am Mayn/ bey Thomas Fritsch. M.DC.XCIX. (Bd. 1 [Teile I und II]); Gottfrid Arnolds Fortsetzung und Erläuterung Oder Dritter und Vierdter Theil der unpartheyischen Kirchen- und Ketzer-Historie/ Bestehend In Beschreibung der noch übrigen Streitigkeiten im XVIIden Jahrhundert. [...]. Franckfurt/ bey Thomas Fritsch Im Jahr 1700. - Vgl. Gerhard Dünnhaupt: Personalbibliographien zu den Drucken des Barock. Bd. 1. Stuttgart [2]1990, 326, Nr. 17.1 und 2; weitere Ausgaben s.u. Anm. 116-120 u.122. Die Arnold-Literatur 1714-1993 habe ich zusammengestellt in: Gottfried Arnold (1666-1714). Hg. v. Dietrich Blaufuß u. Friedrich Niewöhner. Wiesbaden 1995 (Wolfenbütteler Forschungen, 61), 415-424; eine Darstellung Arnolds habe ich vorgelegt in: Der radikale Pietismus im 17. Jahrhundert. In: Geschichte des Pietismus. Bd. 1. Hg. v. Martin Brecht. Göttingen 1993, 391-437, hier 410-416; und: Der radikale Pietismus im 18. Jahrhundert. Ebd. Bd. 2. Göttingen 1995, 107-197, hier 116-119.

2 Vgl. Hans Schneider: Gottfried Arnold in Gießen. In: Blaufuß u. Niewöhner [s. Anm. 1], 267-299, hier 282-291 [in diesem Band 104-113].

3 Vgl. Speners Brief an Arnold vom 25. Januar 1701 (Letzte Theologische Bedencken. 3. Theil. Halle/Saale 1711, 582-588); auch abgedruckt bei Franz Dibelius: Gottfried Arnold. Sein Leben und seine Bedeutung für Kirche und Theologie. Berlin 1873, 234-240.

mendiret und affigirt«.[4] August Hermann Francke erklärte, er sei Arnold »vor seine Arbeit vielen Dank schuldig«[5], und Joachim Lange bezeichnete das Buch als »rechtes historisches Kleinod«.[6] Johann Konrad Dippel stellte triumphierend fest, Arnold habe gezeigt, »daß allezeit der Orthodoxe Hauffe am meisten von dem Reich Christi entfernt gewesen, und die Evangelische Wahrheit nur bei denen zu finden, die der rasende Schwarm der Clerisey am meisten gehasset, und zum Satan gewiesen«.[7] Aber auch bei Vertretern der Frühaufklärung fand die *Kirchen- und Ketzerhistorie* begeisterte Zustimmung. Christian Thomasius urteilte:

> »Ich halte des Herrn Arnolds Historie, nach der Heiligen Schrifft, für das beste und nützlichste Buch, das man in hoc scribendi genere gehabt hat, und scheue mich nicht, dasselbe allen meinen auditoribus hiemit auf das nachdrücklichste zu recommendiren, und wenn sie das Geld dafür ihrem Munde abspahren, oder erbetteln solten«.[8]

Es ist nur zu verständlich, dass Arnolds Werk aber auch zahlreiche Gegner auf den Plan rief und ihren Verfasser zur Zielscheibe massiver Angriffe werden ließ. Verließ doch Arnold die gewohnten Bahnen konfessioneller Kirchengeschichtsschreibung und relativierte programmatisch die Sicht der Religionsparteien (Konfessionen), indem er den Anspruch erhob, eine un-parteiische Darstellung zu bieten, einen Standpunkt über und jenseits der Konfessionen einzunehmen. Vor allem musste die Einbeziehung der evangelischen Kirchengeschichte des 16. und 17. Jahrhunderts in die Verfallsgeschichte des Christentums Anstoß erregen; die heftigen Attacken

---

4 [Andreas Groß:] Summarischer Erweiß/ Daß Hrn. Joachim Langens/ [...] Schrifft Von unmittelbaren Offenbahrungen [...] kein wahrer/ Sondern ein unzulänglicher/ partheyischer und höchst-gefährlicher Unterricht sey. [...]. o.O. 1715, 45.

5 Francke an Friedrich Breckling. Halle, 17. September 1701, Landes- und Forschungsbibliothek Gotha, Chart. B 198, fol. 167f.

6 Joachim Lange: Auffrichtige Nachricht von der Unrichtigkeit der so genanten Unschuldigen Nachrichten. Bd. 1. Leipzig 1701, [Nr. IV: Über Gottfried Arnolds *Kirchen- und Ketzerhistorie*], 19f.

7 Unpartheyische Gedancken/ Uber eines so genannten Schwedischen THEOLOGI Kurtzen Bericht von Pietisten etc. Nebst einer kurtzen DIGRESSION, Von der Brutalität und Illegalität des Religions-Zwangs. o.O. 1706, 4; wieder abgedruckt in: ders.: Eröffneter Weg zum Frieden mit Gott und allen Creaturen. Bd. 1. Berleburg 1747, 1201.

8 Christian Thomasius: Erinnerung wegen zweier collegiorum über den vierten Theil seiner Grund-Lehren. Halle/Saale 1701, 7f. – Arnolds Werk war recht teuer; vgl. Hans-Jürgen Schrader: Literaturproduktion und Büchermarkt des radikalen Pietismus. Johann Henrich Reitz' »Historie Der Wiedergebohrnen« und ihr geschichtlicher Kontext. Göttingen 1989 (Palaestra, 283), 260.

gegen die orthodoxen Theologen, denen – wie dem Klerus aller Zeiten – eine verhängnisvolle Rolle zugeschrieben wurde, wirkten als unerhörte Provokation, die scharfe Entgegnungen verlangte. Das Organ der lutherischen Orthodoxie, die von Valentin Ernst Löscher herausgegebenen *Unschuldigen Nachrichten*[9], schrieb in einer Besprechung: »Von diesem bekannten und höchst gefährlichen Buch können wir nicht besser urtheilen/ als daß wir [...] sagen/ wir können niemand rathen/ daß er es lesen solle/ indem nach der Göttlichen Weissagung/ dasselbe also eingerichtet ist/ daß wo es möglich wäre/ auch die Auserwehlten dadurch verführet werden könnten.«[10] Auch in anderen Rezensionen, in akademischen Disputationen und sonstigen gelehrten Abhandlungen trugen die Kontrahenten ihre Kritik an Arnolds Werk vor.[11] Über die Streitschriften urteilt der Arnold-Biograph Franz Dibelius: »Der bedeutendste dieser Gegner war unstreitig der außerordentliche Professor der Philosophie an der Universität Helmstädt Ernst Salomo Cyprian«; er setzte den literarischen Kampf gegen Arnolds Werk auch als Direktor des Athenaeums in Coburg und später als Konsistorialrat und dann Vizepräsident des Oberkonsistoriums in Gotha fort und machte sie geradezu »zur Aufgabe seines Lebens«.[12]

Es sollen zunächst eine Übersicht über den äußeren Verlauf der literarischen Fehde zwischen Cyprian[13] und Arnold gegeben, dann Cyprians Kri-

---

9 Vgl. Martin Greschat: Zwischen Tradition und neuem Anfang. Valentin Ernst Löscher und der Ausgang der lutherischen Orthodoxie. Witten 1971 (UKG, 5), 180-189.

10 UnNachr 1701 (^{2}1704), 95-102, hier 95; Anspielung auf Mt 24,24 par.

11 Vgl. die Zusammenstellungen bei Dibelius [s. Anm. 3], 226-228; Dünnhaupt [s. Anm. 1], 315. Vgl. Hermann Dörries: Geist und Geschichte bei Gottfried Arnold. Göttingen 1963 (AAWG.PH, 3/51), 68-80; Irmfried Martin: Der Kampf um Gottfried Arnolds Unpartheyische Kirchen- und Ketzerhistorie. Vornehmlich auf Grund des dritten Bandes der Schaffhauser Ausgabe von 1740-42. Diss. theol. [masch.] Heidelberg 1973; ders.: War Gottfried Arnold ein »redlicher Historicus«? Das historisch-theologische System seiner Unparteiischen Kirchen- und Ketzer-Historie im Lichte des einst um sie geführten Kampfes. In: JHKGV 30, 1978, 37-54; Friedrich W. Kantzenbach: Theologisch-soziologische Motive im Widerstand gegen Gottfried Arnold. In: JHKGV 24, 1973, 33-51.

12 Dibelius [s. Anm. 3], 118f.

13 Die Angaben über die Werke Cyprians in der Literatur sind z.T. ungenau und irreführend. August Tholuck u. Georg Müller: Art. »Cyprian«. In: RE^3 4, 1898, 366, wissen von »zwei Streitschriften« gegen Arnold aus der Helmstedter Zeit; Martin [s. Anm. 11] spricht von sechs Schriften, die Cyprian bis 1703 gegen Arnold verfasst habe. Da Martin die Werke nur aus dem Abdruck in Bd. 3 der Schaffhausener Ausgabe von Arnolds *Kirchen- und Ketzerhistorie* (s.u.) kannte, hat er die Anhänge zur 3. Auflage von Cyprians *Anmerkungen* für selbständige Veröffentlichungen gehalten.

tikpunkte und Motive skizziert und abschließend versucht werden, die Kontroverse kirchengeschichtlich einzuordnen.

I

Es ist nicht ganz zutreffend, wenn Cyprians Biograph Erdmann Rudolph Fischer meinte, Cyprian sei überhaupt »der erste gewesen, der die Arnoldische Historie in ihrer Blöse dargestellet« habe[14], doch stammte von ihm die erste ausführliche Kritik an Arnolds Werk, genauer gesagt: an dessen I. Band. Denn noch bevor Arnolds II. Band zur Ostermesse 1700 auf den Buchmarkt kam, hatte Cyprian am 24. März mit dem Vorwort seine *Allgemeine[n] Anmerckungen über Gottfried Arnolds Kirchen- und Ketzerhistorie*[15] abgeschlossen, die wenige Wochen später im Druck erschienen. Sie fanden weite Beachtung und Anerkennung[16] und erlebten innerhalb von zwei Jahren drei Auflagen. Ein anderer – anonymer – Kritiker der *Unparteiischen Kirchen- und Ketzerhistorie* bescheinigte Cyprian, dass er »des Herrn Arnold's allgemeine Hauptfehler und vorgefaßte Meinungen an den rechten Orten angegriffen« habe.[17]

---

14 Erdmann Rudolph Fischer: Vorwort B 1^{v}, zu Cyprian: Erläuterung [s.u. Anm. 55]. Schon im Oktober 1699 war in einer Wittenberger Dissertation die kritische Auseinandersetzung eröffnet worden: GODOFREDVM ARNOLDVM ANICTOPHCIAC IN RE SACRA convictum, PRAESIDE [...] PHILIPPO LVDOVICO HANNEKENIO [...] Publico Eruditorum Examini, More institutoqve Maiorum, submittit AVCTOR FREDER. CHRISTIANVS FEVSTKINGIVS [...]. Wittenberg 1699; eine 2. Aufl. erschien Wittenberg 1719.

15 ERNESTI SALOMONIS CYPRIANI Prof. Publ. Ord. Allgemeine Anmerckungen über Gottfried Arnolds Kirchen- und Ketzer-Historie/ Worinnen bescheidenlich und gründlich erwiesen wird/ daß Arnold, vermöge seiner vorgefaßten Meynungen/ nothwendig partheyisch schreiben/ seine Klagen wider die Kirche auf schwache Gründe bauen/ und einiger Scribenten Meynung so gar verdrehen müssen/ daß auch nur in einem halben paragrapho der Sinn und die Worte Augustini, denen Donatisten zum Behuff/ über sechsmahl verfälschet worden. Helmstädt/ Gedruckt bey Georg-Wolffgang Hamm/ Univers. Buchdr. Jm Jahr 1700.

16 Eine Rezension findet sich in: Monathlicher Auszug/ Aus allerhand neu-herausgegebenen, nützlichen und artigen Büchern. JUNIUS MDCC. Hannover 1700, 292-296.

17 N.N. Erinnerung, die in Herrn Arnolds Kirchen- und Ketzer-Historie befindlichen Special- und Historischen Fehler betreffend. In: Monathlicher Auszug aus allerhand neu herausgegebenen Büchern. Junius 1700. Hannover 1700, 296-307, hier 296. Abdruck bei Dibelius [s. Anm. 3], 229-234. Gegen Dibelius [s. Anm. 3], 121, der die anonyme Rezension Leibniz zuschrieb, hat Erich Seeberg: Gottfried Arnold. Die Wissenschaft und die Mystik seiner Zeit. Meerane 1923 [Reprint: Darmstadt 1964], 240,

Der erste literarische Schlagabtausch wurde von einem Briefwechsel zwischen Cyprian und Arnold begleitet, in dem die Positionen hart aufeinander prallten. Cyprian hatte sein Buch mit einem Begleitschreiben an Arnold geschickt. Dieser antwortete am 16. Mai 1700 aus Quedlinburg mit einem recht polemischen Brief. Er halte Cyprian »den darinnen dargelegten Eiffer vor die luth. Religion gar gerne zu gut, in Erinnerung, wie tieff ich ehemals in eben dergleichen praejudiciis gestecket habe«. Cyprian zeige »überall nichts als Partheylichkeit und Sectirerey«, d.h. einen konfessionellen Standpunkt[18]; beim Durchblättern der Schrift habe er »das große Elend des natürlich-finsteren Hertzens mit großen Mitleiden ersehen«, doch werde die Schrift seiner *Kirchenhistorie* »keinen Schaden, sondern vielmehr Förderung thun«.[19]

Die literarische Fehde ging zunächst weiter. Als Entgegnung auf Cyprians *Anmerckungen* erschien wenige Monate später Gottfried Arnolds *Erklärung/ Vom gemeinen Secten-wesen/ Kirchen- und Abendmahl-gehen*; wie Arnold ausdrücklich betont, hat er die Schrift als Erwiderung auf die Angriffe Cyprians verfasst.[20] Beigedruckt waren *Eines Freundes Erinnerungen gegen Cypriani Anmerckungen über Arnoldi Kirchen- und Ketzer-Historie*.[21] Cyprian ergänzte daraufhin die dritte Auflage seiner *Anmerckungen über*

Anm. 1, unter Berufung auf Konrad Burdach (Faust und Moses. Berlin 1912, 144, Anm. 1) die Verfasserschaft Leibniz' bestritten und Eckhart, dem Herausgeber der Zeitschrift, zugewiesen.

18 »Sekten« sind im Sprachgebrauch der Spiritualisten und radikalen Pietisten die Konfessionen.

19 Landes- und Forschungsbibliothek Gotha, Chart. A 423, Nr. 93. – Für die Entstehungsgeschichte der *Kirchen- und Ketzerhistorie* ist Arnolds Bemerkung aufschlussreich, er habe »das Buch vor 4 und mehr Jahren angefangen«.

20 Gottfried Arnolds Erklärung/ Vom gemeinen Secten-wesen/ Kirchen- und Abendmahl-gehen; Wie auch Vom recht-Evangel. Lehr-Amt/ und recht-Christl. Freyheit: Auff veranlassung derer von ERNEST. SALOM. CYPRIANI, Extraord. Prof. Philos. Helmst. Vorgebrachten beschuldigungen wider seine Person/ unpartheyisch vorgetragen. Nebenst Eines Freundes Erinnerungen gegen Cypriani Anmerckungen über Arnoldi Kirchen- und Ketzer-Historie/ Worinnen gründlich und ernstlich erwiesen wird/ daß nicht Arnoldi, sondern Cypriani, aus vorgefasten Sectirischen meinungen/ nothwendig partheyisch schreiben/ seine klagen wider die allgemeine/ unpartheyische/ wahre/ unsichtbare Kirche/ auff schwache gründe bauen/ und so wol die Heil. Schrifft/ als andere Scribenten so gar verdrehen müssen/ daß er die worte Augustini und Arnolds selbst/ seinen anklagen zu behuff/ sophistisch verfälschet habe. Leipzig/ Bey Thomas Fritsch/ 1700. – Auszüge (Vorbericht) in: Gottfried Arnold. In Auswahl herausgegeben. Hg. v. Erich Seeberg. München 1934, 133-140; und in: Das Zeitalter des Pietismus. Hg. v. Martin Schmidt u. Wilhelm Jannasch. Bremen 1965 (KlProt, 6), 151-161. Vgl. Dörries [s. Anm. 11], 71.

21 Wer der anonyme Freund war, konnte nicht ermittelt werden.

Gottfried Arnolds Kirchen- und Ketzerhistorie, die im Herbst 1701 erschien[22], nicht nur mit »ferneren Anmerckungen von deßen historischen Verfälschungen und Fehlern«, sondern fügte überdies eine *Antwort auff Arnolds so genannte Erklärung vom gemeinen Secten-Wesen/ Kirchen- und Abendmahl-gehen*[23] sowie eine *Antwort auf des Anonymi Erinnerungen gegen meine Anmerckungen*[24] hinzu. Ohne Angabe des Druckorts erschien 1701 das anonyme Schriftchen eines Arnold-Sympathisanten mit dem Titel *Grund-Riß zum Portrait des Herrn Cyprian*[25], in dem durch persönliche Verunglimpfungen Cyprians Glaubwürdigkeit desavouiert werden sollte.

1702 ließ Cyprian *Fernere Proben von Gottfried Arnolds Partheylichkeit, vornehmlich die Geschichten derer Quacker, Brownisten, D. Krellens und Jacob Böhms betreffende* folgen.[26] Gerade am Beispiel dieser Nonkonformisten des 17. Jahrhunderts, die Arnold überaus vorteilhaft dargestellt hatte[27], und des kursächsischen Kanzlers Nikolaus Krell, den Arnold als Opfer lutherischer Kirchenpolitik geschildert hatte[28], wollte Cyprian zeigen, wie einseitig und verzerrt dessen Darstellung sei[29]. Hatten sich Cyprians *Anmerckungen* nur mit dem I. Band der *Kirchen- und Ketzerhistorie* auseinan-

---

22 Ernesti Salomonis Cypriani, des Athenaei Casimiriani dermahlen Directoris und Theologiae Prof. Publ. Ord. Allgemeine Anmerckungen [...]. Zum Drittenmahl gedruckt/ Und sowohl mit einer Antwort auff alle dagegen edirte Schrifften/ als Vorbericht von Arnolds Religion/ wie auch ferneren Anmerckungen von deßen historischen Verfälschungen und Fehlern vermehret. Franckfurth und Leipzig/ bey Paul Günther Pfotenhauern/ Buchhändlern in Coburg Im Jahr 1701. - Vorrede: 24. August 1701.

23 Cyprian, Anmerckungen[3] [wie Anm. 22] 129-193.

24 Cyprian, Anmerckungen[3] [wie Anm. 22] 193-244.

25 Die Schrift war mir nicht zugänglich. Ihr Autor ist unbekannt. Cyprian spricht von einem »Pasquill« (Anmerckungen[3] [wie Anm. 22] Vorrede b); vgl. auch Cyprian: Fernere Proben [s. Anm. 26], Vorrede)(2v. - Arnold hat sich in seinem Brief an Cyprian vom 16. November 1702 [s.u. Anm. 35] von diesem Pamphlet distanziert.

26 Fernere Proben von Gottfried Arnolds Partheylichkeit/ vornehmlich die Geschichte derer Quacker/ Brownisten/ D. Krellens und Jacob Böhms betreffende/ So in der Ketzer-Historie angemercket/ Ernst Salomon Cyprian/ des Gymnasii zu Coburg Director und Prof. Nebst einer Vorrede an Herrn D. Veieln. Franckfurth und Leipzig/ bey Paul Pfotenhauern/ Buchhändlern in Coburg. Anno 1702. - Vorwort: Coburg, 12. März 1702.

27 Vgl. Quäker: Bd. 1, B. XVII, c. XX; Brownisten Bd. 1, B. XVII, c. IX, §§ 29-31; Böhme: Bd. 1, B. XVII, c. XIX; Bd. 2, B. III, c. XIIX, § 56 (unter den »Wahrheitszeugen«).

28 Bd. 2, Teil IV, B. II, LXI LXIII.

29 Cyprian, Fernere Proben [s. Anm. 26], §§ 1-6 und 25 (Quäker), §§ 7-10 (Brownisten), §§ 11-16 (Krell) und §§ 17-24 (Böhme).

dergesetzt, so zog er hier auch Äußerungen aus dem II. Band ergänzend heran.

Gottfried Arnold hatte schon im Mai 1701 den »Entschluß« gefasst, »niemanden mehr zu antworten/ und die Kirchen-Historie selbst zu emendiren«.[30] 1703 kamen seine *Supplementa, illustrationes und emendationes zur Verbesserung der Kirchen-Historie* heraus.[31] Er hatte das Manuskript mit der Vorrede »An den geneigten Leser« im Juni 1702 abgeschlossen und erst während der Drucklegung noch Kenntnis von Cyprians neuem Buch erhalten.[32] Den *Supplementa* waren *Auffrichtige Anmerckungen/ Uber die bißher erregte Strittigkeiten/ Wegen der Kirchen- und Kätzer-Historie des Herrn Arnolds* beigedruckt, in denen sich ein anonymer Freund Arnolds ausführlich mit Cyprians Kritik auseinandersetzte.[33] Arnold wollte mit seinen *Supplementa* die Diskussion endgültig beenden und erklärte: »Ja es wird mir gleich viel gelten, wie man weiter hin mit diesem buch verfahren wird, denn ich werde mich dessen wenig mehr annehmen oder drum bekümmern.«[34] Schon im November 1702 hatte er in einem scharfen Brief an Cyprian diesem versichert, »daß ich seines wegen nicht eine Feder mehr ansetzen noch mich um ihn bekümmern werde, und sollte er Berge von

30 Gottfried Arnolds Endliche Vorstellung Seiner Lehre und Bekäntnisz auff Hrn. D. Veiels/ seines Censoris und M. CORVINI Anklagen: Mit dem Entschluß/ niemanden mehr zu antworten/ und Die Kirchen-Historie selbst zu emendiren. Franckfurt/ Bey Thomas Fritsch/ 1701. Vorbericht: 14. Mai 1701. Vgl. dazu Dörries [s. Anm. 11], 75f.

31 SUPPLEMENTA, ILLUSTRATIONES und EMENDATIONES Zur Verbesserung Der Kirchen-Historie/ Heraußgegeben Von Gottfried Arnold. Franckfurt/ Bey Thomas Fritschen. ANNO M DCC III. Vgl. dazu Dörries [s. Anm. 11], 76-80.

32 P.S. zur Vorrede. Cyprian wird hier nicht namentlich, sondern nur umschreibend genannt: »Nachdeme ich dieses obige bereits zum druck versendet, vernehme ich, wie derjenige, dessen im anfang meiner endlichen vorstellung cap. 1. § 1 und ferner gedacht worden, sich aufs neue wider die kirchen-historie hervor gethan, und insonderheit mich wegen des allda erwehnten portraits zu graviren gesuchet.«

33 Supplementa [s. Anm. 31], 321-555. Der anonyme Autor konnte nicht ermittelt werden; er ist nach eigener Aussage weder identisch mit dem Verfasser der *Erinnerungen* [s.o. Anm. 20] noch dem des *Portraits*. - Vgl. die missbilligende Rezension in FSATS 1703 (^{2}1706), 468-473.

34 Supplementa [s. Anm. 31], An den geneigten Leser, § 28. - Als aber die Rostocker Theologen im Streit mit der Gießener Fakultät diese 1712 der Mitwisserschaft und Förderung bei der Ausarbeitung der *Unparteiischen Kirchen- und Ketzerhistorie* bezichtigten, veröffentlichte Arnold im selben Jahr: Herrn Gottfried Arnold Königl. Preußischen Inspectoris zu Perleberg Öffentliches Zeugnis/ daß die Gießenische THEOLOGI Jhm zu seiner Kirchen- und Ketzer-Historie keinen Vorschub gethan/ wie die Rostockische THEOLOGI Dieselbe jüngsthin in ihrer Verantwortung beschuldiget. o.O. u. J. - Schluss: »Geschrieben zu Perleberg den 4. Nov. 1712.«

Charteqen auffeinandersetzen; denn aus einem so confusen Gemüthe kan unmöglich etwas gründliches kommen und also auch der Wahrheit keinen Schaden thun«.[35]

Auch Cyprian führte die literarische Kontroverse einstweilen nicht mehr fort. Das bedeutete jedoch keineswegs, dass er den Kampf für beendet hielt. Er hatte schon beim Erscheinen von Arnolds Darstellung den Vorsatz gefasst, ein Werk zur »Verthaidigung der Unschuld unserer evangelischen Kirchen« zu schreiben, das vor allem »wieder das sechszehnde und siebzehnde Buch der Arnoldischen Ketzerhistorie«, also gegen Arnolds Schilderung der Reformation und der Orthodoxie, gerichtet sein sollte.[36] An diesem Plan, der in Kreisen seiner orthodoxen Gesinnungsfreunde bekannt war[37], hielt er unbeirrt fest. Weder Arnolds Eintritt in den Pfarrdienst[38] noch seine Veröffentlichungen in den folgenden Jahren konnten Cyprian dazu bewegen, sein Vorhaben fallen zu lassen. Hatte doch Arnold selbst in der Vorrede zu seiner Schrift über *Das eheliche und unverehelichte Leben der ersten Christen* (1702) nachdrücklich festgestellt, »daß ich der warheit nimmermehr das geringste auch bey der emendation vergeben werde, als welche bloß eine oder andere umstände, nicht aber die hauptsache betreffen kan«.[39] Und in den *Supplementa* hatte er zwar in zahlreichen Einzelfragen seine früheren Urteile korrigiert, zugleich aber, wie die *Unschuldigen Nachrichten* bedauernd feststellten[40], auf seinen Grundüberzeugungen beharrt. Cyprian arbeitete also weiterhin an seinem Projekt, indem er unermüdlich – auch auf Studienreisen[41] und dann als Direktor der Gothaer

---

35 Arnold an Cyprian. Quedlinburg, 16. November 1702, LFB Gotha A 297, fol. 357-359. Antwort auf einen Brief Cyprians vom 9. Oktober 1702.

36 Cyprian: Vorrede zu Grosch [s.u. Anm. 50], XX.

37 Der Rostocker Theologe Johann Fecht wusste 1704 zu berichten, »Cyprianum [...] porro examinis historiae haereticae insistere, et apologiam quasi universalem adversus impacta cum religionis nostrae innocentiae, tum eius doctoribus crimina, condere voluerit.« Vorrede zu Johann Fecht [praes.] u. Joachim Manzel: Critica in G. Arnoldi Criticam. Rostock 1704, unpag.

38 Spöttisch fragt Cyprian (Vorrede zu Grosch, XVII): »Warum ist denn Arnold, nach der Publication seiner Historie in diesen Orden getreten, den er so sehr verabscheut?«

39 Gottfried Arnold: Das Eheliche und Unverehelichte Leben der ersten Christen/ nach ihren eigenen zeugnissen und exempeln beschrieben von Gottfried Arnold. Franckfurt/ bey Thomas Fritschen/ 1702, Vorrede [)(6r]. – Cyprian verweist auf diese Stelle (Vorrede zu Grosch, XXVI).

40 FSATS 1703 (^{2}1706), 468-473.

41 Vgl. Cyprian: Vorrede zu Grosch, XXI; Das Leben Ernst Salomo Cyprians. Hg. v. Erdmann Rudolph Fischer. Leipzig 1749, 76; Kantzenbach [s. Anm. 11], 44.

Bibliothek[42] - umfangreiches Material für die geplante große Abrechnung zusammentrug. In den zahlreichen historischen Arbeiten, die Cyprian in den folgenden Jahren und Jahrzehnten veröffentlichte, taucht Arnolds Name nicht auf; die *Kirchen- und Ketzerhistorie* wird von ihm totgeschwiegen. Gleichwohl scheint Arnolds Werk im Hintergrund immer gegenwärtig zu sein. Gerade Cyprians Bemühungen um die Erforschung der Reformationsgeschichte[43] dienten wohl auch dem Zweck, das Bild, das Arnold entworfen hatte, durch die Erschließung von Quellen und eine quellenmäßig fundierte Darstellung zu revidieren.

Die Realisierung des Plans einer ausführlichen Widerlegung Arnolds zögerte sich allerdings noch lange hinaus. Erst nachdem Cyprian seinen eigenen Worten zufolge »unter Anrufung göttlicher Gnade, fast ein halbes seculum hindurch die Ketzerhistorie erwogen« hatte[44], ergriff er in seinen letzten Lebensjahren noch einmal die Feder gegen Arnold. Da er wegen seines fortgeschrittenen Alters sich selbst nicht mehr in der Lage fühlte, die geplante umfassende Gesamtabrechnung mit Arnold auszuführen, vertraute er diese Aufgabe einem seiner Schüler an, dem Pfarrer Georg Grosch in Friedrichsroda[45], dem er die gesammelten Materialien zur Verfügung stellte und die Benutzung der Gothaer Bibliothek ermöglichte. Dieser begann im Mai 1740 mit der Arbeit.[46] In Anlage und Durchführung ist das Buch freilich Cyprians Werk; Grosch hat es nicht nur »so, wie es Herr D. Cyprian entworfen, unter seiner Aufsicht und Direction verfertiget«[47],

---

42 Cyprian schreibt, das Directorium der Bibliothek sei ihm »unter anderen zu itztbesagtem Endzweck [scil. der Widerlegung Arnolds] anvertrauet« worden (Vorrede zu Grosch, XXI).

43 Vgl. Gustav Adolf Benrath: Ernst Salomon Cyprian als Reformationshistoriker. In: Ernst Salomon Cyprian (1673-1745) zwischen Orthodoxie, Pietismus und Frühaufklärung.Vorträge des internationalen Kolloquiums vom 14. bis 16. September 1995 in der Forschungs- und Landesbibliothek Gotha. Hg. v. Ernst Koch u. Johannes Wallmann. Gotha 1996 (Veröffentlichungen der Forschungs- u. Landesbibliothek Gotha, 34), 36-48.

44 Cyprian, Vorrede zu Grosch, XVIII.

45 Cyprian hebt die Eignung Groschs für historische Studien hervor (Vorrede zu Grosch, XXVf.). Groschs erste historische Leistung war - von Cyprian nicht erwähnt - eine lateinische Schulrede, die der Primaner 1717 unter dem Rektorat (des Pietisten) Vockerodt am Gothaer Gymnasium über Franz Lambert von Avignon gehalten hatte; sie ist abgedruckt in Gottfried Vockerodt: EXEMPLA SINCERORVM EVANGELICAE VERITATIS CONFESSORVM [...]. GOTHAE, XIX. SEPT. M DCC XVII. LITTERIS IO. ANDR. REYHERI, Typogr. priuileg. Aulici.

46 Grosch, Vorrede, XLVI. - Handschriftliche Vorarbeiten (Collectanea Groschii) sind erhalten in der Landes- und Forschungsbibliothek Gotha, Chart. A 461.

47 Fischer (Hg.): Leben Cyprians [s. Anm. 41], 77.

sondern Cyprian verfasste selbst die ersten vier Kapitel[48]. Am 6. Oktober 1744 beendete er seine Arbeiten mit einer umfangreichen Vorrede, in der er eine übersichtliche Zusammenfassung seiner hauptsächlichen Kritikpunkte gibt. Als Grosch, der nur neben seinen pfarramtlichen Verpflichtungen an dem Buch arbeiten konnte, in zeitliche Bedrängnis bei der Fertigstellung des Manuskripts kam, steuerte Cyprian noch zwei weitere Kapitel (13 und 16) bei.[49] Am 18. Februar 1745 konnte Grosch die Niederschrift mit der Vorrede abschließen und am 22. März die Widmungszuschrift an Friedrich III. von Sachsen-Gotha zum Druck geben. Noch im selben Jahr erschien das Werk unter dem Titel: *Nothwendige Verthaidigung der evangelischen Kirche wider die Arnoldische Ketzerhistorie.*[50] Der stattliche großformatige Band mit rund eintausend zweispaltig gedruckten Seiten behandelt freilich nur das 16. Jahrhundert; die angekündigte Fortsetzung, die eine Darstellung des 17. Jahrhunderts geben sollte, ist nicht mehr zustande gekommen.

In seinem Vorwort zu Groschs *Verthaidigung* hatte Cyprian ein weiteres, bereits fertiggestelltes Werk angekündigt, eine *Belehrung von der Arnoldischen Ketzerhistorie,* die aber erst nach seinem Tod veröffentlicht werden sollte.[51] Das Manuskript ist erhalten[52], doch blieb die Schrift unveröffentlicht.[53] Die beiden ersten Kapitel wurden als Anhänge der *Verthaidigung*

---

48 Cyprian, Vorrede zu Grosch, XL.

49 Grosch, Vorrede, XLVI.

50 Georgius Groschius: Nothwendige Verthaidigung der evangelischen Kirche wider die Arnoldische Ketzerhistorie, Worinnen das XVI. und XVII. Buch gedachten historischen Wercks, vom Jahre Christi 1500. an, bis aufs Jahr 1700. nach Ordnung aller Capitel und Paragraphorum erläutert, verbessert, ergäntzet, und, wo es nöthig, widerleget, auch sonsten mancherley wichtige Materien abgehandelt werden, Nebst vielen Original-Uhrkunden, und einer ausführlichen Vorrede ERN. SAL. CYPRIANI, der heiligen Schrifft Doctoris, und Vice-praesidentens des Ober-Consistorii zu Gotha. Frankfurt und Leipzig 1745. – Rezensionen: Zuverläßige Nachrichten von dem gegenwärtigen Zustande, Veränderung und Wachsthum der Wissenschaften 65. Leipzig 1745, 305-324; Franckfurthische Gelehrte Zeitungen, 10. Jahrs. Frankfurt/Main 1745, 293-295; FSATS 1749, 118-126.

51 Cyprian, Vorrede zu Grosch, XXVf.

52 Belehrung von der Arnoldischen Ketzerhistorie, in deren erstem Buch der evangelischen Kirchen Verbindung, Regierung, und übrige Beschaffenheit wieder G. Arnolds Beschuldigungen verthaidiget, und im andern der Ketzerhistorie Unglaubwürdigkeit und Partheylichkeit überhaupt erwiesen wird. Zur Ehre Gottes und Rettung der Wahrheit, abgefaßet von Ernst Salomo CYPRIAN, der heiligen Schrifft Doctore, und Vicepraesidenten deß Oberconsistorii zu Gotha (Landes- und Forschungsbibliothek Gotha, Chart. A 1358).

53 Die im Manuskript 1024 Folio-Seiten umfassende Schrift ist aber nicht identisch,

hinzugefügt.[54] Einzelne Abschnitte sind in eine kleine Abhandlung eingegangen, die posthum von Erdmann Rudolph Fischer 1748 herausgegeben wurde: *Erläuterung des einfältigen Urtheils, Welches D. Christian Thomasius, Professor Juris zu Halle, Von der Arnoldischen Ketzer-Historie gefället hat.*[55]

In der bisherigen Forschung unbeachtet geblieben ist eine Schrift Cyprians, die er bereits 1744, ein Jahr vor dem Erscheinen der *Nothwendigen Verthaidigung* in den Druck gegeben hatte und die den eigentlichen Auftakt und auch den Schlüssel zur Polemik des alten Cyprian gegen Arnold bildete. Ihr Titel lautet: *Vernünfftige Warnung für den Irrthum von Gleichgültigkeit derer Gottesdienste, oder Religionen.*[56]

II

Cyprian war der Meinung, »es sei von Christi Geburt an kein so schädliches Buch unter den Christen an's Licht getreten, als die Arnoldische Ketzerhistorie, und man müsse im studio historiae ecclesiasticae von Arnold sagen, [...] er verdiene ein Vater der Lügen zu heißen«.[57] Arnold sei ganz augenscheinlich »ein condimentarius, das ist ein Uebertüncher und Ueberzuckerer aller Ketzer«, er erzähle »fast Alles dergestalt, daß er den übrigen Kirchengeschichtsschreibern widerspricht«.[58] Die *Kirchen- und Ketzerhistorie* verdiene die Überschrift »Arnolds tausend Lügen«, ihrem Verfasser

---

wie Kantzenbach [s. Anm. 11], 45, Anm. 50, meint, mit der posthum erschienenen Schrift gegen Thomasius, die nur 58 gedruckte Oktavseiten umfasst.

54 »Von der evangelischen Kirchen Verbindung und Beschaffenheit« und »Vom Kirchenregiment der Evangelischen«. Beide Kapitel sind dem durchlaufend paginierten Manuskript entnommen.

55 Erläuterung des einfältigen Urtheils, Welches D. Christian Thomasius, Professor Juris zu Halle, Von der Arnoldischen Ketzer-Historie gefället hat. Nebst einem Königlichen Rescript von Thomasii Atheistischen Lehrsätzen. Kurz vor seinem seeligen Ende aufgesetzet von Ernst Salomon Cyprian, der heil. Schrift Doctore, und des Hochfürstl. Ober-Consistorii in Gotha Vice-Præsidenten. Coburg und Leipzig, zu finden in der Ottoischen Buchhandlung. 1748. - Vorwort von Erdmann Rudolph Fischer. Coburg, 31. Oktober 1747.

56 Vernünfftige Warnung für den Irrthum von Gleichgültigkeit derer Gottesdienste, oder Religionen, zu Stärckung der Glaubigen und Erhaltung gemeiner Ruhe, ausgefertiget von Ernst Salomon CYPRIAN, D. Gotha, Gedruckt mit Reyherischen Schriften. 1744. - Vorrede: 3. Januar 1744.

57 Cyprian, Vorrede zu Grosch, XVIII.

58 Cyprian, Vorrede zu Grosch, XVIII.

komme der »Titel eines Falsarii« zu.[59] Auch Arnold war in seinen Entgegnungen nicht minder polemisch als sein Kritiker, so dass Cyprian klagt:

> »Hiernach fängt er [Arnold] an/ auf etlichen Blättern auf mich zu fulminiren/ daß Gebet/ Lästerungen/ Vorbitte/ Wünsche/ Beschimpffung/ und alles untereinander geflossen kömmt/ wie in einem Blatz-Regen. Ich bin ein Kläffer, ein Sophiste, ein pharisäischer Werck-Heiliger, ein Sclav der Menschen-Satzungen, ein Lügner, und ich weiß selber nicht, was es alles vor geistreiche Benennungen seyn.«

Und sarkastisch fragt Cyprian:

> »Aber wie hätte Arnold sich besser refutiren können? hat die Liebe Christi seine [Arnolds] ausgeartete Natur verschlungen, wo kommen denn die wüste Ausbrüche her, die ja von einem vollen Bauer nicht gröber zu vermuthen? Ey ein Lieb-reicher, ein sanfftmüthiger Arnold!«[60]

Das polemische Ritual, das in diesen Zitaten zum Ausdruck kommt, lässt die grundsätzlichen Differenzen hervortreten, die keine Möglichkeit zur Verständigung boten, ja, nicht einmal eine Würdigung des gegnerischen Anliegens erlaubten. In Arnolds Sicht entsprach der Kritiker Cyprian dem Bild, das er von den streitsüchtigen, in konfessioneller Parteilichkeit befangenen orthodoxen Theologen entworfen hatte. Cyprian hingegen bestritt Arnold rundweg sowohl die historische als auch vor allem die theologische Kompetenz, die für eine kirchengeschichtliche Darstellung erforderlich sind.

Dem Nachweis der historischen Mängel in Arnolds Werk hat Cyprian viele Seiten seiner Streitschriften gewidmet. Er wirft Arnold vor, das historische Handwerkszeug nicht zu beherrschen. Arnold habe »in seiner Historie vielmahl geirret/ die Umstände verschwiegen/ offt Dinge ohne Beweiß bejahtet/ auff schlechte Documenta, und meist auff die Aussage derer/ welche er entschuldiget/ gebauet«[61]. Im einzelnen moniert Cyprian eine ganze Reihe von historischen Irrtümern, Übersetzungsfehlern und fehlerhaften Wiedergaben der Quellen, falschen und missverstandenen Zitaten.[62]

---

59 Cyprian, Fernere Proben, Vorrede)(2v.

60 Cyprian, Anmerckungen^3 [s. Anm. 22], 193.

61 Cyprian, Fernere Anmerckungen. In: Anmerckungen^3 [s. Anm. 22], 119.

62 Cyprian, Fernere Anmerckungen. In: Anmerckungen^3 [s. Anm. 22], 119-128. – Ein kleines Beispiel: Arnold hatte bei der Darstellung der Hugenotten geschrieben, Admiral Coligny sei während der Pariser Bluthochzeit erschossen worden. Dazu Cyprian (123): »*Geschossen* wurde er/ nemlich in rechten Zeige-Finger/ und lincken Arm; aber daß er soll seyn *erschossen* worden/ hat wohl vor Arnolden kein Mensch auff der Welt gesagt.«

Bereits die Quellenauswahl, auf die sich Arnold stütze, sei höchst problematisch, und darauf könne man keine zuverlässige historische Darstellung bauen. Er beachte nicht den besonderen Charakter der Quellen. So ließen sich etwa Aussagen in Predigten, in denen Pfarrer über Verhältnisse in einzelnen Gemeinden klagten, nicht verallgemeinern, und zudem seien sie oft rhetorisch überzogen.[63] Auch Privatbriefe von Theologen, die nicht für die Öffentlichkeit bestimmt gewesen seien, überzeichneten zuweilen einzelne Vorgänge.[64] Andere handschriftliche Aufzeichnungen, auf die sich Arnold stütze, seien nicht zugänglich und könnten daher nicht kontrolliert werden.[65]

Aber Cyprians geht noch einen Schritt weiter. In seinen Augen ist Arnold nicht nur ein schlechter Historiker, sondern ein bewusster Geschichtsfälscher (»falsarius«).[66] Dies trete in der Interpretation der Quellen zutage, wie Cyprian vor allem im Blick auf die Behandlung der evangelischen Kirchengeschichte moniert. Die Vorwürfe gegen Einzelpersonen oder einzelne Gemeinden lege Arnold der ganzen Kirche und allen Pfarrern zur Last. »Wenn etwas Gutes geschieht, so schreibt er es niemals der gantzen Kirche zu, sondern läßt es gemeiniglich gar außen; aber wenn Sünden vorgehen, die imputiert er flugs der gantzen Kirche, welches gewiß nicht unparteiisch gehandelt ist.« Das Register der *Kirchen- und Ketzerhistorie* weise z.B. unter dem Stichwort »Lutheraner« nur negative Spezifizierungen auf[67], aber »nicht ein Wort Gutes«[68]; er erzähle »von unserern Lehrern alle [abträglichen] Histörgen«[69], sogar solche, die »kein kluger Mann jemals wird passiren lassen«[70]. Arnold ziehe aus den Quellen Schlüsse, die deren Autoren keineswegs gezogen hätten. Arnold sage: »Wir wollen aus der Lutheraner eigenem Munde hören, daß ihr ganzes Kirchenwesen Mißbrauch und Greuel ist«, und suche so seine Trennung von der Kirche zu rechtfertigen, während die zitierten Personen gerade nicht die lutherische Kirche verlassen hätten.[71]

---

63 Cyprian, Anmerckungen [s. Anm. 15], Kap. 9, § 1.

64 Cyprian, Anmerckungen [s. Anm. 15], Kap. 9, § 2.

65 Cyprian, Anmerckungen [s. Anm. 15], Kap. 9, § 3.

66 Cyprian, Fernere Proben, Vorrede)(2v; Antwort. In: Fernere Proben, § 9.

67 Cyprian, Anmerckungen [s. Anm. 15], Kap. 7, § 2.

68 Cyprian, Anmerckungen [s. Anm. 15], Kap. 7, § 3.

69 Cyprian, Anmerckungen [s. Anm. 15], Kap. 7, § 5.

70 Cyprian, Anmerckungen [s. Anm. 15], Kap. 9, § 3.

71 Cyprian, Anmerckungen, Kap. 9, § 4.

Hatte Arnold beansprucht, ein unparteiisches Werk »mit hindansetzung aller vorgefaßten meynungen« geschrieben zu haben, so wird eben dies von Cyprian in Abrede gestellt. Arnolds Sicht der Kirchengeschichte sei nicht das Resultat seiner Quellenstudien; vielmehr hätten »vorgefaßte Meinungen«, »Vor-urteile« zu einem Höchstmaß an Parteilichkeit bei der Quellenauswahl und -interpretation geführt.[72] Arnold habe, »als er das Buch geschrieben, solche Sätze vor wahr gehalten, welche ihn, ehe er die Feder angesetzet, gantz untüchtig gemacht, eine unparteyische Kirchen-Historie zu schreiben«.[73] Er habe, »das gantze corpus seiner Vorurtheile im Kopff gehabt/ als er den Anfang zu seiner Historie machete«, und sie daher »nach seinen vorgefaßten Meynungen gezerret«.[74] Er habe daher »vermöge seiner vorgefaßten Meynungen, nothwendig partheyisch schreiben, seine Klagen wider die Kirche auf schwache Gründe bauen, und einiger Scribenten Meynung so gar verdrehen müssen«, dass sie mehrfach »verfälschet worden«.[75]

Hier liegt bei Cyprian der Schnittpunkt seiner historischen und seiner theologischen Kritik. Die historischen Mängel in Arnolds Darstellung beruhten auf dessen Vorurteilen, und diese Vorurteile basierten auf Arnolds theologischer Grundeinstellung. Da »die Bücher nach der inclination der Scribenten beurtheilet werden« müssten[76], gelte es, diese zu erfassen und aufzuzeigen, »woher die Partheyligkeit nothwendig entspringen müssen«.[77] Arnolds theologischer Standort wird von Cyprian mit den Schlagworten »Fanaticismus« und »Enthusiasmus« charakterisiert. Er sei bei der Abfassung seines Werkes ein »eiffriger Fanaticus« gewesen.[78] Cyprian nimmt damit den Schwärmer-Begriff der reformatorischen und orthodoxen Polemik auf.[79] Als »Fanaticus« oder »Enthusiasten« definiert er einen Menschen, »der seine eigene Neigungen und Meynungen vor unmittelbahre Eingebungen Gottes hält, und, was er von Leuten, und ihren Handlungen,

72 Cyprian, Anmerckungen, Vorrede)(8, § 6.

73 Cyprian, Anmerckungen, Vorrede)(2, § 3.

74 Cyprian, Anmerckungen, Kap. 5, § 11.

75 Ebd.

76 Cyprian, Anmerckungen, Vorrede)(2, § 2.

77 Cyprian, Anmerckungen^{3}, »Kurtzer Vorbericht von Arnolds Religion«.

78 Cyprian, Vorrede zu Grosch, I.

79 Zum Begriff »fanaticus« vgl. Johann Georg Walch: Historische Einleitung in die Religions-Streitigkeiten außer der Evangelisch-Lutherischen Kirche. Bd. 1. Jena 1733 [Reprint: Stuttgart u. Bad Cannstatt 1972], cap. VI, §§ 2-3.

wahr oder falsch zu seyn glaubet, vor den ungezweiffelten Trieb, und die Einleuchtung des heiligen Geistes, verehret, einfolglich seine Urtheile demselben, als dem eintzigen Urheber, beymisset«.[80] Arnolds Heterodoxie wird von Cyprian an einer Reihe von dogmatischen Fragen verifiziert.[81]

Cyprian hatte schon in seiner ersten Streitschrift zutreffend die spiritualistische Grundkonzeption der *Kirchen- und Ketzerhistorie* bemerkt. Das »Geheimnis des Buches« bestehe darin, dass Arnold es »mit denen halte, die den Ausspruch des Geistes höher achten, als den Heil. Geist, der im Buchstaben der Schrifft redet«; er habe Schrift und Geist »voneinander gerissen«, indem er alles dem »unmittelbaren Ausfluß des Geistes« zuschreibe und dem »äusserlichen Buchstaben« der Bibel »keine würckende Krafft des heiligen Geistes« mehr beimesse.[82] Schon in Arnolds Darstellung der frühen Christenheit komme diese Grundtendenz des Werkes zum Tragen; bereits dort habe Arnold »das göttliche Ansehen der Schrifft verkleinert und die Geisttreiberey zur Regul des Glaubens und Lebens gemacht«.[83]

Die unmittelbaren Folgen des spiritualistischen Kirchenverständnisses für die Kirchengeschichtsschreibung hat Cyprian scharfsichtig erkannt. Es sei »niemand ungeschickter, geschehene Dinge unpartheyisch zubeschreiben, oder ein Geschichtbuch anzufertigen, als ein Fanaticus, oder Enthusiast«.[84] Denn Arnold rede immer nur vom »oberen Jerusalem« als Kirche und wolle die Kirche auf Erden nicht als »Mutter« akzeptieren.[85] Die Wirklichkeit der Kirche in der Welt unter den Bedingungen der Sünde (CA VIII) habe Arnold in enthusiastischer Manier ignoriert[86] und »sich auf seiner Studirstube unsere kirchliche Versammlung mehr eingebildet, wie sie etwan seyn sollte, als wie sie bey sündhafften Menschen seyn könte«.[87] Es gehe bei Arnold stets nur noch um den »innerliche[n] Ausspruch des Geis-

---

80 Cyprian, Vorrede zu Grosch, I.

81 Eine Übersicht bietet Cyprian in der Vorrede zu Grosch, I (Kirche, Taufe, Abendmahl, Gottesdienst, Schrift, Apokatastasislehre).

82 Cyprian, Anmerckungen [s. Anm. 15], Kap. 3, § 4.

83 Cyprian, Vorrede zu Grosch, XVI. Vgl. schon Anmerckungen, Kap. 6, § 4, gegen Arnolds Behauptung »vom Canone, den wir itzo haben/ sey [im Urchristentum] nicht das geringste bekandt gewesen«.

84 Cyprian, Vorrede zu Grosch, II.

85 Cyprian, Anmerckungen[3] [s. Anm. 22], Kap. 4, bes. § 5.

86 Vgl. Cyprian, Vorrede zu Grosch, XV.

87 Cyprian, Vorrede zu Grosch, VI.

tes im Hertzen«; Geist, Schrift und Kirche seien auseinandergerissen, und letztlich trete das »eigen Gemüt« an die Stelle des Heiligen Geistes.[88]

Damit habe Arnold den Boden des reformatorischen Kirchenverständnisses verlassen. Daher handele es sich bei der Auseinandersetzung mit ihm auch nicht um den Streit »unter zwey Evangelischen«: »Denn Arnold ist von uns ausgegangen.«[89] Er ist für Cyprian »kein Lutheraner« mehr[90], gehört nicht mehr zur protestantischen Kirche[91]. Arnolds überkonfessionelle »Unparteilichkeit« ist in der Sicht des orthodoxen Lutheraners purer Indifferentismus,[92] habe jener doch selbst beteuert, »indifferent gegen alle« zu sein.[93] Doch dieser Indifferentismus sei keine unbeteiligte Beobachterhaltung, sondern trete in kämpferischer Gestalt auf; die vorgebliche Unparteilichkeit sei in Wirklichkeit aggressive Parteilichkeit. Arnolds Kirchengeschichtsschreibung habe eine polemisch-destruktive Zielsetzung: »Diese [indifferentistische] Meinung nun auszubreiten, und die evangelische Kirche, mit ihren symbolischen Büchern, unter angeschuldigtem Secten-wesen, Wort-gezänck, Ketzermacherey, und dergleichen Lästerungen zu bestürmen, auch unsere gantze Kirchen-verfassung umzustürtzen, hat Arnold seine grosse Ketzer-historie geschrieben«.[94] Das beabsichtigte Resultat sei folglich »nicht so sehr eine Historie, als [eine] Satyre von unserer Kirche«.[95]

Mit diesen Beobachtungen hat Cyprian entscheidende Punkte einer spiritualistischen Ekklesiologie und ihrer Konsequenzen für die Kirchengeschichtsschreibung markiert. Gerhard Ebeling beschreibt diese Zusammenhänge (ohne Arnold zu nennen, aber doch wohl auch im Blick auf dessen Werk) folgendermaßen:

> »Der schwärmerische Begriff der Kirche ist charakterisiert durch jeweilige Unmittelbarkeit zu Gott. Das bedeutet aber im Grunde Auflösung des Kirchenbegriffs überhaupt aus der Geschichtlichkeit in die wesenhafte Unsicht-

---

88 Ebd.

89 Cyprian, Anmerckungen, Vorrede)(2v, § 4. Anspielung auf 1 Joh 2,19.

90 Cyprian, Anmerckungen, Vorrede)(4v.

91 Cyprian, Antwort. In: Anmerckungen[3], § 5.

92 Zur orthodoxen Kritik am Indifferentismus vgl. Gottlieb Wernsdorf: Brevis et nervosa de indifferentismo religionum commentatio [...]. Wittenberg 1716; deutsch: Kurtzer und gründlicher Bericht Vom Indifferentismo Religionvm oder vom Allermanns-Glauben [...]. Wittenberg 1734.

93 Cyprian, Anmerckungen[3], 137.

94 Cyprian, Warnung, 4.

95 Cyprian, Vorrede zu Grosch, VI.

> barkeit. [...] [Die Darstellung einer Kirche der Heiligen] lebt im Grunde allein in der Vertikale der Metaphysik und nicht in der Horizontale der Geschichte.[96] Darum wird Kirchengeschichte im positiven Sinn als Geschichte der wahren Kirche ein unmöglicher Begriff. Kirchengeschichte gibt es letztlich nur im negativen Sinn als Darstellung eines Zerrbildes von Kirche. Von daher kann freilich das theologisch an der Geschichte an sich völlig uninteressierte Schwärmertum tatsächlich ein sehr reges Interesse an der Kirchengeschichte nehmen, nämlich ein polemisches und kritisches Interesse im Sinne einer historisch aufzudeckenden Destruktion des Kirchenbegriffs und damit der Kirchengeschichte als solcher.«[97]

Cyprian hat in seinen Streitschriften gegen Arnold zwar dessen Kirchenbegriff als unreformatorisch kritisiert und seine destruktiven Folgen für die Darstellung der Kirchengeschichtsschreibung aufzuzeigen versucht. Er hat aber nicht programmatisch dargelegt, wie er sich von einem reformatorischen Kirchenverständnis her eine kirchenhistorische Darstellung vorstellt, die Schrift und Geist, Kirche und Geschichte nicht wie Arnold auseinanderreißt, sondern deren Zusammenhang entfaltet. (In den Schriften gegen Arnold zitiert Cyprian nie CA VII und hat den Ansatz, den dieser Artikel für eine Behandlung der Kirchengeschichte von einem reformatorischen Kirchenverständnis aus bieten könnte[98], nicht wahrgenommen.[99])

Cyprians Kampf gegen Arnold hatte gesellschaftlich-politische Implikationen. Mit der theologischen Grunddifferenz war »eine politisch-

---

96 Vgl. auch Gerhard Ebeling: Studium der Theologie. Eine enzyklopädische Orientierung. Tübingen 1975 (UTB, 446), 74 [zu Arnold]: »Das Entscheidende an der Kirchengeschichte entweicht aus der Geschichte in das Subjektive und Spiritualistische.«

97 Gerhard Ebeling: Kirchengeschichte als Geschichte der Auslegung der Heiligen Schrift. In: ders.: Wort Gottes und Tradition. Göttingen ^{2}1966 (KuK, 7), 20. Vgl. dazu auch das instruktive Kapitel über Arnolds »Absage an die Historie« bei Dörries [s. Anm. 11], 64-83.

98 Vgl. dazu den Entwurf Ebelings. Der Ansatz, den CA VII bietet, liegt in der »Verknüpfung von Kirche und Geschichte unter dem Gesichtspunkt der in der konkreten Versammlung unter dem Wort Gottes sich vollziehenden und damit eben die Kirche konstituierenden Auslegung der Heiligen Schrift. Daß das Wort nur jeweils gegeben ist in der immer neuen Auslegung der Heiligen Schrift und daß diese Auslegung der Heiligen Schrift nicht zu trennen ist von der Relation zu der konkreten Versammlung derer, die auf diese Auslegung hören und als Hörende eben diese Auslegung mit vollziehen, das begründet die echte in der Geschichtlichkeit des Wortes Gottes begründete Geschichtlichkeit der Kirche« (Ebeling [s. Anm. 97], 22).

99 Vgl. auch die Beobachtungen zu Cyprians Ekklesiologie bei Kantzenbach [s. Anm. 11], 50.

soziologisch motivierte Gegnerschaft« eng verknüpft.[100] Als Hüter der Orthodoxie wollte Cyprian auch das Wächteramt ausüben für Staat und Gesellschaft, die er durch Arnolds Indifferentismus bedroht sah. Cyprian verteidigt das Recht der landeskirchlichen Bekenntniskirche unter dem Schutz der Landesherren. Ohne ein konfessionelles Landeskirchentum konnte er sich Ruhe und Ordnung im Staat nicht vorstellen. Dem Staat könne also die kirchliche Lehre nicht gleichgültig sein.[101] Von daher musste er Arnolds »unparteiisches« Kirchenverständnis mit der Relativierung der Konfessionen, der Abwertung auch der protestantischen Kirchen als neue »Sekten« und der Kritik an dem Bündnis von Staat und Kirche als staatsgefährdend betrachten. Da es für Cyprian »Religion« nur in konfessioneller Gestalt gibt, sind Arnolds Indifferentismus und »Universal-Syncretismus«[102] sowie seine Beförderung separatistischer Tendenzen ein Angriff auf die Religion und auf den konfessionell verfassten Staat. »Will man die Religion ausrotten lassen, so will man das gemeine Wesen ruiniren lassen.«[103] Auch aus diesem Grunde meinte Cyprian immer wieder vor »Religions-gleichgültigkeit, und dem Trennungsgeist«[104] warnen zu müssen. Wiederholt verweist er auf das geltende Reichsrecht; die Religionsbestimmungen des Westfälischen Friedens und besonders das Sektenverbot in Art. 7 (IPO)[105] würden durch den von Arnold propagierten Indifferentismus unterminiert. Dadurch gerate das allgemeine Rechtsgefüge und der öffentliche Friede in Gefahr. Es sei somit Aufgabe der Obrigkeit, »denen welche die Ruhe stöhren, und die Verfassung des evangelischen, in denen Reichsgrundgesetzen herrlich fundirten Wesens zerrütten, glimpflichen Einhalt [zu] thun«.[106] Eine unbeschränkte Toleranz ist für Cyprian nicht denkbar, sondern nur eine Gewissensfreiheit in engen Grenzen.[107] Sie »erfordert,

---

100 Darauf hat Kantzenbach nachdrücklich hingewiesen und durch reiche Belege aus Cyprians Schriften untermauert. Den »Argwohn«, dass »hier eine politisch-soziologische motivierte Gegnerschaft zum Teil nur theologisch frisiert worden« sei (Kantzenbach [s. Anm. 11], 35), halte ich für unbegründet.

101 Cyprian, Warnung, 25.

102 Cyprian, Fernere Proben, 38.

103 Cyprian, Warnung, Vorrede 47.

104 Cyprian, Warnung, Vorrede 47f.

105 Cyprian, Warnung, Vorrede 31.

106 Cyprian, Warnung, Vorrede 43.

107 Zur Diskussion des 18. Jahrhunderts vgl. Hans Schneider: Konfessionalität und Toleranz im protestantischen Deutschland des 18. Jahrhunderts. In: Konfessionalisierung vom 16.-19. Jahrhundert. Referate des 5. Internationalen Kirchenarchivtags

daß wir niemanden zur wahren Religion zwingen; sie erfordert aber nicht, daß wir einem ieden gestatten sollen, schädliche und in praxi unruhige Lehren im Land auszustreuen, und trennliche Verwirrung [Separatismus] dadurch anzurichten.«[108] Cyprian appelliert an die Verantwortung lutherischer Fürsten und hoffte auf ihre Unterstützung, um die von Arnolds Buch ausgehende Gefahr für Kirche und Staat zu bannen. »Friedensstöhrer, und Anfänger der Uneinigkeit müssen gehasset werden, wie es denn auch von gottseligen Regenten noch heut zu Tage geschiehet.«[109]

III

Die Streitschriften, die Cyprian in den Jahren 1700-1702 gegen Arnolds *Kirchen- und Ketzerhistorie* veröffentlichte, gehören in den größeren Kontext der Auseinandersetzung der Orthodoxie mit der pietistischen Bewegung. Cyprian wandte sich aber ausdrücklich nur gegen die radikalen Erscheinungsformen.[110] Dagegen wird Spener gelegentlich lobend erwähnt und gegen Arnold ausgespielt.[111] Gerade dessen radikale Kritik auch an der lutherischen Kirche und ihrer Theologie musste empörte Reaktionen provozieren. Arnold ist für ihn ein Repräsentant der »Fanatici«, »Enthusiasten« und »Separatisten«. Die Erfahrungen, die Cyprian in Coburg und Gotha mit Separatisten machte[112], die Nachrichten, die er aus ganz

Budapest 1987. Hg. v. Helmut Baier. Neustadt/Aisch 1989 (Veröffentlichungen der Arbeitsgemeinschaft der Archive und Bibliotheken in der evangelischen Kirche, 15), 87-106.

108 Cyprian, Warnung, 25.

109 Cyprian, Warnung, Vorrede 44. In Anm. t Hinweis auf Formula Concordiae, praef.

110 Gelegentlich finden sich Spitzen gegen Francke, wenn Cyprian etwa behauptet, dass jener die Veröffentlichung von Pfanners Widerlegung [Unparteyisches Bedencken [...]. Gotha 1701] zu hintertreiben versucht habe, oder wenn er anmerkt, dass Arnolds Schwiegervater Sprögel Francke »außerhalb seiner Dioeces eigenmächtig ohne proclamation getrauet« habe (Cyprian. In: Grosch 728f.). Zu Cyprians Verhältnis zu den hallischen Pietisten vgl. auch Tholuck u. Müller [s. Anm. 13], 367.

111 Vgl. etwa Cyprian, Vorrede zu Grosch, XI (Hinweis auf Spener: Theologische Bedenken. Bd. 2. Halle/Saale 1702, 88f., zu CA V).

112 Vgl. Horst Weigelt: Ernst Salomon Cyprians Auseinandersetzung mit separatistischen Pietisten in Coburg während seines Direktorates am Collegium Casimirianum. In: Ernst Salomon Cyprian [s. Anm. 43], 96–110.

Deutschland, den Niederlanden und England über »Fanatici« sammelte[113], bestärkten ihn in seinem Argwohn gegen die Erscheinungen, als deren Manifest er die *Kirchen- und Ketzerhistorie* betrachtete.

Doch warum hat Cyprian es für notwendig angesehen, noch drei Jahrzehnte nach Arnolds Tod, als die heftigen Auseinandersetzungen um den Pietismus schon der Vergangenheit angehörten, die literarische Polemik erneut aufzunehmen? Erdmann Rudolph Fischer verweist darauf, dass Cyprian »aus der Erfahrung gewust [habe], was für Unheil die Arnoldische Kirchen- und Ketzer-Historie allbereit angerichtet, und noch immer anrichte«.[114] Dazu schreibt Cyprian selbst in der Vorrede zu Groschs *Verthaidigung*:

> »Arnold ist tod, aber sein Buch ist gar nicht tod [...] Die ersten Christen verbrannten die schädlichen Bücher öffentlich; anitzo drucket man sie von neuem, schmücket sie mit Kupfferstichen, und wiederholet ihre Auflagen, so offt es der Geschmack unserer unglaubigen Zeiten und der Geldgeitz der Verleger erfordern, welche mehrentheils solche Waare aus Gewinnsucht bis an Himmel erheben.«[115]

Für Arnolds Verleger Thomas Fritsch war das Werk in der Tat ein rentables Geschäft gewesen, das ihm »steinerne Häuser gebauet«.[116] Offenbar wegen der großen Nachfrage hatte der erste Band schon 1700, ein Jahr nach seiner Veröffentlichung, nachgedruckt werden müssen[117], 1703 waren bei Fritsch die *Supplementa* erschienen, 1715, ein Jahr nach Arnolds Tod, hatte Fritsch eine Neuausgabe des zweiten Bandes mit den *Supplementa* herausgebracht[118] und 1729 hatten Fritschens Erben das ganze Werk neu aufgelegt[119]. Bereits 1701 war eine niederländische Übersetzung

---

113 Das umfangreiche Material (Briefe, Traktate etc.), das Cyprian in jahrzehntelanger Arbeit sammelte (von Cyprian z.B. benutzt in der Vorrede zu Grosch, XIIIf.), befindet sich in der Landes- und Forschungsbibliothek Gotha. Eine wertvolle Erschließungshilfe bietet der ungedruckte Katalog von Gertraud Zaepernick: Verzeichnis der Handschriftenbestände pietistischer, spiritualistischer und separatistischer Autoren des 17. und 18. Jahrhunderts in der Landesbibliothek Gotha sowie in anderen Handschriftensammlungen und Archiven in Gotha und Erfurt.

114 Fischer [s. Anm. 55], B 1v.

115 Cyprian, Vorrede, XXVII.

116 Nachrichten von den neuesten theologischen Büchern und Schriften. Jena u. Leipzig 1743, 261, Anm.

117 Vgl. Dünnhaupt Nr. 17.2.

118 Vgl. Dünnhaupt Nr. 17.3. – Diese Ausgabe hat in der Arnold-Forschung keine Beachtung gefunden.

119 Vgl. Dünnhaupt Nr. 17.4. Reprint dieser Ausgabe: Hildesheim 1967.

von Band 1 (Teile I und II)[120], 1729 von Teil III erschienen[121]. (Nur diese Ausgaben besitzen die von Cyprian erwähnten Kupferstiche.) In den Jahren 1740-1742 hatten die Verleger Emanuel und Benedikt Hurter in Schaffhausen[122] die *Kirchen- und Ketzerhistorie* in drei Foliobänden in einer neuen Auflage auf den Markt gebracht.[123] Dass Band 3 dieser Ausgabe[124] auch die wichtigsten Gegenschriften gegen Arnold – darunter auch die Cyprians – enthielt, konnte dem Gothaer Theologen nur ein schwacher Trost sein.

Es ist wohl kein Zufall, dass Cyprian nur wenige Wochen nachdem der erste Band der Neuauflage von Arnolds Werk zur Ostermesse 1740 erschienen war, Grosch mit der *Nothwendigen Verthaidigung* beauftragte.[125] Doch es war nicht nur der Neudruck, der Cyprian erneut auf den Plan rief. Zwei schon erwähnte Spätschriften Cyprians geben Hinweise auf ein weiteres Motiv. Es handelt sich zum einen um die 1744 erschienene *Vernünfftige Warnung für den Irrthum von Gleichgültigkeit derer Gottesdienste, oder Religionen*[126], zum anderen um die 1748 posthum herausgekommene *Erläuterung des einfältigen Urtheils, Welches D. Christian Thomasius, Professor Juris zu Halle, Von der Arnoldischen Ketzer-Historie gefället hat*[127]. Das erste ist in der bisherigen Forschung kaum beachtet, das zweite in seiner besonderen Frontstellung nicht gewürdigt worden. Diese späten Schriften Cyprians spiegeln die gewandelte geistes- und kirchengeschichtliche Situ-

---

120 Gottfried Arnold: Historie der Kerken en Ketteren [...]. Amsterdam 1701. Vgl. DGK 7.1566; Dünnhaupt bei Nr. 17.1.

121 Gottfried Arnold: Historie der Kerken en Ketteren [...]. Amsterdam u. Groningen 1729. Vgl. Christiaan Sepp: Geschiedkundige Nachsporingen. Leiden 1872, 24.

122 Zur Vermutung Seebergs [s. Anm. 17], 63, Anm. 1, dass der Schaffhausener Verlag »vielleicht auch sonst separatistische Sachen gebracht« habe, vgl. Paul Wernle: Der schweizerische Protestantismus im XVIII. Jahrhundert. Bd. 1. Tübingen 1923, 218f.

123 Vgl. Dünnhaupt, Nr. 17.5. Zu dieser Ausgabe vgl. Sepp [s. Anm. 121], 22-54 (»De Schaffhausensche uitgaaf van Arnolds Kirchen- und Ketzerhistorien«).

124 Band 1 war von dem Separatisten Lic. Cramer in Offenbach bearbeitet worden, die Bände 2 und 3 hatte der Tübinger Professor und spätere Kanzler Cotta ediert. Vgl. dazu Sepp [s. Anm. 121], 33ff.

125 Ostern fiel 1740 auf den 17. April, Grosch erhielt den Auftrag und die Genehmigung zur Benutzung der Bibliothek am 22. Mai (Grosch: Vorrede, XLVI).

126 S.o. Anm. 56. Vgl. zu dieser Schrift Ulman Weiß: Das Vermächtnis des Vizepräsidenten. Die Warnung vor Rationalismus und religiöser Radikalität. In: Ernst Salomon Cyprian [s. Anm. 43], 217–232.

127 S.o. Anm. 55.

ation in Deutschland wider. Wenn auch die *Warnung* vordergründig »gegen Zinzendorf und seine Anhänger«[128] gerichtet zu sein scheint, ist doch die Front, gegen die Cyprian hier eigentlich kämpft, die sich immer mehr ausbreitende Aufklärung. Und gegen einen bedeutenden Repräsentanten der Aufklärung wandte sich Cyprians letzte, posthum erschienene Schrift.

Die Aufklärung trat mit den 1740er Jahren in eine neue Phase und erreichte jetzt auch breitere Bevölkerungsschichten. Einige Vorgänge, die in der historischen Retrospektive zeichenhafte Bedeutung gewinnen, wurden schon von aufmerksamen Zeitgenossen in ihrer Tragweite erkannt. Der Regierungsantritt Friedrichs II. von Preußen 1740 markierte den Übergang zu einem aufgeklärten Absolutismus in größeren und kleineren deutschen Staaten; auch am Gothaer Hof machte sich der neue Geist bemerkbar[129]. Die aufklärerischen Grundsätze in der Politik der Staaten zogen auch eine Veränderung der Religionspolitik nach sich. Die triumphale Rückkehr Christian Wolffs nach Halle 1740 konnte als ein Fanal für den Siegeszug der Aufklärung an den Universitäten erscheinen. (1737 war Göttingen als erste Universität gegründet worden, die – abgesehen von der Theologischen Fakultät – keine konfessionelle Bekenntnisbindung mehr kannte.[130]) Wolff hatte während seiner Marburger Zeit (1723-1740) den Höhepunkt seiner akademischen und publizistischen Wirksamkeit erlebt, und auch in der deutschen Theologie wuchs die Zahl seiner Anhänger. Doch in den 1740er Jahren kündigte sich nach Wolffianismus und »Übergangstheologie« bereits die radikalere Phase der Neologie an. 1741 erschien die *Bibel der Deisten*, Matthew Tindals *Christianity as Old as the Creation* in deutscher Sprache[131]; der Übersetzer der anonymen Ausgabe war jener Johann Lorenz Schmitt, der 1735 mit seiner rationalistischen Wertheimer Bibel die Gemüter in Staat und Kirche erregt hatte.[132] In den folgenden Jahren wurde die englische deistische Literatur, wenngleich auch zunächst vor

---

128 Fischer [s. Anm. 41], 46. Vgl. Dietrich Meyer: Cyprians Abwehr einer Herrnhuter Siedlung im Fürstentum Gotha. In: Ernst Salomon Cyprian [s. Anm. 43], 136–166.

129 Vgl. den Beitrag von Gertraud Zaepernick: Die Anfänge der Aufklärung im Herzogtum Sachsen-Gotha-Altenburg und Cyprians Stellung dazu. In: Ernst Salomo Cyprian [s. Anm. 43], 202-216.

130 Vgl. zuletzt Bernd Moeller: Johann Lorenz von Mosheim und die Gründung der Göttinger Universität. In: Theologie in Göttingen. Eine Vorlesungsreihe. Hg. v. B. Moeller. Göttingen 1987 (Göttinger Universitätsschriften A, 1), 9-40.

131 Beweis, daß das Christentum so alt als die Welt sei, neben Herrn Jacob Fosters Widerlegung desselben. o.O. 1741.

132 Vgl. Wilhelm Hölscher: Art. »Bibelwerk«. In: RE^3 3, 1897, 183f. (Lit.).

allem durch antideistische Apologien[133], in größerem Umfang in Deutschland bekannt und vermittelte dann der deutschen Aufklärungstheologie wichtige Impulse.

In Cyprians Augen war die Lage schon Mitte der 1740er Jahre in höchstem Maße besorgniserregend, ja geradezu deprimierend. Einen Tag nach Abschluss des Manuskripts der *Warnung* schrieb er fast resignativ an seinen orthodoxen Kampfgefährten Valentin Ernst Löscher: »Quibus calamitatibus prematur ecclesia nostra intelligo, et sortem ejus saepe acerbis lacrymis deploro.«[134] Die Wandlungen des geistigen Klimas, die Veränderungen in Gesellschaft, Kirche und Theologie hat er als kritischer Beobachter sensibel registriert und die Folgen dramatisch und in düsteren Farben beschrieben: »Denn man weis leider! daß es anitzo ungleich mehr gantz determinirte Atheisten giebet, als vor hundert und mehr Jahren [...]«.[135] Seit fünfzig bis sechzig Jahren sei »durch die ungebundene Verträglichkeit [Toleranz], Freyschreiberey, Einführung des Unglaubens, und zumahl der Verkleinerung der Person und Religion unseres hochgebenedeyten Heylandes JEsu Christi [...] eine unglaubliche Menge von Atheisten, Separatisten und Fanatiqven in der Christenheit erwachsen«[136], der »Unglaube« habe »das so genante Lutherthum fast gantz überströhmet, und selbst die Gründe der natürlichen Religion nach Möglichkeit umgestürzet«.[137] Zynisch spricht er über »die nunmehr aufgeklärte«[138] oder eher »vermeyntlich-aufgeklärte Vernunfft«[139]. Der Ausweitung des Zuständigkeitsbereichs der Vernunft als theologischem Kriterium[140] hält er entgegen: »Die Vernunfft zur Richterin der christlichen Glaubenslehre machen«, sei »ein verdamlicher Irrthumb und Ungehorsam gegen GOtt«[141], denn die

---

133 Vgl. die Zusammenstellung bei Gotthard Viktor Lechler: Geschichte des Deismus. Tübingen 1841 [Reprint: Hildesheim 1965], 450f.

134 Brief Cyprians an Löscher vom 4. Januar 1744, abgedruckt in FSATS 1744, 845f. Der Abdruck zweier Briefe Cyprians an Löscher folgt auf die Rezension der *Warnung* (FSATS 1744, 840-843).

135 Cyprian, Warnung, Vorrede 48.

136 Cyprian, Vorrede zu Grosch, XVI.

137 Cyprian, Warnung, Vorrede 58.

138 Cyprian, Warnung, Vorrede 53.

139 Cyprian, Vorrede zu Grosch, XXI.

140 Vgl. dazu Gottfried Hornig: Lehre und Bekenntnis im Protestantismus. In: Handbuch der Dogmen- und Theologiegeschichte. Bd. 3. Hg. v. Carl Andresen. Göttingen 1984 [Reprint 1989], 126-131.

141 Cyprian, Warnung, 43.

Vernunft könne ohne Offenbarung niemals das Wesen der Religion erfassen[142]. Er tadelt den Eklektizismus der »Auswähler«[143], beobachtet die Tendenzen zur Verselbständigung der Ethik[144] und fragt bitter: »was werden sie auslesen? Eine stroherne Morale, oder Sittenlehre, worinnen nichts von JEsu Christo, dem Heylande der gantzen Welt angetroffen wird?«[145]

Als die größte Gefahr betrachtet Cyprian die Lockerung und Auflösung der Bekenntnisbindung. Die »Indifferentisterey« hatte er schon in seinen ersten Schriften gegen Arnold bekämpft. Den Unionsbestrebungen der 1720er Jahre, die er nur als eine sublime Form von Indifferentismus betrachtete, hatte er entschiedenen Widerstand entgegengesetzt.[146] Die aufklärerischen Tendenzen zur Relativierung der konfessionellen Unterschiede musste ihn daher alarmieren; dem nachlassenden konfessionellen Engagement der Obrigkeiten – der aufgeklärte Friedrich II. von Preußen wollte jeden »nach seiner Façon« selig werden lassen[147] – suchte Cyprian mit seiner Warnung vor den dem Staat drohenden Gefahren und mit dem Hinweis auf das Beispiel der »gottseligen Regenten« zu begegnen. Schon 1701 hatte Cyprian die Alternative (die für ihn keine echte Alternative war) formuliert:

> »Entweder man kan in allen Religionen selig werden/ oder die Obrigkeit ist verbunden/ dahin zu sehen/ daß ihre Unterthanen mit der wahren Lehre versehen/ und selig werden mögen/ folglich ist sie verbunden/ denen Irr-Geistern Einhalt zu thun/ daß sie mit ihrer Lehre die Unterthanen nicht anstecken/ und also um der Seelen Seligkeit bringen mögen.«[148]

In diesem Kontext ist der erneut aufgenommene Kampf des alten Cyprian gegen Arnold zu sehen. Zwischen radikalem Pietismus (»Fanaticismus«)

---

142 Cyprian, Warnung, 45.

143 Cyprian, Warnung, 52 u. 61.

144 Vgl. dazu Hornig [s. Anm. 140], 131-133.

145 Cyprian, Warnung, 52.

146 Vgl. den Beitrag Wolf-Friedrich Schäufele: Ernst Salomon Cyprian, Christoph Matthäus Pfaff und die Regensburger Kirchenunionsbestrebungen. In: Ernst Salomo Cyprian [s. Anm. 43], 187–201.

147 »Die Religionen müssen alle tolleriret werden und mus der Fiscal nuhr das Auge darauf haben, daß keine der andern Abbruch tuhe, den hier mus ein jeder nach seiner Fasson selich werden.« (Randverfügung an das Geistl. Departement vom 22. Juni 1740, mit der er den Antrag, die katholischen Schulen aufzuheben, weil sie die Schüler zur katholischen Konfession verleiten könnten, ablehnte [G. Mendelssohn-Bartholdy: Der König Friedrich d.Gr. in seinen Briefen und Erlassen. Ebenhausen b. München 1912, 108]).

148 Cyprian, Anmerckungen[3], Antwort, Kap. 1, § 11.

und Aufklärung sah Cyprian einen engen Zusammenhang in der Propagierung der religiösen (konfessionellen) Indifferenz. Mit seiner *Kirchen- und Ketzerhistorie* habe Arnold der Aufklärung in die Hände gearbeitet. Die maßlose antiklerikale Kirchenkritik, in der die lutherische Kirche »als teufflisch verworrener Hauffe abgebildet«[149], ja, die christliche Religion insgesamt lächerlich gemacht worden sei[150], habe dem Unglauben Vorschub geleistet. Cyprian führt es nicht zuletzt auf die Wirkung von Arnolds Werk zurück, dass seit 1699, dem Erscheinungsjahr des ersten Bandes der *Kirchen- und Ketzerhistorie,* »die Indifferentisterey, und Verachtung der christlichen Religion, gewaltig zugenommen« habe.[151]

Auf diesem Hintergrund ist auch die posthum veröffentlichte Schrift gegen Thomasius zu sehen. Sie richtet sich gegen die Empfehlung der *Kirchen- und Ketzerhistorie,* die dieser 1701 öffentlich ausgesprochen[152] und seither in zahlreichen Publikationen wiederholt hatte[153]. Den orthodoxen Kritiker Cyprian hatte Thomasius öffentlich als »Raben-Geburt« tituliert und von den *Anmerckungen* gegen Arnold geurteilt, sie seien allenfalls dazu brauchbar, dass die Krämer ihren Käse darin einwickelten![154] Doch Cyprians *Erläuterung* war nicht bloß posthume Revanche für erlittene Kränkung. Schon in seiner *Warnung* stellte Cyprian Arnold mit Thomasius zusammen, weil sie gemeinsam die Orthodoxie verunglimpft und den Indifferentismus propagiert hätten.[155] Er konstatiert die enge Kooperation und den Gleichklang zwischen beiden in einigen grundsätzlichen Fragen. Cyprian hat schon die Beobachtungen der neueren Forschung[156] vorweg-

---

149 Cyprian, Vorrede zu Grosch, XVI.

150 Cyprian, Vorrede zu Grosch, XXI.

151 Cyprian, Vorrede zu Grosch, XVII.

152 S.o. Anm. 8.

153 Vgl. die Hinweise bei Gertrud Schubart-Fikentscher: Thomasius zur Kirchengeschichte. In: Festschrift Guido Kisch. Stuttgart 1955, 189-202, hier 193, Anm. 11.

154 Außerlesene und in Deutsch noch nie gedruckte Schrifften. Bd. 2. Frankfurt/Main u. Leipzig 1714, 226f.; zitiert bei Pott [s.u. Anm. 156], 255.

155 Cyprian, Warnung, 32 u. 120.

156 Zu den Beziehungen zwischen Thomasius und Arnold vgl. Hans Leube: Die Reformideen in der deutschen lutherischen Kirche zur Zeit der Orthodoxie. Leipzig 1924, 17-20; Erich Seeberg: Christian Thomasius und Gottfried Arnold. In: NKZ 31, 1920, 337-358; ders.: Gottfried Arnold [s. Anm. 17], 498-516; Schubart-Fikentscher [s. Anm. 153]; Dietrich Blaufuß. In: ders. u. Jürgen Büchsel: Gottfried Arnolds Briefwechsel. Erste Bestandsaufnahme - Arnold an Christian Thomasius 1694. In: Pietismus - Herrnhutertum - Erweckungsbewegung. Festschrift Erich Beyreuther. Hg. v.

genommen, dass Thomasius »schon lange vor dem Erscheinen der Kirchen- und Ketzerhistorie eine Kirchengeschichte dieser Art sich gewünscht hatte und nun in der Arbeit des Pietisten diesen Wunsch erfüllt sah«.[157] Bereits den Zeitgenossen war bekannt, dass Thomasius schon im Herbst 1693 in seiner Zeitschrift *Historia Sapientiae et Stultitiae* zwei Beiträge Arnolds veröffentlicht hatte.[158] Ebenso offenkundig war, dass Arnold in der *Kirchen- und Ketzerhistorie* mehrfach auf Arbeiten des hallischen Gelehrten zurückgegriffen hatte.[159] Und Thomasius hatte selbst kundgetan, dass ihm Arnold vor der Drucklegung seines Werkes »die ersten vier Secula« vorgelegt habe; er sei davon begeistert gewesen, aber auch besorgt wegen der »bißhero unbekannten Wahrheiten von denen politischen Grundstützen«.[160]

Cyprians Interesse galt freilich nicht primär den literarischen Beziehungen zwischen Thomasius und Arnold. Beide stehen als Exponenten für die in seinen Augen unheilvolle Koalition von »Fanaticismus« und Aufklärung, sozusagen als verbündete Schrittmacher von Indifferentismus und Atheismus.[161] In der *Erläuterung* hat er vor allem die unheilvolle Wirkung im Blick, die von Thomasius' Empfehlung der *Kirchen- und Ketzerhistorie* ausging; ihre Tragweite hat er offenbar schon ebenso groß angesehen wie neuere Forscher.[162] Daher hat er mit sicherem Gespür sein letztes Buch gegen jenen Mann gerichtet, der als »Herold [...] das Werk Arnolds in den Kreisen der Aufklärung bekannt gemacht und an seiner Verbreitung sowie Anerkennung den größten Anteil gehabt hat.«[163] Die *Erläuterung* Cyprians

---

Dietrich Meyer. Düsseldorf 1982, 71-106; Klaus Garber: Gefährdete Tradition. Frühbürgerliches Erbe und Aufklärung. Arnold - Leibniz - Thomasius. In: Kulturelles Erbe zwischen Tradition und Avantgarde. Hg. v. Thomas Metscher u. Christian Marzahn. Köln u.a. 1991, 1-64; Martin Pott: Christian Thomasius und Gottfried Arnold. In: Blaufuß u. Niewöhner [s. Anm. 1], 247-265.

157 Leube [s. Anm. 156], 18.

158 Historia sapientiae et stultitiae, Teil III, 1693, 113ff.; Historie der Weisheit III. 1693, 124ff.

159 Vgl. etwa UKKH Bd. I, Teil II, B. 16, c. 6, § 14; c. 7, § 6; c. 10; B. 17, c. 15, §§ 6-8; Bd. II, Teil III, B. 4, c. 16; Additamenta zu I,4,1.

160 Christian Thomasius: Melchior von Osses Testament, 1717, 343f., Anm. 160; zitiert nach Schubart-Fikentscher [s. Anm. 153], 199.

161 Im Anhang der Schrift wird ein Königlich-preußisches »Rescript von Thomasii Atheistischen Lehrsätzen« mitgeteilt.

162 »Es hat sich das Geschichtsbild Arnolds durchgesetzt, weil Christian Thomasius in begeisterten Worten seinen Beifall für das Werk Arnolds kundtat« (Leube [s. Anm. 156], 17).

163 Leube [s. Anm. 156], 20.

ist gleichsam das Vermächtnis des orthodoxen Theologen, ein letztes warnendes *ceterum censeo* gegenüber den Gefahren einer neuen Zeit, zu deren Wegbereitern er Arnold zählte.

Cyprian stand in seinem Kampf gegen Arnold auf verlorenem Posten. Auch seine späten Schriften waren ein Rückzugsgefecht der lutherischen Spätorthodoxie, und nur hier fanden seine Warnungen und Mahnungen ein Echo.[164] Den aufgeklärten Zeitgenossen erschienen seine theologischen und kirchenpolitischen Einwände als überholt und antiquiert.[165] Hingegen übte das von Arnold vermittelte Geschichtsbild einen außerordentlichen Einfluss[166] aus, wie etwa am Beispiel Goethes[167] deutlich wird; Arnolds Zerrbild von der erstarrten, toten Orthodoxie wirkt sogar bis in die Gegenwart nach. Die kirchenhistorische Fachwelt erkannte zwar deutlich die Einseitigkeit und die Schwächen der Darstellung Arnolds, wie z.B. Mosheims kritische Bemerkungen in seinem *Versuch einer unparteyischen und gründlichen [!] Ketzerhistorie* zeigen,[168] doch der unerhörte Aufschwung, den die Beschäftigung mit der Kirchengeschichte in der Folgezeit genommen hat, verdankt sich den durch (Thomasius und) Arnold vermittelten Impulsen, die das »modern« historische Denken prägten. Gerhard Ebeling hat freilich die provozierende Frage aufgeworfen, ob nicht das moderne Denken, an dessen Ende die kritische Auflösung des Kirchenbegriffs stehe, eine radikale Form des Schwärmertums sei.

»Die radikale Anwendung der historischen Methode hat die Theologie in die

164 Zu den Nachdrucken der *Warnung* vgl. den Beitrag von Ulman Weiß [s. Anm. 126].

165 Vgl. die Bemerkungen über Arnolds Gegner bei Johann Salomo Semler: Neue Versuche, die Kirchenhistorie der ersten Jahrhunderte aufzuklären. Leipzig 1788, 93f. (zit. bei Peter Meinhold: Geschichte der kirchlichen Historiographie. Bd. 2. Freiburg u. München 1967 [Orbis Academicus, 3,5], 53).

166 Vgl. Seeberg [s. Anm. 17], 535-611.

167 Vgl. Peter Meinhold: Der junge Goethe und die Geschichte des Christentums. In: Saec. 1, 1950, 196-227; ders.: Geschichte [s. Anm. 165], 554-560; Richard Brinkmann: Goethes ›Werther‹ und Gottfried Arnolds ›Kirchen- und Ketzerhistorie‹. Versuche zu Goethe. In: Festschrift Erich Heller. Hg. v. Volker Dürr u. Geza von Molnár. Heidelberg 1976, 167-189; wieder abgedruckt in: ders.: Wirklichkeiten. Tübingen 1982, 91-126; Eitel Timm: Das Politikum der Größe: Goethes Institutionenkritik am Leitfaden der Depravationstheorie Gottfried Arnolds. In: Goethe-Yearbook 5, 1990, 25-45.

168 Johann Lorenz von Mosheim: Versuch einer unparteyischen und gründlichen Ketzerhistorie. Helmstedt 1746, 13, 20, 39. Vgl. zu Mosheims Verhältnis zu Arnold Seeberg [s. Anm. 17], 579-597.

> Aporie gestellt, was eigentlich Kirchengeschichte ist. Der evangelischen Theologie ist heute die Frage aufgegeben, ob diese Konsequenz [die kritische Auflösung des Kirchenbegriffs] das notwendige Ergebnis der Anwendung der historischen Methode auf die Kirchengeschichte ist. [...] das Schwärmertum stellt uns vor eine echte theologische Frage, deren Beantwortung der Protestantismus bisher schuldig geblieben ist: nämlich nach dem Verhältnis von Kirche und Geschichte.«[169]

Das war schon die zentrale Frage, die Ernst Salomo Cyprian in seiner Auseinandersetzung mit Arnold umgetrieben hat.

169 Ebeling [s. Anm. 97], 20.

V. »Mit Kirchengeschichte, was hab' ich zu schaffen?« Goethes Begegnung mit Gottfried Arnolds *Kirchen- und Ketzerhistorie*

»Mit Kirchengeschichte, was hab' ich zu schaffen?«, fragt Goethe in den *Zahmen Xenien*, »Ich sehe weiter nichts als Pfaffen.«[1] Bekannt und oft zitiert sind auch andere Äußerungen über die Kirchengeschichte aus derselben Sammlung:

»Sag, was enthält die Kirchengeschichte?
Sie wird mir in Gedanken zu nichte;
Es gibt unendlich viel zu lesen,
Was ist denn aber das alles gewesen?
[...]
Durch viele Säcla dasselbe geschicht,
Es dauert bis an das jüngste Gericht.«[2]

Oder:

»Glaubt nicht, daß ich fasele, daß ich dichte;
Geht hin und findet mir andre Gestalt!
Es ist die ganze Kirchengeschichte
Mischmasch von Irrthum und von Gewalt.«[3]

Mit solchen Zitaten, die dem Kirchenhistoriker nur ein sardonisches Lächeln entlocken, kann man Theologiestudierende erfreuen, die angesichts der Stoffmasse der Kirchengeschichte (»es gibt unendlich viel zu lesen«) sich ohne rechte Orientierung resignierend durch die Lehrbücher kämpfen, denen der Gegenstand »in Gedanken zu nichte« wird und als unentwirrbarer »Mischmasch« erscheint.

Goethe hat freilich das getan, wovor viele Studierende zurückschrecken: er hat in seiner Jugend und – wie sein Briefwechsel bezeugt – noch im Alter »unendlich viel« gelesen. Seine negativen Urteile über die Kirchenge-

---

1 Zahme Xenien, Nachl. (WA I 5/1, 131).

2 Zahme Xenien, Nachl. (WA I 5/1, 130).

3 Zahme Xenien, Nachl. (WA I 5/1, 131).

schichte sind nicht Ausdruck von Unkenntnis, sondern entspringen einer intensiven Beschäftigung mit der Geschichte des Christentums. In *Dichtung und Wahrheit* stellt er schon im Blick auf seine Straßburger Zeit fest: »Die Kirchengeschichte war mir fast noch bekannter als die Weltgeschichte [...].«[4] Sein ganzes Leben hindurch hat er – wenngleich in unterschiedlicher Intensität – kirchenhistorische Werke studiert: Quellenausgaben oder Monographien über Augustin, Chrysostomus, Gregor von Tours, Bonifatius und Werke Luthers; er hat sich mit der Geschichte der lateinischen Kirche im Mittelalter ebenso befasst wie mit der Frömmigkeit der Ostkirchen, sein Interesse galt den religiösen Gruppen in Nordamerika und der englischen Mission in Indien.[5] Noch in seinen beiden letzten Lebensjahrzehnten hat er sich mit der Kirchengeschichte beschäftigt, sogar kirchen- und dogmengeschichtliche Lehrbücher mit Unterstreichungen durchgearbeitet.[6]

Unter den kirchengeschichtlichen Werken, die Goethe im Laufe seines Lebens studiert hat, steht eines voran – zeitlich und nach seiner Bedeutung: Gottfried Arnolds *Unparteiische Kirchen- und Ketzerhistorie.*

Als Goethe das Werk kennenlernte, war es schon 70 Jahre her, dass der erste Band 1699 zur Frankfurter Ostermesse herausgekommen war,[7] dem im folgenden Jahr der zweite folgte – ein Werk, das an der Jahrhundertwende erschienen war und, wie sich zeigen sollte, wirklich ein Jahrhundertwerk wurde.[8]

---

4 Dichtung und Wahrheit III,11 (WA I 28, 41).

5 Für die Einzelbelege verweise ich auf die materialreiche Untersuchung von Peter Meinhold: Goethe zur Geschichte des Christentums. Freiburg u. München 1958.

6 S.u. S. 181f.

7 Gottfrid Arnolds Unparteyische Kirchen= und Ketzer=Historie/ von Anfang des Neuen Testaments biß auff das Jahr CHristi 1688. Franckfurt am Mayn/ bey Thomas Fritsch. M.DC.XCIX. Teil 2: 1700. Zu den weiteren Auflagen vgl. Gerhard Dünnhaupt: Personalbibliographien zu den Drucken des Barock. Bd. 1. Stuttgart 1990, 326f. Nr. 17.3-5. Ich zitiere als UKKH nach der von Goethe benutzten Auflage von 1729 [s.u. Anm. 41], und zwar nach Teil (Band), Buch, Kapitel, Paragraph, nur in den anders gegliederten Abschnitten des zweiten Bandes mit Seitenangabe.

8 Zu Arnold und seiner *Unparteiischen Kirchen- und Ketzerhistorie* vgl. Hans Schneider: Arnold-Literatur 1714-1993. In: Gottfried Arnold (1666-1714). Hg. v. Dietrich Blaufuß u. Friedrich Niewöhner. Wiesbaden 1995 (Wolfenbütteler Forschungen, 61), 267-299. Die umfassendste und gründlichste Analyse bietet noch immer Erich Seeberg: Gottfried Arnold. Die Wissenschaft und die Mystik seiner Zeit. Meerane 1923 [Reprint: Darmstadt 1964].

1699/1700 war die *Kirchen- und Ketzerhistorie* ein revolutionäres Buch gewesen, das sogleich heftige Kontroversen auslöste.[9] Arnolds neues methodisches Programm wird durch das Stichwort »unparteiisch« signalisiert. Er will nicht mehr aus der Sicht einer Religionspartei (Konfession) schreiben, sondern einen Standpunkt über den und jenseits der Konfessionen einnehmen.[10] Allerdings handelte es sich bei Arnolds »Unparteilichkeit« noch nicht um das Bemühen um Objektivität im modernen Sinn; sie ist vielmehr Ausdruck einer – höchst parteilichen – spiritualistischen Kirchenkritik und deren Konkretisierung in einer expliziten Historiographie. Ausgangspunkt ist die spiritualistische Maxime, dass es in der christlichen Religion nur um die individuelle Begegnung zwischen dem Geist Gottes und der menschlichen Seele gehe. Jede Objektivierung und Institutionalisierung widerstreite dem Wesen des christlichen Glaubens. Nur die Urchristenheit, die apostolische Zeit, sei die Geist-erfüllte Idealzeit. Danach beginne die bis zur Gegenwart andauernde Geschichte des Verfalls. Die sich ausbildende Verfassung, dogmatische Systeme, Kirchenrecht und Kult seien Zeichen des Abfalls von der wahren geistlichen Kirche des Urchristentums. Vor allem seit der konstantinischen Wende[11] sei die alte heidnische Priesterherrschaft in die Kirche eingedrungen, und seither beherrschten die Machtgelüste des mit der weltlichen Gewalt verbündeten Klerus das kirchliche Leben und die Lehre. Auch die Kirchen der Reformation, die im Protest gegen das römische antichristliche »Babel« entstanden, seien bald wieder in die alten Strukturen mit Pfaffenherrschaft und einem neuen Papsttum verfallen, mithin selbst zum »Babel« geworden. Arnold kennt nur die wahre, unsichtbare Kirche des Geistes und »die Anbetung im Geist und in der Wahrheit« (Joh 4,24). Die Konfessionen seien alle Sekten, ihre dogmatischen Lehrgebäude bloße »Meinungen«. Arnolds ganze Sympathie gilt den »Stillen im Lande« (vgl. Ps 35,20) in allen Konfessionen, die von der Welt zurückgezogen in mystischer Beschaulichkeit ein heiliges Leben führen. In ihnen stellt sich ihm die Kontinuität der unsichtbaren wahren

9 Eine – unvollständige – Zusammenstellung der Streitschriften findet sich bei Franz Dibelius: Gottfried Arnold. Sein Leben und seine Bedeutung für Kirche und Theologie. Berlin 1873, 226-228, und bei Dünnhaupt [s. Anm. 7], 315.

10 In diesem Sinne begegnet der Begriff schon bei Caspar von Schwenckfeld, der eine Schrift »ain recht unpartyisch büchlin [...] in yetzigem zwispallt des glaubens« nennt (CSchw IV, 216); vgl. dazu Gottfried Maron: Individualismus und Gemeinschaft bei Caspar von Schwenckfeld. Seine Theologie, dargestellt mit besonderer Ausrichtung auf seinen Kirchenbegriff. Stuttgart 1961, 134-138.

11 Wilhelm Kahle: Über den Begriff ›Ende des konstantinischen Zeitalters‹. In: ZRGG 17, 1965, 206-234; Ernst Berneburg: Das Bild Konstantins d. Gr. in der Kirchengeschichtsschreibung Gottfried Arnolds. Diss. theol. [masch.] Göttingen 1972.

Kirche dar. Urteilskriterium in Arnolds Darstellung ist nicht mehr die konfessionell bestimmte Orthodoxie, sondern die Geist-erfüllte Frömmigkeit. Nur der Wiedergeborene, der vom Geist erleuchtet sei, könne die Kirchengeschichte recht verstehen. Die bisherigen Wertungen von Rechtgläubigkeit und Ketzerei werden zwar nicht einfach umgekehrt, aber überprüft und neu verteilt.[12] Die großen Kirchenlehrer bis hin zu Luther müssen sich manchen Tadel gefallen lassen, während viele Ketzer mit Lob bedacht werden.

Als Goethe das Werk kennenlernte, war es nicht mehr aktuell. 1740-42 war es zum letzten Mal in Schaffhausen aufgelegt worden.[13] Nicht dass es vergessen gewesen wäre - bis ins 19. Jahrhundert hinein findet es sich noch in Gelehrtenbibliotheken[14], und fast alle neu erscheinenden Darstellungen der Kirchengeschichte erwähnten den historiographischen Fortschritt, den es bewirkt habe. Wenngleich der pietistische Geist der *Kirchen- und Ketzerhistorie* im Zeitalter der Aufklärung als nicht mehr zeitgemäß galt, fußten gleichwohl die aufgeklärten Lehrbücher in vielfacher Weise auf Arnold. Seine methodischen Ansätze, aber auch seine Dogmenkritik wurden von ihnen unter neuem Vorzeichen rezipiert und weiterentwickelt, und aus Arnolds Materialreichtum schöpften sie alle.[15]

Von seiner Begegnung mit Arnolds Werk berichtet Goethe im achten Buch von *Dichtung und Wahrheit*, das er 1811-1812 niederschrieb.[16] Hier erzählt er, was ihn in seiner Frankfurter Zeit nach der Rückkehr aus Leipzig (September 1768) »berührt, aufgeregt und beschäftigt« habe, um dann »wieder zu jenem Interesse zurückzukehren, das mir die übersinnlichen Dinge eingeflößt hatten, von denen ich ein= für allemal, in so fern es möglich

---

12 Vgl. Wolfgang Bienert: Ketzer oder Wahrheitszeuge. Zum Ketzerbegriff Gottfried Arnolds. In: ZKG 88, 1977, 230-246.

13 Gottfried Arnolds unpartheyische Kirchen= und Ketzer=Historien, Vom Anfang Des Neuen Testaments biß auf das Jahr Christi 1688. bey dieser neuen Auflage, An vielen Orten, nach dem Sinn und Verlangen, Des seel. AUCTORIS, Verbessert, vermehret, und in bequemere Ordnung gebracht, und mit dessen Bildnus und Lebens=Lauff gezieret. Schaffhausen, druckts und verlegts Emanuel und Benedict Hurter, Gebrüdere. 1740. - Dünnhaupt [s. Anm. 7], Nr. 17.5.

14 Ich nenne als Beispiel Schleiermacher: Tabulae librorum e bibliotheca defuncti Schleiermacher [...]. Berlin 1875, Nr. 846.

15 Zum Einfluss Arnolds auf die Geschichtsschreibung der Aufklärung vgl. Seeberg [s. Anm. 8], 566-611 (zu Weismann, Mosheim, Semler).

16 Vgl. Momme Mommsen unter Mitwirkung von Katharina Mommsen: Die Entstehung von Goethes Werken in Dokumenten. Bd. 2. Berlin 1958, 351 (ff.).

wäre, mir einen Begriff zu bilden unternahm«. An dieser Stelle, die den Auftakt zur Schilderung des kurzen »pietistischen Intervalls«[17] seiner frühen Biographie bildet, führt er nun namentlich das Werk an, das in diesem Zusammenhang von Bedeutung war:

> »Einen großen Einfluß erfuhr ich dabei von einem wichtigen Buche, das mir in die Hände gerieth, es war Arnolds Kirchen= und Ketzer=Geschichte. Dieser Mann ist nicht ein bloß reflectirender Historiker, sondern zugleich fromm und fühlend. Seine Gesinnungen stimmten sehr zu den meinigen, und was mich an seinem Werk besonders ergötzte, war, daß ich von manchen Ketzern, die man mir bisher als toll oder gottlos vorgestellt hatte, einen vortheilhafteren Begriff erhielt. Der Geist des Widerspruchs und die Lust zum Paradoxen steckt in uns allen. Ich studirte fleißig die verschiedenen Meinungen, und da ich oft genug hatte sagen hören, jeder Mensch habe am Ende doch seine eigene Religion, so kam mir nichts natürlicher vor, als daß ich mir auch meine eigene bilden könne, und dieses that ich mit vieler Behaglichkeit.«

Goethe gibt dann eine Skizze dessen, was er sich in der Folge zurechtlegte: »Der neue Platonismus lag zum Grunde; das Hermetische, Mystische, Kabbalistische gab auch seinen Beitrag her, und so erbaute ich mir eine Welt, die seltsam genug aussah.«[18]

Die Schwierigkeiten, die Goethes *Dichtung und Wahrheit* als historische Quelle für seine Biographie bietet, sind bekannt. Es sind zum einen die Probleme, die sich bei der Auswertung jeder Autobiographie stellen.[19] Zum andern liegen sie darin begründet, dass Goethe – wie der Titel anzeigt – eine neuartige Darstellungsform für die dichterische und fiktive Schilderung seiner Lebenserfahrungen geschaffen hat.[20] Er hat sein Leben unter

---

17 Zu Goethes Begegnungen mit dem Pietismus vgl. u.a. Hans von Schubert: Goethes religiöse Jugendentwicklung. Leipzig 1925; Erich Seeberg: Goethes Stellung zur Religion. In: ZKG 51, 1932, 202-227, bes. 204-206; Anna Chiarloni: Goethe und der Pietismus. Erinnerung und Verdrängung. In: Goethe-Jahrbuch 106, 1989, 133-159; Ulf-Michael Schneider: Pietismus. In: Goethe-Handbuch. Bd. 4/2. Hg. v. Bernd Witte u.a. Stuttgart, Weimar 1998, 850-852 (Lit.); jetzt bes. Paul Raabe: Separatisten, Pietisten, Herrnhuter. Goethe und die Stillen im Lande. Ausstellung in den Franckeschen Stiftungen zu Halle [...]. Halle/Saale 1999 (Lit.). Der letztgenannte Katalog enthält eine vorzügliche Sammlung aller zentralen Quellenstücke, auf die ich jeweils neben dem Fundort in der Weimarer Ausgabe hinweise.

18 Dichtung und Wahrheit II, 8 (WA I 27, 217; Raabe [s. Anm. 17], 62).

19 Richtungsweisend für die geschichtswissenschaftliche Quellenkritik der Gattung Autobiographie wurde Hans Glagau: Die moderne Selbstbiographie als historische Quelle. Marburg 1903 (Auszüge in: Die Autobiographie. Zu Form und Geschichte einer literarischen Gattung. Hg. v. Günter Niggl. Darmstadt 1989 [WdF, 565], 55-71).

20 Vgl. Günter Niggl: Geschichte der deutschen Autobiographie im 18. Jahrhundert.

bestimmten Leitgedanken komponiert und konstruiert. Indem Goethe »den Begriff der autobiographischen Wahrheit von der Faktizität des Erlebten ablöst«, postuliert er für seine »Dichtung« »einen höheren Grad von Objektivität« und die »Gültigkeit seiner Deutung« des Erlebten.[21] »Diesem Vorgehen liegt eine Dichtungsauffassung zugrunde, der die Poesie die höhere Wahrheit des Wirklichen ist«.[22] Goethe hat daher in der Rückschau Verbindungslinien gezogen, aus der Retrospektive Zusammengehöriges nebeneinandergestellt, wobei nicht immer klar ist, ob er sich in der zeitlichen Zuordnung geirrt oder die Chronologie bewusst ignoriert hat.[23] Der Versuch, hinter Goethes Deutung auf die zugrunde liegenden Vorgänge zurückzugehen, bereitet keineswegs nur seinen Biographen ein nicht geringes Kopfzerbrechen, sondern führt bei den Interpreten seiner Werke zu manchen Kontroversen. Man wird die genannten Probleme auch bei dem zitierten Rückblick auf seine Begegnung mit Gottfried Arnolds *Unparteiischer Kirchen- und Ketzerhistorie* wie überhaupt bei der Schilderung seiner »pietistischen Phase« nicht aus den Augen lassen dürfen.

Goethe spricht hier selbst von der Kirchen- und Ketzergeschichte als einem »wichtigen Buch« und von dem »großen Einfluß«, den Gottfried Arnolds Werk auf ihn ausgeübt hat. Die Versuche, diese Wirkung im Werk Goethes aufzuzeigen, sind also nicht erst von der Forschung herangetragen, sondern spüren nur dem von ihm selbst gegebenen Hinweis nach.

Goethe ordnet die Begegnung mit Arnolds *Kirchen- und Ketzerhistorie* seiner Frankfurter Zeit nach der Rückkehr aus Leipzig (1768-1770) zu. Er setzt sie also in jene Umbruchsperiode, die von dem Interesse bestimmt war, »das mir die übersinnlichen Dinge eingeflößt hatten, von denen ich ein für allemal, in so fern es möglich wäre, mir einen Begriff zu bilden unternahm.« In dieser Zeit »gerieth« ihm das Werk »in die Hände«.

Theoretische Grundlegung und literarische Entfaltung. Stuttgart 1977, 153-167; Klaus-Detlef Müller: Autobiographie und Roman. Studien zur literarischen Autobiographie der Goethezeit. Tübingen 1976 (Studien zur deutschen Literatur, 46). Auszüge aus beiden Werken in: Niggl [s. Anm. 19], 367-391, 459-481.

21 Müller [s. Anm. 20], 469.

22 Müller [s. Anm. 20], 470. Vgl. auch Niggl [s. Anm. 20], 167: »[...] den Doppelbegriff ›Wahrheit und Dichtung‹ hat Goethe nicht als Gegensatz, sondern als Hendiadyoin, als höhere Einheit verstanden, nämlich als deutende Darstellung des ›eigentlich Grundwahren‹ seines Lebens aus der ›Rückerinnerung‹, deren ›dichterisches Vermögen‹ darin besteht, in bewußter Auswahl und Ordnung des Bedeutungsvollen das Vergangene in ein gültiges und geschlossenes Bild zu fassen.«

23 Kurt Jahn: Goethes Dichtung und Wahrheit. Vorgeschichte - Entstehung - Kritik - Analyse. Halle/Saale 1908, stellt fest, dass »Goethes Selbstbiographie überreich an Gedächtnisfehlern« sei und führt eine Reihe typischer Fälle auf (130-132.).

Arnold wird charakterisiert als »reflectirender Historiker«, »fromm und fühlend«. Arnold ist in Goethes Augen nicht bloß ein Chronist, sondern reflektiert die geschichtlichen Ereignisse, gibt ein Urteil. Arnold hatte selbst programmatisch formuliert, dass es ihm »hauptsächlich auf den eigentlichen characterem, und das daher formirte judicium jedweder geschichte« ankomme, »damit der leser, wenn er anders die warheit sucht, und auch zur praxi aus den historien klug werden wil, einen möglichst gewissen begriff und eindruck von der sache fassen, sodann deren bewandtniß einsehen, und seinen nutzen daraus entnehmen könnte«.[24] Goethe bezeichnet Arnold sodann als »fromm und fühlend«. Das Stichwort »fromm« weist hier auf die pietistische Religiosität hin[25], die Arnolds Geschichtsschreibung bestimmte. Durch die Verbindung mit »fühlend« wird dessen religiöse Haltung als gefühlsbetont, innig-herzlich charakterisiert.[26] Sie wird damit zur Vorläuferin der religiösen Empfindsamkeit.[27]

Goethe hebt als besonders »ergötzlich« hervor, »daß ich von manchen Ketzern, die man mir bisher als toll oder gottlos vorgestellt hatte, einen vortheilhafteren Begriff erhielt«. Das war Arnolds erklärte Absicht, die er in seinen dem Werk vorangestellten »Allgemeine[n] Anmerckungen von den Kätzer=Geschichten« programmatisch formuliert hatte. Im Blick auf die verketzerten Personen stellt er die – rhetorische – Frage: »Ob nicht (wenn gleich gewisse leute wircklich geirret, oder sonst zu viel geredet oder gethan, das sie nicht verantworten können) dennoch insgemein sie alle anders anzusehen und zu beschreiben wären, als wohl bißhero von ihren anklägern geschehen?«[28] In diesem Sinn hatte Arnold in seiner Darstellung die traditionelle Sicht der Häretiker und Häresien gründlich revidiert.[29]

Goethe sieht in den Ketzereien den Ausdruck eines allgemein-menschlichen Wesenszuges: »Der Geist des Widerspruchs und die Lust zum Paradoxen steckt in uns allen.« Vielleicht nimmt er hier einen Gedanken aus

---

24 Arnold, UKKH, Vorrede § 9.

25 Vgl. Günter Niggl: ›Fromm‹ bei Goethe. Eine Wortmonographie. Tübingen 1967 (Hermaea. Germanistische Forschungen, N.F. 21), 194-196, 199.

26 Vgl. Goethes Bemerkungen in Dichtung und Wahrheit I,2 und II,10 über die in Klopstocks Messias »so schön veredelten frommen Gefühle«, für die »jedes gefühlvolle fromme Herz« dem Dichter seinen Dank entrichtet habe (WA I 26, 123; 27, 298).

27 In Kapitel II,8 von Dichtung und Wahrheit verweist Goethe auf die »gewisse Terminologie« der Pietisten, »die man mit jener der späteren Empfindsamen wohl verglichen hätte« (WA I 27, 200). Vgl. dazu Niggl [s. Anm. 25], 203-205.

28 Arnold, UKKH I, Allg. Anmerkungen, 4.

29 Vgl. die Register der UKKH unter »Kätzer« und Bienert [s. Anm. 12].

Arnolds Vorrede auf, der auch von der Freude an den »paradoxa« gesprochen hatte, freilich in einem anderen Sinn. Für ihn ist Christus das Urbild des para-doxen, des gegen die menschlichen doxai (δόξαι = Meinungen) gekehrten Wandels eines aus Gott geborenen, wahren Christen:

> »Selig ist, der sich an Christo nicht ärgert, wie er allen menschlichen eigenen wercken, meinungen, satzungen, gewohnheiten und gesetzen entgegen wandelt, und damit den heuchlern ein stein des anstosses wird. [...] Dahero ihm [dem Wiedergeborenen] auch die paradoxa desto bedencklicher [bedenkenswerter] und angenehmer fallen, weil doch der wahre weg Christus selbst nicht so gemein, annehmlich, oder denen angenommenen meinungen gemäß ist, daß ihn jedermann oder auch nur die meisten betreten solten.«[30]

Wenn Goethe schreibt: »Ich studirte fleißig die verschiedenen Meinungen«, greift er damit einen Schlüsselbegriff Arnolds und überhaupt des radikalen Pietismus auf. Als »Meinungen« werden dort die Lehrsätze der Konfessionen bezeichnet, durch die die Christenheit in »Sekten« zerteilt werde, während die Christen der reinen Anfangszeit »das wesen des Christenthums nicht in äusserlichen worten oder schein«, »ihre religion und lehre nicht in meynungen und sätzen, sondern in einem ungefärbten glauben« suchten.[31] Das konfessionelle Christentum sei, wie Arnolds Freund Johann Conrad Dippel formulierte, eine bloße »Meynungs-Orthodoxie«, die den Glauben als den »Beyfall auf die Meynungen, die vor orthodox angenommen waren«, missdeute.[32] Dogmatische Meinungen sind nach Meinung der radikalen Pietisten »indifferent«, ohne entscheidende Relevanz für den Heilserwerb, bloße Angelegenheit des Hirns, nicht des Herzens.[33]

Die Schlussfolgerung, die Goethe aus der Lektüre Arnolds zieht, geht freilich über dessen Auffassung hinaus. Goethe lässt sich nicht zu einem pietistischen Christentum bekehren; die Bilanz der Lektüre ist vielmehr

---

30 Arnold, UKKH, Vorrede § 46f.

31 Arnold, UKKH I,2,3,1.

32 Vgl. [Johann Conrad Dippel:] Eröffneter Weg zum Frieden mit GOTT und allen Kreaturen/ Durch die Publication der sämtlichen Schrifften Christiani Democriti [...]. Bd. 1. Berleburg 1747, 884 (ff.). Vgl. auch Bd. 1, 256: »Orthodox ist der, der aus menschlichem Wahn und Academischem Unterricht den Meynungen seiner Secte [Konfession], in welcher er erzogen und gebohren, anhänget, keine andere Gewißheit derselben hat, als aus den vorgeschriebenen Formulen [...]«.

33 Vgl. dazu ausführlich Erici Fridlibii, J.C. Advoc. O.U. [Anagramm für Jacobi Friderici Ludovici]: Untersuchung des indifferentismi religionum. Glück=Stadt/ Bey Friedrich Treumund [pseud.] o.J. [1700].

der Entschluss, eine »eigene Religion« zu konstruieren,[34] deren Ingredienzien er im Folgenden aufführt.[35]

Damit macht Goethe in seinem autobiographischen Rückblick deutlich, dass er nicht als ein genuiner Arnold-Adept, als ein »Gnesio-Arnoldianer«, betrachtet werden will. Nach Goethes Darstellung hat das Werk bei dem Bemühen, sich »einen Begriff zu bilden«, die Funktion eines Katalysators, der einen kritischen Denkprozess auslöste und insofern einen »großen Einfluß« ausübte. Man darf daher nicht erwarten, dass bei ihm die Motive Arnolds rein und isoliert auftreten; sie bilden von Anfang an nur ein Ferment, das mit anderen verquickt und modifiziert wird. Mit Arnold, dem das Wort »Alles prüfet, das Gute behaltet« (1Thess 5,21) ein Schlüsselwort war,[36] ist Goethe durch die Haltung eines Eklektizismus[37] verbunden, doch lässt er den Rahmen der Religiosität Arnolds hinter sich.

Richard Brinkmann hat plausibel gemacht, dass Goethes Arnold-Rezeption in dem integralen Konnex, der Affinität mit dem »Individualitätskonzept Arnolds«, verständlich wird.[38] In der Tat können die Grundvor-

---

34 Wenn Goethe erwähnt, er habe »oft genug [...] sagen hören, jeder Mensch habe am Ende doch seine eigene Religion«, und an einer späteren Stelle von einem »Christentum zu meinem Privatgebrauch« spricht, so klingen wahrscheinlich Erörterungen der Aufklärungstheologie über die »private Religion« im Gegensatz zur »öffentlichen Religion« an. Zu der von Johann Salomo Semler geprägten Unterscheidung der Begriffe Privatreligion/öffentliche Religion vgl. Gottfried Hornig: Die Freiheit der christlichen Privatreligion. In: ZSTh 21, 1995, 198-211. Vgl. auch Arnolds Bemerkungen über die »religio prudentum«, »vermöge welcher einige sich selbst nach gefallen auslesen sollen, was sie glauben wollen oder nicht« (UKKH II,17,16,21).

35 »Der neue Platonismus lag zum Grunde, das Hermetische, Mystische, Kabbalistische gab auch seinen Beitrag her [..].« Vgl. dazu Rolf Christian Zimmermann: Das Weltbild des jungen Goethe. Studien zur hermetischen Tradition des deutschen 18. Jahrhunderts. Bd. 1. München 1969, 20. Zur Kritik an Zimmermanns kategorialer Scheidung von Pietismus und hermetischen Traditionen vgl. Gerhard Kaiser: Säkularisation. In: ders.: Antithesen. Zwischenbilanz eines Germanisten 1970-1972. Frankfurt/Main 1973, 89; Hans-Jürgen Schrader: Literaturproduktion und Büchermarkt des radikalen Pietismus. Johann Henrich Reitz' »Historie Der Wiedergebohrnen« und ihr geschichtlicher Kontext. Göttingen 1989 (Palaestra, 283), 59-61 u. 370, Anm. 37.

36 Zur Verwendung dieses Bibelverses, »der den radikalen Pietisten häufiger dazu diente, gegen die Verketzerung von Lehrabweichungen, Wunderberichten und Offenbarungen zu warnen«, vgl. die Belege bei Schrader [s. Anm. 35], 385f., Anm. 82.

37 Zu Goethes Eklektizismus vgl. Zimmermann [s. Anm. 35], 19ff.

38 Richard Brinkmann: Goethes ›Werther‹ und Gottfried Arnolds ›Kirchen- und Ketzerhistorie‹. Versuche zu Goethe. In: Festschrift Erich Heller. Hg. v. Volker Dürr u. Geza von Molnár. Heidelberg 1976, 167-189; wieder abgedruckt mit dem Obertitel: Zur Genese und Aporie des modernen Individualitätsbegriffs. In: ders.: Wirklichkeiten. Essays zur Literatur. Tübingen 1982, 91-126, bes. 113-116.

stellungen des mystischen Spiritualismus des (16. und) 17. Jahrhunderts, die Arnold in seiner *Unparteiischen Kirchen- und Ketzerhistorie* historiographisch durchführt, als Wegbereiter des neuzeitlichen Individualismus und Subjektivismus betrachtet werden. Arnold hat »im Medium einer religiösen Welthaltung deren Säkularisierung vorbereitet, die er keineswegs reflektiert und als Möglichkeit erkennt, die sich aber folgerichtig und wie der Umschlag aus der Radikalität oder besser: der Radikalisierung der religiösen Haltung Arnoldscher Prägung ergeben kann«.[39] Bei Arnold ist der im Wiedergeborenen wirkende (Heilige) Geist das Kriterium für wahres Christentum, echte Frömmigkeit, auch der Maßstab für die rechte Sicht und Beurteilung kirchengeschichtlicher Vorgänge; die Bedrohung des Geistwirkens sieht er in jeglicher Form von kultischer, institutioneller und dogmatischer Objektivierung. Die geistliche Erkenntnis wiederum ist durch keine objektive Größe kontrollierbar, auch das rechte Verständnis der Bibel erschließt sich nur dem geistlichen, d.h. vom Heiligen Geist erfüllten Menschen, sodass letztlich der Geist das Maß aller Dinge ist.

> »Damit ist die Voraussetzung für eine Emanzipation des Subjekts von einem bestimmten positiven religiösen Gehalt überhaupt gegeben. Das Subjekt, das sich absolut setzt, ist die mögliche und im weiteren Verlauf auch wirkliche dialektische Entsprechung zu dem religiösen Subjekt, das alle Vermittlung und Entfremdung in Veräußerlichung und Objektivierung abweist.«[40]

Spiritualisten wie Arnold haben den sich selbst absolut setzenden Menschen-Geist nicht als mögliche Konsequenz und Fortbildung ihres spiritualistischen Ansatzes im Blick gehabt und sich sogar gegen rationalistische Autarkie gewandt.[41] Doch mit ihrer Kritik an allen religiösen Institutionen und institutionellen Ausprägungen von Religion haben sie der Emanzipation von religiösen Traditionen Hebammendienste geleistet. Sind erst die herkömmlichen religiösen Bindungen relativiert und destruiert, kann sich das davon emanzipierte Subjekt frei fühlen, seine »eigene Religion« zu konstruieren. Das war es, was Goethe aus der Lektüre Arnolds lernte und was er im achten Buch als neu gewonnene Einsicht benennt. Freilich ist Goethes Resümee gewissermaßen als Vorschau auf seine biographische Entwicklung formuliert, denn wichtige Einzelheiten seines religiösen Emanzipationsprozesses werden erst in den folgenden Büchern behandelt.

---

39 Brinkmann [s. Anm. 38], 113f.

40 Brinkmann [s. Anm. 38], 115.

41 Vgl. etwa Arnold, UKKH II,17,16: »Von denen Atheisten, wie auch denen so genannten Naturalisten, Deisten und Latitudinariis in diesem seculo.«

Goethe setzt die Bekanntschaft mit Arnolds Werk doch wohl zutreffend in seine Frankfurter Zeit nach der Rückkehr aus Leipzig. Schon als Goethe 1809 das erste biographische Schema von Dichtung und Wahrheit konzipierte, notierte er zum Jahre 1769 unter den zu behandelnden Themen auch »Arnolds Kirchen und Ketzerg.«[42] Dass Goethes Erinnerung zutreffend war, bestätigt eine Notiz in einem Merkheft, in dem er unter den Buchtiteln, die er während seines Studiums in Straßburg las, auch Arnold anführt.[43] Dies ist für Goethes Bekanntschaft mit der *Unparteiischen Kirchen- und Ketzerhistorie* der sichere terminus ad quem. Seine schon angeführte Bemerkung über die Straßburger Zeit, dass ihm damals »[d]ie Kirchengeschichte [...] fast noch bekannter als die Weltgeschichte« gewesen sei,[44] hat gewiss die Arnold-Lektüre als Hintergrund. Die Begegnung mit dem kirchenhistorischen Werk ist also auf die Zeit nach seiner Rückkehr aus Leipzig und seinem Aufbruch nach Straßburg einzugrenzen.

Gern wüsste man Genaueres darüber, wie Goethe an die *Unparteiische Kirchen- und Ketzerhistorie* gelangte, doch erwähnt er nur, dass ihm Arnolds Werk »in die Hände gerieth«, ohne die näheren Umstände anzugeben. Ein Exemplar der Auflage von 1729[45] stand in der stattlichen Bibliothek von Goethes Vater.[46] Doch wie ist Goethe auf dieses Werk aufmerksam geworden? Brinkmann bemerkt zu Recht: »Goethe ist aber gewiß nicht durch Zufall darauf gestoßen. Ohne seine ›Erweckung‹ in der Begegnung mit dem Pietismus und den Pietisten, mit dem ganzen Ambiente einer radikalen Frömmigkeitsform aus dem ›Geist‹ hätte er einen so folgenreichen Zugang zu dem Werk kaum gefunden«. Brinkmann vermutet, »daß er den Hinweis darauf mit großer Wahrscheinlichkeit eben in den

---

42 »Kranckheits Dauer Arzt. Mutter Freundinn. Moser. Von Kreuz ff. Mystic. Chemie Herrnhuthianism. Arnolds Kirchen und Ketzerg. Wiederherstellung Versuch zu radiren. Des Übels Entdeckung« (WA I 26, 356).

43 Der junge Goethe. Bd. 2. Hg. v. Max Morris. Leipzig 1910, 33.

44 S.o. Anm. 4.

45 Gottfried Arnolds Unpartheyische Kirchen= und Ketzer=Historie, Vom Anfang des Neuen Testaments Biß auf das Jahr Christi 1688 [...]. Franckfurt am Mayn, bey Thomas Fritschens sel. Erben, 1729 [Reprint: Hildesheim 1967]. Abb. des Titelblatts bei Raabe [s. Anm. 17], 63.

46 Vgl. Franz Götting: Die Bibliothek von Goethes Vater. In: NA 63, 1952, 23-69, hier 37. Wahrscheinlich ist das Werk, das Goethe mit nach Straßburg nahm, in seinem Besitz geblieben. Unter den Werken, die er nach dem Tode des Vaters sich nach Weimar senden ließ (vgl. Hellmuth von Maltzahn: Bücher aus dem Besitz des Vaters in Goethes Weimarer Bibliothek. In: Jahrbuch des Freien Deutschen Hochstifts 1927, 363-382), befand es sich nicht.

Kreisen empfangen hat, die Arnold als einen ihrer Zeugen betrachteten und die von seinen Ideen durchdrungen waren«.[47]

Aber was waren das für Kreise, die angeblich Arnold als einen ihrer Gewährsmänner betrachteten und von seinen Ideen geprägt waren? Über die pietistischen Konventikel in Frankfurt um 1770 gibt es leider keine genaueren Untersuchungen.[48] Insgesamt belief sich die Zahl der »Erweckten« auf etwa 150.[49] Neben der kleinen Herrnhuter Diaspora[50] bestanden mindestens noch vier weitere Konventikel[51], einzelne Mitglieder der Inspirierten, die in Frankfurt aber keine Gemeinde bildeten,[52] sowie unorganisierte Separatisten[53]. Ob sich die Mitglieder der einzelnen Konventikel durch abweichende Anschauungen oder durch die Zugehörigkeit zu verschiedenen sozialen Schichten unterschieden,[54] lässt sich einstweilen

---

47 Brinkmann [s. Anm. 38], 95.

48 Die ergiebigsten Hinweise finden sich bei Heinrich Funck: Die schöne Seele. Leipzig [2]1912, 25ff.; darauf fußen die knappen Angaben bei Hermann Dechent: Kirchengeschichte von Frankfurt am Main seit der Reformation. Bd. 2. Leipzig, Frankfurt/Main 1921, 211 u.ö.

49 Der Herrnhuter Reinhard Schick beziffert 1766 die Zahl der »erweckten Seelen« in Frankfurt auf »dritthalbehundert« (Unitätsarchiv Herrnhut, R 19 B.h.7.1). Wahrscheinlich sind damit die Erweckten gemeint, die sich in den Konventikeln trafen.

50 Vgl. Paul Peucker: Die Diaspora der Herrnhuter Brüdergemeine in Frankfurt am Main im 18. Jahrhundert. In: Goethe und der Pietismus. Hg. v. Hans-Georg Kemper u. Hans Schneider. Halle/Saale u. Tübingen 2001 (Hallesche Forschungen, 6), 13-23.

51 Der Herrnhuter Friedrich Hasse berichtet 1761: »So genannte erweckte Seelen sind in großer Menge zu Frankfurth, welche sich vornehmlich in 4 besondere Versamlungen oder Partheyen theilen, die aber doch einige Connexion mit einander haben. Ihre chefs sind: der H. von Bühlau, und noch 3 Bürger, Donner, Hager u. Wild. Sie sind uns alle von Herzen feind, nur mit dem Unterschied, daß ersterer vorgibt, es nicht zu seyn, die andern 3 aber bekennen es öffentlich.« (Unitätsarchiv Herrnhut, R 19 B.h.7.1).

52 Zu ihnen gehörte der Nachbar der Familie Goethe, der Kaufmann Johann Felician Clarus, dessen Sohn Johann Christoph wahrscheinlich der unter dem Pseudonym »Pylades« erwähnte Spielgefährte Goethes (WA I 26, 76) war. Ein Sympathisant der Inspirierten war auch der Arzt Johann Christian Senckenberg (vgl. WA I 26, 120f.; Raabe [s. Anm. 17], 103f.). Vgl. dazu Ulf-Michael Schneider: Propheten der Goethezeit. Sprache, Literatur und Wirkung der Inspirierten. Göttingen 1995 (Palaestra, 297), 155-166.

53 In Dichtung und Wahrheit erwähnt Goethe, dass »Arzt und Chirurgus«, die ihn während seiner Krankheit behandelten, »auch unter die abgesonderten Frommen« gehörten (WA I 27, 202; Raabe [s. Anm. 17], 64f.).

54 Die Diaspora der Herrnhuter in Frankfurt bestand vor allem aus Handwerksgesellen und Dienstmägden (Unitätsarchiv Herrnhut, R 19 B.h.1.4.a.67). Ein kurzer Bericht

nicht bei allen sicher feststellen. Jedenfalls rekrutierte sich die von dem »adligen Apostel« Friedrich von Bülow[55] initiierte und von dem Kandidaten der Theologie Johann Andreas Claus[56] fortgeführte Erbauungsversammlung, zu dem auch Goethes »Schöne Seele« Susanna Katharina von Klettenberg[57] sowie Goethes Mutter gehörten, aus den oberen sozialen Schichten der Reichsstadt.[58] Abgesehen von dem Herrnhuter »Häuflein« lassen sich nur über diesen frommen Zirkel ein wenig detaillierte Kenntnisse gewinnen, die vor allem auf Claus' Autobiographie und auf Goethes Nachrichten in seinen Briefen an seinen Leipziger Freund Ernst Theodor Langer[59] basieren.

Mit diesem Kreis ist Goethe nach seiner Rückkehr aus Leipzig, vor allem durch Susanna von Klettenberg, in nähere Verbindung getreten.[60]

---

von der Marienbornischen Diaspora aus dem Jahre 1761 gibt die Berufe der anderen Konventikelleiter an: »Donner, ein Krämer, Hager, ein Schumacher, und Wild ein Buchhändler. Mit diesen allen hat unser Häuflein gar keine Connexion, vielmehr wird ein jeder, der mit uns Gemeinschaft hat, von ihnen aufs äußerste gemieden.« (Unitätsarchiv Herrnhut, R 19 B.h.7.1).

55 Zu Friedrich von Bülow vgl. Funck [s. Anm. 48], 26ff.

56 Zu Claus vgl. Johann Andreas Claus: Lebenslauf eines vollendeten treuen Dieners des Herrn. In: Der christliche Hausfreund 6, 1839, 353-376; Auszüge in: J[ohann] M[artin] Lappenberg: Reliquien der Fräulein Susanna Catharina von Klettenberg nebst Erläuterungen zu den Bekenntnissen einer schönen Seele. Hamburg 1849, 234-241.

57 Vgl. Markus Bitsch: Art. »Klettenberg«. In: BBKL 4, 1992, 48-51 (Lit.); Raabe [s. Anm. 17], 95-130, und Burkhard Dohm: Radikalpietistin und »schöne Seele«. Susanna Katharina von Klettenberg. In: Goethe und der Pietismus [s. Anm. 50], 111-134.

58 Claus nennt den Kreis »eine besondere Verbindung aus den höheren Ständen« (Lappenberg [s. Anm. 56], 236. In einem von Funck [s. Anm. 48] ausgewerteten Brief (mir nicht zugänglich) des Zürcher Erweckten Hans Jakob Schultheß d.Ä. an Claus werden als Konventikelteilnehmer u.a. genannt: Fräulein von Klettenberg und (ihre Hausgenossin) die wohlhabende Witwe Jancke, Frau Griesbach (geb. Rambach, Ehefrau des Pfarrers Conrad Caspar Griesbach), Legationsrat Moritz und Frau, geb. Schöll, Friedrich von Moser, Rätin Tabor (Ehefrau eines waldeckischen Hofrates), die reichen Bürger und Handelsleute Kappel und Stock.

59 Zuerst herausgegeben von Paul Zimmermann: Goethes Briefe an E.Th. Langer. In: Braunschweigisches Jahrbuch NF 1, 1922, 1-34. Ich zitiere nach WA IV 51. Vgl. auch den Abdruck bei Raabe [s. Anm. 17], 58-61.

60 »von Seiten der Gemeine lässt man mich denn in den Circkel [...]. Ich gehe in die Versammlungen, und finde würcklich Geschmack dran.« (Goethe an Langer, 24. November 1768, WA IV 51, 33f.; Raabe [s. Anm. 17], 60).

Vielleicht lernte er auch die Herrnhuter Diaspora in Frankfurt kennen.[61] Zu den anderen Frankfurter Konventikeln hat er offenbar keine Beziehungen gepflegt, wohl aber während seiner Krankheit mit Separatisten in Gestalt des »Chirurgus« und seines Arztes Johann Friedrich Metz Kontakt gehabt.[62]

Sollte also Goethe durch Hinweise aus diesem Kreis, vielleicht sogar »durch seine fromme Freundin« Susanna von Klettenberg selbst[63] Arnolds *Unparteiische Kirchen- und Ketzerhistorie* kennengelernt haben? Da Goethe, wie gesagt, über die Umstände seiner Begegnung mit dem Werk schweigt, kann man nur nach indirekten Indizien für einen Einfluss Arnolds Ausschau halten.

In dem in der Forschung vieldiskutierten »Bekehrungs-Brief« Goethes an Langer vom 17. Januar 1769[64], in dem er mitteilt, dass der Heiland ihn endlich »erhascht« habe[65], und von der pietistischen »Versammlung« in seinem Elternhaus berichtet, erzählt er u.a., wie er in dem schlecht beleuchteten Raum einen Lüster angezündet habe. »Seht, sagte ich [...], das ist ein Typus vom neuen Jerusalem, wenn die Kreutzkirche zur Geistkirche geworden seyn wird.«[66] Doch diese Stelle bietet kein spezifisches Indiz für eine Kenntnis Arnolds. Das Gegensatzpaar Kreuzkirche – Geistkirche

---

61 In seinem ersten Brief an Langer vom 8. September 1768 schreibt Goethe: »[...] dagegen Sie auch [...] eine genaue Beschreibung der hiesigen Diaspora haben sollen« (WA IV 51, 30). Vgl. auch unten Anm. 109.

62 S.o. Anm. 53. Zu Metz vgl. Zimmermann [s. Anm. 35], 172-184.

63 Das erwägt Grete Mecenseffy: Susanna Katharina von Klettenberg. Ein Lebensbild. In: ZKG 65, 1953/54, 65-104, hier 84.

64 WA IV 51, 35-37.

65 »Mich hat der Heiland endlich *erhascht*, ich lief ihm zu lang und zu geschwind, da *kriegt* er mich bey den Haaren.« (WA IV 51, 36). Vgl. zum Sprachgebrauch Zinzendorfs Formulierungen im Herrnhuter Gesangbuch (Das Gesangbuch der Gemeine in Herrn=Hut. Herrnhut 1735; ^{2}1737), Nr. 192, V. 2: »Ich sehe mich in meinem blut: ich weiß mich selber nicht zu waschen: darüber fällt mir herz und muth: der letzte feind wird mich *erhaschen*.« Nr. 802, V. 4: »JESUS mache eure menge, o ihr gläubigen, recht eins, so durchreißt ihr das gedränge, und der feind *erhaschet* keins« (Frdl. Hinweis von Pfr. Helmut Schneider, Bentheim). Vgl. auch Zinzendorfs Kinderreden: Der Heiland ist geduldig »gegen einen gantz todten Menschen [...], dem er noch nachgeht, und den Er doch zu *krigen* gedenkt« (Sammlung Einiger von dem ORDINARIO FRATRUM während seines Aufenthalts in den Teutschen Gemeinen von Anno 1755 bis 1757 gehaltenen Kinder=Reden. Barby 1758, 114). Hervorhebungen H.S.

66 Goethe an Langer, 17. Januar 1769 (WA IV 51, 36; Raabe [s. Anm. 17], 60f.).

weist allgemein auf (radikal-) pietistische Vorstellungen[67], begegnet aber in der *Kirchen- und Ketzerhistorie* nicht[68].

Bei den Überlegungen, ob Goethe aus dem pietistischen Zirkel, in den er nach seiner Rückkehr aus Leipzig trat, die Anregung zur Arnold-Lektüre erhalten hat, ist aber Folgendes zu bedenken. Es handelte sich bei diesem Kreis zwar nicht um Herrnhuter, aber doch um Sympathisanten der Herrnhuter Brüdergemeine. Claus schreibt:

> »Wir alle neigten uns auf die Seite der Brüdergemeine, sangen ihre Lieder, lasen ihre Schriften und überlegten oft, was wir von ihr zu denken, wie wir uns gegen sie zu benehmen und ihretwegen zu vertheidigen hätten. [...] Wir wollten den Namen Herrnhuter nicht auf uns kommen lassen; insofern wir aber Freunde von ihnen waren, so that man uns eben nicht großes Unrecht, wenn man uns diesen Namen gab.«[69]

Die Hochschätzung Fräulein von Klettenbergs für die Brüdergemeine ist bekannt,[70] und bei der Versammlung, die Goethe beschreibt, erwähnt er, dass Ebersdorfer Gesangbücher[71] auf dem Tisch lagen.[72] Arnold galt aber

---

67 Nach Zimmermann [s. Anm. 35], 65, stammt die Terminologie »aus der Vorstellungswelt der Chiliasten, also der abgesonderten Frommen philadelphischer und böhmistischer Prägung«. Er führt ein Zitat aus Valentin Ernst Löschers *Timotheus verinus* an, wonach einige Leute (bei Löscher heißt es genau: »Diejenigen, so mit dem Malo pietistico behafftet sind [...]«) lehrten, »es sei in diesem Leben ein Reich der Herrlichkeit zu erwarten, da das Kreutzreich auffhören werde« (bei Zimmermann zitiert nach Hans-Martin Rotermund: Orthodoxie und Pietismus. Valentin Ernst Löschers »Timotheus verinus« in der Auseinandersetzung mit der Schule August Hermann Franckes. Berlin 1959, 82).

68 Die biblische Rede vom neuen Jerusalem ist allen Pietisten geläufig. Bei Arnold ist zwar die Vorstellung von der jenseits der Konfessionen stehenden unsichtbaren Kirche des Geistes anzutreffen, die er als »das obere Jerusalem« bezeichnen kann (z.B. UKKH, Vorrede § 30), aber nicht der Begriff »Kreuzkirche«. Die Rede von den »Kreuz-Gemeinen« und vom »Kreuz-Reich Christi« ist für den Herrnhuter Sprachgebrauch signifikant, nicht aber der Begriff »Geistkirche«. Dieser Terminus könnte auf Swedenborg weisen, der in seinen Visionen das »Neue Jerusalem vom Herrn« als vom Himmel herabkommende »Neue Kirche«, »geistige Kirche« oder »Geistkirche« beschrieb (Meinhold [s. Anm. 5], 8, Anm. 5); bei Swedenborg fehlt freilich das Pendant »Kreuzkirche«.

69 Zitiert nach Lappenberg [s. Anm. 56], 236f.

70 Vgl. Mecenseffy [s. Anm. 63], 78-83.

71 Es handelt sich um: Evangelisches Gesang=Buch, In einem hinlänglichen Auszug der alten, neuern und neuesten Lieder, der Gemeine in Ebersdorf zu öffentlichem besonderen Gebrauch gewidmet. Ebersdorf: Waisenhaus 1742. (Abb.: Raabe [s. Anm. 17], 59); 2. u. verm. Auflage 1745. - Vgl. auch Goethes Brief an Langer vom 8. September 1768: »Das Ebersd[orfer] Ges[ang]B[uch] ist bey dieser Gemeine in grossem Ansehen, meine M[utter] weiß sogar daß es Herrnhuterlieder sind. Demohngeachtet

seit langem in der Brüdergemeine als verpönt. War noch in den 1720er Jahren seine *Abbildung der ersten Christen* eine Quelle der Anschauungen Zinzendorfs[73] und Vorbild für die Gestaltung der Herrnhuter Gemeinde gewesen[74], so tadelte der Graf später im Rückblick, dass damals zu viel auf Arnold gebaut worden sei, und wandte sich schroff gegen dessen Geschichtsbild.[75] Nach Zinzendorfs Meinung war auch Arnolds *Kirchen- und Ketzerhistorie* eine miserable Arbeit.[76] Es ist wohl bezeichnend, dass Susanna von Klettenberg in ihrer Bibliothek lediglich den von Arnold übersetzten und herausgegebenen *Geistlichen Wegweiser* des Quietisten Miguel de Molinos[77] besaß, aber weder die *Kirchen- und Ketzerhistorie* noch irgendein anderes Werk Arnolds.[78]

Auch in Goethes Beschreibung der Bücher, die er während seiner Krankheit gemeinsam mit Susanna von Klettenberg gelesen hat, wird Ar-

---

denken Sie sehr weit von dieser Gemeine zu differiren.« (WA IV 51, 30; Raabe [s. Anm. 17], 58). Zur letzten Bemerkung vgl. das oben (bei Anm. 69) angeführte Zitat von Claus.

72 Brief an Langer, 17. Januar 1769 (WA IV 51, 36; Raabe [s. Anm. 17], 61).

73 Vgl. Otto Uttendörfer: Zinzendorf und die Mystik. Berlin [1951], 29, 41f.

74 Vgl. Hanns-Joachim Wollstadt: Geordnetes Dienen in der christlichen Gemeinde. Dargestellt an den Lebensformen der Herrnhuter Brüdergemeine in ihren Anfängen. Göttingen 1966 (APTh, 4), 43ff. Wollstadt hat die Bedeutung dieser Schrift Arnolds für die Lebensordnungen der frühen Brüdergemeine erkannt und durchgängig berücksichtigt.

75 »Ich weiß, daß nicht nur im Anfang gar viel auf Arnolds Abbildung der ersten Christen gebaut wurde, sondern in vielen Gemütern die Idee noch regiert, daß wir das Volk sind, das [...] Arnold [...] und andere gutmeinende Leute beschrieben haben. [...] wenn man sie gegen die historische Beschreibung der ersten Christen in der Bibel hält, ist's nicht anders, als wenn man dem Apostel Paulo, Petro und Johanni ins Gesicht schlüge, wenn man die ersten Christen für gute ausgibt. [...] Das ist freilich für ein Ohr, das zu den Principiis von der ersten Kirche gewohnt ist, choquant, aber es harmonisiert mit der Bibel.« (Unitätsarchiv Herrnhut, Jüngerhaus-Diarium zum 12. Mai 1752).

76 Vgl. die Belege bei Otto Uttendörfer: Zinzendorfs Weltbetrachtung. Eine systematische Darstellung der Gedankenwelt des Begründers der Brüdergemeine. Berlin 1929 (Bücher der Brüder, 6), 129.

77 Michael de Molinos: Der Geistliche Wegweiser [...]. Frankfurt/Main 1699; Frankfurt/Main ²1712; Leipzig ³1732.

78 Vgl. R. Jung: Aus dem Nachlasse des Fräuleins Susanna Katharina von Klettenberg. In: Berichte des freien deutschen Hochstifts N.F. 7, 1891, 55-68, Inventar: 61-64; Molinos [s. Anm. 77], 62.

nold nicht aufgeführt.[79] Es handelte sich dabei vielmehr um »gewisse mystische chemisch-alchimische Bücher«, die Goethes Arzt Johann Friedrich Metz »seinen Patienten, wo er nur einige Empfänglichkeit fand«, empfahl.[80] Wenngleich Arnold in seiner *Kirchen- und Ketzerhistorie* die Mystiker aller Epochen mit hohem Lob bedacht hatte, so war sie doch im eigentlichen Sinne kein »mystisches« Werk (wie seine spätere *Historie und beschreibung der mystischen Theologie*[81]) und schon gar kein »mystisch-chemisch-alchimistisches« Werk. Zudem galten Metz' Buchempfehlungen einer im theosophisch-alchimistischen Sinne »ganzheitlichen« Therapie des Rekonvaleszenten[82]; zu einer Lektüre-Empfehlung der kirchenkritischen Geschichtsdarstellung Arnolds gab es keinen konkreten Anlass.[83]

Ich möchte eine andere Hypothese zur Diskussion stellen, die einen solchen konkreten Anlass aufzuzeigen und Goethes Begegnung mit Arnolds *Kirchen- und Ketzerhistorie* mit ihrem »großen Einfluß« plausibel zu machen vermag. Zu Goethes Aussagen in Dichtung und Wahrheit II,8 setze ich einen Abschnitt in III,15 in Beziehung. Es handelt sich dabei um die längere Passage über sein Verhältnis zur Herrnhuter Brüdergemeine und den Grund für seine Abkehr von ihr. Nach Goethes abschließender Anordnung des Stoffes gehört das Stück in die Zeit nach seiner Rückkehr aus Straßburg, doch werden hier Vorgänge beschrieben, die sich durch andere Quellen sicher datieren lassen und in eine frühere Zeit gehören.

Zu den exakt datierbaren Ereignissen in Goethes Schilderung zählt sein Besuch in der Herrnhuter Niederlassung Marienborn in der Wetterau[84],

---

79 WA I 27, 204f.; vgl. Raabe [s. Anm. 17], 65-67. Genannt werden neben [Georg von Welling:] Opus mago-cabbalisticum et theosophicum noch Theophrastus Paracelsus, Basilius Valentinus, [Franciscus van] Helmont, [George] Starkey und die Aurea Catena Homeri. Vgl. dazu Zimmermann [s. Anm. 35], 49 u.ö., 303, Anm. 14.

80 WA I 27, 203; Raabe [s. Anm. 17], 65.

81 GOTHOFREDI ARNOLDI HISTORIA ET DESCRIPTIO THEOLOGIAE MYSTICAE, Seu THEOSOPHIAE ARCANAE ET RECONDITAE, itemque veterum & novorum MYSTICORVM. Frankfurt/Main 1702; dt: Historie und beschreibung Der Mystischen Theologie, oder geheimen GottesGelehrtheit, wie auch derer alten und neuen Mysticorum. Frankfurt/Main 1703. - Dünnhaupt [s. Anm. 7], Nr. 33.1 und 33.II.1.

82 Wie Anm. 80.

83 Zimmermann [s. Anm. 35], 70, meint: »Und auch das bezeugte Interesse an der Geschichte der Urchristen und überhaupt an kirchengeschichtlichen Dingen, etwa auch an Gottfried Arnolds Kirchen- und Ketzerhistorie, dürfte nicht der Befestigung im pietistischen Gemeindeglauben, sondern eher der Erforschung der hermetischen Traditionen und ihrer Beziehung zum Christentum gedient haben.«

84 Zur Marienborner Niederlassung der Brüdergemeine vgl. Dietrich Meyer: Zinzen-

den er – wohl auf Anregung von Susanna von Klettenberg[85] – unternahm.[86] Er schreibt:

> »Die trefflichen Männer, die ich auf dem Synodus zu Marienborn, wohin mich Legationsrath Moritz, Geschäftsträger der Grafen von Isenburg, mitnahm, kennen lernte, hatten meine ganze Verehrung gewonnen, und es wäre nur auf sie angekommen, mich zu dem Ihrigen zu machen. Ich beschäftigte mich mit ihrer Geschichte, mit ihrer Lehre, der Herkunft und Ausbildung derselben, und fand mich in dem Fall [in der Lage], davon Rechenschaft zu geben und mich mit Theilnehmenden darüber zu unterhalten.«[87]

Der Zeitpunkt des Besuchs lässt sich durch den von Goethe erwähnten »Synodus zu Marienborn« feststellen, bei dem es sich nur um die letzte Synode der Brüdergemeine in der Wetterau handeln kann; sie fand vom 1. Juli bis 17. September 1769 statt.[88] Goethes Einordnung des Besuchs in *Dichtung und Wahrheit* nach seiner Straßburger Zeit ist also chronologisch unzutreffend.[89] In dem Diarium der Marienborner Gemeine ist sogar der

---

dorf und Herrnhut. In: Geschichte des Pietismus. Bd. 2. Hg. v. Martin Brecht. Göttingen 1995, 36, 46f., 49, 51, 76. Abb.: Raabe [s. Anm. 17], 82.

85 Susanna von Klettenberg hatte Marienborn und die seit 1750 verlassene Siedlung Herrnhaag am 21. und 22. August 1766 besucht (Diarium von Marienborn 1766; Unitätsarchiv Herrnhut, R 8.45.b).

86 Zu Goethes Besuch in Marienborn vgl. John Becker: Goethe und die Brüdergemeine. In: ZBG 3, 1909, 94-111; P.W. Wenck: Zu Dichtung und Wahrheit. In: Goethe-Jahrbuch 32, 1911, 188; Klaus Peter Decker: Goethe in Marienborn bei Büdingen. In: Kreis-Anzeiger Büdingen, 20. März 1982, 17; ders.: »... mich hat der Heiland endlich erhascht«. Goethes Begegnung mit den Herrnhutern und sein Besuch der Synode in Marienborn 1769. In: Frankfurter Rundschau - Lokal-Rundschau, 19. Mai 1999, Nr. 191, 5; Paul Peucker [s. Anm. 50].

87 WA I 28, 304; Raabe [s. Anm. 17], 75.

88 Zur Marienborner Synode von 1769 vgl. David Cranz: Alte und Neue Brüder=Historie oder kurz gefaßte Geschichte der Evangelischen Brüder=Unität in den älteren Zeiten und insonderheit in dem gegenwärtigen Jahrhundert. Barby [2]1772 [Reprint in: Nikolaus Ludwig von Zinzendorf. Materialien und Dokumente. Reihe 2. Bd. 11. Hg. v. Erich Beyreuther u. Gerhard Meyer. Hildesheim, New York 1973), 862-868 (§ 304); Guido Burkhardt: Die Brüdergemeine. Bd. 1: Entstehung und geschichtliche Entwicklung der Brüdergemeine. Gnadau 1893, 89-91; Meyer [s. Anm. 84], 59f.

89 Goethe hatte sich in einem Brief vom 15. Januar 1813 bei J.F.H. Schlosser nach dem Datum der Synode, der er beigewohnt habe, erkundigt (WA IV 23, 248f.; vgl. Mommsen [s. Anm. 16], 442). Schlosser hatte ihm nach gründlichen Recherchen mitgeteilt, dass nur die Synode von1769 in Frage komme (WA IV 23, 487; vgl. Mommsen [s. Anm 16], 443f.). Wenn Goethe in *Dichtung und Wahrheit* die falsche chronologische Einordnung gleichwohl beibehalten hat, ist das zunächst darin begründet, dass der zweite Teil von *Dichtung und Wahrheit* mit den Büchern 6-10

Besuch des Legationsrates Moritz[90] aus Frankfurt und seines Begleiters, des jungen Goethe, erwähnt. Danach waren sie zwar nicht bei der Synode selbst anwesend, an der nur Delegierte der Brüdergemeine teilnahmen, erlebten aber einen Abschlussgottesdienst, der am 21. September vor der Heimreise der auswärtigen Synodalen stattfand. Die Versammlung wurde von Zinzendorfs Nachfolger in der Leitung der Brüdergemeine, August Gottlieb Spangenberg[91], gehalten. Das Diarium vermerkt: »Der H. Legationsrath Moritz und H. Rath Göthes aus Sohn, ein junger Student, die aus Frankfurt zum Besuch hier waren, wohnten dieser Versammlung bey.«[92] Zum folgenden Tag notiert das Diarium der Marienborner Gemeine: »D[er] H[err] Legat. Rath Moriz, der den jungen Jedde [sic!] in s[eine]r Gesellschaft hatte u. nebst demselben recht vergnügt bey uns gewesen war, retournirte heute nach Frankfurt.«[93]

Nach Goethes Schilderung in *Dichtung und Wahrheit* war sein Verhältnis zu den Herrnhutern damals noch ungetrübt, ja, »es wäre nur auf sie angekommen, mich zu dem Ihrigen zu machen«. Erst im Anschluss daran erzählt er, warum sich »meine Neigung einigermaßen erkältete«. Lange sei ihm der Grund dafür nicht klar gewesen, »daß die Brüder so wenig als Fräulein von Klettenberg mich für einen Christen wollten gelten lassen«. Den Grund entdeckte Goethe in seiner Einstellung zu der alten theologischen Streitfrage, ob »die menschliche Natur durch den Sündenfall dergestalt verdorben sei, daß auch bis in ihren innersten Kern nicht das mindeste Gute an ihr zu finden, deßhalb der Mensch auf seine eignen Kräfte durchaus Verzicht zu thun und alles von der Gnade und ihrer Einwirkung

---

bereits 1812 im Druck erschienen war. Zu einem weiteren möglichen Grund s.u. Anm. 110.

90 Der mit der Familie Goethe befreundete Frankfurter Jurist Johann Friedrich Moritz (1716-1771) war Bevollmächtigter des dänischen Königs in der Reichsstadt und u.a. auch für die Meerholzer Linie des Ysenburgischen Grafenhauses tätig. Seine Frau, Katharina Sibylla, geb. von Schöll, gehörte mit Goethes Mutter zu dem Erweckten-kreis um das Fräulein von Klettenberg.

91 »Daß ich den nachherigen Bischof Spangenberg dort [in Marienborn] gesehn, erinere ich mich noch recht gut« (Goethe an Schlosser [wie Anm. 89]). Zu Spangenberg als Nachfolger Zinzendorfs vgl. Meyer [s. Anm. 84], 64f.

92 Das Zitat nach Becker [s. Anm. 86], 98. Im Marienborner Diarium (Unitätsarchiv Herrnhut, R 8.45.d) sind die Blätter mit den Eintragungen zu den Monaten Juni bis Oktober 1769 sowie Januar 1772 (vielleicht von Becker zur Vorbereitung des Aufsatzes) entnommen worden und gelten als vermisst. Ein gebundenes Zweitexemplar (Reinschrift) des Diariums enthält nur die Notiz: »Donnerstag den 21. kam H. Legations=Rath Moriz)von F[rank]furt hier an«, erwähnt aber Goethe nicht (R 8.45.c, 37).

93 Notiz am Rande der Zweitschrift des Diariums (R 8.45.c, S. 38).

zu erwarten habe«, oder ob man »der Natur inwendig noch einen gewissen Keim zugestehn [müsse], welcher, durch göttliche Gnade belebt, zu einem frohen Baume geistiger Glückseligkeit emporwachsen könne«. Von der zweiten Alternative war Goethe »auf's innigste durchdrungen«. Als Goethe seine Meinung »in einem geistlichen Gespräch ganz unbewunden eröffnete«, musste er »deshalb eine große Strafpredigt erdulden«. »Dieß sei eben, behauptete man mir entgegen, der wahre Pelagianismus, und gerade zum Unglück der neueren Zeiten wolle diese verderbliche Lehre wieder um sich greifen. Ich war hierüber erstaunt, ja erschrocken.«[94]

Es ist nicht zufällig, dass sich der Konflikt gerade an der Frage von Gnade und menschlichen Kräften entzündete. Die »Kreuzestheologie« Zinzendorfs und der Brüdergemeine war - dogmengeschichtlich gesprochen - seit 1734 eine strikt antipelagianische Gnadentheologie.[95] Zum Verständnis der Bemerkung Goethes ist aber ein bisher unbeachtet gebliebener Sachverhalt von besonderer Bedeutung. Auf der Marienborner Synode von 1769, nach deren Abschluss Goethe die Herrnhuter Siedlung besuchte, war darüber gesprochen worden, dass (im Zuge der Aufklärung) »pelagianische« Tendenzen wieder an Boden gewannen. Das Synodalprotokoll verzeichnet: »Dann wurde angemerkt, daß der Pelagianismus zu unserer Zeit sehr starck aufkommen, und man den Kräften des Menschen zu Schaffung seiner Seligkeit sehr vieles zuschreibe.« Nach einem Rückblick auf den Kampf der Reformation gegen das Vertrauen auf die eigenen Kräfte des Menschen heißt es weiter: »Dieser Punct werde nun zwar in unsern Gemeinen auch rein und lauter getrieben; man habe aber Ursache [...,] daß besonders auch unsre heranwachsende Jugend recht einsehen lerne, wie tief das Verderben der menschlichen Natur gehe.«[96] Auf dem Hintergrund des soeben durch die Synode erneut eingeschärften »Antipelagianismus« ist die herrnhutische Kritik an Goethes Auffassung als »wahrem Pelagianismus« zu sehen.

Dieses hier rekonstruierten Zusammenhangs war sich Goethe bei der Niederschrift von *Dichtung und Wahrheit* sehr wohl bewusst. Er lieh sich nämlich bei den Vorarbeiten zu Buch 15 die Brüder-Historie von David Cranz aus der Weimarer Bibliothek aus.[97] Cranz referiert die Ermahnung

---

94 WA I 28, 305f.; Raabe [s. Anm. 17], 76.

95 Vgl. Meyer [s. Anm. 84], 31-33. - Goethe spricht in *Dichtung und Wahrheit* von »eine[r] der Hauptlehren des Lutherthums, welche die Brüdergemeine noch geschärft hatte, das Sündhafte im Menschen als vorwaltend anzusehen« (WA I 28, 104).

96 Protokoll des Marienborner Synodus 1769 (Unitätsarchiv Herrnhut, R 2 B. 45.1.d, S. 283).

97 Vgl. Mommsen [s. Anm. 16], 433 (8. Dezember 1812), 441 (11./12. Januar 1813).

der Synode mit folgenden Worten: »Jemehr zu unsern Zeiten der Pelagianismus, oder die irrige Meinung von den natürlichen Kräften des Menschen, sich selbst zu bessern, die Oberhand zu gewinnen scheint: desto mehr haben wir Ursach, darüber zu halten, daß die Lehre von dem Verderben der menschlichen Natur rein und lauter unter uns getrieben werde.«[98] Goethes Formulierung der herrnhutischen Kritik an seiner Auffassung (»gerade zum Unglück der neueren Zeit wolle diese verderbliche Lehre wieder um sich greifen«) schließt sich eng an das Cranz-Zitat an.

Schon an einer früheren Stelle in *Dichtung und Wahrheit* weist Goethe auf die antipelagianische Gnadenlehre der Brüdergemeine hin und deutet seine Schwierigkeiten mit dieser Lehre an: »In eine der Hauptlehren des Lutherthums, welche die Brüdergemeine noch geschärft hatte, das Sündhafte im Menschen als vorwaltend anzusehen, versuchte ich mich zu schicken, obgleich nicht mit sonderlichem Glück.«[99] Die Stelle findet sich in *Dichtung und Wahrheit* im elften Buch, also vor seiner Schilderung der Pelagianismus-Episode. Goethe leitet damit die Reminiszenz an seine Jugendschrift *Brief des Pastors zu *** an den Neuen Pastor zu **** (1773) ein, die chronologisch in die Zeit nach jenem Konflikt gehört und in der sich deutliche Einwirkungen Arnolds nachweisen lassen.[100]

Besonders beachtenswert ist der Umstand, dass Goethe durch den Vorwurf des Pelagianismus zum ersten Mal selbst einer »Ketzerei« bezichtigt und davon tief getroffen wurde. Er charakterisiert das Erlebnis als ein unvermutetes Aus-dem-Traum-gerissen-Werden. Seine Reaktion beschreibt er folgendermaßen:

> »Ich ging in die Kirchengeschichte zurück, betrachtete die Lehre und die Schicksale des Pelagius näher, und sah nun deutlich, wie diese beiden unvereinbaren Meinungen durch Jahrhunderte hin und her gewogt und von den Menschen, je nachdem sie mehr thätiger oder leidender Natur gewesen, aufgenommen und bekannt worden.«[101] Hier ist eine Situation gegeben, die plausibel machen kann, aus welchem konkreten Anlass Arnolds Werk Goethe »in die Hände gerieth«. Goethe wollte sich, mit dem Vorwurf pelagianischer Ketzerei konfrontiert, über Pelagius und Pelagianer genauer informieren und »ging in die Kirchengeschichte zurück«.

98 Cranz [s. Anm. 88], 865.

99 WA I 28, 104; Raabe [s. Anm. 17], 120.

100 S.u. S. 175f.

101 WA I 28, 305f.

Dazu konnte er jenes Buch aus der väterlichen Bibliothek konsultieren, das sich schon durch seinen Titel *Kirchen- und* ***Ketzer****historie* für diesen Zweck empfahl.

Bei Arnold konnte Goethe nicht nur eine sehr ausführliche Darstellung des Pelagius und der Pelagianer[102] und einen Auszug aus einer pelagianischen Schrift[103] finden, sondern eine – in der Kirchengeschichtsschreibung erstmalige – überaus positive Würdigung. Arnolds erster Satz in dem Kapitel über die Pelagianer lautet: »Wir haben schon vernommen, daß die meisten so genannten orthodoxi dieser zeit meistens mehr verdient gehabt unter die kätzer=rolle zu kommen, als die andern, welche von ihnen sind verdammet worden.« Hier war ferner zu lesen, dass Pelagius sogar nach dem Zeugnis seiner Gegner »vor grossem eiffer im Christenthum gleichsam gebrant habe«, dass er »in grosser übung der gottseligkeit und gedult gelebet«, dass er »ein heiliger mann, der im Christenthum weit gekommen, kurtz: ein guter Christ gewesen« sei.[104] Arnold vermerkt weiter: »Von den andern leuten, die man Pelagianer genennet, finden sich nicht weniger bey den Orthodoxen herrliche zeugnüsse ihrer gottesfurcht und gaben.«[105] Er bemüht sich vor allem, die Lehren der Pelagianer (Bestreitung der Erbsünde, freier Wille) ausgewogen zu beurteilen und die »wolgemeint[] absicht« herauszustellen.[106]

Durch diesen konkreten Bezug auf die Pelagianer wird Goethes Urteil über seine Arnold-Lektüre an der ersten Stelle in *Dichtung und Wahrheit* verständlich, »daß ich von manchen Ketzern, die man mir bisher als toll oder gottlos vorgestellt hatte, einen vortheilhafteren Begriff erhielt«. Auf dem Hintergrund der positiven Würdigung des Pelagianismus durch Arnold wird auch Goethes Feststellung verständlich: »Seine Gesinnungen stimmten sehr zu den meinigen.«

Es gibt noch zwei weitere Beobachtungen, die dafür sprechen, die Begegnung Goethes mit Gottfried Arnolds Werk mit der Pelagianismus-Episode zu verknüpfen und die hervorgehobene Erwähnung der *Kirchen- und Ketzerhistorie* in Buch 8 sachlich als Folge der in Buch 15 beschriebenen Vorgänge zu sehen.

In dem erwähnten ersten biographischen Schema, das Goethe 1809 notiert hatte, findet sich die Abfolge: »Herrnhuthianism. Arnolds Kirchen und

---

102 UKKH I,5,5,1-11.

103 UKKH IV, 301f.

104 UKKH I,5,5,1

105 UKKH I,5,5,3.

106 UKKH I,5,5,6ff.

Ketzerg.«[107]; er hatte also zunächst vorgesehen, Arnold erst *nach* der Schilderung seiner Begegnung mit der Herrnhuter Brüdergemeine zu behandeln. In dieser ursprünglichen Disposition spiegelt sich nach meinem Urteil der tatsächliche historische Sachverhalt wider.

Ein zweites und besonders kräftiges Argument, die Nennung Arnolds in Buch 8 mit der angeführten Passage in Buch 15 zu synchronisieren und auf dem Hintergrund der Pelagianismus-Episode zu interpretieren, lässt sich aus dem Vergleich beider Abschnitte gewinnen. Goethe beschreibt seine Konsequenz aus dem Ketzerei-Vorwurf folgendermaßen:

> »[...] die Kluft, die mich von jener Lehre [der herrnhutischen antipelagianischen Gnadenlehre] trennte[,] ward mir deutlich, ich mußte also auch aus dieser Gesellschaft scheiden, und da mir meine Neigung zu den heiligen Schriften sowie zu dem Stifter und den früheren Bekennern nicht geraubt werden konnte, so bildete ich mir ein Christentum zu meinem Privatgebrauch, und suchte dieses durch fleißiges Studium der Geschichte, und durch genaue Bemerkung derjenigen, die sich zu meinem Sinne hingeneigt hatten, zu begründen und aufzubauen.«[108]

Ein synoptischer Vergleich mit dem Abschnitt in Buch 8 macht die inhaltlichen und sprachlichen Parallelen augenfällig, und auch die Schlussfolgerung, die Goethe hier aus der Pelagianismus-Episode für sich zieht, »ein Christentum zu meinem Privatgebrauch« zu bilden, ist ganz analog zu der formuliert, die er zuvor im achten Buch als Resultat seiner Arnold-Lektüre formuliert hatte.

Dichtung und Wahrheit II, Buch 8	*Dichtung und Wahrheit III, Buch 15*
[...] Buche, das mir in die Hände gerieth, Arnolds Kirchen- und Ket zer-Geschichte	Ich ging in die Kirchengeschichte zurück [...]
[...] von manchen Ketzern einen vortheilhafteren Begriff erhielt [...]	[...] betrachtete die Lehre des Pelagius näher und
Ich studierte fleißig die verschiedenen Meinungen [...]	sah nun deutlich, wie diese beiden unvereinbaren Meinungen durch Jahrhunderte hin und her gewogt
Seine Gesinnungen stimmten	Von dieser letztern Ueberzeu-

107 S.o. Anm. 42.

108 Dichtung und Wahrheit III,15 (WA I 28, 306; Raabe [s. Anm. 17], 76).

<table>
<tr><td>sehr zu den meinigen [...]</td><td>gung war ich aufs innigste durchdrungen [...] diese meine [...] Meinung</td></tr>
<tr><td>[...] so kam mir nichts natürlicher vor, als daß ich mir auch meine eigene [Religion] bilden könne</td><td>[...] so bildete ich mir ein Christentum zu meinem Privatgebrauch</td></tr>
</table>

Es ist plausibel, dass Goethe die gewonnenen kritischen Einsichten »durch fleißiges Studium der Geschichte« weiter »zu begründen und aufzubauen« suchte und daher das Buch als Begleiter mit nach Straßburg nahm und ihm so »[d]ie Kirchengeschichte [...] fast noch bekannter als die Weltgeschichte« wurde.

Meine Hypothese geht also davon aus, dass in Buch 8 und 15 derselbe Vorgang zugrunde liegt. Danach hätte die Begegnung Goethes mit Gottfried Arnolds *Kirchen- und Ketzerhistorie* einen konkreten Anlass. Sie wäre evoziert worden durch den Vorwurf des Pelagianismus, der vonseiten der Herrnhuter und von ihren Sympathisanten (Goethe nennt Susanna von Klettenberg) gegen ihn erhoben wurde. Die »Entdeckung« Arnolds ließe sich eingrenzen auf die Zeit zwischen Ende September 1769 (Marienborn) und April 1770 (Abreise nach Straßburg). Selbst wenn Goethe schon zuvor von Arnolds Werk gewusst haben sollte, kam es doch erst jetzt zu einer »existentiellen« Begegnung und eindrücklichen Leseerfahrung, die in Straßburg fortgesetzt und vertieft wurde.

Ist diese Hypothese zutreffend, so ergeben sich weitreichende Konsequenzen für Goethes Arnold-Rezeption. Sie wurzelte dann in einer außergewöhnlichen Situation, in der Goethe von den Menschen, denen er bei seiner religiösen Suche Sympathie und Freundschaft entgegenbrachte, beschuldigt wurde, ein »Ketzer« zu sein, eine »Ketzerei« zu vertreten. Bei der Lösung dieses inneren Konflikts erfuhr er durch Arnolds *Ketzerhistorie* die entscheidende Hilfe. Die Begegnung mit dem Werk leitete Goethes Abkehr von »dieser Gesellschaft« ein, d.h. von der Brüdergemeine[109] und den gleichgesinnten Frommen. Ein (radikal-)pietistisches Werk bildete somit den Auftakt zum Ende der kurzen »pietistischen Periode« in Goethes Biographie. Wenn die Begegnung mit Arnold in dieser besonderen Weise mit Goethes eigenem Erleben verknüpft war, wird verständlicher, warum

109 Die Brüdergemeine versuchte offenbar noch nach Goethes Rückkehr aus Straßburg den Kontakt zu dem jungen Mann, der sich in Marienborn so interessiert gezeigt hatte, zu knüpfen. Das Marienborner Gemeindiarium vermerkt zum 4. Januar 1772: »Br[uder] Riegelmann kam von Frankfurt zurück [...]. Sonst hatte er daselbst den H. Doct. Göthe, die Fräulein Klettenberg und andere Freunde der Gem[eine] besucht« (zitiert nach Becker [s. Anm. 86]).

er der *Kirchen- und Ketzerhistorie* einen so »großen Einfluß« auf sein Denken zuschreibt. In der Komposition von *Dichtung und Wahrheit* spiegelt sich dies noch wider: Goethe führt Arnold in der Darstellung dort ein, wo er auf seinen Versuch zu sprechen kommt, sich von den »übersinnlichen Dinge[n] [...] ein= für allemal [...] einen Begriff zu bilden«. Er nennt Arnold schon vorweg gleichsam als entscheidenden Katalysator seiner »religiösen« Entwicklung (deren Schilderung im dritten Teil von *Dichtung und Wahrheit* noch fortgesetzt wird) und zeigt im Vorgriff die Problemlösung an (die Formierung einer »eigenen Religion«). Die Pelagianismus-Episode bildet den sachlichen Schlusspunkt einer wichtigen Etappe seiner religiösen Emanzipation; sie markiert das Ende der Beziehungen zu der frommen »Gesellschaft«, aus der er definitiv »scheiden« muss, und Goethe rekapituliert noch einmal das Resultat seines Entwicklungsgangs (»bildete ich mir ein Christentum zu meinem Privatgebrauch«).[110]

Zu Goethes Behauptung, dass er von Arnolds Werk »einen großen Einfluß« erfahren habe, scheint aber im Widerspruch zu stehen, dass die Stelle in *Dichtung und Wahrheit* die einzige namentliche Erwähnung Gottfried Arnolds in Goethes literarischem Œuvre ist. Diese Beobachtung könnte daher zu der Mutmaßung führen, dass es sich bei der Arnold-Lektüre nur um eine biographische Episode handelte und dass auch der von Goethe konstatierte »große Einfluss« episodisch blieb, in dem Sinne etwa, dass die *Unparteiische Kirchen- und Ketzerhistorie* zwar an einem wichtigen Punkt seines Entwicklungsprozesses eine herausgehobene Bedeutung hatte, danach aber keine Rolle mehr spielte. Eine solche Vermutung ist allerdings abwegig. Arnolds Einfluss auf Goethe ist, wie die Forschung längst erkannt hat, in vielfältiger Weise wirksam geworden und kann von den Jugendschriften bis zum Alterswerk nachgewiesen werden.[111]

Da Goethes Straßburger Dissertation nicht erhalten ist,[112] lässt sich kaum etwas Genaueres über eine mögliche Einwirkung Arnolds ausma-

---

110 Vielleicht hat Goethe aus diesem kompositorischen Grund die falsche chronologische Einordnung seines Besuchs in Marienborn (den er durchaus als Rückblende hätte kennzeichnen können) bewusst beibehalten.

111 Vgl. Seeberg: Goethe Stellung [s. Anm. 17], 204f.; Meinhold [s. Anm. 5], passim; Edith Braemer: Goethes Prometheus und die Grundpositionen von Sturm und Drang. Weimar ^{2}1963 (Beiträge zur deutschen Klassik. Abhandlungen, 8), 136-138; Eitel Timm: Das Politikum der Größe: Goethes Institutionenkritik am Leitfaden der Depravationstheorie Gottfried Arnolds. In: Goethe-Yearbook 5, 1990, 25-45; Gerhard Sauder: Der junge Goethe und das religiöse Denken des 18. Jahrhunderts. In: Goethe-Jahrbuch 112, 1995, 97-110 (dort weitere Lit. zum religiösen Denken Goethes).

112 Vgl. Goethes Straßburger Promotion [...]. Urkunden und Kommentare. Hg. v. Elisabeth Genton. Basel 1971.

chen. Eines ist jedoch zu beachten: Die Zurückweisung der Dissertation wegen ihrer »unorthodoxen« Darlegungen ließ Goethe erneut als »Ketzer« dastehen.

Festeren Boden betreten wir bei den drei fiktionalen Jugendschriften der Jahre 1773-74 mit quasi-theologischen Themen. Es handelt sich um den *Brief des Pastors zu *** an den Neuen Pastor zu **** (1773), *Zwo wichtige bisher unerörterte Fragen* (1773) und *Der ewige Jude* (1774). Hier sind die Einwirkungen Gottfried Arnolds deutlich greifbar.

In dem fingierten *Brief des Pastors zu *** an den Neuen Pastor zu **** (1773)[113] lassen sich Leitmotive Arnolds bis hin zu fast zitathaften Anklängen erkennen. Die Kirchengeschichte wird als Abfall von den geist-vollen Ursprüngen gesehen, als Verfallsgeschichte, in deren Verlauf das Christentum seinen geistlichen Charakter einbüßt. Der Begriff der »ächten Kirche« steht im Gegensatz zur sichtbaren Kirche mit ihrer Hierarchie. Der Ausruf »Die Christliche Religion in ein Glaubensbekänntniß zu bringen, o ihr guten Leute!«[114] entspricht Arnolds spiritualistischer Maxime von der Unmöglichkeit, das Geistliche zu objektivieren. Aber auch andere Motive klingen an Arnold an: die Vorstellung von der Apokatastasis[115], die Rede von der »unmittelbaren Eingebung«, vom echten Nachfolger Christi, der es wagt »öffentlich zu sein« und »sich's merken zu lassen, daß ihm um seine Seeligkeit zu thun ist«, und der daher »einen Unnamen [scil. eines Ketzers] am Halse haben« wird, »eh er sich's versieht«. Auch die Forderung nach unparteiischer »Indifferenz« und religiöser Toleranz nimmt Arnolds Anliegen auf. So entdeckt man auf Schritt und Tritt »ziemlich genau belegbare Lesefrüchte aus Arnolds Kirchen- und Ketzerhistorie«.[116] Und dem Pastor legt Goethe die Quintessenz in den Mund, die Goethe für sich selbst aus

---

113 WA I 37, 155-173. Vgl. Meinhold [s. Anm. 5], 15ff.; Marianne Willems: Das Problem der Individualität als Herausforderung an die Semantik im Sturm und Drang. Studien zu Goethes »Brief des Pastors zu *** an den neuen Pastor zu ***«, »Götz von Berlichingen« und »Clavigo«. Tübingen 1995 (dazu Sauder [s. Anm. 111], 104, Anm. 25).

114 WA I 37, 165f. – Vgl. Arnold, UKKH I,4,7,18 über das Nicänische Glaubensbekenntnis: »Wie konten aber die elenden leute damals anders, als sich um worte herum zancken, weil sie schon längst von dem wahren Christenthum und dessen krafft und thätigkeit auf äusserlichen schein und worte verfallen waren.« Vgl. auch UKKH I,12,2,5: »[...] da sonderlich von der lehre ausgemachet ist, daß sie den gantzen grund des Christenthums umstösset, so lange die Lehrer auf [...] symbolische bücher [die Bekenntnisschriften mit den darin enthaltenen Glaubensbekenntnissen] und andere menschen=satzungen weisen, und nicht auf Christum allein«.

115 Vgl. Arnold: UKKH II, Beschluß § 9, und Seeberg, Arnold [s. Anm. 8], 173.

116 Brinkmann [s. Anm. 38], 107.

der Arnold-Lektüre gezogen hatte: »Denn wenn mans beym Lichte besieht, so hat jeder seine eigene Religion [...].«[117]

Auch in der Schrift *Zwo wichtige bisher unerörterte Biblische Fragen* (1773)[118] erscheinen bei der Behandlung der zweiten Frage »Was heißt mit Zungen reden?« »wieder pietistische Gedanken in Arnoldscher Variante«.[119] Bei dem »reinen Ursprung« und dem »Sumpf« am Ende gibt Arnolds Depravationstheorie den Hintergrund ab, und in der Rede von »Geist« und »Licht« und vom Überfließen des Geistes in die Seele »zur Erweckung und Änderung der Menschen« sowie von der »innerlichen Reinigkeit« begegnen gleichfalls Motive Arnolds.

Von dem Fragment *Der ewige Jude* (1774)[120] berichtet Goethe in *Dichtung und Wahrheit* in unmittelbarem Anschluss an die Pelagianismus-Episode und rückt es dazu in einen engen sachlichen Zusammenhang.[121] Zugleich stellt er eine Beziehung her zu den unmittelbar vorher erwähnten kirchengeschichtlichen Studien, die er als Reaktion auf den Ketzerei-Vorwurf betrieben hatte. Die Absicht des dichterischen Entwurfs sei gewesen, »an diesem Leitfaden die hervorstehenden Punkte der Religions= und Kirchengeschichte nach Befinden darzustellen«.[122] In dem Fragment lassen sich die konstitutiven Grundzüge der Darstellung und eine Fülle von Einzelmotiven ohne Arnold kaum verstehen. Der bis zum Jüngsten Tag unstet durch die Welt wandernde Jude Ahasver begegnet auf seinem Weg durch die Jahrhunderte den einstigen und jetzigen Repräsentanten des Christentums. »In dem Juden, der den von ihm verkannten Herrn und die Anfänge der christlichen Religion stets vor Augen hat, verkörpert sich gewissermaßen das kritische Prinzip, mit dem die geschichtliche Entwicklung des Christentums beurteilt wird.«[123] Diese Beurteilung fällt ganz im Sinne Ar-

---

117 WA I 37, 164.

118 WA I 37, 186-188.

119 Brinkmann [s. Anm. 38], 107.

120 Vgl. Jacob Minor: Goethes Fragmente vom ewigen Juden und vom wiederkehrenden Heiland. Ein Beitrag zur Geschichte der religiösen Fragen in der Zeit Goethes. Stuttgart, Berlin 1904; Meinhold [s. Anm. 5], 14f., 29ff. und 68ff. (zur späteren Wiederaufnahme des Themas); Kurt Hohoff: Das Christusbild des jungen Goethe. In: IkaZ 17, 1988, 567-573.

121 WA I 28, 306-310, hier 306: »Weil nun aber alles, was ich mit Liebe in mich aufnahm, sich sogleich zu einer dichterischen Form anlegte, so ergriff ich den wunderlichen Einfall, die Geschichte des ewigen Juden [...] episch zu behandeln [...].«

122 Ebd.

123 Meinhold [s. Anm. 5], 14.

nolds aus. In Goethes Darstellung ist das Verfallsschema konstitutiv; wie bei Arnold wird aufgezeigt, dass durch Veräußerlichung, Amt und Institution das Verderben in der Christenheit um sich gegriffen hat. Die vermeintlich Orthodoxen, besonders die Geistlichen, verkennen und verleugnen Christus. Die Priester werden genauso charakterisiert, wie Arnold in der *Kirchen- und Ketzerhistorie* die gleichbleibenden Merkmale der »Clerisey«[124] dargestellt hatte:

»Die Priester vor so vielen Jahren
Waren als wie sie immer waren
Und wie ein jeder wird zuletzt,
Wenn man ihn hat in ein Amt gesetzt.«[125]

Die Fortsetzung zeigt aber, wie sehr Goethe über Arnold hinausgeht und die Kleruskritik auch auf die Apostel ausdehnt, die Arnold noch der reinen Phase der urchristlichen »ersten Liebe« zugerechnet und von jeder Kritik ausgenommen hatte.[126]

Besonders eine Stelle erinnert an Arnold, nicht an die *Kirchen- und Ketzerhistorie*, sondern an das bekannte »Grablied Babels«[127]. Man könnte fast parodistische Züge vermuten. Goethe lässt die Separatisten lamentieren:

---

124 Zur »Clerisey« bei Arnold vgl. die Register der UKKH mit den durchweg negativen Konnotationen wie »verfall«, »übler beruff«, »hochmuth«, »unterdruckung der Layen«, »tyranney und herrschafft über gewissen«, »heucheley«, lüstigkeit und schwelgerey«, »unwissenheit« usw.

125 WA I 38, 56. – Arnold stellt immer wieder einen Zusammenhang zwischen Amt und Amtsanmaßung her. In den *Allg. Anmerckungen von denen Kätzer-Geschichten* fragt er: »Ob es nicht meistentheils (wo nicht allezeit) eingetroffen, daß die verkätzernde in so genannten ordentlichen ämtern gesessen, und also um derselben willen unterwerffung und beyfall in ihren sätzen von allen andern praetendiret; hingegen die gantze gemeinde ihres rechts dißfalls beraubet, und sonderlich denen layen nur das nachsehen gelassen? [...] Folglich ob nicht die gedachten personen in ihren ämtern von der allgemeinen verderbten natur verleitet worden, sich und die ihrigen bey ehren und unbetrüglicher auctorität, beqvemlichkeiten, einkünfften und andern vortheilen zu erhalten?« (UKKH I, S. 2).

126 «Und ich schwöre bey meinem Leben!
Hätte man Sanckt Paulen ein Bisstum geben:
Poltrer wär worden ein fauler Bauch,
Wie coeteri confratres auch.» (WA I 38, 56).

127 Zuerst gedruckt: Göttliche Liebes=Funcken/ Aus dem grossen Feuer Der Liebe Gottes in CHristo JESU entsprungen und gesam[m]let von Gottfried Arnold. Frankfurt/Main 1698, Nr. CXXVI. Ferner abgedruckt im Anhang von [Johann Conrad Dippel:] Wein und Öl in die Wunden des gestäupten Papstthums der Protestierenden. [Offenbach] 1699 [^{2}1700; wieder in der Gesamtausgabe: Eröffneter Weg zum Frieden.

»O weh der großen Babylon!
Herr, tilge sie von deiner Erden,
Laß sie im Pfuhl gebraten werden,
Und, Herr, dann gib uns ihren Trohn.«[128]

Der zweite Teil des Fragments gruppiert sich um das Motiv des wiederkommenden Christus, der nach dreitausend Jahren die Früchte seines früheren Wirkens auf der Erde aufsuchen will. Christus sieht die Welt noch »in iener Sauce« liegen, in der sie ihm einst der Teufel vorgeführt hatte. Christi Lehre ist verfälscht, das Licht, das er brachte, erloschen.

»Wo! rief der Heiland, ist das Licht,
Das hell von meinem Wort entbronnen!
Weh und ich seh den Faden nicht,
Den ich so rein vom Himmel rab gesponnen.«

Anders als bei Arnold, der auch inmitten des Verfalls stets noch die oft verkannten wahren Bekenner Christi und Wahrheitszeugen sah, sind auch diese hier verschwunden und es ist kein Wehen des Geistes Christi mehr zu spüren.

»Wo haben sich die Zeugen hingewandt,
Die weis aus meinem Blut entsprungen,
Und ach wohin der Geist, den ich gesandt -
Sein Wehn, ich fühls, ist all verklungen.«

So bleibt dem wiedergekommenen Christus nur die Enttäuschung.

»Er war nunmehr der Länder satt,
Wo man so viele Kreuze hat
Und man für lauter Creuz und Krist
Ihn eben und sein Kreuz vergisst.«[129]

Die Pfaffen kennen Christus und seinen Geist nicht mehr, und auf die Frage nach dem Verbleib derer, die einst »den Vater auch gekandt« haben, lautet die Antwort: »Eh man hat sie verbrandt« – als Ketzer.[130]

Bd. 1. Berleburg 1747, 377f.]; Geistreiches Gesang=Buch. Darmstadt 1698, 414-417; Geistliche Fama 22, 1737, 102-104.

128 WA I 38, 57.

129 WA I 38, 60f.

130 WA I 38, 61. Auch in diesem Fragment finden sich wieder Motive, die weit über Arnold hinausgehen, wie das völlige Verschwinden der wahren Christen. Manche Passagen hätte Arnold zweifellos als blasphemisch empfunden, z.B. wenn Gott-Vater im Himmel erst zwei- bis dreimal schreien muss, bevor

«[...] der Sohn ganz überquer
Gestolpert über Sterne her.»

Von nun an lassen sich sowohl Grundmuster von Arnolds Geschichtsdeutung als auch zahlreiche Einzelmotive bei Goethes Kommentierung kirchengeschichtlicher Vorgänge beobachten. Daneben gibt es aber einen breiteren Rezeptionsstrang. Herbert Schöffler und Richard Brinkmann haben für zwei Werke Goethes aus derselben Zeit, den *Götz von Berlichingen* (1773) und *Die Leiden des jungen Werther* (1774), zeigen können, wie bestimmte Vorstellungen Arnolds auch in diesen frühen Dichtungen ihre Spur hinterlassen haben.[131] Aufschlussreich ist dabei folgende Beobachtung, die sich von nun an in allen Werken, Briefen, Tagebuchaufzeichnungen Goethes machen lässt: Er überträgt die Begriffe und Motive Arnolds aus dem kirchengeschichtlichen Kontext auch auf andere Lebensbereiche, er verallgemeinert und »säkularisiert« sie. Auch in der Politik, in der Wissenschaft, in der Kunst stehen selbsternannte »Orthodoxe« gegen vermeintliche »Ketzer«, gibt es »Ketzermacher« und »Sekten«, »Pfäfferei«, »pfäffisches« Verhalten, »Parteigeist« usw.[132]

Nur ein besonders signifikantes Beispiel sei erwähnt: Albrecht Schöne hat eindrücklich herausgearbeitet, wie Goethes Darstellung der *Geschichte der Farbenlehre,* in der er »die Meinungen der Alten, die Hypothesen und Theorien der mittleren und neuern Zeiten, die Streitigkeiten so unparteiisch als möglich erzählen« will,[133] modellgetreu dem Muster des Arnoldschen Geschichtsverlaufs (reine Urzeit, Verfall und Niedergang) folgt.[134] Dem kann hinzugefügt werden, dass Goethe über einen Anhänger seiner Farbenlehre (Seebeck), der deswegen nur mit einigen Schwierigkeiten in die Berliner Akademie aufgenommen wurde, mit kirchengeschichtlicher Metaphorik bemerkt: »[...] war er einmal in die herrschende Kirche aufge-

---

- er hat zum Unwillen des Vaters auf einem Stern einer Frau Hebammendienste geleistet (Anspielung auf die Inkarnation?) - und sich den Tadel »Das hast du dumm gemacht« eingehandelt (WA I 38, 58).

131 Herbert Schöffler: Die Leiden des jungen Werther. Ihr geistesgeschichtlicher Hintergrund [1938]. Wieder abgedr. in: ders.: Deutscher Geist im 18. Jahrhundert. Essays zur Geistes- und Religionsgeschichte. Göttingen 1956, 155-181, 310-312; Brinkmann [s. Anm. 38].

132 Vgl. etwa »Ketzer« / Ketzerei (WA I 37, 197; II 4, 84f.; II 5/1, 164; IV 48, 105; V 7, 32); »Secte« (WA IV 37, 190), »sectenartig« (WA IV 38, 5), »pfäffisch« / »Pfäfferey« (WA I 3, 35; I 5/1, 222; IV 10, 312; IV 32, 159; IV 41, 56), »Parteygeist« (WA IV 12, 124, 142) usw.

133 WA II 5/1, 90.

134 Albrecht Schöne: Goethes Farbentheologie. München 1987, 45-62.

nommen, so wäre er für einen Thoren zu halten gewesen, wenn er nur eine Spur von Arianismus hätte merken lassen.«[135]

Um die Kontinuität der rezipierten Motive und Kategorien Arnolds aufzuzeigen, soll abschließend noch ein Blick auf Goethes Alterswerk geworfen werden.

In seinen älteren Jahren, der nachklassischen Zeit, begegnen bei Goethe wieder verstärkt kirchengeschichtliche Themen. Besonders die kirchlichen Vorgänge in der nachnapoleonischen Zeit hat er mit großer Aufmerksamkeit verfolgt und kommentiert: etwa das Reformationsjubiläum 1817, die frühe Erweckungsbewegung, den neuen Aufstieg des Katholizismus, die Konkordatspolitik der römischen Kurie, die Attraktivität des Katholizismus für die Romantiker und die Konversionen zum Katholizismus.[136]

Die neuen Vorgänge werden wieder mit den alten – Arnoldschen – Kategorien gedeutet. Es wiederholt sich doch nur das ewige Widerspiel von angemaßter Orthodoxie und vermeintlicher Ketzerei. Gegen das Reformationsfest richte sich die römische »Parteiwuth«.[137] Friedrich Wilhelm Krummacher rede in seinen »narkotische[n] Predigten« wie ein »ungelehrter Kirchenvater«.[138] Als Goethe die Konversion von Zacharias Werner zum Katholizismus erfuhr, kommentierte er sie mit folgenden Versen:

»Ihn treibt die sündige Natur,
Nach Rom zur babylon'schen Hur'
[...]
Da doch der Papst, der Antichrist,
Ärger als Türk' und Franzosen ist.«[139]

Die Grundsätze Arnolds, seine Kritik an Objektivierung und Institutionalisierung des reinen Geistlichen schimmern durch, wenn Goethe schreibt: »Es ist eine traurige Sache, daß ein reiner Cultus jeder Art, sobald er an Orte beschränkt und durch die Zeit bedingt ist, eine gewisse Heuchelei

135 WA IV 49, 229.

136 Vgl. Meinhold [s. Anm. 5], 219ff., 236, 270ff. u.ö.

137 Brief an J.F.W. Schlosser, 1. Juni 1817 (WA IV 28, 114).

138 WA I 42/1, 16-19. – Vgl. Arnolds Urteile über die Unwissenheit der »Clerisey«: UKKH I,6,2,5; I,5,2,11 (Ignoranten unter den Bischöfen); I,8,2,6f. (»nicht einmal in den natürlichen wissenschaften und sprachen« geringste Kenntnisse; Bonifatius »ein Idiote« und »Ertz-Ignorant«); I,9,2,9 (»kein fünckgen von den alten wissenschaften mehr übrig«); I,12,2,5; II,16,11,8 (»unwissenheit so vieler Prediger«) usw.

139 Invectiven, Nachl. (WA I 5/1, 195). Vgl. schon Rom als »Babel« in der Italienischen Reise (WA I 32, 63). Zum Papst als Antichrist vgl. Arnold, UKKH I,11,2,1; I,12,2,2 u.ö.

niemals ganz ablehnen kann.«[140] Oder: »Das Höchste, das Vorzüglichste am Menschen ist gestaltlos, und man sollte sich hüten, es anders als in edler Tat zu gestalten.«[141] Wie ein Resümee aus der *Kirchen- und Ketzerhistorie* klingt eine Briefpassage:

> »Bald nach ihrer Entstehung und Verbreitung litt die christliche Religion durch sinnige und unsinnige Ketzereyen, sie verlor ihr ursprüngliches Reine. Als sie aber gar rohe Völker und verderbte Gesittete bändigen und beherrschen sollte, waren derbe Mittel nöthig; nicht Lehren, sondern Dienst [Kultus] bedurfte man. Der einzige Mittler zwischen dem höchsten Gott des Himmels und den Erdemenschen war nicht genug u.s.w. was wir alle wissen; und so entstand eine Art von heydnischem Judenthum, das noch bis auf den heutigen Tag lebt und webt.«[142]

In die letzten Jahrzehnte seines Lebens fällt Goethes Beschäftigung mit zwei kirchen- bzw. dogmengeschichtlichen Lehrbüchern, der Geschichte der christlichen Glaubenslehren des mecklenburgischen Pfarrers Johann Christoph Friedrich Wundemann (1763-1827)[143] und dem Lehrbuch der christlichen Kirchengeschichte des Jenaer Kirchenhistorikers Johann Traugott Leberecht Danz[144]. Beide Werke sind Produkte der Aufklärung, die in der Theologie- und Kirchenkritik den Bahnen Arnolds folgen, wenngleich nicht mehr von dessen radikalpietistischen Voraussetzungen aus, sondern von aufgeklärten Ansätzen. Wundemann schreibt im Vorwort seines Werkes: Die Dogmengeschichte

> »kann und muß uns lehren, daß die Schulgezänke über Glaubensformeln, Worte und Ausdrücke nie großen Vorteil für die Religion gebracht, sondern

---

140 Tag- und Jahreshefte 1801 (WA I 35, 102). - Zum Zusammenhang von äußerlichem Gottesdienst und Heuchelei bei Arnold vgl. UKKH II,16,11,11 und 29,16; II,17,19,45 und 49 sowie 20,45f.

141 Wahlverwandtschaften II, 7 (WA I 20, 278).

142 Brief vom 19. November 1814 (WA IV 25, 82). - Vgl. dazu besonders Arnolds Darstellung der im 4. Jahrhundert durch »die verfallene Clerisey« veranlasste Veränderung des »inwendigen wahren gottesdienstes« zu »gewissen äusserlichen ceremonien und satzungen«, wodurch »ein pur lauteres judenthum« und »ein blindes wüstes heydenthum« entstanden sei; damals sei auch der Heiligenkult aufgekommen (UKKH I,4,6,1-3 und passim).

143 Johann Christian Friedrich Wundemann: Geschichte der christlichen Glaubenslehren vom Zeitalter des Athanasius bis auf Gregor d. Großen. 2 Bde. Leipzig 1798-1799 [SUB Göttingen; THULB Jena].

144 Johann Traugott Leberecht Danz: Lehrbuch der christlichen Kirchengeschichte. 3 Bde. Jena 1818-1826. Zu Danz vgl. Gustav Frank: Art. »Danz«. In: RE[3] 4,1898, 480-482; Karl Volker: Die Kirchengeschichtsschreibung der Aufklärung. Tübingen 1921, 16, 24; Karl Heussi: Geschichte der theologischen Fakultät zu Jena. Weimar 1954, 220ff.

> diesen Vorteil vielmehr gehemmt oder ganz gestört haben, und daß von jeher das starrsinnige Halten auf bloßen Glauben und Worte und je mehr man sich von der h. Schrift und der edlen Einfalt derselben entfernte, nur in unabsehliche Labyrinthe führte, in welchen die Religion verkümmerte.«[145]

Durch einen zufällig in seine Hände geratenen Makulaturbogen war Goethes »Passion für dieses Werk« geweckt worden. Darüber schrieb er im Februar 1814:

> »Weil aber der Mensch, der nach dem Wahren und Schönen strebt, sich ja dem Abgeschmackten nicht entziehen muß, da es ihm doch öfters zu Haus und Hof kommt, so habe ich mich in ein neues Studium der Art vertieft, und erfülle also, was geschrieben steht. Den Gegenstand aber rathen Sie gewiß nicht, ein Werk, das schon seit einem halben Jahr mir nicht von der Seite kommt [...]. An diesen beyden Teilen hoffe ich noch lange zu zehren, können Sie mir aber aus der Fülle Ihrer Kenntniß ein ähnliches Werk für künftige Jahre andeuten, so werde ich Ihnen höchst verpflichtet seyn; doch eigentlich kann uns nur der Zufall einen solchen Schatz bringen [...]«.[146]

Mit dem Werk von Danz hat sich Goethe intensiv beschäftigt.[147] Den dritten Band, der die Zeit von der Reformation bis zum Jahre 1824 darstellt, hat der Autor sogar Goethe gewidmet, »dem edlen Freunde und Verehrer Luthers, dem hochsinnigen und kräftigst wirkenden Erhalter des durch die Reformation zum zweiten Mal errungenen Sieges über Pfaffenherrschaft, Geistesverfinsterung und Geistesbedrückung«.[148] Goethe hat den Band mit Unterstreichungen durchgearbeitet und den Entwurf einer Rezension[149] verfasst.

Kehren wir noch einmal zu den *Zahmen Xenien* zurück, aus denen die eingangs zitierten Stellen stammten. Hier lässt sich jenes Grundraster der Geschichtsbetrachtung Arnolds besonders deutlich erkennen. Die Geschichte des Christentums erscheint Goethe als ein konturenloser »Mischmasch von Irrtum und von Gewalt«. Durch die Jahrhunderte bleibt

---

145 Wundemann [s. Anm. 143]. Bd. 1, XIIf.

146 Goethe an Sartorius, 28. Februar 1814 (WA IV 24, 365f.). – Ernst Beutler meint: »Es handelt sich um so eine ambivalente Stelle, wie wir sie aus Goethes religiöser Ironie kennen. Ein Nein zur irdischen Form und ein Ja zum geheimen göttlichen Gehalt. Daher ›abgeschmackt‹ und ›Schatz‹ in einem Atem« (Brief an Meinhold, zit. bei dems. [s. Anm. 5], 178, Anm. 5). Das scheint mir aber ein Missverständnis zu sein: »abgeschmackt« ist für Goethe der Inhalt der dogmengeschichtlichen Kontroversen, »ein Schatz« ist deren kritische Destruktion und Desavouierung.

147 Meinhold [s. Anm. 5], 178f.

148 Die Sophienausgabe gibt nur den Anfang der Widmung wieder (WA I 41/1, 507), der vollständige Text bei Meinhold [s. Anm. 5], 178.

149 WA I 41/2, 508f.

sich das Geschehen gleich, nur die Benennungen der Sache und die handelnden Personen wechseln:

»Zwei Gegner sind es, die sich boxen,
Die Arianer und Orthodoxen,
Durch viele Säcla dasselbe geschicht,
Es dauert bis an das Jüngste Gericht.«[150]

Was sich im 4. Jahrhundert – nach der »konstantinischen Wende«, als sich nach Arnold der Verfall des Christentums massiv bemerkbar machte – in der Auseinandersetzung zwischen Arianern und Orthodoxen ereignet hat, ist in Goethes Sicht paradigmatisch für die gesamte Kirchengeschichte. Es wiederholt sich der Kampf von beanspruchter Rechtgläubigkeit und vermeintlicher Ketzerei in ständigem Hin und Her-Gewoge[151] bis an das Ende der Tage. Auf den Titel von Arnolds Werk anspielend schreibt Goethe 1823 in einem Brief: »Wer die Kirchen= und Ketzer=Geschichte recht gut kennt, wird sich nicht so bitter [...] über die Wiederkehr der gewaltsamen Brandepoche beklagen. Irrthümer haben so gut wie Wahrheiten ihre Jahres= und Tageszeiten, ihres Gehens und Kommens.«[152] Freilich hat in den Kämpfen meist die »Orthodoxie«, das »Pfaffentum« (die in ihrer Herrschsucht skrupellose »Clerisey« Arnolds), gesiegt, da »die Priester, wie überall, ihr Handwerk sehr gut verstanden«[153], sich mit den weltlichen Machthabern verbündet und Gewalt angewendet haben. So heißt es über die gewaltsame Bekehrung der Sachsen:

»Doch haben sie lange genug gerungen,
Bis endlich die Pfaffen sie bezwungen.«[154]

Weil Goethe in der Kirchengeschichte die Pfaffen, die die Macht, aber nicht die Wahrheit für sich haben, überall das Geschehen bestimmen sieht, distanziert er sich von ihr:

»Mit Kirchengeschichte, was hab ich zu schaffen?
Ich sehe weiter nichts als Pfaffen.«

---

150 Zahme Xenien, Nachl. (WA I 5/1, 130).

151 Vgl. WA I 28, 306: »wie diese beiden unvereinbaren Meinungen durch Jahrhunderte hin und her gewogt«.

152 Brief an Kaspar Graf Sternberg, 12. Januar 1823 (WA IV 36, 272).

153 Brief an Großherzog Carl August, 22. April 1819 (WA IV 41, 17), über Priester im alten Ägypten.

154 Zahme Xenien, Nachl. (WA I 5/1, 135). Vgl. zur Sachsenbekehrung Arnold, UKKH I,9,1,6 u.ö. »alles, wie leicht zu erachten, auf angeben der Clerisey« (§ 13).

Es erinnert an Arnolds Kritik der traditionellen Kirchengeschichtsdarstellungen, wenn Goethe bemängelt:

»Wie's um die Christen steht, die Gemeinen,
Davon will mir gar nichts erscheinen.«

Mit dem Begriff »die Gemeinen« knüpft er an den Sprachgebrauch der Herrnhuter Brüdergemeine an, fügt aber sogleich verallgemeinernd hinzu:

»Ich hätt' auch können Gemeinde sagen,
Eben so wenig wäre zu erfragen.«[155]

Ganz im Stil seiner Jugendschrift, des Fragments *Der Ewige Jude*, konstatiert er das verfallene, Christus- und Geist-lose Christentum, das sich dem gegenwärtigen Betrachter darbietet:

»Sie geben ihm nur eine kurze Frist,
Da er doch Erst= und Letzter ist.«[156]

Im Jahr vor seinem Tod, am 22. März 1831, schrieb Goethe in einem Brief an Sulpiz Boisserée, er habe »von Erschaffung der Welt an, keine Confession gefunden, zu der ich mich völlig hätte bekennen mögen«.[157] Das ist ganz in Arnolds »unparteiischem« Sinn formuliert. Goethe berichtet dann von einer Entdeckung, der Nachricht über die antike Sekte der Hypsistarier.[158] Diese bei Arnold noch nicht erwähnte synkretistische Sekte des 4. Jahrhunderts war durch eine Abhandlung Carl Ullmanns 1823 bekannt geworden, der sie für eine eklektische, Jüdisches und Persisches verschmelzende religiöse Gruppe hielt.[159]

»Nun erfahr ich aber in meinen alten Tagen von einer Sekte der Hypsistarier, welche, zwischen Heiden, Juden und Christen geklemmt, sich erklärten, das Beste, Vollkommenste, was zu ihrer Kenntnis käme, zu schätzen, zu bewun-

155 Zahme Xenien, Nachl. (WA I 5/1, 131).

156 Zahme Xenien, Nachl. (WA I 5/1, 132) – »Erst= und Letzter«: vgl. Apk 1,11.17; 2,8; 22,13.

157 Brief vom 22. März 1831 (WA IV 48, 156).

158 Vgl. Anton Kippenberg: Goethe und die Hypsistarier. In: Goethe 8, 1943, 3-19, wieder abgedr. in: ders.: Reden und Schriften. Wiesbaden 1952; Meinhold [s. Anm. 5], 278-282.

159 Vgl. Carl Ullmann: De Hypsistariis, seculi post Christum natum quarti, secta, commentatio. Heidelberg 1823. Dieser Auffassung widersprach Wilhelm Böhmer: De hypsistariis opinionibusque, quae super eis propositae sunt, commentationem [...]. Berlin 1824, der die Hypsistarier als Überreste der Sabäer betrachtete. Vgl. zur anschließenden Diskussion Gustav Krüger: Art. »Hypsistarier». In: RE[3] 8, 1900, 506f. – Goethe folgt der Auffassung Ullmanns. Vgl. Ernst Grumach: Goethes Hypsistarierquelle. In: Goethe 14/15, 1952, 340-342.

> dern, zu verehren und, insofern es also mit der Gottheit im nahen Verhältniß stehen müsse, anzubeten. Da ward mir auf einmal aus einem dunklen Zeitalter her ein frohes Licht, denn ich fühlte, daß ich Zeitlebens getrachtet hatte, mich zum Hypsistarier zu qualificieren; das ist aber keine kleine Bemühung: denn wie kommt man in der Beschränkung seiner Individualität wohl dahin, das Vortreffliche gewahr zu werden?«[160]

Goethe nimmt also diese Sekte als Gleichnis für seinen eigenen unparteiischen Eklektizismus, zum Gleichnis für seine lebenslange Suche, sich von den »übersinnlichen Dingen [...] einen Begriff zu bilden« – eine Suche, bei der Arnold einen »großen Einfluß« auf ihn ausübte, die ihn aber weit über Arnold hinaus zu einer »eigenen Religion« führte.[161]

---

160 Wie Anm. 157.

161 Im Rahmen dieses Beitrags konnte die umfassende Frage nach »Goethes Religion« nicht erörtert werden. Vgl. dazu Peter Pfaff: Art. »Goethe«. In: TRE 13, 1984, 552-558 (Lit., Bibliographien).

VI. Gottfried Arnolds *Erste Liebe*

Gottfried Arnold (1666-1714) ist vor allem durch seine *Unparteiische Kirchen- und Ketzerhistorie* bekannt geworden, die, an der Wende vom 17. zum 18. Jahrhundert gedruckt (1699/1700), auch ein »Jahrhundertwerk« und wohl eine der einflussreichsten Darstellungen der Geschichte des Christentums überhaupt wurde – allenfalls von der Kirchengeschichte Eusebs von Caesarea († 339) an Wirkmächtigkeit übertroffen. Arnolds zahlreiche andere Publikationen – seine Bibliographie zählt etwa 70 Titel! – standen schon zu seinen Lebzeiten wie auch in ihrer Nachwirkung und ebenfalls in der Forschung stets im Schlagschatten seiner – zu Recht oder Unrecht – als Hauptwerk betrachteten *Kirchen- und Ketzerhistorie*. Das gilt auch für die hier in Auswahl vorgelegte Schrift *Die erste Liebe, Das ist: wahre Abbildung der ersten Christen nach ihrem lebendigen Glauben und heiligen Leben* (1696).[1] Sie war zwar nicht die erste Veröffentlichung Arnolds, aber doch das erste Werk, das ihn breiteren Kreisen bekannt machte und ihm sogar akademische Ehren eintrug.

Als die *Erste Liebe* erschien, war Arnold 30 Jahre alt. Sein bisheriges Leben war unspektakulär verlaufen. Er entstammte bescheidenen Verhältnissen; in seinem Geburtsort Annaberg im Erzgebirge war der Vater Lehrer an der Lateinschule. Die Mutter starb, als Gottfried Arnold sieben Jahre alt war.[2] Nach dem Besuch des Gymnasiums in Gera nahm er das Studium in Wittenberg auf und wandte sich nach Abschluss des Grundstudiums mit dem Grad eines Magister artium der Theologie zu. Wenn Arnold später abschätzig kundtat, dass er seinen Wittenberger Lehrern nichts verdanke,

---

1 Gottfried Arnold: Die Erste Liebe. Hg. v. Hans Schneider. Leipzig 2002 (Kleine Texte zur Geschichte des Pietismus, 5). Auf diese Auswahledition beziehen sich die im Text in Klammern eingefügten Stellenangaben.

2 Gert Haendler: Psychologische und theologische Gesichtspunkte bei der Kirchengeschichtsschreibung Gottfried Arnolds. In: Forschung und Erfahrung im Dienst der Seelsorge. Festgabe für Otto Haendler. Göttingen 1961, 129-138, versucht, Elemente der Kirchengeschichtsschau Arnolds (Verklärung der Frühzeit, Ablehnung alles Hierarchischen) psychologisch mit dessen Kindheitserfahrungen in Verbindung zu bringen: »Man darf annehmen [!], daß der junge Gottfried Arnold frühzeitig einer einseitigen, drückenden Autorität des Vaters ausgesetzt war und daß ihm die ersten Kinderjahre mit seiner leiblichen Mutter als verlorenes Ideal in Erinnerung blieben« (130). Angesichts der spärlichen Quellen bleibt dies aber Spekulation.

bezieht sich dieses polemische Urteil wohl auf die Theologieprofessoren und die an der Hochburg der lutherischen Spätorthodoxie gelehrte Schultheologie. Hingegen wird man dem Studium bei dem Polyhistor Conrad Samuel Schurzfleisch (1641-1708)[3], Professor für Historie und Griechisch, wohl einen prägenden Einfluss einräumen müssen. Vermutlich war er es, der Arnolds Interesse auf die Geschichte, besonders des christlichen Altertums, lenkte, ihm das philologische Rüstzeug vermittelte, das Fundament zu einer profunden Quellenkenntnis legte und vielleicht die Anregung zu Arnolds frühen historischen Arbeiten gab.[4]

Gelegenheit zur weiteren Pflege seiner historischen Interessen fand Arnold, als er im Herbst 1689 nach Abschluss seiner Studien, wie damals bei Theologen weithin üblich, als Informator (Hauslehrer) in Dresden und seit 1693 in Quedlinburg arbeitete. Die Stellen hatte ihm Philipp Jakob Spener vermittelt. Durch dessen Schriften war Arnold für den Pietismus interessiert worden und mit ihm, der damals als Oberhofprediger in Dresden wirkte, 1688 in Briefkontakt getreten. Unter Speners Einfluss ist Arnold zum Pietisten geworden, hat aber schon früh dessen gemäßigte Bahnen verlassen. In Quedlinburg[5] lebte er in einem Milieu mystisch-spiritualistischer, kirchenkritischer Frömmigkeit.

Während der Dresdner und Quedlinburger Jahre entstanden die frühen kirchenhistorischen Arbeiten Arnolds. Zwei Abhandlungen erschienen 1693 kryptonym in Zeitschriften, die von Christian Thomasius herausgegeben wurden.[6] 1695[7] folgten Übersetzungen der *Sendschreiben* des Clemens

---

3 Vgl. Gerhard Menk: Conrad Samuel Schurzfleisch und seine Familie. In: Nachlass der Familie Schurzfleisch. Bestandsverzeichnis und Bibliographie. Bearb. v. Gerhard Menk u.a. Weimar 1994 (Repertorien des Thüringischen Hauptstaatsarchivs Weimar, 1), 1-53.

4 Auf den Einfluss von Schurzfleisch hat Johann F. Gerhard Goeters: Gottfried Arnolds Anschauung von der Kirchengeschichte in ihrem Werdegang. In: Traditio, Krisis, Renovatio aus theologischer Sicht. Festschrift Winfried Zeller zum 65. Geburtstag. Hg. v. Bernd Jaspert u. Rudolf Mohr. Marburg 1976, 243f., nachdrücklich hingewiesen. Er führt allerdings nur einige inhaltliche Indizien an; ein Nachweis engerer persönlicher Kontakte und eines Lehrer-Schüler-Verhältnisses steht noch aus.

5 Zur Situation in Quedlinburg vgl. Martin Schulz: Johann Heinrich Sprögel und die pietistische Bewegung Quedlinburgs. Diss. theol. [masch.] Halle/Saale 1974.

6 M.G.A.A.M. [Godofredus Arnoldus Annaebergensis Misnicus]: Kurtze Nachricht Von dem Bruder= und Schwester=Namen in der ersten Kirchen/ aus derselben Geschichten zusammen getragen. In: Historie Der Weißheit und Thorheit zusammen getragen von Christian Thomasius/ JCto. Dritter Theil [...]. Halle [1693], 111-200; M.G.A.A.M.: Christianorum ad metalla damnatorum historia. In: HISTORIA SAPIEN-

und Barnabas sowie das *Erste Marterthum*,[8] eine Darstellung der frühchristlichen Verfolgungszeit. 1696 kamen dann außer der *Ersten Liebe* noch eine Übersetzung der *Homilien* des (Pseudo-) Makarios[9] und eine erweiterte Neuausgabe der frühen Aufsätze in Buchform[10] heraus.

Diese umfangreiche literarische Produktion, in der Arnold eine Fülle von Quellenmaterial verarbeitete, ist nur erklärbar, wenn er sich seit seiner Studienzeit intensiv mit altkirchlichen Quellen und patristischer Literatur beschäftigt und umfangreiche Exzerpte angefertigt hatte, auf die er

---

TIAE ET STULTITIAE; collecta à Christiano Thomasio, Jcto. TOMUS III. Halle/Saale 1683, 113-179.

7 Frühere Ausgaben der Übersetzungen (und des *Ersten Marthertums*), die nach einer Angabe im Verzeichnis der Werke Arnolds in der Schaffhausener Ausgabe der *Kirchen- und Ketzerhistorie* von 1740 schon 1689 in Halle erschienen sein sollen und seither ungeprüft durch die Literatur spuken (Franz Dibelius: Gottfried Arnold. Sein Leben und seine Bedeutung für Kirche und Theologie. Berlin 1873, 38; Erich Seeberg: Gottfried Arnold. Die Wissenschaft und die Mystik seiner Zeit. Meerane 1923 [Reprint: Darmstadt 1964], 16f.; Jürgen Büchsel: Gottfried Arnold. Sein Verständnis von Kirche und Wiedergeburt. Witten 1970 [AGP, 8], 27, Anm. 40f. und 29; Frank C. Roberts: Gottfried Arnold as a Historian of Christianity: a reappraisal of the Unparteiische Kirchen- und Ketzerhistorie. Diss. theol. [masch.] Vanderbilt Univ. Nashville 1973, 7; Friedrich W. Kantzenbach: Gottfried Arnolds Weg zur Kirchen- und Ketzerhistorie 1699. In: JHKGV 26, 1975, 208), sind schon wegen der aus dem März 1695 datierten Zuschriften ganz unwahrscheinlich. Thomasius schreibt 1693 in seiner knappen Vorrede zu Arnolds Beitrag in der *Historia sapientiae*, dass der Autor auch Übersetzungen des Clemens- und Barnabasbriefes angefertigt habe, und empfiehlt eine künftige Veröffentlichung.

8 M.G.A.A.M.: Zwey Send=Schreiben Aus der ersten Apostolischen Kirchen: Deren das eine ist Des heiligen Jüngers und Paulinischen Gefehrten BARNABAE, Das andere/ Des heiligen Märtyrers und Aufsehers zu Rom CLEMENTIS, Nun zum erstenmal verteutscht. [Lüneburg] 1695. [Zuschrift: Quedlinburg, 10. März 1695]. Beigedruckt mit neuer Paginierung: M.G.A.A.M.: Erstes Marterthum/ oder Merckwürdigste Geschichte der ersten Märtyrer mit der ältesten Scribenten eigenen Worten treulich beschrieben [Zuschrift: Quedlinburg, 12. März 1695]. Während auf den Titelblättern nur das Kryptogramm M.G.A.A.M. steht, sind beide Widmungszuschriften mit »M. Gottfried Arnold von Annaberg« unterzeichnet.

9 Des Heiligen MACARII Homilien/ Oder Geistliche Reden/ Um das Jahr Christi CCCXL. gehalten/ Anjetzo ihrer Vortreflichkeit wegen zum ersten mahl Jns Teutsche übersetzt/ Und Nebenst einer Erinnerung Von Brauch und Mißbrauch böser Exempel/ Ausgefertiget Von Gottfried Arnold. Leipzig 1696. Vgl. dazu Hermann Dörries: Geist und Geschichte bei Gottfried Arnold. Göttingen 1963 (AAWG.PH 3, 51).

10 FRATRUM SORORUMque APPELLATIO Inter Christianos maximè et alios qvondam usitata, tum et COGNATIO CHRISTIANORUM SPIRITUALIS. ex Antiqvitatum Monimentis Commentatione illustrata per GOTHOFREDUM ARNOLDUM Annaemontanum. Accessit CHRISTIANORUM AD METALLA DAMNATORUM HISTORIA. Frankfurt/Main 1696.

zurückgreifen konnte. Auf solche Vorbereitungen von langer Hand weist Arnold selbst hin. In der *Ersten Liebe* erwähnt er, dass er »etliche von solchen bisweilen sehr raren Büchern bereits vor langer Zeit excerpiret« habe (34,21), und auch noch in der ersten Vorrede der *Kirchen- und Ketzerhistorie* heißt es, er habe diese »weitläuffige arbeit« nur unternehmen können, weil er »bereits die meisten sachen dazu von langer zeit her gesammlet/ und parat liegen hatte«[11].

Waren schon Arnolds vorausgegangene Arbeiten Proben seiner beachtlichen Quellen- und Literaturkenntnis, so zeigte sich die reife Frucht seiner patristischen Studien in der *Ersten Liebe*, einem voluminösen Werk von 1100 Folio-Seiten. Arnold erhebt den Anspruch, »allen Liebhabern der Historischen Wahrheit/ und sonderlich der Antiqvität« eine umfassende und quellennahe (»Aus der ältesten und bewährtesten Kirchen=Scribenten eigenen Zeugnissen/ Exempeln und Reden«) Beschreibung der frühen Christenheit zu bieten; keine Spezialabhandlung, sondern eine Gesamtdarstellung, eine »Kirchen=Historie« (5). Die Formulierungen des Titels sind sorgfältig gewählt und geben dem verständigen Leser (s.u.) bereits deutliche Hinweise auf die konzeptionellen Besonderheiten dieses kirchengeschichtlichen Entwurfs und den theologischen Standpunkt seines Verfassers.

Die programmatische Anspielung auf Apk 2,4 (»ich habe wider dich, daß du deine erste Liebe verlassen hast«) deutet auf einen Antagonismus hin, der für die Zielsetzung des Werkes und die Schwerpunkte der Darstellung grundlegend ist: Die Schilderung der »ersten Liebe« wird kontrastiert mit dem düsteren Bild ihrer Preisgabe, des Abfalls von den Ursprüngen, des »Verfalls«. Diese Gegensätze sind für Arnold weniger historische als theologische Kategorien. Denn die »erste Liebe« ist keineswegs nur die anfängliche Erscheinungsform des Christentums, ihre »wahre Abbildung« kein bloß historischer Bericht; vielmehr geht es um die »Wahrheit der Ersten einigen [einzigen] Christlichen Religion«, um das Ur-Christliche als Norm des Christseins überhaupt.

Indem Arnold bei allen Kirchen im Osten wie im Westen einen prinzipiellen Konsens über den normativen Charakter des ursprünglichen Christentums voraussetzt, will er dessen umfassendes Bild den Christen seiner Zeit als Spiegel vor Augen halten (6,26). Schon in den *Send=Schreiben* hatte er das zum Ausdruck gebracht: »Du siehest hier vor dir einen feinen Spiegel der Alten Unschuld/ und ein Muster/ wie dein und aller Christen Glaube beschaffen sein müsse/ wenn du den Worten JEsu Christi von

11 Arnold, Kirchen- und Ketzerhistorie, I, Vorrede, § 8.

Hertzen gehorsam werden willst.«[12] Im *Ersten Marterthum* heißt es, dass »dieser Bericht nicht zu einer nichtigen Neugierigkeit/ sondern zu einem Spiegel dienen solle/ der den jezigen und künfftigen Zustand der Gemeinen mit denen ersten zusammen halte«.[13]

Der Rekurs auf das Urchristentum, das den Reformbewegungen der Kirchengeschichte immer wieder als Leitbild und Erneuerungspotential gedient hatte, spielte auch in der Frühzeit des Pietismus eine beachtliche Rolle. Philipp Jakob Spener hatte auf denkbare Einwände gegen sein Reformprogramm mit dem Hinweis auf das Urchristentum repliziert:

> »Wolte man auch dieses vor unmüglich halten/ so führe ich dessen ein Exempel an/ die erste Christliche Kirche/ darauß erweißlich/ was deroselben müglich gewesen/ seye nicht blosser dings unmüglich. Es bezeugen aber die Kirchen=historien/ daß die erste Christliche Kirche in solchem seligen stande gestanden/ daß man die Christen ins gemein an ihrem gottseligen leben gekant/ und von andern leuten unterschieden habe [...].«[14]

Spener führt eine Reihe von Zeugnissen altkirchlicher Autoren an[15] (die sämtlich bei Arnold wieder erscheinen) und verweist auf Arbeiten seines Straßburger Lehrers Johann Conrad Dannhauer und seines einstigen Kommilitonen Balthasar Bebel (die Arnold ebenfalls heranzieht)[16].

Ein Leitbegriff des pietistischen Reformprogramms war die »praxis pietatis«. Speners Anspruch, »daß es mit dem wissen in dem Christenthum durchauß nicht gnug seye/ sondern es vielmehr in der praxi bestehe«, bestimmt auch Arnolds Vorhaben. Die Erforschung und Darstellung der christlichen Frühgeschichte hat eine praktische Zielsetzung; seine »Kirchen=Historie« soll eine »nützliche« sein (5,16), nutzbar gemacht werden. Das Vorbild der »ersten Christen« ist »fein in Übung zu bringen/ damit man nicht bey der blossen Historischen Wissenschafft immer stehen bleibe/ denn dieses wäre nur eine Lust/ nicht aber eine Klugheit« (14,6-9). Die »Wahre Abbildung Der Ersten Christen« soll dazu verhelfen, die Missstände der Gegenwart als Verfallserscheinungen aufzudecken und Orientie-

12 Arnold, Send=Schreiben, A 10^r.

13 Arnold, Erstes Marterthum, A 10^r-10^v.

14 Philipp Jacob Spener: Pia desideria. Hg. v. Kurt Aland. Berlin ^{3}1964 (KIT, 170), 49,6-11.

15 Spener, Pia desideria, 49,11-51,26.

16 Spener, Pia desideria, 51,26-52,2. Spener nennt Johann Konrad Dannhauer: Christeis sive drama sacrum in quo ecclesiae militia a Jesu Christo ad thronum coelestem deducitur [...] actus primus, trisecularem ecclesiae sortem [...] usque ad Constantinum M. [...] exhibens. Straßburg 1646 u.ö. und Balthasar Bebel: Antiquitates Ecclesiae in tribus prioribus post natum Christum Seculis [...]. Straßburg 1669.

rung für ein Leben nach den urchristlichen Maßstäben und »Exempeln« zu geben.

Besonders signifikant für Arnolds historische Konzeption und theologische Position ist das Stichwort »unparteiisch«, das ein umstürzendes Programm enthält. Es findet sich nicht erst im Titel seiner berühmten *Kirchen- und Ketzerhistorie*, sondern begegnet schon auf dem Titelblatt der *Ersten Liebe* (»Treulich und unpartheyisch entworffen«) und an zahlreichen Stellen des Textes. Allerdings sind sich wohl die meisten Leser erst der vollen Bedeutung dieses Begriffs, seiner Implikationen und Konsequenzen bewusst geworden, als sie die *Kirchen- und Ketzerhistorie* lasen, in der nun auch die protestantische Kirchengeschichte seit der Reformation eine »unparteiische« Behandlung erfuhr. »Unparteiisch« meint nämlich nicht bloß das Bemühen des Historikers um Unvoreingenommenheit, sondern bildet den Gegensatz zu der Geschichtsschreibung aus der Sicht einer »Religions-Partei« (Konfession). »Unparteiisch« ist demnach eine Grundhaltung, die von der konfessionellen Betrachtungsweise der Kirchengeschichte frei ist. Das bedingt aber, dass der »unparteiische« Kirchenhistoriker auch theologisch einen Standort jenseits konfessionell-»parteilicher« Positionen einnimmt. Diese Forderung hat wiederum zur Voraussetzung, dass die Wahrheit – prinzipiell wie auch zeitlich – vor aller Parteibildung zu finden ist. Die konfessionellen Parteiungen sind nach Arnold selbst ein Produkt des Verfalls – durch »Wortstreit« und »Disputiersucht«[17] entstanden und in »Meinungen«[18] und »Satzungen«[19] verhärtet. Die Transzendierung der kon-

---

17 Die Disputier- und Streitsucht der Theologen sah Arnold als Verfallserscheinung an. Die Warnung vor »Wortkriegen« und »Schulgezänk« (1Tim 6,4f.) wandten die Pietisten auf theologische Kontroversen an (vgl. Spener, Pia desideria 26,10ff.). Spener wollte das Disputationswesen eingeschränkt sehen (Pia desideria 63,36-67,4). Vgl. auch die Register der *Kirchen- und Ketzerhistorie* unter »Disputirsucht«.

18 Mit der Bezeichnung dogmatischer Lehren als bloßer »Meinungen« werden diese im radikalen Pietismus relativiert oder gar für gleichgültig angesehen. Arnolds Freund Johann Conrad Dippel schrieb: Auch die Reformation habe »nur neue Artickel und Meynungen aufgebracht, wordurch sich die grosse Stadt [das antichristliche »Babel«] in 3. Theil [drei Konfessionen] getrennet hat, und Christo so wenig [wie] eine Christliche Kirch, oder Zion aufgerichtet und gesammelt worden« (Eröffneter Weg zum Frieden [...]. Bd. I. Berleburg 1747, 552; vgl. dort auch das Register in Bd. III unter »Meynungen«, »Meynungs=Religion«).

19 In der Reformation wurde der Begriff »Menschensatzungen« (vgl. Mk 7,8f.; Kol 2,20) polemisch gegen die mittelalterliche Kirche gebraucht, deren Lehrbildungen, päpstlichen Rechtssetzungen, Konzilsbeschlüssen als »Menschensatzungen« man die Bibel als einzige Grundlage gegenüberstellte. Der radikale Pietismus dehnte den polemischen Begriff auch auf die protestantischen Kirchen aus. Vgl. Johann Konrad Dippel: Papismus protestantium vapulans, Oder: Das gestäupte Papstthum An den

fessionellen Parteilichkeit geschieht im historischen und theologischen Rückgriff auf die vor- und überkonfessionelle »erste Liebe«. Wenn Arnold gar die dadurch mögliche Überwindung konfessioneller Spaltungen erwähnt (16,31), meint er das nicht etwa im Sinne eines Unionsprogramms.[20] Vielmehr werden die konfessionellen Differenzen durch eine unparteiische Haltung relativiert und letztlich obsolet gemacht.

Das Programm einer so verstandenen Unparteilichkeit bringt Arnold auch in drei einleitenden Stücken zum Ausdruck, die er seinem Werk vorangestellt hat: Die *Zuschrift* richtet sich an die geographisch und konfessionell (»An allen ihren Orten/ und aus allerley Volck«) verstreut lebenden Glieder jener unsichtbaren, allein »wahren« Kirche, die aus den Wiedergeborenen besteht. Ihnen ist das Werk zugeeignet; sie sind seine eigentlichen, verständigen und urteilsfähigen Leser und Benutzer. Es folgt (nach der Erläuterung eines Titelkupfers in Versen, die in die Thematik des Werkes poetisch einführen, und einer Inhaltsübersicht) eine *Vor=Rede An den Unpartheyischen Leser*, in der Arnold über Zielsetzung, Anlage und Veranlassung der *Ersten Liebe* informiert. Die Adressaten sind keine anderen als der in der *Zuschrift* angesprochene Personenkreis. Denn nach Arnolds Meinung sind die Wiedergeborenen die unparteiischen Christen, da die »neue Geburt« sie dem Verfall – und somit auch den Parteiungen der verfallenen Christenheit – entreißt und zur »ersten Liebe« zurückführt. Sie allein besitzen die Voraussetzung zum rechten Verständnis der Kirchengeschichte. Schließlich gibt ein *Nothwendiger und kurtz=gefaßter Vor=Bericht über die Alten Kirchen=Scribenten* Rechenschaft über Arnolds methodische Erwägungen und über die benutzten Quellen. Hier lassen die Erörterung von Echtheitsfragen anhand äußerer und innerer Kriterien (Anachronismen, Vergleich des Stils und der Denkweisen) und eine Tendenzkritik (»parteilicher« Standpunkt der Autoren) die Schulung in den sich im 17. Jahrhundert ausbildenden Methoden historischer Kritik erkennen. Sie werden jedoch überlagert durch die hermeneutische Prämisse, dass nur erleuchtete, wiedergeborene Christen die rechte Urteilskraft besitzen – selbst in Echtheitsfragen! Der Grundsatz, dass alles »gleichsam a priori in dem Lichte des H. Geistes will judiciret seyn« (21,20), entzieht die Darstellung strenggenommen jeder historischen Kritik. Nur »wahren« Christen erschließt sich das Verständnis für die *wahre Abbildung*; nur die Wieder-

blinden Verfechtern der dürfftigen Menschen=Satzungen in Protestirender Kirch Schrift [...]. o.O. [Offenbach] 1698.

20 Vgl. etwa die Bemühungen Georg Calixts (1586-1656), durch einen »Consensus antiquitatis« eine konfessionelle Verständigung zu erreichen. Das von Arnold hier angeführte Zitat stammt von Calixts Helmstedter Kollegen Conrad Horn[eius].

geborenen, mit dem Hl. Geist Begabten nehmen diesen Geist in dessen früheren Zeugen und Zeugnissen wahr.

Arnold hat sein Werk nicht nach einem chronologischen Gliederungsschema aufgebaut, sondern folgt einer sachlichen Ordnung. In acht »Büchern« (mit insgesamt 100 Kapiteln) behandelt er verschiedene Themenkomplexe und deren Teilaspekte. Seine Darstellungsweise ist weder die einer chronikalischen Berichterstattung noch die einer Geschichtserzählung, ja, er bietet überhaupt keine »Ereignisgeschichte«. Geschichte als Abfolge von Geschehen findet kaum Beachtung (symptomatisch: das fast völlig Fehlen von Jahreszahlen). Sein Interesse gilt der Beschreibung von Frömmigkeit[21] (»Gottseeligkeit«) als Lebenspraxis; dafür ist die Liebe (nicht der Glaube!) der titelgebende Leitbegriff. Zu den einzelnen Aspekten des frühchristlichen Lebens trägt Arnold jeweils Zitate zusammen, die bestimmte Sachverhalte belegen und beispielhaft illustrieren sollen.

Der erste Hauptteil[22], der die Bücher I bis VI (oder VII) umfasst, entwirft ein Bild des ursprünglichen Christentums in Gestalt einer pietistischen »Pflichtenlehre«, schildert also die »Lebenspflichten«[23], die – einst wie jetzt – das Christsein ausmachen: Pflichten der Christen gegenüber Gott (I), untereinander (III), gegenüber sich selbst (IV), gegenüber den Gottlosen (V). Das Schema ist aber weder in den Buchüberschriften noch in der inhaltlichen Zuordnung konsequent durchgeführt; die Ausführungen über den Gottesdienst (II) gehören sachlich unter die Pflichten gegenüber Gott, die Schilderung des häuslichen und privaten Lebens (VI) zu den gegenseitigen Pflichten; die Erörterungen über die Wundergaben und deren Abflauen (VII) fallen aus dem Rahmen der Pflichtenlehre heraus. Der zweite Hauptteil besteht nur aus dem umfangreichen VIII. Buch (20 Kapitel!), das eingehend die verhängnisvolle Abwendung von der »ersten Liebe« dokumentieren und die Gründe dieses »Verfalls« aufdecken soll.

Wie schon in den früheren Arbeiten besteht Arnolds Darstellung in der *Ersten Liebe* weithin aus einem Flickenteppich von Zitaten, die geschickt ausgewählt und oft nur durch knappe Ein- und Überleitungssätze zusam-

---

21 Von »Frömmigkeits*geschichte*« kann man streng genommen nicht sprechen, da es für Arnold außer ursprünglichem Zustand und Verfall keine geschichtlichen Entwicklungen gibt.

22 Gemeint sind hier nicht die beiden in der Inhaltsübersicht genannten formalen »Teile«, die lediglich eine Gliederungshilfe für das umfangreiche Werk bieten, aber für die inhaltliche Struktur keine Bedeutung haben.

23 Vgl. das Predigtwerk von Philipp Jakob Spener: Die evangelische Lebens=Pflichten [...]. Frankfurt/Main 1692 (Reprint in: ders.: Schriften. Bd. 3, 1-2. Hg. v. Erich Beyreuther. Hildesheim 1992).

mengefügt sind. Die Belege wählt Arnold ohne Rücksicht auf Entstehungszeit und Kontext aus; Zitate aus verschiedenen Jahrhunderten stehen unmittelbar nebeneinander, selbst Äußerungen Bernhards von Clairvaux († 1153) dienen zur Beweisführung! Für Arnold ist die zeitliche Nähe der Quellen zum »ersten Christentum« kein entscheidendes Kriterium – der Hinweis auf die bis in spätere Zeiten reichenden (schriftlichen oder mündlichen) Überlieferungen (27,27) dient lediglich als Hilfskonstruktion. Das Wann und Wo seiner Quellenbelege ist irrelevant; handelt es sich doch im Grunde um zeitlose »Exempel« für die zeitlose Wahrheit. Über ihre Authentizität entscheiden nicht historische Kriterien, sondern die geistliche Übereinstimmung mit der »ersten Liebe«. So entsteht ein eigentümlich geschichtsloser Querschnitt – ein Bild ohne Bewegung, ohne zeitliche oder geographische, soziale oder ethnische Differenzierungen, ohne Abstufungen und Schattierungen. Es gibt für Arnold im Grunde nur zwei Kategorien: die Idealgestalt des ursprünglichen Christentums und den Verfall.

Die *Erste Liebe* wurde nach Arnolds eigenen Worten (23,10-24,2) durch ein Werk des Engländers William Cave (1637-1713)[24] angeregt. Der anglikanische Geistliche hatte 1673 ein Werk über das Christentum in den ersten Jahrhunderten veröffentlicht: *Primitive Christianity or the Religion of the ancient Christians in the first ages of the Gospel*,[25] das nicht nur in England, sondern auch auf dem Kontinent Beachtung und Anerkennung gefunden hatte. Den Auftakt zu Übersetzungen in andere Sprachen[26] hatte eine niederländische Ausgabe gebildet, die 1692 in Utrecht erschienen war; zu ihr hatte der damals dort lehrende Theologieprofessor Herman Wits[ius] (1636-1708)[27] eine Vorrede geschrieben.[28] 1694 kam Caves Werk in Leipzig bei Thomas Fritsch (der später auch Arnolds *Kirchen- und Ket-*

24 Zu Cave vgl. Rudolf Buddensieg: Art. »Cave«. In: RE[3] 3, 1897, 767f.

25 William Cave: Primitive Christianity; or, the Religion of the ancient Christians in the first ages of the Gospel. London 1673. Weitere englische Ausgaben: 1675; 1676; 1682; 1698; 1702; 1714; 1728; 1825; 1834-1835; 1840.

26 Außer den im Folgenden genannten noch Übersetzungen ins Französische und Dänische: La religion des anciens Chrétiens, dans les premiers siècles du Christianisme. Amsterdam 1709; 1711. – Første Christendom, af Tydsk overs. Kopenhagen 1740.

27 Vgl. Jan van Genderen: Herman Witsius. s'Gravenhage 1953.

28 Het eerste christendom, of de godsdienst der oude christenen, in de eerste eeuwen des Evangeliums [...]; na de derde Engelsche dr. vert. door Salomon Bor; met een voor-reeden van H. Wits [...] verrijkt Utrecht 1692. [UB Utrecht; in deutschen Bibliotheken nicht nachweisbar.] – Weitere niederländische Ausgaben des Werkes erschienen 1698, 1711, 1724, 1734 und 1778 [alle vorhanden in UB Utrecht].

zerhistorie verlegte) in deutscher Sprache heraus: *Erstes Christenthum oder Gottesdienst der alten Christen in den ersten Zeiten des Evangelii.*[29] Die Ausgabe enthielt auch die Vorrede von Wits[ius] aus der niederländischen Edition. 1696 – zugleich mit Arnolds *Erster Liebe* – erlebte das Werk eine zweite deutsche Auflage[30], und 1723 wurde es noch einmal nachgedruckt. Arnold zog neben der deutschen Ausgabe von 1694[31] auch die niederländische von 1692 zum Vergleich heran, da der deutsche Übersetzer in seiner Version »von dem Holländischen genaueren in vielen abgehet« (25,4f.).

In der *Ersten Liebe* soll, wie Arnold bereits auf dem Titelblatt anzeigt, »zugleich des Herrn William Cave Erstes Christenthum Nach Nothdurfft erläutert« werden. Die Anlehnung an Caves Werk zeigt sich in dem teilweise gleichartigen Aufbau. Behandelt Cave das Verhalten gegenüber Gott (I), gegenüber sich selbst (II), gegenüber den anderen Menschen (III), so findet diese Gliederung bei Arnold ihre modifizierte Entsprechung (Buch I, II, IV); auch eine Reihe von Kapitelüberschriften bei Arnold (besonders in Buch II und III) stimmt mit Cave sachlich überein. Doch die »Erläuterung«, die Arnold zu Caves Werk vornimmt, ist keine bloße Kommentierung oder Ergänzung, sondern eine kritische Überprüfung »nach der Warheit/ welcher doch alles weichen muß« (23,29f.). Sie führt zu einer Revision der Sicht Caves in wesentlichen Punkten; eigentlich stellt die *Erste Liebe*, wie schon Christian Thomasius zu Recht bemerkt hat, einen Gegenentwurf zu Cave dar.[32]

---

29 Erstes Christenthum/ oder Gottesdienst der alten Christen in den ersten Zeiten des Evangelii. Aus dem Englischen anitzo übersetzet. Leipzig 1694. – Vgl. A Catalog of British Devotional and Religious Books in German Translation. Compiled by Edgar C. McKenzie. Berlin, New York 1997 (Bibliographie zur Geschichte des Pietismus, 2), 142, Nr. 591. Die Angabe, dass die deutsche Ausgabe von Wits[ius] herausgegeben und übersetzt sei, ist falsch. Der Hinweis auf einen nicht nachweisbaren früheren Druck von 1693 (ebd., Nr. 590) beruht auf einer Verwechslung mit der niederländischen Ausgabe.

30 Seeberg [s. Anm 7], 240, Anm. 3, und Kantzenbach [s. Anm. 7], 214, sind der irrigen Meinung, Caves *Erstes Christenthum* sei erst 1696 erschienen. Kantzenbach will aus der im selben Jahr herausgekommenen Abbildung schließen, »(w)ie rasch sich die Entwicklung bei Arnold vollzog«.

31 In Arnolds Bibliothekskatalog nachweisbar: CATALOGUS BIBLIOTHECAE B. GODOFREDI ARNOLDI, INSPECTORIS ET PASTORIS PERLEBERGENSIS 1714 [Herzog-August-Bibliothek Wolfenbüttel: Bc 40], 40, Nr. 95. Reprint in: Gottfried Arnold (1666-1714). Mit einer Bibliographie der Arnold-Literatur ab 1714. Hg. v. Dietrich Blaufuß u. Friedrich Niewöhner. Wiesbaden 1995 (Wolfenbütteler Forschungen, 61).

32 Christian Thomasius: Höchstnöthige Cautelen Welche ein Studiosus Juris, Der sich zu Erlernung Der Kirchen-Rechts-Gelahrheit Auff eine kluge und geschickte Weise

Beide verbindet das Interesse an der Frühzeit der Kirche als normativer Gestalt des Christentums. Doch während Cave – wie schon sein Vorgänger William Beveridge (26,12)[33] – die anglikanische Kirche mit bischöflicher Verfassung, Amtspriestertum, Ritus, Festkalender und Kirchenbauten auf das urchristliche Vorbild zurückführt und die ungebrochene Kontinuität herausstellt, entwirft Arnold ein Bild des frühen Christentums als einer Gemeinschaft ohne klerikale Hierarchie, ohne Schultheologie, ohne festgelegte Bekenntnisformeln, ohne Glaubenszwang, ohne reglementierten Kult und ohne Kirchengebäude. Für Arnold ist das Frühchristentum die Zeit der »ersten Liebe«, einer aufrichtigen Herzensfrömmigkeit und der konsequenten Verwirklichung des allgemeinen Priestertums aller Gläubigen.[34] Anders als Cave beurteilt Arnold vor allem die Zeit Kaiser Konstantins, in der nach seiner Sicht ein tiefgreifender Umbruch erfolgte (die Rede von der »konstantinischen Wende« geht sachlich auf Arnold zurück).[35] Wenngleich er schon manche problematischen Erscheinungen seit der nachapostolischen Zeit einräumt, lässt er den Verfall in großem Ausmaß doch erst unter Konstantin einsetzen. Jetzt gewannen die bislang nur latent vorhandenen dekadenten Tendenzen die Oberhand. Aus der verfolgten Gemeinschaft in der Leidensnachfolge Jesu wurde durch den Abfall von der »ersten Liebe« eine etablierte und saturierte Institution, die mit dem Staat ein Bündnis einging und selbst zur Trägerin öffentlicher Gewalt und Ordnung wurde und nun ihrerseits Unterdrückung und Verfolgung ausübte. Die urchristliche Liebesgemeinschaft mutierte zu einem doktrinären Zwangsverband mit dogmatischen und kultischen Festlegungen unter klerikalem Regiment. In dieser Gestalt war die organisierte Kirche eine Manifestation des Verfalls und wurde zur Urheberin stets neuen Verfalls.

---

vorbereiten will/ zu beobachten hat. Halle/Saale 1713, 169, § 5, Anm. 9 (Hinweis bei Seeberg [s. Anm. 7], 240, Anm. 2).

33 William Beveridge: Codex canonum ecclesiae primitivae vindicatus ac illustrates. London 1678 u.ö.

34 Arnold nennt es »das allgemeine Priester=Recht aller Christen«. Das von Luther dem katholischen Amtspriestertum entgegengesetzte allgemeine Priestertum aller Getauften wurde von Spener in seinen Reformvorschlägen wieder aufgegriffen (Pia desideria, 58,11-60,29). Vgl. Hans-Martin Barth: Einander Priester sein. Allgemeines Priestertum in ökumenischer Perspektive. Göttingen 1990 (KiKonf, 29), 54-78.

35 Vgl. Wilhelm Kahle: Über den Begriff »Ende des konstantinischen Zeitalters«. In: ZRGG 17, 1965, 206-234; Ernst Berneburg: Untersuchungen zu Gottfried Arnolds Konstantinbild. Zugleich ein Beitrag zu seiner Historiographie. Diss. theol. [masch.] Göttingen 1968; Wilhelm Schneemelcher: Art. »Konstantinisches Zeitalter«. In: TRE 19, 1990, 501-503 (Lit.).

Arnolds weiterer Weg zur *Kirchen- und Ketzerhistorie* kann hier nicht nachgezeichnet werden.[36] In deren ersten Vorrede schildert Arnold, wie ihn »andere liebhaber der historischen warheit« drängten, nach der Darstellung der ersten Christen »das gegenbild [...] der falschen verderbten Christen«, das dort aus Zeit- und Platzgründen »etwas unzulänglich und unvollkommen« gezeichnet worden sei, darzustellen.[37] Einen Einblick in diese frühen Diskussionen in Arnolds Freundeskreis liefert der Brief eines ungenannten Freundes, der Arnolds Schrift *Fratrum sororumque appellatio* (1696) als Anhang beigedruckt ist. Er zeigt, wie Arnolds Schilderung der urchristlichen Verhältnisse den Vergleich mit der Gegenwart herausforderte und wie der Gesichtspunkt des Verfalls den Vergleich bestimmt.[38] In einem Brief, den Arnolds Freund Johannes Andreas Schilling[39] am 30. Oktober 1696 aus Pösneck in Sachsen an Friedrich Breckling[40] schrieb, heißt es im Blick auf die *Erste Liebe*: »Sonst ist auch neulich von M. Gottfr. Arnold eine teutzsche Kirchenhistorie in fol. ediret worden, dergleichen man noch nicht hat und welche wegen ihrer Unparteilichkeit und Entdeckung der greulichen Klerikats-Intrigen [scil. im VIII. Buch] von allen Verständig=Gelahrten sehr ästimiret wird.«[41] Schilling weiß auch schon, dass der Autor bald ein weiteres Werk folgen lassen werde, »darinnen sonderlich die alte und neue Ketzermacherei historice und gründlich wird vorgestellet werden.« Das von Schilling schon für »künftiges Jahr« angekündigte Werk kam dann erst 1699/1700 heraus: die *Kirchen- und Ketzerhistorie.*

Das Thema der *Ersten Liebe* nahm Arnold noch einmal in einer Veröffentlichung des Jahres 1709 auf. Seine *wahre abbildung des inwendigen Christenthums* sollte eine »fortsetzung und erläuterung« seines Frühwerkes

---

36 Vgl. dazu die Untersuchungen von Seeberg [s. Anm. 7], Büchsel [s. Anm. 7], Kantzenbach [s. Anm. 7] und Goeters [s. Anm. 4].

37 Arnold, Kirchen- und Ketzerhistorie, I, Vorrede, § 8.

38 Arnold: Fratrum sororumque appellatio [s.o. Anm. 10], Appendix, 530: »Quae de Fraternitate Christianorum veterum commentatus es, ejusmodi sunt, ut hodiernos plane ab illis degenerasse testentur.« [Was du über die Brüderlichkeit der alten Christen dargelegt hast, bezeugt, dass die heutigen deutlich von jenen abgefallen sind].

39 Zu Schilling vgl. Hans Schneider: Gottfried Arnold in Gießen [unten Anm. 49], 272, Anm. 31 und 297, Anm. 178 [in diesem Band 94 Anm. 31 und 119 Anm. 178].

40 Zu Breckling vgl. Dietrich Blaufuß: Art. »Breckling«. In: TRE 7, 1981, 150-153; John Bruckner: Art. »Breckling«. In: Biographisches Lexikon für Schleswig-Holstein und Lübeck 7, 1985, 33-38.

41 Forschungsbibliothek Gotha, Chart. A 297, fol. 494f.

sein.[42] Während er dort vor allem die »äußerlichen Früchte« geschildert hatte, wollte er hier »dasselbe Bild nach dem Inwendigen« vorstellen.[43]

Die *Erste Liebe* wurde noch in ihrem Erscheinungsjahr in den renommierten Leipziger *Acta Eruditorum* angezeigt und damit der gelehrten Welt in Deutschland bekannt gemacht.[44] Arnold wird in der Rezension als in der kirchlichen Literatur höchst versierter und äußerst gelehrter Mann gelobt. Freilich finden sich auch vorsichtige kritische Anfragen:

> »Ob der hochberühmte Autor in den einzelnen Ausführungen dem, was ganz sicher ist, überall gefolgt ist, bei der Darlegung der Ursachen der Dinge und bei anderen Umständen die Sache genau getroffen hat, ob er den Skopus teilweise verfehlt und die Ermahnungen der heiligen Väter als tatsächlichen Sachverhalt gelobt hat[45] und wie seine Ausarbeitungen jetzt in Gebrauch umzusetzen sind, überlassen wir denen zu erörtern, die der Erforschung der kirchlichen Altertümer ihre Arbeit widmen und die hinsichtlich des ganzen Gefüges, welches das heilige Bauwerk der Kirche zusammenhält, sachkundig sind; sie können klug und wahrhaft feststellen was von Nutzen für die christliche Kirche sei.«[46] In einer anderen Besprechung hieß es: »Man findet hier einen schönen Apparatum von ausnehmenden Exempeln der Pietät, Devotion und Rechtgläubigkeit der ersten Christen/ so in Homilien und anderweitig vortrefflich zu gebrauchen. So ist auch dieses wohlgeratene Werk als eine

---

42 Gottfried Arnolds wahre abbildung des inwendigen Christenthums/ nach dessen Anfang und grund/ fortgang oder wachsthum/ und ausgang oder ziel in lebendigen glauben und gottseligen leben aus denen zeugnißen und exempeln der gottseligen alten zur fortsetzung und erläuterung der Abbildung derer ersten Christen dargestellet. Frankfurt/Main 1709.

43 Arnold, Inwendiges Christentum, Vorrede, 2. Vgl. zur Interpretation des Werkes: Dörries [s. Anm. 9], 32-46, dessen Verhältnisbestimmung von *Erster Liebe, Kirchen- und Ketzerhistorie* und *Inwendigem Christentum* ich aber für nicht zutreffend halte.

44 Acta eruditorum anno 1696. Leipzig 1696, 546-551.

45 In einer späteren Erwähnung der *Ersten Liebe* im Organ der Wittenberger Orthodoxie wird gleichfalls kritisch angemerkt, dass Arnold »darinne vielmahls die passagen der lieben Alt=Väter, da sie sagen, wie die Christen seyn sollen, anführt, als wenn bey ihnen die durchgehende wirckliche praxis also gewesen wäre, und folgends monita cum factis [Ermahnungen mit Tatsachen] vermenget«. FSATS 1729. Leipzig 1729, 316f.

46 »An vero Auctor clarissimus singulis in relationibus ea, quae certissime sunt, sectatus ubique fuerit; in exponendis rerum causis aliisque circumstantiis rem acu tetigerit; an vero juxta scopum aliqua in parte erravit, sanctorumque Patrum admonitiones veluti rem in facto positam laudaverit; et quomodo ipsius lucubrationes in usum nunc sint convertendae, iis relinquimus discutiendum, qui antiquitatibus ecclesiasticis perscrutandis suam collocant operam, quique totius compagis, qua cohaeret sacrum ecclesiae aedificium periti, qui ex usu sit ecclesiae Christianae, statuere prudenter et ex vero possunt.« (550f.).

Real-Introduction zur Historia ecclesiastica und lectione Patrum anzusehen/ den Hauptnutzen zu geschweigen/ der auf die Besserung des Willens und unserer Sitten/ wie nicht weniger auf ein gesundes Urtheil von ein und anderer praxi ecclesiae modernae gehen soll.«[47]

Vor allem in pietistischen Kreisen fand das Werk große Beachtung und breite Resonanz. Der angeführte Brief Schillings an Breckling lässt erkennen, wie die Gesinnungsfreunde einander auf diese Neuerscheinung aufmerksam machten. Die Wertschätzung von Arnolds Werk zeigt sich auch darin, dass die unbestrittenen Wortführer der pietistischen Bewegung es schon im folgenden Jahr als Referenz zitierten – Spener pikanterweise in einer Apologie, die auch gegen Arnolds Wittenberger Lehrer und Hauswirt, den Theologieprofessor Deutschmann, gerichtet war, Francke in einer Schrift, die er auf dem Höhepunkt des Berliner Beichtstuhlstreits publizierte.[48]

Der größte Erfolg des Buches für Arnold selbst bestand darin, dass es ihm im Frühjahr 1697 den Ruf auf eine Geschichtsprofessur an die Universität Gießen einbrachte.[49] Nach seinen eigenen Aussagen verdankte er die Berufung der persönlichen Initiative des Landgrafen Ernst Ludwig von Hessen-Darmstadt (1688-1739), der »ohne mein geringstes suchen oder anderer zurede/ nur nach lesung eines gewissen buchs [der *Ersten Liebe*] mich zu vociren gewogen worden«.[50] Trotz dieser Versicherung wird man freilich annehmen dürfen, dass die bei Hofe einflussreichen Wortführer der Gießener Pietisten, die Theologieprofessoren Johann Christoph Bilefeld, der zugleich Hofprediger war, und Johann Heinrich May, ihre Hand bei dieser Personalentscheidung im Spiele hatten.[51] Bekanntlich endete die Episode der akademischen Lehrtätigkeit Arnolds mit dem aufsehenerregenden, literarisch verteidigten Amtsverzicht, der den Autor der *Ersten*

---

47 Zitiert bei Johannes Christopherus Colerus: Historia Gothofredi Arnold qua de vita scriptis actisque illius [...] exponitur [...]. Cum praefatione Gottlieb Wernsdorfi [...]. Wittenberg 1718, 111.

48 Philipp Jacob Spener: Völlige Abfertigung Herrn D. Augusti Pfeiffers [...] Beschuldigungen/ sampt kurtzem Anhang wider Herrn D. Joh. Deutschmanns [...] speculum. Frankfurt/Main 1697, 58; August Hermann Francke: Kurtzer und Einfältiger Entwurff/ Von den Mißbräuchen Des Beichtstuhls. Halle/Saale 1697, 167.

49 Zu Arnolds Gießener Zeit vgl. Hans Schneider: Gottfried Arnold in Gießen. In: Gottfried Arnold (1666-1714). Hg. v. Dietrich Blaufuß u. Friedrich Niewöhner. Wiesbaden 1995 (Wolfenbütteler Forschungen, 61), 267-299 [in diesem Band 89-121].

50 [Gottfried Arnold:] Offenhertzige Bekäntniß/ welche Bey unlängst geschehener Verlassung eines Academischen Amtes abgeleget worden. o.O. 1698, § 6.

51 Vgl. Schneider [s. Anm. 49], 269-271 [in diesem Band 91-93].

Liebe vollends in das öffentliche Interesse rückte und ihn bei radikalpietistischen Kirchenkritikern zu einem lebendigen Kronzeugen für den von ihm angeprangerten Verfall des zeitgenössischen Kirchen- und Schulwesens werden ließ.

Die weiteren Auflagen und Ausgaben der *Ersten Liebe* dokumentieren die fortbestehende Nachfrage nach Arnolds frühem Werk.[52] Im Jahre 1700, als mit dem zweiten Band die *Kirchen- und Ketzerhistorie* vollständig vorlag, brachte der Halberstädter Verleger Christoph Gensch die *Erste Liebe* in zweiter Auflage heraus.[53] 1700 und 1701 erschien in Amsterdam eine niederländische Übersetzung. Arnold hat noch den Druck einer dritten deutschen Auflage erlebt, die 1712, zwei Jahre vor seinem Tod, ebenfalls von Gensch, verlegt wurde. Ihr hat Arnold eine *Neue Nach=Rede und Vertheidigung/ Dieser Abbildung der ersten Christen wider einige ungütige Urtheile* angefügt.[54] Darin führt er auch in einer Art »Quotation-Index« eine Liste von 30 Schriften auf, in denen seine *Erste Liebe* bis 1711 zustimmend oder ablehnend Erwähnung gefunden hatte. Diese apologetische Nachrede findet sich auch in allen weiteren (postumen) Ausgaben. 1722 erschien das Werk bei Johann-Friedrich Bähr in Altona. 1732 brachte der Leipziger Verleger pietistischer Literatur Samuel Benjamin Walther eine neue Ausgabe heraus. Zum letzten Mal wurde das Werk im 18. Jahrhundert 1740 von Walthers Schwiegersohn Caspar Heinrich Fuchs verlegt. Anfang der 1740er Jahre ließ auch der Radikalpietist Tobias Eisler noch einen Auszug aus der *Ersten Liebe* drucken. In der Erweckungsbewegung des 19. Jahrhunderts wurde Arnolds Werk mehrfach in Württemberg wieder aufgelegt, und Auswahlausgaben wurden noch im 20. Jahrhundert von volksmissionarischen Verlagen verbreitet.

Von den zahlreichen Zeugnissen der Wirkungsgeschichte der *Ersten Liebe* können nur einige genannt werden. Spener ließ das Werk 1699-1700 bei Zusammenkünften vorlesen, die er nach dem Gottesdienst in der Kir-

---

52 Zu den Drucken vgl. oben die Editorische Notiz.

53 Die Angabe »Frankfurt und Leipzig« auf dem Titelblatt bezeichnet hier wie auch sonst häufig die Orte der Buchmessen, nicht den Verlags- oder Druckort. Zu Gensch vgl. Josef Benzing: Die deutschen Verleger des 16. und 17. Jahrhunderts. Eine Neubearbeitung. In: AGB 18, 1977, 1077-1322, hier 1141; David L. Paisey: Deutsche Buchdrucker, Buchhändler und Verleger 1701-1750. Wiesbaden 1988, 75. Zu den späteren Verlegern finden sich hier keine substantiellen Informationen.

54 Arnold: Die Erste Liebe [...]. In dieser dritten Ausfertigung mit einer nöthigen Verantwortung/ wie auch vollständigen Mariginalien bey jedes Capitel und Paragraphum vermehret. Frankfurt/Main, Leipzig: Christian Gensch 1712, 465-486.

chenstube von St. Nikolai in Berlin unter seinem Vorsitz veranstaltete.[55] Christoph Matthäus Pfaff wünschte sich,

> »daß Arnolds Abbildung der ersten Christen/ das Leben der Alt=Väter und das Leben der Gläubigen samt einigen neueren Aufsätzen gemeiner bey uns wären/ daß man doch daraus lernen möchte/ wie man der Welt absterben und den Creutzes=Pfad mit Freuden und mit Lust eingehen sollte. [...] Was vor eine Liebe brannte nicht in den Hertzen derselbigen Glaubens=Zeugen/ die vormals gelebet haben!«[56]

Selbst ein Rezensent der *Unschuldigen Nachrichten*, des Organs der Wittenberger Orthodoxie, räumte noch 1729 ein: »Ob es wohl auch seine naevos [Fehler] hat, so ist es doch vor vielen andern Arnoldischen Schrifften in gewissen Stücken, und insonderheit von einem Prediger, so er τό πνεῦμα διακρίσεως [den Geist der Unterscheidung] hat, wohl zu gebrauchen.«[57]

Besonderen Anklang fand die *Erste Liebe* in radikalpietistischen Kreisen. Das von Arnold entworfene Idealbild der Urchristen und seine Schilderung des Abfalls von der ersten Liebe schien die eigene Kritik an den kirchlichen Zuständen der Gegenwart zu bestätigen und den kontradiktorischen Rückgriff auf die Ursprünge zu legitimieren. Philadelphische Zirkel im niederhessischen Werragebiet vertieften sich in die *Erste Liebe*.[58] Ernst Christoph Hochmann von Hochenau kannte und nannte Arnolds Werk[59] ebenso wie die aus seinem Anhängerkreis hervorgegangenen Schwarzenauer Neutäufer. Für diese wurde Arnolds Nachweis wichtig, dass die Kindertaufe erst Ende des 2. Jahrhunderts aufgekommen und der ur-

---

55 Vgl. Paul Grünberg: Philipp Jacob Spener. Bd. 1. Göttingen 1893 [Reprint: Hildesheim 1988], 353, nach einer Notiz in: FSATS 1729. Leipzig 1729, 310, Anm. *. Dort berichtet der Rezensent: »Herr D. Spener zu Berlin hielt dieses Buch so werth, daß er es nach Endigung des Nachmittags=Gottesdiensts in der S. Nicolai Kirche auf der Bibliothec-Stube öffentlich denen Zuhörern männlicher Seits, vorlesen ließ, wie ich denn a[nno] 1699. und 1700. solches selbst unterweilen mit angehöret zu haben, mich erinnere.«

56 Christoph Matthäus Pfaff: Kurtzer Abriß vom wahren Christenthum. Leipzig 1727, 122f.

57 Wie oben Anm. 49.

58 Carl Wilhelm Hermann Hochhuth: Heinrich Horche und die Philadelphischen Gemeinden in Hessen. Ein Beitrag zur Geschichte des Christlichen Lebens in der evangelischen Kirche. Gütersloh 1876, 112f.; Willi Temme: Krise der Leiblichkeit. Die Sozietät der Mutter Eva (Buttlarsche Rotte) und der radikale Pietismus um 1700. Göttingen 1998 (AGP, 35), 119f., 179f.

59 Vgl. Heinz Renkewitz: Hochmann von Hochenau (1670–1721). Quellenstudien zur Geschichte des Pietismus. Um einen Nachtrag ergänzter Nachdruck. Witten 1969 (AGP, 5), 357.

sprüngliche Taufritus die Eintauchtaufe (Immersion) gewesen sei. Auch andere Einrichtungen wie den Gebrauch des Banns fanden sie bei Arnold bestätigt.[60] Eberhard Ludwig Gruber verwies zur Rechtfertigung der Separation auf Arnolds *Erste Liebe*, die den Unterschied zwischen der wahren (urchristlichen) und der heutigen Kirche aufzeige.[61] Die Restitution von Bräuchen wie Fußwaschung und Liebesmahl »nach der Art der ersten Christen«[62] bei Neutäufern und Inspirierten geht auf Arnolds Darstellung des Frühchristentums zurück.

Auch in den Anfängen der Herrnhuter Brüdergemeine spielte Arnolds *Erste Liebe* eine wichtige Rolle. Zinzendorf las das Werk in seinem Dresdener Konventikel.[63] Bei der Gestaltung der Gemeindeämter und -ordnungen in Herrnhut ist die Angleichung an die von Arnold beschriebenen urchristlichen Verhältnisse auf Schritt und Tritt zu bemerken.[64] Freilich distanzierte sich der Graf später – merklich seit den 1740er Jahren – ganz entschieden von der »verkehrten Idee«, dass die Urchristenheit das normative Idealbild abgebe: »Arnold hat schlechte Arbeit gemacht, das erste Christentum wieder etablieren zu wollen.«[65]

> »Es ist ein Luftschloß, eine platonische Republik, [wenn] man sagt: Wie die erste Kirche, fast wie die ersten Christen. [...] Ich weiß aber, daß nicht nur im Anfang viel auf Arnolds Abbildung der ersten Christen gebaut wurde, sondern in vielen Gemüthern die Idee noch regiert, daß wir das Volk sind, das

---

60 Vgl. Dale R. Stoffer: Background and Development of Brethren Doctrines 1650-1987. Philadelphia/Pa. 1989 (Brethren Encyclopedia Monograph Series, 2), 23-36, 79, 84-86.

61 [Eberhard Ludwig Gruber:] Gespräch und Unterredung Von der Wahren und Falschen Absonderung. Auff Veranlassung der heutigen Separatisten zwischen einem Forschenden und Entscheidenden angestellet/ und von Einem Lang=Geübten [*E*berhard *L*udwig *G*ruber] zum Druck übergeben. o.O. 1714, 5.

62 [Eberhard Ludwig Gruber:] Nöthiges und Nutzliches Gespräch/ Von der Wahren und Falschen Inspiration Auffgesetzt Von Einem Lichts-Genossen [= *E*berhard *L*udwig *G*ruber]. o.O. 1716, 83.

63 Vgl. Otto Uttendörfer: Zinzendorf und die Mystik. Berlin o.J. [1951], 41.

64 Vgl. Hanns-Joachim Wollstadt: Geordnetes Dienen in der christlichen Gemeinde. Dargestellt an den Lebensformen der Herrnhuter Brüdergemeine in ihren Anfängen. Göttingen 1966 (APrTh, 4), 43-46 u.ö.

65 Zinzendorf am 15. Dezember 1749; zit. bei Otto Uttendörfer: Zinzendorfs Weltbetrachtung. Eine systematische Darstellung der Gedankenwelt des Begründers der Brüdergemeine. Berlin 1929, 129, Anm. 229; dort auch das Urteil Zinzendorfs über Arnolds *Kirchen- und Ketzerhistorie*, »die die Heiligkeit der ersten Christen zeigen sollte«, als »eine miserable Arbeit«.

Cave, Arnold, Usher[66] und andere gutmeinende Leute beschrieben haben.«

Doch wenn man diese Vorstellung mit der Bibel vergleiche, ergebe sich ein anderes Bild (Betrug der Apostel durch Annanias und Saphira, Zank zwischen Hellenisten und anderen um die Witwenversorgung, Gegnerschaft und Schikanen gegenüber den Aposteln, allerlei Ketzereien).

> »Ich ziele aber mit alledem bloß auf die simple Konklusion, daß wir nicht sagen müssen: *Die* sind's, die unser Exempel sind, *das* Seculum ist's, damit wir übereintreffen, die Gemeine da und dort ist die Originalgemeine, danach wir gemodelt sind. Der Heiland hat bei seiner Ökonomie, die er angefangen hat, versprochen: Ich bin bei Euch alle Tage bis an der Welt Ende.«[67]

Das ausführliche Vorwort, das Siegmund Jacob Baumgarten (1706-1757)[68] im Jahre 1740 zur sechsten Auflage der *Ersten Liebe* schrieb, markiert den Übergang zur Kirchengeschichtsschreibung der Aufklärung. Wenn er auch »die gründliche Einsicht in den Lehrbegrif und Gottesdienst der ersten Christen, als auch die lebhafte Vorstellung ihres heiligen Wandels und götlichen Tugend«,[69] zu der Arnolds Schrift anleite, für höchst nützlich und förderlich hält, lässt er doch die Grenzen dieses Werkes deutlich werden. Auf 16 Quart-Seiten handelt er über »die nöthige Behutsamkeit in Untersuchung und Anwendung solcher Beschaffenheit der ersten Christen« und hofft, »es werde dadurch nicht nur die genauere Prüfung und richtige Beurtheilung, sondern auch der unschädliche und nützliche Gebrauch des gegenwärtigen Buches gefördert und erleichtert werden«.[70] Die methodischen Grundsätze und Regeln, die Baumgarten für die Beschäftigung mit dem christlichen Altertum darlegt, enthalten in vielen Punkten eine versteckte, aber deutliche Kritik an Arnolds Vorgehensweise: keine Verallgemeinerung von Einzelaussagen, Beachtung der zeitlichen und geographischen Verschiedenheiten, keine Verwechslung »der Kirchenväter Urtheile, Meinungen, Ermahnungen, Vorschriften, Wünsche und Lehrsätze [...] mit eigentlichen Nachrichten und Erzählungen«, Streben nach »der möglichsten Vollständigkeit« und nicht nur Darstellung der »Gestalt des christlichen Altertums blos auf der schönen Seite«, Frage nach den Anlässen und Motivationen, Beachtung des Gewissheitsgrades und der quellenbedingten

---

66 Gemeint ist der englische Theologe James Us(s)her (1581-1656), vgl. Peter Mommer: Art. »Us(s)her«. In: BBKL 12, 1997, 979-983.

67 Zinzendorf am 12. Mai 1752; zit. bei Uttendörfer [s. Anm. 65], 129f.

68 Vgl. Martin Schloemann: Siegmund Jacob Baumgarten. System und Geschichte in der Theologie des Überganges zum Neuprotestantismus. Göttingen 1974 (FKDG, 26).

69 Baumgarten, Vorrede, (b) 1^r.

70 S. Anm. 69.

Grenzen historischer Wahrheitssuche usw.[71] Vorsichtig relativiert Baumgarten auch das theologische Kriterium der »äussern Übereinstimmung mit dem christlichen Altertum«: »Nicht nur in Lehrsätzen, sondern auch in äussern Verfassungen und Ubungen des Gottesdienstes, würde solches mislich, gefärlich und unrichtig seyn.«[72] Auf keinen Fall könne die Rückbesinnung auf die Urchristenheit eine Berechtigung oder gar Verpflichtung zur heutigen Separation bieten – »Welchen Anstos der Mißbrauch dieser Abbildung der ersten Christen bey manchen guten Gemütern verursacht hat«.[73] Abgesehen von dieser deutlichen Distanzierung von einer radikalpietistischen Rezeption unterzieht Baumgarten das Werk Arnolds keiner expliziten kritischen Würdigung. Er begnügt sich mit der Feststellung: »Je mehr und genauer diese Regeln beachtet werden, je richtiger wird hoffentlich auch von diesem Buch geurtheilet werden können: welches dem geneigten Leser überlasse, da Zeit und Raum anjetzo dergleichen ausführliche Abhandlung nicht verstattet.«[74]

Rückblickend lässt sich Baumgartens Vorrede als Abgesang auf Arnolds *Erste Liebe* als patristische Monographie deuten; dem Anspruch auf »Unparteilichkeit«, wie ihn die aufgeklärte Geschichtsschreibung erhob, und ihrem verfeinerten methodischen Instrumentarium entsprach Arnolds Werk nicht mehr. Nur als Erbauungsbuch konnte ihm Baumgarten noch einen »heilsamen Gebrauch« wünschen, und als solches hat es noch in der Erweckungsbewegung des 19. Jahrhunderts und darüber hinaus gewirkt.

Einige Urteile über Arnolds *Erste Liebe:*

Albrecht Ritschl:
»Wie das Buch beschaffen ist, stellt es zwar den sittlichen Ernst seines Verfassers, aber zugleich die Unmöglichkeit ins Licht, daß ein Einsiedler die Geschichte der Kirche richtig beurtheilt. Derselbe dürfte sogar des qualificirten Unglaubens gegen die göttliche Leitung der Geschichte geziehen werden, wenn er sich nicht durch die Vorstellung von einer gloriosen Urgestalt der christlichen Gemeinde, die es niemals gegeben hat, selbst getäuscht hätte.«[75]

---

71 Vorrede, S. (b) 1^v – (c) 4^v.

72 Vorrede, S. (c) 3^r.

73 S. Anm. 72.

74 Vorrede, S. (c) 4^v.

75 Albrecht Ritschl: Geschichte des Pietismus. Bd. 2. Bonn 1884 [Reprint: Bonn 1966], 308.

Paul Wernle:
»Kirchen- und Dogmengeschichte, die Namen sind nicht gut. Es kann sich heute im Ernst um nichts anderes als um Geschichte der christlichen Religion handeln, deren Erscheinungsformen sich nicht entfernt in Kirche und Dogma erschöpfen. Zur rechten Religionsgeschichte gehört alles, was irgend von der Religion berührt wird, das weite Gebiet der Sitte, die Literatur, die Kunst, das Recht. Und allem zu Grunde liegt die Frömmigkeit selbst, die ja als ein innerliches, unsichtbares Wesen sich nicht wohl anders erfassen und darstellen läßt als in ihren äußeren Wirkungen, aber gerade zu Kirche und Dogma sich in der Regel verhält wie das frische Leben zu den Versteinerungen. Es war daher ein wundervolles Unternehmen, als Gottfried Arnold in seiner »Ersten Liebe oder wahren Abbildung der ersten Christen nach ihrem lebendigen Glauben und heiligen Leben« 1696, statt bloß die reine Lehre und die Verfassung samt den äußern und innern Kämpfen, den Wandel dieser ersten Christen mit Gott, ihre Bekehrung, ihren lebendigen und tätigen Glauben, Gehorsam, Liebe, Furcht und Vertrauen, Hoffnung, Demut, Lob, Dank und Freude, Bruderliebe, Strenge und Zucht darzustellen suchte. Wahres Interesse kann nur da geweckt, aber auch echtes Verständnis nur da gefördert werden, wo alle äußeren Erscheinungsformen, Verfassung, Kult, Theologie, auf den innern Mittelpunkt, das Leben mit Gott, bezogen werden.«[76]

Martin Schmidt:
»Deutlich genug ein Klischeebild. Aber durch das Zurechtrücken von Übertreibungen schreitet zu allen Zeiten die Wissenschaft fort, und so hat Gottfried Arnolds Einseitigkeit, weil sie nicht willkürlich zusammenphantasiert, sondern aus einer umfassenden Quellenkenntnis gespeist war, als fruchtbarer Anstoß für die Zukunft gewirkt. Auf der anderen Seite war er dadurch, daß er die historische Forschung in den Dienst gegenwärtiger Aufgaben stellte, in den Dienst der Lebensreform durch die Wiedergeburt des einzelnen und in den Dienst der Erbauung, vor der Gefahr bewahrt, die Wissenschaft um ihrer selbst willen zu verehren. Die Wissenschaftsvergötzung des 19. und frühen 20. Jahrhunderts blieb ihm fern.«[77]

---

76 Paul Wernle: Einführung in das theologische Studium. Tübingen ^{2}1911, 183.

77 Martin Schmidt: Gottfried Arnold, seine Eigenart, seine Bedeutung, seine Beziehung zu Quedlinburg. In: M. Schmidt: Wiedergeburt und neuer Mensch. Witten 1969 (AGP, 2), 331-341, hier 339.

Auswahlbibliographie

Primärbibliographie:

Gerhard Dünnhaupt: Personalbibliographien zu den Drucken des Barock. 2. verb. und wesentlich verm. Aufl. des Bibliographischen Handbuchs der Barockliteratur. Bd. 1. Stuttgart 1990, 314-352.

Sekundärbibliographie:

Hans Schneider: Arnold-Literatur 1714-1993. In: Gottfried Arnold (1666-1714). Hg. v. Dietrich Blaufuß u. Friedrich Niewöhner. Wiesbaden 1995 (Wolfenbütteler Forschungen, 61), 267-299.

Fortlaufende Literaturnachweise bietet die Pietismusbibliographie in:

Pietismus und Neuzeit. Ein Jahrbuch zur Geschichte des neueren Protestantismus.

Biographische Darstellungen Arnolds:

Franz Dibelius: Gottfried Arnold. Sein Leben und seine Bedeutung für Kirche und Theologie. Berlin 1873 [veraltet, aber als Gesamtdarstellung noch nicht ersetzt].

Hans Schneider: Der radikale Pietismus im 17. Jahrhundert. In: Geschichte des Pietismus. Hg. v. Martin Brecht u.a. Bd. 1. Göttingen 1993, 391-437, hier 410-416; Der radikale Pietismus im 18. Jahrhundert. In: Brecht (Hg.): Geschichte des Pietismus. Bd. 2. Göttingen 1995, 107-197, hier 116-119 [Überblick].

Arnold als Kirchenhistoriker:

Kirchengeschichte. Deutsche Texte 1699-1927. Hg. v. Bernd Moeller. Frankfurt/Main 1994 (Bibliothek der Geschichte und Politik, 22; Bibliothek deutscher Klassiker, 121), 9-96, 736-767 [Auszüge und Kommentare zur *Kirchen- und Ketzerhistorie*].

Wichtige Literatur zur Ersten Liebe:

Erich Seeberg: Gottfried Arnold. Die Wissenschaft und die Mystik seiner Zeit. Meerane 1923 [Reprint: Darmstadt 1964].

Hermann Dörries: Geist und Geschichte bei Gottfried Arnold. Göttingen 1963 (AAWG.PH 3, 51).

Martin Schmidt: Das Frühchristentum in der evangelisch-lutherischen Überlieferung vom 18. bis 20. Jahrhundert, insbesondere in Deutschland. In: Oec. 6, 1971/72, 88-110.

Jürgen Büchsel: Gottfried Arnold. Sein Verständnis von Kirche und Wiedergeburt. Witten 1970 (AGP, 8).

Harald Wagner: An den Ursprüngen des frühkatholischen Problems. Die Ortsbestimmung des Katholizismus im älteren Luthertum. Frankfurt/Main 1973 (FTS, 14).

Friedrich W. Kantzenbach: Gottfried Arnolds Weg zur Kirchen- und Ketzerhistorie 1699. In: JHKGV 26, 1975, 207-241.

Johann F. Gerhard Goeters: Gottfried Arnolds Anschauung von der Kirchengeschichte in ihrem Werdegang. In: Traditio, Krisis, Renovatio aus theologischer Sicht. Festschrift für Winfried Zeller zum 65. Geburtstag. Hg. v. Bernd Jaspert u. Rudolf Mohr. Marburg 1976, 241-257.

Stephan Glaser: Die Liebestätigkeit der ersten Christen in der Sicht des frühen Gottfried Arnold (1666-1714). Eine Annäherung an die »Erste Liebe«. Heidelberg 1997 (Beiträge zur Diakoniewissenschaft, 71).

VII. The Attitude of Pietists towards Anabaptism

I have arranged the paper in four sections. After a few comments on the history of research, I ask what Pietists knew about Anabaptism, and if they had any contact with Anabaptists. I then sketch the problem of infant baptism as a problem for Pietism, and finally I will draw attention to the comments of two Pietist leaders about Anabaptism.

Pietism and Anabaptism: a Few Remarks on the History of Research

The relation of Pietism to Anabaptism has been discussed at various times and in different ways. We can discern three stages of the discussion: the Anti-Pietist polemical works of the seventeenth and eighteenth centuries, the nineteenth century research of Pietism, and contemporary research.

In 1702 the Lutheran pastor Samuel Schelwig, a most resentful adversary of Pietism, published a book[1] that listed nineteen points on which, in his opinion, Pietists concurred with Anabaptists. This is only one example of a large number of polemical works of the seventeenth and eighteenth centuries that accused Pietism of resuming and continuing the concerns of Anabaptism.[2] Lutheran and Reformed Pietists, of course, were uncomforta-

---

1 Samuel Schelwig, *Wigandiana, Hoc est Anabaptismus D. Johannis Wigandi, Pomesaniensis Quondam Episcopi Septem Disputationibus, In Athenaeo Gedanensi [...] excussus* (Danzig, 1702). Johann Wigand, a Lutheran bishop in the sixteenth century, had written *De Anabaptismo grassante adhvc in multis Germaniae, Poloniae, Prussiae, Belgicae et aliis quoque locis, dogmata et argumenta cum refutationibus* (Leipzig, 1582).

2 For example: Johann Heinrich Feustking, Introduction to Nikolaus Hunnius, *Mataeologia Fanatica, oder Ausführlicher Bericht von der neuen Propheten, die sich Erleuchtete und Gottsgelehrte nennen, Religion, Lehr und Glauben, gestellet durch das Collegium Tripolitanum* (Leipzig, 1708); Christoph Sonntag, *Animadversiones centum* miscellae in fanaticismum tam veterem, quam recentiorem *[...]* (Altdorf, 1701); Johann Georg Neumann, *Synopsis errorum fanaticorum, quos Tremuli moderni fovent, disputationibus aliquot academicis exposita in academia Wittenbergensi* (Wittenberg, 1710).

ble with such a pedigree and were quick to protest that they had nothing to do with those sectarians.

The polemicists of the seventeenth and eighteenth centuries were not the only ones who insisted on a close relationship between Pietism and Anabaptism; the question was discussed more seriously by the Pietism research of the nineteenth century. Max Goebel, whose three-volume *A History of Christian Life*[3] remains a standard work, was the first to raise the problem. Having examined a broad range of source material, Goebel arrived at the conclusion that Pietism in all its various expressions was the moderate or weakened form of the same tendencies that had appeared in the sixteenth century as Anabaptism. In the attempts of Anabaptists to extend their reform to the moral and political order, he saw the more thorough, more determined and more complete realization of Luther's and Zwingli's reformation.[4] These tendencies, according to Goebel, reappeared later on as Labadism, Pietism, Separatism, and Chiliasm.

Another scholar who discussed the relationship of Pietism to Anabaptism was Albrecht Ritschl. His monumental *History of Pietism* appeared in the 1880s.[5] He agreed with Goebel's basic conception that Pietism was a moderate form of Anabaptism and that there were many similarities between Pietism and the so-called left wing of the Reformation. According to Ritschl, Pietism in the Lutheran and the Reformed Churches essentially renewed "the tendency of the Anabaptists."[6] Pietism derived from the same view of Christian life which had been virulent in the Anabaptist reformation. However, contrary to Goebel, Ritschl's position towards Pietism was extremely critical.[7] The essential characteristics of Pietism to him seemed to be individualism, "*Heilsegoismus*" (i.e., one thinks only of one's own salvation), filled with bliss as a sign of conversion, legalism, supposed perfection, and the tendency towards separation out of spiritual pride.

---

3 Max Goebel, *Geschichte des christlichen Lebens in der rheinisch-westphälischen evangelischen Kirche*, 3 vol. (Koblenz, 1849-1860) (Reprint: Giessen, 1992). For Goebel cf. Martin Schmidt, "Epochen der Pietismusforschung," in id., *Der Pietismus als theologische Erscheinung*. Gesammelte Studien zur Geschichte des Pietismus, vol. 2 (Göttingen, 1984), 34-83, for Goebel 42-44.

4 Goebel [see n. 3], vol. 1, 137-139.

5 Albrecht Ritschl, *Geschichte des Pietismus*, 3 vol. (Bonn, 1880-1886) (Reprint: Berlin, 1966).

6 Ritschl [see n. 5], vol. 1, 61.

7 Cf. Martin Schmidt [see n. 3], 49-50.

Goebel and Ritschl called attention to the similar tendencies and comparable structures of both movements, but they did not maintain that there was a direct influence of Anabaptism upon Pietism. This, however, was the opinion of Ludwig Keller who in his book of 1885, *The Reformation and the Early Reform Movements*[8], contended that the initiators of German Pietism had taken their most important ideas from Anabaptist literary sources. Since Keller did not provide any documentation to substantiate this claim, careful scholars did not take it into account.

Contemporary research has shown little interest in the problem of the Anabaptist-Pietist relationship which was discussed by earlier research. Neither the theory that Anabaptism was the direct forerunner of Pietism, nor that there was a close kinship between the two, have found support among present day scholars. This seems due to a more differentiated picture both of Anabaptism and of Pietism. Modern conceptions of Pietism have traced its roots to movements of piety within Protestant Orthodoxy or to Mystical Spiritualism rather than to Anabaptism. In Anabaptist research, Robert Friedmann has been the only one who has paid attention to the question of the relationship between Pietism and Anabaptism. In his book, *Mennonite Piety*, he provides a theological comparison of both movements and concludes that they are substantially different.[9] Scholars have up until now scarcely examined the attitude of individual Pietists towards Anabaptism and have barely begun to address the problem of infant baptism as a problem discussed among Pietists.

THE PIETISTS' KNOWLEDGE OF ANABAPTISM

German Pietists in the seventeenth and eighteenth centuries had little opportunity to become personally acquainted with Anabaptists. For in Germany, or more precisely speaking, in the Holy Roman Empire of the German Nation, Anabaptists were not tolerated. At the end of the Thirty Years' War the Peace of Westphalia (1648) had recognized only three established religions: Roman Catholic, Lutheran and Reformed. It had explicitly forbidden the admission and toleration of other dissenting groups that, on the contrary, were to be suppressed as illicit sects. This convention was observed in most territories as a fundamental imperial law, although

---

8 Ludwig Keller, *Die Reformation und die älteren Reformparteien* (Leipzig, 1885).

9 Robert Friedmann, *Mennonite Piety Through the Centuries. Its Genius and Its Literature* (Goshen/Ind., 1949) (Reprint: Sugarcreek/Ohio, 1980).

some governments tried for economic reasons to dodge the prohibition. Since the war had decimated the land, these authorities welcomed Anabaptists as industrious farmers and artisans. This was, for example, the case in some Reformed territories, such as the Palatinate and some regions and towns of the Lower Rhine area, in Alsace, and in the town of Altona.

So it is not surprising that, apart from these regions, Pietists had little chance to meet Anabaptists personally. What they knew about Anabaptism was book-knowledge taken from historic accounts and treatises that were mostly polemical in nature.

Philipp Jakob Spener (1635-1705), the initiator of Lutheran Pietism, mentions Anabaptists rarely. He was undoubtedly familiar with the dogmatic arguments his Strasbourg teacher Johann Konrad Dannhauer had adduced against Anabaptism.[10] But Spener had had the opportunity to meet Anabaptists in Alsace, his native region, where for a time Anabaptist activity was allowed. A few dozen Swiss Brethren and Mennonites lived in several Alsatian villages and earned their living by agriculture and wine-growing.[11] "I myself," Spener wrote, "knew Anabaptists in Alsace being employed with wine-growing who were so highly experienced in Scripture that they even excelled doctors of theology."[12] But, as Spener himself conceded, he had no sufficient knowledge of Anabaptist doctrines. "As for today's Anabaptists," he said, "it is so difficult to form a judgment about them, since their doctrine about all points of faith is not known so exactly as would be necessary for a solid judgment." Spener was aware that the Anabaptists of his time could not be lumped together with earlier violent groups, "since they disown those Anabaptists who 150 and more years ago became known by all sorts of absurd things and revolt." Apart from polemical works and historical and contemporary reports on Anabaptists, Spener

---

10 Cf. e.g., Johann Dannhauer, ΟΔΟΣΟΦΙΑ [Hodosophia] *Christiana, Seu Theologia Positiva [...]* (Strasbourg, 1649; 4th ed. Strasbourg and Leipzig, 1713). Here, in Phaenomenon X, he speaks "de baptismo" (522-569) and argues against Anabaptism quoting from Luther's writings (esp. 540, 544, 564seq.).

11 Cf. Johann Adam, *Evangelische Kirchengeschichte der elsässischen Territorien bis zur franzoesischen Revolution* (Strasbourg, 1928), 231, 544. MennLex 1 (1913), 553-563, esp. 554-556.

12 "Et ipse novi Anabaptistas in Alsatia agriculturae vini vacantes, Scripturae tamen petissimos, cum etiam, uti notum est doctoribus destituerentur." Philipp Jakob Spener, *Consilia et iudicia theologica Latina,* part 1 (Frankfurt/Main, 1709), 434. Cf. Paul Grünberg, *Philipp Jakob Spener,* 3 vol. (Göttingen, 1893-1906) (reprint: Hildesheim/Zürich/New York, 1986], vol. 1, 493s. [Now in *Philipp Jakob Spener, Briefe aus der Frankfurter Zeit,* ed. Johannes Wallmann in collaboration with Martin Friedrich and Markus Matthias, vol. 3 (Tübingen, 2000), no. 66, 205-207].

knew at least one original Anabaptist source, the *Mennonite Confession* (*Dordrecht Confession*) of 1632. Its doctrines seemed to him (except the point of infant baptism) to differ only slightly from the Reformed. But he noticed, "I cannot really understand the Confession's meaning of justification."[13] He was not certain, but he had heard that "the Anabaptist congregations in the Netherlands inclined more and more to Socianism," and commented that "this would be sincerely regrettable."[14]

The most influential radical Pietist was Gottfried Arnold.[15] It was him who broke with anti-anabaptist propaganda in church historiography.[16] As the title of his famous work implies, his intention was to write *A Nonpartisan History of the Church and Heresies.*[17] Nonpartisan does not simply mean "unprejudiced", or "objective" (though it includes those ideas), but "belonging to none of the church parties." In this sense he attempted to adopt a perspective above traditional church history that hitherto had been written from the view of one confessional group. Arnold went to the sources so as to let the individuals and groups accused of heresy have a fair hearing.

As far as we know, Arnold never met an Anabaptist personally. His knowledge about Anabaptism was purely literary. Arnold studied Anabaptist literature on a larger scale, but he was not the very first to do so. Johann Heinrich Ottius (c. 1617-1682),[18] a Reformed church historian in Zurich,

---

13 Philipp Jakob Spener, *Theologische Bedencken*, vol. 1 (Halle/Saale, 1707), 309s.

14 Spener, *Bedencken*, 1, 309s. An example for the Socinian influence is [Jeremias Felbinger,] *Christliches Handbüchlein [...], vorgestellet von einem liebhaber der Warheit* (n.p., n.d. [c. 1660]); a Dutch edition appeared in 1675: *Christelyk Hand-Boeksken [...]* (Rotterdam, 1675).

15 For Arnold cf. Hans Schneider, "Der radikale Pietismus im 17. Jahrhundert." In: *Geschichte des Pietismus*, vol. 1, ed. Martin Brecht (Göttingen, 1993), 391-437, on Arnold: 410-416, and id., "Der radikale Pietismus im 18. Jahrhundert." In: *Geschichte des Pietismus*, vol. 2, ed. Martin Brecht (Göttingen, 1995), 107-197, on Arnold: 116-119.

16 Harold S. Bender, Art. "Historiography: Anabaptist." *The Mennonite Encyclopedia* 2 (1956), 752. See also Robert Friedmann, Art. "Arnold, Gottfried." *The Mennonite Encyclopedia* 1 (1953), 164-165.

17 Gottfried Arnold, *Unparteyische Kirchen- und Ketzer-Historie, von Anfang des Neuen Testaments biß auff das Jahr Christi 1688*, 4 parts in 2 vol. (Frankfurt/Main, 1699-1700). Further editions: Frankfurt/Main, 1729 (reprint: Hildesheim, 1729); Schaffhausen, 1740-1742. An edition of only part 3 and 4 which appeared in Frankfurt in 1715 has remained rather unknown to the Arnold research until now. - The *Kirchen- und Ketzer-Historie* will hereafter be quoted as *UKKH*, part, book, chapter, paragraph (*UKKH* II,16,21,10 means part II, book 16, chapter 21, § 10)

18 For Ottius (Ott, Otte, Otto) cf. Cornelius Bergmann, *Die Täuferbewegung im Kan-*

Switzerland, had prepared the ground well. During a several years' stay in the Netherlands, he had collected Anabaptist sources, and in 1672 he published his *Annales Anabaptistici*[19] that became Arnold's main work of reference.

Arnold treated Anabaptism within an entire chapter.[20] He characterized the history of Anabaptism as being rather "vast and complicated"[21], and tried to disentangle it by categorizing the numerous groups and relating them to their outstanding leaders. He dealt with Menno Simons extensively, but he was especially interested in David Joris.[22] In 1713, one year before his early death, Arnold anonymously published *The History of the ill-reputed arch-heretic David Joris,*[23] whose history he discussed in full detail. Arnold devoted half of the chapter on Anabaptism to Joris, and in an appendix, he printed a large amount of biographical material. All in all, Arnold devoted more than 200 pages to Joris; more than to any other person in the entire work.

Infant Baptism as a Problem of Pietism

Baptism was a problem with which Pietism was always concerned. The background of the problem was the attitude of Pietists towards the sacraments in general. Since all of them were profoundly convinced of the need for the "new birth," they had to redefine the role of the sacraments in this context. Pietists were highly distressed by how the sacraments were administered in the Protestant churches. At first their criticism turned against the celebration of the Lord's Supper; they reproached the pastors for communing the unconverted and unrepentant. This became the setting for the first separation during Spener's time in Frankfurt.[24]

---

ton Zürich bis 1660 (Leipzig, 1916), 146-59; Ernst Correll, *Das Schweizerische Täufermennonitentum* (Tübingen, 1925), 67s.

19 Johann Heinrich Ottius, *Annales Anabaptistici [...]* (Basel, 1672).

20 *UKKH* II,16,21.

21 "weitläufftigen und verworrenen historie", *UKKH* II,16,21,1.

22 Cf. James M. Stayer, Art. "Joris, David", *TRE* 17 (1988), 238-242; Irmgard Wilhelm-Schaffer, Art. "Joris, David", *BBKL* 3 (1992), 654-656.

23 *Historia von des beruffenen Ertz-Kätzers David Joris oder Georgi, Lehr- und Leben [...]* (n.p., 1713). It was added to the 1715 edition of the *UKKH*, part 3-4, and subsequently into the later editions.

24 Cf. Johannes Wallmann, *Pietismus* (Göttingen, 1990), 56s., 81-84; Martin Brecht,

Only at a later date some Pietists did extend their criticism to infant baptism, and blamed the church for administering baptism to immature children that were incapable of belief. When Spener published his catechism of 1677,[25] there was not yet such a debate. In the discussion of infant baptism, he mentioned the Anabaptists. But they were the counter-part against which infant baptism was traditionally defended. "The Anabaptists," he said,

> "do not admit people to baptism until they are able to deliver the confession of faith by themselves. We, too, recognize that it is necessary, when people have come of age. [This was an allusion to confirmation.] Nevertheless, it is unjust to refuse baptism to the children of Christians because they have a claim to it."

Then Spener lists a number of traditional reasons in favor of infant baptism.[26]

The reference to Anabaptism in Spener's catechism was a conventional part of his argumentation, although he had no actual occasion to deal with Anabaptists because there were none in Frankfurt. But in 1686 a friend wrote to him and asked "if people who had been baptized among Anabaptists or Mennonites should be baptized again, when they join our church." The opinion Spener delivered on the question shows his point of view.[27] Spener sees no reason for rebaptizing. The force of the sacrament is neither dependent upon the administrator's intention nor upon the belief of the church in which it is administered; it depends alone upon the word and institution of Christ.[28] Therefore the baptism in an Anabaptist congregation is valid.[29] Some of Spener's remarks in this context are noteworthy: the fact

> "that they use the ceremony of immersion in running water I consider rather as good than as evil, and although I do not have such a scruple about asper-

---

"Philipp Jakob Spener, sein Programm und dessen Auswirkungen." In: *Geschichte des Pietismus*, vol. 1, ed. M. Brecht, 278-389, esp. 316-321; Schneider, in: *Geschichte des Pietismus* [see n. 15], vol. 1, 399s.

25 *Einfältige Erklärung der christlichen Lehr, Nach der Ordnung deß kleinen Catechismi deß theuren Manns Gottes Lutheri* (Frankfurt/Main, 1677).

26 *Erklärung der christlichen Lehre*, question 985s.

27 Spener, *Theologische Bedencken*, vol. 4 (Halle/Saale, 1702), 541. [Now in Philipp Jakob Spener, *Briefe aus der Dresdner Zeit 1686-1691*, vol. 1, ed. Johannes Wallmann in collaboration with Martin Friedrich, Klaus vom Orde und Peter Blastenbrei (Tübingen, 2003), no. 37.]

28 Ibd.

29 Ibd.

> sion or sprinkling [with water] to doubt the correctness of baptism among us, I do not deny that I would have preferred that we had kept baptism by immersion."[30]

Perhaps the person who had asked for Spener's opinion was his Pietist friend and colleague Johannes Winckler, a pastor in Hamburg.[31] There Winckler was confronted with a different situation than Spener's in Frankfurt because in Hamburg and nearby Altona active Mennonite congregations existed.[32] When some years later (1692) Winckler published his *A Solid Proof of Infant Baptism*[33], Anabaptist propaganda was one front he had to fight against. But in the meantime, other voices coming out of the Pietist movement itself, especially its radical wing, had called infant baptism into doubt. As far as I can see, these doubts were not due to Anabaptist influence but were the result of mystic and spiritualist views.

The criticism of infant baptism, however, gained an additional historical argument when in 1696 Gottfried Arnold published his book, *The First Love, or A Portrayal of Early Christians.*[34] It was a comprehensive survey of the Primitive Church which Arnold held as normative for Christian life. In this book he established that the early Christians had practiced adult baptism; he had not found any proof for infant baptism in the first two centuries.[35] Later, his *Nonpartisan History of the Church and of Heresies* reinforced and broadened this argument.[36]

---

30 "dann daß sie die ceremonie der untertauchung in fliessenden wasser gebrauchen, achte ich eher vor gut als böse, und ob ich wol keinen solchen scruple an der aspersion oder besprengung habe, daß an der richtigkeit der tauffe bey uns zweiffelte, so läugne doch nicht, daß mir lieber gewesen wäre, wo man die immersion und untertauchung behalten hätte." Ibd.

31 Johannes Winckler (1642–1705), since 1684 First Pastor at St. Michaelis in Hamburg. Cf. Carl Bertheau, Art. "Winckler", in *The New Schaff-Herzog Encyclopedia*, ed. Samuel Macauley Jackson, vol. 12 (New York and London, 1912), 380. This assumption is supported by the fact that Spener explicitly but critically mentions "Doctor Reiser's hypothesis on baptism." Anton Reiser (1628-1686) was the senior pastor at St. Jacobi in Hamburg, and a colleague of Winckler who had endorsed Reiser in his vehement opposition to opera performances.

32 Cf. Robert Dollinger, *Geschichte der Mennoniten in Schleswig-Holstein, Hamburg und Lübeck* (Neumünster, 1930).

33 Johannes Winckler, *Gründlicher Beweis der Kindertaufe* (Hamburg, 1692).

34 Gottfried Arnold, *Die Erste Liebe Der Gemeinen Jesu Christi, Das ist: Wahre Abbildung Der Ersten Christen [...]* (Frankfurt/Main, 1696).

35 Arnold, *Erste Liebe*, book II, chapter 14.

36 Arnold, *UKKH* II, index s.v. "Tauffe der Kinder."

In the last years of the seventeenth century, a major discussion arose, especially among radical Pietists, about the character of "a true Christian baptism."[37] Arnold's books gave much support to this discussion. The early Brethren, for example, mentioned Arnold's *Portrayal.*[38]

Representatives of the Pietist movement within the Lutheran and the Reformed churches continued defending infant baptism. Spener preached two sermons in 1700 on the "God-given validity of infant baptism,"[39] because of the concern that had arisen about this topic "even among good souls," i.e. among Pietists. Another way to tackle this problem was to stress the importance of confirmation. The confirmation of children coming of age became *de facto* a completion of infant baptism. The Pietist interpretation understood confirmation as a renewal of the baptismal covenant and of the baptismal confession.[40]

Radical Pietists, on the other hand, spurned such defensive strategies, which they regarded in total as an inconsequential "Babylonian patchwork." In their view, the sacramental life of the Protestant churches remained a stumbling-block and was a central point of their criticism. They accused the churches of having made baptism and the Lord's Supper "major Babylonian idols," and they used this accusation as the key argument to justify their separation. In consequence of their criticism, radical Pietists in general dispensed with all kinds of "outward water-baptism" (and also with the celebration of the Lord's Supper). They held true baptism to be the "spiritual baptism" occurring when an individual was reborn (and likewise they understood the Lord's Supper as the daily spiritual communion with Christ).

---

37 Philips Henrich Geyer, *Gründlicher Bericht von der Wahren Tauff, Wie sie der Herr Jesus eingesetzt, und befohlen hat: Darneben auch, von der falschen Tauff der falschen Christen* (n.p., 1699); Johann Konrad Dippel, *Die wahre Wasser-Tauf der Christen* (n.p., 1700); Conrad Bröske, *Die wahre Christen-Tauffe* (Offenbach, n.d. [1701]); J.D.A.H., *Probier-Stein der wahren Tauff Neuen Testaments [...]* (n.p., 1701); Conrad Bröske, *Wahre Christen-Tauffe, Wie auch die Gültigkeit der Kinder-Tauffe, Verthädiget Wider den so genanten Probier-Stein dieser Tauffen* (Offenbach, 1702). - It is interesting that one of the first Brethren, Johann Kipping, already had read the *Probier-Stein* in his native Wurttemberg. Cf. Friedrich Fritz, "Die Wiedertäufer und der württembergische Pietismus," *BWKG* 43 (1939), 81-109, esp. 85-88.

38 *The Complete Writings of Alexander Mack*, ed. William R. Eberly (Winona Lake/Ind., 1991), 50 and 87.

39 Philipp Jakob Spener, *Die Göttliche Gültigkeit der Kinder-Tauff [...]* (Frankfurt/Main, 1701), reprinted in Spener, *Kleine Geistliche Schriften*, ed. Johann Adam Steinmetz, vol. 2 (Magdeburg and Leipzig, 1742), appendix, 161a.

40 Cf. Karl Dienst, "Konfirmation I. Historisch." *TRE* 19 (1990), 437-445, esp. 442.

An exception to this spiritualist interpretation was the biblicist attitude of the Schwarzenau Brethren.[41] As Donald Durnbaugh has put it, "Although they *came* out of Radical Pietism, they came *out* of Radical Pietism."[42] It seems noteworthy in this context that at least two of the first eight Schwarzenau Brethren to be baptized had been in contact with Anabaptist groups before they themselves restored adult baptism, and their leader, Alexander Mack, was quite acquainted with Anabaptist literature.[43]

Pietists' Opinions of Anabaptism

In this section I must confine myself to presenting the opinion of only two Pietists: Spener and Arnold.

As I mentioned above, Spener seldom referred to Anabaptists or Mennonites (which for him were nearly synonymous). The various contexts, however, in which such references occur, however, are very significant. First, there are a few statements in connection with baptism, some of which have been quoted earlier. Here Spener takes the traditional Lutheran position. But the greater number of references to Anabaptists addresses Christian life.

As is well known, the hope for better times, that means, for a better state of the church, formed an essential part of Spener's reform program, the so-called *Pia desideria* (i.e., Pious Wishes) which he published in 1675.[44] His critics vehemently denied that such a better state was possible under human conditions, which were bonded to sin. Against this criticism, Spener insisted that a better state of the church could be achieved. In this context, he usually referred to the Primitive Church, but, now and then, he also used the example of the Anabaptists. According to Spener, their way

---

41 For the Brethren cf. Dale R. Stoffer, "Anabaptized Pietism: The Schwarzenau Brethren." in *The Dilemma of Anabaptist Piety*, ed. Stephen L. Longenecker (Bridgewater/Va., 1997), 35-45.

42 Donald F. Durnbaugh, *Brethren Beginnings. The Origin of the Church of the Brethren in Early Eighteenth Century Europe*, Philadelphia, ^{2}1992, 64.

43 In his *Rights and Ordinances*, Mack quotes from the Martyrs Mirror (Bloedig Tooneel). See *Writings* [see n. 38], 56.

44 Cf. K. James Stein, "Philipp Jakob Spener's Hope for Better Times for the Church: Contribution in Controversy," *The Covenant Quarterly* 37 (August 1979), 3-20; id., *Philipp Jakob Spener: Pietist Patriarch* (Chicago, 1986).

of life put to shame many Lutheran Christians.[45] The example of the Mennonites illustrated how congregations can be truly Christian.[46]

> "Oh if we took an example from the Anabaptists! Those people, in their great simplicity, teach their own to follow the commandments of the Lord, and they do it with such a success that it often puts me and mine to shame. [...] Why should that, which is demonstrated to be possible among them, be impossible for us?"[47]
>
> "After all, as to their life, they put us to shame, and they can be held as an example before those people who always appeal to human frailty as an excuse for their life in conformity to the world. Because they see that such a life, which they judge to be impossible, is possible among those whose doctrinal error they reject, so they have to take their own religion as less powerful inasmuch as it cannot bring about what those people [the Anabaptists] in their religion accomplish by their actions."[48]

Apart from these general references to Anabaptists, there are three specific points in which Spener illustrated his opinion and put it in concrete form.

The first is the Anabaptist's keeping holy of the Sabbath, which he regarded as a shining example for Christian life. It would be an eternal shame if Lutherans could not manage just as well.[49]

The second case is a proposal Spener made in 1684. He suggested that lay elders be chosen to assist and relieve the pastors. This office of lay elder was to be an honorary, unpaid office, and those so chosen for it were to carry on their ordinary profession or trade. In connection to this, Spener compared the office of lay elders with that of the Mennonite lay preachers who "have lived without salary and have earned their living by manual labor."[50]

On a third occasion Spener mentioned the Anabaptists when he discussed economic questions. They can, he said, teach us how to deal responsibly with goods and property. What was possible in this respect

---

45 Philipp Jakob Spener, *Letzte theologische Bedencken*, 3 vol. (Halle/Saale, 1721), vol. 2, 28. Cf. Grünberg [see n. 12], vol. 2, 152.

46 Philipp Jakob Spener, *Freudigen Gewissens Frucht* (Berlin, 1695), vol. 2, 28; cf. Grünberg [see n. 12], vol. 2, 109.

47 "Ah si exemplum ab Anabaptistis caperemus, quanta homines illi simplicitate suos ad obsequium praeceptorum DOMINI ducant, eo successu, ut me saepe mei & meorum pudeat [...] cur enim quod inter suos illi possibile monstrant, apud nos impossibile sit?" Spener, *Consilia* 1, 434. [Now in Philipp Jakob Spener, *Briefe aus der Frankfurter Zeit*, vol. 3 (see n. 12), no. 66, 189-192].

48 Spener, *Bedencken* 1, 310.

49 Spener, *Letzte Bedencken* 2, 28; cf. Grünberg [see n. 12], vol. 2, 152.

50 *Bedencken* 4, 310 (1684).

among them should also be possible among Lutherans.[51] "The example of the Mennonites demonstrates that you can realize a profit and nevertheless remain pious; or, what is more, an exceptional profit may be the direct result of pious honesty."[52]

Coming from the mouth of a Lutheran theologian of that time, these glowing assessments of the Anabaptists are quite surprising. None of Spener's Orthodox forerunners or colleagues would have adduced Anabaptists as a good example of Christian life. In their opinion, people who were erring in doctrine could not be righteous in life. Spener introduced a specific Pietistic difference between right doctrine (orthodoxy), which he wanted to maintain, and right living to which he added a new importance. So he concluded: "Oh, that the Lord might grant his truth to those [i.e., the Anabaptists] who still err in the letter, that they may attain the right knowledge, and to those who possess the right knowledge [i.e., the Lutherans], that they may obtain its force in their souls!"[53]

Gottfried Arnold in some respects reflected the opinion of Spener about the Anabaptists, but in other respects he took a more radical position that went far beyond Spener's attitude.[54] In his *Nonpartisan History of the Churches and of Heresies* he expressed his sympathy for the Anabaptists. Their understanding of the new birth, their rejection of the world, their God-pleasing life in order and discipline, and their communalism reminded him of the Primitive Church.[55] Arnold was impressed by the brutal martyrdoms the early Anabaptists had suffered. "Many of the Anabaptists were pious and true servants of God, martyrs and witnesses of Christ, and dear brethren to right believers."[56]

Arnold remarked with approval that the Anabaptists criticized the Lutheran understanding of justification because it hindered a growth of sanc-

---

51 *Consilia* 3, 281; cf. Grünberg [see n. 12], vol. 2, 220. Now in Philipp Jakob Spener, *Briefe aus der Frankfurter Zeit*, ed. Johannes Wallmann in collaboration with Markus Matthias and Martin Friedrich, vol. 2 (Tübingen, 1996), no. 29, 164-185.

52 *Bedencken* 2, 435; cf. Grünberg [see n. 12], vol. 2, 420.

53 *Bedencken* 1, 310.

54 For Arnold's attitude towards the Anabaptists see Erich Seeberg, *Gottfried Arnold. Die Wissenschaft und die Mystik seiner Zeit* (Meerane, 1923) [Reprint: Darmstadt, 1964], 125s., and Ursula Kreuder, "Gottfried Arnolds Sicht der Täufer," in *Gottfried Arnold (1666-1714). Mit einer Bibliographie der Arnold-Literatur ab 1714*, ed. Dietrich Blaufuß and Friedrich Niewöhner (Wiesbaden, 1995) (Wolfenbütteler Forschungen, 61), 165-177.

55 *UKKH* II,16,21,10 and 15.

56 *UKKH* II,16,21,6.

tification, and even contributed to a decline in morality.[57] Faith was for them not simply trust, but also obedience. Arnold also approved their condemnation of the misuse of the sacraments in the churches of the Reformation, and he affirmed Anabaptist anticlericalism directed against the greed and power of the Lutheran and Reformed pastors.[58] Arnold defended the Anabaptists against the charge that they were rebels and attempted to show that the majority of them had always been peaceful people. His chief witness for their peacefulness and loyalty to the authorities was Menno Simons.[59] Arnold was convinced that religious toleration was necessary and possible, and that it had to include Anabaptists, too.[60]

With this description, Arnold painted a positive picture that raised the historiography of Anabaptism to a new level. However, the picture contained many critical features. It is obvious that Arnold assessed the Anabaptists from his own mystical-spiritualist point of view. He, therefore, was sympathetic towards people, such as Hans Denck and Jakob Kautz, who themselves held spiritualistic views. For them, as for Arnold, the Spirit and not the letter was decisive. On the one hand, Arnold tended to overestimate the spiritualizing tendencies in Anabaptism. On the other hand, he criticized Anabaptist Biblicism and legalism, which he regarded as the center of Anabaptist doctrine.[61] One is almost forced to say that Arnold had no real appreciation for the essential concerns of Anabaptism. That becomes clear at a central point; since Arnold criticized all kinds of organized Christianity in institutional forms, he had to reproach the Anabaptists for having organized a new group, a new sect, in addition to the already existing churches (which he calls sects, too). He saw the danger of new subtle constraint and intolerance, of false piety and hypocrisy. In Arnold's view, the true knowledge of God and true piety can only be realized outside the church "parties" because Christ is an impartial master and his church an invisible church of the Spirit.

As mentioned above, Arnold was especially interested in David Joris. Arnold took him for an outstanding theologian, his writings for excellent; he called him "a true man of God whom God himself had awakened for man's sake."[62] Where did this excessive veneration come from? As is well

57 *UKKH* II,16,21,15.

58 *UKKH* II,16,21,26.

59 *UKKH* II,16,21,38s.

60 *UKKH* II,17,11, *passim*, and II,17,12,32.

61 *UKKH* II,16,21,7.

62 *UKKH* II,16,21,46.

known, David Joris spent his last years in Basel living as a member of the Reformed Church and concealing the religious convictions which he maintained. Arnold, the radical Pietist, became a Lutheran pastor in 1702 and also retained his nonpartisan opinions. In a recently published article, Ursula Kreuder has suggested that this similarity between the two was the reason why Arnold identified himself with Joris. "Both found their peace in a kind of double-life, in which they themselves on the one hand assimilated to the confessional environment, but on the other hand continued to live their true beliefs."[63]

It is tempting for me to go on by describing the attitudes, for example, of Count Zinzendorf and his Moravians or of Gerhard Tersteegen towards Anabaptism. But here I must stop.

What I have been able to do in this paper, has been little more than to scratch the surface of the problems. The observation Cornelius Krahn made in the *Mennonite Encyclopedia* is still valid:

> "The exact relation of Anabaptism and Pietism has not yet been fully studied, both as to the possible influence of Anabaptism on the origins of Pietism, and their theological relationship."[64]

---

63 Kreuder [see. n. 54], 176. Using the 1729 edition of the *Unparteiische Kirchen- und Ketzerhistorie*, Ursula Kreuder did not notice that the extensive passages on Joris were not found in the first edition of the work. They were added for the first time in the edition of the second volume which appeared in 1715, one year after Arnold's death. It was taken from the *Historia von des beruffenen Ertz-Kätzers David Joris oder Georgi, Lehr- und Leben [...]* (n.p., 1713), anonymously published by Arnold.

64 Cornelius Krahn, Art. "Pietism", *MennEnc* 4, 1981, 179. [A valuable contribution to this problem is Marcus Meier, *The Origin of the Schwarzenau Brethren* (Philadelphia/Pa., 2008) (BrEnc monograph series, 7); English translation of *Die Schwarzenauer Neutäufer. Genese einer Gemeindebildung zwischen Pietismus und Täufertum* (Göttingen, 2008) (AGP, 53)].

VIII. Hochmann von Hochenau and Inspirationism. A newly discovered letter*

Ernst Christoph Hochmann von Hochenau (ca.1670-1721) was, as Donald F. Durnbaugh has pointed out, "the one person who most influenced the Brethren."[1] He may, by right, be considered one of the most important German radical Pietists. His significance and influence were not so much due to his literary work, which is comparatively small in quantity, but rather to his personal authority and character. Roaming great parts of Germany, he became a pioneer of radical, Separatist Pietism.[2]

As to his origin and education, Hochmann differed from other itinerant preachers of that time, such as Daut, Rosenbach, and Tennhardt, who were traveling journeymen craftsmen,[3] and as to his influence he far surpassed them in extent and intensity. Hochmann was born in Lauenburg in northern Germany and grew up in Nürnberg, where his family had moved during his childhood. His father, a high customs official, had been ennobled (this is indicated by the addition "von Hochenau" to the family name Hochmann).

---

* I would like to thank Hedda Durnbaugh for translating the Hochmann letter, and Richard L. Gawthrop, M.A., for discussing with me the English version of this essay.

1 *European Origins of the Brethren* (Elgin/Ill., 1958), 36.

2 For an extensive discussion of radical Pietism, cf. the doctoral dissertation done at Boston University, School of Theology, by Chauncey D. Ensign, *Radical German Pietism (c.1675 - c.1760)* (Boston, 1955), and more recently F. Ernest Stoeffler, *German Pietism During the Eighteenth Century* (Leiden, 1973), 168-216.

3 Johann Maximilian Daut was a shoemaker, Johann Georg Rosenbach a spurmaker, and Johann Tennhardt a wigmaker. For an account of their activities cf. Albrecht Ritschl, *Geschichte des Pietismus,* vol. 2 (Bonn, 1884) (Reprint: Berlin, 1966), 341, 350, 363s., 426; Stoeffler, op. cit., 67, 103, 109, 206-208. Daut's work *Helle Donnerposaune* was translated (into French, and) into English: *The Approaching Judgements of God upon the Roman Empire, and The Whole False and Impenitent Christendom; with the Fall of Babylon und the Redemption of Sion [...]* (London, 1711). The translation was one by the Quaker Benjamin Furly (cf. *Dict. of National Biography,* vol. 20 [1889], 330) who shortly after acted as the editor of some revelations of the French Inspirationists, too.

Ernst Christoph followed family tradition by studying law at several universities. At Halle, which was to become the stronghold of German Pietism, he experienced his conversion. But from the beginning Hochmann's opinions were more extreme than those of August Hermann Francke and Justus Breithaupt, the leaders of Halle Pietism at that time. Hochmann was imprisoned and then expelled from Halle by the political authorities for his radical activities, which were characterized by his sharp criticism of the established church.

Hochmann disdained a promising legal career, which his older brother, a high imperial official at Vienna, had arranged for him, and became an itinerant preacher traveling over great parts of northern, middle, and southwestern Germany, German-speaking Switzerland, and the Netherlands. He became associated with other radicals like the Petersens, Gottfried Arnold, and Johann Konrad Dippel,[4] and also made contacts with the Mennonites. In the Palatinate he awakened most of those people who later on were to become the early Brethren. In all the eventful years of strenuous traveling, during which he repeatedly suffered ill treatment and imprisonment, Hochmann found a retreat in the counties of Wittgenstein, then a refuge for all kinds of more or less radical Pietists. There, in the village of Schwarzenau, he built a simple hut which he called his "Hermitage" and "Castle of Peace" *(Friedensburg).* Here he lived very ascetically following the way of early Christian eremites.[5]

Hochmann did not intend to form a new Christian community, and he never joined an organized group. His conception of the Christian life was characterized by a strictly individual and spiritual emphasis. Consequently, he disapproved of all kinds of outward church organization and was highly critical of all formal ceremonies.

Some of his followers and friends, however, led by Alexander Mack, began a revival of Primitive Church practices by baptizing each other when Hochmann was in prison in 1708. These people, the early Brethren, had been convinced that they had to follow Jesus' command (Matthew 28 and Mark 16), and that criticism of child baptism did not justify abstaining from water baptism of faithful adults. They also had come to the realization that an outward and visible congregation was required by the Gospel (Matthew 18). Although Hochmann did not agree with them, because he feared

4 For a discussion of their lives and thoughts, cf. Ensign, op. cit., 115-167; Stoeffler, op. cit., 175-191, 210.

5 For the influence of the hermit ideal in radical Pietism sec Ernst Benz, *Die Protestantische Thebais. Zur Nachwirkung Makarios des Ägypters im Protestantismus des 17. und 18. Jahrhunderts in Europa und Amerika* (Wiesbaden, 1963), esp. 62-92.

a new kind of sectarianism, and although from this time on they became estranged from him, the Brethren cherished the creed once formulated by him. They had it reprinted in 1743.[6]

Hochmann is among the very few radical Pietists whose life and thought have been investigated to a rather satisfactory degree. This is primarily due to the achievements of the Moravian scholar Heinz Renkewitz (1902-1974) who devoted to him a very thorough study, first published in 1935 and reprinted in 1969, which analyzed and interpreted all of the available source materials.[7] However, there are still some documents which remained unknown to Renkewitz or which he considered to be lost.[8] One of these texts unknown up to now is a letter, written by Hochmann in December 1716 and addressed to two professors of theology at Marburg in Hesse. In this letter Hochmann expresses his opinion of the so-called "Inspired" or Inspirationists *(Inspirierte),* a radical Pietistic group then causing a great stir in Germany.

This document, which is preserved at the *Hessisches Staatsarchiv* at Marburg,[9] merits attention for several reasons:

1. The list of Hochmann's correspondence, which Renkewitz had compiled,[10] has a gap between October 1715 and January 1717. In the 1950s Donald F. Durnbaugh discovered a manuscript which Renkewitz had been unable to find and which contains a number of copies of Hochmann's letters, including one from January 1716.[11] The present letter is another contribution to fill the gap.

2. The letter offers completely new information. It reveals that Hochmann also had relations with Pietist groups in Hesse and with two theology professors at Marburg. These connections were unknown to Renkewitz and

6 Durnbaugh, op. cit., p. 36.

7 *Hochmann. von Hochenau (1670-1711). Quellenstudien zur Geschichte des Pietismus* (Breslau, 1935; Reprint: Witten 1969; with some introductory additions).

8 E.g., Hochmann's letter to the municipal council of Frankfurt which Renkewitz was unable to find (op. cit., 52 n. 35) is preserved at the Universitätsbibliothek Hamburg, Suppellex epistolica Uffenb. 26, 16.

9 Hessisches Staatsarchiv Marburg, 4 i 225, Acta Hottinger. Friedrich Klingender, *Der Pietismus in Hessen-Kassel.* Theol. thesis (Göttingen, 1923) (typescript) already mentioned the Hochmann letter in passing, but the information was very vague (op, cit., 64; cf. below note 31).

10 Op. cit., 420-426.

11 *Geistliche Liebesbrocken [...],* compiled by Wilhelm Weck (the manuscript is in private hands); cf. Durnbaugh, op. cit., 110-115, 206-210, 313s., 423 n. 4, 428 n. 47, 431 n. 22, and Renkewitz, op. cit, introduction to the reprint edition, vi, viii-ix.

provide yet another example of the expansive network of contacts Hochmann maintained all over the land.

3. What Hochmann is saying in the letter about the liberty of conscience and about the right and duty of resisting the political authorities in a case of spiritual coercion, offers a valuable supplement to the theoretical views he expressed in documents already at our disposal. This letter shows how he applied his principles to a concrete situation.

4. The main subject of the letter is Hochmann's judgment on the radical group of the Inspirationists. Renkewitz discussed Hochmann's attitude toward them[12] on the basis of only one source.[13] The present letter offers new insight into Hochmann's position. It will become evident that Renkewitz' interpretation needs to be considerably modified.

We can trace quite well the general background and the particular circumstances of the letter. Since 1714 German churchmen and theologians had been alarmed by a new sectarian group called the Inspirationists.[14] The beginnings of this movement were in France.[15] After the Edict of Nantes (1598), which had granted certain religious liberties to the Protestants, was revoked in 1685, the Huguenots were severely persecuted. Exposed to heavy oppression and terror, French Protestants were obviously inclined to see their situation against an apocalyptic background. Had it not been common conviction among Protestants since the time of the Reformation that the Papacy was the Antichrist and the Roman Church that great Babylon of John's revelation?

---

12 Op. cit., 286-294; cf. below my discussion.

13 Hochmann to his friends at Berlin, written from Raumland in Wittgenstein in 1715 (copy), once in *Conlectanea Mystica*, a handwritten volume preserved at the Universitätsbibliothek Bonn, but destroyed in the late war. Fortunately, the letter in question was printed: Max Goebel, „Hochmann und Tersteegen über außerordentliche Bewegungen und Offenbarungen“, *Monatsschrift für die evangelische Kirche der Rheinprovinz und Westphalens* (1853), 88-96; the letter is found on 90-94.

14 The standard treatment of the Inspirationists in Germany is still by Max Goebel, “Geschichte der wahren Inspirations-Gemeinden, von 1688-1859,“ *Zeitschrift für historische Theologie* (1854), 267-322, 377-438; (1855), 94-160, 327-425; and (1857), 131-151. [Cf. Hans Schneider: Art. “Inspirationsgemeinden.“ In: *TRE* 16 (1987), 203-206 (Lit.); ders.: "Der radikale Pietismus im 18. Jahrhundert." In: *Geschichte des Pietismus*. Bd. 2. Hg. v. Martin Brecht. Göttingen 1995, 107-197, hier 145-152.]

15 The most recent discussion is by Robert P. Gagg, *Kirche im Feuer. Das Leben der südfranzösischen Hugenottenkirche nach dem Todesurteil durch Ludwig XIV* (Zürich and Stuttgart, 1961).

Having lost their regular pastors, the Huguenots met around "extraordinary" preachers. Very soon, manifestations of enthusiastic piety appeared. In parts of southern France (Dauphiné, Vivarais, Cevennes) a movement of "prophetism" arose which reflects the general excitement of the repressed Protestants. People were seized by the "Spirit" and became his instruments. They fell into uncontrolled convulsions, they shivered as if in fever, fell down to the ground foaming at the mouth, and lay motionless and insensate, with their stomachs and necks swelling out. The physical phenomena are substantially the same as those later found among the German Inspirationists. In a trance-like state they proclaimed their message, mostly in scriptural language. They announced the imminent downfall of Antichrist, the destruction of Babylon and the salvation of the true church. They called for repentance, they detected traitors and spies, and revealed hidden sins. The utterances of these "inspired" persons were regarded as direct, divine revelations. When the Huguenots stood up against their oppressors, their prophets became military leaders and advisors.

After the insurrection in the Cevennes, which was accompanied by numerous atrocities and cruelties on each side, was suppressed, several of the prophets who had survived left France and looked for a place of refuge in neighboring Protestant countries. In 1706, some of them made their way to London, where a considerable colony of French emigrants existed, and continued prophesying.[16] But after rigorous examinations the official Huguenot bodies disowned the French prophets and harshly rejected their claim of being divinely authorized and inspired.

Although they found little response among their French compatriots, the prophets succeeded in making converts among the English. It is noteworthy, however, that the greater part of these people belonged to marginal groups within English Dissent, especially to the Quakers and the Philadelphians (members of the so-called Philadelphian Society founded by Jane Leade).[17] Both of these groups held that direct revelations were still happening, and they experienced similar manifestations of piety, such as trembling in their bodies or other kinds of ecstasy. So they were predisposed to believe in the divine origin of the inspirations uttered by the French prophets, and welcomed them as congenial.

---

16 For the details cf. Georges Ascoli, "L'affaire des prophètes français à Londres," *Revue du dix-huitième siècle* 3 (1916), 8-28, 85-109.

17 The best discussion of her life and work is Nils Thune's *The Behemenists and the Philadelphians* (Uppsala, 1948); for a concise survey cf. Ensign, op. cit., 200-207, and Stoeffler, op. cit., 208-214.

Furthermore, attention must be given to the fact that the Philadelphians waited for the imminent coming of Christ, "in Spirit, or in powerful demonstration of the Holy Ghost, probably in the present generation."[18] In their view this was to be the "Philadelphian period" of church history as foreseen in Revelation 3.[19] It seems that the French prophets took over from the Philadelphians the custom of having their revelations written down and having them published.

Even though the harmony between the groups was spoiled later on by bizarre false prophecies (e.g., the resurrection of the dead body of an English adherent), the contact with the Quakers and Philadelphians left deep impressions on the prophets' message: When in France they had announced the fall of the Antichrist and of Babylon, they had understood by this the decline of the Papacy and of the Roman Church. Now, after having been disowned by their French compatriots and excluded from the Huguenot church, they had learned from the Quakers and Philadelphians that *each one* of the great Christian churches was truly to be regarded as anti-Christian and part of Babylon.

This belief had thus become an essential part of the prophets' teaching by the time they left England for the Continent in 1709 in order to proclaim the imminent turning point of history.[20] It is little wonder that it was among German radical Pietists, that the prophets' criticism of the established churches found open ears, because these people had already left their churches for the same reason. Furthermore, the eschatological message of the French Inspirationists had a certain affinity to the Pietists' "hope for better times," or to its radical variant, the expectation of the Philadelphian period.[21]

In Halle, the citadel of German Pietism, the French prophets found sympathy and enthusiastic response from a number of Separatists. The "seed of Inspiration" was thereby transplanted into German Pietistic soil, and not long afterward the talent of prophecy was conferred to German "instruments" (1714). Inspirationism was, however, disapproved by the churchly

---

18 *Theosophical Transactions by the Philadelphian Society* (n.p. 1697), 25; cf. also Ensign, op. cit., 195.

19 The letters to the seven churches in Asia were interpreted as signifying as many periods in church history. The time of "Sardis," i.e., the period from the Reformation onward, when the church "had a name to live, but was dead," was thought to be followed by the golden age of the Spirit, the period of Philadelphia.

20 For their travels and the printed revelations, cf. Schneider, Der radikale Pietismus [see n. 14] 147 with n. 285-287.

21 This has been truly stressed by Ensign, op. cit., 299.

Halle Pietism. The Halle leaders had been well informed from their correspondents in London about what had been going on there.

The newly awakened prophets left Halle and journeyed in search of converts to the counties of Ysenburg and Wittgenstein, the chief seats of radical Pietism at that time, where they succeeded in winning over a considerable number of Separatists. It is a remarkable fact that most of these people now becoming adherents of Inspirationism, or even prophets themselves, had definitely refused to join the Brethren, when that movement arose some years earlier.[22] Only the year before (1713), one of the still independent Separatists, Eberhard Ludwig Gruber, a learned theologian and an exiled minister from Württemberg, had posed *Basic Questions* to the Brethren[23] - the tenor of which was very close to Hochmann's position - criticizing them for their new "sectarian" institutions. "The true Separatist will not form a new sect, because this would mean to rebuild what had been broken down," he wrote in a "Discourse on True and False Separation,"[24] which he had published only a few months before the new prophets appeared in the county of Ysenburg. When they arrived in the area and denounced what the "Baptists" (Brethren) had done as "patchwork,"[25] they seemed to confirm the reservations of Gruber and his friends. But it happened what Gruber and those of similar views had so vigorously disdained before: Gradually a new sect was formed, and, still more, Gruber himself became the spiritual leader of it.

The sect showed a remarkable vitality in its first several years. From their base in the Ysenburg and Wittgenstein lands, missionaries traveled throughout Germany and Switzerland, taking great pains to bring scattered Separatists together under their own direction. But only in southern and

---

22 There is a need of further research of the reasons for the different attitude these people were showing toward the Brethren and toward the Inspirationists. The problem cannot be discussed here.

23 *Eberhard Ludwig Grubers Grundforschende Fragen, welche denen Neuen Täufern im Witgensteinischen, insonderheit zu beantworten, vorgelegt worden [...]* The questions were answered by Alexander Mack. The First edition, no copy of which is known, was printed at Idstein in 1713 and republished in America several times (available to me was the edition Lancaster, 1822). For a discussion of this first Brethren publication, cf. Durnbaugh, op. cit., 322-323 [s. auch in diesem Band 256-288].

24 *Gespräch und Unterredung von der wahren und falschen Absonderung [...] von* **E**inem **L**ang-**G**eübten (n.p., 1714), 15. The emphasized initials ELG reveal the author's identity only to the initiated.

25 Gottfried Neumann, in *Unterschiedliche Erfahrungs-volle Zeugnisse [...] von der [...] Inspirations-Sache [...]* (n.p., 1715), 53, 54. Cf. the extract published in English translation by Durnbaugh, op. cit., 182.

southwestern Germany and in Switzerland, did they succeed in constituting small communities.

The movement of Inspirationism had early attracted the attention, both of orthodox theologians and of Pietists.[26] While the orthodox theologians diagnosed a new variety of fanaticism *(Schwärmerei)* and unhesitatingly tried to blame Pietism as a whole for it, the Pietists themselves were, at first, somewhat puzzled by this new movement. As they would judge not so much by dogmatic criteria but by the evidence of Christian life, they could hardly dispute the pious conduct of many Inspirationists, and had to recognize that some "awakening" had been caused by them. But, as we have already mentioned above, the churchly Halle Pietism very soon rejected Inspirationism. Several representatives of the Halle school, after thoroughly examining the matter, published voluminous refutations. But there were others, especially radical Pietists, who tried to keep an "impartial" standpoint, and decided to wait and see. One of them was Hochmann von Hochenau.

Renkewitz, when dealing with Hochmann's attitude toward the Inspirationists, speaks of his rejection (*Absage*) of them.[27] This, in my opinion is an inadequate evaluation in need of reappraisal, because it does not give due consideration to the complexity of Hochmann's judgment. Even in the one letter available to Renkewitz for his interpretation,[28] Hochmann is rather far from rejecting Inspirationism.

In that document Hochmann warns of precipitous judgment and admonished his friends to treat the Inspirationists in the Spirit of love. He himself has not experienced the same kind of "motions;" and revelations as had the Inspirationists: "I have been conducted by the spirit of Christ from inward and by the Word of God from outward, and, as to my person, I consider this guidance to be the surest one." In a worship meeting at which the Inspirationists were present, he asked the Lord in prayer "to put the Inspirations on the scales of the sanctuary," and to bless what was good in them. Hochmann beseeched the Lord to purify the Inspirationists from whatever human-derived quality He might find in their revelations. And the Lord was entreated to make known immediately if Satan were interfering by inducing false motions. The Inspirationists ought to be aware of the

26 A list of the controversial literature can be found in Schneider, Inspirationsgemeinden [see n. 14].

27 Renkewitz, op. cit., 289.

28 Cf. above note 13. In the following summary I refer to the edition of that letter in Goebel's article.

great responsibility of speaking in the name of God, and God was asked to prevent them from pronouncing things He would not want them to say.

Hochmann told them what they had to beware of, and, according to the letter, the Inspirationists agreed and took no offence at this. Hochmann is willing; as he states, to remain in sincere love in respect to the Inspirationists as well as to those others who are not so "inspired." In the letter Hochmann praises God for preventing "our" authorities (i.e., in the counties of Wittgenstein) from persecuting the Inspirationists. He disapproves all persecutions and procedures against them, wherever they might have taken place. "As long as there do not appear misdeeds of the Inspirationists, the authorities have no right from God to persecute them." According to Hochmann it is part of the Protestant teaching that nobody be persecuted an account of his conscience. Even if the Inspirationists were supposedly following a wrong way, persecution and banishment would not be the proper method to set them right. Hochmann rather refers to Paul's instruction to treat erring ones mildly (Galatians 6:1-2).

To these fundamental statements explaining his position, Hochmann adds some remarks on the religious experiences of the Inspirationists. He repeats that he himself has never known such kinds of inspirations. But he has experienced inward inspirations not being outwardly apparent, the tenor of which led him to believe in Christ and to render love to everybody. Although he has never had motions and convulsions, Hochmann confesses that he has frequently known ecstatic experiences. "When the joy of the Holy Spirit was abounding in me, my body slipped into some exaltation unawares." Those exaltations are according to him not contrary to the Scriptures (Psalm 89:3 and 2 Samuel 6:14). For, as the body participates in doing penance, it equally has a share in the inward godly joyfulness of the heart. A judicious and introspective Christian will not make a fuss about such bodily exaltations which pass by, but will content himself with enjoying the community of Christ which is granting inward peace (Romans 5:1).

This is the position as stated in the first Hochmann letter dealing with Inspirationism. In my summary, I have given more weight to the shading in Hochmann's judgment than Renkewitz did. This is not to say that the relevance of those inspirations uttered by the new prophets is not to a certain degree restricted and limited by Hochmann: Being conducted by the Scriptures and by the inner word Jesus is speaking to the soul[29] is es-

29 The idea of Jesus talking to the soul by means of the "inner word" was derived from Late Medieval Mysticism and particularly from Johannes Tauler († 1361) and was cherished by the Spiritualists of the 16th and 17th century, and by many radical Pietists as well. Gruber, for instance, wrote a "Brief but Solid instruction on the Inner

sential to him. This is what he calls his "inspirations." An indirect and mild criticism of the Inspirationists' behavior may also be involved in Hochmann's statement that a judicious and introspective Christian will not make a fuss over bodily exaltations. Nevertheless, he does not reject the new revelations nor does he deny their divine character. Indeed, he points to some dangers: human interests and imagination might mingle in, even Satan might interfere. But in the prayer Hochmann mentions, he did not ask the Lord to decide whether Inspirationism is right or wrong, but merely to separate - should it be necessary - the human or even diabolic element from the divine good.

This interpretation of Hochmann's position is reinforced by the letter to be presented below, but I shall first sketch the immediate background of this document.

Churchly Pietists had, as was said above, distanced themselves from the Inspirationists. There were but a few who judged them friendly, or defended them in public. The first one of those advocates, the reformed *Domprediger* Theodor Knauth in Halle, lost his position on account of his openmindedness and supporting of the Inspirationists.[30] Another advocate was the reformed theologian Johann Heinrich Hottinger, one of the addressees of the newly discovered Hochmann letter.

Hottinger[31] (1681-1750) was born into a famous family of Swiss theologians. After his studies, which led him to Geneva and to the Netherlands, he began a promising academic career at Marburg in Hesse, where in 1704 he was appointed to a professorship in Jewish antiquities and moral philosophy; from 1710 on he taught theology. Hottinger became an outstand-

---

Word of God" (*Kurtze doch gründliche Unterweisung vom innern Worte Gottes* [n.p., 1712], 2nd ed., n.p., 1713, republished as an appendix of a collection of inspirations: *Aufrichtige und wahrhafftige Extracta aus dem allgemeinen Diario der wahren Inspirations-Gemeinen,* II. Sammlung, 2nd ed. [n.p., 1745]).

30 Knauth published: *Unterthänige Vorstellung an das Hochlöbliche Konsistorium [...] in Halle, Nebst beygefügtem Send-Schreiben betreffend der so gennannten Neuen Propheten ihren außerordentlichen Zustand* (n.p., 1714); *Vornehmste Exculpations-Schrifften* (n.p., 1718). An unpublished manuscript, *Appelation an Gottes Richterstuhl, welches das Ende seines Processes* (1725), is preserved at the Staatsarchiv Preußischer Kulturbesitz, Berlin, Ms. germ. qu. 136.

31 A concise biography written in Latin by his son, Abel Adam Hottinger, *Vita & Fata Jo. Henrici Hottingeri,* was published in the Swiss periodical *Museum Helveticum,* part 23, (Zurich, 1752), 292-313 (to which an extensive bibliography was added, 313s.). For a brief portrait of Hottinger cf. Stoeffler, op. cit. 235. The discussion of Hottinger's life and work by Friedrich Klingender, op. cit., 58-69, suffers from a series of inaccuracies and mistakes, but it was him who for the first time paid attention to unprinted sources.

ing personality of Reformed Pietism in Hesse. His influence on students was very strong, his lectures were the most frequented of all.[32] He wrote some edificatory works, and, after the pattern of Halle, he founded an orphanage at Marburg.

Hottinger was in contact with a Pietistic circle of several people, mostly women, who were inclined toward Separatism.[33] They had their special meetings at Marburg and Wehrda, a village nearby, and were in a close relation to Pietists in Schwarzenau. Up to eight persons from there would come once every week to participate in the meetings. The members of the Marburg circle also offered lodging in their homes and in the orphanage to other Pietists passing through Marburg.

In January 1715, the Marburg superintendent Fenner, writing to the Landgrave of Hesse-Kassel, had already cast suspicion on this "Pietistic crowd."[34] He accused them of showing disrespect for the honor and dominion of the authorities. This report was likely to alarm an absolutist government which would now watch all occurrences with great distrust.

The "Gietzendanner affair,"[35] which was to provoke an intervention of the government, should be seen against this background. Hans Ulrich Gietzendanner,[36] a Swiss student of theology, was a member of the Pietistic group. He had been appointed by his compatriot Hottinger to teach at the orphan school. The traveling Inspirationists had not failed to contact the Marburg Pietists, and Gietzendanner came under their influence. Suddenly he believed he had received a divine command to deliver a sermon. He made himself heard in a Sunday service and preached forcefully about the great corruption within Christendom. Although he had not gotten the permission to preach from the ministry, the pastors fearing a disturbance would arise during the Service, did not prevent him from doing so. Such a provocation could not, however, be ignored by the authorities. A commis-

---

32 "Collegia prae aliis omnibus habuit frequentissima" (Joh. Tilemanni, dicti Schenck *Vitae Professorum theologiae, qui in illustri academia Marburgensi [...] docuerunt [...]* [Marburg, 1727], 276).

33 The information is drawn from the manuscript sources specified in the notes 32, 33, 41.

34 Hessisches Staatsarchiv Marburg, 5 (Hess. Geheimer Rat) 3351.

35 Hessisches Staatsarchiv Marburg, 4 i 225, *Acta betr. den Waisenhauspraeceptor u. Studiosum Theologiae Giesendanner zu Marburg.*

36 For further information of his life and activities, cf. Paul Wernle, *Der schweizerische Protestantismus im XVIII. Jahrhundert*, vol. 1 (Tübingen, 1923), 185-190. In 1736 Gietzendanner emigrated to Carolina, where he lived among other Swiss colonists.

sion, appointed by the Landgrave of Hesse, examined the incident, and Gietzendanner was expelled from the principality.

The authorities obviously feared a repetition of events which had occurred more than a decade before. At that time Heinrich Horche[37] and other radical Pietists had made a great stir in parts of northern Hesse by their heavily criticizing the church, and Eva von Buttlar and her "gang" (*Rotte*),[38] ill-famed on account of a sexual libertinism which they cloaked with religious ideas, had created public scandal. The princely government had felt obliged to issue a severe ordinance (1702)[39] threatening radical Pietists with penalty and banishment. In this edict, the Landgrave had also forbidden to lodge and give support to such people. The fact that this earlier prohibition seems to have been renewed in 1715,[40] in other words precisely at the time of the Gietzendanner affair, provides strong evidence that the authorities were doing everything possible to prevent another outbreak of radical Pietist disorders. In addition to this action, the government summoned the professors of theology who seemed to have taken too mild an attitude toward the enthusiastic student. They were asked to present in printed form their opinions on Inspirationism.

Hottinger's colleague, Bernhard Duysing, published "A Comprehensive Uncovering of the Principal Erroneous Doctrines Subverting the Foundations of Christian Religion."[41] As implied by the title this work contained a severe and rigorous condemnation of the Inspirationists. Duysing employed every rhetorical weapon of dogmatic scholarship in analyzing the

---

37 Cf. Ensign, op. cit., 208-213; Stoeffler, op. cit., 204-206. The most recent treatment of Horche is that of Norbert Fehringer, *Philadelphia und Babel. Der hessische Pietist Heinrich Horche und das Ideal des wahren Christentums* (Theol. Thesis, Marburg, 1971) (fotoprint). For radical Pietist groups in Hesse, which were strongly influenced by Horche, cf. Rüdiger Mack, "Libertinärer Pietismus. Die Wanderungen der Pfarrerswitwe Wetzel", *Jahrbuch der Hessischen Kirchengeschichtlichen Vereinigung* 29 (1978), 81-107.

38 Cf. Ensign, op. cit., 233-240.

39 The edict is printed in Erdmann Neumeister's *Pietismus a magistratu politico reprobatus et proscriptus, Oder die von weltlicher Obrigkeit [...] verworffene und verwiesene Pietisterey [...]* (a collection of anti-pietist decrees) (Hamburg, 1736), 192-195.

40 This is suggested by Hochmann's complaint in his letter of December 1716.

41 *Summarische Entdeckung derer vornehmsten irrigen auch den Grund Christlicher Religion umstossenden LehrPuncten, welche von denen Frantzösischen so genannten Inspirirten als Urhebern des in Teutschland erregten Inspirations-Wercks zum offentlichen Druck sind befordert worden [...]* (Marburg, 1716).

publications of the French prophets and in detecting their false and heretical opinions.

The book of Hottinger's second colleague, Johann Sigismund Kirchmeier, named as the other addressee in Hochmann's letter, was written in Latin. It is entitled: "A Disquisition on the Unique Principle of Faith, (Namely) the Word of God, and an Other Direct Revelations Besides It, Especially the Enthusiasm of Some So-called Inspirationists of Today."[42] Kirchmeier, too, tried to prove that there is no direct revelation after and besides the Scriptures and that Inspirationism was a kind of perilous enthusiasm.[43]

Hottinger himself found it rather troublesome to give a judgment on this problem, which seemed very difficult and intricate to him.[44] He knew quite well, it is true, what the high authorities expected. So he hesitated and was repeatedly admonished to publish his opinion. When, finally, the first pages of his work reached the government, he was summoned at once for an interrogation and severely examined. The commission of inquiry was displeased by his admission that new revelations might originate directly from God and be received by "inspired instruments." Although Hottinger restricted the validity of these revelations to matters on which the Scriptures were silent or at least not clear, the commission was not satisfied with the arguments and held his case in suspense.

In this state of affairs, Hottinger received (the visit[45] and) the letter of Hochmann who shows himself well informed about what had been going on at Marburg. In this letter Hochmann recommends great caution in judg-

---

42 *De Unico fidei principio, verbo Dei, aliisque extra Dei verbum revelationibus immediatis, atque in specie etiam nonnullorum hodie, quos vocant, Inspiratorum Enthusiasmis Disquisitio* (Marburg, 1716).

43 It is not clear whether the book of Duysing or that of Kirchmeier is to be "the printed criticism [...] by a dear friend," to which Hochmann refers in his second letter; and which according to him roused wrath and anger toward the Inspirationists. But the expression "dear friend" seems rather appropriate to Kirchmeier who besides Hottinger is the other addressee of the letter.

44 The main sources for the "case Hottinger," which I here can only sketch, are the following: Hessisches Staatsarchiv, Marburg 4 i 225, Acta betr. Prof. Hottinger, and Hottinger's autobiographic narration (anonymous): *Historia facti oder Kurtze und wahrhaffte Erzehlung, was sich mit Joh. Heinrich Hottingers [...] Theologischen Bedencken von denen ausserordentlichen Offenbahrungen [...] zugetragen* (n.p., 1717). This booklet was rather open-mindedly reviewed by Friedrich Adolph Lampe, the famous Reformed Pietist (cf. Stoeffler, op. cit., 228-233) in the periodical *Bibliotheca Bremensis,* classis 1, 1719, 152-159.

45 Cf. Hochmann's postscript to his letter.

ing Inspirationism, which he regards as a most delicate matter. He warns against taking offense at the "stumbling blocks" arising from it – maybe he is thinking of the physical phenomena or of false prophecies or even of Gietzendanner's behavior. The main spiritual criteria to him are the awakenings and edification caused by the new prophets. This is quite in conformity with what he wrote in the letter discussed above.

Hochmann holds an "impartial" examination to be necessary. "Impartial" had become a chief catchword in radical Pietism: Gottfried Arnold had entitled his most famous and influential work "An Impartial History of the Church and the Heretics."[46] "Impartial" includes a program: It does not only signify a "detached," "unbiased," and "objective" attitude, but describes a point of view that places itself above the religious parties, and beyond all denominational positions, restrictions, and prejudices. Since censorship by the authorities had allowed only refutations of Inspirationism to appear, such an impartial examination had so far been hindered. In these procedures Hochmann sees the evidence of a continuing "Papist" mentality, or "pseudo-popery" within Protestantism,[47] characterized by the suppression of other opinions.

In the next section of the letter, Hochmann returns to the more fundamental debate. The main theological problem in judging Inspirationism was: whether post-biblical revelation could be admitted or whether the period of revelation ended with the Apostolic age and direct revelations were restricted to the Canon of Scriptures. In discussing this point, Hochmann does not penetrate the depths of theological reflection found in the printed works of the orthodox and Halle controversialists. It seems rather curious that he does not argue in this fundamental question with scriptural quotations as he usually would. He merely contents himself with listing a number of witnesses from each of the three great churches, Roman Catholic, Lutheran, and Reformed, who admit the possibility of post-biblical revelations.[48]

This procedure of incorporating views from three traditions into his argumentation illustrates his "impartiality." The Pauline admonition in 1 Thessalonians 5:21, which is quoted by Hochmann for three times in his

---

46 The most recent bibliography of Arnold and his work is to be found in Martin Schmidt's article "Arnold, Gottfried," in *TRE* 4 (1979), 136-140.

47 The slogan of "Protestant popery" was very familiar to radical Pietists. Hochmann's friend Dippel, for example, wrote a book which he entitled "The Flogged Popery of Protestants" (*Papismus protestantium vapulans, oder: das gestäupte Papstthum [...]* [n. p., 1698]).

48 For the details see my notes on the text of the letter in the Appendix.

letter, gives adequate utterance to this attitude: "Test everything and hold fast what is good!"[49]

Hochmann then turns to another point, which is closely connected with what he says on spiritual coercion in the second section of his letter. Separatists normally refused to attend church services and, above all, the Holy Supper. They wished to avoid mingling with "unconverted" people, whom they considered Christian in name only. They argued that the official churches were places of abomination (cf. Mark 13:14; where the Lords Supper was given to unrepentant sinners). "What business can a believer have with an unbeliever?" (2 Corinthians 6:14-18), was one of their favorite quotations from Scripture.[50] On the other hand, in a society held to be Christian, churchgoing and participation in the Holy Supper were used by the authorities as instruments of social control. Nonconformity in this matter would engender suspicion and provoke coercion.

Hochmann judges repressive procedures as contrary to the Scripture. Faith will always be a matter of personal decision and never compatible with any kind of coercion. Jesus himself granted his disciples the freedom to leave him. Even if the Marburg congregation were completely in conformity with the Primitive Church of the Apostolic Age - which to Hochmann and to Pietism in general was by all means the prototype and ideal of Christianity[51] - nobody should be forced to join it. Any attempt of spiritual coercion would deeply compromise the credibility of the church. Hochmann's explanations include a strong pleading for religious tolerance.[52] In

---

49 This sentence had become one of the favorite scriptural quotations of the radicals from the 16th to the 18th century. They used it in order to justify their handling traditions selectively. In this sense the quotation may be found with authors from the "left wing" of the Reformation such as Karlstadt, Franck and Denck, with Spiritualists like Weigel and Jakob Boehme, and with radical Pietists like Dippel and Hochmann.

50 Gruber, for instance, had it printed as a motto on the title page of his tract on separation which was mentioned above (note 23).

51 The best example is Gottfried Arnold's *Die erste Liebe der Gemeinen Jesu Christi, das ist, wahre Abbildung der ersten Christen nach ihrem lebendigen Glauben und heiligen Leben [...]* (Frankfurt, 1696). For a very helpful discussion cf. Martin Schmidt, "Das Frühchristentum in der evangelisch-lutherischen Überlieferung, vom 18-20. Jahrhundert, insbesondere in Deutschland," *Oec.* 1971/72 (1972), 88-110, esp. 88-98. A first attempt to trace "The Influence of Gottfried Arnold Upon the Church of the Brethren" was done by Donald E. Miller in *BLT* 5 (1960), 39-50, who referred to the aforesaid work of Arnold. Unfortunately, the article is impaired by several historical mistakes.

52 For brief interpretative suggestions on this subject, cf. Renkewitz, op. cit., 367-368, who also discusses the influence of Christian Thomasius, Hochmann's teacher in law at Halle University, in this matter, op. cit., 17.19.

a former tract he had delivered "An Urgent Petition and Warning to the Governing Authorities of Germany Not to Persecute the Children of God Called Pietists."[53] This is most probably the document which Hochmann sends to the Marburg addressees enclosed in his letter, and which as to its contents has that "considerable affinity" to which Hochmann refers.

After those fundamental remarks Hochmann takes up another concrete problem. As mentioned above, the Hessian government had forbidden to extend hospitality to strangers. Hochmann is convinced that scriptural instructions are severely violated by this decree. A Christian will give due obedience to the political authorities in all civic affairs. But if their commands do so manifestly oppose the Scripture, Hochmann sees the duty of every Christian to resist them. The Petrine proviso in Acts 5:29 (which Hochmann quotes with Acts 4:19) is his key text[54] expressing the irrevocable maxim of a Christian position toward the authorities: "One must obey God more than men."

The concrete occasion shows that Hochmann would extend this principle rather far. In other words, he narrowed the range of what truly might be regarded as civil affairs. All kinds of biblical commands, instructions, and advices are to him binding divine law obliging every Christian to permit no infringement of it. Therefore, to render hospitality to strangers or not, is not a matter the government is competent to decide, because there is a clear command in the Scripture. Thus Hochmann's position drew the deadline for conflicts with the authorities much closer than the established churches would do at that time.

It goes without saying (and it is clear from other documents) that according to Hochmann the resistance cannot be but a passive one. A Christian has to confess what is right, to protest against unrightful measures of the authorities, and to suffer, if it should become necessary. The ministers of a congregation have a particular responsibility in a case of conflict. They have "to bear witness before God and men." Hochmann alludes to a famous example from Ancient Christianity: When in 390 the Roman Emperor Theodosius had induced a massacre, Ambrose, the bishop of Milan, un-

53 *Nothwendige Addresse und Warnung an die Regenten Teutschlandes, wegen der harten Verfolgung der sogenannten Pietisten, oder wahren Kinder Gottes, ausgefertiget von einem unpartheyischen Zeugen der Warheit, und unwürdigen Knecht Jesus Christi, Aarone Sincero* (Friedenstadt, n.d); For the pseudonym of Aaron Sincerus cf. Renkewitz, op. cit., 98 and 98 n. 40. The place of printing is pseudonymous, too. The year of publication is not indicated, but a book review of 1712 says that the tract appeared "not long ago" *(Acta Eruditorum,* vol. 5 [Leipzig, 1712], 380). Thus the publishing date is most probably 1711/beginning of 1712.

54 This verse is also quoted in Hochmann's *Nothwendige Addresse*, 5.

swervingly charged him with this sin and finally made him do penance in public.[55] For Hochmann this seems to be a model of how Christians have to resist authorities that overstep the God-given limits.

In the end of his letter, Hochmann urgently warns of sinning "against the members of Christ's body." This is to say: Judge the Inspirationists with caution and in a moderate way - they belong to Christ - and do not support the unrightful procedures of the authorities at Marburg.

Hochmann's judgment of Inspirationism, which is found in this letter, shows a firm continuity with his former attitude. It even seems that the few overtones of a mild criticism have disappeared. But the latter observation must not be overestimated: Before the jury an advocate will not argue against his client, who is sitting in the dock. Or, speaking without metaphor: When Hochmann wrote his first letter, its addressees were like-minded friends of his at Berlin, and thus he might intimate a mild criticism of the Inspirationists in a few points. The present letter, however, was directed to theology professors who were summoned by the government to publish their expert opinions, and whom Hochmann wished to prevent from condemning Inspirationism. Thus, by closer inspection, his "impartiality" is no weighing of the pros and cons, but a clear espousal of the Inspirationists.

Considering the development of the movement by that time, this appears particularly remarkable. For the greater part of the Inspirationists had gradually formed an organized religious party, delimiting themselves more and more from other Separatists. Love feasts were celebrated,[56] to which but a restricted number of participants were invited by the Spirit

---

55 For the details cf. Frederick H. Dudden, *The Life and Times of St. Ambrose,* vol. 2 (Oxford, 1935).

56 Ensign, op. cit., 306 and 306 n. 1, thinks of an immediate influence of the Brethren. He stresses the circumstance that the Brethren were still at Schwarzenau, when the first love feast was held there, and that at least one, but probably others of the Inspirationists, too, had been Brethren before. He also mentions that both groups washed feet. But apart from the fact that the French Prophets in London and the first German Inspirationists in Halle had already celebrated love feasts, the striking coincidence between Brethren and Inspirationists in this point has primarily another reason. Both groups were influenced by Gottfried Arnold's work on the early Christians (cf. note 51) and by his portrayal of the Lord's Supper as a *Liebesmahl* (Arnold, op. cit., esp. 360). Maybe there was an influence of the Brethren upon Inspirationists in practicing foot washing, which Arnold did not mention in connection with the *Liebesmahl,* but in the context of early Christian's hospitality (op. cit., 501-504). The ThM thesis done at Grace Theological Seminary 1952 by Homer Austin Kent, Jr., *A Historical Investigation of the Agape (Love Feast),* was, unfortunately, not available to me.

through the prophets' mouths. Community membership was bound to certain preliminary conditions: Every applicant had to confess without reservation the divine character and authority of the prophets' inspirations. He also had to consent to "Twenty-four Rules for True Godliness" in settling Christian conduct and to submit himself to a strict discipline which was exerted by the prophets and by elders and overseers who had been appointed by the Spirit. Eberhard Ludwig Gruber, who since 1715 lived at Schwarzenau, was considered competent to exercise supreme supervising authority.[57]

Some of the Inspirationists went their own ways. They disapproved all organized forms and all kinds of regulations, which they considered "sectarian." This is to say they maintained precisely the standpoint which Gruber himself had defended but a few years before. As prophets were opposed to prophets, the movement split into two factions which excluded each other: A schism was born. Eberhard Ludwig Gruber and his followers denounced the independent Inspirationists as "false" ones, and declared themselves to be "The True Community of Inspiration."[58] In several places, even in Schwarzenau, two rival groups and two separate meetings existed for some years side by side.

Hochmann had those developments, which came to a climax in the second half of 1716, clearly in view. One imagines him watching them with great apprehension. All the more the position in his letter, written in the end of this very year, carries special weight. Neither did the rise of a "sectarian" mentality nor the constitution of "sectarian" institutions and charges lead him to reject Inspirationism. Even personal attacks uttered by a prophetess in his own hut against him and his like-minded friends,[59] did not shake his benevolent "impartiality" toward the Inspirationists.

---

57 Johann Christian Edelmann, the mocker and freethinker, formerly a Separatist at Berleburg, speaks of Gruber as "the Inspirationists' pope" (*Selbstbiographie,* ed. by Carl Rudolf Wilhelm Klose [Berlin, 1849; Reprint: Stuttgart-Bad Cannstatt, 1970], 258.

58 In his essays on Inspirationism (cf. note 14), Goebel lacks in giving justice to the independent Inspirationists. He manifestly sides with Gruber and his "Community of True Inspiration" and reproduces their views without critical examination.

59 Ursula Meyer, May 22, 1716 - this happened but half a year before Hochmann wrote his present letter. The utterance is found in her collected inspirations, which were printed but 75 years later: *Ein himmlischer Abendschein noch am Feierabend in und mit der Welt ans Tageslicht gestellet [...]* (n.p., 1781), 163-166. It seems very characteristic that in the introductory notice Hochmann is not called a "brother" (as *he* would do when speaking of an Inspirationist), but mentioned as "Herr" Hochmann.

Hochmann's letter did, to all appearance, encourage Hottinger in the attitude of resistance, which he had taken. Not heeding the possible consequences, he answered candidly all the questions which the commission of inquiry put before him, when he was interrogated for a second time. Indeed, the proceedings were not very fair, because most of the commission members were personal adversaries of Hottinger. By his mild espousal of Inspirationism he had exposed himself to their attacks, and the chances of defending himself were very slim. In February 1717 he was removed from his professorship. As the main reasons for his removal there were listed "shame of the university, greatest danger for the church, false doctrine, easily arising revolution."[60]

We do not know what Hochmann's reactions were to these occurrences. We also know but little about his position toward the Inspirationists in the following years. He most likely kept his open-minded, but impartial attitude. The last letter known by him[61] is addressed "to all God-fearing souls, be they among the Lutherans, Reformed, Gichtelians, Anabaptists, Inspirationists of both sects [i.e., members of the Community of True Inspiration, and independent Inspirationists], or Separatists" and "to all pious people being among those or other parties."

It seems much like a spiritual testament when Hochmann here repeats his *ceterum censeo:* All the differing opinions of the various religious parties are not bringing forth anything but quarrel and discord. This is contrary to the Spirit of love and will incur the divine judgment. Nevertheless, Hochmann feels quite sure: "My God, who is no respecter of person (Acts 10:34s.), does love all God-fearing and right-doing people from the above mentioned parties because of His son, Jesus Christ, and an account of His most precious reconciling sacrifice. Thus I myself cannot but love all of you in the hearty love of Jesus."

---

60 Hottinger moved to the Palatinate, where he became a pastor of the Reformed congregation at Frankenthal, and in 1723 professor at Heidelberg. Because of his bad experiences he was not willing to follow a new vocation to Marburg which reached him in the same year. He died in 1751, 30 years after Hochmann.

61 "Friedensburg", February 28, 1719. It was printed together with an earlier letter in this very year (*Zwei erbauliche Sendschreiben [...],* cf. Renkewitz, op. cit., 419). No copy of this print, one of which was formerly preserved in the Fürstlich-Stolbergsche Bibliothek at Wernigerode, is actually known. The letter was republished with seven others by Friedrich Augé, "Acht Briefe Ernst Christoph Hochmanns von Hochenau," *MRKG* 19 (1925), 133-154, the letter in question: 148-150.

Ernst Christoph Hochmann von Hochenau
an die Marburger Professoren Kirchmayer und Hottinger
"Friedensburg" 1716 Dez 12.

Hessisches Staatsarchiv Marburg/Lahn, Bestand 4 i Nr. 225.

Plurimum Reverendi Domini!
et in Salvatore nostro Jesu Christo dilectissimi Amici,
Salutem a Fonte Salutis![1]

Nachdem es die Fürsehung Gottes nicht gefüget, daß ich Meine in Gott Vielgeliebte Herren und Freunde, ohngeachtet ich mich respective zwey- und einmahl bey denenselben anmelden laßen, zu Marburg mündlich habe zu sprechen bekommen können; so werde ich doch in meinem Gemüthe angedrungen, dieselben beyderseits mit gegenwärtigen, zwar einfältig[en], doch aus auffrichtigen Hertzen hervorgefloßenen Zeilen, aus meiner Hermitage, Friedensburg,[2] in Liebe zu besuchen, und dasjenige denenselben schrifftlich offenhertzig zu communiciren, was ich etwa ohngefähr mündlich mit denenselben in hertzlicher Liebe en faveur des Reichs Jesu Christi würde gesprochen haben. Und wann ich Meine in Gott Vielgeliebte Herren und Freunde gleich anfängl[ich] vor Gott versichere, daß der tenor literarum mearum keine andere Absicht habe, als die Ehre unseres Königs Jesu Christi, und die damit verknüpffte Beförderung seines Reichs, wie auch die hertzl[iche] Liebe, so ich in mir zu dero unsterbl[ichen] Seelen trage; So werden Sie mir meine in diesem Schreiben gebrauchende Christl[iche] Freyheit, als wozu ich von Jesu selbst mit seinem Blut erkauffet und beruffen bin,[3] nicht übel deuten, sondern – dieselbe vielmehr in Gedult tragen, gütigst auffnehmen, und nach der Vermahnung Pauli, 1.Thess: 5,21, alles prüfen, und das Gute behalten.

Nemlich, weil heutiges tages viele außerordentl[ich]e Dinge in der Kirche Christi sich hervorthun, die nicht jedermann sogleich faßen und begreiffen kan, worunter auch die Inspirations-Sache mitzuzälen ist; Als habe dieselben hertzl[ich] in der Liebe erinnern wollen, in Beurtheilung dieser Sache behutsam zu seyn, und um derer in causa Inspirationis vorfallenden Steine des anstoßes[4] das offenbahr Gute, so mit der H[eiligen]

1 A pun: the Latin "salus" means both, "greetings" (*salutem dicere*) and "salvation."

2 i.e., Schwarzenau, see above my introductory essay.

3 Cf. Galatians 5:7, 13; Revelations 5:9.

4 A metaphoric phrase from Isaiah 8:14.

Schrifft conform, und dem Glauben ähnlich ist, und welches doch bey vielen Seelen eine große Erbauung und Erweckung gewürckt hat, ja nicht zu verwerffen; sondern, wenn man ja von der Sachen Göttlichkeit keine rechte Uberzeugung hat, sein Judicium lieber zu suspendiren, als diese Sache nach der Vernunfft, die doch Göttl[iche] dinge ohnmöglich zu // penetriren capabel ist, (nach 1. Cor. 2,14: Der natürliche Mensch vernimmt nichts vom Geiste Gottes, es ist ihm eine Thorheit, und kan es nicht erkennen, denn es muß geistlich gerichtet seyn) zu censuriren oder zu critisiren. Es mag a propos hieher gehören, was die H[erren] Juristen zu sagen pflegen: in dubiis benigniorem interpretationem sequi, tutissimum est![5] Ich habe auch sicher erfahren, daß eines gewissen lieben Freundes zu Marburg in Druck herausgegebene allzu rigoureuse Censur[6] dieser Inspirations-Sache bey vielen Gemüthern mehr Zorn und Grimm erga Personas, uti vocantur, inspiratas (die doch meistentheils lauter Gott- und Jesum- auffrichtig liebende Leute sind) erwecket, als aber Liebe, die Wir doch hauptsächlich in die Hertzen der Menschenkinder per Dicta et Scripta zu disseminiren von dem Gott der Liebe befehliget sind. Ich muß gestehen, daß ich mich, als ein Protestirender Christ, <u>deme</u> Libertas Ecclesiarum Protestantium in allen Stücken wohl bekant ist, daran sehr geärgert, daß in Hassia diejenigen Scripta, so in Odium Inspiratorum sind geschrieben worden, bißhero zum öffentlichen Druck befördert, die andern aber, so die Inspirations-Sache etwas delicat (wie es denn in Wahrheit eine der aller-delicatesten materien ist) und moderat tractiren, nicht *einmahl* zum Druck befördert werden sollen, welches gewißlich mit denen Päbstischen Staats-Maximen, da Sie per Suppressionem librorum prohibitorum & haereticorum, uti vocantur,[7] nur Hierarchiam suam, fest zu stabiliren beflißen sind, sehr conform ist. Es ist ja in Ecclesiis Protestantium diese Freyheit jederzeit souteniret worden, daß ein Protestirender Christ Freyheit habe, alle Bücher der Adversariorum zu lesen, und wird das auf unserer Seite, als ein Indicium malae causae gegen die Papisten angegeben, weil sie alle Bücher, so nicht in ihren Krahm dienen, entweder gar nicht drucken laßen, oder die gedruckten zu supprimiren, oder deren Lesung zu verbieten suchen.

Wann nun Ecclesia Hassiaca eben dieses thut, was man im Pabstthum thut, wer soll denn können verdacht werden, wenn er rebus sic stantibus

---

5 A juridical maxim.

6 Cf. above note 43 of my essay.

7 Roman Catholics have been forbidden to read books and other publications which discuss questions of faith and morals not according to the Roman doctrine or which even attack it. The general prohibition finds its specification in the *Index librorum prohibitorum* (index of prohibited books).

gäntzlich persuadirt ist, daß eben der Spiritus Papalis noch in derselben in suo gradu herrsche, der zu Rom auch das Ruder führet. Wenn man unpartheyisch verfahren wolte, so müßte man die andere Scripta, die unpartheyisch und moderat aufgesetzet sind, eben so wohl drucken laßen, // und denen Membris Ecclesiae Hassiae zur unpartheyischen Prüfung überlaßen, nach der Vermahnung Pauli, 2. Thess: 5,21,[8] prüfet aber alles, und das Gute behaltet. Nam Ecclesia Protestantium nullum admittit papalem Dominatum. In dieser Sache kan ich nicht genugsam anrecommendiren consilium illud prudentissimum Gamalielis, Act: 5, 38.39: Und nun sage ich Euch: laßet ab von diesen Menschen, und laßet sie fahren (neml[ich] Sie zu verfolgen); ist der Rath oder das Werck (auch der Inspiration) aus den Menschen, so wird es untergehen; ists aber aus Gott, so könnet ihrs nicht dämpffen, auf daß ihr nicht erfunden werdet, als die wieder Gott streiten wollen.

Es ist Meinen in Gott Vielgel[iebten] Herren und Freunden bekannt, daß in allen dreyen so genandten Christl[iche]n Praedominanten Partheyen[9] man davor hält, daß noch unmittelbahre Offenbahrungen seyn können. Von der Römisch[en] Parthey ist Gerson[10] und Cardinal Bona[11], der den Gerson in seiner Probatione Spiritum öffters allegiret, bekant, daß Sie unmittelbahre Offenbahrungen statuiren. Es sind auch etlich deutl[ich]e Weissagungen, e.g. des Hiltenii (deßen in Apologia Aug[ustanae] Confess[ionis] gedacht wird)[12] und anderer a Nostratibus, tempore Reformatio-

---

8 Read I Thessalonians.

9 I.e., the confessions (churches) acknowledged and tolerated in the Empire according to the Peace of Westphalia (1648) after the Thirty Years War: Roman Catholic, Lutheran, Reformed.

10 Johannes Gerson († 1429), a French theologian. Cf. James L. Connolly, *John Gerson. Reformer and Mystic* (Louvain, 1928); recently a critical edition of his works has been published by Pierre Glorieux, *Jean Gerson. Œuvres completes,* 11 vol. (Paris, 1960-1973). Hochmann, likely thinks of Gerson's tract *De distinctione verarum revelationum a falsis,* op. cit., vol. 3, 36-56 (for elder editions cf. p. x).

11 Johannes Bona († 1674), a Cistercian monk, later a cardinal. The Latin title of the work to which Hochmann refers is not *De probatione spiritum,* but *De discretione spiritum.* Hochmann possibly knew the German edition which had appeared just a few years before: *Unterscheidung der Geister* (Cologne, 1713). These references to Gerson and Bona illustrate quite well Hochmann's familiarity with Roman Catholic mystical literature; a fact which is representative of radical Pietist reading.

12 Johannes Hilten († 1500), a Franciscan monk, had announced the destruction of monachism by a man to arise in 1516. This prediction was quoted in 1531 in art. xxvii of the Apology of the Augsburg Confession (cf. *Die Bekenntnisschriften der evangelisch-lutherischen Kirche,* 5th ed. [Göttingen, 1963], 377-378). Melanchthon

nis, angeführet worden, darinnen dem Papstthum dargethan, wie selbst die Membra ihrer Kirche den Untergang der Röm[ischen] Hierarchie prognosticiret. Von der Luther[ischen] Parthey ist sehr berühmt Fabricius[13], General-Superintendens des Orientalischen Pommern, der hat einen herrlich[en] Tractat von der Probatione Visionum & Revelationum geschrieben, da die Sache sehr wohl ausgeführet ist. H[err] Witzius[14] unter den Reformirten, und H[err] Coccejus[15] selbst haben nicht alle immediate Offenbahrungen verworffen. H[err] Comenius[16] hat des Drabitii, der Poniatoviae und Cotteri Revelationes in einem schönen lateinisch[en] Buche der

---

knew this prediction from Hilten's commentary on the Book of Daniel. Cf. Hans Volz, "Beiträge zu Melanchthons und Calvins Auslegung des Propheten Daniel," *ZKG* 67 (1955-56), 93ss., esp. 111-115.

13 Jacobus Fabricius († 1654), formerly the army chaplain and confessor of King Gustav Adolph of Sweden. Cf. Christian Gottlieb Jöcher, *Allgemeines Gelehrten Lexicon* (Leipzig, 1750), 484. The book to which Hochmann refers *(De probatione visionum* [Nürnberg, 1642]), is not available in German libraries. Because of this book Fabricius was drawn into a literary controversy and had to defend his position *(Invicta Visionum Probatio, Das ist: Wollbefästigte Widerlegung [...]* [Stettin, 1646]). The dispute later attracted the attention of radical Pietists, who were interested in this subject. Johann Wilhelm Petersen, for instance, another advocate of post-biblical revelations (cf. Ritschl, op. cit., 234-239; Ensign, op. cit., 119; an English translation of his *Sendschreiben* on this subject, was not available to me: *Pastoral Letters Concerning Inspiration* [London, 1707]), had the books of Fabricius and those written against him in his private library *(Bibliotheca Peterseniana* [Berlin, 1731], 67).

14 Hermann Witsius († 1708), a theologian in the Netherlands. Cf. Jan van Genderen, *Herman Witsius* (s-Gravenhage, 1953). Hochmann presumably refers to Witsius' discussing "the continuation of prophecy after the Apostles' death" in his *Miscellaneorum sacrorum libri quattuor,* 3rd ed. (Herborn, 1712), vol. 1, 363-392.

15 Johannes Coccejus (Koch) († 1669), Professor of theology at Bremen, Franeker and Leiden. Cf. Charles S. MacCoy, *The Covenant Theology of Johannes Cocceius,* Thesis, Yale University, 1957, and F. Ernest Stoeffler, *The Rise of Evangelical Pietism* (Leiden, 1965); the most recent German publication is: Heiner Faulenbach, *Weg und Ziel der Erkenntnis Christi. Eine Untersuchung zur Theologie des Johannes Coccejus* (Neukirchen, 1973). Hochmann likely thinks of such passages as Coccejus' commentary on Jeremiah 31:34 *(Opera,* vol. 3 [Frankfurt, 1702], 81).

16 Jan Amos Comenius († 1670), bishop of the Unitas fratrum (Old Moravian Brethren), lived since 1656 at Amsterdam. The work to which Hochmann refers is: *Lux e tenebris,* 1657. It was continued in 1659: *Historia revelationum Christopheri Kotteri, Christianae Poniatoviae, Nicolai Drabicii,* and in 1665 a second edition of *Lux in tenebris* appeared (all without place of publication and without the editor's name). These works are collections of prophecies which the aforesaid three persons (from Moravia and Silesia) pronounced. The prophecies, which to some extent had political implications, became very famous and were, e.g., discussed in Bayle's *Dictionnaire critique* as well as in Arnold's *Unparteiische Kirchen- und Ketzerhistorie.* For the historical background cf. Paul Kleinert, "Nikolaus Drabik," *ThStKr* 71 (1898), part iv.

Nachwelt communiciret, welches gewißl[ich] keine unverständig[en] Leute gewesen. Es ist sehr gut, heutigs Tages dergleich[en] Scripta zu perlustriren, und das Gute daraus zu behalten.[17] Ubrigens komt es mir auch zu Marburg sehr unEvangelisch und fremd vor, daß man etliche Einwohner daselbst zur Kirche und Abendmahl gleichsam zwingen will // Finden wohl Meine in Gott Vielgeliebte Herren und Freunde, daß dieses mit Christi Lehr und der Apostolischen praxi übereinstimmig ist? Positô, sed non concessô: Es wäre die Reformirte Gemeinde zu Marburg und in gantz Heßen-Land in einem solch[en] herrlichen Zustande, daß von Ihr mit Wahrheit könne gesagt werden, was dort der Heil[ige] Geist von der Gemeine zu Jerusalem sagt: Die Menge aber der Gläubigen war ein Hertz und eine Seele, Act: 4,32, so würden die Vorsteher solcher Gemeinde, die mit dem unpartheyischen Geiste J[esu] C[hristi] begabet wären, unmögl[ich] dazu rathen können, daß man zu solcher herrlicher Gemeine jemand mit Bedrohung der Landes-Räumung zwingen solte, sondern Sie würden sagen: Wir müßen warten, biß der Herr selbst zu unserer Gemeine, worinnen Jesus als Souverain regiret, hinzuthun wird, die da seelig werden, Act: 2:47. Ja, Sie würden müssen sagen: Wißet ihr nicht? daß unser gesegnetes Oberhaupt der Gemeine selber seinen Jüngern die Freyheit gelaßen hat, daß Sie wieder durffen von Ihm gehen, wie geschrieben stehet Joh: 6,67: Da sprach Jesus zu den Zwölffen: Wolt ihr auch weg gehen? Wißet ihr nicht, würden Sie ferner sagen, daß das Volck des Neuen Bundes kein gezwungenes, sondern ein freywilliges Volck seyn muß? Ps: 110,3. Ja, sie würden müssen sagen: Wir prostituiren ja selbst unsere Gemeine, wenn Wir die Leute durch Obrigkeitliche Gewalt darzu zwingen wollen. Ist unsere Gemeinde wahrhafftig aus Gott, so dürffen Wir zu Annehmung ihrer herrlichen Regalien und Vorrechten Niemand forciren, sonst dürffen Wir nicht unbillig in die Suspicion kommen, unsere Sache wäre so gut nicht, als Wir sie angeben; nam vino vendibili non opus est suspensâ haederâ.[18] Man hat an denen Papisten den Gewißens-Zwang, da sie die Reformirten in Franckreich[19] und vor diesen in Teutschland[20] zu ihrem Gottes-Dienst gezwungen, auf seiten der Protestanten sehr improbiret; Warum will man aber anjetzo die

---

17 1 Thessalonians 5:21; on this quotation cf. above my essay and note 49.

18 The meaning is: High quality merchandise attracts its own customers without excessive advertising.

19 The persecution of the Huguenots in France after 1685 was still a subject of intensive discussion in the Protestant parts of Germany. Several princes, among others the Landgrave of Hesse-Kassel, had received French emigrants in their territories. For the origin of Inspirationism in France after 1685, cf. my introductory essay.

20 I.e., in the times of the Counter-Reformation.

Heßische und Marburgische Kinder Gottes wieder ihr Gewißen zur Kirch und Abendmahl zwingen? Kommt das nicht eben so wohl Papistisch, ja Anti-Christlich heraus? Es ist mir auch recht ärgerlich vorkommen, daß ich in Marburg gehöret, daß verschiedenen frommen Seelen daselbst soll verboth[en] seyn, keine fremde Kinder Gottes, man mag sie nun inspirirt oder anders nennen, nicht mehr zu herbergen, da doch Jehovah schon im Alten Testament, Deut: 10,18: ausdrücklich bezeuget, daß Er die Frembdlinge // lieb habe, und daß Er ihnen Speiße und Kleider gebe, und auch seinem Volck befiehlet, eben dergleichen zu thun; wie die ausdrückliche Befehls-Worte daselbst, v. 19: darum solt ihr auch die Frembdlinge lieben, denn ihr seyd auch Frembdlinge gewesen in Egypten-Land etc. enthalten sind; Und Christus, unser einiger Gesetz-Geber, spricht ja selbst: Math: 10,40: Wer Euch auffnimmt, der nimmt Mich auf, und wer Mich aufnimmt, der nimmt den auf, der Mich gesandt hat; und seine Heil[ige] Apostel: Paulus und Petrus sagen ausdrücklich: Rom: 12,13: Herberget gern. 1. Petr: 4,9: Seyd gastfrey untereineinander, ohne Murmeln. Hebr: 13,2: Gastfrey zu seyn vergeßet nicht denn durch daßelbige haben etliche, ohne ihr Wißen, Engel beherberget; und Jesus, das glorwürdigste Oberhaupt der Christlichen Gemeinde, worzu man sich doch in Marburg äußerlich bekennet, wird ja an jenem großen Tage des Gerichts ausdrücklich sagen: Ich bin ein Gast gewesen, und ihr habt Mich beherberget; und eben dieser zu künfftige Richter der Lebendigen und der Todten wird ferner sagen: Warlich ich sage euch: Was ihr gethan habt einem unter diesen meinen geringsten Brüdern, das habt ihr Mir gethan, Math: 25, 35,40. Quo jure kan denn dasjenige verbothen werden, was Jesus selbst und sein Wort so theuer anbefohlen hat? Ja! spricht man: Wir haben einen Befehl von der Hohen Obrigkeit. Es ist aber hierbey die Frage, ob dieser Befehl nicht dem Herrn Jesu, der auch über die Hohe Landes-Obrigkeit zu gebiethen hat, zuwieder sey, und ob man Ihme in diesem passu (denn in civilibus stehet man allerdings nach der reinen Lehre der Protestantischen Kirche, der Obrigkeit allen unterthänigen Gehorsam und Submission zu) nicht mehr, als der Obrigkeit gehorchen müße, Act: 4,19? Dann in Gewißens-Sachen muß man ja Gott mehr gehorchen, denn den Menschen, Act: 5, v. 29. Ich muß offenhertzig hierinnen sprechen: Wenn ich zu Marburg ein Prediger in der Gemeinde wäre, so würde ich nicht nur allein keinen solchen Befehl, andern zu insinuiren, annehmen; sondern ich würde sowohl in der offentl[ichen] Gemeinde, als auch bey der Hohen Landes-Obrigkeit selbst mit freyem Gewißen dagegen protestiren, und vor Gott und Menschen, ad perpetuam rei memoriam, bezeugen, daß solche Befehle, weder von wahren Christlichen Obrigkelten könten gegeben, noch viel weniger aber von Christl[ichen] Gemeinden, ohne Verletzung der Ehre Jesu Christi, angenommen werden. Ich vor meine Person wolte lieber gar kein Prediger mehr bey einer solchen Gemeinde seyn, wo man leiden könte, daß dasjenige verbothen würde, was doch Christus // so theuer gebothen hat. Ein Prediger des Neuen Bundes muß ja zum Fundament aller seiner Predigten legen den lebendigen Glauben an Jesum, und die daraus herfließende Christl[iche] thätliche Liebe, wie Johannes spricht: Das ist sein Geboth, daß Wir glauben an den Nahmen seines Sohnes Jesu Christi, und lieben, uns unter einander, wie Er Uns ein Geboth gegeben hat, 1. Joh: 3,23. und diesem Geboth der Liebe ist das Geboth von der Herbergsamkeit auch unabscheidlich mit einverleibet, welchem Gebot sich nicht allein die Ersten Christlichen Gemeinen aus Liebe zu Jesu willigst unterworffen, sondern auch ihre Bischöffe und Lehrer haben sehr auf die Ausübung dieses Gebots gedrungen, und sind ihren Gemeinen selbst mit der Gast-Freyheit, nach 1. Tim. 3,2, als Vorbilder der Heerde vorgegangen, und ist gewißl[ich] ferne von Ihnen gewesen, daß sie andern im Nahmen der damahligen Obrigkeiten, die Frembden zu herbergen solten verbothen haben.

Gewißlich wären alle die H[erren] Professores und Pastores, die zu Marburg am Wort arbeiten, in Conscientiâ verpflichtet, gegen dergleichen unChristliche Befehle sich unanimiter zu opponiren, und bey der Obrigkeit in dem Nahmen Jesu Christi, Gloriosissimi Ecclesiae Capitis, dagegen zu protestiren. Allein, weil man leider! Menschen mehr fürchtet, als Gott, so kan man leiden, daß die Obrigkeit einen Eingriff nach dem andern in die Regalien der Gemeine Christi thue, und endlich aus Christen, die Jesus mit seinem Blute zur Ewigen Freyheit erkaufft hat, lauter Sclaven der MenschenSatzungen mache. O tempora! o mores![21] Gott erwecke doch wieder heldenmüthige Ambrosios, die sich auch gar Theodosiis, wann sie nicht recht thun, in der Krafft Christi wiedersetzen mögen. O daß man doch auf Menschen, die doch nichts, als Staub und Asche sind, mehr siehe, als auf den lebendigen Gott, der Uns das Wesen gegeben, und in Christo Jesus seinem Sohn versöhnt hat! O wie wenig wird heutiges Tages auch von denen Vorstehern der Gemeinen, die doch andern dieses einschärffen solten, beobachtet, was Jesus spricht: Fürchtet euch nicht für denen, die den Leib tödten und die Seele nicht mögen tödten; fürchtet euch aber vielmehr für dem, der Leib und Seel verderben mag in die Hölle, Math: 10,28! O wie gut ist es bey diesen Zeiten, ubi Judicia divina ubique terrarum circumstrepunt, mit Verleugnung aller Menschl[iche]n Gunsten und Gnaden, ja alles zeitlichen Interesse sich totaliter et sans reserve vor die Glorie des aufgehenden Triumphirenden Reichs Christi zu declariren, und alles dabey, nach dem // Exempel der Ersten Christen zu wagen, wie sehr würde

---

21 A quotation from the famous speech of Cicero, the Roman philosopher and politician, *In Catilinam*.

man in dem inwendigen Grunde der Seelen gestärcket, und gegen das Affter-Pabstthum in der Protestantischen Kirche zu streitten von dem Herrn Zebaoth ausgerüstet werden. Aber weil man in denen ersten Creutzproben, die Gott zur Prüfung über seine wahre Diener verhänget nicht getreu ist, so kan man auch zu keiner weitern Krafft durch brechen. Und was würde es endlich dem armen Menschen helffen, so er die gantze Welt (Worzu auch die Gunst und Gnade der Fürsten und Großen dieser Welt gehöret) gewönne, und müste doch Schaden an seiner Seele nehmen? Oder was wird der Mensch in ultimo mortis articulo geben können, damit er seine Seele wieder erlöse? Math: 16,26. sind gewißl[ich] theure Worte unsers Jesus, dadurch Er uns zum Creutz und Verleugnung der Welt aufmuntern will.

Ich bitte Meine in Gott Vielgeliebte Herren und Freunde, dieses alles, so ich in hisce literis in favorem Regni Christi, & pro salute animarum vestrarum, aus aufrichtigen Hertzen geschrieben, wohl zu ponderirern, und sich ja bey diesen Zeiten höchsten Fleißes zu hüten, damit Sie sich bey dem auffgehenden Reich Jesu Christi an denen vor der Welt zwar unbekannten, doch bey Gott und Jesu wohlbekanten, und als ein Aug-Apffel[22] gehaltenen Gliedern Christi nicht zu versündigen, sondern sich vielmehr Jesu Christo, Ihrem Ewigen Könige, darzu von Hertzen auffopffern mögen, daß Er Sie bey diesen zwar sehr verwirrten, aber auch wegen des gewißlich heran nahenden glorieusen Reichs Christi (der anjetzo als die Ewige Sonne der Gerechtigkeit in so vieler Menschen Hertzen unter allen Religionen und Nationen auffzugehen beginnet)[23] höchst favorablen Zeiten, als gesegnete Instrumenta zu Beförderung seines Reichs Allergnädigst möge employren können aufdaß Sie, wann Sie nach ihrer besten Gewißens-Uberzeugung hier dem Herrn Jesu, nach dem von Gott selbst dargereichten Vermögen, werden getreu gewesen seyn, dereinst von Jesu Christo selbst in seiner Majestätischen Allerhöchsten Person den höchst-erfreulichen Zuruff anhören mögen: Ey! Ihr fromme und getreue Knechte, ihr seyd über wenigem getreu gewest, Ich will Euch über viel setzen, gehet ein zu Eures Herrn Freude! Math: 25,21.

Ich befehle hiermit Meine in Gott Vielgeliebte Herren und Freunde der Liebe Gottes und Unsers Königs Jesu hertzlich an, mit diesen innigsten und eyfrigsten Wunsche, daß Sie der Herr Jesus bey diesen Zeiten, da das Göttliche Licht mit Gewalt gleichsam hervor bricht, durch seinen unfehlbahren Geist der Wahrheit in alle Wahrheit, und zugleich in eine gesegne-

22 Cf. Deuteronomy 32:10, Psalm 17:8.

23 Cf. Malachi 3:20.

te Ausübung derselben einleiten möge; Und ich verbleibe in auffrichtiger Liebe vor Gott,

Plurimum Reverendi Domini,
et in Salvatore Mundi Amici
dilectissimi

Hermitage
Friedensburg
den 12 Decembr.
1716

Vester ad aram Christi
usque fidissimus[24]
Ernestus Christopherus
Hochmann de Hochenau

[Zusatz auf der linken unteren Hälfte der Seite, neben der Unterschrift:] Ob ich schon Gelegenheit gehabt, mit H[errn] Prof. Kirchmayer und H[errn] Prof. Hottinger mündlich zu sprechen, so wäre mir doch lieb, wann gegenwärtiges Schreiben auch Ihnen, nebst meiner hertzl[iche]n Begrüßung, mögte communicirt werden, auf daß Sie von dieser Sache desto mehr mögen vergewißert werden, nach dem Zeugnis Pauli, Philip: 3,1:[25] Daß ich Euch immer einerley.schreibe, verdriest mich nicht, und macht Euch desto gewißer. Valete in Domino!

Communicire hiermit aus Liebe beykommendes Scriptum, weil es mit diesem Brieff eine zieml[ich]e affinität hat.[26]

---

24 It becomes evident from a contemporary source that the meaning of this phrase is a restrictive one. In a letter, printed in *Unterschiedliche und Erfahrungs-volle Zeugnisse* (cf. above note 25 of my essay), 140, the author points out that a Christian's duties toward the neighbor men are subordinate to his duties toward God, and continues: "This is the aiming point of Peter's saying: 'One must obey God more than men' (Acts 5:29), and also of the well-known proverb: 'a friend up to the altar' (*Amicus usque ad aram*)."

25 Read Philippians 3:1.

26 Cf. above introductory essay, note 53.

TRANSLATION BY HEDDA DURNBAUGH

Hochmann von Hochenau to the professors of theology, Kirchmeier and Hottinger, at Marburg. Schwarzenau, December 12, 1716.

Most revered sirs and dearest friends in our Lord Jesus Christ, cordial greetings from the fount of our salvation!

The providence of God did not permit my speaking personally with you, dearly beloved sirs and friends at Marburg, despite the fact that I called [on each of you] once and twice, respectively. I feel compelled in my heart to visit you both in love by means of this simple letter which nevertheless flows from a sincere heart and which is being written in my hermitage *Friedensburg*, communicating in writing that which I would have discussed with you in heartfelt love concerning the kingdom of Jesus Christ. I assure you, my in God dearly beloved sirs and friends, at the very beginning and before God, that the tenor of my letter has no other intent than the honor of our king Jesus Christ and the furtherance of his kingdom connected therewith, as well as the sincere love which I feel toward your immortal souls. Therefore you will not take amiss the Christian liberty which I am taking in this letter and to which I have been bought and called by Jesus' own blood, but [that you] will bear with it patiently, accept it graciously and, according to Paul's admonition (1 Thessalonians 5:21), test everything and hold fast what is good.

Nowadays many extraordinary things are happening in the church of Christ which cannot immediately be grasped and comprehended by everyone, among which must be reckoned the matter of the Inspirationists. I sincerely urge you in love to judge this matter cautiously lest the stumbling blocks4 occurring in this matter of the Inspirationists cause you to reject that which is good, in accordance with the Holy Scriptures, and not unlike the faith, and which, after all, has wrought great edification and awakening among many souls. It would be better, since one has not really been convinced of the divine origin of this matter, to suspend one's judgment instead of censoring or criticizing it according to reason. After all, reason is incapable of penetrating into divine matters. (According to 1 Corinthians 2:14: "The unspiritual man does not receive the gifts of the Spirit of God, for they are folly to him, and he is not able to understand them because they are spiritually discerned.") At this point the jurists' saying may well apply; in case of doubt it is safest to follow the more benevolent interpretation.

I have furthermore learned for a certainty that the printed criticism of this matter of the Inspirationists by a certain dear friend, which was published at Marburg and which was far too rigorous a criticism, roused among many people more wrath and anger than love toward the so-called Inspired (who, as a matter of fact, are for the most part people who sincerely love God and Jesus). Yet it is love which we, after all, are, commanded by, the God of love to spread above everything else in the hearts of the people through the spoken and the written word. I must admit, that I, as a Protestant Christian, who is well acquainted with the liberty of the Protestant churches in all points, have taken great exception to the fact that in Hesse writings against the Inspirationists have up until now been put into print, whereas those dealing with the matter of the Inspirationists in a delicately moderate manner (as, in truth, it is indeed one of the most delicate matters ever) are not to be published even *once*. This is very similar to the political principles of the papacy which, through the suppression of prohibited and so-called heretical books only seeks to establish the church's hierarchy more firmly.

In the Protestant churches this freedom has always been upheld that a Protestant Christian has the liberty to read all the books of his adversaries. On our side, it is considered evidence of evil intent that the Papists either prohibit the printing of writings that do not suit them or suppress those that are in print or prohibit their being read.

If then the church of Hesse imitates the Popish church in this, nobody can be blamed for being fully persuaded by this situation that the same papal spirit, which is also at the helm at Rome, still reigns here in the church in Hesse. If one were to proceed in an impartial manner, one would have to permit the other manuscripts, that are written in an impartial and moderate vein, to be printed as well and to be turned over to the members of the church of Hesse for their impartial judgment according to Paul's admonition in 2 Thessalonians 5:21: "test everything and hold fast what is good." For the Protestant church will be ruled by no pope. In this matter I cannot recommend too highly the most prudent advice of Gamaliel, as stated in Acts 5:38-39: "I tell you, keep away from these men and let them alone (that is, do not persecute them); for if this plan or this undertaking (even of inspiration) is of men, it will fail; but if it is of God, you will not be able to overthrow it. (Otherwise) you might be found opposing God!"

You, my in God dearly beloved sirs and friends, are well aware of the fact that all three of the so-called Christian predominant parties hold it to be true that direct revelations are still possible. In the Roman party, Gerson and Cardinal Bona, who repeatedly quoted Gerson in his *On Discerning the Spirits*, are well known for their claims of direct revelations. Furthermore, several distinct prophecies were listed by authors of our party at the time of the Reformation such as, for example, Hiltenius (who is mentioned in the *Apologia Augustanae confessionis*) and others, in which the Popish church is confronted with the fact that even members from among her own ranks prophesied the decline of the Roman hierarchy. Among the Lutheran party, a very famous man is Fabricius, general superintendent of East Pommerania, who wrote a wonderful treatise, *On the Testing of Visions and Revelations,* in which the argument is very well developed. Among the Reformed, Witsius and Coccejus himself did not reject all direct revelations. Comenius in a beautiful Latin work related to posterity the revelations of Drabitius, the woman Poniatovia, and Kotter, who certainly were not ignorant persons.

It is very useful to read such writings today and to "hold fast what is good" in them. Also, it seems to me very unscriptural and strange when at Marburg several citizens are forced, as it were, to attend worship services and the Lord's Supper. Do you, my in Christ dearly beloved sirs and friends, think that this is in agreement with Christ's teaching and the practices of the apostles? Let us assume - though I concede it not - that the Reformed church at Marburg and in all of Hesse were in such a wonderful state that one could truthfully say of her what the Holy Spirit says about the church at Jerusalem: the company of those who believed were of one heart and soul (Acts 4:32). In that case, the leaders [*Vorsteher*] of such a church, who would be endowed with the impartial spirit of Jesus Christ, could not possibly advocate coercing anyone into such a wonderful church under threat of expulsion from the principality. Rather, they would say: we must wait until the Lord himself adds to our church [*Gemeine*], among whom Jesus rules in sovereignty, those who will be saved (Acts 2:47).

Indeed, they would have to say: Do you not know that the blessed head of our church himself has given his disciples the freedom to leave him, as is written John 6:67: "Jesus said to the twelve, 'Will you also go away?'" "Do you not know," they would continue, "that the people of the new covenant must not be a coerced people but a people who offer themselves freely (Psalm 110:3)?" Indeed; they would be compelled to say, "We ourselves sell our church into prostitution when we go about forcing people [into attendance] through the power of government. If our church is indeed of God, we dare not force anyone to accept her wonderful prerogatives and privileges lest we come under suspicion that our cause was not as good a one as we claimed. For 'wine that sells needs no laurels.'" The Protestants have severely criticized the spiritual coercion of the Papists with which they forced the Reformed in France and, before that, in Germany to their worship services. Why then does one now wish to force children of God in Hesse and Marburg to attend church and the Lord's Supper against their consciences? Is that not just as popish and even in the spirit of the Anti-

Christ? I was also rather disturbed when I learned at Marburg that certain pious souls there were said to have been forbidden henceforth to extend hospitality to sojourning children of God, whether they be called Inspired or otherwise. Did not Jehovah already in the Old Testament explicitly state (Deuteronomy 10:18), that he loves the sojourner, giving him food and clothing and commanding his people to do likewise? The specific command is found in verse 19: "Love the sojourner therefore; for you were sojourners in the Land of Egypt." Furthermore, Christ, our only lawgiver, says himself (Matthew 10:40): "He who receives you, receives me, and he who receives me, receives him who sent me." And his holy apostles, Paul and Peter, state explicitly: "Practice hospitality" (Romans 12:13); "Practice hospitality ungrudgingly to one another" (1 Peter 4:9); "Do not neglect to show hospitality to strangers, for thereby some have , entertained angels unawares" (Hebrews 13:2). Finally, Jesus, the most glorious head of the Christian church, which is, after all, outwardly professed at Marburg, will say on that great day of judgment quite explicitly: "I was a stranger and you welcomed me." And this same coming judge of the living and the dead will further say: "Truly, I say to you, as you did it to one of the least of these my brethren, you did it to me" (Matthew 25:35.40).

By what law can that be forbidden which Jesus himself and his word have so urgently commanded? Yes! they say: we have a command from the government [*Obrigkeit*]. This, however, raises the question whether this command is not contrary to the Lord Jesus who has authority even over the government of the country, and whether this point (although, according to the pure teaching of the Protestant church, in matters pertaining to the citizen and subject the government is owed all due obedience and submission), he is not to be obeyed rather than the government (Acts 4:19)? For in matters of conscience one must obey God rather than men (Acts 5:29).

I must speak quite candidly in this matter: If I were a preacher in the church at Marburg, I would not only refuse such an order to coerce others, but I would both publicly in the church as well as with the government of the country itself protest against it with a free conscience and testify before God and men – as an everlasting memorial thereof – that such orders could neither be issued by true Christian governments nor, much less, accepted by Christian churches without violating the honor of Jesus Christ. Speaking for myself, I should much prefer not to be preacher in a congregation that tolerated the prohibition of that which Christ so urgently commanded. A preacher of the new covenant must, after all, lay as the foundation of all his sermons the living faith in Jesus as well as the active Christian love which issues from it, as John says: "And this is his commandment, that we should believe in the name of his son Jesus Christ and love one another, just as he has commanded us" (1 John 3:23). Into this commandment of love the commandment of hospitality is inseparably incorporated. To this latter commandment not only the first Christian churches most willingly submitted themselves out of love to Jesus, but their bishops and teachers insisted on its practice being themselves models of hospitality for their churches according to 1 Timothy 3:2. It certainly was far from their minds to forbid others in the name of the then governments to receive the sojourners.

Most certainly all the venerable professors and pastors who serve the Word at Marburg would be obliged by their consciences to oppose unanimously such unchristian orders and to protest against them before the government in the name of Jesus Christ, the most glorious head of the church. But alas, since men are more feared than God, the government is suffered to commit one infringement after another upon the prerogatives of the church of Christ, eventually turning Christians who had been ransomed by Jesus through his blood to eternal freedom into slaves of man-made statutes.

O tempora! O mores! May God awaken another heroic Ambrose who would resist even a Theodosius in his wrong-doings through the power of Christ! Why is it that more obedience is paid to human beings who are, after all, nothing more than dust and ashes, rather than to the living God who has given us our being and reconciled us to himself through his son? How little attention is paid today even by the leaders of the congregations – who, after all, are supposed to impress this upon others – to that which Jesus says: "Do not fear those who kill the body but cannot kill the soul; rather, fear him who can destroy both soul and body in hell" (Matthew 10:28)! O how wonderful is it in these times when divine judgments resound all over the earth, to declare oneself totally and unreservedly for the glory of the imminent triumphant kingdom of Christ, denying all human favors and mercies and, in doing so risk everything after the example of the first Christians! How muck one would be strengthened in the innermost recesses of one's soul and equipped by the Lord Sabaoth to fight against the pseudo-popery within the Protestant church.

However, because there has been faithlessness in the first trials of the cross with which God has visited his true servants as a test, there can be no breakthrough to further power. In the long run, what would it profit a poor human being if he gained the whole world (part of which is the favor and mercy of the princes and the powerful of this world) and yet suffered damage to his soul? Or what could man offer in his last moment before death to redeem his soul? Matthew 16:26 are certainly precious words of our Jesus through which he desires to encourage us to accept the cross and to deny the world.

I beg you, my in God dearly beloved sirs and friends, to ponder well all that I have written in this letter from a sincere heart out of love for the kingdom of Christ and for the sake of your souls' salvation. May you apply the greatest diligence in these times of the imminent kingdom of Jesus Christ not to sin against the members of Christ's body who, though unknown in the world are yet well known with God and Jesus and held as the apple of his eye. May you instead from your hearts dedicate yourselves to Jesus Christ, your eternal king, that he might most graciously use you as blessed instruments in the furthering of his kingdom during these times which are, admittedly, very confused but also most favorable, because of the imminent glorious kingdom of Christ. For Christ is beginning to rise as the eternal sun of righteousness in the hearts of many people of all religions and nations. If - according to the best persuasion of your conscience - you have been faithful in this life to the Lord Jesus according to the ability bestowed by God himself, then may you hear that most welcome acclamation by Jesus Christ himself in his majesty: "Well done, good and faithful servants, you have been faithful over a little, I will set you over much; enter into the joy of your master!" (Matthew 25:31).

I sincerely commend you herewith, my in God dearly beloved sirs and friends, to the love of God and of our king Jesus with this most sincere and zealous wish that the Lord Jesus in these times when the divine light is powerfully breaking through, as it were, may lead you into all truth and, at the same time, into a blessed execution of the same, through his infallible spirit of truth.

I remain in sincere love before God, my most revered sirs and dearest friends in the Savior of the world your, unto the altar of Christ ever most faithful,

Ernst Christoph Hochmann von Hochenau.
Hermitage
Friedensburg
December 12, 1716.

[P.S.] Although I had the opportunity to speak personally with Prof. Kirchmayer and Prof. Hottinger, I would nevertheless appreciate it, if this letter could be conveyed to them also along with my sincere regards, so that this matter might be all the more reinforced with them according to Paul's testimony in Philippians 3:11: "To write the same things to you is not irksome to me, and is safe for you." My greetings to you in the love of the Lord!

I am herewith conveying to you the enclosed writing because of its considerable affinity to this letter.

IX. "Basic Questions on Water Baptism": An Early Anti-Brethren Pamphlet

In 1774, the Germantown publisher Christopher Sauer issued a second edition of Alexander Mack's *Rights and Ordinances.*[1] Formerly the Brethren had published the book in Germany in 1715 and now it appeared for the first time in America. Alexander Mack Jr. wrote a preface to the second edition of his father's book which presented him an opportunity to sketch briefly the beginnings of the Brethren movement. After describing its formation, its expansion, and attempts at its suppression, he mentioned the development of the first Brethren publication:

> "They were only made more joyful through persecution, poverty, misery, and imprisonment, with which they were oppressed.[2] Therefore, some learned men accosted them, and sought to confuse them with sharp arguments and crafty questions. The reader can inform himself sufficiently about this from the forty basic questions, along with their answers which are appended to this tract. About this time, then, the church of the Lord at Schwarzenau thought it good to publish this booklet for the instruction of single-minded souls. Every impartial reader can determine for himself, if he reads this without prejudice along with the preface, what motivated them to have this booklet printed."[3]

The title of the appendix mentioned by Mack Jr. reads:

> "Eberhard Ludwig Gruber's Basic Questions[4] which were especially submitted to be answered by the New Baptists of the Wittgenstein Area along with

---

1 *Kurtze und einfältige Vorstellung der äussern, aber doch heiligen Rechten und Ordnungen [...]* (2nd edition; Germantown: Christoph Sauer, 1774). Cf. Donald F. Durnbaugh and Lawrence W. Shultz, "A Brethren Bibliography, 1713 - 1963. Two Hundred Fifty Years of Brethren Literature," *BLT* 9 (1964), no. 25.

2 An allusion to Romans 8: 35, II Corinthians 4: 8f.

3 Alexander Mack Jr., Vorrede (Preface), 11 - 11v.

4 Older translations have rendered the title as "Ground-searching Questions". The German expression "Grund-forschende Fragen" means questions in order to test the foundation of a thing, to get to the bottom of a thing. So, "basic" or "fundamental" is an appropriate translation.

> the accompanying Brief and Simple Answers to the Same, previously published in manuscript by an Artless Member of the church at Wittgenstein and now publicly printed at the request of many."[5]

(*A*rtless *M*ember[6] was a cryptogramm indicating the initials of *A*lexander *M*ack.) At the end of this appendix the reader finds the following notice: "Published at Schwarzenau, in the month of July, in the year of the Lord 1713." This seems clearly to hint at an edition in Germany, which would have been the very first Brethren publication of all. The *Basic Questions* have therefore understandably aroused the interest of Brethren historiographers, and most of the books and articles on Brethren beginnings have mentioned the document. It was printed in five German editions before 1860[7], with the first English translation appearing in 1810[8]. In 1901 Henry R. Holsinger included another English translation in his book on the Tunkers[9], and in 1958 Donald F. Durnbaugh published a modern English translation[10], which William R. Eberly then used in his edition of *The Complete Writings of Alexander Mack*[11].

PROBLEMS CONCERNING THE INFERRED FIRST EDITION

Unfortunately, no copy of that inferred first edition appeared to have survived. Therefore scholars could not answer several questions sufficiently.

---

5 *Grundforschende Fragen, welche denen Neuen Täufern im Witgensteinischen, insonderheit zu beantworten, vorgelegt worden. Nebst beygefügten kurzen und einfältigen Antworten auf dieselben, vormals schriftlich herausgegeben von einem Aufrichtigen Mitglied der Gemeinde zu Witgenstein, und nun auf vieles verlangen zum offentlichen Druck befordert* (Germantown: Christoph Sauer, 1774). - Cf. Durnbaugh and Shultz, Bibliography, no. 26.

6 The German expression is "*A*ufrichtiges *M*itglied" (honest or upright member). Durnbaugh has translated it as "*A*rtless *M*ember" to preserve the initials A. M.

7 Cf. Durnbaugh and Shultz, 16 (no. 26, 54. 79). Donald F. Durnbaugh, ed., *European Origins of the Brethren. A Source Book on the Beginnings of the Church of Brethren in the Early Eighteenth Century* (Elgin/Ill., 1958), 322f.

8 Durnbaugh and Shultz, no. 62. [wie Anm. 7]

9 Henry R. Holsinger, *Holsinger's History of the Tunkers and the Brethren Church [...]* (Lathrop, 1901), 45-73.

10 Durnbaugh, *Origins*, 325-344.

11 William R. Eberly, ed., *The Complete Writings of Alexander Mack* (Wilona Lake/Ind., 1991), 21-42. - Eberly has taken the translations of Mack's writings in this edition from Durnbaugh, *Origins*.

The above mentioned notice at the end of the treatise said that it was "Published at Schwarzenau, in the month of July, in the year of the Lord 1713." But there was no printing office at Schwarzenau, either at that time or later. So, some scholars guessed that the Brethren had the booklet printed in nearby Berleburg.[12] Durnbaugh had found that a catalog issued in 1729 by the Berleburg publisher and printer, Johann Jakob Haug, listed a book titled *Fragen, Grundforschende, von der Wasser Taufe,* 1713, in quarto, selling for two crowns.[13] However, Hans-Jürgen Schrader[14] pointed out that no printing office existed in Berleburg in 1713 either. He was able to prove that this book was printed in Idstein, a city in the duchy of Nassau, where Johann Jakob Haug had a publishing office before he moved to Berleburg. Schrader called attention to a letter written by the Idstein superintendent Johann Daniel Herrnschmid to August Hermann Francke, dated January 5, 1714:

> "Here [i.e., in Idstein] questions of conscience (*Gewissensfragen*) have been printed, directed to the baptists living in these counties, and further to Mr. Seebach who has written against them from equally erroneous principles. The author is unknown to me, nor did I have the tract for censure."[15]

This statement is very interesting in various respects: 1. It makes certain that the book was printed in Idstein. Thus it becomes obvious why Haug later listed the publication in the catalog of his publishing house. 2. In addition to the Haug catalog the Herrnschmid letter gives further evidence that the book was published anonymously. The name of Eberhard Ludwig Gruber mentioned in later editions as the author of the questions did not appear in the original title. 3. Herrnschmid considered the book a publication directed against the baptists (Brethren) "and further to Mr. Seebach who has written against them from equally erroneous principles" – a re-

---

12 Cf. Durnbaugh and Shultz, 11. Hans Schneider, "Hochmann von Hochenau and Inspirationism. A Newly Discovered Letter," *BLT* 25 (1980), 199-222 [in diesem Band 221-255], esp. 211. Eberly, *The Complete Writings of Alexander Mack*, 21.

13 *Catalogus, oder Verzeichniß derjenigen Bücher welche in der Berlenburgischen Buchhandlung bey Johann Jacob Haug in beygesetztem Preiß anjetzo zu haben seynd* (n.p. [Berleburg: Johann Jakob Haug], 1729).

14 Cf. Hans-Jürgen Schrader, *Literaturproduktion und Büchermarkt des radikalen Pietismus. Johann Heinrich Reitz' "Historie Der Wiedergebohrnen" und ihr geschichtlicher Kontext.* Palaestra 283 (Göttingen, 1989), 166 and 452, no. 136a.

15 The letter has been published by Theodor Wotschke, "Der Separatist Andreas Groß in Eßlingen," *Blätter für Württembergische Kirchengeschichte* 37 (1933), 208-228, esp. 226.

mark that, in regard to the Basic Questions, remains obscure. 4. Herrnschmid did not know of Mack's answers.

The riddle about the first edition also covers some formal problems, dealing with the origin of the book. The title tells us that these questions were submitted to the Brethren, and the Brethren were to answer them with "corporate, clear, and candid explanations" of their new form of baptism and new church fellowship. Durnbaugh felt that many of the questions seem to refer to the answer just previous, which would make it unlikely that an actual list of questions was presented in writing. Therefore he inferred that the publication was the written outgrowth of a discussion or debate (or, less likely, that it was merely a literary device).[16] William G. Willoughby, in his Mack biography, went beyond that and treated Durnbaugh's supposition as a fact.[17] However, the impression of follow-up questions to previous answers is due to the form of publication, which closely connects answers and questions. If we read Gruber's questions without and apart from Mack's answers, we can find a consistent chain of reasoning which in itself seems rather well-organized.[18]

This was the state of affairs when Marcus Meier, who is working on a doctoral dissertation about the origins of the Brethren in the context of Radical Pietism, made an exciting discovery; he happened upon a copy of the *Basic Questions* in the Bavarian State's Library at Munich.[19] Surprisingly it is not the Brethren edition, for which scholars had been yearning. Instead, the anonymous publication presents only Gruber's 40 questions without Mack's answers, plus 40 additional questions directed to Seebach. Surely this is precisely the book "directed to" and respectively against "the baptists living in these counties, and further to Mr. Seebach" - the book to which Herrnschmid refers in his letter, and which is in the Haug publish-

---

16 Durnbaugh, *Origins*, 322. Cf. also Durnbaugh, *Brethren Beginnings. The Origin of the Church of the Brethren in Early Eighteenth-Century Europe* (Philadelphia/Pa., 1992), 27.

17 William G. Willoughby, *Counting the Cost: The Life of Alexander Mack 1679-1735* (Elgin/Ill., 1979), 89: "In 1713, Gruber visited Schwarzenau and became well acquainted with the rapidly growing Baptists. There he and Mack participated in a public debate concerning matters of faith and practise. Gruber submitted to Mack a series of questions [...]. This dialog was published at Schwarzenau in July 1713 under the title Basis Questions, the first publication of the Brethren."

18 For the arrangement and the structure of the tract see below the passage "Gruber's questions."

19 Marcus Meier, *Die Schwarzenauer Neutäufer. Genese einer Gemeindebildung zwischen Pietismus und Täufertum*, AGP 53 (Göttingen, 2008).

ing catalog. The conclusion is that there are no longer any grounds for inferring an early Brethren publication of the *Basic Questions.*

But what about that notice "Published at Schwarzenau, in the month of July, in the year of the Lord 1713"? Looking more closely at the title of the 1774 edition, we find a subtle distinction between two different kinds of publishing "previously" (in Germany), and "now" (publication in America). "Previously" it had (only) been "published in manuscript" (*vormals schriftlich herausgegeben*) and "now" it was "publicly printed" (*nun [...] zum offentlichen Druck befördert*). This is the sense in which we have to understand the notice at the end, "Published at Schwarzenau [...]." That means that Mack then made his answers known to the 'public' of his Radical Pietist friends by furnishing them handwritten copies of his answers, but he had not printed them.[20]

Thus my conclusion from Meier's amazing discovery is that the mysterious "first Brethren publication" never existed. *Basic Questions* was the title of a printed pamphlet directed against the Brethren, whereas Mack "published" his answers only in manuscript form. In fact, the *Rights and Ordinances* of 1715 were the first Brethren publication in Germany and, except for the hymnal of 1720[21], it remained the only one.

THE BACKGROUND

The introduction of adult baptism and the development of a gathered community made a great stir among the separatists and aroused a heated debate, even before evoking the authorities' reactions. Several literary traces of those controversies have survived, e.g., letters and pamphlets. Of special interest to the Brethren was the response of Hochmann von Hochenau,

---

20 At first glance, Alexander Mack Jr. seems to assume in his preface that the answers had appeared in print in 1713. After mentioning the questions "appended to this tract", he continues: "About this time, then, the church of the Lord at Schwarzenau thought it good to publish this booklet for the instruction of single-minded souls. Every impartial reader can determine for himself, if he reads this without prejudice along with the preface, what motivated them to have this booklet printed." But "this booklet" at issue are not the questions "appended to this tract" (as Durnbaugh, *Beginnings*, 26, thought), but the tract itself; i.e., it is the *Rights and Ordinances*. Mack explains that such kinds of attacks against the Brethren like the *Basic Questions* in the appendix caused the Schwarzenau congregation to have the *Rights and Ordinances* printed.

21 Cf. Hedwig T. Durnbaugh, *The German Hymnody of the Brethren, 1720-1903* (Philadelphia/Pa., 1986), 12ff. (ch. I).

until then their spiritual mentor. His reaction was reserved and rather cold shouldered. In his opinion, adult baptism as such could not assist in salvation; it was but an outwardly administered thing having no spiritual effects. Decisive for him is the inward change. If then a reborn person wants to be baptized, Hochmann would not object. But he urgently warned against making adult baptism a rule for every believer.[22]

Johann Georg Gichtel, self-appointed guardian of the Boehmist heritage, expressed a similar criticism. Though living in Amsterdam he kept close tabs on events in Germany and was always well-informed by a network of correspondents. As early as August 11, 1708, a Heidelberg correspondent wrote to him about the Brethren baptism.[23] In several letters to close friends Gichtel criticized "the new Anabaptists in the Schwarzenau area."[24] He disapproved of a baptism "in the natural water" which "is of course not sufficient for the rebirth." It shows that the Schwarzenau Brethren are "not deeply enough grounded" and that "the Anabaptists [i.e., the Brethren] are not any better for having been baptized as adults." He denounced their foot-washing and communion as an inappropriate "zeal" which he regards as a result of "all new sectarianism." The Brethren defended themselves against Gichtel's attacks in a letter which unfortunately has not been preserved.[25]

The formation of the Brethren also effected several reactions in print. In 1710 an anonymous tract came out of the ranks of the Wittgenstein Radical Pietists. Its title was:

> "Examples for the deviations of Israel according to the flesh, written as a warning to Israel according to the Spirit, especially to us, to whom the end of the world has come: From I Corinth. 10: 1-14 impartially submitted to everyone for a candid examination of himself, and for a sincere conversion to God

---

22 For the details of Hochmann's attitude cf. Heinz Renkewitz, *Hochmann von Hochenau (1670-1721). Quellenstudien zur Geschichte des Pietismus.* AGP 5 (Witten, 1969), 267-269 [the English edition of the book by Willoughby unfortunately omitted the footnotes that contain valuable information]; Durnbaugh, *Beginnings,* 24f.; Durnbaugh, *Origins,* 124-128.

23 Only Gichtel's answer has been preserved: Johann Georg Gichtel, *Theosophia practica,* vol. 1 (Leiden, 1722), nr. 134. The correspondent probably was J.A. Haller. Cf. Durnbaugh, *Beginnings,* 23 and 70, no. 23.

24 Durnbaugh, *Origins,* 128f., has translated the relevant passages from Gichtel's letters.

25 Gichtel mentions the defense of the Brethren in his letter to S[amuel] P[etri], October 12, 1709. Johann Georg Gichtel, *Theosophia practica,* vol. 5 (Leiden, 1722), nr. 129.

by a pilgrim still wandering to the silent eternity."[26]

Its author was Nikolaus Tscheer, a banished Swiss separatist.[27] His tract was not exclusively directed against the Brethren; his intention was to reveal what he thought to be spiritual "deviations", and here he criticized, among other things, the baptism issue made current by the Brethren.

The second attack that appeared in print was directly aimed at the Brethren. The critic was another Wittgenstein separatist, that "Mr. Seebach" mentioned above. Christoph Seebach (1675-1745) had been a Lutheran pastor in Tennstädt/Thuringia, before he was expelled because of his heterodox opinions. Like many other radicals he found refuge in Schwarzenau and became a neighbor of the future Brethren.[28] In 1712 he authored a treatise against them. The title fully covers the contents of the tract: "Missive because of the outward water baptism which has neither been ordered nor blessed with promise by the First-born."[29] The criticism Seebach advanced against "this fantasy of baptism being necessary" was probably not perceived as dangerous by the Brethren, because Seebach was a lone wolf, and not many people shared his opinions. The third literary attack appeared far more menacing, because its author was in the ranks of the Radical Pietists a highly esteemed person. When Eberhard Ludwig Gruber published his *Basic Questions* in 1713, the Brethren met their most challenging critic.

The background of this publication seems to be the expansion of the Brethren movement. By 1711 it had spread from the Wittgenstein to the

---

26 [Nikolaus Tscheer,] *Fürbilder Der Abweichungen Israels nach dem Fleisch/ Geschrieben zur Warnung Dem Israel nach dem Geist/ fürnemlich uns/ auf welche das Ende der Welt gekommen ist: Aus 1. Corinth. X, 1-14. Männiglichen zur redlichen Prüfung seiner selbst/ und ernstlichen Bekehrung zu GOtt/ unpartheyisch vorgestellet von Einem annoch wallenden Pilgern nach der stillen Ewigkeit* (n.p., 1710).

27 The author was not - as Durnbaugh, *Beginnings,* 71, no. 43 supposed - Samuel König, but Nikolaus Tscheer. For Tscheer cf. Rudolf Dellsperger, *Die Anfänge des Pietismus in Bern. Quellenstudien.* AGP 22 (Göttingen, 1984), 123-129.137.176, and id., "Samuel Königs 'Weg des Friedens' (1699-1711). Ein Beitrag zur Geschichte des radikalen Pietismus in Deutschland," *Pietismus und Neuzeit* 9 (1983), 152-179, esp. 176, 161.

28 Cf. Durnbaugh, *Brethren Encyclopedia,* II, 1165, and Hans Schneider, "Der radikale Pietismus im 18. Jahrhundert." In: *Geschichte des Pietismus,* ed. Martin Brecht, vol. 2 (Göttingen, 1995), 107-197, esp. 164f.

29 Christoph Seebach, *Send-Brieff/ um der äussern Wasser-Tauffe willen/ die von dem Erstgebohrenen niehmals weder befohlen/ noch mit der Verheissung gesegnet ist [...]* (n.p. [Idstein], 1712).

Wetterau area.[30] Early in the 18th century, the counties of Ysenburg situated in this region were places of refuge for Radical Pietists persecuted elsewhere. Most of them had left their homelands after conflicts with ecclesiastical or secular authorities. Often they had emigrated because of increasing oppression (e.g., governmental edicts against pietists[31]) or banishment. Even before Count Ernst Casimir of Ysenburg-Büdingen pronounced his famous edict of tolerance in 1712[32], many radicals had moved to the Ysenburg territories where "God has granted an asylum and a place of residence for his expelled children."[33] Here they could live and work "in complete liberty of conscience."[34] The religious toleration, however, had its limits, as the Brethren soon experienced. The consistory told them, that the Count

> "was willing to leave them their full liberty of conscience unrestricted as far as their worship in private meetings in their homes and in silence was concerned, and continue tolerating them accordingly in his country. But he could not permit that they, the Baptists, establish a new sector church congregation and practice a public exercise of religion. Such an exercise should no more be allowed than baptizing or rebaptizing."[35]

When the Brethren movement spread to the Wetterau, a division among the separatists into two factions took place. It is worthy of notice that nearly all separatists who joined the Brethren[36] originated from Reformed territories (Palatinate), while those of Lutheran origin (Wurttemberg, Alsace) disapproved of the new community (and later for the most part joined the Inspirationists).

---

30 For the details cf. Heinz Renkewitz, *Hochmann von Hochenau,* 274ff.; Durnbaugh, *Origins,* 159ff.; Durnbaugh, *Beginnings,* 34-39.

31 For a collection of those edicts cf. Erdmann Neumeister, *Pietismus a magistratu politico reprobatus et proscriptus, Oder die von weltlicher Obrigkeit [...] verworffene und verwiesene Pietisterey* (Hamburg, 1736).

32 Cf. Schneider, Der radikale Pietismus im 18. Jahrhundert, 130-131.

33 Gottfried Neumann, in: *Unterschiedliche Erfahrungs-volle Zeugnisse [...] Von der so sehr verhassten und verschreyten Inspirations-Sache [...]* (n.p., 1715), 50.

34 *XIV. Sammlung Das ist: Der XIV. Auszug aus denen Jahrbüchern der Wahren Inspirations-Gemeinschafften [...]* (n.p., 1761), 235.

35 Fürstlich Ysenburg-Büdingensches Archiv (Büdingen), Marienborner Akten, VII.18 (May 22, 1715).

36 Cf. the lists of names in Renkewitz, *Hochmann,* 415-417 [missing in the English edition]; Durnbaugh, *Origins,* 183f.

In 1713, during these years of debate among the separatists, the *Basic Questions* appeared in print. The pamphlet, authored by Eberhard Ludwig Gruber, represents the opinion of the faction opposed to the Brethren.

The Author of the *Basic Questions*

Eberhard Ludwig Gruber (1665-1728)[37] was a highly gifted and well-educated Lutheran theologian from Wurttemberg. After studying theology at the University of Tubingen and being a tutor at the famous *Stift*[38], he became a second pastor (*diaconus*) in his homeland. He joined the Pietist movement, visited Halle, then the citadel of pietism, and corresponded with August Hermann Francke.[39] He also became personally acquainted with Johann Wilhelm Petersen.[40] Soon the ecclesiastical authorities noticed that Gruber tended to 'singular', heterodox opinions, e.g. chiliasm and perfectionism. The edificatory meetings he held, and his friendship with 'fanatics', e.g. Johann Georg Rosenbach[41], gave reason for suspicion and made him the target of attacks. His imprudent and militant behavior toward colleagues and members of his congregation, and his rigid church discipline provoked a series of conflicts. After being transferred for disciplinary reasons from his first congregation at Grossbottwar, Gruber continued to cause problems. The severe conflicts went on in his second congregation at Hofen, and finally led in 1706 to his removal from office. Gruber emigrated and moved to the county of Ysenburg where, as he knew, religious dissenters were tolerated. In the little village of Himbach he lived as a separatist. Together with his wife and his son Johann Adam, he earned his living by farming. Besides that he wrote some theological tracts.[42]

---

37 The article in the *Neue Deutsche Biographie*, vol. 7, 179-180 is unreliable. The best information about Gruber's activities in Württemberg is found in Chr. Kolb, *Die Anfänge des Pietismus und Separatismus in Württemberg* (Stuttgart, 1902), 386-395.

38 The Tübingen Stift, founded in 1536, has been a theological seminary associated with the University.

39 A letter of 1698, Novembre 28, has been preserved (Archiv der Franckeschen Stiftungen, Halle, C 14: 7). We learn from it that Gruber had visited Halle.

40 I.e., during Petersen's visit in Württemberg, cf. *Das Leben Jo. Wilhelmi Petersen [...]* (n.p., [2]1719), 292, cf. 334. See also Kolb, *Anfänge*, 206-207.

41 For Rosenbach cf. Schneider, Der radikale Pietismus im 18. Jahrhundert, 141-142.

42 Cf. Gerhard Mälzer, *Die Werke der württembergischen Pietisten des 17. und 18. Jahrhunderts. Verzeichnis der bis 1968 erschienenen Literatur*, Bibliographien zur

Among the separatists in the Wittgenstein and the Wetterau areas, Gruber enjoyed great esteem. (Later on, after the Inspirationists' appearance in 1714, he became the spiritual leader of this new group.[43]) So, when he submitted his 40 *Basic Questions* to the Schwarzenau Brethren, he more or less acted as a speaker of the separatists who had not joined the Brethren. Although 40 other questions in this pamphlet are directed against the Brethren's critic Seebach, the Brethren are the main subject of the tract. The questions Gruber formulated may be representative for what most like-minded Radical Pietists thought about the "New Baptists." For this reason they deserve special interest, and the Brethren regarded the document as such a challenge at the time that Mack felt entreated to answer.

Gruber's Questions

According to Alexander Mack Jr., "some learned men" assailed the Brethren, and sought to confuse them with "sharp arguments and crafty questions." Actually, Gruber's questions are perspicacious and sagacious, and demonstrate the skilled theologian. As the title indicates his tract merely consists of questions. But this is nothing but a literary form where Grubers opinions are disguised as questions. He did not ask real questions as one who was still seeking the answers. Behind the phrasing we can discover a distinct theological position. It is not very difficult to detect Gruber's standpoint. In most cases his questions are purely rhetorical. Thus to describe his opinion, I simply have transformed his questions into affirmative propositions.[44] In other cases it seems - at first glance - more difficult

---

Geschichte des Pietismus 1 (Berlin, New York, 1972), nr. 877-889, gives a bibliography of Gruber's works. This compilation needs many additions and corrections. Cf. Hans Schneider, "Anonyme, Pseudonyme, Kryptonyme. Ein Beitrag zur Bibliographie württembergischer Pietisten" (will appear in *Blätter für württembergische Kirchengeschichte*).

43 Cf. Donald F. Durnbaugh, *Eberhard Ludwig Gruber and Johann Adam Gruber: A Father and Son as Early Inspirationist Leaders,* Communal Societies 4 (1984), 150-160.

44 For example: Question: "Could the church of God have existed at any time and in any manner even with but few members, without the original and outward ordinance of baptism, as the Israelite church [...] existed for considerable time in the wilderness without practicing circumcision?" (Q. 2) Affirmation: The church of God has existed at any time and in any manner even with but few members, without the original and outward ordinance of baptism, as the Israelite church [...] existed for considerable time in the wilderness without practicing circumcision. - Question: "Can the outward ban be an essential part of the church of Christ, when Christ himself did not practice

to discern Gruber's point of view. Employing a type of Socratic method, he raises a question to which the answer is readily inferred. But then the next question runs counter to the expected answer.[45] In addition to his thoughts expressed in this pamphlet I will relate to other tracts from Gruber's pen to further illustrate his opinion.

The arrangement and structure of the 40 questions is rather perspicuous. An introduction addresses the Brethren and asks them to answer the following questions. The whole set of questions consists of four groups, each of them treating a different topic. To the first and major part concerning baptism (Qs. 1-21), follow two other sections concerning ban (Qs. 22-26) and consequences for Christian life (Qs. 27-40). The concluding passage repeats the appeal to the addressees for a candid answer. Within the three sections, we find further subdivisions, e.g., infant baptism (Qs. 16-19), rebirth (27-31).

In the framing parts (introduction and conclusion) of the tract Gruber addresses the Schwarzenau Brethren as "In God Beloved Friends and Fellow Pilgrims", or as "dear friends." These are more than merely formulas of politeness and esteem. The expression "fellow pilgrims" indicates that Gruber still regards the Brethren as companions on a way they both share. He is aware of the same Radical Pietist soil from which they both, the Brethren and their radical opponents have grown. They are still speaking the same pietistic language and share the same common beliefs. Because of these common roots it makes sense for Gruber to enter into a debate with the New Baptists. It is because of the religious seriousness which he ascribes to them that he asks so imploringly: "Can you testify before the countenance of Jesus Christ, the omniscient Searcher of hearts[46] and Judge of the living and the dead [...]?"[47] (Q. 32), and: "Can and dare your teachers and elders bring the testimonies of their consciences before God [...]?" (Q. 35).

The first and major part of the questions concerns baptism (Qs. 1-21). Gruber begins with an historical argumentation intending to show the absurdity of the New Baptists' position. His starting point is the fact that

---

or enforce it even upon Judas, who was wicked through and through?" (Q. 22) Affirmation: The outward ban cannot be an essential part of the church of Christ, because Christ himself did not practice or enforce it even upon Judas, who was wicked through and through.

45 Cf. Qs. 16-19 about infant baptism. Whereas in Q. 16 Gruber seems to espouse the necessity of infant baptism, in Q. 17 he makes a decisive counter argument.

46 Cf. I Chronicles 28:9; Romans 8:27; I Thessalonians 2:4; Revelation 2:23.

47 Cf. Acts 10:42.

infant baptism has been practiced for over one thousand years. He agrees with the New Baptists that this was not the original and genuine form of baptism. Radical Pietists had learned from Gottfried Arnold's *The First Love, or A Portrayal of Early Christians* (1696)[48] that the Early Christians practiced adult baptism and knew no infant baptism during the first two centuries. Thus, since the time infant baptism supplanted adult baptism, "there has been no true and genuine baptism." (Q. 1) But if it is true, as the New Baptists pretend, that baptism is the *sine qua non* for the existence of the church, they consequently have to concede that since then there has been "no true church on earth" as well (Q. 1). The church would have ceased to exist. Thus, the New Baptists' basic conception inevitably leads to an absurd conclusion, which is contradicting Jesus' own promise for the continuity of the church (Matthew 16:18, and 28:20) (Q. 4).

In this chain of reasoning, Gruber inserts his contrary solution of the problem: Even if there has been no baptism in its original and genuine form for centuries, the church has always existed – "even with but a few members." He relies upon the analogue example of the Israelites who (according to Joshua 5:5[-7]) existed for considerable time in the wilderness without practicing circumcision (Q. 2). Gruber then applies this observation to Church History. If baptism of adult believers were absolutely neccessary for the membership in the church, even "those undeniable witnesses for the truth" during the past centuries would not have belonged to Christ and to his church (Q. 5). By this argument Gruber hints at the problem of continuity that is common to most reform movements in church history. The question is whether and where the true church existed during the periods of decline. Early Protestant historiographers pointed to a series of witnesses for the truth (*testes veritatis*) who during the dark ages of doctrinal decline kept up the genuine understanding of the Gospel.[49] Gottfried Arnold adopted this conception but modified it in a characteristic way. In his view, witnessing the truth meant rather leading a spiritual, godly life than quarreling about the correct doctrine. The witnesses of the truth were those people who, as for example the mystics, "lived quietly in the land"

48 Gottfried Arnold, *Die Erste Liebe. Das ist: Wahre Abbildung der ersten Christen, Nach Ihrem Lebendigen Glauben Und Heiligem Leben [...]* (Frankfurt/Main, 1696).

49 Matthias Flacius Illyricus (1520-75) published a *Catalogus testium veritatis* (Basel, 1556). In the preface he wrote: "In this work I have put together, as far as it has been possible for me, all those who before Luther confessed the truth of Christ against the errors and the foam of the Antichrist [...] On the basis of the historical facts I will show that at all times many thousand pious people turned shivering away from all or at least from most of the errors of the Roman Baal, contradicted them and implored the Lord for release from this terrible captivity."

(Psalm 35:20), conducting an exemplary Christian life. Gruber assumes Arnold's point of view. He adds to the expression "witnesses for the truth" the further explanation "which is according to godliness." "Truth according to the godliness" (Titus 1:1,2) was a favorite Biblical quotation for Pietists expressing their understanding that truth (orthodoxy) could not be advocated without a serious piety. If now, Gruber argues, even those truly pious witnesses were not true Christians, only because they did not receive baptism in the genuine form, then no Christians at all would have existed for more than thousand years.

In his Large Catechism, Luther had used quite a similar argumentation in favor of infant baptism:

> "God has sanctified many who have been thus baptized [i.e., in their infancy] and has given them the Holy Spirit. [...] Now, if God did not accept the Baptism of infants, he would not have given any of them the Holy Spirit nor any part of him; in short, all this time down to the present day no man on earth could have been a Christian. Since God has confirmed Baptism through the gift of his Holy Spirit, as we have perceived in some of the fathers, such as St. Bernard, Gerson, John Hus, and others, and since the holy Christian church will abide until the end of the world, our adversaries must acknowledge that infant Baptism is pleasant to God."[50]

Gruber, as a former Lutheran theologian, surely was familiar with this passage. The persons named by Luther were highly esteemed by the Radical Pietists, particularly the mystics Bernard of Clairvaux[51] and John Gerson[52], but also John Hus, the victim of an unchristian clergy.[53] Gruber

50 Martin Luther, "Der Große Katechismus," in *Die Bekenntnisschriften der Evangelisch-Lutherischen Kirche* (Göttingen, [5]1963), 700-701. English translation from *The Book of Concord: The Confessions of the Evangelical Lutheran Church,* translated and edited by Theodore G. Tappert (Philadelphia, [15]1983), 442-443.

51 Cf. Johannes Wallmann, "Bernhard von Clairvaux und der deutsche Pietismus," in: *Bernhard von Clairvaux. Rezeption und Wirkung im Mittelalter und in der Neuzeit,* ed. Kaspar Elm (Wiesbaden, 1994), 353-374. - Hochmann named Bernard, Tauler and Thomas of Kempis as believers in the time of the Medieval 'Babylonian' church. Renkewitz, *Hochmann* 350, no. 18.

52 Cf. Gottfried Arnold, *Unparteyische Kirchen- und Ketzer-Historie, von Anfang des Neuen Testaments biß auff das Jahr Christi 1688,* vol. I, Frankfurt/Main 1699, book xv, ch. 3, § 5. - Arnold's famous work had 4 parts in 2 vol., Frankfurt/Main 1699-1700. Further editions: Frankfurt/Main 1729 [reprint: Hildesheim, 1729]; Schaffhausen 1740-1742. Scholars took little notice of an edition of only parts III and IV which appeared in Frankfurt in 1715. - The *Kirchen- und Ketzer-Historie* will hereafter be quoted as *UKKH,* part, book, chapter, paragraph (*UKKH* II, xvi, 21, 10 means part II, book 16, chapter 21, § 10). - Also Hochmann cited Gerson; cf. Schneider, *Hochmann* (see above no. 12), 218.

probably thought of other mystics as well, such as "the dear Tauler in particular and those who were of his spirit and mind."[54]

Gruber sees no reason that "the baptismal ceremony which has so long been neglected must be re-established in these later times" (which according to the separatists' opinion had already begun).[55] From the course of history, Gruber draws quite another conclusion. In his opinion, outward baptism "is not precisely part of the spiritual essence of Christianity." Therefore God has permitted this ceremony to go to decay, like the circumcision of the Old Covenant, for the very reason that it is as yet imperfect and does not yet make anything perfect. God's intention is to introduce a new economy and housekeeping of the pure spirit for His people, as all prophetic promises have foretold" (Q. 6).

Gruber shares with the New Baptists the opinion that they were living "in these later times" of the world (Q. 6), but both drew different conclusions from this belief. The New Baptists thought a kind of reformation – in the sense of re-formation – would be necessary, returning to the practices of the Apostles and Primitive Christianity, re-establing the primordial form of baptism and other ordinances and customs (ban, foot-washing, etc.). Gruber criticized that for such great reformations a direct divine calling would be necessary (Q. 7). He refers to the testimony of the Scriptures and to the general opinion[56] that a direct divine calling has always been present at such great reformations of the church. Though he does not name exact Biblical passages, he was probably thinking of the calling of the prophets and similar texts. As for the "general opinion" he could have had in mind statements of Orthodox theologians about the divine calling of the Reformers for their reformation work. Gottfried Arnold refers to those discussions in his *A Nonpartisan History of the Church and Heresies*[57]:

---

53 Cf. Gottfried Arnold, *UKKH* I, xv, 5, 5-13.

54 Gruber, *Kurtze doch gründliche Unterweisung* (see below, no. 101), xv.

55 For the eschatological expectations of Radical Pietists cf. Hans Schneider, "Der radikale Pietismus im 17. Jahrhundert." In: *Geschichte des Pietismus*, ed. Martin Brecht, vol. 1 (Göttingen, 1993), 394ff.

56 "nach [...] der allgemeinen Bekänntniß" literally translated: "according to the general confession." Here the German word "Bekenntnis" does not mean a religious confession in a proper sense, but Gruber uses it in a broader sense signifying "opinion." The meaning of "nach [...] der allgemeinen Bekäntniß" is: as will be generally acknowledged.

57 See above, no. 52.

> "Now it should be noted that an apostolic calling is awarded to the Reformers, Luther, Zwingli and others in general, and in particular a direct inspiration, motivation or divine reminder is attributed to Luther; only after that did he receive a calling by the word. [...] Others, however, do not agree with that, and acknowledge only an indirect calling but which had something special."[58]

In Gruber's opinion, however, the New Baptists cannot show any evidence of a divine calling (Qs. 7-10). Therefore they are unable to convince their fellow Pietists of their divine mission. In this connection Gruber mentions the two wings of Pietism: "those who are still among the sects, as well as those who have already withdrawn from them." In Spiritualist and Radical Pietist usage "the sects" are all kinds of organized churches (the established churches as well as Anabaptists),[59] while the true church was invisible and its members scattered all over the world. "Those who are still among the sects" are the Church Pietists, and "those who have already withdrawn from them" are the separatists. The experience shows that the New Baptists have not been able to prove their divine calling for establishing a new church to both groups. "If the work were indeed of God" (Acts 5:39), the effect would have been quite different from the reality. "Well-meaning souls," i.e., the serious Christians, would have gathered by the thousands as it happened at the first Pentecost of the New Testament" (Q. 10).

In questions 11-15 Gruber tries to verify that water baptism cannot be "so absolutely necessary that positively no one can be saved without it, no matter how holy and irreproachable his faith and life are otherwise" (Q. 11). The principal passage of Mark 16:16 proves the very contrary. Jesus says: He who believes and is baptized will be saved. In the negative counterpart he mindfully says: 'he who does not believe, will be condemned', but he does not say: 'he who is not baptized, will be condemned' (Q. 12).

Another argument that water baptism cannot be so absolutely necessary, as the New Baptists pretend, is that Christ himself did not refer to it in His central teaching. He did not mention it either in the Sermon on the Mount when speaking of the Beatitudes (Matthew 5) or in His description of the last judgment (Matthew 25), where He dealt especially with all those who should be saved or condemned. Even John the Baptist was himself not

---

58 *UKKH* II, xvi, 5, 11. Arnold refers to the Reformed theologian Johann Heinrich Hottinger, and to the Lutheran theologians Johann Gerhard and Abraham Calov.

59 For this usage of the word "sect" in the Spiritualist tradition cf. Hans Schneider, "Johann Arndts 'verschollene' Frühschriften," in *Pietismus und Neuzeit* 21 (1995), 29-68, esp. 41ff.

baptized, for he said to Christ (Matthew 3:14): "I need to be baptized by you, and do you come to me?" If baptism were necessary for salvation, the Brethren would have to claim a special exception for John the Baptist.

Besides the biblical proofs Gruber takes up a former argument (cf. Q. 5): It is absurd to assume that all those who lived and died after the time of the early Christians who did not receive baptism in the original form are lost and damned even though they faithfully observed the rules of Christ and true Christianity in all other respects – some even shedding their blood and lives for it – only because they were content with their baptism received in infancy out of ignorance or lack of a higher motivation.

To the keyword "infancy" Gruber chains the questions 16-19 that latch onto the problem of infant baptism. Gruber shares the traditional view that New Testament baptism corresponds to circumcision in the Old Testament (Q. 16). From this presupposition the Reformers of the 16th century had already argued against the Anabaptists.[60] At first glance Gruber's questions seem to pick up these arguments:

> "Does not the commandment of baptism apply also to children, as did the commandment of circumcision in the Old Covenant? Consequently are not children in danger of forfeiting their salvation as long as they are not baptized? Also, will they not be damned if they die without baptism?" (Q. 16)

But actually this is not Gruber's standpoint. The Old Testament, however, shows that children were not damned who died without and before having received circumcision. Gruber's hints to "the comforting words of David (2 Samuel 12:23) which he spoke about his child conceived with Bathsheba that died on the seventh day." David says: "But now he [David's son] is dead; why should I fast? Can I bring him back again? I shall go to him, but he will not return to me." Gruber takes the sentence, "I shall go to him" (i.e., I shall die someday also) as a reference to heaven where both would meet again. (Q. 17)

After all the critical objections to baptism that Gruber has advanced so far, his next couple of questions appears at first quite confusing. "At what age then are the children to be baptized? Is it not proper to use all diligence to help them to be baptized as early as at all possible, even in their infancy?" (Q. 18) The reader is baffled, because it does not seem to make sense that Gruber asks the Brethren, who refused infant baptism, for the proper time to baptize children, and that he apparently recommends a date as early as possible. Moreover, has he disregarded his former reservations

---

60 For example Huldrych Zwingli. "In catabaptistarum strophas elenchus (1527)," in *Huldrych Zwinglis sämtliche Werke,* vol. VI,1. Corpus Reformatorum 93,1 (Zürich, 1961), ch. III.

toward baptism in general? But his questions that seem so absurd, become clear when we consider Gruber's train of thought. His starting point is still the question of whether baptism is absolutely necessary for salvation or not (cf. Q. 11). His argument is: If indeed baptism is absolutely necessary, as the Brethren pretend, then they must baptize the children as early as possible. He anticipates the expected objection that children are not capable of believing by the counter-argument of infant faith. This was one argument, among others, that Luther had used in the debates of the 16th century to justify infant baptism.[61] Gruber also thinks that the children are "as capable of being baptized as of having faith," and refers to several New Testament passages (Luke 1:41-44; Matthew 18:3; Luke 18:16.17; 1 Corinthians 7:14, etc.). Children are capable of believing, "even though they do not know how to express this with many words as do the adults." This is "in accordance with the word (Mark 16:16) that it is not so much a matter of an easily deceptive oral profession of faith as the truth of faith itself" (Q. 19). The unspoken conclusion of the reasoning is: If the Brethren's assertion were true that baptism is absolutely necessary, they cannot refuse infant baptism. But since Gruber does not espouse this basic tenet, the conclusions are not valid either.

Gruber's own convictions appear in the next questions which terminates the first section of his tract referring to baptism. He advances two aggravating points of disapprobation. In his view, making an outward ceremony indispensably necessary for salvation runs counter to the evangelical character of the New Covenant. He compares such an attempt with the doctrine of the Law-zealots against whom Paul wrote so emphatically in his letters to the Galatians and the Colossians (Q. 20). Moreover, everybody who makes baptism an absolutely necessary commandment for salvation, will thereby introduce a new papacy, and bring about salvation by works (Q. 21). Thus, the attitude of the Brethren is a relapse into Catholic convictions; they are backsliders to pre-reformation patterns.

In the following several questions (Qs. 22 - 26) Gruber turns to discuss the ban as another central point of the Brethren's doctrines.[62] The Anabaptist churches have demanded and practiced banishing as an instrument of church discipline from their beginnings, and it became an important component of communitarian life.[63] In the Anabaptist concept of the church the

61 Cf. Karl Brinkel, *Die Lehre Luthers von der fides infantium bei der Kindertaufe* (Berlin, 1958).

62 For the ban cf. F. Ernest Stoeffler, *German Pietism during the Eighteenth Century* (Leiden, 1973), 80-81.

63 Cf. Neff, Art. "Ban". *Mennonite Encyclopedia* vol. 1 (Hillsboro/Can., 1955), 221-223.

use of the ban is an implicit part. The church is a brotherhood of those who, by their own decision, have obligated themselves (by baptism) to a truly Christian life as disciples of Christ. The church must preserve its pure character and must expel the wicked and blasphemous ones. Without this brotherly discipline the church cannot exist. In the 17th century there had been much discussion regarding a harsher or milder conception of the ban. Only thirty years before Gruber wrote his *Basic Questions*, the attitude toward the ban had caused - among other things - a recent division among the Mennonites, the Amish schism.[64]

In Gruber's view "the outward ban" is not at all an essential element of Christianity, because no kind of "outward" ceremonies, either baptism or ban, can form a part of the essence of Christianity, which is not outward but "spiritual". Gruber very skillfully argues from the example of Jesus. The ban can for that reason not be a constituent part of the church of Christ, because "Christ himself did not practice or enforce it even upon Judas, who was wicked through and through." (Q. 22)

In his argumentation Gruber could not pass over Matthew 18:16-18 in silence. For Christian groups practicing the ban this passage has always been the central Biblical reference. In Gruber's view, however, with these words Christ did not "institute a universal law for the church of the New Testament." Obviously Gruber interprets the verses in analogy to the antitheses of the Sermon on the Mount where Jesus opposed his teaching to what was said to the people in the Old Covenant. According to Gruber, in Mathew 18:16-18 Jesus "rather spoke [of the ban] with special regard to the character of the Jewish [church]." In the following verses (Matthew 18:21-22), however, Jesus gave "His followers a completely different lesson" (Q. 24), when he answered Peter's question of how often to forgive a brother by saying seventy times seven.

Gruber restricts the legitimate exercise of the ban to the Apostolic times. The apostles' power to bind and loose was "a prerogative granted only to them, which dare not be usurped by anyone else." (Q. 23) In addition to these observations Gruber points out that the apostles never forbade administering the necessary spiritual or physical services to a banned person. (Q. 25) The New Baptists never had the same divine effect

64 Cf. the articles in Lydie Hege and Christoph Wiebe, edd., *Les Amish: origine et particularismes 1693-1993 - The Amish: Origin and Characteristics 1693-1993* (Ingersheim, 1996). The sources have been published in an English translation: *Letters of the Amish Division: A Sourcebook.* Newly translated and edited by John D. Roth with the assistance of Joe Springer (Goshen, IN: Mennonite Historical Society, 1993).

and result as did the apostles with some of those whom they banned. (Q. 26)

The keywords "effect and result" lead to a new group of questions that have the Christian life as subject (Qs. 27-39). What are the effect and the result of the newly introduced baptism and of the newly established church in Christian life?

The first several questions (Q. 27-31) deal with "the true spiritual rebirth." This subject was closely connected to the common Pietist soil from which both, Gruber and the Brethren stemmed. Gruber tries to demonstrate that rebirth is by no means "inseparable from water baptism" (Q. 27); on the contrary, one has to differentiate between them. He takes his arguments from the religious experience. The first is a negative one: "not all of those whom the New Baptists baptize are immediately reborn of God in truth" (Q. 28). The affirmative evidence is on the contrary that "a person can be truly reborn even before he is baptized." The Brethren "themselves will not deny that water baptism does not insure the true, spiritual rebirth." (Q. 29) Gruber concludes that "the true brotherhood of Christians" is rather "founded upon rebirth than upon water baptism." (Q. 30). As a consequence, "those who have proved their rebirth by their lives before God and man" are "to be considered legitimately as brethren, even though they have not been baptized." Gruber cites Matthew 12:49.50, where Jesus points out: "whoever does the will of my Father in heaven is my brother, and sister, and mother." (Q. 31)

Since the Brethren claimed their church to be a restoration of Primitive Christianity, the criteria of the Early Christians must be applicable to them. But this is not the case, because the Brethren have not always been one heart and one soul (Acts 4:32) (Q. 32).

The next question (Q. 33) aims at the relation of the Brethren with other Anabaptist or Baptist churches. As the Brethren did not join an existent church (e.g., the Mennonites), but constituted a new one, they evidently regard their "church as superior to those of all other Baptist-minded (*Taufgesinnte*) of these or previous times." The reasons are, as Gruber presumes, that the New Baptists consider their newly established church, the practices of baptism, ban, etc, equal to those of the apostles. Against this pretension he repeats his former criticism that they cannot prove their divine calling. In the current context, discussing the effects of baptism in Christian life, he adds: they cannot "either demonstrate spiritual talents" or results in their lives (Q. 34). He explains his criticism in two questions: First, the Brethren and their teachers and leaders cannot prove that God established them as bishops in their congregations to keep watch over their flock as congregations of God[65]. They do not possess and cannot demonstrate the spiritual gifts required and necessary for this, as given in Second Corinthians 6 [3-10], etc. (Q. 35). To the contrary, the New Baptists, must admit that many among them were much more loving, meek, humble, and so forth before their baptism than afterwards (Q. 36).

Gruber advances another aspect to illustrate the lacking spiritual authority of the new movement. He reminds the Brethren of the fact that they began their "new baptism with much uncertainty and wavering." Moreover, the initial uncertainty has "continued [...] up to now" (Q. 37). Gruber was very well informed about things going on among the separatists in the Wittgenstein and Wetterau areas. He makes some allusions to changes in the Brethren's opinions. Unfortunately, we have little information about these early developments. According to Gruber, for a certain time the Brethren "rejected the married state, and then soon permitted it again." Also, they "once did away with work, then introduced it again" (Q. 37). In his answer, Mack does not deny those changes. He writes: "But it is true that we had to continue discussions on marriage, work, yes, and still other matters after the baptism."[66] He gives an explanation for those debates by referring to the background from which they came: "Before our baptism, when we were still among the Pietists, we were not taught otherwise by those who we deemed great saints. Therefore we had much contention until we abandoned the errors which we had absorbed." This is a very informative remark illustrating how difficult it was for the Brethren to lose themselves from their former background. Without doubt, Mack alludes to Hochmann as one of "those who we deemed great saints", and to his favoring of a celebatarian life.[67]

In summation, Gruber makes a negative judgment: In no point can the New Baptists demonstrate the undoubted godliness of their new church before all others in the whole world (Q. 38). His threefold conclusion reads: 1. The Brethren are not themselves assured, because 2. they have not yet

65 Cf. Acts 20:28.

66 For Mack's understanding of marriage cf. his *Rights and Ordinances* (*The Complete Writings*, 88-91), and Stoffer, *Background*, 81-82. Stoffer aptly remarks: "The high view of celibacy and the strictures placed upon sexual relationships also help to explain the captivating effect which Conrad Beissel's celibate community of Ephrata had upon many of the early Brethren." Beissel returned to the Böhmist views of Hochmann from which the Brethren in Schwarzenau had detached themselves.

67 For Hochmann and his understanding of marriage and celibacy cf. Renkewitz, *Hochmann*, 358-359. For the understanding of marriage among the various groups of Pietism cf. Fritz Tanner, *Die Ehe im Pietismus* (Zürich, 1952).

received the eternal assurance in the divine test of fire[68], that God himself recognizes them and would have them recognized, and 3. they cannot prove this nor make it credible to others (Q. 39).

In his last question Gruber turns to a forward glance. He asks – and he obviously doubts –, whether the New Baptists can "expect a better end for their church than that of the former Anabaptists" (Q. 40). When Gruber referred to Anabaptist groups of the present and previous times in a neutral sense (cf. Q. 33), he utilized the word "Baptist-minded" (*Taufgesinnte*). Here, however, he applies the term *Wiedertäuffer* (meaning "rebaptizers") which in German usage has a negative, polemical connotation, and which the Anabaptists never used in reference to themselves. Where Gruber does not expect "a better end [...] than that of the former *Wiedertäuffer,*" he obviously alludes to the notorious *Wiedertäuffer* of Münster. As was well known to his audience, they came to a dreadful end. This example was to be a warning to the Brethren who cannot expect a better fortune. God is impartial and utterly humiliates and destroys all that is high and exalted[69]. When he explicitly applies this maxim even to "all sects that pride and seek only themselves," he is most probably aiming at the Brethren.

Gruber concludes his tract with an emphatic appeal:

> "These are the most urgent questions about your new baptism and church, that were deemed necessary to present at this time to you, dear friends, for our own sake as well as that of others. You may now consider them, and prepare your corporate, clear, and candid explanations with your accompanying reasons. You should do this in such a manner as you can dare to account for such an important matter before the countenance of Jesus Christ, all His holy angels, and the elect on the inevitable day of most strict examination of this, your new work, without contradicting His noble Spirit in your consciences or those of others."

Gruber's Spiritualist concept

Studying Gruber's questions and comparing them with Mack's answers[70] we can see clearly the common ground as well as the differences between the religious ideals of the Brethren and of Gruber (and the like-minded separatists as whose speaker he acted).

---

68 Cf. I Corinthians 3:13; I Peter 1:7; Revel. 3:18.

69 Cf. Isaiah 2:12; Luke 1:51.

70 As in this article I have confined myself to Gruber's Basic Questions, I cannot discuss Mack's answers in detail.

Both, Gruber and his supporters as well as the Brethren, were Radical Pietists. The criteria that have been developed to define Radical Pietism[71] fit both factions: 1. They were separatists who had left the established churches. 2. They held doctrines deviating from the Lutheran and Reformed churches; they were "heterodox." There was a fundamental agreement between them in their criticism of the established churches. The Radicals regarded the established denominational churches as assemblies of those who were Christians "only by name." They criticized the arid Orthodox doctrine, which had fostered endless religious controversies, and its bias toward *ex opere operato* interpretations of the Word and the sacraments. In particular they reproved the implementation of the sacraments, which the pastors improperly spent to everybody, the lack of church discipline and the wide-spread moral laxity. On the positive side, the Brethren as well as Gruber shared a heartfelt piety, they agreed in stressing the need of a spiritual rebirth and of an austere life style. Both highly respected the authority of Primitive Christianity, which was a model for the entire Pietist movement.[72] They had in mind "the example of the first and best Christians,"[73] with whom they wished to be in accordance. Gruber as well as the Brethren received impulses from reading Gottfried Arnold's *Portrayal of the Early Christians.*[74] Finally, they shared the ardent expectation of the End-Times, which they believed had already begun.

Notwithstanding this common ground, two different forms developed with clearly opposing religious ideals. Using the terminology of Ernst Troeltsch[75] we can speak of two chief contrasting theological and sociologi-

71 Cf. Hans Schneider, "Der radikale Pietismus in der neueren Forschung," in *Pietismus und Neuzeit* 8 (1982), 15-42; 9 (1983), 117-151.

72 For Lutheran Pietism cf. Martin Schmidt, "Das Frühchristentum in der evangelisch-lutherischen Überlieferung vom 18.-20. Jahrhundert," *Oecumenica. Jahrbuch für ökumenische Forschung* 6 (1972), 88-110.

73 A. Mack Jr., Preface to the 1774-edition of his father's writings (see above no. 1), 4; Durnbaugh, *Origins,* 121-122.

74 Gruber refers to Arnold's *Portrayal of the First Christians* (see above no. 48) in his tract *Gespräch und Unterredung,* 5. Alexander Mack quotes the same book in his *Rights and Ordinances* (*The Complete Writings,* 50, 87). For the first time Floyd E. Malott, *Studies in Brethren History* (Elgin/Ill., 1954), 28, has drawn the attention to Arnold's influence on the Brethren: "It was Arnold's studies and writings which had recovered the knowledge that in the first and second centuries Christian baptism was trine immersion." Less satisfying is the article of D.E. Miller, "The Influence of Gottfried Arnold Upon the Church of the Brethren," *BLT* 5 (1960), 35-50. See also Dale R. Stoffer, "The Life and Thought of Gottfried Arnold," *BLT* 26 (1981), 135-151.

75 Ernst Troeltsch, *Die Soziallehren der christlichen Kirchen und Gruppen,* 3rd. ed.

cal types of Christian piety: While the Brethren represent the type of a "sect"[76], Gruber and like-minded separatists stand for "mysticism." Gruber's *Basic Questions* together with Mack's answers are an excellent example for studying the contrasting forms of doctrine and social life.[77]

The attitude of Alexander Mack and the Brethren was basically biblicistic.[78] For them the Scripture was in a literal sense the decisive authority and the binding rule of life.[79] Their biblicism had a strong tendency toward legalism.[80] Mack regarded the preaching and teaching of Jesus primarily as "commands," "commandments," "rules," "laws," "statutes," "orders," "ordinances," "precepts."[81] Jesus was regarded as "the true Law-giver"[82], "the founder of His holy ordinances."[83] From this starting point the Brethren continued to refuse infant baptism, as did many other Radical Pietists, but

---

(Tübingen, 1922) [Reprint: Aalen, 1977]. English translation by Olive Wyon: *The Social Teaching of the Christian Churches,* 2 vol. (London, New York, 1960). For a recent discussion cf. Arie L. Molendijk, *Zwischen Theologie und Soziologie: Ernst Troeltschs Typen der christlichen Gemeinschaftsbildung - Kirche, Sekte, Mystik.* Ernst-Troeltsch-Studien 8 (Gütersloh, 1997). - Troeltsch certainly did not know either the Brethren or Gruber, he developed his chief types from the Anabaptists and Spiritualists of the 16th century.

76 Troeltsch uses "sect" primarily as a sociological term.

77 Hans Schneider, "Der radikale Pietismus in der neueren Forschung," in *Pietismus und Neuzeit* 9 (1983), p. 79 and no. 326. - I am well aware of the historical problems that are connected with Troeltsch's analysis (cf., e.g., the discussion in: C. Redekop and J.A. Hostetler, "The Plain People. An Interpretation," *Mennonite Quarterly Review* 51 [1977]); nevertheless I consider it heuristically very useful.

78 For Mack's understanding of the Scripture cf. Stoffer, *Background,* 71-72.

79 In a manuscript letter that the Swiss Radical Pietist Niclaus Tscheer (see above, no. 27) wrote in 1718 "to the friends in Switzerland about the present condition of the Pietist congregations in Germany" he characterized the Brethren as follows: "the basis of the Schwarzenau Anabaptists (*Wieder-Täufer*) is founded, as everybody knows, on the mere letter of the Scripture and on an imitation of the First Christianity" (letter preserved in: Burgerbibliothek Bern (Switzerland), Mss. hist. helv. III. 272, fol. 590f.).

80 "There are places in Mack's writings where his emphasis on obedience seems to make of Jesus' teachings simply another Mosaic code filled with all the legalistic casuistry from which Jesus had joyously delivered his disciples." William G. Willoughby, *Counting the Cost: The Life of Alexander Mack 1679-1735* (Elgin/Ill., 1979), 65.

81 The statistics of Mack's vocabulary in his complete writings would show that these words belong to those he most frequently used.

82 Mack, *Rights and Ordinances,* 85.

83 Mack Jr., Vorrede (see above, no. 1), 9; Durnbaugh, *Origins,* 122.

they could not ignore Christ's commission to baptize, because this was an integral part of the New Law that He had given to His disciples and followers. The Brethren understood the imitation of Christ in a double sense: First, imitation of Christ was obedience to His commands. They wanted "to avail themselves of the ordained testimonies of Jesus Christ according to their right value", and to take upon themselves all ordinances of Jesus Christ as an easy yoke."[84] Second, they tried to follow after their Lord[85] and the footsteps of the first Christians[86] by imitating their way of life.

Thus, the theme of baptism was but part of a broader context. Although the adult baptism of believers became the blatant distinctive mark of the "New Baptists", it was not the starting point, but the consequence of the Brethren's development. Primary was the desire for a gathered community of believers according to the "Rights and Ordinances" of the New Testament. While other Radical Pietists along with their separation from the established churches rejected all kind of outward church organization, the Brethren, on the contrary, yearned for a concrete community of serious, reborn Christians. They were searching a church ruled by the ordinances of Christ and componed of genuine saints that was conform to the model of Early Christianity. This was to imply a brotherly discipline according to Christ's rule (Matthew 18:15ff.).[87] Among their fellow Radicals the pre-conditions were lacking, because there existed no kind of church structures, and the other Radical Pietists were not willing to subject themselves to a narrower church discipline. The first Brethren regarded this as an aggravating deficiency: "the all-too-great freethinking there seemed more dangerous" to them "than the religions [i.e., churches] which they had left." So, the baptism of believers became "a door to the church after which they had yearned."[88] The Brethren considered it the constituting criterion for church membership, as a sealing of the rebirth and an obliging sign of the covenant with God.[89] Within this community of baptized reborns they felt themselves obliged to preserve the purity of the church of saints by discip-

84 Mack Jr., Vorrede 7v, 8; Durnbaugh, *Origins,* 121.

85 Mack Jr., Vorrede 8; Durnbaugh, *Origins,* 121.

86 Mack Jr., Vorrede 7v; Durnbaugh, *Origins,* 120.

87 Alexander Mack Jr. stresses this point in his account of the Brethren's formation. Mack Jr., Vorrede 7v; Durnbaugh, *Origins,* 120.

88 Mack Jr., Vorrede 8; Durnbaugh, *Origins,* 120-121.

89 For Mack's understanding of baptism cf. Stoffer, *Background,* 78-80.

line (ban)[90], and capable to celebrate the Lord's Supper[91] and to ordain ministers.[92]

This brief sketch will suffice to contrast the contrary position of Gruber's 'mysticism' with the 'sectarian' type (in Troeltsch's sense) of the Brethren. From the analysis of his *Basic Questions* it has become evident that Gruber's approach is thoroughly spiritualistic. His maxim is that "outward" things - such as water baptism, ban and other church ceremonies - are not essential for Christianity; the essence of Christianity is not outward but "spiritual" (Q. 6).

Spiritualists like Gruber admit nothing but a worship of God in spirit and in truth (according to their favorite proof-text John 4:24).[93] They recognize no visible church body, but dwell within the Invisible Church, in which the Spirit does all, and in which it is not necessary to know each other. Christ's fellowship or true church is united in the living Spirit (Q. 5), and it is by no means visible.[94] It is "founded rather upon rebirth than upon" such outward things as "baptism" (Q. 30). Only those who are gifted with the Spirit are able to recognize others who belong to this true, pure, spiritual church.

Gruber disapproved of the "new church" (Introd., Qs. 8, 34, 38 and Concl.) of the Brethren and "their new baptism" (Introd., Q. 37 and Concl.) as introducing "a new papacy" (Q. 38). In 1714 he published a tract *Conversation and Discourse on the True and False Separation.*[95] Here he pointed out as a logical consequence of the separation that those who had left the old 'Babylonian sects' ought not to found a new one.[96] In his view, this would be a relapse into the former 'Babylonian' patterns. The "true sepa-

---

90 Cf. Stoffer, *Background,* 80.

91 Cf. Stoffer, *Background,* 80-81.

92 The *Basic Questions* mention "teachers and elders" (*Vorsteher*) as "bishops." For the question of ordination cf. Stoffer, *Background,* 67 and 262, no. 20.

93 For example: [Hochmann,] *Nothwendige Addresse und Warnung an die Regenten Teutschlandes/ Wegen der harten Verfolgung der sogenannten Pietisten/ oder Wahren Kinder Gottes [...]* (n.p., n.d. [1712]), 7 and 11.

94 Cf. Hochmann's understanding of the church: Renkewitz, *Hochmann,* 366-367 ("The church of the Spirit").

95 *Gespräch und Unterredung von der Wahren und Falschen Absonderung: Auff Veranlassung der heutigen Separatisten zwischen einem Forschenden und Entscheidenden angestellet und von* Einem Lang-Geübten *zum Druck übergeben* (n.p., 1714). - *E*in *L*ang-*G*eübter is a cryptonym, indicating *E*berhard *L*udwig *G*ruber.

96 *Gespräch* 15.

ratist" conducts a silent and exemplary way of living as a Christian individualist. He even dispenses with any form of regulated outward worship. He only knows the spontaneous and improvised edification by reading the Bible, singing and praying for which some like-minded may come together.[97]

Spiritualists like Gruber had in effect no use for the sacraments. As "outward" things they were ultimately a matter of supreme indifference. Hochmann wrote: "When the inward life is upright, indeed there c a n be the outward form"[98] - but it is not necessary. Gruber takes the same indifferent standpoint in his *Basic Questions.* Spiritualists recognized solely the "baptism of the Spirit,"[99] and instead of an "outward" celebration of the Lord's Supper, they had their Inward Communion with Christ in the Spirit.[100]

An important difference between the Brethren and Gruber was their diverging understanding of the Scripture. At first glance, it is not quite evident from the *Basic Questions,* how greatly Gruber's spiritualism contrasts in this point with the Brethren's biblicism. Admittedly, he also argued with quite a few Biblical quotations. But for him "the outward word" of the Scripture had quite another function than for his discussion partners. In 1712, only one year before he addressed his *Basic Questions* to the Brethren, Gruber had published an anonymous tract that is very interesting in this context. Its title reads *Short but Thorough Instruction about the Inward Word of God.*[101] Here Gruber poses as his principal thesis: "aside from the Holy Scripture there is still another and more immediate word of God that is called the Inward Word."[102] In comparison with the Outward Word of the Bible, the Inward Word is candid and original. The Biblical authors merely have written down what the Inward Word of God told them. The Holy

---

97 Ibid.

98 In his letter to Christian Liebe, c. November, 1708; Durnbaugh, *Origins,* 128.

99 Gruber makes use of this term in his question directed to Seebach (Qs. 28, 37); Hochmann speaks in his letter to Christian Liebe of "the inner baptism of spirit and fire." Durnbaugh, *Origins,* 127.

100 Spiritualist would quote Revel. 19:9 as the Biblical reference. For an example of the Spiritualist concept of the Inward Communion the views of Gottfried Arnold are instructive. Cf. Erich Seeberg, *Gottfried Arnold: Die Wissenschaft und die Mystik seiner Zeit* (Meerane, 1923 [reprint: Darmstadt, 1964]) 185ff.

101 *Kurtze doch gründliche Unterweisung von dem innern Wort Gottes* (n.p., 1712; republished 1713).

102 *Unterweisung,* i.

Scripture has emanated from the Inward Word and is secondary to it. Strictly speaking the Bible is "nothing else but a manifestation of the Inward Word."[103] Principally all people can experience the Inward Word. The unconverted become aware of it as the judging voice of God in their conscience.[104] The faithful, however, perceive "the kind voice of the father or the familiar voice of the bridegroom, [...] full of spirit, life, love, favor, grace and sweetness."[105] The Inward word is "a friendly conversation of God in Christ Jesus through the Holy Spirit with His children for their daily instruction and for their eternal salvation."[106] The Inward Word teaches the believers how to conduct a godly life, and eventually how "to cast off cheerfully and with joy the mortal frame and re-enter freely and victoriously into the eternal origin;" even now it gives "a foretaste of eternal life."[107]

Of course, Mack would speak of the Inward Word either.[108] Some formulations seem at first glance rather similar to some of Gruber's statements. But as Dale Stoffer keenly observed, "it is precisely at this point of relationship between the inner and outer Words that Mack confronts the Radical Pietists."[109] Both would agree that the Bible was the outgrowth of the Inward Word spoken by God to the Biblical authors. But in Gruber's opinion the Inward Word has remained primary in regard to the secondary Outward Word of the Scripture. For every believer it is the criterion to understand and interpret the Bible. It is impossible to verify the Inward Word as the Word of God, because "it proves itself and justifies itself in the heart of those who hear it."[110] Spiritualists like Gruber did not accept any outward supervisory authority; ultimately they knew nothing but the Spirit and its inward impulse. Mack, on the other hand, regarded the Outward Word as the decisive authority; he affirmed what Gruber contested: the Outward Word of the Bible has to control and verify the Inward Word. While the Brethren stressed the obedience to the New Law, written down in the Outward Word, Gruber scorned at this legalistic "salvation by works" and "new papacy" (Q. 21). Consequent Spiritualists were "Antino-

---

103 *Unterweisung,* v.

104 *Unterweisung,* xvii.

105 *Unterweisung,* xix.

106 *Unterweisung,* xv.

107 *Unterweisung,* xxxiii.

108 For the relationship of Inward and Outward Words cf. Stoffer, *Background,* 72-73.

109 Stoffer, *Background,* 73.

110 *Unterweisung,* xxv.

mians"[111] in a radical sense, disapproving of obedience to all kind of outward authority, and they followed the Inward Word that illuminates and leads all truly reborn Christians. For them Christ does not rule by "the outward letter" but only by the Spirit, which becomes identical with religious experience.

The different role Gruber and the Brethren attributed to the Bible and the contrasting positions of spiritualism versus biblicism appears very clearly at an important point. This is the problem how to be confident in matters of faith. In his questions Gruber repeatedly asked, whether the Brethren had received "divine assurance" and particularly "a direct divine calling" (Qs. 7-10, 34). This was the typical criterion of the Spiritualist. Only a direct calling, an inward illumination and impulse by the Inward Word can impart assurance.[112] For the Brethren, however, the Biblical wording was decisive and sufficient.

Gruber's spiritualist views were embedded in a specific conception of history. In Q. 6 he mentions that God will "introduce a new economy and housekeeping of the pure Spirit" that will succeed the present state. Therefore God permitted the practice of baptism to decay, like the circumcision of the Old Covenant was abolished in the New Covenant. As an outward ceremony it has been imperfect and has now become antiquated; it does not fit the new economy of the pure Spirit.

Gruber's hope for "an economy of the spirit", for an age of the Spirit (*saeculum spiritus sancti*), had caused already the suspicion of ecclesiastical authorities when he was still a pastor in Württemberg, and he had been cross-examined on this subject.[113] The pedigree of this concept goes back to the Middle Ages. The Italian abbot Joachim of Fiore (ca. 1135-1202)[114] had developed a view of the history progressing in three stages: of the Father,

---

111 For a discussion of this term see the article "Antinomismus" by Theodor Mahlmann in the 4th edition of *Die Religion in Geschichte und Gegenwart.*

112 Jakob Boehme, the famous German Spiritualist, wrote to an Orthodox theologian: "opinions will not suffice, but rather the living Word, through which the heart experiences certainty. Out of the Spirit of Christ I received insight into the great mystery." Quotation after F. Ernest Stoeffler, *German Pietism during the Eighteenth Century* (Leiden, 1973), 168.

113 Kolb, *Anfänge* (see above no. 37), 392: Gruber expected the end of the teaching ministry in the forthcoming age of the Holy Spirit and combined this with Spener's "hope for better times."

114 Cf. Bernard McGinn, *The Calabrian Abbot: Joachim of Fiore in the History of Western Thought* (New York, 1985).

of the Son, and of the Holy Spirit. The third and last stage of history will affect an increasing spiritual character of the church and its complete transformation (*ecclesia spiritualis*). The influence of the 'prophetic abbot' was rather strong during the following centuries, though his conception underwent many variations in detail.[115] In particular, movements critical to the official church adopted the expectation of a spiritual reform of the church in an age to come. Radical Pietists were quite well acquainted with the idea of a "threefold economy of the church of God", and many shared the expectation of an Age of the Spirit.[116] In the 17th and 18th centuries, such speculations concerning the periods of history were often combined with an allegorical interpretation of the seven missives in Revelation, ch. 2 and 3. The letter to the church in Philadelphia (Revelation 3:7ff.) aroused particular interest.[117] Spiritualist circles, e.g., Weigelians and Rosicrucians, shared such ideas[118]; English disciples of the German Spiritualist Jakob Boehme brought them to England, where Jane Leade founded the Philadel-

---

115 Cf. Delno C. West (ed.), *Joachim of Fiore in Christian Thought. Essays on the Influence of the Calabrian Prophet,* 2 vol. (New York, 1975). - Describing the history of the interpretation of the Revelation Wilhelm Bousset wrote: "One of the most peculiar, for the history of the Apocalypsis most important works is that of the abbot Joachim of Floris." Wilhelm Bousset, *Die Offenbarung Johannis.* Kritisch-exegetischer Kommentar zum Neuen Testament 16 (Göttingen, 1896^5), 82. No research has so far been done on the influence of the "prophetic abbot" on Spiritualism and on Radical Pietism.

116 Cf. as one example for many others: Samuel Zinck, *Seculum Spiritus sancti* (n.p., 1694). For Zinck cf. Johann Georg Walch, *Einleitung in die Religionsstreitigkeiten der ev.-luth. Kirchen,* vol. 2 (Jena, 1730), 844. - Gruber's friend, Johann Carl Gleim, a prophet of the Inspirationists, treats the subject in one of his prophetic speeches. He exposes "the threefold economy of the church of God: 1. of the Father, 2. of the Son, 3. of the Spirit." *Geschrey zur Mitternacht* (n.p., 1715), 9ff.

117 Unfortunately, we know only little about the background and further development of these ideas; several first hints in Martin Schmidt, Article "Philadelphia," in: *Die Religion in Geschichte und Gegenwart,* vol. 5 (Tübingen, 1961^3), 328-329.

118 In 1619, a Master of Arts in Marburg, accused of Weigelianism, declared during his cross-examination: "the fraternity [of the Rosecrucians] has its prefiguration in the 'type' (*typus*) of the church of Philadelphia, Revel. 3:7-14." C.W.H. Hochhuth, "Mitteilungen aus der protestantischen Secten-Geschichte in der hessischen Kirche, I. Theil, 4. Abt.: Die Weigelianer und Rosenkreuzer," *Zeitschrift für historische Theologie* 32 (1862), 86-159, esp. 120. He also spoke about "the three periods of the Father, the Son and the Holy Spirit (saecula patris, filii, spiritus sancti)"; in the third all heresies would cease to exist and then would be one faith (Hochhuth, 116).

phian Society[119], and from England the Philadelphian thoughts came back to Germany and found an immense echo among Radical Pietists.[120]

Philadelphians regarded the seven letters to Christian churches in Revelation 2 and 3 as indicating seven periods of church history, in which the period of Philadelphia was the most interesting and relevant age. Until now, they believed, the history of salvation had passed through and left behind the first five periods (Ephesus, Smyrna, Pergamus, Thyatira, Sardis). The preceding one, still reaching into the present time, was that of Sardis. The 'Sardian' Christianity was that of post-reformation times; which notwithstanding its living name was dead (Revel. 3:1ff.) - dead in its lifeless and quarreling orthodoxy, and frozen in its dogmatic formulas. But after it, the period of Philadelphia is about to follow (Revel.3:7ff). Then the true, reborn children of God who have waited patiently, who have preserved the word of Christ, and who have not denied His name (Revel. 3:7.9), will be gathered from the four directions of the wind (Matthew 24:31) and be united as the wedding guests of the Lamb (Revel. 21). The denominational churches (the 'sects') will then perish as a part of 'Babel' (Revel.14:8 a.s.o.), and the scattered children (I Peter 1:1) of the one true church of the Spirit will all be one (John 17:21).[121] The name of Philadelphia ("brotherly love") also characterizes the behavior of those true children of God who overcome the intolerant doctrinal opinions of the 'sects', take their stand above all religious parties and thus realize the 'impartial' brotherly love. [122]

---

119 Cf. Nils Thune, *The Behemenists and the Philadelphians* (Uppsala, 1948); Ensign, *Radical German Pietism (c. 1675 - c. 1760)*, (Diss., Univ. Boston, 1955), 189-199.

120 Cf. Schrader (see above, no. 14), 63-73; Schneider, Der radikale Pietismus im 18. Jahrhundert (see above no. 28), 115ff. and *passim.*

121 The biblical verses cited above are the stereotype quotations of the Philadelphians for their view. Cf. e.g., the comments of these verses in the Bible editions issued by Philadelphians: *Mystische und Prophetische Bibel* (Marburg, 1712); *Die Heilige Schrift*, 8 vol. (Berleburg, 1726-1742); *Biblia, Die Gantze HeiligeSchrifft* (Ebersdorf, 1727).

122 The Berleburg Bible comments on "Philadelphia" in Apk 3:7 as follows: "this name means brotherly love and is an excellent symbol for the true church which is to be a brotherhood, I Peter 5:9, and expresses a community which must be intimate. [...] If you want to participate in it, so [...] look to receive the spirit of love and to leave the communion of those who say they were Christians and confessors without being it [...]. Thus Philadelphia is an image of a better state of the church. But this must be understood in a spiritual way, as it is appropriate for the church and as it fits to the name of Philadelphia. For what is the church but a gathering of brethren?" *Der Heiligen Schrifft siebender Theil* (Berleburg, 1739), 273-279.

Waiting for the soon daybreak of the Philadelphian era, hoping for the approaching coming of Christ "in Spirit, or in powerful Demonstration of the Holy Ghost, probably in the present Generation"[123] characterized the English as well as the German Philadelphians.

From this perspective Gruber criticized the Brethren. In his view, they did not realize what time it was; they did not notice the progress of history to a new economy that would leave behind and qualitatively surpass all previous times. Their innovations ("new" church, "new" baptism) that he refused were in his opinion illicit, because they were premature and had no divine authorization.[124] Moreover, they were not preparing for the new economy to come, but merely seeking the restoration of a bygone past. True innovations would come from the Spirit. Therefore no activism is required but passivity, waiting for God's acting.

OUTLOOK

Only one year later, in the fall of 1714, when the Inspirationist prophets appeared in the Wetterau area, Gruber, after some hesitating, joined their movement.[125] Quite understandably from the background of his Philadelphian expectations, Gruber and like-minded Spiritualists became convinced that the morning of "the new economy of the Spirit" had broken.[126] Those prophets seemed to show the proofs of divine legitimation that he had in vain requested from the Brethren. It was, however, rather their

---

123 *Theosophical Transactions by the Philadelphian Society* (n.p., 1697), 25; cf. Ensign, *Radical German Pietism*, 195.

124 Cf. Qs. 7-10, 34. The early historiography of the Inspirationists mentioned the "New Baptists" and repeated Gruber's former criticism: "These were false starters, and did not wait for the correct time, which God had planned, to gather and prepare a congregation from among the sinners through His prophetic Spirit." "Kurze Historie der Inspirirten oder Wahren Inspirations-Gemeinden" [F.!!], in: *XIV. Sammlung Das ist: Der XIV. Auszug aus denen Jahrbüchern der Wahren Inspirations-Gemeinschafften [...].* (n.p., 1761), 242. English translation in Durnbaugh, *Origins,* 149. - The German word *Vorläufer* has the meaning of forerunners, precursors. But in this place it indicates persons that start running too early.

125 He gave an autobiographical report of his association with the Inspirationists in [Christian Fende, ed.,] *Unterschiedliche Erfahrungs-volle Zeugnisse [...] Von der so sehr verhassten und verschreyten Inspirations-Sache [...]* (n.p., 1715), 1-15.

126 *Unterschiedliche Erfahrungs-volle Zeugnisse,* 14. Cf. also the same statements from like-minded Radical Pietists who also joined the Inspirationists: 15f. (Johann Samuel Carl), 75 (Andreas Gross).

extraordinary ecstatic behavior than their message that won Gruber for the movement. That is to say, the prophets took up central themes and motifs of Mystical Spiritualism: they encouraged the people for "a silent retreat into one self's soul", they stressed the "Indwelling Christ" (Christ in us), spoke of "His transfiguration in the soul" of believers, and similar. Gruber's spiritualism surely predisposed him to associate with the Inspirationists. His former explanations of the Inward Word showed, "how such mystics were immediately receptive" for the Inspirationist movement, "and how they had to take but a little [...] step toward it."[127] It is not just the fact that the Inspirationists had Gruber's tract on the Inward Word reprinted without any change[128], that provides strong evidence for the continuity of ideas, but also Gruber's own clear comments on this point. Trying to prove the truth of the Inspirationists' claims he stated that "the Inward Word opened itself within my soul [...] much more deeply and more richly than I had ever experienced before."[129] Thus, when the author of the *Basic Questions* associated with the Inspirationists, he did not break with the past, he needed not abandon his former persuasions.[130]

Gruber's anti-Brethren pamphlet impressively demonstrates the unbridgeable gap that existed between him and the Brethren, between spiritualism and biblicism, mysticism and 'sect', and these differences continued in the tensions and frictions between the Brethren and the Inspirationists.[131] As for the historical interpretation of Radical Pietism, the development of

---

127 Max Goebel, "Geschichte der wahren Inspirations-Gemeinden, von 1688 bis 1850," *Zeitschrift für historische Theologie* 24 NS 18 (1854), 318-319, no. 58. The contrary position of Albrecht Ritschl, *Geschichte des Pietismus*, vol. 2 (Bonn, 1884; reprint: Berlin, 1966), 368, is a misjudgment, caused by his deficient knowledge of the Inspirationist literature.

128 Aufrichtige und wahrhafftige Extracta, *Aus dem allgemeinen Diario der Wahren Inspirations-Gemeinen. II. Sammlung [...]*, 2nd edit. (n.p., 1745), appendix.

129 *Unterschiedliche Erfahrungs-volle Zeugnisse*, 14. - Therefore, in a later tract, he described the inspirations that the Inspirationist prophets received quite in analogy to the hearing of the Inward Word. Cf. *Nöthiges und Nutzliches Gespräch, Von der Wahren und Falschen Inspiration: Auffgesetzt Von* Einem Lichts-Genossen *[...]* (n.p., 1716), 21f., 43, 45.

130 Andreas Gross, at that time a close friend of Gruber, pointedly formulated: "Not that have adopted something new or built on another ground, but from the first moment until now we have remained on our inward post of retreat in God, according to our prevailing guidance, and we adopt what is conform with it, and strengthen ourselves together with the members of Christ in the common faith." *Unterschiedliche Erfahrungs-volle Zeugnisse*, 75.

131 Cf. Durnbaugh, *Origins*, 148-150.

these different types of radicalism raise several intricate questions concerning the theological sources, the social background, the formation and differentiation, the homogeneity or heterogeneity of the radical wing of Pietism. These are "most urgent" historical "basic questions" that require our "closer examination" and our "clear and frank answers."

X. Alexander Macks's Notes about Immersion Baptism in His Personal Bible

Among the rich store of old books in the Alexander Mack Memorial Library of Bridgewater College, the personal Bible of Alexander Mack, Sr., the organizer and first minister of the Brethren, is a piece of special value.[1] Presumably, Mack carried it amid his few belongings that he brought with him from the European Continent to America. The Macks used it as their family Bible, and Alexander Mack, Jr., made some entries about family data. After his death, the Germantown congregation of the Brethren preserved the Bible. In 1841 it came into the possession of Henry Kurtz, the important Brethren publisher.[2] John S. Flory, who obtained the Bible from Kurtz's son, secured it for the Bridgewater Library where the valuable relic still remains an attraction to visitors.

The Bible is a copy of a 1723 edition of Luther's German translation, printed in Lemgo, Germany.[3] The volume has some twenty leaves of blank writing paper bound with it at the beginning and at the end. Besides the above-mentioned notations on family data by Alexander Mack, Jr. , several pages contain handwritten notes by his father, Alexander Mack, Sr. Because of the yellowed paper and the pale ink, some passages are barely legible and offer great difficulty for deciphering. Henry Kurtz[4] and Donald F. Durnbaugh[5] have published portions of these notes in English transla-

---

1 Cf. Kenneth I. Morse, Art. "Mack's Personal Bible," *The Brethren Encycopedia*, vol. 2, 1983, 777.

2 Kurtz told the story of this book in a notice he put on one of the first pages of the Bible: "This hand-Bible, formerly the property of Brother Alexander Mack, Sr., who died as early as 1735, and of Alexander Mack, Jr., who lived to be very old and lived to see the present century, came as a present from the congregation of Germantown through Brother Philip Rothenberg into my hands in 1841." Translation in Donald F. Durnbaugh, *The Brethren in Colonial America* (Elgin/Ill.: The Brethren Press, 1967), 426.

3 *Die Heilige Schrift [...]* (Lemgo: Meyer, 1723).

4 *The Gospel Visitor* (1852), 143-145.

5 *The Brethren in Colonial America*, 426-428; reprinted in William R. Eberly, ed., *The*

tion. Unfortunately, there has never been an edition or translation of the entire text. This is a deplorable deficiency, because the notes contain valuable information about Mack's reading and thinking.

Some of Mack's notes are of particular interest because they deal with the immersion baptism that has become a distinctive mark of the Brethren. Apparently these notes are extracts from Mack's reading. He quotes some proof-texts in favor of immersion from writings of different denominational provenience: from the Lutheran Book of Concord, from a book written by the Reformed Zwingli, and the work of a theologian named Coccius. The notes read as follows:

> "In the Book of Concord of the Augsburg Confession, printed in 1580, page 221, it is said that more than seven thousand Lutheran theologians teach about immersion baptism where they speak as follows: That they immerse us in the water which closes in above us, and then pull us out again; this immersing and pulling out again makes up the power of baptism. Also, Zwingli in his book written against the Catabaptists, page 17, writes that the Zurich Lords [authorities] ordered that whoever was or would be baptized by immersion was to be drowned by immersion. This was directed against the Anabaptists."[6]

On another page Mack adds a continuation of to the same subject:

> "A scholar named Coccius has indicated in good order in his *Thesaurus Catholicus*, volume 2, book 5, article 16, that no other baptism was generally accepted in the church from 100 until 1600 [A.D.], and he proves this for all centuries by the learned writers who have written about immersion baptism, so that the sprinkling also of children did not become completely predominant before the year 1600. It had already begun in Luther's time, but Luther himself wrote sharply against this [practice]. Indeed, in the entire Russian empire to this day they still baptize children by immersion and consider sprinkling not a valid form of baptism because they belong to the Greek [Orthodox] Church."[7]

Complete Writings of Alexander Mack (Winona Lake/Ind., 1991), 113-115.

6 "im Concordi buch von der augsburgischen Confessi gedruckt 1580, folio 221 soll es von mehr als 7000 lutherische lehrer angewießen sein wegen dem onder dauff da sie alßo sprechen, dat man onß in hett watter sinckt dat over onß te same gaht, und dan weder ut dreckt, diße twe stucke unter daß waßer sincken, en weder ut drecken, bedüett die krafft der Tauff, so hatt auch Zwingeli in seinen buch geschrieben tegen die Catabaptisten, pag. 17 dat die Zürcher hern befohlen wer onder gedopt sey, en sich laaten hatt onder dopen, den sol man selber dopen en verdrincken, welches tegen die Tauffs gesinnten ist ergangen der befell."

7 "Es hatt ein gelehrter nahmens Coccius ordentlich angetekent in sein Thesauro Chatolico Tom 2. Lib 5 art 16. dat kein ander dop nit all gemein in der Kirch ist an genomen alß der onderdop von 100. biß op 1600, und beweißt solches in alle hundert iahren mitt denen gelehrtten Scribenten die von dem onder dop geschrieben haben.

These notes are remarkable in various respects. At first glance they seem to indicate an ample knowledge of theological literature that seems exceptional on the part of a former Palatine miller. Mack quotes not only the Lutheran Book of Concord but also a Latin work of the Swiss Reformer Zwingli and a third book that by its Latin title appears to be a learned compendium of theology.

The first quotation is from the Book of Concord, the famous collection of the central confessions of faith on which most Lutheran Churches had agreed in 1580 as their common doctrinal basis. Besides the creeds of the antiquity, it contains the Augsburg Confession, the Apology of the Augsburg Confession, Luther's Articles of Schmalkalden, his Catechisms, Melanchthon's Tract on the Pope's Power, and the Formula of Concord. Mack refers to fol. 221 in the German edition of 1580.[8] The quotation is from a passage in Luther's Large Catechism dealing with baptism. There the passage reads:

> "Finally, we must know what baptism signifies and why God ordained just this sign and external observance for the sacrament by which we are first received into the Christian church. This act or observance consists in being dipped into the water, which covers us completely, and being drawn out again. These two parts, being dipped under the water and emerging from it, indicate the power and effect of Baptism, which is simply the slaying of the old Adam and the resurrection of the new man, both of which actions must continue our whole life long."[9]

The second quotation derives from Zwingli's book *In catabaptistarum strophas elenchus* (i.e., A Refutation Against the Intrigues of the Anabaptists). The Swiss Reformer authored this Latin treatise in 1527, when the conflict

---

daß alßo daß besprengen auch der Kinder erst im 1600 iahr völlig die oberhand genomen. daß hatt schon begonen zu Lutheri zeitten, aber Lutheri hatt scharff darwieder geschrieben, ia in dem gantzen Rusischen Reich dauffen sie noch gegen wärdig die kinder onder daß waßer und halten daß besprengen vor keine Tauff weilen sie der Krieckischen Kerch zu gethan sein."

8 *Concordia: Christliche, wiederholete, einmütige Bekenntnüs nachbenannter Churfürsten, Fürsten und Stände Augsburgischer Confession und derselben Theologen Lehre und Glaubens. [...]* (Dresden: Matthes Stöckel and Gimel Bergen, 1580). For the history of the first imprint cf. *Die Bekenntnisschriften der Evangelisch-Lutherischen Kirche*, 5. ed. (Göttingen: Vandenhoeck & Ruprecht, 1963), xlii-xliv.

9 "Das Werk aber oder Gebärde ist das, daß man uns ins Wasser senket, das über uns hergehet, und danach wieder erauszeucht. Diese zwei Stück, unter das Wasser sinken und wieder erauskommen, deutet die Kraft und das Werk der Taufe [...]." *Die Bekenntnisschriften der Evangelisch-Lutherischen Kirche*, 704,23-29.

with the Zurich Anabaptists was at a climax.[10] Again, Mack points to p. 17 of the original edition. In this passage Zwingli alludes to the hard measures taken by the Zurich magistrate against the Anabaptists. (On January 5, 1527, Felix Mantz was drowned in the Limmat River.) The punishment of the Anabaptists was to reflect the crime; as they were accused of misusing the water, the magistrate retaliated with drowning in the same element. Zwingli reports:

> "The most famous senate has decided to immerse a person in the water who by baptism has immersed someone who had been immersed [baptized] before."[11]

The identification of the third work quoted by Mack is rather difficult. The "scholar named Coccius" is not, as Durnbaugh seems to infer,[12] Johann Coccejus (1603-1669). This famous Reformed theologian of Leiden did not issue a *Thesaurus catholicus.*[13] The author, instead, is a less known Roman Catholic theologian, Jodocus Coccius.[14] Though brought up in the Lutheran tradition, he converted to Catholicism and became a canon in Jülich. After long years of collecting materials, he published a voluminous work under the title *Thesaurus catholicus.*[15] This was a compendium dealing with the 16th century denominational controversies that Coccius discussed from a Roman Catholic point of view. In the passage to which Mack refers (vol. 2, book 5, article 16), Coccius is talking about the rite of baptism.

Did Mack really know the works he quoted? It is highly improbable that Mack, who was of Reformed origin, ever read the Lutheran Book of Concord and that he even had the 1580 edition at hand. Likewise it seems incredible that Mack was able to read Zwingli's Latin *Elenchus*. He scarcely could have had a copy of the rare 1527 edition, and according to all we

---

10 For the context of this book cf. Ulrich Gäbler, *Huldrych Zwingli: His Life and Work*; trans. Ruth C. L. Gritsch (Edinburgh: T & T Clark, 1987), chapter VIII.

11 "Decrevit autem clarissimus senatus [...] aquis mergere, qui merserit baptismo eum, qui prius emerserat." *Huldreich Zwinglis Sämtliche Werke*, ed. Emil Egli a.o., vol. 6,1 (Zürich: Theol. Verlag 1961), 45,5-7.

12 Cf. Durnbaugh, *The Brethren in Colonial America*, 427; Eberly, *Writings*, 114. The spelling in Mack's manuscript notes is not "Coccejus," but "Coccius."

13 For Johann Coccejus see Heiner Faulenbach, Art. "Coccejus," *TRE* 8 (1981), 132-140.

14 For Jodocus Coccius see Christian Gottlieb Jöcher, *Allgemeines Gelehrten-Lexicon*, vol. 1 (Leipzig: Gleditsch, 1750; Reprint: Hildesheim, New York: Olms, 1961), 1984.

15 Jodocus Coccius, *Thesaurus catholicus in quo controversiae fidei [...] explicantur [...]*, 2 vol. (Cologne: Quentel, 1599-1600). A second edition appeared in 1619-1620, a third one in 1674.

know, Mack did not understand Latin. For the same reason Mack was not able to study the *Thesaurus catholicus* of Coccius. Moreover, how could he have chanced upon this kind of specialized theological literature, of even Roman Catholic origin?

Hence, we have to infer a literary intermediary link, i.e. a book that included those quotations and from which Mack adopted them. There is a similar case in Mack's *Rights and Ordinances* of 1715[16], where he is quoting an impressive series of authors from throughout church history. In this book he adopted the proof-texts from the pietist Gottfried Arnold (*A Portrayal of the First Christians*[17]; *A Nonpartisan History of the Church and Heresies*[18]), from Anabaptist works (*Martyrs Mirror*[19], *Golden Apples in Silver Plates*[20]), and from Jeremy Felbinger (*Christian Handbook*[21]).

Thus the main question is: What was the source-book from which Mack extracted the quotations that he entered into his personal Bible? Studying the notes more closely, we can find a promising trail that may lead to the solution of the problem. Mack's quotation from the Book of Concord is in Dutch, although he refers to the folio-number of the German 1580 edition. Likewise he quotes Zwingli's Latin treatise in Dutch, though referring to the page-number of the 1527 Latin edition. Why did Mack as a German native speaker not put down the quotations in German? The only reason for this peculiar procedure can be that he extracted them from a Dutch book in which the references were indicated according to the original edi-

---

16 Cf. Donald F. Durnbaugh's modern English translation in his *European Origins of the Brethren. A Source Book on the Beginnings of the Church of Brethren in the Early Eighteenth Century* (Elgin/Ill., 1958), 344-404, reprinted in Eberly, *Writings*, 42-105.

17 Mack mentions the book two times; cf. Durnbaugh, *Origins*, 352, 389; Eberly, *Writings*, 50, 87. Cf. D.E. Miller, "The Influence of Gottfried Arnold Upon the Church of the Brethren," *BLT* 5 (1960), 35-50. See also Dale R. Stoffer, "The Life and Thought of Gottfried Arnold," *BLT* 26 (1981), 135-151, and Dale R. Stoffer, *Background and Development of Brethren Doctrines 1650-1987* (Philadelphia/Pa.: Brethren Encyclopedia, Inc., 1989), 23-36, 79, 84-86.

18 So far scholars have not noticed that Mack's speaking about the baptism of the bells, "such as happens under the papacy," alludes to Arnold's *History of the Church and Heresies*, vol. I, book X, chapter 2, § 8.

19 Mack mentions "the Martyrs Mirror [*Bloedig Tooneel*] of the Mennonites;" Durnbaugh, *Origins*, 358; Eberly, *Writings*, 56.

20 Cf. Durnbaugh, *Origins*, 360, n. +; Eberly, *Writings*, 104, n. 3.

21 Cf. Durnbaugh, *Origins*, 358, n. *; Eberly, *Writings*, 104, n. 1. For Felbinger and his Handbook cf. Stoffer, *Background*, 58-63, 86. For the literary sources utilized by Mack in general cf. Stoffer, *Background*, 85-86.

tions but the quotations were translated into Dutch. As a result, we may conclude that Mack came to know these texts through the intermediary of a Dutch book.

In order to trace Mack's source, we have to link a subsequent question with this observation. Obviously Mack's Dutch book of reference was comprised of materials as evidence for immersion baptism. Therefore we have to ask who was interested in collecting and publishing such materials. Groups practicing immersion baptism before the Brethren were the English Baptists, the Collegiants and the Dompelaars. The English Baptists do not come into question, because, first, Mack's source was a Dutch book, and second, so far as we know, the Brethren had no connections with the English Baptists.[22] As to the Dutch Collegiants, the Brethren had repeated contacts with them[23], but we do not know anything about Collegiant publications in favor of immersion baptism.

The most promising track leads to the Dompelaars. The name "Dompelaars" appeared in 1662 when a Frisian government edict called the Dutch immersionist Collegiants "Dompelaars" (meaning "dippers", baptizers using immersion baptism). In a more proper sense, the name denotes a group in Altona near Hamburg that formed about 1648 and flourished until 1750.[24] The Dompelaars broke away from the Flemish Mennonite congregation and organized a new one. The controversial point for their separation was the question of whether aspersion or immersion was the adequate form of baptism. The dispute also dismayed the traditional (Zonist) Mennonites in the Netherlands. Bastiaan van Weenigem[25], minister of the Flemish Mennonite congregation in Rotterdam, entered into a heated dispute with the dissenting renegades in Altona. This debate found expression in several letters and polemical tracts that van Weenigem and the Dompelaar ministers were exchanging from 1663 to 1673.[26]

---

22 Donald F. Durnbaugh, *Brethren Beginnings. The Origin of the Church of the Brethren in Early Eighteenth-Century Europe* (Philadelphia/Pa., 1992), 21.

23 Cf. Durnbaugh, *Brethren Beginnings*, 21-22, 50, 55-57, 60.

24 Cf. Christian Neff, Art. "Dompelaars," *Mennonite Encyclopedia*, vol. 2 (1956), 81f. Most recently, Dennis L. Slabaugh has presented a comprehensive history of this Anabaptist group that separated from the Mennonites. See Dennis L. Slabaugh, "Dunkers and Dompelaars," *From Age to Age: Historians and the Modern Church: A Festschrift for Donald F. Durnbaugh*, ed. David B. Eller. *BLT* 42 (1997), 6-116.

25 Cf. Art. "Weenig(h)em, Basstiaan van," *Mennonite Encyclopedia*, vol. 4 (1959), 909s.

26 Cf. *Mennonite Bibliography 1631-1961*, comp. Nelson P. Springer and A. J. Klassen, vol. 1 (Scottsdale/Pa.: Herald Press, 1977), No. 4328, 4348, 4365s, 4372s, and others. I had the opportunity to consult some of the titles in the Goshen College His-

Searching for the source of Mack's quotations, I entertained hopes of finding it in this literature. After several attempts to no avail, I have finally been able to identify it. The book in question is, as I expected, a Dutch work. A Dompelaar preacher, Willem Davidzon Redoch, edited it in two volumes in Haarlem, 1672-73. Its baroque title[27] reads in English translation: *Antidoti Weenigani Vanitas* [Latin; the following in Dutch:], *Or the Vanity of Bastiaan van Weenigem's most recently published tract entitled Antidotum or an antidote etc., as also of his Necessary Response etc. to the Declaration of the Ministers at Hamburg etc. concerning the necessity of immersion and the vanity of aspersion, about the committed Christian water Baptism.* In the United States, Goshen College Historical Library preserves a copy of this book.[28]

As the title indicates, Redoch tries to present comprehensive evidence for the necessity of immersion baptism. Likewise he attempts to destroy all objections that van Weenigem had furnished against it. After discussing the New Testament testimonies, Redoch turns to church history. In his line of argumentation he emphasizes the fact that "our [rite of] baptism is based on the practice of the church through all centuries, from the beginning to the sixteenth century."[29] Here he refers to the work of Coccius who had given a long list of testimonies:

> "To enforce furthermore the truth of this foundation on which our case is based, the witness of writers who dealt with this [question] through all centuries, will serve us. They have been listed in good order by Coccius up to his times in his *Thesaurus catholicus*, vol. 2, book 5, art. 16. There one can see that each writer witnesses of his century about the baptism which is practiced in the church. And from this it appears very clear that no other baptism has been accepted and approved by the church than this one which happens by immersing."[30]

---

torical Library, and Dennis L. Slabaugh was so kind as to look through the pertinent titles in the Mennonite Congregational Library in Hamburg.

27 *Antidoti Weenigani Vanitas, Of YDELHEYDT Van Bastiaans van Weenigem Laatste uyt-gegevene Tracktaatje, getituleert Antidotum of Tegengift, &c. Als oock van sijn Noodtwendige Verantwoordinge, &c. op der Dienaren tot Hamburgh, uyt-gegebene Endelijcke Verklaringh, &c. aangaande de nootsaackelijck-hept van't Onder-doopen: en de Ydelheydt van't Besprengen; in't oeffenen en plegen, van den gebodenen Christelijcken Water-doop* (Haarlem: Isaac van Wesbusch, 1672).

28 Goshen College Historical Library, M 265.1 W 397mYr 1672. Cf. *Mennonite Bibliography*, No. 4407.

29 Redoch, *Vanitas*, 63: "Ten 4. dan, soo steunt onsen Doop op de pracktijck der Kercken door alle de eeuwen, van't begin of tot in de sestiende eeuw too [...]."

30 Redoch, *Vanitas*, 64: "Om dat wijders te bekrachtigen, de waarheydt van dit Fon-

After dealing with a series of witnesses from former centuries, Redoch turns to the era of the Reformation and points to a Lutheran testimony:

> "Look! There you have a cloud of witnesses for the firmness of this fourth matter on which the manner of our baptism is based. Consider also the more than 7.000 Lutheran scholars being experienced in the Scriptures who witnessed to this matter by signing their names. In the *Book of Concord* of the Augsburg Confession, printed in the year 1580, fol. 221 (according to the quotation in your book about the manner of baptism, pag. 328) they witnessed and affirmed about the baptism that the act or ceremony of baptism consists of the following: we are immersed (they [i.e., the Lutherans] say) under the water so that it covers us, and after that we are pulled out. These two parts, being immersed under the water and coming out again, indicate the power and the act of baptism etc."[31]

Redoch tries to convince his Mennonite adversaries that their Anabaptist ancestors also practiced immersion baptism. For that reason he points to Zwingli's witness:

> "In addition to this, it also appears clear that in the beginning of the Reformation the Mennonites kept and practiced our manner of baptism, according to the witness of Zwingli in his book against the *Catabaptists*, pag. 17. There he makes known that the magistracy of Zurich had made a resolution against them that whoever had been immersed should be immersed again; they should be immersed by the magistracy, i.e., it [the magistracy] should drown them."[32]

---

dament, waar op onse saack steunt, soo sullen ons hie toe dienen, het getuygenis der Schrijvers, dies aangaande, door alle de Eeuwen, welcke van Coccius ordentlijck, tot op sijn tijdt toe, aangetekent zijn, in sijn Thesauro Catholico Tomo 2. Lib. 5. Art. 16. Alwaar man sien kan, dat elcke Schrijver van sijn Eeuw getuyght, van den Doop, die in de Kercken geoeffent is: en daar uyt mede klaar blijckt, dat-'er geen anderen Doop in't ghemeen, van de Kercke aangenomen, en geapprobeert is, als die met onder-doopen gheschiede."

31 Redoch, *Vanitas*, 66: "Siet! daar hebt ghy noch een wolcke van Getuyghen voor de vastigheydt, van dese vierde saack, waar op de manier van onse Doop steunt: behalven noch, die meer als 7000. Gheleerde, en in de Schriftuur-geoeffende Lutherianen, die dese saack met de onderschrijvinge haarder Namen betuygen: 't Ghene sy betuyght en geaffirmeert hebben, van den Doop (in't Concordi-boeck van de Augsburghsche Confessie, ghedruckt Anno 1580. Folio 221. volgens de aantreckingh in u Boeck van de maniere des Doops, pag. 328) is: dat het werck of ghebaar (van den Doop) daar in bestaat: dat men ons (segghen sy) in het water sinckt, dattet over ons te samen gaat, en daar naar weder uyt-treckt: Dese twe stucken onder het water sincken, ende weder uyt-komen: bediet de kracht en het werck des Doops, &c. Haar uyt men klaar siet dat sy alle den Doop, die met onder-doopen geschiedt, gheapprobeert hebben, daar by niet donckerlijckt, dat sy alle soo gedoopt zijn: want dat gheven die worden te kennen: datmen ons in het water sinckt, &c. [...]."

32 Redoch, *Vanitas,* 68: "Daar by noch, so blijckt klaar dat de Mennoniten, onse

Comparing these quotations with Mack's notes in his personal Bible, there can be no doubt that it was exactly this Dutch book from which Mack took his extracts. Here he found the three proof-texts for immersion baptism which he considered so weighty as to preserve them in his personal Bible.

Unfortunately we do not know anything about how the Dompelaar book came to Mack's attention. However, it seems possible to describe the approximate time and place.

1. Quite obviously he did not yet know the book when he wrote his *Rights and Ordinances* in 1715 for he hardly would have failed to quote these testimonies in favor of immersion baptism, if he had known them.

2. Moreover, Mack's personal Bible was a copy of 1723. Thus, Mack must have bought it during his last years in Europe. In the spring of 1720, he and other Brethren had left the Wittgenstein area and migrated to the Dutch province of Friesland, where they stayed in the village of Sursuisterheven until their emigration to America in 1729.[33] Living in Friesland, Mack presumably acquired some knowledge of the Dutch language[34] so that he was able to read Dutch books.

3. Redoch's book had been printed in Haarlem, the capital of the Dutch province of North Holland, and it had hardly spread beyond the Dutch-speaking areas of the Netherlands (and among the Dutch-speaking Mennonites living in neighboring German regions). This may be another argument for assuming that Mack got hold of the book when he lived in Friesland.

4. As already mentioned above, Dutch Mennonites were involved in the controversy that the Altona Dompelaars had aroused about immersion baptism. It seems quite obvious that the Collegiants practicing immersion themselves also took a vital interest in the debate. As the Brethren were in close contact with the Collegiants, the most likely hypothesis is that Alexander Mack came to know the Dompelaar book during the years he lived near Collegiants and then made his extracts from it.

---

manier van Dopen, in den aanvangh haarder Reformatie, noch behouden en geoeffent hebben, uyt het ghetuyghenis Swinglii in sijn Boeck teghens de Catababtisten pag. 17. al-waar hy te kennen gheeft, dat de Magistraat tot Zurich, een besluyt teghens haar gemackt hadde: dat soo wie onder-ghedoopt was gheweest, die wederom onder-doopen soude, die soude van de Magistraat onder-ghedoopt worden: dat is, die souden sy verdrincken."

33 Cf. Durnbaugh, *Brethren Beginnings*, 54-58.

34 Aside from the quotations Mack's notes reveal in some passages an intermixture of German and Dutch.

What is the relevance of this discovery for the biography of Alexander Mack and for the history of the early Brethren?

1. It improves, of course, our knowledge about Mack's reading. Even before the foundation of the Brethren in 1708, he had connections with various Mennonite congregations. Mack's acquaintance with *The Martyrs Mirror* and *Golden Apples in Silver Plates,* documented in his *Rights and Ordinances,* probably derives from these contacts. The notes in his personal Bible testify that Mack continued reading Anabaptist writings.

2. The extracts from Redoch's book throw new light on the contacts the early Brethren had with other Anabaptist groups and their knowledge of them, in this case about the Dompelaars. We already knew that even the Brethren themselves were called "Dompelaars" in the Krefeld region and that synodical records consistently refer to them by this term.[35]

3. An exciting question is whether this discovery can contribute to the solution of a difficult problem with which Brethren historiographers have been concerned. When the Schwarzenau Brethren re-established adult baptism, they considered baptism by immersion to be the genuine and original form. "They found in trustworthy histories that the Early Christians during the first and second centuries were planted into the death by crucifixion of Christ, through trine immersion."[36] As is well-known, "the catalyst for the actual decision to carry out their conviction that they must be baptized came with the visit of two 'foreign brethren' who promoted the idea of its necessity in Wittgenstein."[37] Did they also convey the concept of immersion baptism to the Brethren? Unfortunately the identity of those foreign brethren is quite uncertain. Were the 'foreign brethren' Dompelaars who convinced the Brethren about their rite of baptism?

The crucial point in this context is the question discussed above: When did Mack come to know the Dompelaar book? If the hypothesis is correct that he did not know it earlier than 1720, we cannot draw from it any theories about the Brethren's beginnings.

To conclude, the notes in Mack's personal Bible cannot bear evidence for an early influence of the Dompelaars on the Brethren's advocating for immersion baptism. Yet, when Mack became acquainted with them, their

---

35 Cf. Durnbaugh, *European Origins,* 204, 213, 215, 283.

36 Alexander Mack, Jr., Preface to the first American edition of his father's writings. *Kurtze und einfältige Vorstellung der äussern, aber doch heiligen Rechten und Ordnungen [...]* (Germantown: Christoph Sauer, 1774).

37 Durnbaugh, *Brethren Beginnings,* 21. For a discussion of this problem see Donald F. Durnbaugh, "The Descent of Dissent: Some Interpretations of Brethren Origins," *BLT* 19 (1974), 129-131.

views could only corroborate his understanding of the correct rite of baptism. Redoch's proof-texts gave further support to what he already believed. Moreover, he considered the quotations important enough to enter them into his personal Bible.

XI. *Das platonisch-hermetische Christenthum* - Ehre Gott Daniel Colbergs Bild des frühneuzeitlichen Spiritualismus

Der Bücherkatalog der Frankfurter Herbstmesse des Jahres 1690 zeigte folgende Neuerscheinung des Verlegers Moritz Georg Weidmann[1] an: »Platonisch-Hermetisches Christenthumb, in 8°.«[2] Die Vermutung, dass es sich bei »platonisch-hermetisch« um ein polemisches Etikett handele und das Buch eine Streitschrift gegen Heterodoxes sein müsse, bestätigt der vollständige Buchtitel: *Das Platonisch-Hermetisches* [!] *Christenthum/ Begreiffend Die Historische Erzehlung vom Ursprung und vielerley Secten der heutigen Fanatischen Theologie, unterm Namen der Paracelsisten/ Weigelianer/ Rosencreutzer/ Quäcker/ Böhmisten/ Wiedertäuffer/ Bourignonisten/ Labadisten und Quietisten.* Laut Titelblatt war das Buch verfasst von »M. Ehre Gott Daniel Colberg/ Professore Publico auff der Königl. Universität Greiffswald«. Ein im Vorwort angekündigter zweiter Teil erschien zur Frühjahrsmesse 1691: *Des Platonisch-Hermetischen Christenthums Anderer Theil/ Darinn die Stücke der heutigen Fanatischen Theologie, nach Ordnung der Glaubens=Artickel vorgetragen/ aus den Schrifften der Schwärmer gründlich untersuchet/ nach ihrem rechten Verstand und Ursprung erördert/ und aus Gottes Wort kurtz und deutlich widerleget werden.* Beide Bände umfassen zusammen etwa 1250 Oktavseiten. In den Jahren 1709-1710 ist das zweibändige Werk von dem Leipziger Verleger Gleditsch[3] noch einmal in einem unveränderten Nachdruck herausgebracht worden, der nun durch ein Titelkupfer geziert wurde.

---

1 Zu Weidmann vgl. Josef Benzing: Die deutschen Verleger des 16. und 17. Jahrhunderts. Eine Neubearbeitung. In: AGB 18, 1977, 1077-1322, hier 1319.

2 Catalogus universalis, sive designatio omnium librorum, qui hisce nundinis [...] Francofurtensibus & Lipsiensibus [...] prodierunt. Das ist: Verzeichnis aller Bücher [...]. Frankfurt/Main, Leipzig 1690, [unpag.].

3 Zu Gleditsch vgl. Benzing [s. Anm. 1], 1143. Johann Ludwig Gleditsch hatte die Witwe Moritz Georg Weidmanns geheiratet und führte dessen Verlag weiter.

Der Buchtitel kann bei allen, die den »hermetisch« genannten Traditionen in der Frühen Neuzeit[4] nachspüren,[5] die Erwartung wecken, hier eine zusammenhängende Darstellung - wenngleich aus kritisch-polemischer Sicht - dieser Überlieferungen zu finden.[6] Die Veröffentlichung im Ausgang des 17. Jahrhunderts lässt zudem die Frage aufkommen, ob das Werk in den Kontext der Auseinandersetzungen um die frühe pietistische Bewegung gehört.[7]

I

Wer war jener Magister Colberg, der das Werk verfasst hat? Ehre Gott Daniel Colberg[8], am 26. Januar 1659 im gleichnamigen Städtchen in Pommern geboren, entstammte einer alten pommerschen Theologenfamilie, die noch bis in das 19. Jahrhundert bedeutende und schriftstellerisch

---

4 Der Religionswissenschaftler Carsten Colpe bemerkt skeptisch: »So wie für die Antike sprachliche, philosophische und religionskundliche Kriterien fehlen, die eine inhaltlich eindeutige Definition gestatten würden, was ›Hermetik‹ im Unterschied zu anderen gedanklichen Gebilden, Schulen und Richtungen sei, so existiert erst recht keine für einen entsprechenden Befund in der Neuzeit. Man ist hier darauf angewiesen, alles für hermetisch anzusehen, was so heißen soll oder will. Die Nennung des Hermesnamens ist dafür unabdingbar« (Art. »Hermetik/Hermetica II.4«. In: RGG[4] 3, 2000, 1672). - Vgl. jetzt den instruktiven Sammelband: Antike Weisheit und kulturelle Praxis. Hermetismus in der Frühen Neuzeit. Hg. v. Anne-Charlott Trepp u. Hartmut Lehmann. Göttingen 2001, der einen Eindruck von Forschungsgeschichte und Forschungsstand vermittelt.

5 Zur Hermetik und ihrer Bedeutung für die frühneuzeitliche Literaturgeschichte vgl. Hans-Georg Kemper: Deutsche Lyrik der frühen Neuzeit. Bisher 7 Bde. Tübingen 1987-1997, passim, bes. Bd. 2, 57ff., 66ff.; Bd. 3, 74ff., 120ff.; Bd. 5/1, 95ff., 107ff.

6 Als zwei Beispiele für die fruchtbare Benutzung Colbergs nenne ich Rolf-Christian Zimmermann: Das Weltbild des jungen Goethe. Studien zur hermetischen Tradition des 18. Jahrhunderts. 2 Bde. München 1969-1979, Reg.; Hermann Geyer: Verborgene Weisheit. Johann Arndts »Vier Bücher vom wahren Christentum« als Programm einer spiritualistisch-hermetischen Theologie. 2 Bde. Berlin, New York 2001 (AKG, 80), Reg.

7 Vgl. Hans-Jürgen Schrader: Literaturproduktion und Büchermarkt des radikalen Pietismus. Johann Heinrich Reitz' »Historie Der Wiedergebohrnen« und ihr geschichtlicher Kontext. Göttingen 1989 (Palaestra, 283), 369f., Anm. 34.

8 Vgl. Amandus Carolus Vanselow: Gelehrtes Pommern/ oder Alphabetische Verzeichniß einiger in Pommern gebohrnen Gelehrten/ männlichen und weiblichen Geschlechtes nach ihren merckwürdigsten Umständen und verfertigten Schrifften. Stargard 1728, 18f.; Häckermann: Art. »Colberg«. In: ADB 3. Leipzig 1876, 399f.

tätige Pastoren hervorbrachte. Sein Vater Johann Colberg (1623-1687)[9] war seit 1677 Professor der Theologie in Greifswald und zugleich, wie damals bei den Greifswalder Theologieprofessoren üblich, Pastor an einer der Stadtkirchen, der Marienkirche, und Mitglied des Konsistoriums. Die Universität Greifswald, seit dem Dreißigjährigen Krieg zum schwedischen Pommern gehörig, stand im ausgehenden 17. Jahrhundert noch ganz im Zeichen strenger lutherischer Orthodoxie, wenngleich die theologische Fakultät seit Johann Friedrich König[10], der 1651-1656 in Greifswald gelehrt hatte, über keine führenden Köpfe mehr verfügte und im Konzert der lutherischen Theologie keinen wichtigen Part spielte; erst mit Johann Friedrich Mayer, der hier von 1701 bis 1712 als streitbarer Orthodoxer und als Pietistengegner wirkte, sollte die Greifswalder Theologie wieder von sich reden machen.[11] Johann Colberg erlangte keine überregionale Bedeutung, spielte aber in Pommern kirchenpolitisch eine wichtige Rolle als konfliktfreudiger Kämpfer gegen den Calvinismus. Wegen seiner intransigenten Haltung berüchtigt, musste er nach der Eroberung Greifswalds durch Preußen im Jahre 1678 auf Befehl des Großen Kurfürsten die Stadt verlassen. Erst 1686 konnte er zurückkehren.

Die väterliche Orthodoxie prägte auch das Leben von Daniel Ehre Gott Colberg. In Greifswald absolvierte er das philosophische Grundstudium, das er mit dem Magistergrad abschloss, und das Studium der Theologie.[12] Als der Vater ins Exil gehen musste, folgte ihm der Sohn nach Rostock, besuchte dann auf einer Bildungsreise Königsberg, Stockholm und eine Reihe deutscher Universitätsstädte. Mit dem Vater kam er nach Greifswald zurück und erhielt eine außerordentliche Professur für Moral und Geschichte an der philosophischen Fakultät. 1691 wurde er zum ordentlichen Professor befördert. Wie es sich für einen Professor moralium et historiarum gebührte, behandelte er in zahlreichen lateinischen Schriften Themen der Ethik, des Naturrechts und der Geschichte, hielt Vorlesungen über Aretologie (Tugendlehre), erörterte zeitgenössische politische Abhandlun-

---

9 Vgl. Hermann Klaje: D. Johann Colberg, Pastor in Kolberg und Professor in Greifswald. Ein Lebensbild aus der Zeit der synkretistischen Streitigkeiten des 17. Jahrhunderts. In: BKGP 18, 1938, 104-200, zugleich in: Baltische Studien NF 40, 1938, 103-200.

10 Vgl. Thomas Kaufmann: Art. »König, Johann Friedrich«. In: RGG^4 4, 2001, 1583f. (Lit.).

11 Vgl. Hans Georg Thümmel: Art. »Greifswald, Universität«. In: TRE 14,1985, 209-212.

12 Ernst Friedländer: Ältere Universitätsmatrikel II. Universität Greifswald. Bd.2: 1646-1700. Leipzig 1894 (PPSA, 57) [Reprint: Stuttgart 1965], xx.

gen und beschäftigte sich sogar kritisch mit dem philosophischem System des englischen Aufklärers Thomas Hobbes – was im provinziellen Greifswald eher außergewöhnlich war. Für unseren Zusammenhang wichtig ist der Umstand, dass Colberg auch über den rechten Gebrauch und Missbrauch der Philosophie in der Theologie las sowie die Geschichte der Ketzereien in Vorlesungen behandelte. Diese Kollegs bildeten anscheinend die Vorarbeiten für das *Platonisch-hermetische Christenthum.*

1694 verließ Colberg seine Greifswalder Professur, um einem Ruf in ein Pfarramt der Stadt Wismar zu folgen.

II

Das *Platonisch-hermetische Christenthum* ist Colbergs einzige Publikation in deutscher Sprache. Über die Veranlassung des Werkes gibt er selbst nur unbestimmte Auskünfte:

> »Ich bin nicht willens/ weitläufftige Ursachen anzuführen/ die mich bewogen/ gegenwärtigen Tractat zu verfertigen und in öffentlichen Druck zu geben. Ein ieder Christ ist schuldig/ nach seinem Vermögen die Göttliche Warheit zu befodern und zu verthädigen/ wie viel mehr lieget solches einem ob/ der seine Lebens=Zeit und Arbeit diesem heiligen Studio gewidmet hat.«[13]

Stellt das Werk also nur die Pflichtübung eines orthodoxen Theologen dar? Ist demnach der Sitz im Leben die im konfessionellen Zeitalter traditionelle akademische Polemik, wie wir sie aus zahllosen Beispielen kennen, der literarischen Kontroverse mit den konkurrierenden Konfessionen und dem Kampf gegen illegale Sekten? Colbergs Werk gehört insofern zu den Produkten der theologia polemica, als es vom orthodoxen Standpunkt aus die Irrtümer der behandelten Sondergruppen aufdecken will. Polemische Urteile und Charakteristiken sind daher selbstverständlich. Es handelt sich um »Schwärmer«, »Schwarm=Gesellschaft«, »Schwarm=Geister«, »Fanatici«, »Sonderlinge«, »Geschmeiß«; ihre Lehre besteht aus »Grillen«, ist »Schwärmerei«, »Ketzerei«, »Phantasey«, ihre mystische Theologie eine »Myst=Theologie« (Mist-Theologie!)[14], usw.

Leider lässt sich nicht erkennen, ob Colbergs Werk darüber hinaus einen konkreten Hintergrund und Anlass hat – etwa das Auftreten von »Schwärmern« in Pommern oder Erfahrungen mit »Fanatici« während sei-

---

13 Colberg, Christenthum. Bd. 1, Vorrede,)(2r.

14 Colberg, Christenthum. Bd. 1, 77.

ner Bildungsreise. Immerhin erwähnt er Gespräche, die er »mit den Weigelianischen und Böhmistischen Sonderlingen« geführt habe.[15] Auch die Veröffentlichung in deutscher Sprache könnte darauf hinweisen, dass breitere Leserkreise erreicht und vor den »Schwarm=Geistern« gewarnt werden sollen.

Wie dem auch sei, Colbergs Werk ist eine respektable Leistung. Denn es gibt einen recht umfassenden Überblick über alle wichtigen heterodoxen Gruppen von der Reformation bis zum Ende des 17. Jahrhunderts. In Band 1 behandelt er nach drei einleitenden Kapiteln über den Ursprung, den Grundirrtum und das Prinzip der Schwärmerei in weiteren zehn Kapiteln und in ungefähr chronologischer Abfolge den Paracelsismus (IV), Weigelianismus (V), die Rosenkreuzer (VI), Quäker (VII), Jakob Böhme (VIII), die Wiedertäufer (IX), Antoinette Bourignon (X), Jean de Labadie und die Labadisten (XI) und den Quietismus (XII). Nach diesem historischen Überblick, stellt Colberg im zweiten Band in einem erneuten Durchgang in 16 Kapiteln die *Lehren* der Schwärmer dar, und zwar im Wesentlichen geordnet nach der Gliederung der Dogmatik. Er beschreibt ihre Anschauungen »Vom Grund der seligmachenden Lehr«, d.h. von der Heiligen Schrift (I), »Von Gott/ seinem Wesen und Wercken« (II), »Vom Menschen vor und nach dem Fall« (III), »Von den Mitteln der Seligkeit« (IV), »Von Christo« (V), »Vom Beruff« (VI), »Von der Wiedergeburth« (VII), »Von der H. Tauffe« (VIII), »Von der Rechtfertigung« (IX), »Von den guten Wercken« (X), »Vom Abendmahl des HErrn« (XI), »Von der geistlichen Vereinigung« (XII), »Von den letzten Dingen« (XIII), »Von der christlichen Kirchen« (XIV), »Vom Predigt=Amt« (XV) und »Vom Ehestande« (XVI).

Mit der Einreihung des *Platonisch-hermetischen Christenthums* in die traditionelle Polemik wird man seinem Werk nicht voll gerecht. Es unterscheidet sich von der konventionellen häresiologischen Literatur in zweierlei Hinsicht:

1. Sein Werk will nicht primär eine Widerlegung der Schwärmer vom orthodoxen Standpunkt aus bieten, sondern stellt den Versuch dar, zunächst einmal deren Meinungen möglichst genau zu erfassen und zu analysieren.

> »Es ist aber nicht mein Zweck/ der Fanaticorum Irrthümer aus GOttes Wort gründlich und weitläfftig zuwiderlegen/ [...] denn dieses würde eine vergebliche Arbeit seyn/ in Ansehung viel vornehme und wackere Theologi dies in ihren Schrifften glücklich verrichtet haben: Sondern mein Vorsatz ist/ den rechten Verstand/ den die Schwärmer unter dunckele/ unverständliche und zweydeutige Redens=Arten verstecken/ ans Tages=Licht zulegen«.[16]

---

15 Colberg, Christenthum. Bd. 1, Vorrede,)()(2r.

16 Colberg, Christenthum. Bd. 1, Vorrede,)()(2v.

Diese Analyse zielt zwar auf einen polemischen Zweck, nämlich offenzulegen, »wie sie die Christliche Religion zwar mit dem Munde bekennen/ im Hertzen aber verwerffen und in lauter Mystisches Wesen verkehren«[17], und nachzuweisen, dass es sich um heidnische, »unterm ChristenNamen verlarvte Schwarm=Geister« handelt[18]. Der Vorzug der Schrift Colbergs liegt aber darin, dass er die Lehranschauungen der Schwärmer nicht aus herkömmlichen Ketzerkatalogen und älterer polemischer Literatur wiederholt, auch nicht bloß mit kolportierten Unterstellungen arbeitet, sondern die Anschauungen der beschriebenen Gruppen aus deren eigenen Aussagen zu erheben versucht. Seine Darstellung schöpft er »sowohl aus vielfältiger mündlicher Unterredung mit den Weigelianischen und Böhmistischen Sonderlingen/ als fleissiger Durchsuchung ihrer Schriften«.[19] Colberg verfügt in der Tat über eine beachtliche Literaturkenntnis. Allein in der 22 Seiten umfassenden Vorrede zum ersten Teil zitiert er 16 Autoren. Im ganzen Werk dürften es einige hundert Titel sein, die er aufführt – eine Fundgrube für heterodoxe Literatur der frühen Neuzeit sowie für orthodoxe Kontroversschriften! Am Ende des Werkes bemerkt Colberg bedauernd, dass er zu einer *noch* genaueren Darstellung hätte gelangen können, »wenn wir mehr von der Fanaticorum Bücher hätten zur Hand gehabt«.[20] Colbergs reichhaltige Gelehrtenbibliothek ist in dem 118 Oktavseiten umfassenden Bücherkatalog dokumentiert, der für die 1706 und 1707 erfolgte Versteigerung gedruckt wurde.[21]

2. Die zweite Besonderheit, die das Werk Colbergs von anderen Werken der Ketzerpolemik unterscheidet, ist der Versuch einer strukturierenden Ordnung der schwärmerischen Anschauungen. Er möchte »die Harmonie und den Connexum aller und ieder Lehr=Puncte«[22] deutlich machen und die den verschiedenen Ausprägungen der beschriebenen Gruppen gemeinsamen Prinzipien herausarbeiten. »Es läst sich die Schwarm=Gesellschaft nicht so enge einspannen/ sondern begreifft in sich allerhand Secten/ [...] welche zwar unterschiedliche Namen führen/ aber im Grunde ihrer Schwärmerey übereinkommen.«[23] Sie »unterscheiden sich zwar in einigen

17 Colberg, Christenthum. Bd. 1, Vorrede,)()(3r.

18 Colberg, Christenthum. Bd. 1, 107.

19 Colberg, Christenthum. Bd. 1, Vorrede)()(2r.

20 Colberg, Christenthum. Bd. 2, 771.

21 Designatio Variorum [...] librorum, praecipue Theologicorum [...], quotquot adhuc exstant In bibliotheca [...] Ehre-Gott Dan[ielis] Colbergii [...]. Greifswald [1706].

22 Colberg, Christenthum. Bd. 1, Vorrede,)()(2v

23 Colberg, Christenthum. Bd. 1, 102.

Neben=Lehren [...] kommen dennoch im Grundsatz überein«.[24] Ein Indiz dafür ist ihm, dass die verschiedenen Richtungen »ihre Schrifften untereinander hoch(halten)«, also ein intensiver literarischer Austausch stattfindet.[25]

Für seine Analyse und Systematisierung verwendet Colberg das theologische Kriterium der Schriftgemäßheit. Die Schwärmerei in ihren vielfältigen Formen ist für ihn eine synkretistische Erscheinung, eine illegitime Vermengung der biblischen Offenbarung mit menschlichen Lehren.

> »Der gröste/ möchte beynahe sagen/ eintzige Schade entspringt der Theologie aus der schändlichen Vermengung der Philosophischen Lehren und des Worts GOttes. Denn ob schon die Philosophischen Künste und Wissenschafften an und für sich eine herrliche Gabe GOttes seynd/ daraus wir im Bürgerlichen Leben grossen Nutzen schöpffen/ und die uns/ wenn sie recht angewand werden/ auch in andern Sachen nicht geringen Vortheil schaffen: So machen sie doch/ wenn sie den Göttlichen geoffenbarten Geheimnissen appliciret werden/ und ihre Vernunfft=Grenzen überschreiten/ vielfältige Verwirrung. Und daher kommen denn allerhand Secten und Irrthümer.«[26]

Nach Colberg geschieht die »Theologie- und Philosophie-Mengerey« auf zweierlei Weise:

> »Erstlich/ wenn man *über* die Schrift will klug seyn/ das ist/ die Art und Weise der geoffenbarten Geheimnisse/ die in GOTTes Wort verschwiegen wird/ durch Hülffe der Philosophie zu ergründen sich bemühet. Zum andern/ wenn man *wider* die Heil. Schrifft will klug sein/ das ist/ nichts gelten lassen/ was nicht mit dem blinden Verstande und dessen Grund=Regeln überein kommt.«[27]

Die erste Fehlhaltung, die »aus einer unzeitigen Curiosität dasjenige zu wissen/ was Gott nicht offenbart hat«, entspringt, ist vornehmlich ein Charakteristikum der platonischen Philosophie.[28] Da einige Kirchenväter vor ihrer Bekehrung zum Christentum platonische Philosophen waren und sie diese Lehre weiterhin beibehielten, drang sie in die christliche Theologie ein. Sie ist deshalb so gefährlich, weil sie die biblische Terminologie verwendet, aber »einen Mystischen verborgenen Verstand [Verständnis] einführet«, also mit Hilfe allegorischer Deutung die »Platonischen Erfindungen« vorträgt.[29] Dieser christlich adaptierte Platonismus ist das von

---

24 Ebd.

25 Colberg, Christenthum. Bd. 1, 102.

26 Colberg, Christenthum. Bd. 1, Vorrede,)(2r-v.

27 Colberg, Christenthum. Bd. 1, Vorrede,)(5r-v [meine Hervorhebungen].

28 Colberg, Christenthum. Bd. 1, Vorrede,)(5v.

29 Colberg, Christenthum. Bd. 1, Vorrede,)(5v-6r.

Colberg angeprangerte »platonische Christentum«, dessen verhängnisvoller Wirkungsgeschichte sein Hauptaugenmerk gilt.

Demgegenüber spielt die andere Art der »Theologie- und Philosophie-Mengerey« in seinem Werk nur eine untergeordnete Rolle. Sie stammt aus einer Überschätzung der menschlichen Vernunft und ist ein Erbe der Philosophie des Aristoteles, der »dem Verstande und dessen vernünfftigen Schlüssen die Entscheidung aller fürfallenden Fragen und Streitigkeiten« zuschrieb.[30] Colberg verweist auf die Aristoteles-Rezeption in der mittelalterlichen Scholastik, mit der die Vorherrschaft der *ratio* in die Theologie Einzug hielt. Die einseitige Betonung der Vernunft habe dann zu einer Reaktion geführt. »Denn weil die Scholastici in lauter Philosophische Grillen und Schulgezänck verfielen, suchten einige in den Klöstern die Mystischen Wege wieder hervor«,[31] d.h. sie kehrten zur platonischen Philosophie zurück. Hier nennt Colberg vor allem die spätmittelalterlichen Mystiker, deren Schriften in der Folgezeit einen unheilvollen Einfluss ausübten.

Mit der Reformation hat das »Mystische Wesen« des Platonismus leider kein Ende gefunden.

> »Ob gleich das Licht des heiligen Evangelii durch GOttes Gnade und treuen Fleiß des heiligen Lutheri die Papistische und Scholastische Finsterniß zimlich zerstäuberte/ so streuete doch der Satan sein Unkraut weidlich wiederumb aus.«[32]

Das Resultat sind die neuzeitlichen »Sekten«, die den Gegenstand des Colbergschen Werkes bilden.

Damit sind die Grundzüge der Darstellung markiert. Die Schwärmerei hat ihre Wurzeln in dem menschlichen »Fürwitz«[33], der sich nicht mit den in der Bibel geoffenbarten Wahrheiten begnügen will, sondern geheimes Wissen aus anderen Quellen menschlicher Philosophie zu ergründen sucht. Dabei wird schon im Vorwort deutlich, dass Colberg eine enge Verbindung zwischen Platonismus und Mystik herstellt; beide Begriffe werden geradezu Synonyme. Bei der platonischen Theologia mystica geht es aber nicht nur um eine irregeleitete Erkenntnis, sondern sie propagiert einen gegenüber der Bibel anderen, verderblichen Heilsweg.

---

30 Colberg, Christenthum. Bd. 1. Vorrede,)(7v-8r.

31 Colberg, Christenthum. Bd. 1 Vorrede,)(8v -)()(1r.

32 Colberg, Christenthum. Bd. 1. Vorrede,)( )(1r.

33 Colberg, Christenthum. Bd. 1. 173.

III

Diese bereits im Vorwort zu Band 1 entfalteten Grundlinien werden in den einleitenden Kapiteln (I-III) ausführlicher dargelegt und dann bei der Darstellung der einzelnen schwärmerischen Gruppen beispielhaft aufgezeigt.

Überraschenderweise führt Colberg den »Ursprung des platonisch-hermetischen Christentums« (Kap. I) keineswegs, wie man aufgrund des Titels erwarten könnte, auf Platon und Hermes bzw. die hermetischen Schriften zurück. Vielmehr will er als deren Urheber und ältesten Repräsentanten Pythagoras identifizieren.

> »Der Ursprung dieser Fanatischen Lehre ist gantz alt/ und von den Heyden auff einige Christliche Philosophos/ und so weiter fortgepflantzet. Der erste so hierzu Anlaß gegeben/ ist ohne Zweifel Pythagoras. Dieser hat von seiner Philosophie also gelehret. Der Zweck der Philosophie sey GOtt gleich werden/ oder in GOtt verwandelt/ und wie seine Schüler heut zu Tage reden/ vergöttert werden.«[34]

Die Charakteristik, die Colberg von dem angeblich durch Pythagoras proklamierten Heilsweg gibt, ist eine Beschreibung des mystischen Prozesses.

> »Die Mittel zu diesem Zweck zu gelangen/ sind fürs erste/ die Erkäntnüß sein selbst. [...] Das ander Mittel zu der Vergötterung zu gelangen/ setzet Pythagoras in der via purgativa, oder Reinigung und Befreyung von dem Unflat des Leibes. [...] Das dritte Mittel ist das Einkehren des Gemüths in sich selbst. [...] Endlich lehret Pythagoras auch/ daß die gereinigte/ und vom Unflath des Leibes befreyete Seele/ wenn sie gleichsam in sich selbst ihre Kräffte zusammen gesamlet hat/ dieses irrdische verlasse/ sich zum Himmel schwinge/ und befleißige in ihren Ursprung zu kehren/ und das hieß er und seine Schüler Ascensum, ein Aufsteigen.«[35]

So ist auch der historische Abriss, den Colberg in dem ersten Kapitel über den Ursprung der heutigen »Schwärmerei« gibt, eine Geschichte »der Theologiae Mysticae aus des Platonis Brunnen«.[36] »Platonisch« kann man die von Pythagoras ersonnenen Vorstellungen deshalb nennen, weil Platon »diese Pythagorischen Lehrsätze besser ausstaffiret/ und ihm dadurch ein Ansehen gemachet/ unterm Schein grosser verborgener Weißheit«; daher ist auch die Bezeichnung »das Platonische und Pythagorische Christentuhm [sic!]«[37] sachgemäß. Die Traditionslinie dieser Anschauungen führt

---

34 Colberg, Christenthum. Bd. 1, 4.

35 Colberg, Christenthum. Bd. 1, 5-8.

36 Colberg, Christenthum. Bd. 1, Vorrede,)(8v.

37 Colberg, Christenthum. Bd. 1, 88.

dann über die Stoiker, die Gnostiker, platonisierende Kirchenväter wie Justin, Clemens Alexandrinus, Origenes, über Pseudo-Dionysios Areopagita bis hin zur spätmittelalterlichen Mystik eines Tauler und der Theologia Deutsch und schließlich zu den Schwärmern des 17. Jahrhunderts. Colberg resümiert seinen historischen Überblick:

> Hiermit ist verhoffentlich/ wiewohl in zimlicher Kürtze/ erwiesen/ wie die heutigen Schwärmereyen aus der Platonischen und Pythagorischen Philosophie, durch Vermischung derselben mit dem Wort GOttes und der Christlichen Theologie, zuerst entsprossen [...]/ von einigen der Platonischen Sect zugethanen Kirchenvätern geheget/ von alten und neuen Ketzern fortgepflantzet/ und von den Mysticis Theologis zur Vollkommenheit gebracht seyn.«[38]

Bei Colbergs Verständnis von »Platonismus« muss beachtet werden, dass er ihn in der seit dem Renaissance-Humanismus verbreiteten Gestalt kennenlernte; bekanntlich kam es erst in der zweiten Hälfte des 18. Jahrhunderts zur Widerentdeckung des »originalen« Platon.[39] Für die mit Francesco Petrarca, Pico della Mirandola und Marsiglio Ficino beginnende Epoche der Platonrezeption war konstitutiv, dass dessen Werke zusammen mit denen der Mittel- und Neuplatoniker und in deren Interpretation des Meisters gelesen wurden.[40] So sind auch für Colberg Porphyrios, Ammonios Sakkas und Plotin Gewährsleute für die platonische Philosophie.[41]

Die durch den Renaissance-Humanismus geprägte Platonrezeption bildet auch den Hintergrund dafür, dass Colberg von einem »platonisch-*hermetischen* Christentum« spricht. Denn Platon wurde hier nicht nur mit den Augen des mittleren und des Neuplatonismus betrachtet, sondern auch mit den Texten von vermeintlich älteren Weisen zusammengestellt. Neben und zusammen mit der Bibel galten ihre Zeugnisse als Dokumente einer »prisca theologia« und »philophia perennis«.[42] Marsilio Ficino, der für die Platonrezeption eine Schlüsselrolle spielte, war der erste, der die Schriften des Hermes Trismegistos in lateinischer Sprache herausgab und damit die Grundlagen für die neuzeitliche Hermetik legte.[43]

---

38 Colberg, Christenthum. Bd. 1, 88f.

39 Vgl. Max Wundt: Die Wiederentdeckung Platons im 18. Jahrhundert. In: Blätter für deutsche Philosophie, 1941/42, 149-158. Zimmermann [s. Anm. 6]. Bd. 1, 318, Anm. 24, sieht in der Wiederentdeckung das Bemühen, »die platonische Vernunft hinter der hermetischen Mystik hervorzuziehen«.

40 Vgl. Paul Richard Blum: Art. »Platonismus I«. In: HWP 7, 1989, 977-985, hier 980.

41 Colberg, Christenthum. Bd. 1, 9-16, 163 u.ö.

42 Vgl. Blum [s. Anm. 40], 980.

43 Mercurii Trismegisti liber de potestate et sapientia dei e Graeco in Latinum tra-

Auf Hermes und die hermetische Schriften geht Colberg nur gleichsam anhangsweise ein (»Es ist auch nicht zu vergessen ...«) und widmet ihnen die letzten Abschnitte des ersten Kapitels.[44] Er sieht auch hier das Bestreben am Werk, über die biblische Offenbarung hinausgehend die verborgenen Geheimnisse des Weltzusammenhangs zu entschlüsseln. Darin liegt für ihn das Motiv für die »Neulinge« [Neuerer], sich mit der hermetischen Literatur zu beschäftigen, in deren Lehren sie »die platonischen Fundamenta« wiederfanden.

> »Es ist auch nicht zu vergessen/ daß die Begierde den Grund der Chymie/ welche nach Außspruch ihrer Liebhaber den rechten Grund und Wissenschafft/ göttliche und natürliche Dinge zu ergründen und zuerkennen mittheilet/ zu erforschen/ viel Neulinge angetrieben habe/ Hermetis Trismegisti Schrifften zulesen/ und weil sie darinn die Platonischen Fundamenta angetroffen/ zu schliessen/ es könne niemand zur anerschaffenen/ und in Adam verlorenen Weißheit wieder gelangen/ er sey denn von der Unreinigkeit des Leibes gesaubert und erleuchtet/ durch Hülffe theils der Schrifft/ theils des Buchs der Natur/ das ist/ der Cabalæ veræ, Magiæ, Astrologiæ und Pansophiæ.[45]

Für Colberg ist Hermes Trismegistos der »Patriarch« der Fanatici;[46] sie rühmen sich, von ihm ihre Lehre zu haben[47]. Den Einfluss des hermetischen Schrifttums auf die neuzeitliche Schwärmerei veranschlagt er sehr hoch:

> »Daß also die Alchymia und Nachschlagung der Hermetischen Bücher/ was von den vornehmsten Mitteln gewesen ist/ durch dessen Behuff der Fanatismus hervorgebrochen und im Wachsthum zugenommen hat.«[48]

Colberg führt eine Reihe von Belegen an, die nachweisen, dass sich z.B. Paracelsus, die Rosenkreuzer und Weigel, aber auch die Quäker ausdrücklich auf die hermetische Literatur beriefen.[49]

Auf die Frage nach den Lehren des Hermes Trismegistus antwortet Colberg: »eben die Platonischen und von den heutigen Schwärm=Geistern

ductus a Marsilio Ficino. Treviso 1471.

44 Colberg, Christenthum. Bd. 1, 89-100.

45 Colberg, Christenthum. Bd. 1, 89. Colberg verweist auf Robert Fludd: Tractatvs Apologeticvs Integritatem Societatis De Rosea Crvce defendens [...]. Leiden 1617, und Josephus Stellatus [Christoph Hirsch]: Pegasus Firmamenti. Sive Introdvctio Brevis In Veterum Sapientiam [...]. o.O. 1618.

46 Colberg, Christenthum. Bd. 1, 98.

47 Colberg, Christenthum. Bd. 1, 90.

48 Colberg, Christenthum. Bd. 1, 89f.

49 Colberg, Christenthum. Bd. 1, 90f.

wieder aufgewärmten Pseudo-Philosophemata«.[50] Mit abgedruckten Auszügen aus den Traktaten X und XII will er dieses Urteil untermauern. Colberg resümiert:

> »Hieraus sehen wir die drey wesentliche Stücke des Menschen/ und daß die aus dem Wesen GOttes urständige [...] und in den Leib zur Straffe der Ubertretung gestossener [!] Seele/ wieder müsse vergöttet oder zu GOtt werden. Die Mittel zu diesem Zweck zugelangen/ sind nach Anleitung des 13. cap. [Traktat XIII] aus sich selbst gehen/ sich reinigen/ erleuchtet und mit GOtt vereinigt werden. Kurtz; Er gedencket keiner anderen Mittel als der drey Mystischen Wege.«[51]

In dem ganzen »Discurs von der Wiedergebuhrt« (Traktat XIII) findet Colberg die mystische *via purgativa, via illuminativa* und den »Vereinigungs=Weg« (*unio*) beschrieben.[52] Damit schließt sich der Kreis; es kam ihm darauf an, die Übereinstimmung mit den Prinzipien der platonischen Philosophie und der Theologia mystica aufzuzeigen. Hierin liegt also die Berechtigung, von dem »platonisch-hermetischen Christentum« zu sprechen.

Ein weiteres Studium der hermetischen Texte – etwa unter Anleitung einer Schrift des Quäkers William Caton[53] – könnte noch mehr Aufschlüsse über die hermetischen Lehren geben. Diese sind nur eine der Quellen, die von den Schwärmern rezipiert wurden und aus denen sie etwa ihre Anschauungen vom (himmlischen) Fleisch Christi, von der Schöpfung und Wiedergeburt geschöpft haben.

> »Man lese Hermetem, Platonem, die Cabalisten/ die Allegoristen/ Philonem Judæum, Originem, Taulerum, da wird sichs handgreiflich geben: daß die neuen Meister von selbigen Scribenten ihre Lehre und Meynungen entlehnet haben.«[54]

Colberg kennt nicht nur das hermetische Schrifttum, sondern auch die kritische Literatur des 17. Jahrhunderts über die Hermetica. Er zitiert u.a.

---

50 Colberg, Christenthum. Bd. 1, 92.

51 Colberg, Christenthum. Bd. 1, 94.

52 Colberg, Christenthum. Bd. 1, 94-98.

53 Gemeint ist William Caton: Eine Beschirmung der Vnschueldigen wider die Laestermaeuler [...]. Amsterdam 1664.

54 Colberg, Christenthum. Bd. 1, 98. Colberg zitiert hier aus der anonymen Schrift: Grundlicher Beweiß wie Theophrastus Paracelsus, Valentinus Weigel, Paulus Felgenhawer, Nicolaus Tetinge und andere ihres gleichen mit grosser Heucheley, mit groben Lästerungen und mit falschen Weissagungen umbgehen [...] wie sie mancherlei Irrthumb, auch viel schädliche und abschäuliche Lehren führen [...]. o.O. 1634.

Isaac Casaubon[55] und Hermann Conring[56], die den Mythus von Hermes Trismegistus kritisch destruiert hatten.[57] Colberg referiert die Meinung der Hermetiker, dass Hermes Trismegistus »zu Mosis Zeiten gelebet und die Geheimnüß der Natur gelehret« habe oder die noch phantastischere, es sei der biblische Noah »eben dieser Hermes« gewesen, »welcher nach der Sündfluth/ da alle Tieffen geöffnet/ in eine Höle gangen/ und daselbst den Lapidem Philosophicum [den Stein der Weisen] gefunden/ durch dessen Hülffe er so grosse Weißheit erlanget« habe. Das alles sei eine unbegründete Erdichtung.[58] Colberg will zwar nicht leugnen, dass überhaupt jemals ein Trismegistus gelebt habe, doch die unter seinem Namen verbreiteten Schriften seien erst sehr viel später entstanden, wahrscheinlich von einigen Ketzern der alten Kirche zusammengetragen.[59] Es handelt sich also um einen falschen[60], einen Pseudo-Trismegistos [61], auf den sich seine neuzeitlichen Adepten beriefen.

IV

Aus diesem »Platonisch-Hermetischen Brunnen«[62] fließen nach Colberg alle schwärmerischen Lehren. Sie sind synkretistisch, weil sie Gottes Wort und »die platonisch-hermetischen Träume« untereinander mengen[63]. Daher ist die Basis ihrer Lehren »ein wurmstichiges Fundament«.[64] Es ist deutlich: Im Platonismus sieht Colberg die Wurzel allen Übels; die Hermetik ist nur eine Spielart des platonischen Denkens. So kann er synonym vom

---

55 Colberg, Christenthum. Bd. 1, 100. Isaac Casaubon: De rebus sacris et ecclesiasticis exercitationes XVI [...]. London 1614. Von Alfons Reckermann, Art. »Hermetismus, hermetisch«. In: HWP 3, 1974, 1075-1078, hier 1077f., stets falsch als »Casaunobius« angeführt!

56 Colberg, Christenthum. Bd. 1, 99. Hermann Conring: De Hermetica Ægyptiorum vetere et Paracelsiorum nova Medicina liber unus. Helmstedt 1648.

57 Colberg, Christenthum. Bd. 1, 99f.

58 Colberg, Christenthum. Bd. 1, 98f.

59 Colberg, Christenthum. Bd. 1, 99f.

60 Colberg, Christenthum. Bd. 2, 133.

61 Colberg, Christenthum. Bd. 2, 75.

62 Colberg, Christenthum. Bd. 2, 160.

63 Colberg, Christenthum. Bd. 2, Vorrede, **5.

64 Colberg, Christenthum. Bd. 2, 166.

»platonischen« Christentum, vom »platonisch-hermetischen« Christentum, von der »Hermetischen Religion« und von der »Hermetisch-Platonischen Religion« sprechen. Immer handelt es sich um denselben Gedankenkomplex, der das Substrat aller sektiererischen »Schwärmereien« bildet.

Nach Colberg ist »das πρῶτον ψεῦδος oder der Grund=Irrthum der Fanatischen Theologie« in dem »Platonische[n] Gedichte von der innern Idealischen [Ideen-] Licht=Welt/ und von den drey wesentlichen Theilen im Menschen«, also Kosmologie und Anthropologie, zu sehen.[65] Dualistisch ist die platonische Kosmologie mit einer zweifachen Welt, der göttlichen Ideenwelt und die äußerliche, sinnliche Welt; dualistisch die platonische Anthropologie mit der göttlichen Seele und dem Geist, der den Körper regiert und dem Leib, der das Gefängnis der Seele ist. Auf diesem Hintergrund ist der mystisch-asketische Heilsweg der »platonischen Christen« zu sehen, den Colberg schon in seinem historischen Überblick wiederholt nachzeichnet: Um sich aus ihrer Verstrickung zu befreien, muss die Seele sich selbst und ihre göttliche Herkunft erkennen, sich durch Einkehr in sich selbst von allem Äußerlichen reinigen durch Entsagung von allem Sinnenhaften, von Begierden und Affekten. Diesem Absterben vom Äußeren folgt die Erleuchtung und Vergötterung als Erlangung der früheren Herrlichkeit. Überall regiert also die dualistische Unterscheidung von innerlich und äußerlich mit der Abwertung oder Relativierung alles Äußerlichen. Daraus folgen alle anderen Irrtümer. Auf diese Beobachtung spitzt Colberg seine Aufzählung einer ganzen Reihe von dogmatischen Heterodoxien zu.

> »Solches ist daraus gnugsahm abzunehen/ daß sie alle Artickel des Glaubens in innerliche und äusserliche abtheilen/ das innerliche Mysticè erklähren und von ihren angezogenen unchristlichen Meynungen verstehen/ das äusserliche aber als liederlich/ unnütz/ ja schädlich lästern und verwerffen. Solches entspringet daher/ weil sie den Menschen in den innerlichen und äusserlichen Theilen [!]/ da der äusserliche vergehet/ der innerliche aber ewig bleibet.«[66]

Alle schwärmerischen Gedankengebäude basieren nach Colberg auf dieser platonisch-dualistischen Grundstruktur von innerlich – äußerlich: Daher betonen die Schwärmer das innerliche Wort Gottes, den innerlichen Christus, den inwendigen Glaube, die innere Rechtfertigung bzw. die Geburt Christi in uns, die inwendige Heiligung, das inwendige Gebet, die inwendigen Sakramente, inwendige Taufe und inwendiges Abendmahl, die inwendige Absolution, den inwendigen Gottesdienst, den inwendigen unmit-

65 Colberg, Christenthum. Bd. 1, 133.

66 Colberg, Christenthum. Bd. 1, 107f.

telbaren Beruf der Prediger, ein innerliches Gelehrt-sein von Gott, eine inwendige Auferstehung und einen inwendigen Himmel und eine inwendige Hölle.[67]

Da die »Rotten=Geister« der Meinung sind, »die innerliche Erkäntnüß Christi mache allein selig«, verwerfen und verachten sie auch alle äußeren kirchlichen Formen.[68] Die Betonung des Inwendigen hat ferner zur Folge, dass sie »alle Wercke/ so zu diesem Leben gehören/ und den äussern Menschen angehen«, als unnütz und verwerflich ansehen, wie das Amt der Obrigkeit, das Prozessieren vor Gericht, Kriegsdienst, Handel treiben, Reichtum, Ehrungen und Titel, Kleiderpracht, Musik, Tanzen, Schwören und Steuern zahlen.[69]

> »Diß ist die Summ der Hermetisch=Platonischen Religion/ wie sie heut zu tage unsere Schwarmgeister bekennen/ und unter den Redens=Arten der heiligen Schrifft verbergen/ [...] die göttlichen Geheimnüß gemißdeutet/ und endlich ein solches Phantastisches Mischmasch hervorgebracht haben.«[70]

Eine konzentrierte Zusammenfassung des schwärmerischen Gedankensystems findet Colberg in Julius Sperbers *Mysterium magnum*, aus dem er den Lesern einen längeren Auszug mittteilt.[71]

Nachdem Colberg den Ursprung und die historische Entwicklung des platonisch-hermetischen Christentums dargestellt und den »Grund=Irrthum« der »Schwärmer« ermittelt hat, fragt er zum Abschluss der einleitenden Kapitel nach dem »Principium ihrer Phantasey«. [72]

> »Wir finden in ihren/ der Platonischen Christen Schriften ein zweyfaches Principium ihrer Lehr/ die Erkäntnüß unser selbst/ und die Erkäntnüß der Welt/ Macrocosmum und Microcosmum, Cabalam und Magiam, die inwendige Offenbarung und das Buch der Natur oder der Lebendigen/ die Erkäntnüß des allgmeinen Welt=Geistes in allen Dingen/ beides durch die inwendige Erleuchtung des innern Lichts/ als des ewigen Worts/ verbi fiat, und durch die Erkäntnüß der Signaturen oder Characteren/ so in dem Buch der Natur geshrieben ist/ des inwendigen Lichts/ wie es in der Creatur verborgen lieget.«[73]

---

67 Colberg, Christenthum. Bd. 1, 107-113.

68 Colberg, Christenthum. Bd. 1, 116f.

69 Colberg, Christenthum. Bd. 1, 117f.

70 Colberg, Christenthum. Bd. 1, 118.

71 Colberg, Christenthum. Bd. 1, 121-131. Julius Sperber: Mysterium Magnum d.i. das allergrößte Geheimnus I. von Gott, II. von seinem Sohn, III. und von der Seele des Menschen. Amsterdam 1660. Colberg benutzte ein handschriftliches Exzerpt aus diesem Werk, wie auch die abweichende Titelformulierung zeigt (121).

72 Colberg, Christenthum. Bd. 1, 133.

73 Colberg, Christenthum. Bd. 1, 133f.

Dieses doppelte Erkenntnisprinzip als Struktur der schwärmerischen Lehrsysteme wird ausführlich vorgestellt: die *Cabala* als innere Offenbarung[74] und die *Magia* als Erkenntnis der göttlichen und natürlichen Dinge aus dem Buch der Natur[75]. Da aber nur ein erleuchteter Mensch das Buch der Natur lesen könne, »[l]äufft es hier also abermahl auff eine inwendige Offenbahrung hinaus«.[76] Colberg kann darin nur »lauter Träume und Einfälle der müssigen und spiritisirenden eingebildeten Propheten« sehen,[77] die nur zum Schein und als »Mantel ihres Unglaubens« die Bibel anführen, aber durch ihren *sensus mysticus* verdrehen.[78]

Wir brechen hier ab, ohne Colbergs materialreiche Darstellung der einzelnen Gruppen und seine Erörterung ihrer Lehren im Licht der lutherischen Dogmatik noch untersuchen zu können.

V

Ehre Gott Daniel Colberg gibt in seinem Werk eine Beschreibung dessen, was die neuere Forschung als frühneuzeitlichen mystischen Spiritualismus bezeichnet.[79] Er hat auch aus heutiger Sicht wichtige Aspekte dieser historischen Erscheinung zutreffend beobachtet und beschrieben. Er hat vor allem die innere Zusammengehörigkeit und vielfache Interdependenz der spiritualistischen Gruppierungen zutreffend erkannt und auf die in ihnen wirksamen Traditionsströme hingewiesen.[80] Ein Großteil des von ihm he-

---

74 Colberg, Christenthum. Bd. 1, 136-149.

75 Colberg, Christenthum. Bd. 1, 149-168.

76 Colberg, Christenthum. Bd. 1, 157f.

77 Colberg, Christenthum. Bd. 1, 158.

78 Colberg, Christenthum. Bd. 1, 168(ff.).

79 Vgl. Gustav Adolf Benrath: Die Lehre der Spiritualisten. In: Handbuch der Dogmen- und Theologiegeschichte. Hg. v. Carl Andresen. Bd. 2. Göttingen 1980 [Reprint: Göttingen 1989], 560-610; Martin Brecht: Die deutschen Spiritualisten des 17. Jahrhunderts. In: Geschichte des Pietismus. Hg. v. M. Brecht. Bd. 1. Göttingen 1993, 205-240; Robert Emmet McLaughlin: Art. »Spiritualismus«. In: TRE 31, 2000, 701-708.

80 Aufschlussreich ist der Vergleich mit Ernst Troeltsch: Die Soziallehren der christlichen Kirchen und Gruppen. Tübingen 1912, der – ohne Kenntnis Colbergs – eine phänomenologische Typisierung von Kirche, Sekte und Mystik vorgelegt hat. Colbergs »Schwärmer« bilden in Troeltschs Entwurf den Idealtypus Mystik, den er ganz ähnlich charakterisiert wie Colberg. Vgl. Aric L. Molendijk: Zwischen Theologie und Soziologie: Ernst Troeltschs Typen der christlichen Gemeinschaftsbildung – Kirche, Sekte, Mystik. Gütersloh 1996 (Troeltsch-Studien, 9).

rangezogenen Quellenmaterials harrt noch der Auswertung durch die gegenwärtige Forschung.

Bei Colberg begegnen auch bereits zahlreiche Einzelbeobachtungen, die noch oder wieder in der neueren Diskussion eine Rolle spielen: etwa die Anregungen, die der Spiritualismus durch den (Neu-) Platonismus[81] und die spätmittelalterliche Mystik, besonders Tauler, Thomas von Kempen, die Theologia deutsch, empfing[82]; die Einwirkung Sebastian Francks auf Weigel[83]; der Einfluss Karlstadts auf einige täuferische Gruppen (»Carlstadt/ der Wiedertäuffer Groß=Vater«[84]) und vieles andere mehr. Klar hat Colberg die Bedeutung der hermetischen Literatur, der Kabbala, Alchemie und Magie für die spiritualistischen Vorstellungen beobachtet.[85]

Sein Versuch, das Gesamtphänomen der religiösen Sondergruppen der Frühen Neuzeit auf gemeinsame Grundprinzipien zurückzuführen, hat natürlich auch seine Grenzen; wie alle derartigen monistischen Erklärungsversuche wird er der differenzierten Vielfalt der historischen Einzelerscheinungen nicht voll gerecht (das gilt vor allem für das Täufertum, das viel stärker in sich gegliedert war und nur in Teilen dem Spiritualismus zugerechnet werden kann[86]). Auch die nachhaltigen Impulse für die neu-

---

81 McLaughlin [s. Anm. 79], 701f.: »Der Begriff Spiritualismus bezeichnet eine theologische Haltung, die eine unmittelbare Beziehung zu Gott durch den Geist in den Vordergrund stellt und eine äußere, dingliche Vermittlung etwa durch Sakramente, die Bibel oder das geistliche Amt abwertet oder ausschließt. Die Haltung hat Wurzeln in der Schrift und im platonischen Denken [...].« »Der platonische unstoffliche νοῦς ist bestrebt, sich aus der dem Wandel unterliegenden äußeren Welt zurückzuziehen und in den inneren, unwandelbaren geistigen Bereich zurückzukehren, von dem er ausgegangen ist. Der daraus erwachsende Dualismus fördert eine geistige Einkehr, durch die der menschliche νοῦς dem Guten oder Einen nachstrebt, das [...] ein unbewegtes, ersehntes Ziel ist.«

82 Colberg, Christenthum. Bd. 1, 292. Vgl. Benrath [s. Anm. 79], 561, 565ff.; Hans Schneider: Johann Arndts »Vier Bücher von wahrem Christentum«. Offene Fragen der Quellen- und Redaktionskritik. In: Pietas in der Lutherischen Orthodoxie. Hg. v. Udo Sträter. Wittenberg 1998 (Themata Leucoreana, 2), 61-77, hier 69-71; Geyer [s. Anm. 6]. Bd. 1, 39-47.

83 Colberg, Christenthum. Bd. 1, 294. Vgl. Horst Weigelt: Sebastian Franck und die lutherische Reformation. Gütersloh 1972, 63-65.

84 Colberg, Christenthum. Bd. 1, 340ff. Vgl. Calvin Augustine Pater: Karlstadt as the Father of the Baptist Movements. The Emergence of Lay Protestantism. Toronto 1986.

85 Colberg, Christenthum. Bd. 1, 136-168 u.ö. Vgl. dazu jetzt Geyer [s. Anm. 6], Teil. 3.

86 Colberg, Christenthum. Bd. 1, 328-386. Vgl. James M. Stayer: Art. »Täufer/Täuferische Gemeinschaften«. In: TRE 32, 2001, 597-617, hier 600 u.ö.

zeitliche Geistesgeschichte, nicht zuletzt für die Literaturgeschichte[87], die das von Colberg attackierte »platonisch-hermetische Christentum« vermittelt hat, kann erst der unpolemische historische Rückblick erkennen. Aber Colbergs Darstellung bleibt auch in aller Einseitigkeit für die heutige Forschung ein höchst anregender und heuristisch fruchtbarer Entwurf, der weit mehr als nur ein *granum veritatis* enthält.

VI

Schwer zu beantworten ist die Frage, ob Colberg bei seiner Veröffentlichung bereits »fanatische« Erscheinungen des Pietismus im Blick hatte. In dem ganzen Werk fällt weder das Stichwort »Pietismus«, noch werden radikale Pietisten namentlich genannt. Gleichwohl gibt es einige versteckte Hinweise darauf, dass er *auch* schon die sich ausbreitende pietistische Bewegung, besonders in ihren radikalen Erscheinungsformen im Blick gehabt haben könnte.

An einer Stelle erwähnt er zustimmend Speners *Der Klagen über das verdorbene Christentum mißbrauch und rechter gebrauch*[88] – jene Schrift, in der sich Spener mit der Separation unter seinen Frankfurter Anhängern auseinandersetzte und die dann im radikalen Pietismus weit verbreitete Anklage gegen die evangelische Kirche als »Babel«[89] zurückwies.[90] Von den frühen Frankfurter Radikalpietisten hatte Colberg also durch Speners Buch Kenntnis.

Es gibt Anhaltspunkte für die frühe Ausbreitung der pietistischen Bewegung im pommerschen Raum; in den Jahren nach der Jahrhundertwende sollte sie auch den Greifswalder Theologen zu schaffen machen.[91] Seit 1688/89 wirkte im benachbarten Hinterpommern der Spener-Freund Günther Heiler als Generalsuperintendent.[92] 1689 erregte der gleichfalls mit

87 Vgl. die in Anm. 5 genannten Arbeiten Kempers.

88 Colberg, Christenthum. Bd. 2, Vorrede, **4.

89 Vgl. Colberg, Christenthum. Bd. 2, Vorrede, **4f.

90 Frankfurt/Main 1685 u.ö. Reprint mit Einleitung von Dietrich Blaufuß und Erich Beyreuther in: Philipp Jakob Spener. Schriften. Hg. v. Erich Beyreuther. Bd. 4. Hildesheim [u.a.] 1984.

91 Vgl. Helmut Lother: Pietistische Streitigkeiten in Greifswald. Ein Beitrag zur Geschichte des Pietismus in der Provinz Pommern. Gütersloh 1925; Theodor Wotschke: Der Pietismus in Pommern. In: BKGP 1, 1928, 12-58; 2, 1929, 24-75.

92 Vgl. Hellmuth Heyden: Kirchengeschichte Pommerns. Bd. 2. Köln-Braunsfeld ^{2}1957.

Spener bekannte Pastor Philipp Christoph Zeise im hinterpommerschen Zirchow Anstoß durch seine perfektionistischen Anschauungen und das Abhalten von Konventikeln.[93] Es ist durchaus denkbar, dass es sich bei den »Sonderlingen«, mit denen Colberg Gespräche führte, auch um frühe radikale Vertreter des Pietismus handelte.

Vor allem gibt die Erscheinungszeit des Werkes zu denken. Band 1 des *Platonisch-hermetischen Christentums* kam im Herbst 1690 heraus, Band 2 folgte im Frühjahr 1691. 1689/90 hatte das Auftreten der pietistische Bewegung in Leipzig zu schweren Unruhen in Universität und Stadt geführt; hier waren radikale, mystische und enthusiastische Erscheinungen aufgetreten.[94] 1690 erreichten die pietistischen Streitigkeiten in Hamburg einen Höhepunkt.[95]

Wie schon erwähnt, erlebte Colbergs Schrift 1709/10 eine postume Neuauflage, die mit einem Titelkupfer versehen war. Hier sind die Köpfe der von Colberg behandelten Sektenführer abgebildet, und außer ihnen erscheint nun auch das Bildnis eines radikalen Pietisten, des 1691 amtsenthobenen Johann Wilhelm Petersen.[96] Mindestens der unbekannte Herausgeber der Neuauflage hat also dem Leser die Zugehörigkeit der pietistischen Radikalen zu dem von Colberg beschriebenen »Schwärmertum« zu verstehen geben wollen.

Schon zehn Jahre zuvor hatte der Danziger Pfarrer Friedrich Christian Bücher an Colbergs *Platonisch-hermetisches Christentum* angeknüpft und nun ausdrücklich die Linie zum Pietismus gezogen. Seine 1699 erschienene Kampfschrift trägt den Titel: *Plato Mysticus in Pietista redivivus. Das ist: Pietistische Übereinstimmung mit der Heydnischen Philosophia Platonis Und seiner Nachfolger.*[97] Jetzt erst erfolgte die pietistische Abwehr auf diesen

93 Vgl. Paul Grünberg: Philipp Jacob Spener. Bd. 1. Göttingen 1893 [Reprint: Hildesheim [u.a.] 1986], 244f.

94 Vgl. Hans Leube: Die Geschichte der pietistischen Bewegung in Leipzig. In: ders.: Orthodoxie und Pietismus. Hg. v. Dietrich Blaufuß. Bielefeld 1975 (AGP, 13), 217-233.

95 Vgl. Martin Brecht: Philipp Jakob Spener, sein Programm und dessen Auswirkungen. In: ders. [s. Anm. 79], 279-389, hier 344-351.

96 Zu Petersen und seiner Amtsenthebung vgl. Markus Matthias: Johann Wilhelm und Johanna Eleonora Petersen. Eine Biographie bis zur Amtsenthebung Petersens im Jahre 1692. Göttingen 1993 (AGP, 30).

97 Danzig 1699. Die von Bücher herausgegebene Monatsschrift: Menses pietistici. Wittenberg 1705-1706, trägt den Untertitel: die Tieffe des Sathans in dem Hermetisch-Zoroastrisch-Pythagorisch-Platonisch-Cabalistischen Christenthum der Pietisten.

Angriff in einer im Halleschen Waisenhaus verlegten Schrift von Balthasar Köpke: *Sapientia Dei, In Mysterio Crucis abscondita. Die wahre Theologia mystica Oder ascetica.*[98] Zu diesem Werk schrieb kein Geringerer als Spener selbst eine programmatische Vorrede mit einem Plädoyer für die wahre mystische Theologie. Und wiederum zwei Jahre später setzte Gottfried Arnold in seiner *Historia et descriptio Theologiae mysticae*[99] zu einem Generalangriff auf alle Kritiker der mystischen Theologie an, indem er gerade das inwendige, mystische Geistchristentum als das einzig wahre und echte darzustellen versuchte.

Dies alles wie auch das scharenweise Auftreten von spiritualistisch geprägten radikalen Pietisten um die Jahrhundertwende hat Colberg nicht mehr erleben müssen. Am 30. Oktober 1698 war er im Alter von erst 39 Jahren in seinem Wismarer Pfarrhaus gestorben.[100]

98 Halle/Saale 1700.

99 Frankfurt/Main 1702. Eine deutsche Bearbeitung erschien im folgenden Jahr: Historie und beschreibung der mystischen Theologie, oder geheimen Gottes Gelehrtheit, wie auch derer alten und neuen Mysticorum. Frankfurt/Main 1703.

100 Die Schrift von Colbergs Sohn Johann Friedrich, in der er das *Platonisch-hermetische Christenthum* seines Vaters verteidigte, war mir leider nicht zugänglich: Dissertatio epistolica, qua Jacobo Henrico Balthasari [...] gratulatur et insimul B. Ehre-Gott Colbergium iniquis ob scriptum de Christianismo Platonico-Hermetico librum censuris oneratum ab iisdem liberat. Wismar 1722.

XII. Ein zeitgenössischer Bericht über den Wittgensteiner Pietismus zu Beginn des 18. Jahrhunderts

Als um die Wende vom 17. zum 18. Jahrhundert der Pietismus im Wittgensteiner Land seinen Einzug hielt[1], wurden die Vorgänge auch in der hessischen Nachbarschaft mit großer Aufmerksamkeit beobachtet; waren doch die Hauptschauplätze des Geschehens nur wenige Wegstunden entfernt. Eine der Pfarreien im oberen Edertal an der Grenze der Landgrafschaft Hessen-Darmstadt zu den Sayn-Wittgensteinschen Grafschaften[2] war Dodenau (heute: Battenberg/Eder, Ortsteil Dodenau, Kreis Waldeck-Frankenberg). Im ältesten Kirchenbuch der dortigen evangelischen Kirchengemeinde findet sich ein aufschlussreicher zeitgenössischer Bericht über den radikalen Pietismus im benachbarten Wittgensteiner Land.[3]

---

1 Grundlegend ist immer noch die Darstellung von Max Goebel: Geschichte des christlichen Lebens in der rheinisch-westphälischen evangelischen Kirche. Bd. 2. Koblenz 1852 [Reprint: Gießen 1992], 736-855: Der Separatismus in der Grafschaft Wittgenstein.- An seither erschienenen Untersuchungen seien genannt (in Auswahl): Victor Pless: Die Separatisten und Inspirierten im Wittgensteiner Land und Zinzendorfs Wirksamkeit unter ihnen im Jahre 1730. Diss. Lic. theol. [masch.] Münster 1921 [Nachdruck in Vorbereitung]; Heinz Renkewitz: Hochmann von Hochenau. Witten ²1969 (AGP, 5); Christa Elisabeth Hertling: Der Wittgensteiner Pietismus im frühen 18. Jahrhundert - ein Beispiel sozialer Intervention. Diss. paed. Köln 1980 [unbefriedigend]; Eberhard Bauer: Der Separatismus in der Grafschaft Wittgenstein 1700-1725. In: JWKG 75, 1982, 167-184; Hans-Jürgen Schrader: Literaturproduktion und Büchermarkt des radikalen Pietismus. Johann Heinrich Reitz' »Historie Der Wiedergebohrnen« und ihr geschichtlicher Kontext. Göttingen 1989 (Palaestra, 283), (Lit.); Hans Schneider: Der radikale Pietismus im 17. Jahrhundert. In: Geschichte des Pietismus. Hg. v. Martin Brecht. Bd. 1. Göttingen 1993, bes. 418-421; Hans Schneider: Der radikale Pietismus im 18. Jahrhundert. In: Geschichte des Pietismus. Hg. v. Martin Brecht. Bd. 2. Göttingen 1995, bes. 123-139, 160-167.

2 Sie entspricht der heutigen Grenze der Bundesländer Hessen und Nordrhein-Westfalen.

3 Er wurde schon einmal an abgelegener Stelle veröffentlicht (in: Mitteilungen aus der Geschichte und Heimatkunde des Kreises Biedenkopf 11, 1917, 6-15). Doch dieser Abdruck weist nicht nur eine Reihe von Lesefehlern und unentzifferten Wör-

Der Autor des Berichts ist der damalige Pfarrer der Pfarrei Dodenau, Konrad Schlierbach.[4] Er war 1658 in Dodenau geboren, wo sein Vater, Andreas Schlierbach (1633-1686)[5] seit 1657 als Pfarrer wirkte. Auch schon sein Großvater war Pfarrer gewesen.[6] Wie einst sein Vater hatte Konrad Schlierbach seit 1678 an der hessen-darmstädtischen Landesuniversität in Gießen studiert.[7] Sein Studium fiel in die Zeit, als die dortige theologische Fakultät noch ganz im Zeichen der lutherischen Orthodoxie stand und von pietistischen Regungen in Gießen noch nichts zu spüren war.[8] 1686 hatte er als Nachfolger seines Vaters die Pfarrstelle in Dodenau übernommen, die er bis zu seinem Tod 1731 innehatte.

1697 begann Konrad Schlierbach mit der Führung eines (neuen) Kirchenbuches.[9] Neben den üblichen Rubriken der Getauften, Konfirmierten, Getrauten, Verstorbenen und der mit Kirchenbuße belegten (Pönitenten) enthält es eine sechste Abteilung, in der Schlierbach »allerley notabilia, so in der Kirchen oder in der nachbahrschafft und sonsten sich begeben,« aufzeichnete.[10] Er untergliederte sie wiederum in zwei Teile, zum einen »Historien« und zum andern »Miraculosa«.[11] Während der zweite eine bunte Sammlung verschiedener wunderlicher Begebenheiten enthält, besteht

---

tern auf; er bietet auch keinerlei Sacherläuterungen. Daher erscheint eine nochmalige und kommentierte Edition sinnvoll.

4 Vgl. Wilhelm Diehl: Pfarrer- und Schulmeisterbuch für die acquirierten Lande und die verlorenen Gebiete. Darmstadt 1933 (Hassia sacra, 7), 197 (Nr. 555,14).

5 Diehl [s. Anm. 4], Nr. 555,13.

6 Diehl [s. Anm. 4], Nr.559,5.

7 Immatrikuliert am 2. Mai 1678; vgl. Die Matrikel der Universität Gießen 1608-1707. Hg. v. Ernst Klewitz u. Karl Ebel. Gießen 1898, 79: »Conradus Schlierbach, Dodenavia-Hassus«.

8 Vgl. Walther Köhler: Die Anfänge des Pietismus in Gießen. In: Die Universität Gießen von 1607 bis 1907. Bd. 2. Gießen 1907, 133-244; Rüdiger Mack: Pietismus und Frühaufklärung an der Universität Gießen und in Hessen-Darmstadt. Darmstadt 1984.

9 Ein älteres Kirchenbuch ist nicht erhalten.

10 Dodenauer Kirchen Buch, so in sechs Classes abgetheilet, in die Erste die nahmen der vätter Baptizatorum & Compatrum, in der Zweyten nomina Confirmatorum, in der Dritten nomina Copulatorum, in der Vierten nomina Mortuorum, beyd jung und alt, in der Fünfften diejenigen, so offentlich Kirchen poenitentz gethan, und in der Sechsten allerley notabilia, so in der Kirchen oder in der nachbarschafft und sonsten sich begeben, aufgezeichnet und specificiret seynd. Angefangen Anno 1697, den 2. jan., Tempore pastoratus Conradi Schlierbachii et quidem pastoratus ejus anno undecimo (Pfarramt Dodenau/Eder).

11 Kirchenbuch, S. 631f.

der erste Teil aus der genannten, 13 Folio-Seiten umfassenden Schilderung des Wittgensteiner Pietismus.[12]

Der undatierte Bericht ist, wie Schriftbild und Tintenfärbung zeigen, offensichtlich in mehreren Etappen entstanden und niedergeschrieben. Ein erster Teil, der bis zu den Ereignissen des Jahres 1707 führt, wird durch eine Gebetsformel abgeschlossen: »Doch wolte der liebe Gott Geduld geben und unß endlich zu seines grossen Nahmens Preiß und Herrligkeit von diesem Übel erlösen, um Jesus willen. Amen.« Der letzte Teil des Berichts wurde im Jahr 1729 niedergeschrieben, auf das sich auch die spätesten Nachrichten beziehen. Zwei Jahre später starb Pfarrer Schlierbach.

Seine Darstellung verdient aus mehreren Gründen kirchengeschichtliches Interesse. Schlierbach schildert die Vorgänge aus der kritischen Sicht eines orthodoxen lutherischen Pfarrers aus der näheren hessischen Umgebung. Die Nachrichten flossen ihm reichlich zu. Mancherlei Berichte und Gerüchte, die er anführt, waren in der Bevölkerung im Umlauf. Doch Schlierbach erhielt auch Informationen von den reformierten Wittgensteiner Pfarrern; zu ihnen bestanden, wie der Bericht erkennen lässt, trotz der Zugehörigkeit zu verschiedenen Territorien, Landeskirchen und Konfessionen persönliche Kontakte. Außerdem besuchte Pfarrer Schlierbach mehrfach selbst das nahegelegene Schwarzenau, um sich durch eigenen Augenschein ein Bild von den Verhältnissen zu verschaffen. Ferner kam es zu Begegnungen mit umherziehenden Radikalpietisten, die in den Orten des oberen Edertals auftraten und die Gottesdienste störten. So zeigt sich der Dodenauer Pfarrer über die wichtigsten Vorgänge im Wittgensteiner Land und über die beteiligten Hauptpersonen insgesamt erstaunlich gut unterrichtet.

Schlierbach setzt den Beginn des Wittgensteiner Pietismus in das Jahr 1700. Damals sei die »verrufene« Sekte der Pietisten im Wittgensteinischen »eingeschlichen«. Schon mit dieser Wortwahl will er auf den subversiven Charakter dieser Leute hinweisen. Pietismus ist für Schlierbach mit Separatismus synonym, denn er erlebte den Pietismus in seinen radikalen, separatistischen Erscheinungsformen. Es handele sich um »Freigeister«[13],

---

12 Kirchenbuch, S. 567-579.

13 Die Bezeichnung »Freigeister« begegnet auch sonst zur Bezeichnung von Separatisten, z.B. in: Johann Tillotson: Gründlicher Beweiß wieder die Atheisten Und Frei=Geister [...]. Frankfurt/Main 1696; [Johann Friedrich Corvinus:] Anabaptisticum et Enthusiasticum Pantheon und Geistliches Rüst=Haus Wider die Alten Quacker und Neuen Frei=Geister [...]. o.O. 1701-1702; Erschröckliche Brüderschafft der Alten und Neuen Wiedertäuffer, Quäcker, Schwärmer und Frei=Geister mit Denen Heil= und Gottlosen Juden [...]. o.O. 1702; [Gustav Philipp Mörl:] Der Nürnbergischen Prediger treu=hertzige Vermahnung und Warnung an ihre anvertrauten Gemeinden [...].

weil sie unter Berufung auf den angeblich empfangenen Geist der Freiheit (2Kor 3,17) sich nicht in Ordnungen fügen wollten. Schlierbach verwendet für die Pietisten auch den schon früh aufgekommenen Spottnamen »Quäker«, da sie mit deren Grundsätzen übereinstimmten und die ekstatischen Erscheinungen dem Zittern der Quäker entspreche.[14]

Schlierbach macht als Urheber und Hauptakteure der Bewegung im Wittgensteiner Land verschiedene Personen namhaft: Samuel König[15], Johann Jakob Knecht[16] und Anton Püntner[17] sowie Ernst Christoph Hochmann von Hochenau[18] und Johann Henrich Reitz[19]. Auch hier zeigt sich der Dodenauer Pfarrer gut unterrichtet: Er weiß, dass es sich bei König und Knecht um gebürtige Schweizer handelt, die wegen pietistischer »Händel« – gemeint ist der Berner Pietistenprozess im Jahre 1699[20] – aus ihrer Heimat ausgewiesen worden waren. Über Hochmann hat er gehört, dass er

---

Nürnberg 1731, 12: »Von Separatisten, und andern Frey-Geistern haben wir bis auf die Stunde, eine nicht geringe Anzahl, theils in der Stadt, theils auf dem Land gehabt [...]«.

14 Vgl. etwa Gerhard Croesius [Croese]: Historia Quakeriana [...]. Amsterdam ^{2}1694; dt.: Quaker-Historie [...]. Berlin 1696. Gegen den Vorwurf, Pietismus und Quäkertum gehörten zusammen, richtete sich Philipp Jakob Spener: Warhafftige Erzehlung, Dessen was wegen des sogenannten Pietismi in Deutschland von einiger Zeit vorgegangen [...]. Frankfurt/Main 1697.

15 Samuel König (1671-1750); vgl. Rudolf Dellsperger: Art. »König, Samuel«. In: NDB 12, 349f.; ders.: Die Anfänge des Pietismus in Bern. Göttingen 1984 (AGP, 22), 93ff.; ders.: Samuel Königs »Weg des Friedens« (1699-1711). In: PuN 9, 1983, 152-179.

16 Johann Jakob Knecht; vgl. Goebel [s. Anm. 1]. Bd. 2, 747, 753f., 758; Paul Wernle: Der schweizerische Protestantismus im XVIII. Jahrhundert. Bd. 1. Tübingen 1923, 124f., 129, 178, 225; Dellsperger, Anfänge [s. Anm. 15], 50, 160f., 173; ders., Weg [s. Anm. 15], 153, 156, 159.

17 Carl Anton Püntiner (Püntner, Bündner o.ä.), Schweizer Pietist, Freund Königs; vgl. Goebel [s. Anm. 1]. Bd. 2 , 753-799; Wernle [s. Anm. 16]. Bd. 1, 125, 129, 178, 287, 292; Renkewitz [s. Anm. 1], 50f. und oft (Reg.!); Dellsperger, Anfänge [s. Anm. 15], 84f.; ders., Weg [s. Anm. 15], 153, 156, 160.

18 Ernst Christoph Hochmann von Hochenau (1669/70-1721); vgl. Renkewitz [s. Anm. 1]; Hans Schneider: Art. »Hochmann von Hochenau«. In: TRE 15, 1986, 421-423 (Lit.).

19 Rudolf Mohr: Ein zu Unrecht vergessener Pietist: Johann Henrich Reitz (1655-1720). In: MEKGR 22, 1973, 46-109; Hans-Jürgen Schrader: Nachwort des Herausgebers. In: Johann Henrich Reitz, Historie Der Wiedergebohrnen. Vollständige Ausgabe der Erstdrucke aller sieben Teile der pietistischen Sammelbiographie (1698-1745) mit einem werkgeschichtlichen Anhang [...]. Hg. v. Hans-Jürgen Schrader (Deutsche Neudrucke, Reihe: Barock 29/4). Bd. 4. Tübingen 1982, bes. 153*ff

20 Vgl. Dellsperger, Anfänge [s. Anm. 15], 115ff.

adliger Abkunft sein solle und aus Nürnberg stamme, und bei Reitz erwähnt er, dass er in Braunfels als Inspektor abgesetzt worden sei, weil er die Kindertaufe verworfen habe. Nicht Hochmann, wie man aus heutiger Rückschau zunächst vermuten könnte, sondern Samuel König erscheint als die Hauptfigur der pietistischen Szene, als der »Generalprophet«. Das stimmt mit anderen zeitgenössischen Zeugnissen überein; auch in einer Klage des kaiserlichen Fiskals am Reichskammergericht wird er stets als »aus der Schweitz verwiesener und verschreiter König« an erster Stelle unter den Wittgensteiner Schwärmern genannt.[21]

Zutreffend ist auch Schlierbachs Hinweis auf die Bedeutung des frommen Grafenhofs[22], besonders auf die Rolle der Wittgensteiner Gräfinnen[23]. Bezeichnend ist hier wiederum, wie er das Verhalten der Pietisten charakterisiert: Sie »schmeichelten sich ein« bei den hochadeligen Damen »mit geschminkten und erdichteten Worten von der Frömmigkeit« und machten zu ihrer Legitimation ihren Geistbesitz (»Salbung des Heiligen Geistes«) und eine unmittelbare Berufung durch Gott geltend.[24]

Der Aufruf zur Buße und die heftige Kritik an den »Fehler[n] und Gebrechen der heutigen Christen in allen Ständen« war ein allgemeines Kennzeichen des Pietismus. Bekanntlich hatte Spener seine *Pia desideria* mit

21 Vgl. Erdmann Neumeister: Pietismus a Magistratu politico Reprobatus et Proscriptus. Hamburg 1736, 8; König wird immer an erster Stelle genannt, daneben werden »auch andere seine Gesellen« (ebd.), »dessen Adhaerenten« (9) erwähnt. Als Beilage zur Anklageschrift des Fiskals wird das Berner Urteil gegen König zitiert (13).

22 Auf die Rolle der frommen Grafenhöfe hat zuerst hingewiesen Friedrich Wilhelm Barthold: Die Erweckten im protestantischen Deutschland während des 17. und der ersten Hälfte des 18. Jahrhunderts, besonders die Frommen Grafenhöfe, Historisches Taschenbuch 3. Folge 3, 1852, 129-320; 4, 1853, 169-390 (Reprint: Darmstadt 1968), über die Wittgensteiner: 3, 1852, 239ff.; 4, 1853, 264ff. u.ö. Hans-Walter Erbe: Zinzendorf und der fromme hohe Adel seiner Zeit. Diss. phil. Leipzig 1928 (Reprint: Zinzendorf, Materialien und Dokumente. Hg. v. Erich Beyreuther u. Gerhard Meyer. Reihe 2. Bd. 12. Hildesheim 1975), behandelt die Wittgensteiner Grafen leider nicht.

23 Vgl. Goebel [s. Anm. 1]. Bd. 2, 759-777. Mit ihrer Rolle setzt sich schon eine zeitgenössische Apologie auseinander: Abgenöthigte Abwendung Irriger Concepte, über die In der Reichs- Graffschafft Wittgenstein an sich selbst höchstlöbliche/ von seiten deß Herrn Graff Carl Ludwigs Von Sayn und Wittgenstein, aber auffs äusserst blamirte/ Reception und Toleranz, Einiger in Gewissens-Fällen vermeintlich irrender/ die Pietät ein wenig mehr als à la mode übender/ und daher Pietisten benahmter/ übrigens quietè, vornehmlich Zu Schwartzenau/ Lebender/ und a poteriori denominando frommer und guter Christen; Nahmentlich Der 4. intus benahmter Jüngeren Gräffinnen Des Hauses Wittgenstein Zu Wittgenstein. o.O. 1711 [SB München; StB Soest].

24 Vgl. dazu Renkewitz [s. Anm. 1], 27.

einer Diagnose der »Gebrechen« des weltlichen, geistlichen und des Hausstandes begonnen.[25] Doch wie Schlierbach richtig erkannte, betrachteten die Wortführer des Wittgensteiner radikalen Pietismus ihre Aufgabe nicht in einer innerkirchlichen Reform, sondern wollten die Leute aus »Babel« herausführen. D.h., die wahren Gläubigen sollten das antichristliche »Babel« (Apk 17 u. 18), das auf die Konfessionskirchen gedeutet wurde, verlassen (Jes 48,20). Die Konfessionen wurden nur als äußerliche Religionsparteien betrachtet, die keine Kirchen seien, sondern nach radikalpietistischem Sprachgebrauch als kirchenspalterische »Sekten« bezeichnet wurden.[26] Den »unparteiischen«, d.h. über den konfessionell-parteilich Positionen bezogenen Standpunkt der Radikalen gibt Schlierbach prägnant wieder: Sie wollten keiner »Sekte« angehören, »weder Papisten, Lutheraner noch Calvinisten« sein, obwohl sie ihrer Herkunft nach »teils Lutheraner« (Hochmann), »teils auch Reformirte« (die Schweizer sowie Reitz) waren.

Die radikalpietistische Kirchenkritik richtete sich, wie Schlierbach bemerkt, vor allem auf »das ordentliche Predigtamt«. Aus der Bibel entlehnte polemische Begriffe wurden von den Radikalen gegen die Pfarrer gerichtet, die als »Diebe und Mörder, Wölffe, Baalspfaffen, Pharisäer, Gesetz- und Ordnungs-Prediger, Schriftgelehrten von der Beschneidung« verleumdet wurden; der stolze Titel »die Orthodoxen« (Rechtgläubige) wurde zum Schimpfwort, auf das man »harte Ochsen« reimte.[27] Gegen die Berufung und Einsetzung der Pfarrer »durch Menschen«, d.h. das landesherrliche Konsistorium, spielten sie das allgemeine Priestertum aller Gläubigen[28]

---

25 Philipp Jacob Spener: Pia Desideria. Hg. von Kurt Aland. Berlin [3]1964 (KIT, 170), 14,10-3,30.

26 Vgl. etwa Gottfried Arnold: Erklärung/ Vom gemeinen Secten=wesen/ Kirchen= und Abendmahl=gehen [...]. Leipzig 1700. Schon Jakob Böhme hatte erklärt: »ein Christ hat keine Sekte« (zit. bei Erich Seeberg: Gottfried Arnold, die Wissenschaft und die Mystik seiner Zeit. Meerane 1923 [Reprint: Darmstadt 1964], 361f.).

27 Ähnliche Wortspiele mit dem Begriff »Orthodoxie« finden sich auch sonst in radikalpietistischer Polemik; so sprach Johann Conrad Dippel etwa von der »Orcodoxia« (Höllenlehre) der Orthodoxen. Vgl. Christianus Democritus [= Johann Conrad Dippel]: ORCODOXIA ORTHODOXORUM Oder Die verkehrte Warheit/ Und Warhaffte Lügen/ Der unbesonnen-eyferigen so genannten Lutheraner. o.O. 1697.

28 Das allgemeine Priestertum aller Gläubigen spielt schon bei Spener eine wichtige Rolle. Zu seiner Rezeption und Modifikation der reformatorischen Vorstellung vgl. Hans-Martin Barth: Einander Priester sein. Allgemeines Priestertum in ökumenischer Perspektive. Göttingen 1990, 54-78. Eine besondere Berufung zum Predigtamt, an der Spener festhielt, wurde aber von den meisten radikalen Pietisten in Frage gestellt.

aus, das sie nicht wie Luther in der Taufe, sondern in der davon unterschiedenen Wiedergeburt begründet sahen.

Mehrfach hebt Schlierbach in seiner Darstellung auch die Kritik der Radikalpietisten an den Sakramenten hervor. Für den gesamten Pietismus war die in den Kirchen geübte Sakramentspraxis ein ständiges Problem. Die Kritik richtete sich schon früh auf die Feier des Abendmahls, die durch die Zulassung von Unbekehrten und Unbußfertigen entheiligt werde, bald aber auch auf die Praxis der Kindertaufe, die unmündigen, zum Glauben noch nicht fähigen Säuglingen das Sakrament zuteil werden lasse.[29] Während die Vertreter des kirchlichen Pietismus die Probleme durch eine neue Gewichtung und Akzentuierung der Konfirmation sowie durch ernste Abendmahlsvermahnung und verschärfte Abendmahlszucht anzugehen versuchten, lehnten die Radikalen dies als inkonsequentes Flickwerk (»Babelsflickerei«) ab. Für sie blieb die kirchliche Sakramentspraxis ein unüberwindlicher Stein des Anstoßes und bildete einen zentralen Punkt ihrer Kirchenkritik; dass Taufe und Altar zu »babylonischen Haupt-Götzen« geworden seien, diente ihnen als ein Schlüsselargument zur Rechtfertigung ihrer Separation. In der Konsequenz dieser Kritik verzichteten die meisten radikalen Pietisten auf jegliche Art von Taufritus und Abendmahlsfeier; an ihre Stelle trat ein spiritualistisches Verständnis von »Geist-Taufe« in der Wiedergeburt und von geistlicher Kommunion in der täglichen Liebesgemeinschaft mit Christus. Auch Hochmann teilte diese Anschauungen.[30]

Schlierbach hebt auch zutreffend die apokalyptischen Elemente der radikalpietistischen Verkündigung hervor, die um die Jahrhundertwende einen Höhepunkt erreichte,[31] und weist auf die damit verbundenen ekstatischen Erscheinungen hin.

Erste Erfolge erzielten die Radikalen nach Schlierbachs Darstellung bei den Wittgensteiner Gräfinnen. Unter der Pfarrerschaft wurden durch Hochmanns Einfluss der Elsoffer Pfarrer Jakob Weigel[32] und sein begabter

---

29 Vgl. zur Taufdiskussion jetzt die Untersuchung von Marcus Meier: Die Schwarzenauer Neutäufer. Genese einer Gemeindebildung zwischen Pietismus und Täufertum. Göttingen 2008 (AGP, 53), 123-140.

30 Zu Hochmann vgl. Renkewitz [s. Anm. 1], 366f. u.ö.

31 Vgl. Hans Schneider: Die unerfüllte Zukunft. Apokalyptische Erwartungen im radikalen Pietismus um 1700. In: Jahrhundertwenden. Endzeit- und Zukunftsvorstellungen vom 15. bis zum 20. Jahrhundert. Hg. v. Manfred Jakubowski-Tiessen u.a. Göttingen 1999, 187-212 [in diesem Band 378-404].

32 Johann Jakob Weigel (Weiel) (1641-1719), seit 1669 Pfarrer in Elsoff. Vgl. Renkewitz [s. Anm. 1], 112ff. u.ö.; Wilhelm Hartnack: Die Pfarrer von Elsoff seit 900 Jahren

Sohn Johann Christian[33] zu frühen Anhängern der pietistischen Bewegung. Aufgrund seiner neu gewonnenen Überzeugungen gab Weigel im Jahre 1700 sein Pfarramt auf und ließ sich in Laasphe nieder. Schlierbach erwähnt auch, dass die Radikalen fast das ganze Dorf Beddelhausen gewannen, doch ist über diese Vorgänge bisher wenig bekannt.[34] Hingegen sind die turbulenten Ereignisse in der Grafschaft Solms-Laubach, auf die Schlierbach zum Vergleich hinweist, recht gut erforscht.[35]

Das bald schwindende Ansehen der Radikalpietisten bei der Wittgensteiner Bevölkerung führt Schlierbach auf das Misstrauen gegenüber den »Übungen«[36] genannten gottesdienstlichen Versammlungen und den nächtlichen Zusammenkünften zurück. Seine Schilderung der ekstatischen Erscheinungen (auch später bei den Inspirierten) zeigt, welche Aufmerksamkeit diese fanden, aber auch, wie sich fantastische Gerüchte bildeten. Schlierbachs Bericht gibt aber deutliche Beispiele für psychopathologische Erscheinungen.[37] Dazu gehören der Übergang von ekstatischem Jubel und blasphemischem Fluchen wie auch der Umstand, dass zwei Hauptakteure, Püntner und Knecht, zeitweise die Sprache verloren (totaler Mutismus), letzterer sogar für eineinhalb Jahre.[38] Später erwähnt Schlierbach, dass sich Knecht nun sogar als Gott betrachte.

(1059-1959). In: Wittgenstein 23, 1959, 122-129, hier 125f.; Friedrich Wilhelm Bauks: Die evangelischen Pfarrer in Westfalen von der Reformationszeit bis 1945. Bielefeld 1980 (BWKG, 4), 542 (Nr. 6734); Willi Temme: Krise der Leiblichkeit. Die Sozietät der Mutter Eva (Buttlarsche Rotte) und der radikale Pietismus um 1700. Göttingen 1998, 177 u.ö. Ein Brief Ernst Christoph Hochmanns von Hochenau an Weigel vom 16. März 1700 liegt im Staatsarchiv Detmold, Familienakten D IV 1 b (Kopie).

33 Vgl. Renkewitz [s. Anm. 1], 112ff., 112, Anm.78, 159, 167, 181f.

34 Beddelhausen, heute Ortsteil von Bad Berleburg, Kreis Wittgenstein. Vgl. Goebel [s. Anm. 1]. Bd. 2, 771; Renkewitz [s. Anm. 1], 115.

35 Eine detaillierte Darstellung der Vorgänge gibt Renkewitz [s. Anm. 1], 53-87. Vgl. auch Wilhelm Bender: Urkunden zur Geschichte des deutschen Pietismus. Aus dem Archiv des Fürstlich- und Gräflich-Ysenburgischen Gesammthauses zu Büdingen. In: TARWPV 6, 1885, 33-105; Karl Bohn: Beiträge zur Geschichte des alten Pietismus im Solms-Laubacher Land. In: Ich dien, Festschrift Wilhelm Diehl. Darmstadt 1931, 148-178; Rüdiger Mack: Religionsstreitigkeiten und militärischer Ungehorsam in Laubach um 1700. In: Mitteilungen des oberhessischen Geschichtsvereins 63, 1978, 161-168; ders.: Forschungsbericht: Pietismus in Hessen. In: PuN 13, 1987, 181-226, hier 202-205.

36 Lateinisch: Exercitia pietatis.

37 Ähnliches ist aus den Anfängen der Pfingstbewegung bekannt.

38 Vgl. Renkewitz [s. Anm. 1], 183, Anm. 2. – Zum psychogenen Schweigen (Mutismus) vgl. Boris Hartmann: Mutismus. Zur Theorie und Kasuistik des totalen und

Einige Vorgänge hebt Schlierbach aus der Chronologie der Ereignisse besonders heraus, wobei er sich stets als gut unterrichtet erweist. So erwähnt er das Experiment Hochmanns mit einer besonderen Gemeinschaft (den »Christusgeweihten«) in seinem »Laboratorium« in Schwarzenau, das um die Jahreswende 1703/04 initiiert wurde, als deren auffälligstes äußeres Merkmal Schlierbach die dort praktizierte Gütergemeinschaft erwähnt.

Breiten Raum nimmt in seiner Schilderung dann das Auftreten der Buttlarschen Rotte (Sozietät der Mutter Eva)[39] nach 1705 ein. Auch hier weiß der Dodenauer Pfarrer über die Hauptpersonen Eva von Buttlar, Justus Gottfried Winter, Johann Georg Appenfeller und Anna Sidonia von Callenberg Bescheid und kennt einige Sonderlehren der Gruppe wie die Repräsentation der Trinität durch Mitglieder der Gruppe, die Praxis der Sterilisation von Frauen (»Weiberverschneidung«)[40] sowie im Prozess erhobene Anklagen (Kindsmord)[41]. Indem diese Gruppe als unzüchtige »Nikolaiten« (Apk 2,15) enttarnt wurde, bestätigte sich in Schlierbachs Sicht ein längst gegen das pietistische Treiben gehegter Verdacht.

Zur desillusionierenden Wirkung trugen nach Schlierbachs Meinung auch die skandalumwitterten unstandesgemäßen Heiraten der Gräfinnen mit Bürgerlichen bei – jenen »bürgerlichen Canaillen«, wie Graf Carl Gustav seine Schwäger nannte.[42] In der ständischen Gesellschaft des 18. Jahrhunderts sorgte es für gewaltiges Aufsehen, dass Gräfin Anna Sophie einen »Barbierer«, den von Schlierbach erwähnten, aus Maastricht stammenden Separatisten Castell ehelichte. Und wenn Gräfin Louise Magdalene den Berleburger Beamten Dr. iur. Constantin Hoffmann, Gräfin Amalie den (24 Jahre jüngeren) Studenten Christian Koch, die Gräfin von Leiningen-Schadeck den abgesetzten Pfarrer Bierbrauer heirateten,[43] waren die Angetrauten zwar Akademiker, aber gleichwohl keine standesgemäße Partie für die hochadeligen Damen.[44] Schlierbach erwähnt in diesem

elektiven Mutismus. Berlin [5]2007.

39 Vgl. dazu und zu den im Folgenden genannten Personen Temme [s. Anm. 32].

40 Vgl. dazu Temme [s. Anm. 32], 351ff.

41 Vgl. Temme [s. Anm. 32], 285 mit Anm. 672. Zum Geschehen Temme [s. Anm. 32], 201–209.

42 Goebel [s. Anm. 1]. Bd. 2, 772.

43 Vgl. Goebel [s. Anm. 1]. Bd. 2, 771f.; Bauer [s. Anm. 1], 177.

44 Albrecht Ritschl: Geschichte des Pietismus. Bd. 1. Bonn 1882 [Reprint: Berlin 1966], der eine Reihe von Beispielen für unstandesgemäße Ehen bringt, bemerkt sarkastisch (421): »es ist diesen Damen, welche wegen ihrer Armuth zu standesgemäßigen Ehen nicht begehrt worden waren, durch den Pietismus gelungen, wenigstens unter ihrem Stande zu heiraten«.

Zusammenhang auch ein Ereignis aus der waldeckischen Nachbarschaft, die sog. Schaakischen Händel, die nicht nur in der Geschichte des dortigen Pietismus eine wichtige Rolle spielten, sondern darüber hinaus großes Aufsehen erregten.[45] Eine Gräfin, Äbtissin des Damenstifts Schaaken, floh mit dem pietistischen Informator, Johannes Juncker,[46] Sohn eines Schneiders aus der Nähe von Gießen, aus der Grafschaft Waldeck ins Wittgensteiner Land und ließ sich mit ihm in Schwarzenau trauen.

Nicht ganz klar ist allerdings, um welche »drei Sekten« es sich handelt, die Schlierbach zum Jahre 1709 erwähnt. Eindeutig identifizierbar sind nur die »Täufer«, die im Jahr zuvor von acht Separatisten gegründete Gemeinschaft der Schwarzenauer Neutäufer.[47] Welche Gruppe am Donnerstag ihre Versammlungen (»Übungen«) hielt und welche mit den Juden den Sabbat feierte, lässt sich einstweilen nicht ermitteln; die Bemerkungen zeigen, wie bunt die pietistische Szene im Wittgensteiner Land zu Beginn des 18. Jahrhunderts war.

Schlierbach notiert aber, dass »unterdessen [...] es hier im Lande auch wunderlich zu[ging]« und es »ein recht verwirreter Zustand im Lande« war, »dessen Ursach man nicht melden [nennen] darff«. Offenbar spielt er hier darauf an, dass auch in Hessen-Darmstadt der Pietismus unter der Regierung von Landgraf Ernst Ludwig[48], vor allem gefördert durch den Einfluss seiner Ehefrau Dorothea Charlotte von Brandenburg-Ansbach[49], an Verbreitung gewonnen hatte.[50]

Eine wichtige Etappe in Schlierbachs Darstellung stellt das Auftreten der Inspirierten 1714 dar. Seine Schilderung dieser Gruppe nimmt wiederum einen sehr breiten Raum ein. Er kann sich dabei teilweise auf eigene Beobachtungen stützen, denn er ist selbst nach Schwarzenau gereist und hat das ekstatische Gebaren inspirierter Propheten in einer Versamm-

---

45 Über die »Schaakischen Händel« vgl. Wilhelm Irmer: Geschichte des Pietismus in der Grafschaft Waldeck. Diss. theol. Greifswald 1912, 62-68; demnächst: Wolfgang Breul: Generalreform. August Hermann Franckes Universalprojekt und die pietistische Neuordnung in der Grafschaft Waldeck. Göttingen 2011 (AGP 58).

46 Johannes Juncker (1679-1759), später Medizinprofessor in Halle. Vgl. Irmer [s. Anm. 45], 62-68; Hans-Heinz Eulner, Art. »Juncker, Johann«. In: NDB 10, 1974, 661; Wolfram Kaiser u. Hans Hübner: Johannes Juncker (1679-1759) und seine Zeit. Hallesches Juncker-Symposium 1979. Bde. 1-3 (Wissenschaftliche Beiträge der Martin-Luther-Universität Halle-Wittenberg 1979, 29). Halle/Saale 1979.

47 Vgl. die Arbeit von Marcus Meier [s. Anm. 29].

48 Ernst Ludwig von Hessen-Darmstadt (* 1667, reg. 1678-1739).

49 Dorothea Charlotte von Brandenburg-Ansbach (1661-1705).

50 Vgl. Mack [s. Anm. 8], und ders., Forschungsbericht [s. Anm. 35], 191.

lung erlebt.[51] Er berichtet auch, wie umherreisende Inspirierte, vor allem ein namentlich mehrfach genannter Anton Strauß[52], Gottesdienste in der hessischen Nachbarschaft des Wittgensteiner Landes störten. Schlierbachs Notizen lassen erkennen, dass die Frühphase der Inspirierten ein breiteres Spektrum von enthusiastischen Erscheinungen und ekstatischen Personen aufwies, als die Geschichtsschreibung der Inspirierten[53] es im Nachhinein erscheinen lässt. Schlierbach hat zutreffend registriert, dass auf die Anfänge dann seit 1716/17 eine Phase folgte, in der die Inspirierten sich von anderen Pietisten abzugrenzen (»verschließen«) begannen und eine Gemeinschaft mit festen Ordnungen, die »wahren Inspirationsgemeinden«, konstituierten.[54]

Der Beobachter aus der hessischen Nachbarschaft berichtet, dass im Jahre 1719 einige Separatisten aus der südlichen Wittgensteiner Grafschaft (Sayn-Wittgenstein-Hohenstein) wieder am kirchlichen Leben teilnahmen, sich taufen ließen und zum Abendmahl gingen. Wenn Schlierbach das »auf hohen obrigkeitlichen Befehl« zurückführt, so könnte der Umstand eine Rolle spielen, dass in diesem Jahr der pietistenfeindliche Graf August David[55] die Mitregentschaft antrat und mit ersten restriktiven Maßregeln die bisherige pietistenfreundliche Religionspolitik zu korrigieren versuchte.

Als Beispiel eines unbeirrten Separatisten führt Schlierbach den aus Thüringen stammenden, dort abgesetzten Pfarrer Christoph Seebach[56] an,

---

51 Vgl. dazu Isabelle Noth: Ekstatischer Pietismus: die Inspirationsgemeinden und ihre Prophetin Ursula Meyer (1682 - 1743). Göttingen 2005 (AGP, 46), 122-125.

52 † 16. März 1731 (Friedrich Wilhelm Winckel: Aus dem Leben Casimirs, weiland regierenden Grafen zu Sayn-Wittgenstein-Berleburg. Frankfurt/Main 1842, 143).

53 Vgl. die Gemeindehistoriographien von 1772 und 1776 (dazu Noth [s. Anm. 51], 303-307), ferner die Darstellung von Gottlieb Scheuner: Inspirations-Historie. Bde. 1-2. Amana 1884.

54 Vgl. Schneider [s. Anm. 1]. Bd. 2, 151.

55 August David zu Sayn-Wittenstein-Hohenstein (*1663, Mitregent 1719, reg. 1723-1735). Berüchtigt ist seine Rolle als korrupter Oberhofmarschall unter König Friedrich I. von Preußen.

56 Christoph Seebach (1675-1745). Vgl. Johann Georg Walch: Religionsstreitigkeiten in der Lutherischen Kirche, Historische und Theologische Einleitung in die Religions-Streitigkeiten Der Evangelisch-Lutherischen Kirchen, Von der Reformation an Bis auf Ietzige Zeiten. 5 Bde. Jena 1730-1739. Bd. 1, 966ff.; Bd. 2, 646, 652; Winckel, Aus dem Leben Casimirs [s. Anm. 52], 115f.; ders.: Casimir, Regierender Graf zu Sayn-Wittgenstein-Berleburg und das Religiös-Kirchliche Leben seiner Zeit. Bielefeld 1850, 90ff.; Donald F. Durnbaugh: Brethren Encyclopedia 2, 1983, 1165; Schneider [s. Anm. 1]. Bd. 2, 164f.

der sich seit 1712 in Schwarzenau aufhielt und dort im Zusammenhang mit dem obrigkeitlichen Vorgehen 1719 ausgewiesen wurde und nach Berleburg übersiedelte.[57] Der Dodenauer Pfarrer kannte Seebachs Tauftraktat, in dem dieser die spiritualistische Auffassung vertrat, dass die Wassertaufe seit der Auferstehung Jesu durch die Geisttaufe abgelöst sei,[58] und kritisiert die Argumentation, in der er die orthodoxe Lehre von der Verbalinspiration der Heiligen Schrift gefährdet sieht. Schlierbach erwähnt aber nicht Seebachs »arianische« Ablehnung der Gottheit Christi, an deren Stelle er die Unterordnung Jesu unter Gott-Vater lehrte.

Kündigte sich schon 1719 durch die Mitregentschaft August Davids eine Veränderung des politischen und religionspolitischen Klimas in der südlichen Wittgensteiner Grafschaft an, so wurde dieser 1723 mit dem Regierungswechsel deutlich spürbar und von Schlierbach in seinen Aufzeichnungen registriert. Hatte der verstorbene, selbst pietistisch geprägte Graf Heinrich Albrecht[59] eine großzügige religiöse Toleranz geübt, die vor allem Schwarzenau zu einem Sammelplatz verschiedenster religiöser Gruppierungen hatte werden lassen, so vollzog sich unter seinem zwielichtigen Nachfolger Graf August David ein merklicher Wandel, in dessen Folge eine Anzahl von radikalen Pietisten in die nördliche Nachbargrafschaft (Sayn-Wittgenstein-Berleburg) umsiedelten, wo der pietistische Graf Casimir[60] seit 1712 die Toleranzpolitik seiner Mutter Hedwig Sophie[61] fortsetzte, oder ihr Glück in der Neuen Welt suchten. Dabei spielten auch wirtschaftliche Gründe eine Rolle. Schlierbach bringt die Auswanderung der Jahre

---

57 Vgl. Goebel [s. Anm. 1]. Bd. 2, 778, Renkewitz [s. Anm. 1], 273; Bauer [s. Anm. 1], 182.

58 Send=Brieff an alle Kinder des lebendigen Gottes/ die auß dem Wasser und dem Geist neu gebohren sind/ zu dem Ende auff daß sie um der äussern Wasser=Tauffe willen/ die von dem Erstgebohrnen auß den Todten niemals weder befohlen/ noch mit der geringsten Verheissung gesegnet ist/ keine Mißhälligkeit unter sich seyn lassen. o.O. 1712 [Württ. Landesbibliothek Stuttgart]. Die »äußere Wassertaufe« wird auch verworfen in Seebachs Schrift: Starcke Speise, die der König aller Könige [...] seinen Unterthanen zum Wachsthum des innern Menschen fürtragen läst. o.O. 1714, 237f.

59 Henrich Albrecht zu Sayn-Wittgenstein-Hohenstein (*1658, reg. 1698–1723). Vgl. Ulf Lückel: Art. » Sayn-Wittgenstein-Hohenstein, Henrich Albrecht Graf zu«. In: BBKL 19, 2001, 1213-1219.

60 Casimir zu Sayn-Wittgenstein-Berleburg (*1687, reg. 1712–1741). Vgl. Ulf Lückel: Art. » Sayn-Wittgenstein-Berleburg, Casimir Graf zu«. In: BBKL 19, 2001, 1196-1202.

61 Hedwig Sophie zu Sayn Wittgenstein-Berleburg (*1669, vormundschaftl. Regierung 1694–1712, † 1738). Vgl. Ulf Lückel: Art. » Sayn-Wittgenstein-Berleburg, Hedwig-Sophie Gräfin zu«. In: BBKL 19, 2001, 1203-1209.

1725/26 mit der Wirtschaftspolitik des Grafen August David in Verbindung, der im Zuge seiner rücksichtslosen Besteuerung der Untertanen (die er schon als Oberhofmarschall in Preußen praktiziert hatte) die Leibeigenschaft ausdehnte. Doch nur wer eine Ablösesumme zahlte, durfte auswandern. Berichte der Emigrierten über die Gefahren der Schiffsreisen und die Schwierigkeiten des Neuanfangs vermochte wohl manche Auswanderungswilligen abschrecken.[62]

Das Berleburger radikalpietistische Bibelwerk, das unter der Ägide des Grafen Casimir stand und 1726 mit dem ersten Band an die Öffentlichkeit trat, hat Schlierbach nicht erwähnt, wie er überhaupt sein Augenmerk ganz überwiegend auf die Vorgänge in der Südgrafschaft richtete.

Die letzte Notiz des Dodenauer Pfarrers stammt aus dem Jahre 1729. Er notiert, dass noch immer drei Gruppen in Schwarzenau leben. Außer den Inspirierten nennt er Pietisten und Neutralisten. Bei letzteren, »so es mit keiner Partei halten« und nicht die Kirche besuchen, handelt es sich wohl um radikale Einzelgänger, während »Pietisten« als Sammelbegriff für alle übrigen dient. Wir wissen nicht, ob Schlierbach noch von dem Auftreten des Grafen Zinzendorf in Berleburg und Schwarzenau im Jahre 1730 und von seinem schon bald gescheiterten Versuch, die verschiedenen Gruppen zusammenzuschließen,[63] erfahren hat. »Was es endlich geben würde, lehret die Zeit«, stellt der langjährige Beobachter am Ende seines Berichts gelassen fest. Immerhin, so kann er mit einer gewissen Genugtuung mit Blick auf die Aufgeregtheiten der früheren Jahre vermerken, »halten sie sich nun still, arbeiten und warten ihres Dings«.

1731 ist Schlierbach im Alter von 73 Jahren in Dodenau gestorben.

* * *

62 Briefe im Fürstl. Sayn-Wittgenstein-Berleburgschen Archiv, Bad Berleburg, K 36. Der Bericht eines »F.W.R.« erschien – wohl zur Abschreckung – im Druck: Merckwürdige Nachricht von einer im verwichenen 1726. Jahr geschehenen sehr unglücklichen Schiff=Fahrt einer zahlreichen Teutschen Gesellschafft nach Pennsylvanien [...]. Berleburg 1727. Vgl. Schrader [s. Anm. 1], 194, 208, 471, Anm. 233 (dort weitere Hinweise). Rayner W. Kelsey: An Early Description of Pennsylvania; Letter of Christopher Sower, Written in 1724, Describing Conditions in Philadelphia and Vicinity, and the Sea Voyage from Europe. In: Pennsylvania Magazine of History and Biography 45, 1921, 243-254; Donald F. Durnbaugh: The Brethren in Colonial America: A Source Book on the Transplantation and Development of the Church of the Brethren in the Eighteenth Century. Elgin/Ill. 1967, 25-29, 33f.

63 Vgl. dazu die ausführliche Darstellung von Pless [s. Anm. 1].

[Der Bericht von Pfarrer Konrad Schlierbach:][64]

Anno 1700 ist auch dieser Orten in dem Wittgensteinischen eingeschlichen und hervorgebrochen die sonst schon bekante und beruffene[65] Secte der Pietisten oder wie sie auch sonsten genannt werden, Separatisten (a separando ab aliis ecclesiis[66]), Freygeister[67], dieweil sie an keine Ordnung wolten gebunden seyn, sondern sich nur auf den Geist der Freyheit[68] berieffen, den sie empfangen hätten, Quacker[69], dieweil sie derselben principia[70] hatten, und deren Zittern sich an ihnen befande, und was ihnen sonsten vor fast ohnzehlbare Nahmen gegeben wurden.

Die ersten Urheber dieses Wesenß in dem Wittgensteinischen waren Herr König[71], der General-Prophete unter ihnen, wie sie ihn unter sich sollen genant haben, und Herr Knecht[72], beide aus der Schweitz [ge-]bürtig und daselbsten umb dieser Händel wegen vertrieben; denen hienge mitt an einer nahmens Püntner[73], einer nahmens Hochmann[74], ein Edelmann (wie gesagt wurde) bey Nürnberg zuhause, und einer [namens] Reitze[75], ein abgesetzter Inspektor zu Braunfelß, daß er die Kindertauffe verworfen, und viele andere mehr.

Diese Leuthe kahmen zuerst an die gräfflichen Höfe, insinuirten[76] sich bey dem Frauenzimmer[77] mit geschminckten und erdichteten Wortten von

---

64 Die Groß- und Kleinschreibung sowie die Interpunktion wurden modernisiert, Abkürzungen aufgelöst. Ergänzungen des Editors sind in eckige Klammern gesetzt, die Seitenzählung des Kirchenbuchs wird ebenfalls in eckigen Klammern eingefügt.

65 Verrufene, berüchtigte.

66 [Genannt] von dem Sich-Trennen von anderen Kirchen.

67 S.o. Anm. 13.

68 Vgl. 2Kor 3,17.

69 Die Bezeichnung »Quäker« wurde schon früh als Schimpf- und Spottname für die Pietisten gebraucht. S.o. Anm. 14.

70 Grundsätze.

71 S.o. Anm. 15.

72 S.o. Anm. 16.

73 S.o. Anm. 17.

74 S.o. Anm. 18.

75 S.o. Anm. 19.

76 Sich einschmeicheln, beliebt machen.

77 Gemeint sind die Gräfinnen von Wittgenstein; s.o. Anm. 23.

der Gottseeligkeit, gaben vor, wie sie einen ohnmittelbaren Beruff[78] von Gott hätten, die Leuthe auß Babel[79] außzuführen, lehrten im Anfang gewaltig und trieben scharff auf die Busse, daß sich jedermann, der sie hörte, ihrer Gaben und ihres grossen Eyffers wegen verwunderte. Zumahlen wan sie predigten, so stelleten [sie] sonderlich vor alle Fehler und Gebrechen der heutigen Christen in allen Ständen[80], schrien und rieffen darbey und sonderlich in ihrem Gebeth, daß ihre Brüßte oder Leib dermassen sich erhub und aufflieff, alß wan sie bersten wolten, ja alle, die dieses Wesen ansahen, erschracken, daß ihnen die Haare zu Berge stunden, wurden gantz verzückt, und wußten nicht, was sie sagen solten.

Sie wolten, wie sie redeten, keiner Secte[81] zugetan seyn, weder Papisten, Lutheraner noch Calvinisten, sie scholten auf alle gleich und wahren auch teils Lutheraner, theils auch Reformirte untereinander, rühmbten sich sehr der Salbung des Heiligen Geistes[82], den sie in grosser Maasse empfangen hätten; daher massete sich der eine zu den Geist der Prüffung[83], der andere den Geist der Weissagung[84], wolten zukünfftige Dinge zuvorsagen und verborgene offenbahren, thäten zuweilen auch einige Proben dessen, die keinen ungleichen Schein dieses Vorgebens hatten. Überall zogen sie sich selbst gewaltig vor den Leuthen hervor[85], und schmähten unglaublich [S. 568] auff das ordentliche Predigtampt, suchten alles Strafwürdige hervor, das sie nur an ordentlichen Lehrern und Predigern finden konten. Sonderlich waren sie beflissen, den Koth einzelner Personen aufzuraffen und das gantze Predigampt damit zu beschmeißen, umb sich alleine bey denen

---

78 Berufung, Auftrag.

79 S.o. Anm. 26.

80 S.o. Anm. 25.

81 »Sekte« nach radikalpietistischem Sprachgebrauch = Konfessionskirche.

82 Die »Salbung« (vgl. 1Joh 2,20.27) ist ein pietistischer Begriff, der die Einwirkung des göttlichen Geistes auf den Wiedergeborenen bezeichnet. Vgl. August Langen: Der Wortschatz des deutschen Pietismus. Tübingen [2]1968, 55f. Johann Arndt: Vier Bücher von wahrem Christentum. [Magdeburg 1610]. Berlin 1851, Buch I, Kap. 24, Abschn. 21: »ein rechter Christ, der mit dem Geist Christi gesalbet ist«.

83 Als inspirierte Propheten sich gegeneinander stellten, wurde Eberhard Ludwig Gruber vom »Geist« zum »Aufseher der Prophetenkinder« designiert und erhielt »die Gabe der Prüfung, wahre und falsche zu unterscheiden, und die [Inspirations-] Gabe unverfälscht zu bewahren« (XVI. Sammlung, Das ist: Der XVI. Auszug Aus denen Jahrbüchern Der Wahren Inspirations-Gemeinschafften [...]. o.O. 1772, 247).

84 Vgl. 1Kor 12,10.

85 Sich hervorziehen = sich hervortun, prahlen.

Einfältigen und Unerfahrenen admirabel[86] und beliebt, hergegen ordentliche Prediger verhaßt und verdächtig zu machen, die sie nur Diebe und Mörder[87], Wölffe[88], Baalspfaffen[89], Phariseer[90], Gesetz- und Ordnungs-Prediger, Schriftgelehrten von der Beschneidung[91], Orthodoxen oder gar, so sie ihnen nicht weichen und zufallen wolten, hartte Ochsen [nannten], wolten keinen ordentlichen Beruff[92] durch Menschen zum Predigampt billigen, gaben jederman gleiche Macht und Gewalt zu lehren und Sünde zu vergeben. Rühmbten viel von der Wiedergeburth[93] und erhuben dieselbe also hoch in diesem Leben, daß sie nicht alleine von sich vorgaben, sondern auch andere Leuthe, die ihnen beyfielen, auf die hoffärtige Gedanken führeten, daß sie gantz ohne Sünde wären und offentlich sagten, daß wer noch sündige oder sage, daß er ein Sünder seye, der seye des Teufels.[94]

Auf die heilige Schrifft und sonderlich das Neue Testament wiesen sie anfangs sehr die, so sich zu ihnen thäten; dan sie wusten, in was vor einem Credit[95] die Bibel bey denen gemeinen Leuthen seye, indeme dieselbe schon von Jugend auff also darauff gewiesen wahreten, daß sie in derselben das ohnbetriegliche[96] Wortt Gottes zu unserm Heyl enthalten zu seyn glaubeten und fest überredet[97] seyn. Darumb gedachten sie auch unter

---

86 Bewundernswert.

87 Vgl. Jer 7,9.

88 Vgl. Ez 22,27; Mt 7,15; Act 20,29 u.ö.

89 Vgl. 1Reg 18.

90 Vgl. Mt 23 und oft.

91 Jüdische Schriftgelehrte.

92 Berufung.

93 Die »Wiedergeburt«, »neue Geburt« (vgl. Joh 3,7) ist für alle Pietisten ein wichtiger, doch unterschiedlich gebrauchter Begriff. Bei Spener umfasst er die Entzündung zum Glauben, die Rechtfertigung mit der Annahme zur Gotteskindschaft und die Schaffung eines neuen Menschen; die radikalen Pietisten verstanden unter W. im Anschluss an spiritualistische Vorstellungen einen stufenweisen Prozess wahrer Christwerdung. Vgl. Johannes Wallmann: Wiedergeburt und Erneuerung bei Philipp Jakob Spener. In: PuN 3, 1976, 7-31 (Lit.).

94 Im radikalen Pietismus war die Vorstellung verbreitet, dass die Sündlosigkeit für wahre Christen erreichbar oder mindestens erstrebenswert sei.

95 Ansehen.

96 Untrügliche.

97 Überzeugt.

solcher ohnverdächtigen Muttermilch denen Einfältigen[98] ihr schadliches Gifft desto besser beyzubringen und einzugeben. Darumb dan auch, wan [man] ihnen nur einigermaassen schiene zu favorisiren[99], trieben sie gewaltig und sonderlich die geheime Offenbahrung Johannis, darinnen sie sich ein besonders Einsehen[100] vor andern anmassen wolten, wohl wissende, daß solches ein Buch seye, das wegen seiner Geheimnüsse, die noch nicht alle erfüllten Weissagungen, nicht alleine schwer sey zu verstehen, sondern auch die Einfältigen dahero desto begieriger seyen, etwas Neues aus demselben zu vernehmen und zu hören. Was ihnen aber in heiliger Schrift wiederlich[101] war, das wusten sie meisterlich zu vertrehen und zu verkehren, führeten auch anfangs einen feinen Wandel, alß wan sie die Welt verschmähet hätten, wan sie Fleisch und Blut mit seinen Lüsten gecreutziget[102] und ihr einiges Datum[103] nach dem Himmel gerichtet hätten.

Solchergestalt machten sie sich alsobald im Anfang einen ziemlichen Anhang, daß es schiene, als wolte ihnen jedermann bey- [S. 569] fallen; sie gewannen alsobald das hochgräffliche Frauenzimmer[104], den Pfarrer Herrn Johann Jakob Weigeln[105] sambt seinem feinen und gelährten Sohne[106] zu Elsoff[107], unterschiedliche von den gemeinen Leuthen und fast das gantze Dorff Bettelnhausen[108]. Brachtens nicht alleine mit dem vorgedachten Herrn Weigeln soweit, daß er in der ersten Hitze heraußbrach und das heilige Abendmahl nicht mehr halten wolte unter dem Vorwand, daß dessen alle seine Zuhörer unwürdig seyen, darüber er auch seinen Abschied endlich bekahm und dem Predigampt abdanckte; sondern auch anderer Orten machten sie einige Prediger so toll, daß sie ultro[109] Cantzel und Altar

---

98 Vgl. 1Petr 2,2.

99 Wenn man sie nur etwas zu begünstigen, ihnen entgegen zu kommen schien.

100 Einsicht.

101 Zuwider, entgegen.

102 Vgl. Gal 5,24.

103 Ihr einziger Taterweis, ihr einziges Streben.

104 Die Gräfinnen von Wittgenstein.

105 Johann Jakob Weigel (Weigell, Weiel) (1641-1719), s.o. Anm. 32.

106 Johann Christian bzw. Valentin Weigel, s.o. Anm. 33.

107 Elsoff, heute Ortsteil von Bad Berleburg, Kreis Wittgenstein; die unmittelbare Nachbarpfarrei von Dodenau auf Wittgensteiner Gebiet.

108 Beddelhausen, heute Ortsteil von Bad Berleburg, Kreis Wittgenstein.

109 Aus eigenem Antrieb, freiwillig.

offentlich verflucht und Kragen und Mantel[110] dem Teuffel übergeben haben, als in der Graffschafft Laubach[111] soll geschehen seyn. Dan dahin gienge vornehmlich bey ordentlichen Lehrern und Predigern ihr Endzweck, daß sie dieselben in ihrem Ampt suchten desparat[112] zu machen, daß sie ihre anvertrauten Herden verlassen und ihnen, denen Wölffen, überlassen solten; wie dan auch Herr Knecht[113], einer von dieser Gattung, selbst zu mir gesagt, alß er vorgab, daß, weilen die ordentlichen Prediger keinen solchen Nachdruck[114] hätten in ihrem Ampt, die Leute zu belehren als er und seinesgleichen, auch ihre Schaffe nicht recht kenneten[115] und deswegen Würdige und Unwürdige Jahr und Tag zum heiligen Abendmahl gehen liessen, so hätten sie auch die nöthige Salbung[116] nicht; darumb solten sie auch Schäffersack und Hacke[117] hinwerfen und solche Leuthe die Schaaffe hüten lassen, die ihre Tüchtigkeit von Gott darzu hätten, alß nehmlich sie, die Quacker[118].

Aber es bestunde dieser ihr bißheriger Credit[119] und Krafft nicht gar lang. Dan alß sie mit ihren Wunderkräfften alzufrühe heraußbrachen, umb sich bey denen Leuthen recht admirabel[120] zu machen, und sich ihrer irrigen principiorum[121] allzu deutlich bloßgaben, gab es alsobald andere Gedancken von ihnen, zumahlen man in ihren Übungen[122] und nächtlichen Zusammenkünfften sahe, wie die Leuthe unter ihrem Gebeth niederfielen,

---

110 Beffchen und Talar; Amtstracht als Zeichen des ordinierten Amtsträgers.

111 S.o. Anm. 35.

112 Verzweifelt, hoffnungslos.

113 S.o. Anm. 16.

114 Überzeugungskraft.

115 Vgl. Joh 10,13f.

116 S.o. Anm. 24.

117 Hirtentasche und Schäferstab (mit kleiner Schaufel, mit der die Schäfer Erde nach den Schafen werfen, um sie zu treiben), Attribute der Schäfer; hier im übertragenen Sinn auf die Pfarrer als geistliche Hirten bezogen.

118 Schimpfwort für die Pietisten, s.o. Anm. 14.

119 Ansehen.

120 Bewundernswert, angesehen.

121 Grundsätze.

122 Übungen (latein. exercitia) wurden die gottesdienstlichen Hausversammlungen genannt.

alß wan sie den schweren Gebrechen[123] bekähmen, fingen in solchem Niederfallen an hefftig zu zittern und entsetzlich zu schreyen und zu ruffen, daß wohl ein gantzes Dorf daran zuzuhören hatte in Meinung, daß einige von solchen Hauffen würden und müßten todt bleiben, der Teufel in ihren Versamblungen sichtbarlich erschiene, einen grausamen Gestanck machte, daß [sie] theils kaum des anderen Tages aus ihrer hieraus ihnen zugestoßenen Ohnmacht wieder aufkommen konten, und ein solcher grausame Wind, Getösse und Gerässel bey denen Häussern entstunde, wo diese Übungen [ge-]halten wurden, daß es geschienen, alß wan alles umbgerissen und das gantze höllische Heer[124] mit Wagen und Kutschen bey ihnen einziehen wolte. Einige flogen in der Lufft über andere Leuthe, alß mit Püntnern[125] zu Wittgenstein auf dem Schloß soll geschehen seyn referente mihi Domino Wellero[126], nunmehrigen Pfarrern zu Elsoff, so solches selbst wolte [S. 570] gesehen haben. Einige wurden ohnvermerckt[127] von dem Orth forthgerückt, wo sie sich hingesetzt hatten; einige wurden toll und kahmen von Sinnen, alß sich zu Raumland[128] mit einem Mann zugetragen und auch mit einem Kerlen zu Elsoff namens Jost, den ich selbsten gesehen, welcher so auß sich selbsten gekommen, daß er bald gebethet, bald grausam und entsetzlich geflucht und alle Arbeit verfluchte, bald seine eigene Mutter geschlagen und gesagt, der Teuffel zwinge ihn darzu, er solte sie gar todtschlagen, bald trohete, Leuthe zu erwürgen, bald Häuser anzustecken, bald in Koth und ins Wasser fiel und die Leuthe mit Steinen jagte. Ja, als man sahe, daß die Anführer selbsten sonderlichen und merkwürdigen Gerichten[129] unterworffen wurden, nehmlich Herr Pünthner verlohr alle Gabe zum Predigen und die Sprache und hielte sich lange Zeit in der Mühle zu Schwartzenau heimlich auf, daß niemand zu ihm kommen konte; dergleichen auch Herr Knechten wiederfuhr, daß er endlich nicht mehr predigen konte, wan er wolte, endlich die Sprache und Verstand

123 Epilepsie.

124 Vgl. die volkstümlichen Vorstellungen vom »wilden Heer« bzw. von der »wilden Jagd«; Handwörterbuch des deutschen Aberglaubens. Hg. v. Hanns Bächtold-Stäubli. Bde. 1-10. Berlin 1927-1942 [Reprint: Berlin 1987-2000], Register.

125 S.o. Anm. 17.

126 (Lateinisch:) »wie mir Herr (Pfarrer) Weller berichtet«. Johannes Weller (ca. 1660-1737), seit 1700 Adjunkt, seit 1719 Pfarrer in Elsoff; Bauks [s. Anm. 32], 545 (Nr. 6779).

127 Unbemerkt, unversehens.

128 Raumland, Krs. Wittgenstein.

129 (Göttlichen) Strafen.

verlohr und deswegen zu Schwartzenau in einem absonderlichen Gemach gehalten wurde[130], und solches nun einige Jahre hero, biß auf diese Stunde, da ich dieses schreibe.

Ja, alß man hörtte, wie sie das heilige Abendmahl verwurffen, solches zwar unterweilen hoch erhuben und vor eine Einsetzung Christi außgaben, bald aber auf allerley Weise den Gebrauch desselben nicht alleine lästerten, die Leuthe davon abschreckten und auch weigerten, sondern endlich auch das heilige Abendmahl verachteten und zu eliminiren[131] suchten, wusten nicht, wovor sie es halten und außgeben solten, vor eine Speise der Krancken oder der Gesunden, mit Vorgeben, wan jenes, so seyen die Krancken und Unvollkommnen nicht würdig dasselbe zu empfangen; seye [es] aber dieses, so hättens die Gesunden nicht nöthig (wie also Herr Weidenbach[132], ein abgesetzter Pfarrer aus dem Dillenburgischen sich gegen mich vernehmen ließ); desgleichen auch sahe, daß sie nicht besser mit der heiligen Taufe umbgingen, die sie ebenfallß unter allerley praetext[133] abzuschaffen suchten; dan sie liessens nicht darbey, daß sie auß Vorgeben der Kinder Unverstand[134] selbige nicht wolten getaufft wissen und haben, biß sie 14 Jahre alt wären, deren ungetaufte Kinder auch biß dato noch unterschiedliche im Wittgensteinischen sind; sondern auch endlich soviel vernehmen liessen, daß, wan jemand den Glauben habe und auf ihre Arth aus Gott wiedergebohren seye, so habe er die heilige Tauffe nicht vonnöthen; und sonsten auch, nach ihrer Arth zu reden, auf die eussere Wassertauffe spöttisch stichelten und sie nur für ein jüdisches Geplatsch und Gewäsche außgaben; wie sie auf das Kirchengehen scholten, die Kirchen Steinhaufen, Götzentempel, Schweinställe und unreine Örter hiessen und deswegen nur drauff trungen, daß man selbige nicht besuchen, sondern nur in Hecken und Wälder lauffen und sonsten in heimliche Winckel zusammenkommen solte, und was Ärgerliches bey diesen Zusammenkünften [S. 571] vorginge, daß sie entweder nackend beysammen oder die Weibsbilder eine wunderliche Bewegung gegen die Mannspersonen etc. bekahmen und sonsten sich ärgerlich nicht alleine bezeugten, sondern auch alle Artikel der christlichen Lehre durchlöcherten, sind sie jedermann so verdächtig worden,

---

130 Vgl. Renkewitz [s. Anm. 1], 183, Anm. 2.

131 Abzuschaffen.

132 Weidenbach, Pfarrer im Saynischen, dann im Dillenburgischen, versuchte in Lippe unterzukommen; vgl. Renkewitz [s. Anm. 1], 92, Anm. 16.

133 Vorwand.

134 Indem sie das Unverständnis (die Unfähigkeit zu verstehen) der Kinder als Grund vorgaben.

daß niemand Liebe noch Vertrauen zu ihnen haben können, sondern vielmehr einen Abscheu und Greuel vor ihnen bekommen hat. Die sie noch nicht recht gewonnen gehabt, haben sich wieder von ihnen abgethan, aber wunderliche Dinge von ihnen auffgebracht; die sie aber recht gewonnen gehabt und sich geschämbt, haben sich endlich soviel wiederumb beygegeben, daß sie den offentlichen Gottesdienst wieder besuchen und andern Leuthen zu Gefallen heucheln; einige aber sind noch hartnäckig.

Und was solte nicht geschehen, man hatt nicht alleine an ihnen wahrgenommen, wie gar schlecht sich an ihnen gefunden die so hoch gepriesene Gottseligkeit, daß sie vielmehr Geitz, Lug, Betrug, Hoffart, Zorn und anderen fleischlichen Affecten zugethan seyen gleich wie andere Leuthe, ja daß ihr ganzes Wesen fast in Lügen und Leuth-Betrügen bestehe, indeme sie ihrem Glauben große Kraft zuschrieben und dadurch zu erhalten vermeinten, daß sie Gott ohne Arbeit und ordentliche Mittel erhalten solte, rühmbten sich auch überall solcher Erhaltung und fing Herr Hochmann[135] anno 1703 und 1704 zu Schwarzenau in dem Laboratorio[136] auf diesem Fundament eine Gemeinschafft der Güter an, beschrieb deswegen von aller Orten hero Männer und Weiber, Männer, die bey ihren Weibern nicht leben konten und wolten, Weiber, die von ihren Männer nicht wohl gehalten würden, Unterthanen, die von ihrer Herrschafft bedrängt würden, mit ihren Habseeligkeiten und Gütern zu ihnen zu kommen. Sonderlich lagen sie reichen Leuthen sehr [im] Ohr, denen Männern, daß sie ihre Weiber verlassen, denen Weibern, daß sie ihre Ehemänner verlassen solten, allerdings auch denen Juden, die sie mit vielen Hertzen und Küssen hierzu suchten zu bereden. Einige von ihresgleichen im Wittgensteinischen verkaufften ihr Hauß und Hoff und begaben sich mit ihrem Geld in diese Gemeinschafft; etliche traueten aber dem Landfrieden nicht, daß diese Sache Bestand haben werde, wie es dan auch erfolgt, daß also sie das Ihre miteinander verzehrt und daß, was von ihren Brüdern und Schwestern ihnen heimlich zugesteuert wurde, nicht zureichen wolte, verlohr sich Herr Hochmann und andere viele mit ihm; da war das lügenhafftige grosse Glaubenswerck zum Ende.

Anno 1705 brachs auch endlich recht offentlich aus, was man längst von dieser Secte gesagt, aber beständig von ihnen noch bishero alß Lästerung war verleugnet worden, daß Nicolaiten[137] unter ihrem Hauffen seyen,

---

135 S.o. Anm. 17.

136 S.o. nach Anm. 38.

137 Unter Nikolaiten (vgl. Apk 2,15) verstand man unzüchtig lebende Personen.

indeme der Herr Graff von Wittgenstein[138] unterschiedliche Personen von ihnen gefänglich einziehen und denselben einen peinlichen[139] Prozess machen ließ, unter welchen war vornehmlich eine von Buttlar[140], eines an dem hochfürstlichen Eysenachischen Hoff stehenden Pagen-Hoffmeisters[141] Eheweib, welchen sie, alß sie [S. 572] zu dieser Secte kommen, malitiose[142] verlassen und mit ihresgleichen Kerlens in das Wittgensteinische kommen und sich auf dem herrschaftlichen Hoffe Sassenmanshausen[143] einige Zeit aufgehalten. Diese Buttlarin hat sich außgegeben vor die heilige Mutter des Herrn[144], die die Manspersonen in die Wiedergeburth[145] bringen und durch eine fleischlichen Vermischung mit ihr heiligen wollen, wiewohl mit Zuthun ihres Erstgeborenen Sohns, wer der auß ihrer Gattung seyn mag, und dieser die Weibspersonen mit Zuthun ihrer, der heiligen Mutter. Diese Buttlarin hat sich vor Gott den heiligen Geist ausgegeben und vor das neue Jerusalem, hat Weiberverschneiden[146] und Kindermord practiciren helffen.

Ein andrer unter dieser saubern Gesellschafft hieß Justus Gottfried Winter[147] von Eschwege, der sich vor Gott den Vatter, und noch ein anderer, Johann Georg Appenfeller[148] von Schleusingen aus Francken, welcher sich vor Gott den Sohn außgegeben mit Vorwandt, daß die 3 göttlichen Personen im Himmel bey ihnen sichtbarlich aus- und eingingen und ihre Naturen derogestalt mit Gott vereinigt seyn, daß sie zusammen einen Gott und Christum außmachten; dahero sie sich auch haben sollen göttlich verehren lassen, besage der hochgräfflichen Edictal-Citation[149] an diese Personen nach ihrer Flucht, und dergleichen erschröckliche Dinge mehr, die nicht alle zu erzehlen sind.

---

138 Graf Heinrich Albrecht von Sayn-Wittgenstein-Hohenstein. S.o. Anm. 59.

139 Strafprozess unter Androhung bzw. Anwendung der Folter.

140 Eva von Buttlar (1670-1721); s.o. Anm. 32 und 39.

141 Jean de Vésias. Vgl. Temme [s. Anm. 32], 34-37, 41, 44-48 u.ö.

142 Böswillig.

143 Saßmannshausen bei Laasphe.

144 Mutter des Herrn (Maria) und Mutter der Gläubigen.

145 Im Text: Weibergeburth (Schreibfehler).

146 Sterilisation der Frauen, s.o. Anm. 40.

147 Justus Gottlieb Winter (um 1677 - vor 1712/11?).

148 Johann Georg Appenfeller oder Appenfelder (1681-1712).

149 Abgedruckt: Christian Thomasius: Vernünftige und christliche aber nicht scheinheilige Gedanken und Erinnerungen über allerhand gemischte philosophische und juristische Händel. Bd. 3. Halle/Saale 1725, 208-624.

Unter dieser Gesellschaft ist viertens auch gewesen noch eine von Adel namens Anna Sidonia von Calenberg[150] von Forstwesten[151] nah bey Cassel, welche eines infanticidii[152] beschuldigt worden, darinnen die Buttlarin, die heilige Mutter, und der Winter mit sollen begriffen[153] seyn. Es hat aber diese christliche Gesellschafft endlich ihr Urteil ersehen und sich mit der Flucht salvirt und ob man wohl zu Biedenkopff[154] die vorbesagt heilige Mutter wiederumb ertappt und in Hafft gebracht, ist sie daselbst wiederumb durch List entwischt, worauff die erstgesagte hochgräffliche Edictalcitation vor das peinliche Halßgerichte nacher Lasphe[155] auf den 12t. Junii laufenden Jahres erfolgt.

Einige Zeit hernach, nehmlich im Jahr 1706, wurden sie abermalen ertappt in dem Ampt Paderborn[156] und zwar durch einen gewissen Advocaten[157] an der Kayserlichen Cammer[158] zu Wetzlar, welcher zu Paderborn geheurathet, dem sie sich nachgezogen und bey demselben Unterschlupff zu haben, auch ihr Gifft daselbsten außzubereiten vermeinet. Sie wurden aber verkundschafftet und nacher Dringenberg[159] in Verwahrung gebracht, da ihrer dan theils dan außgestrichen[160] wurden und des Landes verwiesen. Aber es trachteten diese böse Gesellen endlich, wie sie die heilige Mutter heimlicherweise auch wieder loßmachten und mit derselben auf Franckenberg und fürters über Giessen hin sich davonmachten. Indessen war dieses ein gewonnen Spiel wiederumb vor alle, die ihres- [S. 573] gleichen zwar waren, aber sich verborgen hielten, daß sie so offenbahrlich nicht kunten ergriffen werden, derer fast nicht wenig in allen Ländern hierumb wahren und mit großem Verlangen und Sorgen gewartet hatten,

150 Anna Sidonie von Callenberg, vgl. Temme [s. Anm. 32], 223ff.

151 Sic! Lies: Rothwesten (Kreis Kassel).

152 Kindesmordes. Temme [s. Anm. 32], 285 mit Anm. 672. Zum Geschehen 201-209.

153 Verwickelt.

154 Biedenkopf (Kreis Marburg-Biedenkopf).

155 Laasphe (Kreis Siegen-Wittgenstein).

156 Lügde bei Paderborn.

157 Dr. Georg Friedrich Vergenius († 1740), vgl. Goebel [s. Anm. 1]. Bd. 2, 691, 791-809; Rüdiger Mack: Forschungsbericht: Pietismus in Hessen. In: PuN 13, 1987, 181-226, hier 211; Temme [s. Anm. 32], 225ff.

158 Reichskammergericht.

159 Burg Dringenberg bei Bad Driburg.

160 Mit Ruten gestrichen, körperlich gezüchtigt.

was es vor einen Außgang nehmen wolte. Unterdessen würckte dieser Handel soviel, daß auch diejenige Herren, die sie bis dahero unterm Schein der Gottseeligkeit betrogen und zu einer guten opinion[161] von sich bewogen hatten, daß bey Ausbruch dieser Dinge denselbigen die Augen aufgingen, einen Abscheu vor ihnen gewannen und einige auf allerley Weise Gelegenheit suchten ihrer loßzuwerden, zumahlen dieser pietistische Schwarm in gewissen Ländern soweit durchgebrochen, daß sie die gubernacula ecclesiae et reipublicae[162] ergriffen hatten, darunter ein solches Land und alle die ihresgleichen nicht waren, viel leiden mußten. In Summa, es war soweit kommen, daß sie schon gedachten, die Kirchenordnungen abzuschaffen und nach ihrem Wesen alles zu reformiren und in Unordnung zu setzen.

Es thate auch nicht wenig darzu, daß diese böse Gäste, die andere die Demuth und Verleugnung seiner selbste und der Welt predigten, sich hier und dar an das gräffliche Frauenzimmer hingen und dieselbigen heuratheten, wie denn im Wittgensteinischen geschahe, daß Barbierer nahmens einer Castell[163] und andere[164] solche Heurathen traffen, auch eines Schneiders Sohn nahmens Juncker[165] von Nordeck ohnweit der Rabenau, so die Äbtissin aus dem Stifft Schacken[166], eine Gräfin von Waldeck, entführete und mit sich trauen liesse[167], ob sie sonsten von der priesterlichen Trauung nichts halten, wie dieses letztere dan geschahe Anno 1707.

Unterdessen war es auch bey unß im Darmstättischen[168] nicht gar sauber von solcher Rotte, sondern es hatten in allen Ständen sich nicht wenige eingeschlichen, welche denen schwärmerischen Leuthen im Wittgensteinischen nicht gar abhold waren, sondern zum Theil heimliche, zum Theil auch bald offentliche Gemeinschafft mit ihnen hielten. Dahero auch sich allwege einige funden, so auch durch dieses Gifft angesteckt wurden, daß sie auch christliche Ordnung scholten, die heiligen Sacramenten und das

---

161 Meinung.

162 Steuerruder der Kirche und des Staates, kirchliche und staatliche Herrschaft.

163 Castell, Separatist aus Maastricht, ehemaliger Barbier und gräflicher Bediensteter, heiratete Gräfin Anna Sophie von Wittgenstein; vgl. Goebel [s. Anm. 1], Bd. 2, 771f.; Bauer [s. Anm. 1], 177.

164 Vgl. Bauer [s. Anm. 1], 177.

165 S.o. Anm. 46.

166 Schaacken in der Grafschaft Waldeck, evangelisches adliges Damenstift.

167 Zu den »Schaakischen Händeln« vgl. oben Anm. 45.

168 Dodenau gehörte zur Landgrafschaft Hessen-Darmstadt.

ordentliche Predigampt schmähten und lästerten, in Meinung, daß, weil sie das von einigen Grossen und Gewalthabenden gehöret, sey [es] ihnen auch erlaubt, solchen teuffelischen Gesang nachzusingen[169]. In Summa es wolte bald gar ein zerrüttetes Wesen werden und wartteten solche Gesellen nur auf den völligen Durchbruch, daß die Kirchenordnung solte [S. 574] übern Hauffen gestossen und völlig ein wüstes Wesen eingeführet werden. Und darbey däuchten sie sich noch wunder gross mit ihrer geträumbten Heiligkeit oder Pietät, daran sie auch nicht hinderte, daß sie Vollsöffer, Hurer, Ungerechte und Geitzige, Gehässige und Lügner etc. blieben, sondern es war alles genug, daß sie mit ihren Anführern in einer heimlichen und verborgenen tactio[170] über einkahmen, daß niemand ergründen konte, wan sie dieses Geheimnüß hatten. So waren sie auch bey allem beständigen bösen Wesen Brüder und Schwestern, hergegen andere ehrliche und christliche Seelen golten nichts und waren nur verlacht bey ihnen. Und so ging es sonderlich grob, bis daß sie durch den erschröcklichen und schändlichen Außbruch der erzählten Dinge im Wittgensteinischen mitbeschämbt und jemehr bey gewissenhaften Seelen verdächtig gemacht wurden. Daher es auch geschahe, daß sie etwas behutsamer mit ihrem Wesen wurden, aber den alten Sauerteig[171] im Hertzen behielten und rechtschaffene Leuthe neideten, lästerten und trückten, wo und solange sie nur konten. Doch wolte der liebe Gott Geduld geben und unß endlich zu seines grossen Nahmens Preiß und Herrligkeit von diesem Übel erlösen, um Jesus willen. Amen.

Anno 1709 erfuhr man, daß sie sich im Wittgensteinischen in 3 Secten oder Gemeinden (wie sie redeten) theilten. Eine Sekte hatte den Donnerstag, an welchem sie zu ihren Übungen zusammenkamen, die anderen hielten feyerlich den Sambstag mit den Jüden und die dritte das waren die Täuffer[172], die sich in der Eder wiedertaufften auß Vorwandt, daß sie in der Kindheit der Tauffe noch nicht fähig gewesen auch nicht wüsten, ob sie von einem wiedergebohrnen Pfarrer getaufft seyen. Ja, einige gestunden offentlich von ihnen, daß soviel auch ihrer seyen, hätten sie doch nicht überall eine Meinung sondern so mancher Kopff, so manche Meinung wäre unter ihnen. Und das kahme daher, dieweil ein jeder Schuster und Schneider ein Meister der Schrift seyn wolte, wo dann einer über einen oder den

169 Text: nachzusinnen.

170 Berührung, Verkehr, Gemeinschaft.

171 Vgl. 1Kor 5,8.

172 Zu den Schwarzenauer Neutäufern vgl. oben Anm. 29.

andern Spruch kahme, der ihn däuchte seinen Wahn etwas zu favorisiren[173], da hafftete er auf ohne Collation[174] anderer Schriftstellen.

Unterdessen ging es hier im Lande auch wunderlich zu. Nachdeme die Pietisten Freunde und Patronen sich imstand befunden, sich raten[175] zu können, waren sie trotzig frech und bewiesen ihre Tücke an allen, die es nicht mit ihnen hielten. Nachdeme sie sich aber in Gefahr zu seyn besorgeten, gaben sie gute Wortt und wusten zu heucheln, daß es recht [S. 575] ging wie mit dem ab- und zunehmenden Mond; dan es war ein recht verwirreter Zustand im Lande, dessen Ursach man nicht melden darff.

Gegen Außgang des Jahres 1714 fandte sich abermahlen eine neue Secte[176] zu Schwartzenau ein, die waren theils aus dem Halberstädtischen[177], Mariäbornischen[178] und anderen Orthen her. Die rühmbten sich göttlicher Eingebungen und hatten entsetzliche Bewegungen darbey. Den 5. Febr. des 1715. Jahrs ging ich selbsten hinauf nacher Schwartzenau, mich dieses Wesens zu erkundigen. Da traffe ich in einem gräfflichen Gemache 5 Personen an, 3 Manßpersonen und 2 Weibspersonen, welche nach gehaltenen Singen und Bethen endlich anfingen die Achseln zu erheben, endlich aber in eine solche entsetzliche Bewegung zu geraten, daß sie auf Bäncken sitzende anfingen in die Höhe zu springen, nickten mit denen Köpffen und schlauderten[179] dieselbe so geschwind vor sich hinauß, daß man nicht anders meinte, sie würden von dem Leibe hinwegfahren, machten dabey, eine Weibsperson sonderlich, einen seltsamen Lauth und Gethöne, doch daß man nicht erkennen konte, daß es förmliche Wortte seyen, ohne daß sie in der grössesten Bewegung etliche Mal sagte: O Herr Jesus, seufzeten und krauchten[180] mit darbey. Die andere Weibsperson, eine ältliche Frau, wan sie in der hefftigsten Bewegung war, rieffe so geschwinde, alß sie

---

173 Begünstigen.

174 Vergleichende Betrachtung.

175 Sich raten = sich helfen.

176 Die Inspirierten.

177 Die ersten »Propheten« der Inspirierten, die das Wittgensteiner Land bereisten, waren die Brüder Pott, die aus Halberstadt stammten. Vgl. Hans-Christian Brandenburg: Die drei Gebrüder Pott - Die ersten deutschen »Werkzeuge« der Inspirations-Bewegung. Ein Beitrag zur Geschichte von Pietismus und Separatismus. In: Standfester Glaube. Festschrift J.F.Gerhard Goeters. Hg. v. Heiner Faulenbach. Köln 1991 (SVRKG, 100), 277-298.

178 Marienborn in der Wetterau

179 Schleuderten, schwenkten.

180 Krächzten, stöhnten.

auch in die Höhe sitzend sprang: Hoye, hoye, hui, hui etc., und sobald dieser die Bewegung, also hefftig kahm, sprang ein beysitzender Mann alsobald einer Schreibtafel zu und schrieb[181] unter wehrender Bewegung[182]. Ich fragte ihn, ob er Wortte schriebe, so etwan diese Weibspersonen redeten, ob ich wohl keine Wortte vernehmen konte. R[es]p[ondit][183]: Ja, und reichte mir ein geschrieben Büchlein zu lesen. Darinnen fande ich unter anderen dieses: Den 3ten Febr. hat der Herr Zebaoth in unserer Versamblung unß zugesprochen: Es spricht der Herr Zebaoth, wan ein weltlicher König oder Fürst in ein Schloß einziehen will, so reiniget man dasselbe und meubeliret es, darumb spricht der Herr Zebaoth: reiniget Eure Hertzen, daß der König der Ehren bey euch einziehe etc. Und alß ich solches gelesen, legte ich das Büchlein wieder hin. Damit endigte sich hernach die Bewegung, welche die Weibspersonen sonderlich excessiv hatten. Es hatte auch eine von denen Manßpersonen etwas von der Bewegung, daß er bey zugedrückten Augen mit dem Haupt nikete und purrete[184] darbey alß ein Schwein. Alß nun solches alles vorbey war, fragte ich sie, ob ihnen auch bey einer solchen Bewegung wehe seye? Responsit[185] einer von denen Schreibern, deren 2 wahren, die auch zuweilen die Achseln aufhuben, alß wan sie etwas steche: Nein, es wäre ihnen [S. 576] öffters gantz wohl auf eine solche Bewegung, ja sie seye ihnen alß eine Medicin, dardurch sie aller anfallender Kranckheit entlediget würden;[186] es seye was Wundersames, das menschliche Vernunfft nicht begreiffen könte; wie dan auch der eine unter dem Purren[187] und Blasen heraußstieß: Die Vernunfft kan es nicht begreiffen. Und damit nahm ich Abschied und ging meines Weges.

---

181 Die »Aussprachen« der inspirierten Werkzeuge wurden jeweils von zwei Schreibern mitgeschrieben. Vgl. dazu Ulf-Michael Schneider: Propheten der Goethe-Zeit. Sprache, Literatur und Wirkung der Inspirierten. Göttingen 1995 (Palaestra, 297), 44-52.

182 Während die Bewegung andauerte.

183 Er antwortete.

184 Grunzte.

185 Es antwortete.

186 Der Führer der Inspirierten, Eberhard Ludwig Gruber, schreibt darüber: »So greßlich und gefährlich sie [die Bewegungen] auch aussehen/ [...] so wenig schaden sie doch dem Leibe oder der Gesundheit: ja sie fördern dieselbe vielmehr; wie dann/ durch eine wunderbare Vorsehung Gottes/ schon manches Kopff- Magen- und Glieder-Weh dadurch curiret worden.« ([Eberhard Ludwig Gruber:] Nöthiges und Nutzliches Gespräch, Von der Wahren und Falschen Inspiration [...]. o.O. 1716, 48).

187 Grunzen.

NB. Derozeit sind 3 sonderliche Secten zu Schwartzenau: Pietisten, Inspiranten[188] und Wiedertäuffer[189]. Die Pietisten warnen, daß man nicht solle in der Inspiranten Übung gehen, und die Inspiranten bethen vor die Wiedertäuffer, daß sie Gott wolte erleuchten und ihnen zu erkennen geben, was sie noch nicht wüsten, und sie also her zu ihnen führen und bekehren, was ich dan selbst bey obiger Übung gehöret.

Von diesem phanatischen Schwarm ist den 3. Sontag nach Epiphanien einer nacher Berleburg in die offentliche Kirchen-Versamblung kommen, hat unter der Predigt eine Zeitlang auf der Treppe an der Thür gelegen und sich angestellet, alß ob er das böse Creutz[190] hätte; und alß ihm die Predigt zu lang worden, ist er mitten durch den Gang hinauf zum Altar gegangen und mit den Armen geschlagen alß wolte er fliegen oder alß wan ein Vogel über die Erde hinflatterte. Einige sagen, er habe unter solchem Flattern die Erde nicht berühret. Und das hat er 2 mahl getan, daß er solchergestalt zum Altar geflattert und wiederumb zurücke. Dabey hat er entsetzlich gemunckelt[191] alß ob er reden wolte, aber kein Wortt sprechen können. Unterdessen hats ihm die Brust in die Höhe getrieben, daß sie weit unter dem Kinn hervorgestiegen. Darüber sind die Leuth aus Grausen vor einem solchen Handel aus der Kirchen gegangen, welches jedoch der Herr Inspektor Schäffer[192] auf der Cantzel stehend nicht gerne soll gesehen haben, sondern die Leuthe ermahnet zu bleiben, aber vergebens.

Eben auf solche Weise hat es auch fast gemacht Anton Strauß[193], ein verlauffener[194] schwedischer Soldate, der sich schon einige Jahre zu Schwartzenau aufgehalten. Der ist kurz vorhero eines Sontags auch zu Biedenkopff in die Kirche kommen, alß des Herrn Metropolitani Walters[195] Sohn[196] gepredigt, ist nach geschlossener Predigt, alß der junge Walter

---

188 Inspirierte.

189 Schwarzenauer Neutäufer.

190 Rückenschmerzen, »Hexenschuss«.

191 Undeutlich gesprochen, gemurmelt.

192 Ludwig Christoph Schefer (Scheffer) (1668-1731), erster Pfarrer und Inspektor in Berleburg; vgl. Ulf Lückel: Art. »Schefer, Ludwig Christof«. In: BBKL 19, 2001, 1226-1230 (Lit.).

193 S.o. Anm. 52.

194 Entlaufener, desertierter.

195 Andreas Walther aus Nidda, immatr. Gießen 1686, 1691-1731 Pfarrer in Königsberg bei Gießen, 1703-1733 Pfarrer in Biedenkopf, † 11. Okt. 1733; Diehl [s. Anm. 3], 202 (Nr. 558, 13).

196 Heinrich Andreas Walther (1696-1748), später Senior in Frankfurt/Main; vgl.

noch auf der Cantzel gewesen, vor den Altar getretten und daselbsten anfangen zu predigen oder einen Sermon zu thun. Man hat ihn aber auf obrigkeitlichen Befehl auß der Kirchen heraußgestoßen, in gefängliche Hafften[197] genommen und wegen dieses begangenen Fürwitzes und Frevels halber nacher Gießen geschickt zum hochfürstlichen Consistorio[198], woselbsten man ihm nur seinen Frevel verwiesen, das Lehren in den offentlichen Kirchen- [S. 577] versamblungen untersagt, aber jedoch zugestanden, privatim hier und da in denen Häusern zu lehren und die Leuthe zur Busse zu ermahnen, wie Herr Amptsverweser Rube[199] zu Battenberg bey offentlichem Amptskirchenkonvent den 11. Febr. erzehlet in Beyseyn Herrn Metropolitani Cnefelii[200] und Herrn Pfarrer Baltzer[201] von Frohnhausen[202] und meiner.

Dieser Strauß ist nichts desto weniger wiederumb so kühn gewesen und den 5. Sontag nach Epiphanias nacher Battenberg in die Kirche gekommen, alß eben der Herr Magister Gönner[203], dasiger Adjunctus, geprediget, und nach geschlossener Predigt sich wiederumb unterstanden, beym Altar stehend offentlich zu lehren, dieweil aber vom Herrn Bürgermeister daselbst schon ein Mann auf ihn bestellet gewesen, der ihn bey der gleichen Unternehmen solte aus der Kirchen bringen, hat er sich gegen denselben gewehret und ihn tapfer mit denen Ellenbogen in die Seite gestossen, biß ihm der Glöckner zu Hülffe kommen, welche beyde ihn dann aus der Kirchen gebracht. Alß aber der phanatische Mensch seinen Huth in der Kir-

---

Wilhelm Grotefend, ADB 41, 1896, 108-110; Richard Grabau: Das evangelisch-lutherische Predigerministerium der Stadt Frankfurt a.M. Frankfurt/Main, Leipzig 1913; Jürgen Telschow u. Elisabeth Reiter: Die evangelischen Pfarrer von Frankfurt am Main. Frankfurt/Main 1980 (Schriftenreihe des Evangelischen Regionalverbandes Frankfurt am Main, 6), 337.

197 Gefängnishaft.

198 Das Konsistorium war die aus Theologen und Juristen bestehende Verwaltungsbehörde, die im Auftrag des Landesherrn kirchenleitende Funktionen ausübte.

199 Johann Christoph Rube (1665-1746); vgl. Gustav Hammann: Amtmann Johann Christoph Rube. Frankenberg o.J. (Bottendorfer Brief, 34).

200 Heinrich Cnefelius († 1721), Pfarrer und Metropolitan in Battenberg 1692-1721, vgl. Diehl [s. Anm. 4], 191 (Nr. 552, 9).

201 Just Konrad Baltz(er) († 1762), 1705-1762 Pfarrer in Frohnhausen; Diehl [s. Anm. 4], 198 (Nr. 556, 10).

202 Frohnhausen, heute: Stadt Battenberg/Eder, Ortsteil Frohnhausen.

203 Just Peter Gönner aus Groß-Seelheim, immatr. Gießen 1703, 1706-1715 Adjunkt in Battenberg, 1715-1748 Pfarrer in Bromskirchen, † 1748; Diehl [s. Anm. 4], 195 (Nr. 554, 10).

chen gelassen und der eine Mann wieder hereinläufft, denselben zu hohlen, fält der Schwarmgeist inmittelst dem Glöckner in die Haare und rupfft ihn dichte vor der Kirchen, und dieses war noch nicht genug, sondern es gehet dieser Wirrgeist eben des Tags auch noch hinunter nacher Battenfeld[204] in die Nachmittagsversamblung, kompt aber zu spät, daß der Schulmeister nach gehaltener Predigt mit der Orgel anfängt zu spielen, daß er zu keiner Rede kommen können. Deswegen auch der böse Mensch also erbosset in das Pfarrhaus hernach gelaufen kompt und den Pfarrer[205] Baalspfaffen[206] etc. in Gegenwart des Herrn Capitains Hatzfeld[207] von Allendorf, außschilt, auch bemelten Capitain, als ihme derselbe zuerst reden wollen, nicht besser tractiret[208]. Gott stehe unß bey und gebe Glauben und Beständigkeit und heilige unß in seiner Wahrheit! Es scheint, daß Gott gefährliche Gerichte über seine Kirche verhängt, daß er kräftige Irrtümer kommen lasse, daß viel werden müssen den Lügen glauben.

Von den Inspiranten zu Schwartzenau wird glaubhafftig gesagt von Leuthen, die es selbsten gesehen, daß sie in ihren Bewegungen in der Höhe hergeflogen, daß sie niedergefallen und kohlschwartz worden, daß sie sich rücklings übergebäuget, daß man gemeinet, ihre Leiber würden voneinander bersten, haben die Köpffe auf die Rücken geschlagen und dergleichen mehr, ja gar schändlichen Bezeigungen.

Endlich alß diese und dergleichen Dinge bey den Zuschauern einen Anstoß gegeben, haben sie in anno 1717 angefangen sich zu verschliessen[209] und niemand mehr in solchem Zustand zulassen alß vor ihresgleichen gewesen.

Es ist hier auch noch zu bedencken, daß in Anno 1715 ein Bänder, aus den Würtenberger Land bürtig, so sich um dieser Secte willen daselbst wegbegeben müssen und sich nunmehro auch zu Schwartzenau aufhält, mir selbst erzehlet, daß er seinen Sohn in gedachtes Würtenberger Land geschickt, umb die Weinlese daselbsten [S. 578] zu thun, indeme er daselbsten noch einige Weingarten habe. Alß er nun solche Weinlese vollbracht und auf die Rückwegsreise und auf einen Schiff den Neckar und Rein herunter bey ander Leuthen im Schiff gesessen, welche nicht zum

---

204 Battenfeld (Kreis Waldeck-Frankenberg).

205 Johann Georg Bichmann (1678-1743); Diehl [s. Anm. 4], 194 (Nr. 553, 12).

206 S.o. Anm. 27.

207 Nicht ermittelt. Pless [s. Anm. 1], 118 erwähnt eine Hofmeisterin Hatzfeld in Berleburg.

208 Behandelt.

209 Abzugrenzen. S.o. Anm. 54.

besten von den Pietisten gesprochen und ihn zuhören lassen, seye er also verstummet, daß er kein Wortt dagegen sprechen können, also daß er nur sich das Neue Testament gewünschet, ob er daraus möchte Gelegenheit bekommen, ihnen zu wiedersprechen (wiewohl sonsten die Pietisten einen rechten Spott- und Lästergeist [haben], daß sie einem jedweden mit Wortten wohl begegnen können, so ist dieses was sonderlich gewesen). Dieser Benner erzehlte mir auch, daß alß sein Sohn nacher Hauß kommen, seye des Nachts im Bette etwas an ihn kommen, das ihn über halb manshoch übers Bett in die Höhe gehoben, alß obs mit ihm davon wolte. Er habe nicht anderst gedacht, alß es werde seinen Sohn ums Leben bringen, darumb er auch ihn, den Vater, und die Mutter immer in großen Ängsten angeschrien, sie solten ihme doch helffen, und habe sich deswegen verlobet[210] nimmer mehr also wieder in die Welt außzugehen. Was es aber gewesen, das seinen Sohn also geängstiget, habe ich ihn nicht gefragt und er hats auch nicht gesagt. Behüte Gott vor einem solchen Geist.

Anno 1719 auf den Sonntag Exaudi[211], alß ich eine Leichenpredigt nachmittag gehalten, kam oben bemelter[212] Schwarmgeist Anthon Strauß, der vormahls ein schwedischer Soldate im Stifft Bremen[213] gewesen, der schon offtmahlen zu Berleburg, Battenberg, Battenfeld und Franckenberg in der offentlichen Kirchenversamblung ohne Beruff[214] predigen wollen, auch hier zu Dodenau, ehe ich die Personalien[215] verlesen, in die Kirch hineingesprungen und rieff mit entsetzlichem Geschrey: O ihr Leuthe, thut Busse, thut Busse, nembt ein Exempel an dem Verstorbenen – darauf ich ihn alßbald durch etliche Männer ließ zur Kirchen hinausthun, darauf er versetzte: Der Herr Jesus solte oder würde unß auch seinen Himmel umbstossen, wir hätten den Herrn Jesum aus der Kirchen gestossen – da wir nur einen schwärmerischen Menschen hinausgethan hatten. Hierauf ist er alß ein wütender Hund in die Grafschaft Waldeck gelaufen, ist auf Pfingsten zu Corbach, hernach zu Mengeringhausen und sonsten in die

210 Das Gelübde getan.

211 21. Mai 1719.

212 Oben genannter.

213 Durch den Westfälischen Frieden war das Erzstift (einstiges Territorium der Bremer Erzbischöfe) säkularisiert. Das nun neu geschaffene Herzogtum Bremen fiel an das Königreich Schweden und blieb mit kurzem Intermezzo bis 1712 schwedisch. Damals gelangte es an Dänemark und wurde 1715 an das Kurfürstentum Braunschweig-Lüneburg verkauft.

214 S.o. Anm. 28, 78, 92.

215 Kurze Biographie des Verstorbenen, die nach der Leichenpredigt verlesen wurde.

Kirchen gestürmet und [hat] daselbst lehren wollen, ist aber aller Orthen abgewiesen worden wie auch hier.

In diesem Jahr hat sichs auch zugetragen, daß auf hohen obrigkeitlichen Befehl sich einige Erwachsene von diesen Leuthen tauffen lassen und sind einige auch wiederumb in der offentlichen Kirchenversamblung zum Tisch des Herrn gegangen. Ob aber ihre Bekehrung wahrhafftig oder Heucheley gewesen nach Arth dieses Schwarmgeistes kann ich nicht wissen. Einige aber sind in ihrem Wesen beständig forthgefahren, unter welchen auch war ein ehemahliger Prediger im Brandenburgischen, Seebach[216] [S. 579] genannt, welcher in der Lästerung und Verwerfung der heiligen Sacramente forthgefahren, wie er dan auch vor etlichen Jahren ein Traktätgen herauß im Druck gegeben wieder die Tauffe[217], darinnen er sich nicht gescheuet, die allerkleinsten Sprüche der Schrifft von der Feuertauffe außzulegen und alß er die Stellen Act. 8. und 10. cap. von dem Kämmerer und dem Hauptmann Cornelio nicht anderst außlegen konte, alß daß diese würcklich die Sacramentliche Wassertauffe von denen Aposteln empfangen hätten, gab er darauff die Erklärung oder vielmehr lästerliche Vertrehung nach Art dieses Geistes: Die Apostel hätten manchmal guter Meinung etwas gethan, darzu [sie] keinen Befehl von Christo gehabt – gab also damit sein gottloses principium[218] an den Tag von der heiligen Schrift, daß man dieselbe nehmlich nicht überall alß göttlich anzunehmen habe, sondern allein alß menschlich; und wo dieses einmal angenommen worden, könte man alßdan alles alß menschlich verwerfen und von denen Aposteln sprechen, sie hätten nicht alß treue Haushalter Christi gehandelt, sondern nach ihrem eigenen Gutdüncken gehandelt und gelehret.

Weil nun dieser böse und gefährliche Man sich alß Irrtumb offenbahrte, hat er zwar aus der Graffschafft Wittgenstein weichen müssen,[219] hat aber alßbald zu Berleburg wieder Unterschlupff gefunden, darauß man erkennen kan, wie es aller Orten ein durchstochen[220] Werk seye mit diesen Leuthen. Es hat aber nicht lange angestanden, daß er wieder nach Schwartzenau kommen und daselbst gewohnet und seinem Anhang wieder gepredigt.

Im Jahr 1724 und 25 hat mir Herr Pfarrer Sartorius[221] zu Hatzfeld (der gute Nachricht hat von den Wittgensteinischen Schwarmgeistern) zu 3

---

216 Christoph Seebach (1675-1745). S.o. Anm. 58.

217 S.o. Anm. 58.

218 Grundsatz.

219 S.o. Anm. 57.

220 Abgekartet, betrügerisch.

221 Johann Heinrich Sartorius (1676-1727); Diehl [s. Anm. 4], 200 (Nr. 557, 9).

unterschiedlichen mahlen erzehlet, daß der vormahlig gedachte Schweitzer, Herr Knecht, der im Anfang seinem Schwarm im Wittgensteinischen predigte und hernach die Sprache verlohr, sich nunmehro vor Gott außgebe und begehre, angebethet zu werden, wie er solches insonderheit und nahmentlich soll zugemuthet haben der sonstgenannte Leiperin[222] (?) oder der Gebhardin[223] aus Sachsen, so sich zu Bettelhausen auffhelt, auch Anno 1725, alß die Gräfin Henriette[224] kranck gewesen, gesagt, so er alß Gott wolte, daß selbe solle wieder solte gesundwerden, müste solches geschehen, wo aber nicht, müste sie sterben.

In diesem [Jahr] 1725 sind einige von solchen Leuthen wieder forthgezogen, alß der nunmehrig regierende Graff Augustus[225] alles leibeygen machen wollen. Etliche aber, welche sich nicht loßkaufen können, sind noch bisher geblieben, die sonst in Pensylvanien ziehen wolten.

Es sind aber doch einige in Anno 1726 in Pensylvanien gezogen, denen es aber doch sehr jämmerlich und gevarlich auf dem Meer ergangen, biß sie hinkommen, wie ihre zurückgeschickte Brieffe solches ausgewiesen.[226]

Unterdessen sind doch jetzo 1729 noch einige zu Schwartzenau, nehmlich Inspirirte, welche in 3 Classen[227] getheilet, die obere, die mittlere und die untere; sodan auch Pietisten und einige Neutralisten, so es mit keiner Partei halten und gehen auch in keine Kirche. Was es endlich geben würde, lehret die Zeit. Indessen halten sie sich nun still, arbeiten und warten ihres Dings.

---

222 Nicht ermittelt.

223 »Lieschen« Gebhardt, bekannte Philadelphierin aus Eisenach/Schmalkalden; vgl. Carl Wilhelm Hermann Hochhuth: Heinrich Horche und die philadelphischen Gemeinden in Hessen. Gütersloh 1876, 118ff.; Friedrich Klingender: Der Pietismus in Hessen-Cassel. Diss. (Lic.) theol. [masch.] Göttingen 1920, 30; Temme [s. Anm. 32], Reg.

224 Gräfin Henriette von Sayn-Wittgenstein-Hohenstein (1669-1741); vgl. Renkewitz [s. Anm. 1], 88, 112, 114f, 148, 183f.

225 Graf August David von Sayn-Wittgenstein-Hohenstein (*1663, reg. 1723-1735).

226 Briefe im Fürstl. Sayn-Wittgenstein-Berleburgschen Archiv, Bad Berleburg, K 36. Der Bericht eines »F.W.R.« erschien in Berleburg im Druck: Merckwürdige Nachricht von einer im verwichenen 1726. Jahr geschehenen sehr unglücklichen Schiff=Fahrt einer zahlreichen Teutschen Gesellschafft nach Pennsylvanien [...]. Berleburg 1727.

227 Jede Gemeinde der Inspirierten war in drei (oder zwei) Klassen (»Gliederschaften«) eingeteilt worden, die jeweils ihre eigenen Versammlungen hatten: »Geübtere, und durch Proben und Bekäntniß der Wahrheit um etwas bewährte«, »die Erwachsene Jugend, die von Eltern und Mitgliedern, Zeugniß hatten guter Aufführung«, und Kinder. XVII. Sammlung, Das ist: Der XVII. Auszug Aus denen Jahr=Büchern Der Wahren Inspirations=Gemeinschaften [...]. o.O. 1776, 263.

XIII. Beziehungen deutscher radikaler Pietisten zu Skandinavien

Die Geschichte der Beziehungen des deutschen radikalen Pietismus zu Skandinavien in einem kurzen Referat auch nur skizzieren zu wollen, wäre vermessen – nicht nur im Blick auf die knapp bemessene Zeit, sondern vor allem angesichts des Forschungsstandes. Die Forschungsdefizite haben nicht nur darin ihren Grund, dass der radikale Pietismus in Deutschland ein noch immer nicht ausreichend exploriertes Terrain darstellt; bei der Untersuchung der Beziehungen der deutschen Pietisten zu Skandinavien macht sich zusätzlich das Sprachenproblem geltend. Zahlreiche, auch für unser Thema einschlägige Arbeiten, die in dänischer, norwegischer, schwedischer oder gar finnischer Sprache veröffentlicht wurden, sind aus sprachlichen Gründen schwer zugänglich und daher in Deutschland nur wenig bekannt geworden.

Die Absicht meines Referates ist eine bescheidenere: Ich möchte an zwei Beispielen einen Eindruck von der Intensität und von der Vielfalt dieser Beziehungen vermitteln. Dabei muss ich mich auf die deutsche Perspektive beschränken und will anhand zeitgenössischer Zeugnisse zeigen, welche Aufmerksamkeit Personen und Ereignissen im schwedischen Reich entgegengebracht wurde. Das erste Beispiel kann besonders die rege Kommunikation, die zwischen Deutschland und Skandinavien bestand, illustrieren und zugleich einen Beitrag zur pietistischen Biographik liefern, das zweite gehört in den Zusammenhang der eschatologischen Spekulationen im radikalpietistischen Lager.

1. Zwei finnische »Wahrheitszeugen«: Lars Ulstadius und Peter Schäfer

Gottfried Arnold beschließt den dritten Teil seiner *Unparteiischen Kirchen- und Ketzerhistorie* mit einer Reihe von Schilderungen außergewöhnlicher Vorgänge, Offenbarungen und Gesichte, aber auch denkwürdiger Personen. In Kapitel 25 berichtet er von einem Mann, »welcher in Schweden von anno 1683 und weiterhin auch viel aufsehens gemacht, namens Laurentius Andreae Ulstadius«.[1]

Lars Ulstadius[2] war der Hauptrepräsentant radikaler Anschauungen, die im finnischen Teil des schwedischen Reiches in den achtziger Jahren des 17. Jahrhunderts hervortraten. 1682[3] hatte er unter dem Einfluss der Lektüre deutscher Spiritualisten wie Valentin Weigel, Caspar Schwenckfeld und Jakob Böhme[4] seine Bekehrung erlebt, trat bald als asketischer Büßer und kirchenkritischer Bußprediger auf und gewann Gesinnungsfreunde. Zum Konflikt mit den geistlichen und weltlichen Behörden kam es, als Ulstadius im Juli 1689 durch Gottesdienststörung im Dom zu Åbo/Turku einen öffentlichen Skandal inszenierte. Nach langen Untersuchungen gegen ihn und seine Anhänger wurde er schließlich zu lebenslänglicher Zwangsarbeit verurteilt und zur Verbüßung der Strafe 1693 in das berüchtigte Stockholmer Zuchthaus Smedjegården gebracht. Die Begnadigung durch Königin Ulrika Eleonora 1719 lehnte er ab und lebte, wenn auch unter gewissen Erleichterungen, bis zu seinem Tod 1732 weiter im Gefängnis.

Gottfried Arnold war nicht der erste, der in Deutschland die Aufmerksamkeit auf Ulstadius lenkte. Schon am Reformationstag 1693 hatte der orthodoxe Wittenberger Theologieprofessor Johann Georg Neumann[5] eine

---

1 Gottfried Arnold: Fortsetzung und Erläuterung der unparteyischen Kirchen- und Ketzer-Historie. [Band 2]. Frankfurt/Main 1700, Teil III, cap. 25, § 11.

2 Hilding Pleijel: Der schwedische Pietismus in seinen Beziehungen zu Deutschland. Lund 1935 (Lunds Universitets Årsskrift N.F. Avd. 1, 31,4), 172; Nathan Odenvik: Lars Ulstadius. En pietismens banerförare i fångenskap för sin tro - och några av hans medkämpar. Stockholm 1940; Walther Rustmeier: Nachwirkungen des deutschen Pietismus in Schweden. Diss. theol. [masch.] Kiel 1955, 41-50; Erkki Kansanaho: Suomalaiset yltiöpietistit Lauri Ulstadius ja Pietari Schaefer. Helsinki 1954 [mir nicht zugänglich]; Pentti Laasonen: Johannes Gezelius d.J. und die Rezeption des deutschen Pietismus in Finnland. In: Wolfenbütteler Beiträge 8, 1988, 121-231, hier 141-148 (Lit.).

3 Auf eine zeitliche Koinzidenz möchte ich an dieser Stelle hinweisen, wenngleich zwischen diesen beiden Ereignissen kein Wirkungszusammenhang besteht: Im selben Jahr 1682 erfolgte in Frankfurt/Main die Separation der radikalen Pietisten.

4 1682 erschien in Amsterdam die erste Gesamtausgabe der Werke Jakob Böhmes, herausgegeben von Johann Georg Gichtel. Vgl. Werner Buddecke: Die Jakob-Böhme-Ausgaben. Bd. 1. Göttingen 1937, 1 (Nr. 1); Bernard Gorceix: Les éditions modernes des oeuvres complètes de Jacob Böhme. In: Études Germaniques 27, 1972, 420-422; Frans A. Janssen: Böhme's Wercken (1682): its editor, its publisher, its printer. In: Quaerendo 16, 1986, 137-141.

5 Vgl. Christian Gottlieb Jöcher: Allgemeines Gelehrten-Lexikon. Bd. 3. Leipzig 1750 [Reprint: Hildesheim 1961], 883-885

akademische Rede über das schwedische Reformationsjubiläum[6] gehalten und Nachrichten über die jüngsten Vorgänge in Schweden einfließen lassen.[7] Neumann lobt »Religions-Eyfer und Gottes-Furcht« Karls XI. von Schweden, der gleich zu Anfang seiner Regierung befohlen habe, »daß niemand eine neue Lehre oder Redens Arten einführen/ sondern alle Unterthanen des Reichs an die Formulam Concordiae und einerley Kirchen-Ceremonien gebunden seyn sollten«.[8] Als Beispiel für seine vorbildliche Haltung in Religionsfragen wird dann berichtet:

> »Dannenhero als vor weniger Zeit eine Rotte auffstund/ welche unter dem Antrieb eines Schwärmers/ mit Nahmen Ulstadt/ sich des Phantastischen innerlichen Lichts rühmete/ alle Bücher/ die Bibel ausgenommen/ verbrandte/ und denen Theologis zu Aböe in Finnland in öffentlichen Predigten wiedersprach: befahl der König/ sie nach der Schrifft und obgedachten Kirchen-Ordnung zu examiniren/ und weil sie sich nicht wieder zurecht bringen lassen wollten/ gar aus dem Lande zu vertreiben.«[9]

Ganz anders ist der Charakter der Darstellung, die Arnold vom Auftreten Ulstadius' gibt. Im Stil pietistischer Biographik erzählt er, wie sich der Prediger, der in der finnischen Stadt Uhlo (Oulu) im Schuldienst gestanden, »auf einem kranckbette, durch schweren gemüths-kampff, erregung seines gewissens und entdeckung seiner vorigen sünde der jugend wunderbarlich bekehret«, den Schuldienst quittiert und ein Leben als Büßer

---

6 Einhundertjahrfeier der Nationalsynode von Uppsala (1593), die als endgültiger Sieg der Reformation in Schweden gefeiert wurde.

7 Oratio de Reformatione Ecclesiarum Sueciae. Wittenberg 1693. Mir war nur die Rezension über die Schrift zugänglich, die Wilhelm Ernst Tentzel veröffentlichte: Monatliche Unterredungen einiger guten Freunde von allerhand Büchern und andern annemlichen Geschichten allen Liebhabern der Curiositäten zur Ergetzligkeit und Nachsinnen heraus gegeben. Aprilis 1694. Leipzig: Thomas Fritsch 1694. Ich verdanke den Hinweis auf Tentzel und Uhsen (s.u. Anm. 9) den Angaben in Johann Heinrich Zedler: Grosses vollständiges Universal Lexicon aller Wissenschafften und Künste [...] 49. Halle/Saale, Leipzig 1746, 870, auf die mich Willi Temme, Marburg, aufmerksam machte.

8 Monatliche Unterredungen 1694, 281.

9 Ebd. - Auf Tentzels Nachrichten fußte Erdmann Uhsen: Kirchen-Historie des XVI und XVII Jahr-Hunderts nach Christi Geburth/ [...]. Leipzig 1710, 604f.: »Um das jahr 1693. fand sich in Schweden eine neue secte/ deren lehrer und führer Ulstadius, ein fanatischer mensch war. Dieselben rühmeten sich nach Art der Quacker/ eines eingebildeten innerlichen Lichtes/ und verbrannten alle bücher/ so ihnen in die hände kamen/ die bibel ausgenommen. Etliche von ihnen waren so verwegen/ daß sie denen Predigern zu Abo in Finnland mitten unter der predigt öffentlich widersprachen; daher befahl der König/ es solten sich diese leute entweder nach der Heil. Schrifft aufführen/ oder aus dem reiche fortgehen.«

aufgenommen habe. Anschaulich wird geschildert, wie der Büßer und Bußprediger in prophetischem Habitus auftrat: in zerlumpten, nur mit Zwirn und Faden zusammengehaltenen Kleidern und einem verblichenen, zerknitterten und durchlöcherten Hut, langen Haarzotten, halben Strümpfen ohne Schuhe. Breiten Raum nimmt die Darstellung des – schon bei Neumann erwähnten – öffentlichen Eklats ein, den Ulstadius hervorrief, als er im Dom zu Åbo den Prediger unterbrach und versuchte, eine vorbereitete Erklärung zu verlesen. Arnold gibt die Hauptpunkte wieder: »1. Daß die Lutherische lehre sey eine verdammliche lehre. – 2. Daß die Prediger nicht haben den H. Geist.« Sogar die weitere Erklärung, an deren Verlesung Ulstadius gehindert wurde, kann Arnold seinen Lesern mitteilen. Sie handelt

> »von dem ursprunge des verfalles und des verderbens der kirchen, wie der allbereit von der ersten kirchen-väter zeiten angefangen [...], von dem ietzigen verdorbenen Christenthum in allen secten, partheyen und religionen, welche zusammen ein Babel und lauter geistliches Heydenthum machten, wie Gott im sinne habe die religionen erst künfftig recht zu reformiren, welches nie vollkömmlich durch Lutherum geschehen [...]; daß Gott sein vormals geliebtes und nun verstossenes Volck wird aufnehmen, viele Heyden bekehren und aus beyden mit samt den verborgenen und zerstreuten Zionskindern eine rechte sichtbare allgemeine kirche und gemeinschafft der heiligen auffrichten; daß Gott unterdessen und allezeit unter allen secten und religions-spaltungen seine verborgene kinder, gläubige und wahre anbeter [...] im Geist und in der warheit [...] gehabt; zuletzt wie die Priester und Zuhörer busse tun sollten und sich nicht verlassen auf ihre lehr-sätze, auf äusserliche kirchen-übungen, beichte und abendmahl-gehen«.[10]

Der spiritualistische Hintergrund dieser Kirchenkritik und die Übereinstimmung mit Arnolds eigenen radikalen Überzeugungen ist unmittelbar erkennbar: die Abwertung alles äußerlichen Kirchenwesens, einschließlich der Lehrmeinungen und der Sakramente, die Unvollkommenheit der Reformation, die Denunziation der Konfessionen als heidnisch und als endzeitliches antichristliches »Babel« (Apk 18) und die Gegenüberstellung der unsichtbaren Geistkirche der wahren Kinder Gottes, des Gottesdienstes im Geist und in der Wahrheit (Joh 4,24) sowie die anklingende chiliastische Hoffnung[11]. Das alles sind spiritualistische Topoi, die auch im deutschen Radikalpietismus zum argumentativen Standardarsenal gehören. Ebenso war die Reaktion der kirchlichen und weltlichen Obrigkeiten, über die Arnold berichtet, hier wie dort vergleichbar, wenn auch die Strafe, die über Ulstadius verhängt wurde, besonders hart ausfiel.

---

10 UKKH III, 25, 246f.

11 Zum Chiliasmus im Kreis um Ulstadius vgl. Laasonen [s. Anm. 2], 143ff.

Woher hatte Arnold seine Kenntnisse über die Vorgänge im fernen Åbo? Er gibt seine Quelle selbst an; er schöpft seine Kenntnisse nicht aus Neumanns Rede oder deren Zusammenfassung in den *Monatlichen Unterredungen*. Es handele sich um »die eigene beschreibung [...], welche ein Schwede, der alles mit augen angesehen, aufgesetzet, und mir schriftlich communiciret hat.«[12]

Wer dieser ungenannte schwedische Augenzeuge war, lässt sich ermitteln. Arnold erhielt den Bericht von dem Magister Peter Schäfer.[13] Pe(t)ter Henricsson Schaef(f)er, der als Anhänger und »Seelenfreund«[14] von Ulstadius in die Untersuchungen gegen diesen verwickelt wurde, begegnet selbst namentlich in dem Bericht der *Unparteiischen Kirchen- und Ketzerhistorie*. Wir erfahren, dass er bei einem Verhör vor dem *Consistorium academicum*, seinen Magistertitel als »Babylonischen huren lohn und gifftgetränk aus ihrem goldenen kelch« bezeichnete und die Magisterurkunde als Ausdruck der »greuel der academien und seelen-verführung der hohen schulen durch ihr heidnisch zeug in allen facultäten und disciplinen« zurückgab.[15]

Als diese Schilderung in Gottfried Arnolds *Kirchen- und Ketzerhistorie* erschien, lag dessen eigener Abschied vom akademischen Lehramt erst knapp zwei Jahre zurück.[16] Seinen Verzicht auf die Gießener Professur hatte er fast mit denselben Worten begründet. In seinem *Offenherzigen Bekenntnis*[17] schildert er den täglich gewachsenen »eckel vor dem hochtrabenden, ruhmsüchtigen vernunft-wesen des akademischen lebens«, den

---

12 UKKH III, 25, 246.

13 So schon Ove Nordstrandh: Den äldre svenska pietismens litteratur. Stockholm 1951 (Acta historico ecclesiastica Suecana, 26), 181, unter Hinweis auf eine Bemerkung in Segerholms Nordiska samlingar [s.u. Anm. 77], in der es heißt: »Ulstadii egen stallbroder Peter Henricsson Schaefer, som meddelt sal. Gottfrid Arnold nästan lika berättelse med thenna, och är af hans Kyrko och kjättare historias 3:die del och 25:te capitlet at se [...]« [181, Anm. 51].

14 Odenvik [s. Anm. 2], 124.

15 UKKH III, 25, 247f.

16 Vgl. Hans Schneider: Gottfried Arnold in Gießen. In: Standfester Glaube. Festschrift J.F.Gerhard Goeters. Hg. v. Heiner Faulenbach. Köln 1991, 247-275, bes. 260ff. [in diesem Band 89-121].

17 [Anon.] Offenhertzige Bekäntniß/ welche bey unlängst geschehener Verlassung eines Academischen Amtes abgeleget worden. o.O. [Offenbach] 1698 [UB Erlangen]. Zu den verschiedenen Drucken vgl. Gerhard Dünnhaupt: Personalbibliographien zu den Drucken des Barock. Zweite, verb. und wesentlich verm. Aufl. des Bibliographischen Handbuchs der Barockliteratur. Bd. 1. Stuttgart 1990, 325f.

»Verderb der Akademien«, wo in allen Fakultäten das göttliche Licht fehle, und bezeichnet das verweltlichte akademische Leben und Lehren als »Ursprung aller Blindheit, Bosheit, Heuchelei, Spaltung und Zerrüttung«.[18] Auch Arnold hatte von der babylonischen Hure gesprochen und dem babylonischen Joch, das es zu zerbrechen gelte.[19] Auf den Gebrauch des verpönten Magistertitels[20] hatte er schon lange verzichtet.

Schäfer war 1689 verhaftet, aber nach erfolgtem Widerruf wieder freigelassen worden und hatte sich 1695 ins Ausland abgesetzt. Dieses Verhalten hat ihm schwere Gewissensbisse verursacht und ihn nicht zur Ruhe kommen lassen. Er besuchte die pietistischen Zentren in Deutschland, traf Spener in Berlin, hielt sich etwa ein Jahr in Halle auf[21] und blieb ein halbes Jahr bei Gottfried Arnold in Quedlinburg[22]. Wie sich zeigen sollte, hat gerade diese Begegnung Schäfer am nachhaltigsten beeindruckt.

Weitere Nachrichten über Schäfer verdanken wir einem Werk, das als historische Quelle für den Spiritualismus und Pietismus des 17. und 18. Jahrhunderts noch kaum hinreichend Beachtung gefunden hat. Es handelt sich um die unter dem Titel *Theosophia practica* herausgegebene Briefsammlung[23] des Spiritualisten Johann Georg Gichtel (1638-1710)[24] in Amsterdam.

---

18 Vgl. Franz Dibelius: Gottfried Arnold. Sein Leben und seine Bedeutung für Kirche und Theologie. Berlin 1873, 89ff., und die ausführliche Erörterung bei Rudolf Mohr: Die Krise des Amtsverständnisses im Spiritualismus und Pietismus. In: Traditio, Krisis, Renovatio aus theologischer Sicht. Festschrift Winfried Zeller. Hg. v. Bernd Jaspert u. Rudolf Mohr. Marburg 1976, 143-171, hier 161-168.

19 Arnold an Johann Heinrich May, 23. Mai 1698, abgedruckt bei Rüdiger Mack: Pietismus und Frühaufklärung an der Universität Gießen und in Hessen-Darmstadt. Gießen 1984, 197-200.

20 Vgl. UKKH, I,12,3 und II,16,10.

21 Zitiert bei Pleijel [s. Anm. 2], 174, Anm. 2

22 »Jag har kändt Honom [scil. Arnold] i Quedlinburg i ½ åhr, ock warit på ted nämste bekandt med ock om honom« (Brief Schäfers an Nils und Anna Greta Salan. Gävle, 29. Juni 1726; zitiert bei Pleijel [s. Anm. 2], 175, Anm. 2).

23 Zuerst unter dem Titel *Erbauliche Theosophische Send-Schreiben* erschienen; zu den Ausgaben vgl. Gertraud Zaepernick: Johann Georg Gichtels und seiner Nachfolger Briefwechsel mit den Hallischen Pietisten, besonders mit A.M. Francke. In: PuN 8, 1982, 74-118. Ich benutze die Ausgabe Leiden 1722.

24 Eine gute Übersicht bietet immer noch August Wilhelm Hegler: Art. »Gichtel«. In: RE^3 6, 1899, 657-660. Neuere Lit. nennt Martin Schmidt: Art. »Gichtel«. In: RGG^3 2, 1958, 1568f. Zu den Gesamtdarstellung von Bernard Gorceix: Johann Georg Gichtel. Théosophe d'Amsterdam. Lausanne 1975, vgl. die Rezension von Gertraude Zaepernick. In: PuN 9, 1983, 243-250.

Am 11. Februar 1698 wird Schäfer zum ersten Mal in Gichtels Korrespondenz erwähnt. Gichtels Gesinnungsfreund Theodor Schermer[25], damals Student in Halle,[26] hatte diesem wohl von dem Exulanten aus Finnland und dessen Gewissensnöten berichtet. Gichtel schreibt an Schermer:

> »Belangend unsern lieben verwundeten Bruder Schäfer, dienet ihm Oel und Wein in seine Wunden, damit er aufgerichtet werde, und darum seinen Streit mit dem Teufel nicht gar sinken lasse: der Teufel hat in Fleisch und Blut ein Bein untergeschlagen, daß er eine kleine äußerliche Schmach um Christi und seines Gewissens willen nicht ausgeharret, und spottet nun der Seelen; welches Schmertzen machet, und doch ein gutes Anzeigen ist, daß in der Seele eine hertzliche Liebe zu Christo, ihme wol selbst unbekannt brennet.«[27]

Als eine Kur für das verwundete Gewissen rät Gichtel zur Demut und Selbstentäußerung.

Am 2. August 1698 erwähnt Gichtel in einem Brief an Theodor Schermer den Besuch von zwei schwedischen Theologiestudenten[28], die ihm aus Halle Grüße Schermers mitbrachten. Von ihnen und einem Theologiestudenten aus Frankfurt, »welcher in G. [= Gießen] mit Herrn N. [= Arnold] familiar gewesen«, hat er die Nachrichten gehört, auf die sich die folgenden Bemerkungen beziehen.

> »Der liebe N. [= Schäfer] wird vielleicht sein Gemüt aldorten [scil. in Halle[29]] nicht haben befriedigen können, und nach einer Stille verlangen: wie dan Herr N. [= Arnold] von G. [= Gießen] sich auch weg gemacht, ein Einsiedler-Leben zu suchen, welches der Beschaulichkeit am dienlichsten ist.«[30]

---

25 Theodor Schermer aus Bremen, studierte seit 1698 in Halle und war Tischinspektor im Waisenhaus; später lebte er in Bremen, Braunschweig und Leiden. Er war Gichtels vertrautester Korrespondent in Deutschland. Vgl. Zaepernick [s. Anm. 23], 117.

26 In seinem Brief an Schermer (s.u. Anm. 32) gedenkt Schäfer der gemeinsamen Zeit in Glaucha.

27 Theosophia practica II, Nr. 27.

28 Die hier erwähnten »zwey Schweden« sind wohl identisch mit den »zwei stud. theol. aus Schweden«, die Gichtel in einem Brief an Schermer vom 2. September 1698 erwähnt (Theosophia practica II, Nr. 30).

29 Im vorhergehenden Abschnitt war von Halle die Rede; die Schweden hatten »berichtet, daß an das schwartze Bret wider Ew. L. ein Pasquil [...] sey angeschlagen worden«.

30 So lautet der Text in der ersten, von Gottfried Arnold veranstalteten Ausgabe der Gichtel-Briefe (Erbauliche Theosophische Send-Schreiben [...]. Bd. 1. Heliopolis 1700, Nr. 19, 145). In der Theosophia practica (II, Nr. 29, 749) ist der Name Schäfer an der falschen Stelle eingefügt worden: »Der liebe N. wird vielleicht sein Gemüt aldorten nicht haben befriedigen können, und nach einer Stille verlangen: wie dan Herr Schä-

So wie Arnold sich aus der »Welt« in seine Quedlinburger Eremitage zurückzog, fasste auch Schäfer den Entschluss, die *vita solitaria* zu suchen. Sein Ziel war Amerika.[31]

Im Herbst 1698 hielt er sich bereits in den Niederlanden auf und bereitete die Überfahrt vor. Am 24. September 1698 schrieb Schäfer aus Rotterdam an Theodor Schermer und berichtete über seine Pläne.[32] Doch Gichtel betrachtete das Vorhaben Schäfers mit Skepsis. Schäfer sei zwar »ein gutes Gemüt«, schrieb Gichtel an Theodor Schermer, aber innerlich ungefestigt.

> »Ich rieht ihm seine Reise sehr ab, und bat ihn, er solte aus guter Meinung doch sich so weit nicht bewegen, er hätte dan im Gemüt von GOtt völlige Versicherung, er solte lieber in sich selbst einkehren, in GOttes Weinberg arbeiten, und lernen ohne Zorn und Zweiffel heilige Hände aufheben, welches Studium ihm weit seliger seyn solte«.[33]

Gichtel »kunte aber nichts bey ihm ausrichten, eilete also fort nach Rotterdam, in Hoffnung, noch vor dem Winter nach Philadelphia zu kommen.«[34]

---

fer von G. sich auch weg gemacht, Vitam solitariam (ein einsames Leben) zu suchen, welches der Beschaulichkeit am dienlichsten ist.« Im Exemplar der UB Marburg wurde – worauf Jürgen Büchsel: Gottfried Arnold. Sein Verständnis von Kirche und Wiedergeburt. Witten 1970 (AGP, 8), 158, Anm. 66, bereits hingewiesen hat – »Schäfer« von alter Hand in »Arnold« korrigiert. Für die von mir vorgeschlagene Identifizierung des ersten »N.« mit Schäfer und des zweiten »N.« mit Arnold spricht: »Arnold hat sich von Gießen weggemacht« (so gibt auch Max Goebel: Geschichte des christlichen Lebens in der rheinisch-westphälischen evangelischen Kirche. Bd. 2/2. Koblenz 1852, 727f., Anm. 2, die Stelle wieder); ferner: Gichtel redet stets vom »lieben Schäfer«, aber immer von »Herrn Arnold«.

31 Zum Einsiedlerideal im radikalen Pietismus und den Versuchen, es in der Neuen Welt zu verwirklichen vgl. Ernst Benz: Die protestantische Thebais. Mainz 1963 (AAWLM.G 1963, 1), 62ff., 93ff.

32 Schäfer an Theodor Schermer, Rotterdam, 24. September 1698, Archiv der Franckeschen Stiftungen Halle, D 42, fol. 246.

33 In anderen Brief bemerkt Gichtel: »Der liebe N. [Schäfer ?] solte GOtt erst um seinen H. Geist gebäten haben, ehe er nach Pens. [Pennsylvanien], das Evangelium zu predigen, gereiset wäre.« Gichtel an Theodor Schermer, 7. Februar 1699; Theosophia practica II, Nr. 37.

34 Gichtel an Theodor Schermer, 1. November 1698; Theosophia practica II, Nr. 31. Schon zuvor hatte Gichtel einem anderen Vertrauten berichtet: »Freund Schäfer ist hier auch durchgegangen, und nach Londen sich begeben, mit den ersten Schiffen nach Philadelphia überzusegeln; und weilen er sein Angesicht dahin gewendet, habe mit ihm nichts Erbauliches sprechen können, sondern GOtt befehlen müssen, der einen jeden weiß in den Nohtstall zu bringen, und ihme seine Torheit unter Augen zu stellen."

Von dem Quäker Benjamin Furly[35] in Rotterdam hatte Gichtel bereits weitere Nachrichten, u.a. die erbauliche Geschichte einer wunderbaren Errettung erfahren. Schäfer sei

> »mit einem Schiffer gleich [...] fortgekommen, nachdem sie aber einen halben Tag in der See gewesen, habe das Schiff auf einen Sandbank gestoßen, ein Leck gekrigt, und beginnen zu sinken, daß sie alle ihres Lebens solten beraubet seyn worden. So hats GOtt geschickt, daß eben ein Fisch mit seinem Kopf ins Loch des Schiffes gekommen, und weil er seinen Bauch voll gefressen, und mit dem Leib nicht nach-gekonnt hat, ist er im Leck stecken geblieben, und hat das Loch gestopft, dadurch sie im Schiff Muht gekrigt, die Pumpen angesetzt, sich also wieder ledig gemacht, und zurück nach Rotterdam gekommen, das Schiff repariren zu lassen, da sie den Fisch gefunden; wie es nun weiter mit ihm stehet, weiß nicht.«[36]

Schäfer gelang es, einen Platz auf einem Schiff zu finden, das unter einem Quäker als Kapitän von London aus nach Amerika segelte. Einen Tag vor der Abreise schrieb er am 9. November 1698 an Francke, dem er Briefe an Gehr in Königsberg und Arnold in Quedlinburg beilegte.[37] Anfang Februar betrat Schäfer pennsylvanischen Boden.

Im IV. Teil der *Unparteiischen Kirchen- und Ketzerhistorie* Gottfried Arnolds (1700) wird bereits Schäfers Amerikaaufenthalt erwähnt. Neben Ulstadius begegnet Schäfer dort in dem *Catalogus testium veritatis*, den Arnold von dem Spiritualisten Friedrich Breckling (1629-1711)[38] erhalten hatte und abdruckte. Breckling führt Schäfer unter den Personen auf, »die nach Pensylvanien gezogen, briefe und schrifften aus America zu uns übergesandt, samt ihren tapffern glaubens-kampff, und wie sie sich durch alle secten herdurch geschlagen um die freyheit in Christo zu erhalten«.[39] Breckling war nicht der einzige Briefempfänger. Von den Briefen, die Schäfer an seine Freunde nach Europa schickte, ist ein Brief an August Hermann Francke erhalten, in dem Schäfer von der Überfahrt und den ersten Eindrücken in der Neuen Welt erzählte.[40]

---

35 Vgl. William Hull: Benjamin Furly and Quakerism in Rotterdam. Swarthmore/Pa. 1941 (Swarthmore College Monographs on Quaker History, 5).

36 Ebd.

37 Diese drei Briefe sind nicht erhalten; sie werden erwähnt im Brief an Francke vom 19. März 1699 (s.u.).

38 Vgl. Dietrich Blaufuß: Art. »Breckling«. In: TRE 7, 1981, 150-153; John Bruckner: Art. »Breckling«. In: Biographisches Lexikon für Schleswig-Holstein und Lübeck. Bd. 7. Neumünster 1985, 33-38.

39 UKKH IV, 3, 18, 135.

40 Schäfer an Francke, War River in Virginia, 21. März 1699, Archiv der Franckeschen Stiftungen Halle, D 68, fol. 240.

Doch Pennsylvanien war für Schäfer nicht die Endstation. Sein einstiges Versagen und seine Flucht aus Finnland, die ihm als eine feige Verleugnung erschienen, ließen ihn nicht zur Ruhe kommen. Im Herbst war Schäfer bereits wieder in Europa. Am 30. September 1700 suchte Schäfer in Amsterdam um eine seelsorgerliche Unterredung bei Gichtel nach.[41]

Am 30. Oktober 1700 schrieb Gichtel über seine Gespräche mit Schäfer an Theodor Schermer:

> »Der liebe P. Schäfer ist überaus vernünftig, daß wo sein kleines Glaubens-Sämlein sol aufkommen wollen, gar ein großer Ernst wird nöhtig seyn; er hat bereits Abschied genommen, und wil heute mit dem Beurt-Schiffer nach Hamburg abfahren, und ferner über Hall[e] seinen Weeg auf Königsbergen, und fort nach Schweden nehmen.«[42]

Gichtel, der sich gern besserwisserisch als Experte in Glaubensfragen aufspielte, war irritiert über die Kritik, die Schäfer an der Uneinigkeit unter den Erweckten geübt und ihr ganz im Sinne Arnolds die Einmütigkeit der ersten Christen entgegengehalten hatte.[43] So endete die Begegnung offenbar mit einer Verstimmung.

Die Rückkehr nach Finnland zögerte Schäfer doch noch länger hinaus. Wie aus Briefen an A.H. Francke hervorgeht, hielt er sich im September 1701 noch in Lübeck auf[44], und im Juni 1702 war er noch in Berlin.[45] Erst im Laufe des Jahres 1702 reiste er nach Finnland zurück und revozierte – wenn auch nach langer Bedenkzeit – seinen Widerruf. Die Folge war eine Verurteilung zu lebenslanger Haft – zunächst in der Burg von Åbo, seit 1713 in Gävle[46]. In seinen im Gefängnis verfassten Schriften[47] zeigte sich

---

41 Schäfer an Gichtel, Amsterdam, 30. Sept 1700; Archiv der Franckeschen Stiftungen Halle, D 42, fol. 276f.

42 Theosophia practica VI, Nr. 22.

43 »Ich hab P.S. [Peter Schäfers] Grund nicht wohl penetriren können, weil er sehr konfus war.« S. »hätte nemlich gemerket, daß hier unter den Freunden solche Dissension, daraus großes Unheil entstehe«; »er hätte solches auch zwischen den Hallensern und Quedlinb[urgern], allen guten Seelen, befunden«. L.F. [Loth Fischer, der Übersetzer und Herausgeber der Schriften Jane Leades] habe Schäfer vor Gichtel gewarnt. Gichtel an Theodor Schäfer, 6. November 1700, Theosophia practica VI, Nr. 23.

44 Schäfer an Francke, Lübeck, 12. September 1701, Archiv der Franckeschen Stiftungen Halle, D 81, fol. 888a.

45 Schäfer an Francke, Berlin, 11. Juni 1702, Archiv der Franckeschen Stiftungen Halle, D 81, fol. 895f.

46 Vgl. Einar Hedin: Pietisten Petter Schaefer. En fånge på Gävle slott. In: Personhistorisk Tidskrift 29, 1928, 216-246.

der bleibende tiefe Eindruck, den die Begegnung mit Arnold bei ihm hinterlassen hat. Nicht die Begegnung mit dem kirchlichen Pietismus Halles, sondern die radikalen Anschauungen Arnolds haben ihn geprägt. Noch nach fast 30 Jahren erinnerte er sich an die »Gnadengabe«, die Arnold für ihn bedeutete. »Auf Erden unter den Menschen, hat man ausser dem heiligen geschriebenen Worte Gottes keinen deutlichern Wegweiser zu den seligen Ewigkeiten«.[48] Ganz im Sinne Arnolds spricht er von dem Abfall und Verfall des Christentums[49], der seit Konstantin[50], dem ersten Kaiser der »Namens-Christen«[51] eingetreten sei und die Kirche in der Gegenwart zu einem Babel habe werden lassen. In seiner Korrespondenz und seinen Traktaten, die aus seinem Gefängnis in Gävle von 1713 bis zu seinem Tod 1728 den Weg zu Gesinnungsfreunden fanden, wies er immer wieder auf Gottfried Arnold hin[52], dessen Schriften in diesen Jahren auch im schwedischen Reich weite Verbreitung fanden.[53]

Doch kehren wir zu Ulstadius zurück, der seinen Freund um vier Jahre überlebte. Durch Gottfried Arnolds Darstellung war das Geschick des im Stockholmer Zuchthaus schmachtenden Ulstadius in Deutschland einer breiteren Leserschaft bekannt geworden. Das Domkapitel von Åbo sah sich zu einer Gegendarstellung genötigt, die nach Deutschland verschickt wurde, u.a. an Arnold.[54]

Das »Märtyrergefängnis«, in dem Ulstadius auch nach seiner Begnadigung durch Königin Ulrika Eleonora 1719 freiwillig blieb, wurde zu einem

---

47 Über Schäfers schriftstellerische Tätigkeit im Gefängnis in Gävle vgl. Arvid Källström: Bidrag till den svenska pietismens historia. Bd. 1, Stockholm 1894, 224; Hedin [s. Anm. 46], 223, 231.

48 Brief vom 20. Juli 1726, abgedruckt in: Nordische Sammlungen, welche unterschiedene Exempel einer lebendigen und wahren Gottseligkeit im Reiche Schweden in sich halten. [Hg. v. Lars Segerholm:] 3. Samml., o. O. 1755, 81f. Vgl. Hedin [s. Anm. 46], 219.

49 Vgl. etwa einen Titel wie *Om Önskones Hemblighet och den Christnes Kyrkians Affal Ifron Tron och Kärleken.*

50 Zu Arnolds Beurteilung Konstantins und der konstantinischen Wende vgl. Wilhelm Kahle: Über den Begriff »Ende des konstantinischen Zeitalters«. In: ZRGG 17, 1965, 206-234; Ernst Berneburg: Untersuchungen zu Gottfried Arnolds Konstantinbild. Zugleich ein Beitrag zu seiner Historiographie. Diss. theol. [masch.] Göttingen 1968.

51 »den förste Nam-Christen-Kaysare« (zitiert nach Rustmeier [s. Anm. 2], 52).

52 Pleijel [s. Anm. 2], 175 und 175, Anm. 2.

53 Nordstrandh [s. Anm. 13], 40, 90, 179ff.

54 Odenvik [s. Anm. 2], 79.

Wallfahrtsort für in- und ausländische Erweckte. Zahlreiche Berichte über Besuche bei Ulstadius kursierten auch unter den deutschen Pietisten.

Schon in einem Verzeichnis von »christliche[n] Freunde[n] in Schweden«, das ein unbekannter Pietist um 1710 an August Hermann Francke schickte,[55] werden Ulstadius und Schäfer aufgeführt. Über Ulstadius heißt es: »vor vielen Jahren gewesener Schulcollega i. Oster-Botnia, sitzt von langen Iahren her zu Stockh. im Kinderhause gefangen, wird aber nicht mehr so hart, wie vormals gehalten«.[56] Zu Schäfer wird vermerkt: »sitzet zu Abo in harter Gefangenschafft«.[57]

Im Jahr darauf spielte Johann Konrad Dippel in seiner Schrift *Alea belli Musulmannici*[58] - wenn auch ohne Namensnennung - auf die Haft von Ulstadius an.[59] Der schwedische König Karl XII. wisse wohl nicht,

> »daß heutzutag iezuweilen unter eines Abtrünnigen und Kätzers Namen ein Jeremias im Gefängnis liege, welcher, ob er wol im Unflath des Gefängniß und unter dem Schmach der Ketten und Banden dem Schwarm der Unsinnigen verächtlich und stinkend vorkommt, nichtsdestoweniger das Schwerdt GOttes führet, und zu Verstörung sowol als Aufrichtung der Völcker in der Hand des verborgenen GOttes eines verborgenen Werckzeuges Amt verrichtet«.[60]

Wie der Prophet Jeremia[61] ist auch Ulstadius wegen seiner Verkündigung ins Gefängnis geworfen worden, wie Jeremia im Schlamm[62] liegt Ulstadius »im Unflat des Gefängnisses«; wie Jeremia hat er den Auftrag zu verstören und aufzurichten[63].

---

55 Vgl. Pleijel [s. Anm. 2], 54ff.; abgedruckt: Pleijel [s. Anm. 2], 203f.

56 Pleijel [s. Anm. 2], 204.

57 Ebd.

58 Alea Belli Musulmannici ad deprimendas Commilitonum cristas sincero calamo depicta vel lusa a quodamqui non una vice infenso Musulmannorum nomini dicam scripsit. [Amsterdam 1711]. Von dem Erstdruck ist offenbar kein Exemplar mehr erhalten. Die Schrift ist wieder abgedruckt in der posthum erschienenen Gesamtausgabe der Werke Dippels: Christianus Democritus [pseud. = Johann Conrad Dippel]: Eröffneter Weg zum Frieden mit Gott und allen Creaturen [...]. Bd. 2. Berleburg 1747, 540-572.

59 Johann Conrad Kanz, der Herausgeber der posthumen Dippel-Gesamtausgabe, bemerkt zutreffend: »Durch Jeremiam wird hier ohne Zweiffel auf Ulstadium gezielet« (Eröffneter Weg II, 567, Anm. d). Zu Kanz s.u. Anm. 114.

60 Eröffneter Weg II, 567.

61 Jer 32,2f.; 37,15f.

62 Jer 38,6.

63 Jer 1,10.

Als Dippel 1726 nach Schweden kam, besuchte er selbstverständlich auch den gefangenen »Jeremias«; Ulstadius habe seine »Freude bezeugt, daß noch bey seiner Lebzeiten dasjenige, was er ehemals wegen des Verderbens der Prediger bezeuget, vieler Augen entdecket«.[64] Ulstadius sah in Dippel einen wirkungsvollen Fortsetzer seiner eigenen Kirchenkritik, und es ist verständlich, dass der »Dippelianismus« in Schweden gerade in den Kreisen der Ulstadius-Freunde einen bereiteten Boden fand.[65]

Einen ausführlichen Bericht über Ulstadius veröffentlichte 1732 die *Geistliche Fama*[66], das in Berleburg gedruckte Kommunikationsorgan der radikalpietistischen Philadelphier.[67] Die Schilderung scheint teilweise auf einen Augenzeugen zurückzugehen. Wahrscheinlich hat Dippel, der seit Ende 1729 in Berleburg lebte, diesen Beitrag geliefert. Der bereits bei Gottfried Arnold abgedruckte Bericht ist hier weitergeführt und ergänzt durch eine Reihe von Episoden aus der Gefängniszeit. Ulstadius wird ganz im Stil pietistischer Exempelsammlungen dargestellt als ein wahrer Nachfolger Christi, dessen Leiden dem Leiden Christi gleicht: er ist ein Schmerzensmann, ein Leidensmann, ein Kreuzträger, ein Streiter Christi, ein Gefangener Christi.

In demselben Jahr begegnet auch ein Hinweis auf Ulstadius in der Korrespondenz des Grafen Zinzendorf. Am 13. April 1732 berichtete er seinem Vetter Lutz zu Castell von dem Besuch des dänischen Hofmeisters von Hertzberg in Stockholm:

> »Er hat dort einen achtzigjährigen Zeugen Jesu Christi gefunden, der, seines Pfarramtes enthoben und eingesperrt, schon seit 50 Jahren dort ist. Er hat in den Diebs-Mühlen gearbeitet, bei dem Zuchthausvorsteher, bei Wasser und Brot, und seit zehn Jahren kann er das nicht mehr. Man hat ihn in einer bewundernswerten Verfassung angetroffen und in der Haltung eines wahren Märtyrers. O, was sind wir dagegen, mein lieber Bruder!«[68]

---

64 So berichtet der Herausgeber der Werke Dippels in: Eröffneter Weg. Bd. 2, 567, Anm. d.

65 Karl Henning: Johann Conrad Dippels vistelse i Sverige samt dippelianismen i Stockholm 1727-1741. Upsala 1881; Pleijel [s. Anm. 2], 181ff., 194ff.

66 Vgl. Chauncey David Ensign: Radical German Pietism (c. 1675 - c. 1760). Diss. phil. [masch.] Boston 1955, 337-355; Winfried Zeller: Geschichtsverständnis und Zeitbewußtsein. Die »Geistliche Fama« als pietistische Zeitschrift. In: PuN 2, 1975, 89-99; Hans-Jürgen Schrader: Literaturproduktion und Büchermarkt des radikalen Pietismus. Johann Heinrich Reitz' »Historie Der Wiedergebohrnen« und ihr geschichtlicher Kontext. Göttingen 1989 (Palaestra, 283), 72, 194f., 209f. u.ö.

67 Geistliche Fama 9, 1732, 87-102. Der Bericht ist »aus unsers Seligen Munde selbst empfangen und aufgezeichnet« (Geistliche Fama, 102).

68 »Il y a trouvé un témoin de J. C. de 80 ans qui, étant été déposé de sa cure et mis

Genauere Nachricht über Ulstadius und Schäfer erhielten die Herrnhuter, als der Schwede Sven Rosén, der sich der Brüdergemeine angeschlossen hatte, 1744 auf dem Synodus in Marienborn eine »Nachricht von Religions-Sachen in Schweden« vorlegte.[69] Rosén[70] (*1708) hatte nach seiner Erweckung 1729 zu radikalen Kreisen in Stockholm gehört. Ulstadius, den er 1730 zum ersten Mal im Gefängnis besuchte[71], beeindruckte ihn nachhaltig und wurde sein geistlicher Lehrmeister.[72]

Als vorletztes Beispiel für die Wirkungsgeschichte soll noch ein Zeugnis aus dem Kreis der deutschen Inspirierten[73] erwähnt werden. In dem Bericht über eine Reise des Inspiriertenführers Johann Friedrich Rock im Jahre 1738 nach Südwestdeutschland findet sich eine kurze Notiz über ein Konventikel, das man mit Sympathisanten in Zweibrücken hielt. Hier heißt es:

---

aux arrêts, y est depuis 50 ans. Il a travaillé 20 ans aux moulins de Voleux, à la place du Chevalier aux Ferriers, bey Wasser u. Brod et il a dix ans qui n'en peut plus. Ils l'ont trouvé dans une situation admirable et dans une contenance d'un vrai martyr. O qui sommes-nous, mon frère!« (Die Beziehungen zwischen Ludwig Friedrich zu Castell-Remlingen und Zinzendorf sowie ihr Briefwechsel. Ein Beitrag zur Geschichte des Herrnhuter Pietismus in Franken. Hg. v. Horst Weigelt. Neustadt/Aisch 1984 [Einzelarbeiten zur Kirchengeschichte Bayerns, 59], 85.) Dass es sich bei dem ungenannten, vom Herausgeber nicht identifizierten Glaubenszeugen um Ulstadius handelt, habe ich in meiner Rezension in: ZBKG 54, 1985, 254-257, hier 256, angemerkt. Die Stelle »aux moulins de Voleux, à la place du Chevalier aux Ferriers« ist in der Übersetzung (Weigelt, 87) falsch wiedergegeben: »in den Mühlen von Voleux gearbeitet, anstelle des Chevalier aux Ferriers«. Voleux ist wohl Schreib- oder Hörfehler für voleurs, aux moulins de voleurs = in den Mühlen der Diebe. Ferriers = ferriés sind die »in Eisen gelegten« Strafgefangenen, der Chevalier aux Ferriers ist der Zuchthausvorsteher. Vgl. dazu die Schilderung Gottfried Arnolds: Ulstadius »wurde condemnirt zum gefängniß und arbeit auf einem zuchthaus in Stockholm [...] und ward ihm eine grosse kette an den fuß geschmiedet, damit er ein schwer mühl-rad trat [...]« und in der Geistlichen Fama, wo von der »Diebs-Mühle« die Rede ist, die nach den Dieben und anderen dort arbeitenden Strafgefangenen ihren Namen hatte.

69 Unitätsarchiv Herrnhut, R 19 F 4.3; abgedruckt: Skrifter och bref af Sven Rosén. Hg. v. Emanuel Linderholm. Upsala, Stockholm 1910, 193-204, hier 194f.

70 Zu Rosén vgl. Henning [s. Anm. 65], 146-157; Emanuel Linderholm: Sven Rosén och hans insats i frihetstidens radikala pietism. Upsala, Stockholm 1911.

71 Memorial vom 16. Mai 1740: »altifrån A:o 1730, då jag första gången besökte salig Laur. Ulstadius på Smed-gården, har Jesus gifwit mig hog til at lida med [...] (abgedruckt: Skrifter och bref af Sven Rosén [s. Anm. 69], 186).

72 »Hans egentlige lärofader blef dock den bekante Laur. Ulstadius« (Henning [s. Anm. 65], 147).

73 Vgl. Hans Schneider: Art. »Inspirationsgemeinden«. In: TRE 16, 1987, 203-206 (Lit.).

»unterm Discours von dem alten sel. Ulstadio in Schweden, welcher, über dem Zeugnis der Wahrheit, in hartem Leiden, über 40. Jahr, bis an sein End geduldig ausgeharret, geschahe, durch Br. Johann Friederich Rock, nachfolgendes Zeugnis des Geistes der Zucht und Wahrheit.«[74]

Man führte also in diesem Zirkel ein erbauliches Gespräch über das Leben von Ulstadius als Exempel eines wahren Christenlebens. Und bei diesem Gespräch fällt der Prophet Rock in Ekstase und trägt eine sog. Aussprache vor, die von dem Leiden des wahren Christen handelt.

Am Ausklang der pietistischen Zeit steht ein literarisches Denkmal, das der schwedische Radikalpietist Lars Segerholm[75] Ulstadius setzte. Segerholm war 1734 mit anderen schwedischen Separatisten in die damals dänische Stadt Altona gekommen. Sie bildeten hier ein eigenes Konventikel, dessen Vorsteher Segerholm von 1753 bis zu seinem Tode 1763 war.[76] 1755 begann er mit der Herausgabe seines umfangreichen Sammelwerks: *Nordische Sammlungen, welche unterschiedene Exempel einer lebendigen und wahren Gottseligkeit im Reiche Schweden in sich halten, woraus zum Teil der Zustand und Beschaffenheit der verborgenen Kirche Christi in diesem Reiche vom Jahr 1680 bis zu unsern Zeiten abzunehmen ist.*[77] Das Werk steht in der Tradition der pietistischen Exempelsammlungen; es enthält aber neben Biographien auch erbauliche Briefe. Der erste Band wird eröffnet mit einer anonymen Biographie über Ulstadius: *Laurentii Ulstadii merkwürdiger Lebenslauf.*[78] Der Ahnherr des radikalen Pietismus im schwedischen Reich erhält damit einen Ehrenplatz in Segerholms Werk. Diese Lebensbeschreibung, die hier nicht ausführlicher analysiert werden kann, ist in mehrfacher Hinsicht aufschlussreich. Im Vergleich zu den Berichten in Arnolds *Kirchen- und Ketzerhistorie* und in der *Geistlichen Fama* zeigt sie das Anwachsen des biographischen Stoffes und die konsequente erbauliche Stilisierung. Die Darstellung nimmt geradezu hagiographische Züge

---

74 Aufrichtige und wahrhaftige Extracta aus dem allgemeinen Diario der wahren Inspirations-Gemeinen. IV. Sammlung [...]. o.O. 1739, 317.

75 Über Segerholm vgl. Henning [s. Anm. 65], 109-111.

76 Vgl. Johann Adrian Bolten: Historische Kirchen-Nachrichten von der Stadt Altona. Bd. 1. Altona 1790, 344-346; Bd. 2. Altona 1791, 12-15 [»Ludwig Sägerholm«]. Bolten sieht in den schwedischen Separatisten, die 1734 sich in Altona niederließen, Anhänger von Ulstadius (Bd. 1, 13, Anm. 5).

77 Nordische Sammlungen [s. Anm. 48]. Bd. 1. o.O. [Altona ?] 1755; Bd. 2. o.O. 1761. Vgl. Nordstrandh [s. Anm. 13], 177. Der deutschen Ausgabe ging eine schwedische voraus: Nordiska samlingar angående åtskillinga i Swea rike sig tildragne lefwande gudachtighets exempel; vgl. Nordstrandh [s. Anm. 13], 177, Anm. 33.

78 Nordische Sammlungen, 1. Samml., 3ff., 101f.

an. Deutlich sind die Anlehnungen an Vorbilder pietistischer Biographik, besonders an Werke Arnolds.[79]

2. »Der aus Mitternacht, der von Morgen kommt«: Karl XII. von Schweden in der radikalpietistischen Apokalyptik

Im Juli 1712[80] traf in Stockholm eine kleine Reisegesellschaft ein. Sie bestand aus vier Männern: Élie Marion, Jean Allut, Charles Portalès und Nicolas Facio. Die drei Erstgenannten waren Hugenotten, die nach dem gescheiterten Cevennenaufstand aus Frankreich nach England geflohen waren. Marion und Allut hatten in Frankreich zu jenen Laienpredigern gehört, die im ekstatischen Zustand als gottgesandte und vom Heiligen Geist inspirierte Propheten zu reden beanspruchten.[81] Im englischen Exil hatten sie ihre Verkündigung fortgesetzt, waren von den hugenottischen Emigrantengemeinden ausgeschlossen worden und in Kontakt zu Philadelphiern und Quäkern getreten.[82] Wie diese betrachteten sie von nun an alle Großkirchen als endzeitliches »Babel«, und erhielten vom Geist den Auftrag, auf dem Kontinent den bevorstehenden Fall Babels und die Erlösung Zions anzukündigen und die wahren Kinder Gottes darauf vorzube-

---

79 »Wie er dem Inwendigen nach, in der That, ein wahrer Einsamer war, so gleichte auch seine äusserliche Gestalt einem solchen, als man sich Einen von den gottseligen Altvätern in der Wüsten vorstellen mögte: [...]. Darum der eine von obbesagten Studenten zu sagen pflegte, dass, wenn er den Ulstadium sähe, oder sich dessen Bildniss nur noch erinnerte, so machte er sich die Gedanken, dass er den heiligen Anthonium, Macarium, oder einen andern, von den heiligen Altvätern und Einsamen, die in der Wüsten lebten, vor sich sähe; So gar bildete er, beydes innerlich und äusserlich, einen solchen ab« (Nordische Sammlungen, I, 101f.). Vgl. Gottfried Arnold: Vitae Patrum oder das Leben der Altväter und anderer Gottseligen Personen [...]. Halle/Saale 1700; Halle/Saale ^{2}1718. Zum Eremitenideal vgl. die in Anm. 31 genannte Arbeit von Ernst Benz. Zu Arnolds Makarios-Übersetzung vgl. Hermann Dörries: Geist und Geschichte bei Gottfried Arnold. Göttingen 1963 (AAWG.PH III, 51), 14-193; vgl. auch Nordstrandh [s. Anm. 13], 281, 314.

80 Die erste »Aussprache« datiert von Montag, 7. Juli alten Stils (= 18. Juli neuen Stils), die letzte von Freitag, 1. August alten Stils (= 12. August neuen Stils).

81 Vgl. Robert P. Gagg: Kirche im Feuer. Das Leben der südfranzösischen Hugenottenkirche nach dem Todesurteil durch Ludwig XIV. Zürich, Stuttgart 1961.

82 Georges Ascoli: L'affaire des prophètes français à Londres. In: Revue du dixhuitième siècle 3, 1916, 8-28, 85-109; Hillel Schwartz: The French Prophets: The History of a Millenarian Group in Eighteenth-Century England. London 1980.

reiten. Zwei Reisen[83] - nach Holland und Deutschland - hatten die beiden Propheten und ihre beiden Schreiber, die ihre inspirierten Botschaften aufzeichneten, bereits hinter sich, als sie auf Weisung des Geistes zum drittenmal aufbrachen.

Von London über Harvich, Rotterdam, Amsterdam und Lübeck waren sie nach Stockholm gekommen. Drei Wochen später zogen sie über Dirschau und Elbing und Danzig, Stargard, Küstrin nach Halle; von dort nach drei wöchigem Aufenthalt über Prag, Iglau, Klistoff, Niclasburg, Ofen, Peterwaradein und Belgrad nach Konstantinopel.[84] Die äußersten geographischen Punkte dieser neuen Reise (1712-1713), Stockholm im Norden und Konstantinopel im Osten, markieren nicht so sehr den universalen Anspruch ihrer Mission, sie signalisieren vielmehr eine besondere apokalyptische Vorstellung, deren Hintergründe und Quellen sich recht gut aufhellen lassen[85]:

83 Die auf den Reisen von den Propheten empfangenen und verkündeten »Inspirationen« wurden anschließend im Druck veröffentlicht und in andere Sprachen übersetzt: Discernement des Tenebres d'avec la Lumiere. o.O. 1710 (1. Teil der 1. Reise); holländisch: Het Onterscheid tuschen de Duisternisse en het Ligt. o.O. 1719; Eclair de Lumiere Descendant des Cieux. o.O. 1711 (2. Teil der 1. Reise). Cri d'Alarme, ou Avertissement aux nations. o.O. 1712; deutsch: Alarm-Geschrey/ zur Warnung den Völckeren. o.O. 1712.

84 Gedruckte Inspirationssammlungen, die auch Aufschluss über die Reiseroute geben: Plan de la Justice de Dieu sur la Terre. o.O. 1714; lat. Übers.: Delineatio justitiae divinae super terra. o.O. 1714; dt. Übers.: Grund-Riß und Entwurf der Gerechtigkeit Gottes auf Erden. o.O. 1717 (1. Teil der Reise); Quand vous aurez saccagé vous serez saccagés. o.O. 1714; lat. Übers.: Ubi devastaveritis devastabimini. o.O. 1714; dt. Übers.: Wenn Ihr werdet verwüstet haben/ so werdet Ihr verwüstet werden. o.O. 1717 (2. Teil der Reise).

85 Auf die folgenden Zusammenhänge bin ich durch einen Beitrag über die Inspirierten in der Berliner Zeitschrift *Freiwillige Hebopfer* (vgl. dazu Otto Kippenberg: Art. »Zeitschriften, theologische«. In: RE³ 24, 1913, 662-691, hier 663) aufmerksam geworden, dessen Verfasser vermutlich der Herausgeber, der Berliner Pfarrer und spätere Propst Johannes Gustav Reinbeck (über ihn: Hans Hohlwein: Art. »Reinbeck«. In: RGG³ 5, 1961, 945f.) selbst ist, der auch eine Streitschrift gegen die Inspirierten verfasste (Unterricht von Nöthiger Prüfung der Geister. Halle/Saale 1715). In dem Beitrag heißt es: »Inzwischen ist es doch sehr bedencklich/ daß dieser Geist/ nach dem er Anno 1711. durch Elie Marion, und seine Brüder/ ein Alarm-Geschrey in Deutschland angerichtet/ allwo in dem Jahr zuvor durch Römeling und Dauten wundersahme Weissagungen von dem Könige in Schweden und Türkischen Keyser ausgesprenget waren; bald darauff Anno 1712. und 1713. eben den Marion zur Ambassade über Stockholm nach Constantinopel gebraucht hat.« (Freiwillige Hebopfer [1,] 1715, 66).

Die Flucht König Karls XII. von Schweden nach der Niederlage bei Poltawa 1709 in das osmanische Reich[86] hatte im protestantischen Deutschland erhebliche Erregung[87] und auch religiöse Spekulationen ausgelöst. Sie sind begreiflich, wenn man die Vorstellungen und Emotionen berücksichtigt, die sich einerseits mit »dem Türken« als jahrhundertelangem Erzfeind der Christenheit[88], andererseits seit Gustav II. Adolf mit der schwedischen Krone als Schutzmacht des Evangeliums verbanden. Karl XII. hatte zwei Jahre zuvor noch die Rolle als Beschützer des Protestantismus und Garant des Westfälischen Friedens eindrucksvoll demonstriert, als er am Todestag Gustav Adolfs auf das Schlachtfeld von Lützen ritt. Er war den bedrängten schlesischen Lutheranern wirkungsvoll zu Hilfe gekommen und hatte in der Altranstädter Konvention Österreich dazu gezwungen, in den ehemals protestantischen Fürstentümern enteignete lutherische Kirchen zurückzugeben und das evangelische Schulwesen wieder herzustellen sowie in katholischen Erbfürstentümern den Neubau von sechs lutherischen Kirchen (den sog. »Gnadenkirchen«) zu gestatten. Und dieser »Gustav Adolf redivivus« war nun in Konstantinopel und bemühte sich um eine schwedisch-türkische Allianz!

Der Faktor Angst, verstanden als die von den Menschen erlebten Existenzbedrohungen, konnte den Rekurs auf eschatologische Interpretationsmuster nahelegen.[89] 1710 hatten zwei radikale Pietisten, der Schustergeselle Johann Maximilian Daut[90] und der ehemalige Harburger Garnison-

86 Zu den historischen Hintergründen vgl. Max Braubach: Vom Westfälischen Frieden bis zur Französischen Revolution. In: Gebhard-Grundmann: Handbuch der deutschen Geschichte. Bd. 2. Stuttgart 1970, § 75 (Lit.).

87 Schwedische Fama, welche den Zustand Ihro Kgl. Maj. Caroli XII. aus glaubwürdiger Nachricht kund macht. o.O. 1712-1715 [LB Hannover].

88 Vgl. die bei Reinhard Schwarz: Luther. Göttingen 1986 (KIG, Lief. I), § 40 genannte Literatur zur »Türkenfrage«.

89 Vgl. Hartmut Lehmann: Der Pietismus im Alten Reich. In: HZ 214, 1972, 58-95, bes. 71f.; ders.: Das Zeitalter des Absolutismus. Stuttgart 1980 (Christentum und Gesellschaft, 9), 123-135.

90 Vgl. Johann Georg Walch: Historische und Theologische Einleitung in die Religions-Streitigkeiten Der Evangelisch-Lutherischen Kirchen. Bd. 2. Jena 1733, 794-796; Bd. 5. Jena 1739, 1051f.; Karl Rudolph Hagenbach (u. Albert Hauck): Art. »Daut«. In: RE³ 4, 1898, 502; Heinrich Bornkamm: Art. »Daut«. In: RGG³ 2, 1958, 48; Heinrich Laag: Art. »Daut«. In: NDB 3, 1957, 530 (ungenau). Seine Schrift: Helle Donner-Posaune/ durch den Geist der Weissagung verkündigend und ausblasend die Gerichte Gottes. o.O. 1710, war offenbar weit verbreitet.

prediger Christian Anton Römeling[91], eine apokalyptische Deutung dieses Geschehens gegeben, die in Deutschland und weit darüber hinaus Aufmerksamkeit fand. Daut verkündigte in seiner Schrift *Helle Donner-Posaune* »die instehende Gerichte GOttes über das Römische Reich und die gantze falsche und unbußfertige Christenheit/ samt dem Fall Babels und Zions Erlösung«. Der Titel von Römelings Schrift verweist bereits konkreter auf die *Zerstöhrung Babels von Mitternacht und Morgen*. Daut und Römeling erwarteten nämlich die Erfüllung von Jes 41,25 durch Karl XII.: »Ich aber erwecke einen von Mitternacht [= Norden], und er kommt vom Aufgang der Sonne [= Osten]«. Darin sahen sie die bevorstehende Vernichtung »Babels«, der unbußfertigen Christenheit, durch den nordischen König geweissagt, der von Osten her, in Allianz mit dem türkischen Sultan vorgehen werde.[92]

Auch Johann Conrad Dippel, der seit 1707 in den Niederlanden lebte und 1711 in Leiden zum Dr. med. promovierte, teilte diese Auffassungen. 1711 erschien die kleine, bereits erwähnte anonyme Schrift aus seiner Feder mit dem Titel *Alea belli Musulmannici*. Die scharfe Kirchenkritik, die er hier vorträgt, geht nicht über seine früheren Polemiken hinaus. Der Vergleich der orthodoxen Theologen, die sich mit ihrer Rechtgläubigkeit brüsten, mit den Türken, die gleichfalls mit dem Besitz der einzig wahren Religion prahlen, also die Zusammenstellung von christlichen und türkischen Muselmanni, ist eine neue Variante der alten Orthodoxiekritik. Der Islam erscheint hier in einem sehr milden Licht. Auch die Türken beten den Gott Abrahams an und zeigen Verehrung für seinen Gesalbten. Ja,

> »daß sie sich auf eines Verführers sectirische Erdichtungen gründen, und durch dessen Meynungen sich von andern unterscheiden ist kaum eine grö-

---

91 Vgl. Walch [s. Anm. 90]. Bd. 2, 783-794; Bd. 5, 1044ff.; W. Klose: Chr. August Römeling's Leben und Lehre. In: ZHTh 23 NF 17, 1853, 204-225; Albrecht Ritschl: Geschichte des Pietismus. Bd. 1. Bonn 1880 [Reprint: Berlin 1966], 446, 448; Bd. 2. Bonn 1886, 346-350; Petrus Georg Bartels: Mitteilungen zur Geschichte des Pietismus in Ostfriesland. I. In: ZKG 5, 1882, 251-291, 387-440; Rudolf Ruprecht: Der Pietismus des 18. Jahrhunderts. Göttingen 1919 (SKGNS, 1), 43-45, 102f.; Walter Hollweg: Die Geschichte des älteren Pietismus in den reformierten Gemeinden Ostfrieslands von ihren Anfängen bis zur großen Erweckungsbewegung (um 1650-1750). Aurich, Leer 1978 (Abhandlungen und Vorträge zur Geschichte Ostfrieslands, 57), 192-198 (Lit.).

92 Vgl. die knappe Zusammenfassung bei Zacharias Grapius: Commentatio Theologica de Neo-Prophetis Cemmensis, Angliam et Scotiam Hodie Turbantibus, Vulgo Von denen Neuen Cevennischen Propheten [...]. Leipzig, Wismar 1711, 8: Daut »praedicit de instanti quodam bello gravissimo Suevico & Turcico, eoque quidem omnibus impiis Christianis maximè fatali, item de conversione Turcarum omniumque Gentium ad Christum«.

> sere Thorheit und Abfall von der Evangelischen Wahrheit, dem Geist der Warheit und der Christlichen Religion, als wann wir derer Päpsten, Concilia, Luthers, Calvini, Socini und anderer (ieder an seinem Ort) orthodoxen Führer Meynungen annehmen.«[93]

Diese Gleichsetzung der Lehren Mohammeds mit den konfessionellen Lehrmeinungen in der Christenheit war für die Zeitgenossen eine Ungeheuerlichkeit. Selbst in den toleranten Niederlanden war das nicht mehr tolerabel, und Dippels Schrift wurde konfisziert.

Dippel betont sogar die moralischen Vorzüge der Türken, ihre gewissenhafte Befolgung von Treu und Glauben, und schreibt: der Satan habe noch nicht so viel Gewalt über die Türken erlangt wie über die christlichen Orthodoxen. Deshalb – und nun kommt die eigentliche Spitze – seien die Türken würdig, der Orthodoxie ihr Imperium wegzunehmen. Gott werde »durch die Muselmänner als Rechtgläubige vom thörichten Joch der Orthodoxie befreien«.[94]

Die relativ positive Würdigung der Türken bildet die Folie und die Voraussetzung für die Rolle, die er »dem Schwedischen Carl« zuschreibt. Karl XII. ist geboren, um »grose und ungewöhnliche Dinge sowol zu erdulten als zu verrichten«.[95] Auch Dippel sieht die Flucht Karls XII. an den türkischen Hof als endzeitliches Geschehen. Dippel erwartet nicht nur große Umwälzungen in der europäischen Staatenwelt; die Koalition zwischen dem schwedischen Herrscher und dem mächtigsten Machthaber der islamischen Welt ist etwas so Ungeheuerliches, dass dieser Vorgang nur im apokalyptischen Horizont gedeutet werden kann. Die Wehen der Endzeit haben eingesetzt. Karl ist ein »Rächer und Beherrscher der nunmehr zu ihrem Ende eilenden Welt«.[96]

Solche Vorstellungen waren nicht völlig neu, auch nicht die dem schwedischen König zugedachte Rolle. Nach den militärischen Aktionen Frankreichs seit 1679 im Zuge der »Reunionspolitik« Ludwigs XIV. mit der Annexion elsässischer und lothringischer Gebiete hatte z.B. eine radikalpietistische Prophetin, Eva Margaretha Frölich[97], 1686 verkündet,

---

93 Eröffneter Weg II, 563f.

94 Eröffneter Weg II, 542.

95 Eröffneter Weg II, 562f.

96 Eröffneter Weg II, 565.

97 Vgl. Johannes Kirschfeld: Eva Margaretha Frölich. In: ThStKr 101, 1929, 205-252; Sven Grauers: Art. »Frölich«. In: SBL 16, 1966, 629f.; Laasonen [s. Anm. 2], 144f.; ders.: Chiliastische Strömungen aus dem Baltikum nach Skandinavien im 17. Jahrhundert. In: Makarios-Symposium über das Gebet. Hg. v. Jouko Martikainen u. Hans-Olov Kvist. Åbo 1989, 158-168; Bo Andersson: Eva Margaretha Frölich und ihre

dass die Franzosen bis 1691 nach Stockholm vordringen würden; aber in den folgenden Jahren werde Christus für Karl XII. von Schweden streiten, sodass dieser mit anderen Fürsten das Tausendjährige Reich aufrichten werde.[98] Der Pfälzische Erbfolgekrieg (1688-1697)[99] und der Nordische Krieg haben der apokalyptischen Deutung des Zeitgeschehens neuen Auftrieb gegeben. Gerade das politische Geschehen um Karl XII. hat damals großes Aufsehen erregt und viele Menschen bewegt.[100] Noch dreieinhalb Jahrzehnte später kommentiert der Herausgeber der Werke Dippels: »Wie [...] Max[imilian] Daut und andere nach ihm vor übergrose Dinge von diesem Könige prophezeyt und sich Hoffnungen darauf gemacht haben, solches ist noch bey vielen Lebenden in frischem Andencken.«[101]

Aber nicht nur in Deutschland erregten diese Deutungen Aufmerksamkeit. Im schwedischen Greifswald hielten zwei Separatisten Karl XII. sogar für den wiedergekommenen Messias.[102] Dippels Schrift war in den Niederlanden erschienen. Dauts *Helle Donnerposaune* wurde ins Holländische[103], Französische[104] und Englische[105] übersetzt. 1711, als die inspirierten Pro-

---

Schriften. Ein aufgefundener Sammelband. In: Wolfenbütteler Barock-Nachrichten 14, 1987, 71-76; ders.: Die fröhliche Botschaft einer tausendjährigen Prophetin. Einige ideengeschichtliche und rhetorische Bemerkungen zu Eva Margaretha Frölichs Traktat Eine Warhaftige PROPHECEYUNG/ Und außlegung über 2 Pet. Cap. 3. Stockholm 1990 (Schriften des deutschen Instituts der Universität Stockholm, 20). - Ihre Schriften verzeichnet: J[ohn] Bruckner: A Bibliographical Catalogue of Seventeenth Century German Books published in Holland. Den Haag, Paris 1971 (Anglica Germanica, 13), 471-473. Zu ergänzen ist: Erneuerte Himmel und verjüngerte Erde. Amsterdam 1687 [SUB Göttingen].

98 »wann Christus/ Carl und Christian werden zusammen gehn/ alsdenn so ists mit dem Pabst geschehn« (Erneuerte Himmel und verjüngerte Erde. Amsterdam 1687, 8).

99 Vgl. Friedrich Kleyser: Der Flugschriftenkampf gegen Ludwig XIV. zur Zeit des pfälzischen Krieges. Berlin 1935 [Reprint: Vaduz 1965].

100 Vgl. Alethophili [pseud. = Wolf von Metternich]: Sendschreiben an Herrn M.R.O. Von Unterschiedlichen Etliche Jahre her vorgegebenen Neuen Propheten und Prophezeyungen/ Worinnen Absonderlich auch von der Welt-beruffene Männer Theophrasti Paracelsi, Isaac Bickerstafs, Emanuel Philippi Paris, Georgii Reichardi und Nicolai Drabicii Vaticiniis wegen der jetzigen Schwedischen und anderer Conjuncturen/ ausführlicher Bericht geschiehet. Köln 1712 [LB Hannover].

101 Eröffneter Weg II, 567, Anm. d.

102 Vgl. Martti Ruuth: Karl XII i den mystiskt-separatiska Prophetians Ljus. In: KHÅ 14, 1914.

103 Heldere Donder Basuin. Rotterdam 1712 (Hinweis bei Hull [s. Anm. 35], 150, Anm. 99).

104 Révélation terrible et épouvantable du Dernier Jugement de Dieu. o.O. 1711.

pheten von einer Hollandreise nach London zurückkehrten, erschien die englische Ausgabe. Die Übersetzung hatte der Quäker Benjamin Furly[106] in Rotterdam besorgt[107], die prophetischen »Aussprachen« (Inspirationen) der französischen Inspirierten im Druck publizierte.[108] Aus der Schrift Dauts ist offensichtlich die Vorstellung von der besonderen Rolle des schwedischen Königs und des türkischen Herrschers im endzeitlichen Drama in deren Vorstellungen und Prophezeiungen eingeflossen, und diese apokalyptische Konkretion hat den Plan ihrer dritten Reise mit den Drehpunkten Stockholm und Konstantinopel nachhaltig geprägt.[109]

In einer Botschaft an die schwedische Königin wird das Volk zur Buße aufgerufen:

> »So ihr aber wieder zu mir kehret/ so will ich mich mit meinem Erbarmen zu euch kehren/ Ich wil euch segnen mit himmlischem Segen; Ich wil euch nicht allein euren König geben/ sondern ich wil ihn euch geben mit Herrlichkeit gekrönet/ Ich wil ihn euch mit Ehre gekrönet geben/ und eure Hertzen mit Freude erfüllen. [...] Ich wil mein Schwerdt in seine Hand geben/ und einen eisern Scepter in die andere [...] Ich wil mich seiner bedienen meine Gerechtigkeit zu üben in meinem Zorn [...].«[110]

Aufschlussreich ist auch die Drohung für den Fall der Unbußfertigkeit, dass Gott die Hungersnot und die Pestepidemie, die Schweden vor kurzem heimgesucht hatten, zurückkehren lasse.

In Konstantinopel richten sie eine prophetische Aussprache an Karl XII.: »Höre denn/ Du Nordischer König! Es ist etwas Gutes in Dir: Denn der Höchste hat es mich erkennen lassen/ Er will Dir auch Nachricht geben

---

105 The Approaching Judgements of God upon the Roman Empire, and whole false and impenitent Christendom; with the Fall of Babylon and the Redemption of Sion [...] Translated out of High Dutch, by B[enjamin] Furly. London 1711.

106 S.o. Anm. 35.

107 S.o. Anm. 105.

108 Vgl. die Vorworte von *Discernement* und *Eclair* [s. Anm. 83].

109 Vgl. die Aussprachen, die sie bei ihrer Abreise aus Konstantinopel in Kopie an den Sultan und den sich noch in der Türkei aufhaltenden schwedischen König schickten (Wenn ihr werdet [s. Anm. 84], 182-194, 201-213). In Konstantinopel »hat der HErr außgesprochen und spricht noch würcklich alle diese Dinge auß/ welche er willens war diesen zween Fürsten/ nemlich dem Fürsten dieses Landes und dem von Schweden zu erkennen zu geben« (213). – Auf diesem Hintergrund wird auch verständlich, warum die reisenden Inspirierten im preußischen Polen als schwedische Spione verhaftet und drei Monate lange gefangen gehalten worden waren (vgl. Wenn ihr werdet [s. Anm. 84], 211f.).

110 Grund-Riß [s. Anm. 84], 364f.

von dem was Er angefangen hat zu thun/ und was Er vollenden wird.«[111] Aber auch der Sultan erhielt eine Botschaft.

> »Ich will mich deiner bedienen/ spricht der GOTT des Himmels/ viele Fürsten mit ihren Völckern zu schlagen. [...] So du dich aber demüthigest/ [...] so wird dich GOtt segnen/ du solt sein Diener seyn/ Er wird himmlisches Licht in dein Hertz geben/ und dir die rechten Wege zeigen. Er wird dein Volck lehren durch die Pforten eines neuen Bundes einzugehen/ welchen Er kommt auffzurichten mit den Völckern durch den Geist seiner Krafft/ Ihn zu förchten und anzubeten mit Forcht und Zittern.«[112]

Vor diesem Hintergrund ist es nicht verwunderlich, dass die Propheten in Polen als schwedische Spione verhaftet wurden.

Bekanntlich hat der dreiwöchige Aufenthalt der Franzosen in Halle, wo es nicht nur hugenottische Landsleute gab, sondern wo sie sich in der pietistischen Hochburg aufhielten, zur Entstehung der deutschen Inspiriertenbewegung geführt.

Auch hier beeindruckte zunächst die Vorstellung vom bevorstehenden endzeitlichen Handeln Gottes durch Karl XII. und den Sultan. Freilich verunsicherte das Nichteintreten der Prophezeiungen auch manche Anhänger. 1719 schrieb der Inspirierte Gottfried Neumann an August Hermann Francke:

> »Das meiste, was mich in dieser Sache höchst skrupulös gemachet, ist, daß die Inspirierten in ihren Hauptweissagungen *von dem Türken und dem Könige von Schweden* gefehlet und vor falsch befunden worden, welches gewiß eine Sache von der großen Konsequenz ist und viele andere Unrichtigkeiten invehiert, wie die Sache jetzt klar genug am Tage liegt und die Interessenten nun selbst meistens überzeugt, daß von dergleichen Dingen zu abstrahieren sei.«[113]

Wie sehr diese Prophezeiungen »von dem Türken und dem Könige von Schweden« die Gemüter vieler radikaler Pietisten erregten und die eschatologische Erwartung anheizten, ist noch aus einem späteren Zeugnis erkennbar. Johann Conrad Kanz[114], der Herausgeber der posthumen Dippel-Gesamtausgabe, schreibt 1747 in der Erläuterung zu Dippels *Alea belli Musulmannici*: »Was [...] Max. Daut und andere nach ihm vor übergrose

111 Wenn ihr werdet [s. Anm. 84], 206.

112 Wenn ihr werdet [s. Anm. 84], 186f.

113 Abgedruckt bei: Theodor Wotschke: Gottfried Neumann. Der Pietist, Separatist, Wiedertäufer, Inspirierte. In: MRKG 26, 1932, 48-57, hier 55; Hervorhebungen von mir.

114 Zu Johann Conrad Kanz (1680-1764) vgl. Schrader [s. Anm. 66], 101-106, 606-608.

Dinge von diesem Könige prophezeyet und sich Hoffnung darauf gemacht haben, solches ist noch bey vielen Lebenden in frischem Andencken, und demnach nicht nöthig insbesondere etwas davon zu melden.«[115]

Kanz lässt aber auch in seiner Kommentierung des Traktats erkennen, wie die radikalpietistischen Kreise die Enttäuschung ihrer eschatologischen Erwartung zu verarbeiten suchten.

> »Weil nun damal der bekannte Schuster Maximilian Daut mit seinen Prophezeyungen von diesem König und von dem Türcken überall ein gewaltiges Aufsehen machte, also daß nicht allein iederman auf den Ausgang der Sache ungemein aufmercksam war, sondern auch viele, vielleicht [!] auch unser Democritus [Dippel] selbst, glaubten, es würde nunmehr bey dieser Gelegenheit eine allgemeine Veränderung in der gantzen Christenheit abgeben, und die endliche grose Gerichte GOttes über dieselbe herein brechen«.[116]

Kanz problematisiert nicht etwa das »prophetische« Auftreten Dauts und stellt nicht die chiliastische Erwartung in Frage, kritisiert auch nicht die Leichtgläubigkeit der enttäuschten Anhänger Dauts, sondern sucht nach Fehlern im religiös-sittlichen Verhalten Karls XII. , das ihn für eine Rolle im endzeitlichen Drama disqualifizierte:

> »Daß König Carl XII. gantz auserordentliche Eigenschafften und auch viele lobens-würdige Tugenden an sich gehabt, daran ist kein Zweiffel. Indessen hat doch der Ausgang gewiesen, daß die gute Meynung, so Democritus und viele andere damals von ihm hatten, viel zu gros war.«[117]

Kanz ist nicht ganz sicher, ob die Prophezeiung über Karl XII. zutreffend war.[118]

> »Indessen ist doch soviel gewiß, daß wann ie GOtt beym Anfang der Regierung und des geführten Krieges dieses Königs, da er ungemein gottesförchtig und andächtig war, und auch Gerechtigkeit und Billigkeit iebte, solte die Absicht gehabt haben, etwas groses in der Welt [...] durch seine Person auszuführen, [...] so würde sich doch der gute König durch seine nachherige Aufführung zu diesem Zweck gantz untüchtig gemacht haben, nicht anders, als ehemals der König Saul[119], der es auch im Geist angefangen, aber hernach im Fleische vollendet[120].«

115 Eröffneter Weg II, 566, Anm. c.

116 Eröffneter Weg II, 540, Anm. a.

117 Eröffneter Weg II, 562f., Anm. b.

118 »welches zwar meines Erachtens wol möglich könte gewesen seyn, doch nicht vor gewiß kan gesagt werden«; Eröffneter Weg II, 566, Anm. c.

119 Vgl. 1Sam 15,11.

120 Vgl. Gal 3,3.

Karl XII. sei »zwar anfangs ein eiferiger und andächtiger Lutheraner gewesen, doch aber niemals zu einer gründlichen Einsicht in Religions-Sachen, und noch weniger zur wesendlichen Anbetung GOttes im geist und in der Wahrheit gekommen«. Er entsprach also gar nicht dem radikalpietistischen Ideal eines »unparteiischen« Frommen. Schlimmer noch: er habe sich nach dem Zeugnis Voltaires und anderer »durch falsche Freygeister zu Kaltsinnigkeit in der Religion« verleiten lassen, sodass er »endlich gar fallen müssen«.[121]

Gescheitert ist – so könnte man zugespitzt diese Deutung zusammenfassen – nicht die chiliastische Hoffnung, sondern das menschliche Instrument, das sich seiner Rolle als nicht würdig erwies. Solche und andere Interpretationsmuster haben es den radikalpietistischen Apokalyptikern immer wieder ermöglicht, an ihren endzeitlichen Spekulationen festzuhalten und sie in stets neuen Variationen aufleben zu lassen.[122]

Zwei Beispiele für die Verbindungen des deutschen radikalen Pietismus mit Skandinavien sollten vorgestellt werden. Beide historische Miniaturen bieten verschiedenartige und facettenreiche Aspekte, deuten das Maß persönlicher und literarischer wechselseitiger Kontakte und gegenseitiger Anregungen an. Nicht nur die »inter-nationalen« Beziehungen der »kirchlichen« Pietisten, sondern auch die der radikalen sind ein Hinweis darauf, dass das Bild der pietistischen Bewegung eingezeichnet werden muss in den großen Rahmen des europäischen Protestantismus.

---

121 Eröffneter Weg II, 566, Anm. c.

122 Vgl. etwa Johann Heinrich Jung-Stilling, der bei seinen Berechnungen über den Anbruch des Tausendjährigen Reiches an seinen Vorgängern (vgl. die Bemerkungen im *Theobald* über die apokalyptischen Erwartungen der Radikalpietisten [Sämmtliche Werke. Bd. 4. Stuttgart 1841, 22 u.ö.]) nur bemängelte, »daß sie sich die zweite Erscheinung Christi *etwas zu nahe* dachten« (Bd. 4, 83; meine Hervorhebung).

XIV. Die unerfüllte Zukunft. Apokalyptische Erwartungen im radikalen Pietismus um 1700

Auf dem Titelblatt einer jener kirchenkritischen Schriften, in denen Johann Conrad Dippel seit 1697 mit spitzer polemisch-satirischer Feder »die Höllenlehre der Orthodoxen« und das neue »Papsttum der Protestanten mit seinen dürftigen Menschensatzungen« angriff,[1] steht als Jahresangabe: »Anno Æræ Christianæ Critico & Climacterico Magno 1699«, und auf dem Titelblatt einer anderen Schrift nennt er das Jahr 1699 das »Wunder-Jahr«.[2] Um was für ein großes kritisches Wende- und Wunderjahr es sich handeln sollte, verriet Dippels Vater, als er am 2. März 1699 vor dem Darmstädter Konsistorium über die heterodoxieverdächtigen Ansichten seines Sohnes verhört wurde. Nach seiner Aussage erwartete sein Sohn im Jahre 1700, möglicherweise zur Jahrhundertwende, den Anbruch des »Aureum seculum«, den Beginn des Tausendjährigen Reiches.[3]

Dippel stand mit dieser Erwartung nicht allein. Schon bei einer flüchtigen Betrachtung der Gestalten und Gruppen, die unter dem Begriff »radikaler Pietismus« zusammengefasst werden, drängt sich der Eindruck von deren Prägung durch apokalyptische Naherwartungen auf. In diesen Kreisen gab es am Ende des 17. Jahrhunderts eine weit verbreitete Endzeitstimmung, die sich auf die Jahrhundertwende richtete. Endzeiterwartung hieß im radikalen Pietismus – wie im gesamten Pietismus am Ende des 17.

---

1 Zu Dippel vgl. Hans Schneider: Der radikale Pietismus im 17. Jh. In: Geschichte des Pietismus. Hg. v. Martin Brecht. Bd. 1. Göttingen 1993, 416-418; ders.: Der radikale Pietismus im 18. Jh. Ebd. Bd. 2. Göttingen 1995, 152-156; Stephan Goldschmidt: Johann Konrad Dippel. Seine radikalpietistische Theologie in ihrer Entstehung. Diss. theol. Marburg 1998 [inzwischen gedruckt: Göttingen 2001 (AGP, 39)].

2 [Johann Conrad Dippel:] Der vor dem Thron der Warheit angeklagte/ verhöre [sic!] und verurtheylte Beicht-Vatter. o.O. 1699 [ULB Halle, Württ. LB Stuttgart]; [Johann Conrad Dippel:] Unparteyisches Gespräch Zweyer Christen/ Unter dem Nahmen ELEUTHERIUS Und NICODEMUS [...] Im Wunder=Jahr 1699 [Württ. LB Stuttgart].

3 Hessisches Staatsarchiv Darmstadt, E 6 B, 5/ 3, fol. 34; abgedruckt bei Wilhelm Diehl: Neue Beiträge zur Geschichte Johann Konrad Dippels in der theologischen Periode seines Lebens. In: BHKG 3, 1908, 135-184, hier 157f.

Jahrhunderts – freilich nicht Erwartung des Jüngsten Tages, sondern des Millenniums; die Erwartung ist eine chiliastische. Johann Baptist Croph[4], ein zum Katholizismus konvertierter Pietist, schrieb im Jahr 1700, es sei

> »die Meinung von dem bald=hereinbrechenden tausendjährigen Reich Christi auff Erden/ durch welches alle jetzige Babylonische Religionen (wie sie reden) sollen auffgehebt werden/ unter den Pietisten [...] gar [all-]gemein und tieff eingedruckt worden: so daß sie Tag und Nacht darvon singen und sagen; eben als wann es der gantze Zweck deß Christenthums wäre.«[5]

I

Es ist zwar keineswegs zutreffend, dass der Pietismus die Eschatologie »weithin überhaupt erst wiederentdeckt« habe,[6] doch wurde ihr neue Aufmerksamkeit zuteil und sie erfuhr eine neue Ausrichtung. Die von Spener propagierte »Hoffnung besserer Zeiten« stellte insofern eine folgenreiche Umorientierung dar, als sie die von Luther und der lutherischen Orthodoxie gehegte, während der Schrecken des Dreißigjährigen Krieges gesteigerte Naherwartung des Jüngsten Tages aufgab.[7] Die Perspektive auf eine noch bevorstehende längere »herrlichern« Epoche der Welt- und Heilsgeschichte vor dem Weltende bedeutete sogar überhaupt einen Bruch mit dem seit Augustin in der abendländischen Kirche vorherrschenden Ge-

---

4 Zu Croph vgl. Dietrich Blaufuß: »Pietismus Catholicans«. Ein Hinweis auf Johann Baptist Crophius. In: Grenzgänge. Literatur und Kultur im Kontext. Hg. v. Guillaume van Gemert u. Hans Ester. Amsterdam 1990 (Amsterdamer Publikationen zur Sprache und Literatur, 88), 465-478.

5 Johann Baptist Crophius: Wahrhafft- und Gründlicher Bericht/ Von der unter den Lutheranern neu-entstandenen Sect/ Welche/ der PIETISMUS Oder die Pietisterey/ Ins gemein genennt wird. Wien 1700, 34.

6 Karl Barth: Die protestantische Theologie im 19. Jahrhundert. Zürich ^{3}1960, 113; vgl. dagegen Johannes Wallmann: Philipp Jakob Spener und die Anfänge des Pietismus. Tübingen ^{2}1986 (BHTh, 42), 325f.

7 Zur Naherwartung im 17. Jahrhundert vgl. Hans Leube: Die Reformideen in der deutschen lutherischen Kirche zur Zeit der Orthodoxie. Leipzig 1924, 152ff.; Hartmut Lehmann: Das Zeitalter des Absolutismus. Stuttgart 1980 (CG, 9), 123-135; zu chiliastischen Vorläufern Speners im Luthertum vgl. Johannes Wallmann: Reich Gottes und Chiliasmus in der lutherischen Orthodoxie. In: ders.: Theologie und Frömmigkeit im Zeitalter des Barock. Gesammelte Aufsätze. Tübingen 1995, 105-123; Martin Brecht: Chiliasmus in Württemberg im 17. Jahrhundert. In: ders.: Ausgewählte Aufsätze. Bd. 2: Pietismus. Stuttgart 1997, 124-149.

schichtsbild, dass die gegenwärtige Weltperiode die letzte sei.[8] In Speners Sicht war es die Hoffnung auf eine bislang unerfüllte Zukunft, in der noch ausstehende biblische Verheißungen (Judenbekehrung, Röm 11,25f.; Fall des römischen Babel, Apk 18f.) ihre Verwirklichung finden sollten und »die gesamte wahre kirche [...] in einen viel seligern und herrlichern stande gesetzt werden/ als sie ist«.[9] Obwohl Spener das auf Apk 18f. folgende Kapitel 20 mit seiner Schilderung des Tausendjährigen Reiches in den *Pia desideria* nicht zitierte, bewegte er sich mit der Hoffnung besserer Zeiten doch in dem chiliastischen Vorstellungskreis von einem noch zu erwartenden herrlichen Reich Christi auf Erden.

> »Der elementare, einer Explosion vergleichbare Ausbruch eschatologischer und speziell chiliastischer Gedanken überall in der Frühzeit des Pietismus läßt erkennen, wie unmittelbar befreiend jener Ansatz Speners im theologischen Raum und darüber hinaus gewirkt hat, selbst da, wo dann andere Gedanken sich durchzusetzen begannen.«[10]

Schon als der Pietismus in der Auseinandersetzung in Leipzig und Hamburg[11] zum ersten Mal als Bewegung in Erscheinung trat, spielte die neue Zukunftshoffnung eine wichtige Rolle, und sie begleitete seine weitere Geschichte. Die neue eschatologische Orientierung wurde zu einem Merkmal der pietistischen Bewegung über den lutherischen Pietismus hinaus; der reformierte Offenbacher Hofprediger Conrad Bröske bezeichnete die lutherischen Pietisten und reformierten Chiliasten gemeinsame Hoffnung besserer Zeiten als »eine Stimme eines grossen Wassers«.[12]

Deutlicher als Spener es zunächst zugestehen wollte, haben seine Gegner die chiliastische Struktur der Hoffnung besserer Zeiten erkannt und

---

8 Johannes Wallmann: Der Pietismus. Göttingen 1990 (KIG, Lief. O1), 49.

9 Philipp Jacob Spener: Pia desideria. Hg. v. Kurt Aland. Berlin ³1964 (KIT, 170) [künftig: PD], 44,25f.

10 Martin Greschat: Zwischen Tradition und neuem Anfang. Valentin Ernst Löscher und der Ausgang der lutherischen Orthodoxie. Witten 1971 (UKG, 5), 219 [Auszug unter dem Titel: Die »Hoffnung besserer Zeiten« für die Kirche. In: ders.: Zur neueren Pietismusforschung. Darmstadt 1977 (WdF, 440), 224-239, hier 238]. Greschat bemerkt (Anm. 64): »Eine umfassende Untersuchung dieses Problems steht aus. Sie würde eindrücklich belegen, welche zentrale Bedeutung gerade die neue Eschatologie für viele Anhänger Speners hat.«

11 Vgl. Martin Brecht: Philipp Jakob Spener, sein Programm und dessen Auswirkungen. In: ders., Geschichte [s. Anm. 1]. Bd. 1, 333-338, 344-359.

12 [Conrad Bröske:] Dritte Unterredung zwischen einem Politico und einem Theologo [...]. o.O. [Offenbach] 1698, 25 [SUB Göttingen].

deren Bekenntniswidrigkeit aufzuzeigen versucht.[13] Auch die frühen obrigkeitlichen Edikte gegen die Pietisten führten häufig den Chiliasmus als deren inkriminierte Lehre auf.[14] Der antichiliastischen Polemik lieferten Freunde Speners, die nicht dessen vorsichtige Zurückhaltung wahrten, genügend Material. Vor allem radikale Parteigänger des Pietismus nährten den Verdacht der Heterodoxie gegen die neue Zukunftshoffnung.

Die Radikalen unterschieden sich von Spener in mehreren Punkten: Vor allem zogen sie aus der Erwartung der nahe bevorstehenden Zeitenwende unterschiedliche Konsequenzen. Schöpfte Spener aus der Zukunftshoffnung Impulse für eine innerkirchliche Reform, mit der sich jene verheißene herrliche Zeit anbahnen sollte, so verwarfen die Radikalen solche Reformversuche als inkonsequenten Irrweg. Nach ihrer Meinung musste sich jetzt die Scheidung zwischen Gotteskindern und dem antichristlichen »Babel« vollziehen. Für sie waren die Kennzeichen Babels nicht nur in der römischen Kirche, sondern in allen Konfessionskirchen zu finden, und alle Versuche einer »Babelflickerei«[15] daher zum Scheitern verurteilt. Angesichts des nahe bevorstehenden Millenniums schien es ihnen einzig geboten, »Babel« zu verlassen (2Kor 6,14-18).

Bereits die Separation der Frankfurter Radikalen im Jahre 1682[16] stand wie schon die ihrer labadistischen Freunde in einem apokalyptisch-chiliastischen Referenzrahmen, und in der Folgezeit gewann diese radikale apokalyptische Erwartung in den Separationen eine soziale Gestalt. Die Absonderung von den konfessionellen Kirchentümern, die sich im Fernbleiben vom Gottesdienst, in der Ablehnung der kirchlichen Amtshandlungen und in aggressiver Kirchenkritik zeigte, war eine Erscheinung, die sich in den beiden letzten Jahrzehnten des 18. Jahrhunderts in allen vom Pietismus berührten Gebieten des protestantischen Deutschlands ausbreitete. Sie war in ihrer Größenordnung[17] ein neuartiges Phänomen, das einen

---

13 Vgl. Brecht [s. Anm. 11], 363-367.

14 Vgl. Erdmann Neumeister: Pietismus a Magistratu Politico Reprobatus et Proscriptus, Oder die von weltlicher Obrigkeit [...] verworffene und verwiesene Pietisterey [...]. Hamburg 1736, 173, 175, 178f., 181, 197.

15 Der Begriff »Babelflicker(ei)« spielt auf das Jesus-Wort Mt 9,16 parr. an: »Niemand flickt ein altes Kleid mit einem Lappen von neuem Tuch; denn der Lappen reißt doch wieder vom Kleid, und der Riß wird ärger.« In diesem Sinne warfen etwa die Berleburger Radikalen August Hermann Franke vor, er flicke und pflastere an Babel. Vgl. Heinz Renkewitz: Hochmann von Hochenau (1670-1721). Quellenstudien zur Geschichte des Pietismus. Witten ²1969 (AGP, 5), 107.

16 Vgl. Brecht [s. Anm. 11], 316-319; Schneider [s. Anm. 1]. Bd. 1, 399f.

17 Leider gibt es noch keine umfassenden und vergleichenden Untersuchungen über

neuen Namen bekam: die Begriffe »Separatisten« und »Separatismus«, im puritanischen England entstanden, in der Diskussion um die Labadisten in den Niederlanden dort übernommen, bürgerten sich jetzt in Deutschland ein.[18] Und überall trug dieser radikalpietistische Separatismus chiliastische Züge. Für die meisten Gestalten und Gruppen rückte die Erwartung einer nahe bevorstehenden Zeitenwende geradezu in den Mittelpunkt ihrer Theologie und Frömmigkeit.

Spener übte gegenüber den Konkretionen seiner Zukunftshoffnung vorsichtige Abstinenz. Er beschränkte sich auf die Aussage, dass

> »die von dem Herrn bestimmte zeit der erfüllung seiner theuersten verheißungen [...], welche auch nach der langen zeit der gedult [Röm 3,26] und verhängter macht der finsternus [Kol 1,13] und boßheit so weit nicht weg sein kan, daß wir nicht solten der nähesten[19] hoffnung derselben uns dörffen erfreuen«.[20]

Die Radikalen beschäftigten sich indessen schon bald mit genaueren Voraussagen über den Beginn des Millenniums und gaben der ausmalenden Spekulation breiten Raum.

Ausdruck und zugleich Stimulans der apokalyptischen Hochstimmung waren eine Serie ekstatischer Erscheinungen in Mitteldeutschland: das Auftreten der sog. »begeisterten Mägde«[21] seit Herbst 1691, unter anderem in Quedlinburg, Halberstadt, Gotha und Erfurt, in denen man die Erfüllung des Prophetenworts Joel 3,1f. von der endzeitlichen Geistausgießung erkennen wollte. »Die Entzückungen und Ekstasen dieser Frauen bekamen also einen heilsgeschichtlichen Ort zugewiesen; sie erschienen als direkte Vorboten des nahen Tausendjährigen Reichs.«[22] Zur Geschichte dieser ekstatischen Vorgänge gehören die Offenbarungen der Rosamunde Juliane

---

die Verbreitung des Separatismus und die Zahl der Separatisten im ganzen deutschsprachigen Raum. An einzelnen Orten muss die Zahl beachtlich gewesen sein. Willi Temme hat z.B. in dem knapp über 500 Haushalte zählenden Städtchen Allendorf an der Werra 42 Mitglieder der dortigen philadelphischen Sozietät ermittelt. Vgl. Willi Temme: Krise der Leiblichkeit. Die Sozietät der Mutter Eva (Buttlarsche Rotte) und der radikale Pietismus um 1700. Göttingen 1998 (AGP, 35), 125-131.

18 Zur Begriffsgeschichte vgl. Hans Schneider: Art. »Separatisten/Separatismus«. In: TRE 31, 1999, 153-160.

19 Spener hat das die Naherwartung betonende Wort über der Zeile hinzugefügt.

20 Spener an Gräfin Benigna von Solms-Laubach. Frankfurt/Main; 25. Mai 1680. Gräfl. Solms-Laubachisches Archiv, S 35.

21 Vgl. Brecht [s. Anm. 11], 360; Schneider [s. Anm. 1]. Bd. 1, 401; Temme [s. Anm. 17], 53-60.

22 Temme [s. Anm. 17], 54.

von der Asseburg, in denen sich erotisch gefärbte Brautmystik mit chiliastischen Prognosen verband[23], und das prophetische Auftreten des Quedlinburger Goldschmieds Heinrich Kratzenstein, der sich als den letzten Elia (Mt 17,11) und einen der in Apk 11,3 verheißenen Zeugen vor Beginn des Tausendjährigen Reiches betrachtete[24].

Der Lüneburger Superintendent Johann Wilhelm Petersen, der die ekstatischen Vorgänge und Offenbarungen als eschatologische Phänomene literarisch verteidigte und das Fräulein von der Asseburg gar in sein Haus aufnahm, war selbst zum Chiliasten geworden und propagierte den Chiliasmus von der Kanzel. Nach seiner Amtsenthebung wurden er und seine Ehefrau Johanna Eleonora, geb. von Merlau, zu den führenden Theoretikern des Chiliasmus, die in den folgenden Jahren zahlreiche Publikationen zu dessen Begründung und Verteidigung erscheinen ließen.[25]

Mit dem Interesse an der Zukunft verband sich bei den radikalen Pietisten die Rezeption von chiliastischen Vorstellungen aus recht verschiedenartigen Traditionsströmen[26]. Schon auf Spener hatten bei der Ausbildung seiner »neuen« Eschatologie Einflüsse des Labadismus und des englischen Chiliasmus eingewirkt. Bei den Radikalen waren Skrupel hinsichtlich der konfessionellen Orthodoxie nicht vorhanden. Hier nahm man – nach dem eklektischen Grundsatz »Alles prüfet, das Gute behaltet« (1Thess 5,21) – recht heterogene Überlieferungen auf[27]: Vorstellungen Joachims von Fiore[28] vom saeculum spiritus sancti ebenso wie chiliastische Spekulationen

---

23 Vgl. Markus Matthias: Johann Wilhelm und Johanna Eleonora Petersen. Eine Biographie bis zur Amtsenthebung Petersens im Jahre 1692. Göttingen 1993 (AGP, 30), 254-301.

24 Vgl. Schneider [s. Anm. 1]. Bd. 1, 402

25 Vgl. Matthias [s. Anm. 23]. Für die Zeit nach seiner Amtsenthebung vgl. Stefan Luft: Leben und Schreiben für den Pietismus. Der Kampf des pietistischen Ehepaares Johanna Eleonora und Johann Wilhelm Petersen gegen die lutherische Orthodoxie. Herzberg 1994.

26 Der Bibliothekskatalog Johann Wilhelm Petersens gibt einen interessanten Einblick in die Lektüre von radikalen Pietisten und ist eine Fundgrube für Endzeit-Literatur der frühen Neuzeit: Bibliotheca Peterseniana id est Apparatvs Librarivs, qvo, dvm viveret, VSVS est Ioan. Gvilielmvs Petersenivs [...]. Berlin 1731 [Auktionskatalog]. Ersatzexemplar: SUB Göttingen.

27 Die umfassendste Materialsammlung und -darbietung zur Geschichte des Chiliasmus findet sich immer noch bei Heinrich Corrodi: Kritische Geschichte des Chiliasmus. Bde. 1-4. Frankfurt/Main 1783, Zürich ²1794.

28 Zu der noch wenig erhellten Wirkungsgeschichte Joachims von Fiore in der frühen Neuzeit vgl. die Hinweise bei Richard Bauckham: Art. »Chiliasmus IV«. In: TRE 7, 1981, 737-745, hier 737.

aus der spiritualistischen Tradition des 16. und 17. Jahrhunderts, der jüdisch-christlichen Kabbala und chiliastischer Literatur aus England. Radikale reformierter Provenienz konnten auf eschatologische Erwägungen in der Föderaltheologie[29] zurückgreifen. Ältere und jüngere Prognosen fanden neue Aufmerksamkeit. Philipp Nicolai hatte das Ende der päpstlichen Herrschaft und der »Sacramentirer« (Zwinglianer und Calvinisten) für 1670 angekündigt[30], Johann Heinrich Alsted den Beginn des Tausendjährigen Reiches für das Jahr 1694 berechnet[31]; Johann Jacob Zimmermann den Fall Babels für 1693 vorausgesagt[32].

Von besonderer Bedeutung wurden die Schriften der englischen Philadelphier[33], die seit der Mitte der 1690er Jahre in den Niederlanden in deutscher Übersetzung herauskamen. Die Anschauungen dieser spiritualistischen Randgruppe des englischen Dissent, zu deren bedeutendsten Vermittlern in Deutschland das Ehepaar Petersen wurde, fanden eine breite Rezeption durch die radikalen Pietisten. Faszinierend wirkten vor allem

29 Zu Coccejus und seinem Einfluss vgl. Gottlob Schrenk: Gottesreich und Bund im älteren Protestantismus, vornehmlich bei Johann Coccejus. Zugleich ein Beitrag zur Geschichte des Pietismus und der heilsgeschichtlichen Theologie. Gütersloh 1923 [Reprint: Gießen 1985] (BFChTh, 5), Reg. s.v. »Chiliasmus«. Zum Einfluss auf das lutherische Ehepaar Petersen vgl. Walter Nordmann: Im Widerstreit von Mystik und Föderalismus. Geschichtliche Grundlagen der Eschatologie bei dem pietistischen Ehepaar Petersen. In: ZKG 50, 1931, 146-185.

30 COMMENTARIORVM DE REGNO CHRISTI, VATICINIIS PROPHETICIS ET APOSTOLICIS ACCOMODATORVM, Libri Duo, QUORUM [...] ALTER TEMPORA ECCLESIAE NOVI TESTAMENTI IN EZECHIELE, DANIELe & Apocalypsi revelata calculo accuratissimo supputat, & quid de Ecclesiasticorum certaminum motuumque politicorum euentu & exitu futuro expectandum sit, liquidissimè commenstrat. Frankfurt/Main 1597 [UB Marburg]. Weitere lat. und dt. Ausgaben.

31 Diatribe de mille annis apocalypticis, non illis chiliastarum & Phantastarum, sed B.B. Danielis & Johannis. Frankfurt/Main [1627] ²1630 [ULB Halle]. Zu Alstedt vgl. Joachim Staedtke: Art. »Alsted«. In: TRE 2, 1978, 299-303 (Lit.); zum Einfluss seiner chiliastischen Berechnung vgl. Robert G. Clouse: The Influence of John Henry Alsted on English Millenarian Thought in the Seventeenth Century. Diss. State Univ. of Iowa 1963; ders.: Johann Heinrich Alsted and English Millenialism. In: HThR 62, 1969, 189-207.

32 Ambrosius Sehmann von Caminiez [Anagramm für Ioannes Iacobus Zimmermann]: Muthmaßliche Zeit=Bestimmung gewiß gewärtiger/ beedes göttlicher Gerichten über das europeische Babel und Anti-Christenthum ietzigen Seculi: als auch hierauff erfolgenden herrlichen Auffgangs des Reichs Christi auf Erden/ so aus Veranlassung bißheriger Cometen Erschein= und Beschreibungen jedoch nicht bloßhin nach astrologischen Sätzen sondern vielmehr nach heiliger Schrifft Anleitung ausgearbeitet. o.O. 1684 [Württ. LB Stuttgart]. Vgl. dazu Brecht [s. Anm. 7], 138-141.

33 Vgl. Schneider [s. Anm. 1]. Bd. 1, 405f.

die heilsgeschichtlich-apokalyptischen Spekulationen, die aus der allegorischen Deutung der sieben Sendschreiben der Johannesoffenbarung auf die Kirchengeschichte resultierten. Sie kulminierten in der Vorstellung, dass jetzt nach der Periode der »sardischen« nachreformatorischen Christenheit, die trotz des lebendigen Namens tot sei (Apk 3,1ff.), die Zeit von »Philadelphia« (Apk 3,7ff.) anbreche, in der die zerstreuten wahren Kinder Gottes zur Brautgemeinde des Lammes gesammelt würden. Nach dem bevorstehenden Fall »Babels« mit seinen »Sekten« (Konfessionskirchen) werde das Tausendjährige Reich (Apk 20) beginnen. Auch Jane Leade, das Haupt der Philadelphier, rechnete mit dem Anbruch des Millenniums um die Jahrhundertwende: nach ihrer Meinung werde der philadelphische Geist vom Jahre 1697 bis zum Jahre 1700 gewaltig wirken, sodass in dieser Zeit wunderbare Veränderungen eintreten würden, wie sie gegenwärtig schon begonnen hätten.[34]

Diese Literatur übte auf die radikalen Pietisten eine tiefgreifende Wirkung aus. Sie fühlten sich durch die neuentdeckten Gesinnungsfreunde in England in ihrer Kirchenkritik und ihrer chiliastischen Hoffnung bestärkt. An vielen Orten bildeten sich in den letzten Jahren des Jahrhunderts philadelphische Konventikel oder Freundeskreise, die in lebhaftem Austausch miteinander standen und sich als Teil des endzeitlichen »Philadelphia« verstanden. Nicht zuletzt aber förderten die Schriften der Engländer die endzeitlichen Spekulationen und intensivierten die Naherwartung des Tausendjährigen Reiches.

Die zahlreichen radikalpietistischen Publikationen, die vor allem in der zweiten Hälfte der 1690er Jahre erschienen, spiegelten diese apokalyptische Hochstimmung. Sie wiesen auf »Die Zeichen der Zeit«[35] hin, beschäftigten sich mit der Deutung biblisch-apokalyptischer Texte wie den »Erklärungen Daniels/ der H. Offenbahrung/ und anderer Weissagungen mehr«[36],

---

34 Vgl. bes. die Schrift Jane Leades: Eine Offenbarung der Bottschafft des EWIGEN EVANGELII; Welches gepredigt zu werden nimmer aufhören soll/ bis die Stunde des Ewigen Gerichts Christi kommen wird: Wordurch das Letzte Liebs-Jubel/ oder das endliche Erlaß- und Frey- Jahr/ verkündigt und ausgeruffen wird; und zwar zu dem Ende/ daß die gantze gefallne Schöpffung/ es seyn Menschen oder Engel/ wieder in ihren ersten Stand eingesetzt werden/ und Alle Gefangnen/ durch das Blut des ewigen Bunds/ frey gelassen werden sollen [...]. Amsterdam 1697 [SUB Göttingen].

35 Die Zeichen Dieser Zeit/ Bey dem Anfang der instehenden Trübsalen/ Erwogen von Einem/ der damit *G*ute *A*bsichten [Kryptonym für *G*ottfried *A*rnold] hat. Aschersleben 1698 [HAB Wolfenbüttel; UB Greifswald].

36 [Conrad Bröske:] Eine Unterredung Zwischen einem Politico und Theologo/ Uber die letztere herausgegebene Erklärungen Daniels/ der H. Offenbahrung/ und anderer Weissagungen mehr [...]. o.O. 1698 [SUB Göttingen].

erörterten »die zum Theil erfüllete und noch zu erfüllen bevorstehende Bekehrung der Heiden«[37], gaben eine Schilderung vom »Kampf mit dem Thiere«, die »zur Zerstörung des Reiches des Thieres/ Und Beförderung des Reiches JEsu Christi«[38] dienen sollte, verwiesen auf wunderbare Erweckungen »zur Warnung aller derer die gegen die Zukunft Christi zu seinem Reich streiten«[39]. Eine Reihe von Veröffentlichungen widmete sich unter Titeln wie *Das Ende der Welt/ Oder Daniels Zeitregister*[40], *Zeit-Register mit denen Zeichen der Zeiten*[41], *Schlüssel zum Zeitregister*[42], *Die große Welt=Woche*[43], *Zeitrechnung der ganzen Heiligen Schrift* endzeitlichen Berechnungen. Alles Augenmerk richtete sich auf »Zukunfft des HERRN zum Gericht/ und seinem herrlichen Reiche/ welches ist die Hochzeit des Lammes«.[44] Diese Literatur stimmte nur darin überein, dass Zustände und Ereignisse der Gegenwart als Vorzeichen der ganz nahe bevorstehenden Zeitenwende gedeutet und dass diese um die Jahrhundertwende erwartet wurde. Grundlage dieser Kalkulationen war die Prämisse, dass aus der Bibel als der geoffenbarten göttlichen Wahrheit durch geschickte Kombi-

---

37 Conrad Bröske: Die zum Theil erfüllete und noch zu erfüllen bevorstehende Bekehrung der Heiden [...]. Offenbach 1694.

38 Heinrich Horch: Kampf mit dem Thiere/ Im Geheimnüsz der Vngerechtigkeit verborgen/ und ans Licht gezogen [...] Zur Zerstörung des Reiches des Thieres/ Und Beförderung des Reiches JEsu Christi [...]. Offenbach 1698 [Württ. LB Stuttgart].

39 Lob GOttes im Munde der Jungen Kinder/ Oder Warhaffte Erzehlung was GOtt der HErr in einigen kleinen Kindern das verwichene und diß lauffende Jahr gewürcket. Zur Warnung aller derer die gegen die Zukunft Christi zu seinem Reich streiten. o.O. [Offenbach] 1699.

40 Johann Hermann Bröske: Das Ende der Welt/ Oder Daniels Zeit=Register von Cores an biß auf das herrliche Reich Christi in dem Neuen Jerusalem. Auß der Zeit=Rechnung eines Englischen Gotts=Gelehrten zusam[m]en gezogen [...]. Offenbach 1693 [SUB Göttingen].

41 Herrn TH. BEVERLEYS [...] Zeit=Register Mit denen Zeichen der Zeiten/ Vom Anfange biß ans Ende der Welt [...] ins Hoch=Teutsche gebracht durch Kunrad Brüßken [...]. Frankfurt/Main, Offenbach 1695 [FLB Gotha], ^{2}1697 [HAB Wolfenbüttel].

42 [Conrad Bröske:] Ein Schlüssel über Hn. Beverleys [...] Zeit=Register [...]. Frankfurt/Main 1697 [HAB Wolfenbüttel].

43 Conrad Bröske: Die grosse Welt=Woche gezeiget in der ersten Wochen der Welt/ das ist/ Eine deutliche Vorstellung der Geheimnüssen [...]. Frankfurt/Main 1696 [SUB Göttingen; HAB Wolfenbüttel].

44 Heinrich Horch: MARANATHA, Oder Zukunfft des HERRN zum Gericht/ und seinem herrlichen Reiche/ welches ist die Hochzeit des Lammes/ In einem Send=Schreiben An Einen Bruder/ Aus seiner Gefangenschafft bezeugt. o.O. 1700 [Württ. LB Stuttgart].

nation der verschiedenen Angaben der Fahrplan der Heilsgeschichte und auch deren Schlussphase verlässlich ermittelt werden könnte. So wurde etwa in Analogie zu den sechs Schöpfungstagen – da 1000 Jahre vor Gott wie ein Tag seien (2Petr 3,8) – ein Weltalter von 6000 Jahren angenommen, von denen bis zur Geburt Jesu schon 4000 vergangen seien; es wurde die aus Dan 2 abgeleitete Auffassung von vier aufeinanderfolgenden Monarchien und die ebenfalls aus dem Danielbuch entlehnte Angabe über siebzig apokalyptische Wochen herangezogen; den auf kirchengeschichtliche Perioden gedeuteten Sendschreiben der Apk 2-3 wurde große Beachtung geschenkt und die Schilderung der Endereignisse in der Apokalypse in allen Details betrachtet, wobei Apk 18-20 besondere Aufmerksamkeit fand; auch die Verkürzung der letzten Zeit nach Mt 24,22 wurde bei den Kalkulationen in Rechnung gestellt. Die Art der Berechnung, die Verknüpfung vergangener und gegenwärtiger Geschichte mit dem apokalyptischen Fahrplan konnte im Einzelnen eine erhebliche Variationsbreite aufweisen; dies gilt auch im Hinblick auf die rezipierten chiliastischen Traditionen.

Als ein instruktives Beispiel soll eine Schrift des damaligen Herborner Theologieprofessors Henrich Horch aus dem Jahre 1697 genannt werden, die das Problem des Tausendjährigen Reichs zum Gegenstand hatte: *Das A und das O oder Zeitrechnung der ganzen heiligen Schrift*[45]. Er knüpfte an Erörterungen der reformierten Föderaltheologie an, vor allem bei Campegius Vitringa (der seinerseits von dem englischen Chiliasten Joseph Mede beeinflusst war), und verband damit Vorstellungen der englischen Philadelphier. Horch stellte die Rechnung auf, dass das Reich des Antichristen in eben diesem Jahr 1697 sein Ende erreichen werde. Im Blick auf den Anbruch des Tausendjährigen Reiches schrieb er: »wir wollen uns vergnügen/ dasselbe entweder im Ablauf dieses Jahrhunderts oder im Anfang des folgenden zu erwarten/ das eigentliche Jahr aber Gott/ dem Herrn/ der Zeit und Stunde in seiner Hand hat/ heimgestellt sein lassen«.[46] Wie im Umkreis der mitteldeutschen Pietisten, so waren auch für Horch die überall hervortretenden visionären Erscheinungen untrügliche Hinweise auf die unmittelbar bevorstehende Zeitenwende. Seine schonungslose Kritik am »Babel« in Kirche und Gesellschaft in der zu Ende gehenden Ära kannte nur eine Konsequenz: Gehet aus aus Babel! Seine Agitation in Universität und Stadt Herborn führte noch im selben Jahr zu seiner Amtsenthebung.

---

45 Heinrich Horch: Das A und das O oder Zeitrechnung der gantzen H. Schrifft/ ausgezieret mit den fürnehmsten Fürbildern und Weissagungen; und der natürlichen ordnung der gantzen Offenbarung/ frags=weise fürgestellet. Leipzig 1697 [Württ. LB Stuttgart].

46 Horch [s. Anm. 45], 34.

Je näher die Jahrhundertwende heranrückte, desto mehr steigerte sich das apokalyptische Fieber. Angesichts der als unmittelbar bevorstehend geglaubten neuen Zeit wuchs auch die Bereitschaft, im zu Ende gehenden Äon soziale Risiken auf sich zu nehmen, wie die zunehmende Zahl der Konflikte von Separatisten mit kirchlichen und staatlichen Behörden in den letzten Jahren des 17. Jahrhunderts zeigte. Es mehrten sich auch die Fälle, in denen Pfarrer den unbußfertigen Weltkindern Taufe und Abendmahl verweigerten. 1697 erfolgten mehrere aufsehenerregende Amtsenthebungen: die schon erwähnte Horchs und weitere, die mehrere Pfarrer in benachbarten Gebieten trafen. Im selben Jahr begann Dippel seine literarischen Attacken gegen die Orthodoxie, die bis 1700 in dichter zeitlicher Abfolge erschienen. 1698 sorgte Arnolds Niederlegung seiner Gießener Professur für Aufsehen, und seine Rechtfertigungsschrift für die Absage an alles »babelische« Wesen wurde zum Bestseller.[47] 1699 erreichten die Auseinandersetzungen um den Pietismus in Zürich und Bern einen Höhepunkt[48]; mehrere vertriebene oder freiwillig emigrierte Schweizer schlossen sich in Deutschland ihren radikalen Gesinnungsfreunden an und zogen mit ihnen als apokalyptische Bußprediger umher[49].

Manche von der chiliastischen Naherwartung ergriffene Radikalpietisten wurden durch die angespannte Erwartung in höchste Unruhe versetzt und zu immer neuen Aktivitäten angetrieben. Ihnen genügte es nicht, auf die »Zeichen der Zeit« hinzuweisen und den endzeitlichen »Greuel der Verwüstung an heiliger Stätte« (Dan 9,27 u.ö.; Mt 24,15 par.) anzuprangern

---

47 Vgl. Hans Schneider: Gottfried Arnold in Gießen. In: Dietrich Blaufuß u. Friedrich Niewöhner (Hg.): Gottfried Arnold (1666-1714). Mit einer Bibliographie der Arnold-Literatur ab 1714. Wiesbaden 1995 (Wolfenbütteler Forschungen, 61), 267-299 [in diesem Band 89-121].

48 Zum Pietismus in Zürich vgl. Julius Studer: Der Pietismus in der zürcherischen Kirche am Anfang des vorigen Jahrhunderts, nach ungedruckten Urkunden. In: Jahrbuch der Historischen Gesellschaft Züricher Theologen 1, 1877, 109-209; Wilhelm Hadorn: Geschichte des Pietismus in den schweizerischen Reformierten Kirchen. Konstanz, Emmishofen 1901; Paul Wernle: Der schweizerische Protestantismus im XVIII. Jahrhundert. Bd. 1. Tübingen 1923; Thomas Hanimann: Zürcher Nonkonformisten im 18. Jahrhundert. Eine Untersuchung zur Geschichte der freien christlichen Gemeinde im Ancien Régime. Zürich 1990. Zum Berner Pietismus vgl. Rudolf Dellsperger: Die Anfänge des Pietismus in Bern. Göttingen 1984 (AGP, 22); Rudolf Dellsperger: Der Pietismus in der Schweiz. In: Geschichte des Pietismus [s. Anm. 1]. Bd. 2, 593f.

49 Vgl. Rudolf Dellsperger: Samuel Königs »Weg des Friedens« (1699-1711). In: PuN 9, 1983, 152-179.

und »Babels Grablied«[50] zu singen, ansonsten aber in mystischer Gelassenheit sich von Babel in Welt und Kirche fernzuhalten und der kommenden Dinge zu harren.[51] Sie wollten nicht tatenlos zuwarten, sondern durch Bußpredigten die Scheidung der Kinder Gottes von den Kindern der Welt herbeiführen, als Instrumente Gottes den Weg bereiten und bei der Aufrichtung des Millenniums helfen. Am größten war die Bereitschaft zu derartigen Aktivitäten bei denjenigen, die nach Konflikten mit Staat und Kirche bereits mit den sozialen Bindungen der vergehenden Welt gebrochen hatten (Amtsenthebung, Amtsverzicht, Landesverweisung u.ä.).

Im Unterschied zu manchen anderen Gebieten sind die Vorgänge im hessischen Raum und benachbarten westfälischen Gebieten recht gut erforscht, die hier exemplarisch skizziert werden sollen. Heinrich Horchs Amtsenthebung in Herborn wurde zum Fanal für den offenen Ausbruch von Separatismus in Nassau, angrenzenden Gebieten und in Hessen-Kassel. Er zog in seine niederhessische Heimat und sammelte hier, unterstützt von dem Schweizer Samuel König, philadelphische Gemeinden der Endzeit, bis er schließlich nach mehreren Zusammenstößen mit den Behörden in Haft genommen wurde.[52]

Auch andere radikale Pietisten um Hochmann von Hochenau wollten offenbar eine Art Brückenkopf für die anbrechende Herrschaft Christi errichten. Zunächst fokussierte sich ihre Betriebsamkeit auf Frankfurt/Main als »Zion«.[53] Vielleicht haben die gerade hier sehr zahlreich lebenden Juden, mit deren Bekehrung zum Auftakt des Millenniums gerechnet wurde, die Spekulation genährt, dass die Stadt in dem bevorstehenden Geschehen eine wichtige Rolle spielen werde. Hochmann kündigte in einer Flugschrift den Juden die bevorstehende Erlösung an.[54] Im Vorgriff auf das Millennium wurde von ihm auch ein »Königlicher Sionitischer Pasport vor seine Kinder

50 Gottfried Arnold: Göttliche Liebes=Funcken/ Aus dem grossen Feuer Der Liebe Gottes in CHristo JESU entsprungen und gesam[m]let von Gottfried Arnold. Frankfurt/Main 1698, hier Nr. CXXVI [LB Hannover]. Die Entstehungszeit ist unbekannt und in der Forschung umstritten; mir erscheint die Abfassung am Ende seiner Gießener Zeit oder unmittelbar nach der Niederlegung seiner Gießener Professur wahrscheinlich.

51 Eine Mitwirkung Gottfried Arnolds an einer apokalyptisch motivierten Reise in die Schweiz habe ich als Irrtum nachgewiesen; vgl. in diesem Band 81-88.

52 Vgl. Carl Wilhelm Hermann Hochhuth: Heinrich Horche und die philadelphischen Gemeinden in Hessen. Gütersloh 1876; Temme [s. Anm. 17], 88ff.

53 Renkewitz [s. Anm. 15], 50-53.

54 Vgl. Hans Schneider: Ein »Schreiben an die Juden« (Freiwillige Nachlese III.4). Hochmann, Zinzendorf und Israel. In: UnFr 17, 1985, 68-77.

und Bunds-Genossen« entworfen und gedruckt, ausgestellt »in unsers Königes Stadt Sion [...] in der geheimen und der Zeit noch auf Erden verborgenen Cantzeley des grosen GOttes und Königs aller Könige und HErrn aller Herren«.[55] Dippel entwarf sogar im Dezember 1699 ein programmatisches Bild der Gesellschaft im Millennium in seiner Schrift *Christen=Statt auff Erden ohne gewöhnlichen Lehr= Wehr= und Nehr-Stand.*[56] Im künftigen »Reich der Gnade« würden alle im bisherigen »Reich der Natur« geltenden kirchlichen und gesellschaftlichen Ordnungen abgelöst durch die uneingeschränkte Herrschaft Christi. Schon jetzt, am Vorabend der neuen Zeit, gelte es, die »Greuel der Hure« (Apk 18) aufzudecken, statt der »Babelischen Zunft« der von der Obrigkeit eingesetzten Geistlichen das wahre geistliche Priestertum der wiedergeborenen Christen aufzurichten, und auch fromme Regenten könnten schon jetzt durch geeignete Maßnahmen die Bahn für das kommenden Reich Christi bereiten helfen.

Günstigere Rahmenbedingungen als in Frankfurt, wo der Rat entschlossen gegen die Umtriebe der »irrig lehrenden Schleicher« vorging und ihre Wirksamkeit unterband, bestanden in den Residenzstädtchen zweier Duodezgrafschaften, die danach zu Schauplätzen der apokalyptischen Aktivitäten wurden: Laubach und Berleburg. Das lutherische Grafenhaus Solms-Laubach war bereits durch Spener für den Pietismus gewonnen worden, die Gräfinmutter Benigna zeigt sich auch für philadelphische Gedanken offen, und selbst Separatisten fanden hier Zuflucht. So wurde die kleine Residenzstadt Laubach zu einem Tummelplatz der radikalen Pietisten.[57] Wortführer wie König, Dippel, Hochmann hielten sich häufig in dem Städtchen auf und wussten auch bei Hofe Eindruck zu machen; im Mai 1699 erschien auch das Ehepaar Petersen zu einem Besuch. Der Ortspfarrer und

---

55 Handschriftliches Exemplar mit Hochmanns Unterschrift im Badischen Hauptstaatsarchiv Karlsruhe (Pfalz, Generalia 4330); gedrucktes Exemplar in der Stadtbibliothek Nürnberg (Will, Bibl. Nor. VII 1406. 8°).

56 Christen=Statt auff Erden ohne gewöhnlichen Lehr= Wehr= und Nehr=Stand. oder kurtze/ doch Eigendliche Abbildung derer auß dem Reich der Natur entstandtenen/ und im Zorn GOttes bestättigten Ordnungen/ unter den Menschenkindern zu Babel/ die Christi Nahmen führen. sambt Einer unparteyischen Untersuchung des/ auff diese Ordnunge gegründeten/ befleckten und unvernunfftigen Gottesdienstes/ im Gebät Fürbiet/ und Dancksagung. ausgefärtigt auff GOttes befehl und Handreichung/ und auß desen heylsamen Wort und Zeugnuß erwiesen Durch CHRISTIANUM DEMOCRITUM. o.O. 1700 [Württ. LB Stuttgart, ULB Halle]. Wieder abgedruckt in der Gesamtausgabe von Dippels Werken: Eröffneter Weg zum Frieden mit Gott und allen Creaturen, durch die Publication der sämtlichen Schrifften Christiani Democriti [...]. Bd. 1. Berleburg 1747, 515-555. Vgl. zu dieser Schrift Goldschmidt [s. Anm. 1], Kap. 13.

57 Vgl. Renkewitz [s. Anm. 15], 53-85.

Hofprediger Johann Philipp Marquard geriet immer stärker in den Bannkreis der Radikalen. Die chiliastische Naherwartung wurde zum alles beherrschenden Thema: »Es ist die Zeit der Erlösung der Seinigen wahrhafftig vor der Tür.« Auf dem Höhepunkt des Enthusiasmus legte Marquard am 11. Februar 1700 seine kirchlichen Ämter nieder: »gute nacht, Cantzel! du tauffstein, beichtstuhl, Altar, gute nacht; des Herrn wille ists, daß ich nichts unreines mehr anrühren [2Kor 6,17], noch mich frembder sünden teilhafftig machen [1Tim 5,22] soll«.[58]

Zeitlich parallel zu der »Kirchenrevolution« im lutherischen Laubach wurde Berleburg, die Residenz der reformierten Grafschaft Sayn-Wittgenstein-Berleburg zu einem Mittelpunkt der chiliastischen Aktivitäten.[59] Auch hier gab es ein für den Pietismus aufgeschlossenes Grafenhaus. Seit 1694 führte die Gräfinwitwe Hedwig Sophie für ihren minderjährigen Sohn Casimir die vormundschaftliche Regierung. Sie war von Hochmanns Predigten beeindruckt und öffnete dessen radikalen Freunden ihr Land. Ohne Mühe konnten weitere Mitglieder des Grafenhauses für die Ideen der kommenden »Christen-Stadt auf Erden« gewonnen werden; vier Nichten der regierenden Gräfin verzichteten auf die Standesvorrechte und lebten hinfort in selbstgewählter Armut. Hedwig Sophie selbst zog die Radikalen an ihre Tafel, reiste mit ihnen durchs Land, um in den Gemeinden gleichsam geistliche Visitationen durchzuführen und die Pfarrer auf den neuen Geist einzuschwören. Da in Berleburg die erste Pfarrstelle vakant war und der zweite Pfarrer sich den Radikalen angeschlossen hatte, konnten diese auf der Kanzel und in ihren Konventikeln ungehindert ihre chiliastische Propaganda entfalten. Den Höhepunkt des chiliastischen Enthusiasmus bildeten ekstatische Versammlungen in Berleburg und anderen Orten vor und nach Ostern 1700.[60] Tagelange Gottesdienste, Liebesmahlfeiern und entzückte Euphorie zeigten ebenso wie die intensive Reisetätigkeit der Hauptakteure, dass die apokalyptische Erwartung einen Siedepunkt erreicht hatte. Jetzt meinte man die Geistkirche in Erscheinung treten zu sehen; das »melchisedekische Priestertum«, das mit Ordinations-ähnlichen Einsegnungen aufgerichtet wurde, sollte das »babylonische Pfaffentum« der »Sekten« (Konfessionskirchen) ablösen, die Geisttaufe »die Fleisch und Geist befleckendte Waßertauff« ersetzen, die Verleihung neuer Namen an die Auserwählten hatte den Charakter eines Initiationsritus, der den Ein-

---

58 Die »Renunciatio M. Marquards geschehen den 11. Febr. 1700 in der Kirche vor dem Puldt« ist im Auszug abgedruckt bei Renkewitz [s. Anm. 15], 78f.

59 Vgl. Renkewitz [s. Anm. 15], 88-151.

60 Vgl. Renkewitz [s. Anm. 15], 117ff.

tritt in die neue Ära besiegelte. Das Zeitalter des Geistes schien anzubrechen.

An beiden Orten, in Laubach wie in Berleburg, wurden die Chiliasten, die sich schon auf der Schwelle zur neuen Welt wähnten, aber recht bald wieder in die harte Wirklichkeit der schon überwunden geglaubten alten Verhältnisse zurückgeholt. Hier wie dort hatte sich eine Opposition formiert. Die Mehrheit der Bürgerschaft der Residenzstädtchen fühlte sich durch das Auftreten der fremden Fanatiker, die zwar für sich selbst Gewissensfreiheit gefordert hatten, gegenüber Andersdenkenden sich aber höchst unduldsam verhielten, bedrängt und sah die öffentliche Ordnung bedroht; Mitglieder und Verwandte der gräflichen Häuser verfolgten misstrauisch den wachsenden Einfluss der radikalen Frommen und befürchteten Schaden für die Reputation ihrer Häuser, für das Staats- und Kirchenwesen; auch die Regierungen benachbarter Territorien zeigten sich angesichts der missionarischen Reisetätigkeit besorgt über eine mögliche Beunruhigung ihrer Untertanen. So wuchs der innen- und außenpolitische Druck. In Laubach griff Graf Friedrich Ernst ein und setzte die gefährdete Autorität der Obrigkeit gegen die chiliastischen Revolutionäre wieder durch. In Berleburg intervenierte Graf Rudolf zur Lippe-Brake, der Onkel und Mitvormund des jungen Grafen Casimir, und machte durch einen militärischen Handstreich dem Treiben der Radikalpietisten vorläufig ein Ende. Er konnte aber nicht verhindern, dass diese in den südlichen Landesteil (Grafschaft Sayn-Wittgenstein-Wittgenstein) auswichen und später zurückkehrten. Die Auseinandersetzungen um die Vorgänge im Wittgensteinischen eskalierten sogar bis zu einer Anklage vor dem Reichskammergericht, in der unter den »allerhand leichtfertige[n] Dogmata« der radikalen Akteure auch die »von der Zukunfft und dem Reiche Christi« aufgeführt wurden.[61]

In den Kontext der chiliastischen Erwartung um die Jahrhundertwende gehört auch die berüchtigte Buttlarsche Rotte, deren Entwicklung im Wittgensteiner Land ihre Klimax erreichte.[62] Ihre Mitglieder gingen noch deutlich über die Anschauungen und Verhaltensweisen ihrer radikalpietistischen Gesinnungsfreunde in Berleburg hinaus. Sie wähnten in ihrer Gemeinschaft das Tausendjährige Reich schon verwirklicht, verehrten drei ihrer Mitglieder als leibhaftige Trinität im Kreis von Engeln und Heiligen und praktizierten nicht nur Güter-, sondern auch eine vermeintlich »sündlose« Sexualgemeinschaft.

---

61 Neumeister [s. Anm. 14], 7.

62 Vgl. dazu die Monographie von Willi Temme [s. Anm. 17].

Auch bei der erst im Jahre 1708 erfolgten Gründung der Schwarzenauer Neutäufer[63] scheinen apokalyptisch-chiliastische Motive nachgewirkt zu haben. Da ihre ersten Mitglieder aus dem Kreis der Separatisten um Hochmann von Hochenau stammten, ist das von vornherein zu vermuten. Auf apokalyptisch-chiliastische Hintergründe weist aber besonders der Umstand hin, dass sie anfangs die Ehe verwarfen und die Arbeit abschafften[64]; das ist am ehesten im Kontext einer chiliastischen Naherwartung erklärbar.

II

Wie ist diese chiliastische Erwartung an der Jahrhundertwende vom 17. zum 18. Jahrhundert zu erklären?

Die Erwartung einer Zeitenwende hatte mit der kalendarischen Jahrhundertwende nichts zu tun. Das Aufflammen von Endzeiterwartungen war wie schon in früheren Zeiten auch am Ausgang des 17. Jahrhunderts von anderen Faktoren bestimmt. Die grundlegende Voraussetzung ist mit der eschatologischen Struktur des Christentums gegeben, das im Unterschied zu vielen anderen Religionen nicht nur das Ende des individuellen Lebens thematisiert, sondern einen Endpunkt und ein Ziel der Geschichte kennt. Die apokalyptischen Texte der Bibel haben mentalitätsgeschichtlich eine außerordentliche Wirkung ausgeübt. Die endzeitlichen Szenarien etwa der sog. synoptischen Apokalypse (Mk 13 parr.) und die »orientalische Pracht und kühne Phantasie«[65] der apokalyptischen Bildern der Johannesoffenbarung hielten im Lauf der Jahrhunderte nicht nur das theologische Nachdenken über die »letzten Dinge« wach, sondern boten immer

---

63 Vgl. Schneider [s. Anm. 1]. Bd. 2, 135-139, und die neue Gesamtdarstellung von Donald F. Durnbaugh: Fruit of the Vine. A History of the Brethren 1708-1995. Elgin/Ill. 1997.

64 Diese Nachricht, die sich in einer gegnerischen Flugschrift findet, wurde von Alexander Mack, dem Wortführer der Neutäufer, nicht in Abrede gestellt. Er verweist auf ihre pietistische Herkunft, die sie auch zur Teilhabe an Irrtümern gebracht habe. Vgl. Hans Schneider: Basic Questions on Water Baptism. An Early Anti-Brethren Pamphlet. In: From Age to Age: Historians and the Modern Church. A Festschrift for Donald F. Durnbaugh. Hg. v. David B. Eller. Elgin/Ill. 1997 (BLT, 42), 31-63, hier 45 [in diesem Band 256-288, hier 275].

65 Wilhelm Bousset: Die Offenbarung des Johannes. Göttingen ^{5}1896 (KEK, 16), 148. Boussets Werk bietet eine ausführliche Geschichte der Auslegung der Apokalypse; zu der Darstellung von Gerhard Maier: Die Johannesoffenbarung und die Kirche. Tübingen 1981 vgl. die Rezension von Johannes Wallmann. In: PuN 10, 1984, 250-255.

wieder die Möglichkeit, die Zukunftshoffnung als konkrete Naherwartung zu aktualisieren. Dabei bildeten sich zwei eschatologische Hauptvarianten heraus: die Erwartung des Weltendes und des Jüngsten Tages oder die chiliastische Erwartung einer Weltzeitwende als Ende der bisherigen Verhältnisse und Neubeginn in einer irdischen Zukunft.

Die Aktualisierung der apokalyptischen Erwartung und ihr öffentliches In-Erscheinung-Treten zu bestimmten Zeiten setzen voraus, dass sie von einer Anzahl von Menschen als plausible Gegenwartsdeutung akzeptiert wird. Plausibilität gewinnt die Interpretation, wenn die Gegenwart als End-Zeit, als ein individuelles oder soziales Am-Ende-Sein, erfahren wird. Da die apokalyptischen Texte der Bibel Indikatoren von Endzeit im Bereich politischer, sozialer und religiöser Konflikte und bedrohlich erscheinender Naturereignisse schildern, boten sie im christlichen Kontext die Möglichkeit, derartige Erfahrungen in der Gegenwart als »letzte Zeit« zu verstehen und diese Deutung an den apokalyptischen Texten der Bibel gewissermaßen zu »verifizieren«, d.h. zeitgeschichtliche Zustände und Ereignisse als die dort beschriebenen Prodigien zu betrachten.

Die intensive Endzeiterwartung, die das ganze 17. Jahrhundert durchzieht, lässt sich sozialpsychologisch als Reflex einer über Generationen andauernden Krise[66] verständlich machen, in der die von den Menschen angstvoll erlebten Existenzbedrohungen im Rekurs auf endzeitliche Deutungsmuster ihren Ausdruck fanden.[67]

Derartige existenzbedrohende, Angst auslösenden Ereignisse oder Entwicklungen und ihre Spiegelung in apokalyptischen Gegenwartsdeutungen lassen sich für das in unserem Zusammenhang interessierende letzte Viertel des Jahrhunderts in reichem Maße aufzeigen. Das Motto, das sich auf dem Titelblatt der 1700 erschienenen zweiten Auflage von Dippels Glaubensbekenntnis findet, weist in Anlehnung an Mt 24 parr. auf diese Zusammenhänge hin: »Zu der Zeit der A n g s t stärckt Gott kräfftig seine Treuen: Und sein Heyl muß nach der Noth sie sehr hoch erfreuen. Er hilfft aus/ Er rettet sie/ Weil sie hoffen/ und ihn früh suchen und [zu ihm] schreyen.«[68] Angsterregende »Zeichen der Zeit« gab es genügend:

---

66 Zur »Krise des 17. Jahrhunderts« vgl. Lehmann [s. Anm. 7], 105-114.

67 Vgl. Lehmann [s. Anm. 7], 123-135; vgl. auch ders.: Der Pietismus im Alten Reich. In: HZ 214, 1972, 58-95, bes. 71f.

68 CHRISTIANI DEMOCRITI Summarische und auffrichtige Glaubens=Bekäntnüß/ Uber die jenige Lehr=Puncten/ so bißhieher in dessen Schrifften | erörtert worden [...]. o.O. 1700.

Der Dreißigjährige Krieg[69] war noch nicht vergessen, als erneut Nachrichten von »Krieg und Kriegsgeschrei« (Mk 24,6 par.) die Menschen beunruhigten. Das Vorrücken der Türken bis vor Wien und der folgende »große Türkenkrieg« (1683-1699) konnten erneut apokalyptische Ängste auslösen; zumal doch »der Türke« seit der Reformationszeit neben dem Papsttum als die zweite Erscheinungsform des Antichristen galt.[70] So ist es nicht verwunderlich, dass bei vielen apokalyptischen Analysen und Prognosen dem Osmanischen Reich besondere Aufmerksamkeit geschenkt wurde.[71] In dieses apokalyptische Szenario passten die militärischen Aktionen im Zuge der »Reunionspolitik« Ludwigs XIV. seit 1679 mit der Annexion elsässischer und lothringischer Gebiete, die Besetzung und Verwüstung der Pfalz im Pfälzischer Erbfolgekrieg (1688-1697). Gerade die französische Politik am Ausgang des 17. Jahrhunderts – religiöse Repression im Innern, verbunden mit der außenpolitischen Expansion – hat den radikalen Pietisten Material für die apokalyptische Deutung der Gegenwart geliefert.

Auf die Erfolge der Gegenreformation als Machterweis des »Antichristlichen Babel« hatte schon Spener hingewiesen.[72] In der grausamen Unterdrückung der Hugenotten, besonders nach der Aufhebung des Edikts von Nantes (1685),[73] schienen nun vollends die endzeitlichen »Bedrängnisse« und Verfolgungen (Dan 11,33f.; Mt 24,9ff.; Apk 2,10) angebrochen zu sein. Die Vorgänge in Frankreich wurden von den Verfolgten selbst in einen apokalyptischen Interpretationsrahmen gestellt[74] und konnten, im protestantischen Europa durch die Emigranten bekannt gemacht, endzeitlichen Erwartungen neuen Auftrieb geben: Entsprachen nicht die Erfolge des

---

69 Vgl. Leube [s. Anm. 7]. Die Prophezeiungen des schlesischen Gerbers Christian Kotter, der böhmischen Exulantin Christina Poniatovia und des mährischen Exulanten Nicolaus Drabik, die von Comenius publiziert wurden ([Amos Comenius:] Lux in tenebris. [Amsterdam] 1657, ²1665; [Amos Comenius:] Historia revelationum. [Amsterdam] 1659), fanden bei den radikalen Pietisten reges Interesse.

70 Als ein Beispiel von zahllosen: [Heinrich Ammersbach:] Bedencken von den beyden grossen Anti-Christen/ Pabst und Türcken [...]. o.O. 1665 [HAB Wolfenbüttel]. – Vgl. Hans Preuß: Die Vorstellungen vom Antichrist im späten Mittelalter, bei Luther und in der konfessionellen Polemik. Leipzig 1906, und jetzt Volker Leppin: Antichrist und Jüngster Tag. Das Profil apokalyptischer Flugschriften im deutschen Luthertum 1548-1618. Gütersloh 1999.

71 Vgl. schon Spener, PD 10,1f.

72 Spener, PD 10,9-11; 11,17 - 14,4.

73 Vgl. Otto Erich Strasser-Bertrand: Die Evangelische Kirche in Frankreich. Göttingen 1975 (KIG, 3, Lief. M 2), 160 163, 168-170.

74 Vgl. Solange Deyon: La résistance protestante et la symbolique du désert. In: RHMC 18, 1971, 237-247.

»römischen Babels« den biblischen Prophezeiungen über die wachsende Macht des Antichristen, dessen Herrschaft nun in ihre letzte Phase trat, bevor das unterdrückte »Zion« erlöst würde? Verbreitet wurden diese Ideen besonders durch den im niederländischen Exil lebenden hugenottischen Theologen Pierre Jurieu.[75] Neben seinen *Lettres pastorales*[76], in denen die Öffentlichkeit mit Nachrichten über die Verfolgungen versorgt wurde und die, nach Frankreich eingeschmuggelt, den Bedrängten Ermutigung und Trost spenden sollten, bot vor allem seine Schrift *L'Accomplissement des prophéties, ou la Délivrance prochaine de l'Église* (1686) eine apokalyptische Kommentierung der Ereignisse in seiner Heimat: nach der Zeit der endzeitlichen Bedrängnis stehe die Vernichtung »Babylons« und die Erlösung der Kirche unmittelbar bevor. Es ist höchst signifikant, dass der aus hugenottischer Familie stammende Buchdrucker Bonaventura de Launoy 1686 mit einer deutschen Ausgabe von Jurieus *Accomplissements* seine Offizin in Offenbach eröffnete, die zu einer der bedeutendsten radikalpietistischen Druckereien werden sollte und in den 90er Jahren eine Fülle apokalyptisch-chiliastischer Titel herausbrachte.[77]

Die radikalen Pietisten Horch und Johann Henrich Reitz hatten als kurpfälzische Pfarrer von Flüchtlingen Nachrichten über die Hugenottenverfolgung erhalten und den französischen Einmarsch miterlebt. Horch hat im Rückblick die Verwüstung der Pfalz und die Zerstörung Heidelbergs als göttliches Strafgericht gedeutet und gleiches seinen Herborner Zuhörern angedroht: »Ja der Herr hat mir offenbart den Untergang der Pfalz in der Nacht zuvor, daß Heidelberg verbrannt, so des andern Tages geschehen. Und so wird es auch Herborn ergehen, im Feuer wird sie verderben«. Und als Horch während seiner Haft auf dem Marburger Schloss in Wahnvorstellungen verfiel, schrie er: »Der König von Franckreich wird kommen, und ich werde darbey sein. Auf dem Berge werde ich stehen, und da wird das Reich Sions angehen.«[78] Es ist vor dem Hintergrund der Kriegserfahrungen verständlich, dass gerade in der Pfalz ein Wanderprediger wie Hochmann von Hochenau mit seiner chiliastischen Verkündigung bei vie-

---

75 Vgl. Frederik Reinier Jacob Knetsch: Pierre Jurieu. Theoloog en Politikus der Refuge. Kampen 1967.

76 Vgl. Knetsch [s. Anm. 75], 219-243, 335ff.

77 Vgl. Hans-Jürgen Schrader: Literaturproduktion und Büchermarkt des radikalen Pietismus. Johann Heinrich Reitz' »Historie Der Wiedergebohrnen« und ihr geschichtlicher Kontext. Göttingen 1989 (Palaestra, 283), 135ff., 141ff.

78 Bericht eines Marburger Professors N.N. [Ph.J. Tilemann gen. Schenck?]. In: Carl Franz Lubert Haas: Lebensbeschreibung des berühmten D. Henrich Horchens [...]. Kassel 1769, (Beil. XIX) 400.

len Menschen Gehör fand. Auch Gottfried Arnold hat in seiner Schrift *Die Zeichen dieser Zeit/ bey dem Anfang der instehenden Trübsalen* (1698) die kriegerischen Konflikte und die Hugenottenverfolgung als endzeitliche Prodigien im Sinne von Mt 24,6-9 par. gedeutet und auf diesem Hintergrund seine Leser zur Buße ermahnt.

Selbst im protestantischen Nordeuropa konnte die französische Politik mit apokalyptischen Zeitdeutungen verknüpft werden. Die aus Riga stammende Eva Margaretha Frölich[79] prophezeite 1683 in Stockholm, dass die Franzosen bis 1691 zur schwedischen Hauptstadt vordringen würden; dann aber werde König Karl XI. als gottgesandter neuer Kyros (Jes 44f.) den antichristlichen Mächten entgegentreten und in den folgenden Jahren zusammen mit anderen Fürsten das Tausendjährige Reich Christi aufrichten. Ihre prophetischen Traktate, nach der Landesverweisung aus Schweden in Amsterdam publiziert, fanden auch in Deutschland Beachtung.

In einer Zeit, in der sich die naturwissenschaftliche Deutung astronomischer Phänomene noch in den Anfängen befand, noch keineswegs zum Allgemeingut der Gebildeten gehörte und von Theologen noch bekämpft wurde, waren auch Sonnen- und Mondfinsternisse oder Kometen als apokalyptische »Zeichen am Himmel« (vgl. Mt 24,29 par.; Apk 12,1.3; 15,1) Angst auslösende Erscheinungen und gaben der angespannten Endzeiterwartung immer wieder neue Nahrung. Als der englische Astronom Edmund Halley schon die Bahn des nach ihm benannten Kometen von 1682 berechnete, deuteten Johann Jakob Zimmermann und Johann Jakob Schütz die Kometenerscheinungen noch als Zeichen des bevorstehenden göttlichen Strafgerichts; Zimmermann arbeitete zur Stützung seiner These sogar eine Konkordanz von früher beobachteten Kometenerscheinungen und Naturkatastrophen aus.[80] Die schon erwähnte Prophetin Eva Margaretha Frölich rief 1680 während einer nächtlichen Schiffsreise über die Ostsee beim Anblick des Kometen aus: »Das ist ein Zeichen für die ganze

---

79 Vgl. Pentti Laasonen: Chiliastische Strömungen aus dem Baltikum nach Skandinavien im 17. Jahrhundert. In: Makarios-Symposium über das Gebet. Hg. v. Jouko Martikainen u. Hans-Olov Kvist. Åbo 1989, 158-168; Bo Andersson: Eva Margaretha Frölich und ihre Schriften. Ein aufgefundener Sammelband. In: Wolfenbütteler Barock-Nachrichten 14, 1987, 71-76; ders.: Die fröhliche Botschaft einer tausendjährigen Prophetin. Einige ideengeschichtliche und rhetorische Bemerkungen zu Eva Margaretha Frölichs Traktat Eine Warhaftige PROPHECEYUNG/ Und außlegung über 2 Pet. Cap. 3. Stockholm 1990 (Schriften des deutschen Instituts der Universität Stockholm, 20).

80 Zu Schütz vgl. Philipp Jakob Spener: Consilia et Judicia Theologica Latina. Bd. 3. Frankfurt/Main 1709, 377f. (Die dort erwähnte Schrift von Schütz über den Kometen ist verschollen.) Zu Zimmermann vgl. Brecht [s. Anm. 7], 137ff.

Welt!«[81] Wie sehr die unerklärlichen Himmelserscheinungen die apokalyptische Phantasie beflügelten, zeigt auch das Beispiel des Johann Kelpius, der in Pennsylvanien auf dem Dach seiner Blockhütte ein Fernrohr installierte, mit dem er nach Himmelszeichen Ausschau hielt, die das Kommen Christi ankündigten.[82] Neben rätselhafte Erscheinungen an den Himmelkörpern[83] traten auch andere auffällige und unerklärliche Vorgänge in der Natur, die als bedeutungsvolle Wunderzeichen und Hinweise auf bevorstehende Umwälzungen betrachtet wurden.[84]

Neben den genannten Angst auslösenden Faktoren müssen vor allem noch die sozialen und wirtschaftlichen Veränderungen berücksichtigt werden, die sich in Deutschland nach dem Dreißigjährigen Krieg vollzogen. Es scheint, dass der radikale Pietismus vor allem aus den sozialen Gruppen Anhänger gewann, die von diesen Wandlungen und Umbrüchen besonders tangiert waren: viele der Radikalen kamen aus dem »unbehausten Stand« der Handwerksgesellen, die von der Krise der Handwerkerschaft infolge der wachsenden Zahl von Manufakturen betroffen waren, und der radikale Pietismus fand Sympathien in Teilen des (verarmten) hohen Adels, deren Angehörige auf der Suche nach neuen sozialen Funktionen waren. Es handelt sich um einen Personenkreis, der über eine gewisse Mobilität verfügte oder dazu genötigt war. Letzteres gilt auch für die beachtliche Zahl von Akademikern, die unter den radikalen Pietisten begegnen.

Bemerkenswert ist die stattliche Zahl von Theologen unter den radikalen Pietisten. Es handelt sich in der Mehrzahl nicht um stellenlose Kandidaten, sondern oft um ehemalige Pfarrer, die sogar gute Pfründen aufgaben. In den meisten Fällen waren der Amtsniederlegung oder Amtsenthebung Konflikte in den Gemeinden vorausgegangen, in denen hohe geistliche und moralische Ansprüche auf die ernüchternde volks-

---

81 Vgl. Laasonen [s. Anm. 79], 158.

82 Vgl. Oswald Seidensticker: Johann Kelpius. Der Einsiedler am Wissahickon. In: ders.: Bilder aus der deutsch-pennsylvanischen Geschichte. New York [2]1886, 85-102, hier 97; Jon Butler: Magic, Astrology, and the Early American Heritage. 1600-1760. In: AHR 84, 1979, 317-346.

83 Vgl. Heinrich Horch: Heinrich Horchens Beruf/ Glauben/ Und Wandel [...] Samt einem POST-SCRIPTO Von neulichem stinckenden Rauch=Dampff und Blut=feuriger Gestalt der Sonnen. Psalm 92. v.5/6/7. Offenbach 1699 [Württ. LB Stuttgart].

84 Vgl. [Anon.:] Kurtze jedoch warhaffte Beschreibung deren jetziger Zeit hin und her geschehenen und gesehenen Wunder=Zeichen/ Sonderlich aber Deren [...] häuffig niedergefallenen Heuschrecken/ Erschröcklichen Ungewittern/ Ungewöhnlichen Sturm=Winden und Andern denckwürdigen Begebenheiten: was dieselben möchten bedeuten und wessen man sich darbey zu verhalten habe. Leipzig 1693.

kirchliche Wirklichkeit gestoßen waren und zu Frustrationen geführt hatten. Die Klagen über religiöse Abstumpfung und ethische Verrohung als Folgen des Dreißigjährigen Krieges wird man nicht nur auf das Konto stereotyper Klageliteratur verbuchen dürfen. Jedenfalls wurde der Zustand in den drei Ständen nun in apokalyptischen Kategorien gedeutet als Anwachsen der Macht Babels und des Antichristen.

Hingewiesen werden soll noch auf einen Aspekt, der in der bisherigen Diskussion wenig Beachtung gefunden hat. In dem Werdegang einiger radikalpietistischer Theologen lässt sich zeigen, dass sie schon früh mit den verunsichernden Denkanstößen der frühen Aufklärung in Berührung kamen. Heinrich Horch veranstaltete 1692 acht Disputationen über den Spinozismus[85], und der Kampf gegen Spinoza hat ihn bis in sein Alter beschäftigt[86]. Dippel wurde schon während seines Studiums in Gießen mit den in Westeuropa aufbrechenden Fragestellungen einer historisch-kritischen Bibelwissenschaft bekannt.[87] Sucht man nach Gründen, warum der Student Dippel schon bald an der Orthodoxie irre wurde, ist auch die Konfrontation mit diesen Problemen zu bedenken, auf die ihm die Orthodoxie keine befriedigenden Antworten bot. Er hat sich freilich nicht auf den beschwerlichen Weg historisch-kritischer Arbeit eingelassen, sondern sich auf einen spiritualistischen Standpunkt zurückgezogen.

Lässt sich in dieser Weise die apokalyptische Erwartung als Reaktion auf die Angst verständlich machen, so bleibt doch die offene Frage, warum gerade der chiliastische Typus der Endzeiterwartung im Pietismus so große Resonanz fand.

Der eschatologische Paradigmenwechsel ist zweifellos mit der Wirkung Speners und seiner »Hoffnung besserer Zeiten« verbunden.[88] Die Anzie-

---

85 Heinrich Horch: Investigationes theologicae circa origines rerum ex deo contra Benedictum de Spinoza […]. Herborn 1692 [ZB Zürich].

86 Heinrich Horch: Invisibilia Dei in rebus ab ipso factis facta visibilia, contra Spinozam […]. Marburg 1710 [UB Marburg]; ders.: Archetypus seu scrutinium naturae spiritualis et corporeae […], nec non compendium Spinocismi confutatum. Marburg 1713 [UB Marburg].

87 Vgl. Goldschmidt [s. Anm. 1], Kap. 3.

88 Wie dieser Wechsel bei Spener selbst zustande kam, ist in der Forschung noch keineswegs geklärt. Seine Abkehr von der Erwartung des nahen Jüngsten Tages kann man so zu deuten versuchen, dass auf den Dreißigjährigen Krieg, der alle Vorzeichen und Schrecken der Endzeit aufgewiesen hatte, nicht das Ende gefolgt war, sondern wieder normalere Zeiten eingetreten waren. »Die Spenersche Hoffnung besserer Zeiten erwächst offensichtlich in einer Situation, in der die in der Kriegs- und unmittelbaren Nachkriegszeit noch glaubwürdige Predigt von der Nähe des Weltendes in eine Glaubwürdigkeitskrise geraten ist. Deren Ursache kann man geradezu in der

hungskraft, die von dieser Konzeption ausging, und die breite Rezeption, die sie erfuhr, lassen sich aber kaum erklären, ohne nach konkreten Erfahrungen zu suchen, die Anlass zu einem solchen »eschatologischen Optimismus« geben konnten.[89] Wahrscheinlich sind sie weniger in zeitgeschichtlichen Ereignissen als in der Kommunikation der Erweckten zu suchen. Jedenfalls bot die pietistische Bewegung, als sie sich immer weiter ausbreitete, selbst Anhaltspunkte für eine begründete Hoffnung. Gerade durch ihre Erfolge schien sich zu bestätigen: »es nahe sich die zeit eines grossen wercks/ da die bäume anfangen wollen zu einem lieben frühling vor dem völligen sommer augen [knospen] zu gewinnen«.[90] Die »Zeichen der Zeit« verloren zwar nicht ihren beängstigenden Charakter, erhielten aber einen anderen Stellenwert. Sie waren nicht mehr Hinweise auf das baldige definitive Ende der irdischen Geschichte, sondern Wendemarken auf dem Weg zu der besseren Zukunft des herrlichen Reiches Christi auf Erden. Ihnen traten in dem Siegeszug der pietistischen Bewegung ermutigende Hoffnungszeichen zur Seite.[91]

Die Faszination, die von der pietistischen Erweckung und der Sammlung der Frommen sowie dem schnell entstehenden Kommunikationsgeflecht zum geistlichen Austausch unter ihnen ausging, ist auch bei denjenigen zu beobachten, die radikale Pietisten wurden. Für sie traten von

---

Erfahrung von Parusieverzögerung erblicken.« (Wallmann [s. Anm. 6], 328) Doch wodurch wurde ihm die chiliastische Alternative einleuchtend? Die persönlichen und literarischen Einflüsse, die auf Spener einwirkten, lassen sich zu einem guten Teil aufhellen. Gab es aber auch persönliche und soziale Erfahrungen (etwa im Frankfurter Collegium pietatis), die ihm die »Hoffnung besserer Zeiten« plausibel machten? Vgl. die eingehenden Erörterungen bei Wallmann [s. Anm. 6] und dems.: Pietismus und Chiliasmus. Zur Kontroverse um Speners »Hoffnung besserer Zeiten«. In: ders.: Theologie [s. Anm. 7], 390-421.

89 Richard Bauckham hat solche Überlegungen für die wachsende Bedeutung des Chiliasmus in England nach 1590 angestellt: Es »rückte vor der Jahrhundertwende die Vorstellung von der Niederwerfung des Antichrist durch das Evangelium und die militärische Macht protestantischer Staaten in den Vordergrund, so daß ein goldenes Zeitalter der Kirche vor der Parusie denkbar wurde. Dies war vor allem in England der Fall, wo der Untergang der spanischen Armada 1588 als Wunder aufgefaßt wurde und eine neue optimistische Haltung aufkam. Aus dieser Zeit datiert die Überzeugung englischer Protestanten, daß England die ›auserwählte Nation‹ sei, der Gott eine besondere Aufgabe bei der Vernichtung des Antichrists und der Ausbreitung des Evangeliums zugedacht habe.« (Art. »Chiliasmus IV«. In: TRE 7, 1981, 739f.)

90 Spener: Letzte Theologische Bedencken. Halle/Saale ^{2}1721, 586.

91 Vgl. die anonym verfasste Schrift von Johann Wilhelm Petersen: Freudiges Zujauchzen Der Erweckten Fremdlingen hin und her/ In Sachsen/ Brandenburg/ Lüneburg/ wie auch in andern umliegenden Königreichen und Provintzien über den Sieg D. Speners wider die Theologen zu Wittenberg. o.O. 1695 [SUB Göttingen].

Anfang an stark die außerordentlichen Erscheinungen (Ekstasen, prophetische Phänomene u.ä.) als sichere göttliche Beglaubigungen für die bevorstehende Zukunft in den Vordergrund, doch sind in der Frühzeit oft nur graduelle Unterschiede zwischen den später radikalen und kirchlichen Pietisten auszumachen.[92] Die Entscheidungen, die dann zu einer Differenzierung in zwei Lager führten, sind oben schon genannt worden (innerkirchliche Reform oder Absonderung; Wahrung der konfessionellen Identität oder um Heterodoxie unbesorgter Eklektizismus). Auch hier bleibt es eine Aufgabe der Forschung, in den einzelnen Fällen nicht nur die geistigen Voraussetzungen, sondern auch die politischen und sozialen Rahmenbedingungen[93] zu untersuchen und die Erfahrungen mit der kirchlichen und sozialen Wirklichkeit (Konflikte) als Hintergrund der jeweiligen Entscheidungen zu analysieren.

III

Die Zukunft blieb unerfüllt. Die Jahrhundertwende verstrich, ohne dass die erwartete und herbeigesehnte Zeitenwende eintraf. Die große Hoffnung auf den Anbruch des Tausendjährigen Reiches ging nicht in Erfüllung. Statt der erhofften Neuordnung aller Verhältnisse, der die radikalen Pietisten entgegengefiebert hatten, blieben die angeprangerten »babylonischen« Zustände in Gesellschaft und Kirche ungeschwächt bestehen. Solange sich diese Verhältnisse, die von vielen radikalen Pietisten als untrügliche Anzeichen für das endzeitliches Klimakterium betrachtet wurden, nicht änderten, bestand kein Grund, die apokalyptische Deutung der Gegenwart grundsätzlich anzuzweifeln. Ob das Ausbleiben des Millenniums dazu führte, dass eine nennenswerte Zahl von Separatisten in die Kirche zurückkehrte, lässt sich nach dem bisherigen Kenntnisstand nicht feststellen, scheint aber eher unwahrscheinlich.

Apokalyptische Vorstellungen entwickeln nicht nur ihre eigene Dynamik, sondern besitzen auch, wie sich an Beispielen aus der neueren Sektengeschichte illustrieren lässt[94], eine erstaunliche Konsistenz. Das Schei-

---

92 So hat sich etwa August Hermann Francke erst 1693 von dem chiliastischen Enthusiasmus gelöst.

93 Für Württemberg vgl. die instruktive Darstellung bei Hartmut Lehmann: Pietismus und weltliche Ordnung in Württemberg vom 17. bis zum 20. Jahrhundert. Stuttgart u.a. 1969.

94 Reiches Vergleichsmaterial aus dem 20. Jahrhundert bieten Kurt Hutten: Seher, Grübler, Enthusiasten. Das Buch der traditionellen Sekten und religiösen Sonderbe-

tern konkreter Prognosen führt selten dazu, die Prämissen und Grundlagen des Systems als solche und die Methode der Prognostik anzuzweifeln, sondern ein Fehlschlag regt nur dazu an, den Fehler im Detail zu suchen, modifizierende Nachbesserungen der einzelnen apokalyptischen Rechenschritte vorzunehmen und die Hoffnung auf ein neues Datum auszurichten.[95] Haben sich vermeintliche Vorzeichen als trügerisch erwiesen, so können sie umgedeutet werden und einen anderen Platz im apokalyptischen System zugewiesen bekommen.[96] Man kann wiederum nach neuen Prodigien Ausschau halten, die sich für die Prognostik nutzbar machen lassen.

Als solche Prodigien erschienen zu Beginn des 18. Jahrhunderts etwa politische Ereignisse, die wieder die latent glimmenden Erwartungen schürten und das apokalyptische Feuer erneut entfachten: der Spanische Erbfolgekrieg und vor allem der Nordische Krieg mit der spektakulären Flucht Karls XII. von Schweden an den türkischen Hof.[97] Die Verkündigung von Wanderpropheten, die auf dem Hintergrund dieser Vorgänge erneut die endzeitliche Erwartungen aktualisierten und konkretisierten, fand in den radikalen Kreisen große Beachtung, und ihre Publikationen erfuhren eine erstaunliche Verbreitung.[98] Heinrich Horch, der wieder in einer bürgerlichen Umgebung und – obgleich ohne Amt – im äußeren Frieden mit einer reformierten Gemeinde lebte, hielt 1712 in seiner *Mystischen und Prophetischen Bibel* an seinen apokalyptischen Berechnungen fest, die er 1697 angestellt hatte. Er meinte beobachten zu können, dass

---

wegungen. Stuttgart [15]1997, und Helmut Obst: Apostel und Propheten der Neuzeit. Gründer christlicher Religionsgemeinschaften des 19./20. Jahrhunderts. Berlin-Ost 1980.

95 Bengel schrieb im Blick auf seine Berechnung des Beginns des Tausendjährigen Reiches für 1836: »Sollte das Jahr 1836 ohne merkliche Änderung verstreichen, so wäre freilich ein Hauptfehler in meinem System und man müßte eine Überlegung anstellen, wo er steckt.« Johann Heinrich Jung-Stilling kritisierte am Ende des 18. Jahrhunderts bei seinen eigenen Berechnungen über den Anbruch des Tausendjährigen Reiches an seinen Vorgängern lediglich, »daß sie sich die zweite Erscheinung Christi etwas zu nahe dachten« (Theobald oder die Schwärmer. In: Sämmtliche Werke. Bd. 4. Stuttgart 1841, 83).

96 Im 20. Jahrhundert ist die Umdeutung des Ersten Weltkriegs bei den Zeugen Jehovas ein signifikantes Beispiel.

97 Zum Spanischen Erbfolgekrieg vgl. Lehmann [s. Anm. 93], 38f., zum Nordischen Krieg vgl. Hans Schneider: Beziehungen deutscher radikaler Pietisten zu Skandinavien [in diesem Band 353-377].

98 Zu den Wanderpropheten Tennhardt, Rosenbach, Daut und Römeling vgl. Schneider [s. Anm. 1]. Bd. 2,139-145.

»nunmehr alles in bereitschaft und bewegung« sei: »So blühet dan unsere hoffnung/ daß der Herr seine auserwehlten die tag u. nacht zu ihm schreyen/ erretten werde in kurtzem.«[99] Auch sein einstiger Mitstreiter Samuel König – inzwischen Gemeindepfarrer – veröffentlichte 1717 noch einmal ein chiliastisches *Theologisches Prognosticon*[100], das sich mit »dem bevorstehenden und von diesem 1717. Jahre an zu erwarten seyenden Untergang des Türckisch-Mahometischen Reichs, und anderen gewiß-künfftigen Dingen« befasste und demzufolge ein »neuer Aufgang der Evangelischen Gnaden-Sonne« nahe bevorstehen sollte. Vor allem gab seit 1716 das Auftreten der Inspirierten[101] ekstatisch-prophetischen Erscheinungen der chiliastischen Naherwartung neuen Auftrieb und weckte in separatistischen Kreisen die Vorstellung, nun sei wirklich »die neue Oeconomie des Geistes«[102] angebrochen. Doch die apokalyptische Erregtheit dauerte nur bis 1719 und wich regulierten Formen separatistischer Konventikel.

Seit den 1720er Jahren gab es unter den radikalen Pietisten keine nennenswerten Erscheinungen von *akuter* chiliastischer Naherwartung mit enthusiastischen Begleitphänomenen mehr, es traten keine apokalyptischen Propheten mehr auf.[103] Die chiliastischen Ideen hatten freilich auch weiterhin eine Heimstatt im deutschen Philadelphismus, der in den 1730ern noch eine späte Blüte erlebte[104]; in der Berleburger Bibel wurden noch einmal die alten Konzepte wiederholt, und in der *Geistlichen Fama* eine Diskussion über die apokalyptische Chronologie geführt.[105] Johann Albrecht Bengel, der an dieser Debatte beteiligt war und in der Folgezeit

---

99 Heinrich Horch (Bearb.): Mystische und prophetische Bibel. Marburg 1712, Summarium nach Apok 11.

100 Theologisches Prognosticon oder erbauliches Gespräch zwischen Phosphorus und Eusebius von dem bevorstehenden [...] Untergang des Türckisch-Mahometischen Reichs. Büdingen 1717; Fortsetzung: Der in Blut verwandlete Mond [...]. Büdingen 1718 [Fürstl.-Ysenb. Bibl. Büdingen].

101 Vgl. Schneider: Der radikale Pietismus im 18. Jahrhundert [s. Anm. 1], 145-152.

102 Unterschiedliche Erfahrungs=volle Zeugnisse/ Welche Einige in Gott verbundene Freunde Von der so sehr verhassten und verschreyten Inspirations-Sache [...] offentlich dargeleget haben. o.O. 1715, 14, 15f., 75 u.ö. [UB Tübingen, LB Stuttgart].

103 Bei dem Inspirierten Johann Friedrich Rock, der (seit 1714 und) bis zu seinem Tod 1749 als Prophet auftrat, handelt es sich offenbar um die »routinization of charisma«. Vgl. zu einem ähnlichen Fall William J. Metcalf: Findhorn: The Routinization of Charisma. In: Communal Societies 13, 1993, 1-21.

104 Schneider [s. Anm. 1]. Bd. 2, 160-167.

105 Geistliche Fama 23. Stück, 1737, 8-42 (Bengel) und 43-78.

seine Meisterschaft in apokalyptischer Rechenkunst entfaltete, schob allerdings den Beginn des Tausendjährigen Reiches auf 1836 hinaus.[106]

Dieser Befund erscheint symptomatisch. Auch die Geschichte des radikalen Pietismus im 18. Jahrhundert spiegelt die allgemeine Entwicklung: als sich im zweiten und dritten Jahrzehnt in Europa die politischen und wirtschaftlichen Verhältnisse stabilisierten, war die große Zeit der eschatologischen Naherwartung vorbei.[107] Die Aufklärung, die seit den 1740er Jahren auch in Deutschland breitere Bevölkerungsschichten erreichte, hat dann neue Hoffnungen formuliert, die sich an einer unerfüllten Zukunft ausrichteten.[108]

---

106 Vgl. Martin Brecht: Der württembergische Pietismus. In: ders.: Geschichte [s. Anm. 1]. Bd. 2, 225f.

107 Vgl. Lehmann [s. Anm. 7], 134.

108 Der Einfluss des Chiliasmus des 17. Jahrhunderts auf das Fortschrittsdenken der Aufklärung kann hier nicht diskutiert werden; vgl. Ernest L. Tuveson: Millenium and Utopia. A Study in the Background to the Idea of Progress. Gloucester/Mass. ³1972, zum spiritualistischen Einfluss auf Lessing (Erziehung des Menschengeschlechts!) vgl. Harald Schultze: Lessings Toleranzbegriff. Eine theologische Studie. Göttingen 1969 (FSÖTh, 20), und Sechs theologische Schriften Gotthold Ephraim Lessings. Hg. v. Wolfgang Gericke. Berlin-Ost 1985 (Einleitung und Kommentare).

XV. Der radikale Pietismus: Rückblick und Ausblick

Gestatten Sie mir, mit autobiographischen Bemerkungen zu beginnen. Ich bin oft gefragt worden – besonders in den USA, wo man vor allem den »roots« der eigenen Denomination nachspürt – wie denn ein Lutheraner dazu komme, sich intensiver mit den radikalen Pietisten zu befassen. In der Tat ist es ja überhaupt für einen deutschen Kirchenhistoriker nicht gerade naheliegend, diese teilweise bizarren Gestalten und skurril wirkenden Gruppen und ihre vermeintlichen oder auch tatsächlichen Narreteien zu einem Gegenstand seiner Forschung zu machen. Die Beschäftigung mit ihnen entsprang auch keiner wohlüberlegten Strategie, sondern ist mir durch besondere Umstände zugewachsen. Als ich nämlich bei Forschungen über die Herrnhuter in der Wetterau Mitte der 1970er Jahre zum ersten Mal das Archiv der Brüderunität besuchte, erklärte mir die damalige Archivleiterin, Frau Ingeborg Baldauf, dass das Archiv demnächst für drei Monate geschlossen werden müsse, da sie die Genehmigung für einige Renovierungsarbeiten erhalten habe. Aus diesen geplanten drei Monaten sind dann aber unter den ökonomischen Bedingungen der DDR mehr als drei Jahre geworden, in denen das Archiv praktisch unzugänglich blieb. Ich versuchte diese Zeit zu nutzen, indem ich mich jenen Gruppierungen zuwandte, mit denen die Herrnhuter in ihrer Wetterauer Zeit in überaus wechselvolle Beziehungen getreten waren – vor allem den sog. Inspirierten und anderen radikalen Pietisten, die dort unter einer toleranten pietistischen Obrigkeit schon seit längerer Zeit Zuflucht gefunden hatten. So konnte ich mich infolge der längeren Schließung des Herrnhuter Archivs nolens volens diesem Personenkreis intensiver widmen, als ich es ursprünglich geplant hatte. Die Beschäftigung mit ihnen weitete sich mehr und mehr aus, zumal ich auch in anderem Zusammenhang, nämlich bei der wichtigen Frage nach der Begründung der großzügigen Toleranzgewährung durch die Ysenburger Grafen, auf einflussreiche radikale Vertreter an den gräflichen Höfen stieß – wie etwa den aus der Schweiz vertriebenen, nach unsteten Wanderjahren zum Hofprediger in Büdingen arrivierten Samuel König oder den gräflichen Leibarzt Johann Samuel Carl oder den Büdinger Verleger und Drucker Johann Friderich Regelein und dessen Schwiegersohn Johann Christoph Stöhr, der die Offizin fortführte und noch zu Zinzendorfs Zeiten klandestine Literatur druckte.

Bei meinen Studien machte ich drei Bekanntschaften, aus denen sich ein äußerst fruchtbarer wissenschaftlicher Austausch und persönliche Freundschaften entwickelten: Meinen damaligen Göttinger germanistischen Assistentenkollegen Hans-Jürgen Schrader lernte ich eines Tages an einem Fotokopiergerät in der Staats- und Universitätsbibliothek kennen und wusste nun endlich, wer ständig die gleichen Bücher wie ich benutzte oder über die Fernleihe bestellte, und Rudolf Dellsperger wurde, wie er selbst berichtet hat,[1] durch meine Nachforschungen zu »seinen« Quellen in der Berner Burgerbibliothek aufgeschreckt und nahm dann die Verbindung zu mir auf. Und schließlich wurde ein von mir neu entdeckter Brief Hochmanns von Hochenau[2] zum Anlass für den ersten Kontakt mit Donald F. Durnbaugh († 2005), dem ebenso kenntnisreichen wie liebenswürdigen Historiker der Church of the Brethren. Ihm verdanke ich viel, auch die Kenntnis eines Teils der Neuen Welt.

Aus der Beschäftigung mit dem Spektrum des radikalen Pietismus und dem Bemühen, zunächst mir selbst einen Durchblick und Klarheit über grundsätzliche Fragen zu verschaffen, erwuchs dann der Forschungsbericht, der in *Pietismus und Neuzeit* gedruckt wurde.[3] Ich bot das Manuskript dem damaligen geschäftsführenden Herausgeber des Jahrbuchs, Martin Brecht, an, den ich ansprach – um noch eine letzte autobiographische Reminiszenz einzuflechten –, als er von Münster zur Konfirmation eines Patenkindes in die Göttinger Stephanuskirche kam, deren Gemeindeglieder wir waren. Sein ermunterndes Lob hat mich als jungen Nachwuchswissenschaftler weiter angespornt.

In dem Forschungsbericht ging ich so vor, dass ich mit einigen begriffsgeschichtlichen Beobachtungen begann (I) und mich dann der Analyse von drei Gesamtkonzeptionen (Emanuel Hirsch, Martin Schmitt, F. Ernest Stoeffler) mit unterschiedlichen Modellen der Zuordnung von kirchlichem und radikalem Pietismus zuwandte (II). In dem Mittelteil stellte ich knapp eine Reihe von Einzeluntersuchungen (Monographien sowie einige Aufsät-

---

1 Rudolf Dellsperger: Der radikale Pietismus in der Schweiz und seine Beziehungen zu Deutschland. In: Der radikale Pietismus. Perspektiven der Forschung. Hg. v. Wolfgang Breul, Marcus Meier u. Lothar Vogel. Göttingen 2010 (AGP, 55), 170-187, hier 170.

2 Vgl. Hans Schneider: Hochmann von Hochenau and Inspirationism. A Newly Discovered Letter. In: BLT 25, 1980, 199-222 [in diesem Band 221-255].

3 Der radikale Pietismus in der neueren Forschung. In: PuN 8, 1982, 15-42; PuN 9, 1983, 117-151 (künftig zitiert als Forschungsbericht I und II) [in diesem Band 9-80]. Die grundsätzlichen Abschnitte sind in englischer Übersetzung abgedruckt in: Hans Schneider: German Radical Pietism. Transl. by Gerald T. MacDonald. Lanham/Maryland [u.a.] 2007 (Pietist and Wesleyan Studies, 22), 167-213.

ze) vor (III). Danach kehrte ich noch einmal zu grundsätzlichen Aspekten zurück und erörterte vor allem das Hauptproblem von Einheit und Differenzen der beiden pietistischen Flügel (IV): Inwiefern sind die so bezeichneten Personen und Gruppen dem Pietismus zuzurechnen? Nach welchen Kriterien lassen sie sich als radikal klassifizieren? Gehören kirchlicher und radikaler Pietismus zusammen oder sind ihre Vertreter doch Angehörige verschiedener traditionsgeschichtlicher Genealogien? In einem letzten Abschnitt (V) benannte ich eine Reihe von Forschungsdesideraten.

Für das Handbuch *Geschichte des Pietismus* habe ich zehn Jahre später den damaligen Forschungsstand in den Beiträgen *Der radikale Pietismus im 17. Jahrhundert* und *Der radikale Pietismus im 18. Jahrhundert* dargestellt.[4] Die Aufteilung des Stoffs auf die beiden Jahrhunderte entsprach nicht einer (noch bei Gottfried Arnold befolgten) schematischen Gliederung nach Zenturien, sondern hatte inhaltliche Gründe; bildete doch die mit apokalyptischen Erwartungen verknüpfte Wende vom 17. zum 18. Jahrhundert eine Etappe in der Geschichte des radikalen Pietismus.[5] Die Darstellung ging von dem engeren Pietismusbegriff aus und setzte mit dem radikalen Pietismus im Umkreis Undereycks und Speners ein. Dass nicht Jean de Labadie und seine Gemeinde an den Anfang gestellt wurden,[6] hatte keine konzeptionellen Gründe, sondern war der Anlage des ersten Bandes mit der Überschneidung von inhaltlichen und geographischen Gliederungsprinzipien geschuldet. Johannes van den Berg hatte seinen Beitrag über *Die Frömmigkeitsbestrebungen in den Niederlanden* mit einem längeren Abschnitt über Labadie und die Labadisten abgeschlossen,[7] so dass eine Wiederaufnahme in dem Kapitel über den radikalen Pietismus überflüssig schien. (Zur nachträglichen Begründung könnte man noch als sachliches

4 Der radikale Pietismus im 17. Jahrhundert. In: Geschichte des Pietismus. Bd. 1. Hg. v. Martin Brecht. Göttingen 1993, 391-437; Der radikale Pietismus im 18. Jahrhundert. In: Geschichte des Pietismus. Hg. v. Martin Brecht. Bd. 2. Göttingen 1995, 107-197; engl. Übers. s.o. Anm. 2.

5 Vgl. dazu auch Hans Schneider: Die unerfüllte Zukunft. Apokalyptische Erwartungen im radikalen Pietismus um 1700. In: Jahrhundertwenden. Endzeit- und Zukunftsvorstellungen vom 15. bis zum 20. Jahrhundert. Hg. v. Manfred Jakubowski [u.a.] Göttingen 1999, 187-212 [in diesem Band 378-404].

6 Vgl. die Anfragen von Johannes Wallmann: Kirchlicher und radikaler Pietismus. Eine kirchengeschichtliche Grundunterscheidung. In: Der radikale Pietismus [s. Anm. 1], 19-43, hier 22.

7 Johannes van den Berg: Die Frömmigkeitsbestrebungen in den Niederlanden. In: Geschichte des Pietismus. Bd. 1 [s. Anm. 4], 99-107. Vom »Fehlen eines Kapitels über Jean de Labadie und die Labadisten« (Wallmann [s. Anm. 6], 22) kann man daher eigentlich nicht sprechen.

Argument anführen, dass der Begriff »Pietismus« erst im Umfeld der von Spener ausgelösten Bewegung aufkam.) Wie bei Labadie und den Labadisten habe ich aus ähnlichen Gründen im zweiten Band nicht Gerhard Tersteegen behandelt, der nach meinem Urteil unter die radikalen Pietisten zu zählen ist, und die Ronsdorfer Zionsgemeinde nur kurz erwähnt.[8] Denn in dem Kapitel über den reformierten Pietismus hatte J. F. Gerhard Goeters als weitaus besserer Kenner sowohl Tersteegen als auch die Ronsdorfer ausführlich dargestellt.[9] Auch die Geschicke der nach Amerika emigrierten radikalen Pietisten habe ich nicht weiter verfolgt und die Geschichte der Schwarzenauer Neutäufer, der Inspirierten, der Ephrata-Gemeinschaft u.a. in der Neuen Welt nicht geschildert, da dies dem Beitrag von A. Gregg Roeber über den Pietismus in Nordamerika vorbehalten sein sollte.[10]

Hatte ich als ein Resümee meines Forschungsberichtes zu Beginn der 1980er Jahre noch formuliert: »Der radikale Pietismus erweist sich bei einer Betrachtung der neueren Forschungsgeschichte noch weithin als terra incognita et inexplorata«,[11] so hat sich im Laufe der zurückliegenden Jahrzehnte die Forschungslage erfreulich verändert. Inzwischen wurden viele wertvolle und verdienstliche Entdeckungs- und Erschließungsarbeiten geleistet; eine stattliche Zahl von monographischen Untersuchungen und eine große Fülle von Aufsätzen sind erschienen, die dazu beigetragen haben, die terra incognita zu erforschen.[12] Ich will und kann hier keinen neuen Forschungsbericht liefern, sondern nur stellvertretend und in Auswahl auf einige der seither erschienenen größeren Abhandlungen hinweisen, auf die Monographien über Arnold[13], Beissel[14], Bröske[15], die Buttlar-

---

8 Schneider: Der radikale Pietismus im 18. Jahrhundert. In: Geschichte des Pietismus. Bd. 2 [s. Anm. 4], 152.

9 Johann Friedrich Gerhard Goeters: Der reformierte Pietismus in Bremen und am Niederrhein im 18. Jahrhundert. In: Geschichte des Pietismus. Bd. 2 [s. Anm. 4], 372-419, hier 390-410 und 411-419.

10 Der Pietismus in Nordamerika im 18. Jahrhundert. In: Geschichte des Pietismus. Bd. 2 [s. Anm. 4], 676-682.

11 Forschungsbericht II, 150 [in diesem Band 80].

12 Vgl. die fortlaufende Bibliographie in PuN unter der Rubrik »Der radikale Pietismus«.

13 Volker Keding: Theologia experimentalis. Die Erfahrungstheologie beim späten Gottfried Arnold. Münster [u.a.] 2001 (Theologie, 37). Vgl. auch den Sammelband: Gottfried Arnold (1666-1714). Mit einer Bibliographie der Arnold-Literatur ab 1714. Hg. v. Dietrich Blaufuß u. Friedrich Niewöhner. Wiesbaden 1995 (Wolfenbütteler Forschungen, 61).

sche Sozietät[16], Dippel[17], Gichtel[18], die Inspirierten[19], Johann Christian Lang[20], Marsay und seinen Kreis[21], das Ehepaar Petersen[22], Reitz[23], die Schwarzenauer Neutäufer[24], Christoph Schütz[25], Johann Jakob Schütz[26], die Württemberger[27] und die Zürcher Radikalen[28].

---

14 Jeff Bach: Voices of the turtledoves. The sacred world of Ephrata. Univ. Park/Pa., Göttingen 2003 (Publications of the Pennsylvania German Society, 36 / AGP, Sonderbd.).

15 Douglas H. Shantz: Between Sardis and Philadelphia. The Life and World of Pietist Court Preacher Conrad Bröske. Leiden 2008 (SMRT, 133).

16 Willi Temme: Krise der Leiblichkeit. Die Sozietät der Mutter Eva (Buttlarsche Rotte) und der radikale Pietismus um 1700. Göttingen 1998 (AGP, 35)

17 Stephan Goldschmidt: Johann Konrad Dippel (1673-1734). Seine radikalpietistische Theologie und ihre Entstehung. Göttingen 2001 (AGP, 39).

18 Aira Võsa: Johann Georg Gichtel, teosoofilise idee kandja varauusaegses Euroopas. Tartu 2006 (Dissertationes theologiae universitatis Tartuensis, 10). Die Arbeit enthält nur eine knappe deutsche Zusammenfassung; eine Übersetzung des ganzen Buches wäre wünschenswert.

19 Ulf-Michael Schneider: Propheten der Goethezeit. Sprache, Literatur und Wirkung der Inspirierten. Göttingen 1995 (Palaestra, 297); Peter Hoehnle: The Amana People. The History of a Religious Community, Iowa City, Iowa 2003; Isabelle Noth: Ekstatischer Pietismus. Die Inspirationsgemeinden und ihre Prophetin Ursula Meyer (1682-1743). Göttingen 2005 (AGP, 46).

20 Karl Gottfried Goebel: Johann Christian Lange (1669-1756). Seine Stellung zwischen Pietismus und Aufklärung. Darmstadt, Kassel 2004 (Quellen und Studien zur hessischen Kirchengeschichte, 9).

21 Die Gesellschaft der Kindheit Jesu-Genossen auf Schloß Hayn. Aus dem Nachlaß des von Fleischbein und Korrespondenzen von de Marsay, Prueschenk von Lindenhofen und Tersteegen 1734 bis 1742. Ein Beitrag zur Geschichte des Radikalpietismus im Sieger- und Wittgensteiner Land. Hg. v. Michael Knieriem u. Johannes Burkardt. Hannover 2002.

22 Markus Matthias: Johann Wilhelm und Johanna Eleonora Petersen. Eine Biographie bis zur Amtsenthebung Petersens im Jahre 1692. Göttingen 1993 (AGP, 30); Ruth Albrecht: Johanna Eleonora Petersen - theologische Schriftstellerin des frühen Pietismus. Göttingen 2005 (AGP, 45).

23 Hans-Jürgen Schrader: Literaturproduktion und Büchermarkt des radikalen Pietismus. Johann Henrich Reitz' »Historie der Wiedergebohrnen« und ihr geschichtlicher Kontext. Göttingen 1989 (Palaestra, 283).

24 Marcus Meier: Die Schwarzenauer Neutäufer. Genese einer Gemeindebildung zwischen Pietismus und Täufertum. Göttingen 2008 (AGP, 53); engl. Übersetzung: The Origin of the Schwarzenau Brethren. Philadelphia/Pa. 2008 (BrEnc monograph series, 7).

25 Konstanze Grutschnig-Kieser: Der »geistliche Würtz= Kräuter= und Blu-

Was die Grundsatzfragen angeht (Pietismusbegriff, Zugehörigkeit der Radikalen zum Pietismus, übergreifende Einheit von kirchlichem und radikalem Pietismus, Kriterien für die Radikalität), so halte ich weiterhin die im Forschungsbericht dargelegten und begründeten Positionen aufrecht. In einigen Fragen sehe ich aber Grund zu neuem Nachdenken und bin mit den Antworten zögerlicher geworden, weiß aber bisher keine besseren Vorschläge zu machen.

Ich greife hier nur wenige Aspekte auf.

Im Forschungsbericht erschienen mir die Definitionskriterien, die Johannes Wallmann für den engen Pietismusbegriff vorgeschlagen hat, als relevant und auch für die Betrachtung des radikalen Pietismus plausibel: Einrichtung von Konventikeln zur Sammlung der Frommen und Ausbildung einer neuen Eschatologie (»Hoffnung besserer Zeiten«), die beide auf labadistische Wurzeln bzw. Vermittlung zurückzugehen schienen. Hinzu trat als drittes Kennzeichen die pietistische Überbietung des reformatorischen *sola scriptura* durch die Forderung nach der *tota scriptura*.

Inzwischen erscheint mir zweifelhaft, ob man damit alle pietistischen Gruppierungen erfassen kann. Die Praxis der Herrnhuter Losungen entspricht wohl kaum Speners Verständnis von *tota scriptura*. Den spiritualistisch ausgerichteten radikalen Pietisten ging es überhaupt nicht um das äußere Schriftwort, sondern die Erfahrung des inneren Wortes,[29] und in den Inspirationsgemeinden war nicht die ganze Schrift ein zentrales Anliegen, sondern das die Schrift durch seine Unmittelbarkeit und Aktualität überholende Prophetenwort. Einem konsequenten Spiritualismus war auch jede äußere Form der Vergemeinschaftung, selbst das fromme Konventi-

---

men=Garten« des Christoph Schütz. Ein radikalpietistisches »Universal-Gesang=Buch«. Göttingen 2006 (AGP, 49).

26 Andreas Deppermann: Johann Jakob Schütz und die Anfänge des Pietismus. Tübingen 2002 (BHTh, 119).

27 Eberhard Fritz: Radikaler Pietismus in Württemberg. Religiöse Ideale im Konflikt mit gesellschaftlichen Realitäten. Epfendorf/Neckar 2003 (QFWKG, 18).

28 Kaspar Bütikofer: Der frühe Zürcher Pietismus (1689–1721). Der soziale Hintergrund und die Denk- und Lebenswelten im Spiegel der Bibliothek Johann Heinrich Lochers (1648–1718). Göttingen 2009 (AGP, 54).

29 Vgl. etwa die programmatischen Schriften von [Eberhard Ludwig Gruber:] Kurtze doch gründliche Unterweisung von dem inneren Wort GOttes [...]. o.O. 1712, und [Andreas Groß:] Schrifftmäßiges Zeugnuß/ Vom Innern und Aussern Worte GOttes/ Wie nemlich Alles nach der Natur und Gnade/ Krafft des Wesentlichen/ Innern und Ewigen Worts des Vatters/ von Innen herauß komme [...]. o.O. 1713.

kel, das nur die Gefahr neuer Sektenbildung heraufbeschwöre, suspekt.[30] Und eine »Hoffnung besserer Zeiten« hat quietistisch geprägte Radikale wie Marsay kaum bewegt. Ist also jene Definitionstrias nur zur Bestimmung der Anfänge des Pietismus ein geeignetes Instrumentarium?

Folgenschwere Beobachtungen und kräftige Impulse, bisherige Sichtweisen kritisch zu überdenken und möglicherweise zu revidieren, enthält Andreas Deppermanns Arbeit über Johann Jakob Schütz, die m. E. für die Vor- und Frühgeschichte des Pietismus belangreichste Untersuchung der letzten Jahre. Ihre Bedeutung ist eine mehrfache: Deppermann hat sich eingehend mit der religiösen Situation in Frankfurt am Main vor dem Wirken Speners beschäftigt und schon für die ersten beiden Drittel des 17. Jahrhunderts das Vorhandensein von spiritualistischen, kirchenkritischen Personen und Gruppen aufgezeigt, die zwar äußerlich meist in der reformierten Gemeinde beheimatet waren, jedoch ein die Konfessionskirchen transzendierendes und gegenüber deren Lehren indifferentes Christentum propagierten und Gemeinschaft mit Gleichgesinnten suchten. Deppermann konnte weiter beobachten, wie Schütz an diese Traditionen anknüpfte. Ferner weist er nach, wie die von Wallmann bei Spener festgestellten Neuerungen (jene drei Definitionskriterien für die Anfänge des Pietismus im engeren Sinn) zuerst von Schütz vertreten und erst mit einer zeitlichen Phasenverschiebung durch Spener übernommen wurden. So stellt sich die Frage nach den Anfängen des Pietismus in seiner kirchlichen und radikalen Gestalt, deren Verhältnis und Priorität noch einmal neu.[31] Auch an anderen Orten und in anderen Regionen lässt sich nicht nur schon in den Anfängen ein Miteinander radikaler und kirchlicher pietistischer Bestrebungen beobachten,[32] sondern dort, wo genauere Untersuchungen über die religiösen Verhältnisse im 17. Jahrhundert angestellt werden, kommt oft eine erstaunliche Kontinuität zu spiritualistischen Zirkeln[33] oder sogar

---

30 Vgl. [Eberhard Ludwig Gruber:] Gespräch und Unterredung Von der Wahren und Falschen Absonderung [...]. o.O. 1714. Hier wird ein strikter spiritualistischer Individualismus propagiert.

31 Vgl. hierzu die Bemerkungen von Deppermanns Doktorvater Wallmann [s. Anm. 6], 36–38.

32 Vgl. neuestens die Untersuchung von Bütikofer über Zürich [s. Anm. 28]; die Kontinuität spiritualistischer Ideen und Personen in der Stadt wird beleuchtet durch Urs Leu: Johann Jakob Ammann (1586–1658), Arzt und Theosoph. Der Aufsatz erscheint mit dem aufschlussreichen Überblick von Rudolf Dellsperger: Die Frühzeit des Radikalpietismus in der Schweiz (bis ca. 1750), in dem Sammelband: Der Radikalpietismus im schweizerischen und internationalen Beziehungsfeld. Hg. v. J. Jürgen Seidel. Zürich 2011.

33 Vgl. hierzu die Bemerkungen von Wallmann [s. Anm. 6], 36–38.

täuferischen Gruppierungen[34] zutage. Es zeigt sich an diesen Beispielen erneut, welche empfindlichen Lücken in unserer Kenntnis des 17. Jahrhunderts noch klaffen, nicht nur aber auch hinsichtlich der wenig beachteten religiös nonkonformistischen Personengruppen. Erst dann, wenn auch diese Lücken wenigstens teilweise geschlossen sind, wird es möglich sein, den Pietismus insgesamt in die größeren Zusammenhänge der Frömmigkeitsgeschichte der Frühen Neuzeit einzuordnen.

Deppermann resümiert:

> »Schütz war also Initiator und Motor der jungen Erneuerungsbewegung, ohne ihn hätte es den Pietismus (so) nicht gegeben. Es war allerdings Spener, der dafür sorgte, daß der Pietismus einen dauerhaften Ort *in* der Kirche fand und seine erneuernde Kraft dort fruchtbar werden konnte.«[35]

Es stellt sich dann die Frage, ob wir nicht in gewisser Weise und natürlich *mutatis mutandis* zu der Pietismuskonzeption Martin Schmidts zurückkehren, der im mystischen Spiritualismus den eigentlichen Wurzelboden des Pietismus sah.[36] Speners theologische Leistung habe darin bestanden, dass er die Anliegen, die in der Reformation keinen Raum in der evangelischen Kirche gefunden und neben der Kirche fortbestanden hätten, verkirchlicht, d.h. kirchlich integriert und in das reformatorische Erbe eingebunden und mit ihm verschmolzen habe. Dagegen handele es sich bei dem radikalen Flügel (den man eigentlich nach Schmidts Konzeption nicht dem Pietismus zurechnen kann) um den nicht im (*per definitionem* kirchlichen) Pietismus aufgegangenen, sondern an seiner Seite als Protestbewegung fortlebenden mystischen Spiritualismus. Wie auch immer sich die weitere Erforschung der Kontinuität von Gruppierungen und Ideen entwickeln mag, erscheint mir doch weiterhin der Gebrauch der Bezeichnung radikaler Pietismus deshalb sinnvoll, weil mit der durch Spener (und Undereyck) ausgelösten *Bewegung* eine neue Phase in der Geschichte der kirchenkritischen oder kirchenreformerischen Frommen des 17. Jahrhunderts begann.

Im Forschungsbericht habe ich das Auftauchen des Begriffs »radikaler« Pietismus im 19. Jahrhundert[37] und seine durch Ritschl geförderte Verwendung dargelegt, die sich in der neueren Forschung fast allgemein

---

34 Vgl. für die Pfalz und andere Gebiete die Dissertation von Marcus Meier [s. Anm. 24].

35 Deppermann [s. Anm. 26], 354.

36 Vgl. dazu mit Belegen Schneider: Forschungsbericht I, 25–28 [in diesem Band 21–25].

37 Für die Verwendung des Begriffs »Ende des 17. Jh. und durch das 18. Jh. hindurch« (so Martin Brecht: Art. »Pietismus«. In: TRE 26, 1996, 606-631, hier 616), kenne ich keine Belege.

durchgesetzt hat, wenn er auch immer wieder einmal problematisiert wird.[38] Es ist freilich allen auf diesem Feld Forschenden klar, dass es sich um einen »unscharfen« oder, wie ich seinerzeit formulierte, »multivalenten« Begriff handelt. Auch der in gewisser Hinsicht analog verwendete Begriff »radikale Reformation« birgt ähnliche Probleme, hat sich aber in den USA (nicht nur bei den Nachfahren der radikalen Reformation) durchgesetzt und auch in Deutschland Verbreitung gefunden; der Alternativbegriff des »linken Flügels« ist ja keineswegs eindeutiger.[39] Das Schicksal der begrifflichen Unschärfe oder Multivalenz teilt der Begriff »radikal« allerdings mit einer großen Zahl historischer und politischer Begriffe. Ich brauche nur an Epochenbegriffe wie »Mittelalter«, »Neuzeit« oder »Moderne« oder Adjektive wie »konservativ«, »liberal« zu erinnern. Es bedarf keines Universalienstreites, um festzustellen, dass die Bildung und Verwendung von Begriffen auf konventionellen Übereinkünften zur (vorläufigen) Verständigung beruhen. Wenngleich die Wirklichkeit nicht in den Begriffen subsistiert, sollte man doch bei der Begriffsbildung und -verwendung darauf achten, welche Konnotationen damit verbunden werden. Es ist naheliegend, dass Ritschl mit dem Begriff »radikal« eine andere Wertung assoziierte als etwa ein Forscher aus der Church of the Brethren. Und doch meinen sie beide den gleichen Personenkreis. So lange keine wirklich überzeugende Alternativbenennung vorgeschlagen wird, sollten wir getrost – im Wissen um die Probleme – weiter vom »radikalen« Pietismus sprechen.

Zur Bestimmung dessen, was »radikal« ist, haben sich Heterodoxie und/oder Separatismus[40] als Kriterien bewährt. Beide sind, wie ich dargelegt und an Beispielen aufgezeigt habe, nicht leicht zu handhaben.[41]

> »Bei der Reflexion der Kriterien Heterodoxie und Separation zeigt sich, daß man neben den von außen angelegten Maßstäben vor allem die Eigeninter-

38 Martin Brecht: Der radikale Pietismus – die Problematik einer historischen Kategorie. In: Der radikale Pietismus [s. Anm. 4], 11–18.

39 Kurt-Victor Selge hat zu der terminologischen Diskussion bemerkt: »›Links‹ ist freilich ein irreführendes parlamentarisches Bild, ›radikal‹ ein undeutliches Etikett. In der Kritik der mittelalterlichen Kirche war Luther ohne Zweifel der am meisten ins Herz treffende, also ›radikalste‹ Theologe. Ohne *seine* Radikalität wäre keiner der anderen ›linken‹ und ›radikalen‹ Reformatoren zur entsprechenden Wirkung gekommen, ja die meisten hätten ihre ›Radikalität‹ gar nicht erst entdeckt.« (Einführung in das Studium der Kirchengeschichte. Darmstadt 1982, 120, Anm. 135).

40 Zum Separatismus in der frühen Neuzeit vgl. Hans Schneider: Art. »Separatisten/Separatismus«. In: TRE 31, 1999, 153-160.

41 Schneider: Forschungsbericht II, 134–138 [in diesem Band 61-65].

> pretation der Betroffenen berücksichtigen muß. Letztlich kann man nur von ihrem Selbstverständnis ausgehend den Begriff »radikal« adäquat bestimmen.«[42]

Erhob ein Pietist selbst den Anspruch auf Übereinstimmung mit dem Bekenntnis seiner (Konfessions-) Kirche oder konnte er beteuern, »wie lange mir bereits alle falsch-gerühmten Orthodoxien zu wider gewesen seynd/ und ich dieselbigen würcklich bestritten habe«?[43] Auch bei dem scheinbar augenfälligen Kriterium der Separation ist nicht das äußere Verhalten entscheidend, sondern – und hier gehen Separatismus und Heterodoxie doch oft Hand in Hand – die devianten, vom reformatorischen Kirchenverständnis abweichenden ekklesiologischen Konzepte.[44]

Als drittes, für sich genommen freilich auch nicht eindeutiges Kriterium ließe sich noch der gesellschaftliche Nonkonformismus benennen, der bei radikalen Pietisten häufiger zu beobachten ist und in Protestverhalten, Verweigerungsritualen (z.B. Ablehnung der Teilnahme an Gottesdienst und Abendmahl) oder sogar Angriffsgebaren (etwa prophetische Drohgebärden und Drohreden) zum Ausdruck kam. Daneben gab es allerdings auch nicht wenige radikale Pietisten, die als Regierungsbeamte, Ärzte oder gar Pfarrer gesellschaftlich – wenigstens bis zu einem gewissen Grad – angepasst lebten.

Ich komme zu den Desideraten der Forschung. Alle grundsätzlichen und besonderen Aufgaben, die ich in dem einstigen Forschungsbericht genannt habe, bleiben nach wie vor wichtige Anliegen.[45] Ich will sie hier nicht alle wiederholen. Die neuesten Forschungen, auch die Referate auf dieser Tagung [Der radikale Pietismus. Perspektiven der Forschung, Marburg 2007], haben zu etlichen der genannten Themen und Themenaspekte bedeutsame und weiterführende Beiträge erbracht. Ich möchte jetzt nur einige spezielle *pia et necessaria desideria* noch einmal aufgreifen und ergänzen und beginne mit den Quellen.

Über die radikalpietistische Literaturproduktion besitzen wir noch keine annähernd vollständige Übersicht. Diese Feststellung gilt trotz der seit 1989 vorliegenden bewundernswerten Leistung von Hans-Jürgen Schrader,

---

42 Schneider: Forschungsbericht II, 138 [in diesem Band 65].

43 [Conrad Bröske:] Ein Send-Schreiben an den im Urtheile verrückten Democritum [...]. o.O. [Offenbach] 1700, 17.

44 Vgl. Hans Schneider: Understanding the Church – Issues of Pietist Ecclesiology. In: Pietism and Community in Europe and North America: 1650-1850 (Atlanta 2.-4. Nov. 2006). Hg. v. Jonathan Strom [u.a.]. Leiden 2010 (Religious history and culture series, 4), 15-35.

45 Forschungsbericht II, 140. [in diesem Band 68]

der die Druckerzeugnisse der Verlage an drei Zentren radikalpietistischer Produktion (Offenbach, Idstein, Berleburg) zusammengestellt und darüber hinaus noch eine Fülle anderer radikalpietistischer Publikationen nachgewiesen hat.[46] (Von der zeitraubenden Mühe dieser aufwändigen bibliographischen Recherchen mit zahllosen, wiederholten und oft ergebnislosen Fernleihbestellungen, die durch die Zentralkataloge der Bundesrepublik und der DDR kursierten, können sich jüngere Forscher im Zeitalter von OPACs und KVK und anderer wunderbarer elektronischer Hilfsmittel, die die gewünschte Information in Sekundenschnelle auf den heimischen Bildschirm liefern, wohl kaum noch eine adäquate Vorstellung machen.) Von anderen Verlagen und Druckorten radikalpietistischer Literatur (z.B. der o.g. Offizin von Regelein und Stöhr in Büdingen, von Walther in Leipzig[47], von den Druckereien in Homburg vor der Höhe[48]) besitzen wir noch keine vergleichbaren Listen. Fortschritte kann auch ein VD 18 bringen. Allerdings schleppen die Bibliothekskataloge und ihre Überführung in elektronische Datenbanken auch zahlreiche Irrtümer weiter. Das betrifft vor allem anonyme, pseudonyme oder kryptonyme Veröffentlichungen, die nicht selten falschen Verfassern zugewiesen sind. Überdies kann kein Katalog die Autopsie ersetzen. Es begegnen z.B. immer wieder einmal verschiedene Drucke einer Schrift aus demselben Jahr, deren Titelblätter sich nur durch abweichenden Zeilenfall unterscheiden, also bei der Auflistung in Katalogen gar nicht als unterschiedliche Drucke registriert werden. Vorbildlich sind manche Quellenverzeichnisse, die einigen neueren Untersuchungen beigegeben wurden. Ich nenne als ein Beispiel für andere Ulf-Michael Schneiders Zusammenstellung der Druckwerke der Inspirierten.[49] (Konstanze Grutschnig-Kieser ist es jetzt sogar gelungen, Homburg vor der Höhe als zeitweiligen Druckort der »Extracta« zu ermitteln.[50])

Noch wichtiger erscheint mir allerdings die Erschließung weiteren handschriftlichen Materials, vor allem von Korrespondenzen, aber auch von Manuskripten, die zunächst handschriftlich in Umlauf waren, bevor sie gedruckt wurden oder aber ungedruckt blieben. Die bedeutendsten

---

46 Schrader [s. Anm. 23].

47 Zu Walther vgl. die Hinweise bei Rainer Lächele: Die »Sammlung auserlesener Materien zum Bau des Reichs Gottes« zwischen 1730 und 1760. Erbauungszeitschriften als Kommunikationsmedium des Pietismus. Tübingen 2006 (Hallesche Forschungen, 18), 49–68.

48 Vgl. dazu jetzt Grutschnig-Kieser [s. Anm. 25], 230–249.

49 U.-M. Schneider [s. Anm. 19], 207–229.

50 Grutschnig-Kieser [s. Anm. 25], 260–263.

Fortschritte der neueren und neuesten Forschung sind durch die Auswertung handschriftlicher Quellen erzielt worden. In dem Archiv der Frankeschen Stiftungen in Halle, dem Archiv der Evangelischen Brüderunität in Herrnhut, der Universitäts- und Forschungsbibliothek Erfurt-Gotha, dem Senckenberg-Archiv Frankfurt/Main, der Herzog-August-Bibliothek Wolfenbüttel und an zahlreichen anderen Orten lagern noch sehr viele ungehobene Schätze! Nach wie vor schwer zugänglich und oft schlecht erschlossen sind Handschriftbestände in adeligen Privatarchiven und -bibliotheken, was besonders im Blick auf die wissenschaftliche Erforschung der »frommen Grafenhöfe« ein bedauerliches Hindernis darstellt.

Die Erforschung des radikalen wie die des Pietismus insgesamt wird künftig von den zunehmenden Angeboten der Kataloge, Quellen und Literatur in digitalisierter Form profitieren. Schon jetzt bieten die elektronischen Ressourcen der meisten Bibliotheken und einer wachsenden Zahl von Archiven höchst nützliche Instrumente für die Forschung. Ein brauchbares Hilfsmittel stellt auch das an der Staatsbibliothek Berlin angesiedelte Verbundinformationssystem für Nachlässe und Autographen »Kalliope« dar, das freilich nur einen kleinen Bruchteil des handschriftlichen Materials erfasst und ebensowenig wie andere elektronische Kataloge und Datenbanken von Fehlern frei ist.[51] Mit dem Projekt eines Informationssystems »Pietismusforschung online«, das von dem Studienzentrum August Hermann Francke in Halle in Abstimmung mit dem Interdisziplinären Pietismuszentrum Halle und der Historischen Kommission zur Erforschung des Pietismus aufgebaut wird,[52] werden sich neue Recherchemöglichkeiten zu archivalischen Quellen und zur Forschungsliteratur eröffnen. Für die unerlässlichen prosopographischen Recherchen wird das jetzt schon zugängliche bio-bibliographische Register zum Hauptarchiv der Franckeschen Stiftungen[53] den Grundstock einer künftigen Datenbank bieten. Auf die 42 »Extracta« bzw. »Sammlungen aus dem Diario der wahren Inspirationsgemeinden« als ein Hilfsmittel für die pietistische Prosopographie – gerade auch mit Blick auf literarisch nicht in Erscheinung tretender Personenkreise – habe ich bereits früher hingewiesen.[54] Da dort

51 So hat sich etwa die Angabe, dass sich zahlreiche Briefe des Grafen Zinzendorf und andere Dokumente aus seinem Umfeld im Brüderhaus Tabor in Marburg befänden, als Fehlmeldung erwiesen. Leider sind die Meldungen und Vorlagen, aus denen die digitalisierten Angaben stammen, nicht aufbewahrt worden, so dass sich nicht rekonstruieren lässt, wie die Fehler zustande kamen.

52 Vgl. http://www.francke-halle.de/main/index2.php?cf=3_5.

53 Siehe http://www.francke-halle.de/francke.htm/archiv/gk/.

54 Schneider, Forschungsbericht II, 146 [in diesem Band 75].

in den redaktionellen Rahmungen der inspirierten »Aussprachen« jeweils pietistische Gesinnungsfreunde, bei denen die reisenden Propheten und ihre Schreiber einkehrten, und einige Teilnehmer an den Versammlungen namentlich genannt, aber etwa auch Wertungen über Behördenvertreter und Ortspfarrer abgegeben werden, sind diese Notizen eine ergiebige Fundgrube.

Wissenschaftliche Editionen aus dem Bereich des radikalen Pietismus liegen bisher nur in kleiner Zahl vor. In der Reihe *Texte zur Geschichte des Pietismus* sind immerhin einige Bände der Abteilung 5: Tersteegen herausgekommen, darunter die besonders aufschlussreichen Ausgaben der niederländischen und deutschen Briefe.[55] Ebenfalls ist eine sorgfältig kommentierte Auswahl von Briefen Fleischbeins und Marsays erschienen.[56] Auf die mehrbändige Ausgabe von Reitz' *Historie der Wiedergebohrnen* mit ihrem ausführlichen wissenschaftlichen Nachwort habe ich schon im Forschungsbericht hingewiesen.[57] Eine geplante Faksimile-Ausgabe der Hauptschriften Arnolds in Einzelausgaben im Verlag Frommann-Holzboog wurde schon Ende der 1960er Jahre nach dem Erscheinen von nur zwei Bänden eingestellt;[58] die *Unparteiischen Kirchen- und Ketzerhistorie* (in der Ausgabe von 1729) wurde als Faksimile in einem andern Verlag (Olms) nachgedruckt.[59] Eine Auswahlausgabe der *Ersten Liebe* habe ich in den *Kleinen Texten* vorgelegt.[60] Editionen von Arnolds Gießener Antrittsvorlesung und seinem *Offenherzigen Bekenntnis* sind in Vorbereitung. In den *Kleinen Texten* sind auch autobiographische Texte des Inspiriertenprophe-

---

55 Briefe in niederländischer Sprache. Hg. v. Cornelis Pieter van Andel. Göttingen 1982 (TGP, V,8); Briefe 1-2. Hg. v. Gustav Adolf Benrath. Gießen, Göttingen 2008 (TGP, V,7/1-2).

56 Knieriem u. Burkardt [s. Anm. 21].

57 Vgl. dazu Schneider, Forschungsbericht II, 126 [in diesem Band 51].

58 Gottfried Arnold: Hauptschriften in Einzelausgaben. [Bd. 1:] Das Geheimnis der göttlichen Sophia. Faks.-Neudr. d. Ausg. Leipzig 1700. Mit einer Einführung von Walter Nigg. Stuttgart, Bad Cannstatt 1963; Bd. 2: Historie und Beschreibung der mystischen Theologie [oder geheimen Gottes-Gelehrtheit]. Faks.-Neudr. d. Ausg. Frankfurt/Main 1703, Stuttgart, Bad Cannstatt 1969.

59 Gottfried Arnold: Unparteiische Kirchen- und Ketzerhistorie vom Anfang des Neuen Testaments bis auf das Jahr Christi 1688. Reprograf. Nachdr. d. Ausg. Frankfurt/Main, Fritsch, 1729. Hildesheim 1967; 3. Nachdr. d. Ausg. Frankfurt/Main, Fritsch, 1729. Hildesheim [u.a.] 2008.

60 Gottfried Arnold: Die erste Liebe. Hg. v. Hans Schneider. Leipzig 2002 (KTP, 5).

ten Rock erschienen.[61] Nur von einem radikalen Pietisten liegt eine vollständige Werkausgabe vor: von dem Gründer und Wortführer der Schwarzenauer Neutäufer, Alexander Mack sen. – leider nur in z.T. fehlerhafter englischer Übersetzung und ganz unzureichender Kommentierung.[62]

Auf dem Feld der Editionen, das freilich mit viel mühe- und entsagungsvoller Arbeit bestellt werden muss und deren Früchte erst nach längerer Reifezeit geerntet werden können, ist noch viel zu tun.[63] Oft scheitern die Projekte leider an fehlenden finanziellen und personellen Ressourcen.

Der überwiegende Teil der neueren monographischen Arbeiten ist biographisch ausgerichtet, einzelnen Personen oder Gemeinschaften gewidmet. Diese thematische Orientierung an Einzelgestalten oder Gruppen eignet sich nach meiner Erfahrung recht gut für Dissertationen, um die es sich zumeist handelt. Die Ergebnisse solcher Studien können gleichsam Brückenköpfe zur Erschließung übergreifender thematischer Zusammenhänge sein.[64]

---

61 Johann Friedrich Rock: Wie ihn Gott geführet und auf die Wege der Inspiration gebracht habe. Autobiographische Schriften. Hg. v. Ulf-Michael Schneider. Leipzig 1999 (KTP, 1).

62 The Complete Writing of Alexander Mack. Hg. v. William R. Eberly. Winona Lake/Ind. 1991. – Beispiele für Fehlübersetzungen oder den Sinn entstellende Druckfehler: »Christ is the sum of grace« (10) anstatt »Christ is the sun of grace« (»Gnadensonne«; aus dem – nicht identifizierten – Lied »Freuet euch, ihr Christen alle« von Christian Keimann, 1646, EG 34); »to lie [!] together« anstatt »to live together« (62), »(live in Christ) as a fruitful wine« (66) anstatt »vine« (Rebe), »he will bear« anstatt »he will hear« (84). Die Kommentierung umfasst nur fünf Anmerkungen des Übersetzers für 115 Seiten und einige in Klammern in den Text eingefügte Erläuterungen. Der Apologet und Märtyrer Justin wird mit Kaiser Justinian (57 zweimal) verwechselt, Ludwig der Fromme mit dem byzantinischen Kaiser Leo V. (59). Die zitierten antiken und mittelalterlichen Autoren werden nicht identifiziert und die Herkunft der Zitate (z.T. aus Gottfried Arnolds *Erste Liebe* sowie seiner *Kirchen- und Ketzerhistorie*) nicht nachgewiesen. Zu den handschriftlichen Marginalien Macks vgl. Hans Schneider: Alexander Mack's Notes about Immersion Baptism in His Personal Bible. In: BLT, 2003, 18-28 [in diesem Band 289-299].

63 Zu den fehlenden historisch-kritischen Werkausgaben im Allgemeinen als Defizit der bisherigen Pietismusforschung vgl. Hartmut Lehmann: Aufgaben der Pietismusforschung im 21. Jahrhundert. In: Interdisziplinäre Pietismusforschungen. Beiträge zum Ersten Intenationalen Kongress für Pietismusforschung 2001. Hg. v. Udo Sträter [u.a.]. Halle/Saale, Tübingen 2005, 3–18, hier 8.

64 Ich nenne als Beispiele die Arbeiten von Willi Temme über die Buttlarsche Sozietät [s. Anm. 16], in der die »Krise der Leiblichkeit« in den Mittelpunkt rückt, und von Marcus Meier [s. Anm. 24] über die Anfänge der Schwarzenauer Täufer, die in die Zusammenhänge von Täufertum und Pietismus führt.

Eine Reihe von Wortführern der radikalen »Szene« sind durch diese Arbeiten in ein helleres Licht gestellt worden, während andere Personen und Gruppen noch der besseren Beleuchtung harren. Auf das Desiderat einer Untersuchung über Andreas Groß, den Ritschl den »Mittelpunkt aller Separatisten in Westdeutschland«[65] nannte, habe ich schon im Forschungsbericht hingewiesen.[66] Der von Gertraud Zaepernick († 2005) geplante größere Aufsatz über Groß ist leider nicht zustande gekommen. Noch recht wenig wissen wir bisher über eine andere Schlüsselfigur unter den Frankfurtern, Christian Fende[67], der mit Johann Jakob Schütz und Johanna Eleonore von Merlau zu der ersten Generation der radikalen Pietisten gehörte. Fende zählt mit dem aus Thüringen stammenden Christoph Seebach, der eine Zuflucht im Wittgensteiner Land fand, zu den »Arianern«, die wegen ihrer antitrinitarischen Anschauungen mit ihren radikalpietistischen Gesinnungsfreunden in heftige Konflikte gerieten.[68] Die Herkunft ihrer antitrinitarischen, »arianischen« Anschauungen ist noch völlig ungeklärt. Sie sind eine weitere Illustration für das breite traditionsgeschichtliche Spektrum der Einflüsse, die bei den verschiedenen Personen und Gruppen des radikalen Lagers unterschiedlich wirksam wurden.

Ein wichtiges Desiderat, zumal für die Betrachtung der fließenden Übergänge von kirchlichem und radikalem Pietismus, sind Studien zu den »frommen Grafenhöfen«. Nach der Studie von Friedrich Wilhelm Barthold[69] Mitte des 19. Jahrhunderts hat Hans Walter Erbe vor acht Jahrzehnten die Erforschung des frommen hohen Adels durch seine Dissertation weiter vorangetrieben, jedoch gerade die besonders aufschlussreichen Wetterauer und Wittgensteiner Grafen ausgenommen, da sie besser in anderem Zusammenhang behandelt werden könnten.[70] Obwohl diese Höfe in den Ar-

---

65 Albrecht Ritschl: Geschichte des Pietismus. Bd. 2. Bonn 1884 (Reprint: Berlin 1966), 364.

66 Forschungsbericht II, 145f Anm. 301 [in diesem Band 74 Anm. 308]. Vgl. auch meine Bemerkungen in Geschichte des Pietismus. Bd. 2 [s. Anm. 4], 159 u.ö.

67 Eine Dissertation von Thomas Habegger ist in Vorbereitung.

68 Vgl. Schneider: Geschichte des Pietismus. Bd. 2, 158 und 165.

69 Friedrich Wilhelm Barthold: Die Erweckten im protestantischen Deutschland während des 17. und der ersten Hälfte des 18. Jahrhunderts, besonders die Frommen Grafenhöfe. In: Historisches Taschenbuch 3. Folge, 3, 1852, 129-320; 4, 1853, 169-390 [Reprint: Darmstadt 1968]. Keine wesentlich neuen Aspekte bot Rudolf Kayser: Von pietistischen Fürstenhöfen. In: PrBl 60, 1927, 106-108, 124-125, 148-149, 174-178, 193-194, 210-211.

70 Hans-Walter Erbe: Zinzendorf und der fromme hohe Adel seiner Zeit. Diss. phil. Leipzig 1928 [Reprint in: Zinzendorf, Materialien und Dokumente. Reihe 2. Hg. v.

beiten von Renkewitz und anderen berührt werden, fehlen doch neue eingehendere Untersuchungen.[71]

Wenig sichere Angaben besitzen wir bisher über die soziale Herkunft und Struktur der radikalpietistischen Gruppierungen. Meine vorläufigen Beobachtungen[72] müssen nach den Untersuchungen Deppermanns und Bütikofers[73] mit Blick auf die größeren Städte ergänzt und modifiziert werden.

Hartmut Lehmann hat in seinem Vortrag über die Aufgaben der Pietismusforschung im 21. Jahrhundert auf dem Ersten Internationalen Pietismuskongress in Halle beklagt, dass »innovative Fragestellungen der neueren [historischen] Forschung zu selten und wenn, dann nur zögernd auf die verschiedenen Aspekte der pietistischen Bewegung angewandt« werden. Aus den Sektionen des Historikertages in Oslo 2000 nennt er folgende Themen: »Die Bedeutung der Erinnerung und die Konstruktion kollektiver Identität; die Instrumentalisierung der Geschichte; die Bilanz der Geschichtsschreibung des 20. Jahrhunderts; millennarische Bewegungen und deren Geschichtsverständnis; die Auseinandersetzung mit neuen wissenschaftlichen Erkenntnissen; Formen der Kommunikation.« Ferner führt er als Beispiele Familienstrukturen, Rolle der Frauen, Bedeutung von Arbeit und Beruf und anderes an. »Alle diese Fragestellungen ließen sich unschwer auch auf den Pietismus anwenden.«[74]

Einige dieser interessanten Fragestellungen sind durchaus schon in der älteren Forschung in den Blick genommen – wenngleich nicht mit dem heutigen methodischen Instrumentarium – und in einigen neueren Untersuchungen aufgegriffen worden, sodass mindestens einige wichtige Vorarbeiten zur Verfügung stehen. Ich denke an die zahlreichen Untersuchungen zu Arnolds Geschichtsverständnis[75] (Instrumentalisierung der

Erich Beyreuther u. Gerhard Meyer. Bd. 12. Hildesheim 1975].

71 Zu Laubach vgl. Rüdiger Mack: Christlich-toleranter Absolutismus. Veit Ludwig von Seckendorff und sein Schüler Graf Friedrich Ernst zu Solms-Laubach. In: Mitteilungen des Oberhessischen Geschichtsvereins Giessen 82, 1997, 3–135; Jutta Taege-Bizer: Pietistische Herrscherkritik und dynastische Herrschaftssicherung. Die »mütterlichen Vermahnungen« der Gräfin Benigna von Solms-Laubach. In: Dynastie und Herrschaftssicherung in der Frühen Neuzeit. Geschlechter und Geschlecht. Hg. v. Heide Wunder. Berlin 2002 (ZHF, 28 Beiheft), 93-112. Zu den Wittgensteiner Grafen ist eine Arbeit von Ulf Lückel in Vorbereitung.

72 Geschichte des Pietismus. Bd. 1, 397f.

73 Wie oben Anm. 25 und 27.

74 Lehmann [s. Anm. 63], 9f.

75 Vgl. Hans Schneider: Arnold-Literatur 1714–1993. In: Blaufuß u. Niewöhner [s. Anm. 12], 415-424.

Geschichte), zum pietistischen Chiliasmus (millennarische Bewegungen), zu Ehe, Familie und Sexualität,[76] zu Produktion und Vertrieb radikalpietistischer Literatur,[77] zum Zeitschriftenwesen[78] (Formen der Kommunikation) usw. Hieran können künftige Projekte anschließen,[79] die freilich eine breitere Erschließung der Quellen – und teilweise anderer Quellengattungen als gemeinhin herangezogen worden sind – verlangen.

Mehr Aufmerksamkeit als bisher verlangt die Vernetzung der radikalen Pietisten in Deutschland mit solchen in anderen Ländern. Die Verbindungen zwischen der Schweiz und Deutschland sind schon immer beachtet worden,[80] aber es lohnt sich, auch die Beziehungen der deutschen Radikalen zu den Gesinnungsfreunden in anderen Gebieten in den Blick zu nehmen.[81] Das Geschick der nach Nordamerika emigrierten radikalen Pietisten hat sowohl die deutsche wie amerikanische Forschung interessiert und ihre Beziehungen zur alten Heimat haben Beachtung gefunden. Für die aus den Schwarzenauer Neutäufern erwachsene Church of the Brethren hat Donald Durnbaugh viele Recherche- und Erschließungsarbeiten geleistet.[82]

---

76 Nach der alten Darstellung von Fritz Tanner: Die Ehe im Pietismus. Zürich 1952, vgl. zum radikalen Pietismus bes. die thematisch einschlägige Dissertation von Willi Temme [s. Anm. 15] sowie die Aufsätze von Wolfgang Breul: Gottfried Arnold und das eheliche und unverehelichte Leben. In: Alter Adam und neue Kreatur. Pietismus und Anthropologie. Beiträge zum II. Internationalen Kongress für Pietismusforschung 2005. Hg. v. Udo Sträter. Tübingen 2009 (Hallesche Forschungen, 28,1), 357-369, und ders.: Marriage and Marriage-Ciriticism in Pietism: Philipp Jacob Spener, Gottfried Arnold and Nikolaus Ludwig von Zinzendorf. In: Strom [s. Anm. 44], 37-53.

77 Vgl. Schrader [s. Anm. 23].

78 Vgl. Lächele [s. Anm. 46]; zur »Kommunikation zwischen Pietisten«: 149-164; zur *Geistlichen Fama* als radikalpietistischem Organ: 141-146.

79 Ich nenne hier exemplarisch das von Wolfgang Breul geleitete DFG-Projekt »Die Ehe im Pietismus des Alten Reichs (ca. 1680-1750)« sowie die von ihm und Jan Carsten Schnurr 2011 durchgeführte Tagung »Geschichtsbewußtsein und Zukunftserwartung in Pietismus und Erweckungsbewegung«.

80 Vgl. die in Anm. 1 und 32 genannten Aufsätze von Rudolf Dellsperger.

81 Vgl. Hans Schneider: Beziehungen deutscher radikaler Pietisten zu Skandinavien. In: Der Pietismus in seiner europäischen und außereuropäischen Ausstrahlung. Hg. v. Esko Laine. Helsinki 1992 (Veröffentlichungen der finnischen Gesellschaft für Kirchengeschichte, 157), 101-128 [in diesem Band 353-378]. Vgl. insgesamt die Beiträge zu den einzelnen Ländern in der Geschichte des Pietismus. Bd. 1 und 2 [s. Anm. 4], in denen meist auch die radikalen Erscheinungen dargestellt werden.

82 Genannt seien die von Durnbaugh edierten Quellensammlungen in englischer Übersetzung: European Origins of the Brethren. A source book on the beginnings of the Church of the Brethren in the early 18. Century. Elgin/Ill. 1958 [Reprint: 1986]; The Brethren in Colonial America. A source book on the transplantation and devel-

Neben den schon bekannten Quellen, die eine intensive fortbestehende Kommunikation zwischen Emigranten und Zurückgebliebenen belegen,[83] gibt es noch solche, die der Auswertung harren. Als Beispiel nenne ich die Briefe, die August Gottlieb Spangenberg 1734–1759 aus Pennsylvania, Georgia und North Carolina nach Herrnhut schrieb; darin finden sich wertvolle Angaben über Schwenckfelder und radikale Pietisten.[84] Auch in dem Archiv der Amana Church Society in Amana/Iowa werden noch Zeugnisse über die Kontakte zu den deutschen Inspirationsgemeinden aufbewahrt.

Unter Vernetzung kann aber nicht nur die gleichzeitige Kommunikation verstanden werden, sondern auch die wechselseitigen Einflüsse in der Vergangenheit. Während die traditionsgeschichtlichen Linien, die vom radikalen Pietismus zurück zum mystischen Spiritualismus (und Täufertum) führen, schon in der Polemik der zeitgenössischen Gegner Aufmerksamkeit erregten und bis in die neueste Forschung rege diskutiert werden, war es in der Forschung um die Einwirkungen des Quietismus[85] auf radikale Pietisten zeitweise stiller geworden. Die Referate der Tagung »Jansenismus, Quietismus, Pietismus«[86] zeigen aber ein neues Interesse am Thema und dokumentieren die Fruchtbarkeit eines Austausches zwischen deutscher und französischer Forschung (wünschenswert wäre auch die Einbeziehung der italienischen). Die schon mehrfach genannte Auswahledition des Briefwechsels von Fleischbein und Marsay sowie die Edition der Tersteegen-Briefe bieten eine solide Quellenbasis für weitere Studien.

opment of the church of the Brethren in the eighteenth century. Elgin/Ill. 1967; sowie seine Gesamtdarstellung: The Fruit of the Vine. A History of the Church of the Brethren, 1708–1995. Elgin/Ill. 1997.

83 Eine Publikation Durnbaughs aus seinen letzten Lebensjahren war: Advice to prospective immigrants. Two communications to Germany from Pennsylvania in the 1730s. In: Yearbook of German-American Studies 35, 2000, 57-72.

84 Archiv der Evangelischen Brüderunität Herrnhut, Signaturen: R.14.A und R.14.B.

85 Zum Quietismus vgl. den Überblick bei Hans Schneider: Art. »Quietismus«. In: RGG[4] 6, 2003, 1865-1868. Für den Einfluss des Quietismus auf den radikalen Pietismus ist immer noch sehr belehrend und anregend Heinrich Heppe: Geschichte der quietistischen Mystik in der katholischen Kirche. Berlin 1875 [Reprint: Hildesheim 1978], 490-521 (»Die quietistische Mystik in der evangelischen Kirche«).

86 Jansenismus, Quietismus, Pietismus. Hg. v. Hartmut Lehmann [u.a.]. Göttingen 2002 (AGP, 42). Für das Verhältnis von Qietismus und radikalem Pietismus besonders relevant sind die Beiträge von Hans Peter Marti: Der Seelenfrieden der Stillen im Lande. Quietistische Mystik und radikaler Pietismus – das Beispiel Gottfried Arnolds, 92-105, sowie Hans-Jürgen Schrader: Madame Guyon, Pietismus und deutschsprachige Literatur, 189-225.

Ein besonders wichtiges Desiderat ist eine sorgfältig kommentierte Ausgabe der Autobiographie Marsays, die allerdings vor erhebliche editorische Probleme stellt.[87]

Es gäbe noch zahllose sinnvolle Forschungsprojekte, vor allem wenn man andere Fächer wie die Literaturgeschichte,[88] die Musikgeschichte, die Medizingeschichte usw. in die Desideratenliste einbezöge. Doch es drängt sich die Frage auf: Wer soll das alles bewerkstelligen? Die Erfahrungen der Kongresse und Tagungen zur Pietismusforschung in Deutschland, Europa und Nordamerika, die Begegnung mit vielen Nachwuchsforscherinnen und -forschern lassen mich aber optimistisch sein, dass künftig viele der anstehenden Forschungsaufgaben Bearbeiter und Bearbeiterinnen finden werden – diesseits und jenseits des Atlantik. Die größte Freude für einen Forscher ist es, wenn die Forschung weitergeht und neue Erträge bringt. Mit Blick auf die Erforschung des radikalen Pietismus gilt auch weiterhin:

> »Die Aufgabe einer gründlichen Erkundung ist mehr als nur ein Hobby für Liebhaber kirchengeschichtlicher Exotik und Sammler theologischer Kuriositäten; eine genauere Kenntnis des radikalen Pietismus ist nicht allein unerläßlich, um ein zutreffendes Bild von der Gesamterscheinung des Pietismus zu gewinnen, sondern kann auch für das kirchengeschichtliche Verständnis des 17. und 18. Jahrhunderts nicht entbehrt werden.«[89]

---

87 Das französisch geschriebene Original oder Kopien davon sind bislang nicht aufgefunden worden. Von der deutschen Übersetzung existieren zwei Versionen, die auch in der Gliederung der Abschnitte voneinander abweichen: die eine ist als Abschrift des Tersteegen-Schülers Wilhelm Weck im Archiv der Evang. Kirche des Rheinlands (Signatur: BM 4/1), die andere ist abgedruckt bei Ernst Joseph Gustav de Valenti: System der höheren Heilkunde für Aerzte, und Seelsorger. Bd. 2. Elberfeld 1827, 153-462. Die Auszüge in französischer Sprache bei Eugène Ritter: Magny et le Piétisme romand. In: Mémoires de la société d'histoire de la Suisse romande. Serie 2. Bd. 3. Lausanne 1891, 255-324, hier 289ff., bieten nicht den Originaltext, sondern sind Rückübersetzungen aus dem Deutschen.

88 Hans Georg Kemper hat in den einschlägigen Bänden seiner Lyrikgeschichte den innovativen Kräften des radikalen Pietismus, seiner Vorgeschichte und seinen Nachwirkungen gebührende Beachtung geschenkt; vgl. bes. Hans-Georg Kemper: Deutsche Lyrik der frühen Neuzeit. Bd. 5/1: Pietismus und Aufklärung. Tübingen 1991. Ein Beispiel dafür, welche neuen Perspektiven sich eröffnen können, zeigt auch eindrücklich der Beitrag von Hans-Jürgen Schrader: »Werd ein Kind!« im »Wunderhorn«. In: Der radikale Pietismus [s. Anm. 1], 419-449.

89 Schneider, Forschungsbericht II, 150f. [in diesem Band 80].

Verzeichnis der Erstveröffentlichungsorte

Der radikale Pietismus in der neueren Forschung. In: PuN 8, 1982, 15-42; PuN 9, 1983, 117-151.

Gottfried Arnolds angebliche Schweizreise im Jahre 1699. In: ThZ 41, 1985, 434-439.

Gottfried Arnold in Gießen. In: Dietrich Blaufuß u. Friedrich Niewöhner (Hg.): Gottfried Arnold (1666-1714). Mit einer Bibliographie der Arnold-Literatur ab 1714. Wiesbaden 1995 (Wolfenbütteler Forschungen, 61), 267-299.

Cyprians Auseinandersetzung mit Gottfried Arnolds »Kirchen- und Ketzerhistorie«. In: Ernst Koch u. Johannes Wallmann (Hg.): Salomo Cyprian (1673-1745) zwischen Orthodoxie, Pietismus und Frühaufklärung. Gotha 1996 (Veröffentlichungen der Forschungs- und Landesbibliothek Gotha, 34), 111-135.

»Mit Kirchengeschichte, was hab' ich zu schaffen?« Goethes Begegnung mit Gottfried Arnolds Kirchen- und Ketzerhistorie. In: Hans-Georg Kemper u. Hans Schneider (Hg.): Goethe und der Pietismus. Halle u. Tübingen 2001 (Hallesche Forschungen, 6), 79-110.

Gottfried Arnold. Die Erste Liebe., Leipzig 2002 (Kleine Texte zur Geschichte des Pietismus, 5), 187-208.

The Attitude of Pietists towards Anabaptism. In: Stephen L. Longenecker (Hg.): The Dilemma of Anabaptist Piety. Bridgewater/Va. 1997, 47-55.

Hochmann von Hochenau and Inspirationism. A Newly Discovered Letter. In: BLT 25, 1980, 199-222.

Basic Questions on Water Baptism: An Early Anti-Brethren Pamphlet. In: David B. Eller (Hg.): From Age to Age: Historians and the Modern Church. A Festschrift for Donald F. Durnbaugh (BLT 42). Elgin, Ill. 1997, 31-63.

Alexander Mack's Notes about Immersion Baptism in His Personal Bible. In: BLT, 2003, 18-28.

Das Platonisch-hermetische Christenthum – Ehre Gott Daniel Colbergs Bild des frühneuzeitlichen Spiritualismus. In: Nicola Kaminski [u.a.] (Hg.):

Hermetik. Literarische Figurationen zwischen Babylon und Cyberspace. Tübingen 2002, 21-42.

Ein zeitgenössischer Bericht über den Wittgensteiner Pietismus zu Beginn des 18. Jahrhunderts. In: Johannes Burkardt u. Bernd Hey (Hg.): Von Wittgenstein in die Welt. Radikale Frömmigkeit und religiöse Toleranz. Bielefeld 2009 (Beiträge zur Westfälischen Kirchengeschichte, 35), 127-156.

Beziehungen deutscher radikaler Pietisten zu Skandinavien. In: Esko M. Laine (Hg.): Der Pietismus in seiner europäischen und außereuropäischen Ausstrahlung. Helsinki 1992 (Veröffentlichungen der finnischen Gesellschaft für Kirchengeschichte, 157), 101-128.

Die unerfüllte Zukunft. Apokalyptische Erwartungen im radikalen Pietismus um 1700. In: Manfred Jakubowski [u.a.] (Hg.): Jahrhundertwenden. Endzeit- und Zukunftsvorstellungen vom 15. bis zum 20. Jahrhundert. Göttingen 1999, 187-212.

Rückblick und Ausblick, in: Wolfgang Breul, Marcus Meier u. Lothar Vogel (Hg.): Der radikale Pietismus. Perspektiven der Forschung. Göttingen 2010 (AGP, 55), 451-467.

Personen- und Ortsindex

Es wurden nur historische Orts- und Personennamen aufgenommen. Biblische Personen blieben unberücksicht. Kursive Seitenzahlen verweisen auf die Anmerkungen der Seite, fett gedruckte Seitenzahlen auf komplette Aufsätze dieses Bands.

Friedrich Christoph Oetinger
Genealogie der reellen Gedancken eines Gottes-Gelehrten.
Eine Selbstbiographie

Stefan Michel/
Andres Straßberger (Hrsg.)

Eruditio – Confessio – Pietas

Kontinuität und Wandel in der lutherischen Konfessionskultur am Ende des 17. Jahrhunderts. Das Beispiel Johann Benedikt Carpzovs (1639–1699)

Leucorea-Studien zur Geschichte der Reformation und der Lutherischen Orthodoxie (LStRLO) | 12

436 Seiten, Hardcover
ISBN 978-3-374-02725-5
EUR 48,00 [D]

Dokumentiert werden die Ergebnisse eines interdisziplinären Arbeitsgespräches über den spätorthodoxen Leipziger Universitätstheologen und Kirchenmann Johann Benedikt Carpzov (1639–1699). Durch die Stilisierung seiner Gegner zum »orthodoxen Eiferer« ist er der Kirchengeschichtsschreibung als Hauptwidersacher August Hermann Franckes bei den Leipziger pietistischen Unruhen von 1689/90 bekannt. Tatsächlich fällt er durch enorme Gelehrsamkeit auf dem Gebiet des Alten Testaments (Eruditio), entschiedene lutherische Bekenntnisorientierung (Confessio) und eine lebendige »orthodoxe« Frömmigkeit (Pietas) auf. Sein Verhältnis zu Gottfried Thomasius, Philipp Jakob Spener oder Johannes Schnelle wird beleuchtet und seine Predigtweise an mehreren Beispielen ausführlich dargestellt. Die Publikation bietet neben einer Bibliographie der Leichenpredigten Carpzovs auch eine Edition der für die Pietismusforschung wichtigen Rektoratsrede zum Pfingstfest 1691.

EVANGELISCHE VERLAGSANSTALT
Leipzig

www.eva-leipzig.de

GRUND
TEXTE
Grundtexte
der neueren
evangelischen Theologie
Herausgegeben von Wilfried Härle